http://www.metauroedizioni.it
redazione.ps@metauroedizioni.it

ISBN 88-87543-88-7

Peppe De Santis secondo se stesso

Conferenze, conversazioni e sogni nel cassetto di uno scomodo regista di campagna

A cura e con saggi di Antonio Vitti

METAURO

Indice

Introduzione

> Ritengo che un autore deve basare la creatività su un'utopia, anche se questa creatività ha l'ambizione di nascere dalla realtà. L'utopia, secondo me, fa bene agli artisti. Certo, bisogna che sia un'utopia che contenga dei valori intesi a portare avanti lo sviluppo del mondo, lo sviluppo dell'uomo e della società.
>
> Giuseppe De Santis

Giuseppe De Santis, uno dei promotori della rinascita del cinema italiano del dopoguerra, morì colto da un infarto il 16 maggio 1997. Aveva 80 anni e dal 1972, con *Un apprezzato professionista di sicuro avvenire*, non faceva più film[1]. Le vicende legate alla filmografia e ai soggetti mai realizzati del regista rappresentano momenti della storia italiana e non solo di quella del cinema. De Santis fu partecipe dell'appello per il risveglio del cinema italiano come critico e recensore per la rivista «Cinema». Divenne un protagonista dei momenti di gloria della Resistenza e della ricostruzione. Fu uno dei primi registi ad entrare nel dibattito su arte e politica e a confrontarsi con la cultura di massa e i mass media, ma la sua visione politica del mondo e il suo programma cinematografico rivoluzionario lo resero vittima della Guerra Fredda fra i blocchi che negli anni Cinquanta si contendevano il dominio politico e culturale. Il suo sorriso ironico non riusciva a nascondere il rammarico di aver fatto solo undici film. A proposito soleva ripetere:

> Ho al mio attivo undici film diretti in qualità di regista: un bel magro bilancio, come si vede, per una carriera iniziata a vele spiegate nel 1947 con *Caccia tragica* proprio nel momento di compiere trent'anni, in un'epoca felice segnata da grandi speranze e da radiose illusioni per chi aveva creduto in un cinema nuovo, radicato nelle realtà degradate e struggenti del primo dopoguerra (e oltre) del nostro paese, e per chi aveva lottato per denunciare con la macchina da presa guasti e ingiustizie antichi e nuovi al fine di contribuire allo sviluppo e al rafforzamento della democrazia italiana[2].

[1] Eccetto il video fatto a Middlebury College, presso la Scuola Italiana, *Bye, Bye Middlebury* nel 1993 e *Oggi è un altro giorno. Milano 1945-1995* in collaborazione con Bruno Bigon nel 1995.

[2] Antonio Vitti, *Giuseppe De Santis and Postwar Italian Cinema*, Toronto, University of Toronto Press, 1996, 145.

De Santis era una persona caparbia, solare, simpatica, spiritosa, affabile ma soprattutto semplice, come testimonia il nome con cui preferiva essere chiamato: Peppe. Non si considerava un "Maestro", anzi, diceva in continuazione: «io non ho fatto mai scuola», consapevole di essere fieramente rimasto leale e coerente alle sue idee e al suo modo di fare cinema. Da buon capogruppo di un movimento ideale di rinnovo aveva voluto restargli legato fino al punto di farsi escludere o di preferire di non fare più film, piuttosto che cambiare stile, tema e argomenti. A dispetto dei critici, si riteneva un neorealista e amava difendere tutti i suoi film che secondo lui non avevano tradito lo spirito del Neorealismo, al contrario lo avevano arricchito con la sensualità, la spettacolarità, la seduzione, armi usate per rendere il cinema italiano d'arte capace di incassare, piacere ed educare le masse. Le interviste, le conferenze e i saggi inclusi in questo volume metteranno a fuoco le tematiche dei suoi film, le critiche rivolte ai suoi film e le sue difese.

Il regista ciociaro si era formato al Centro Sperimentale per poi passare dietro la cinepresa. All'antifascismo univa l'amore per il Sud e il suo mondo contadino. Aveva debuttato con uno dei film più complessi e belli del dopoguerra: *Caccia tragica*, un thriller collettivista, con cui metteva in mostra anche il suo amore per il cinema americano, le sue doti spettacolari con la macchina da presa, il suo amore per la politica, l'azione, la fascinazione, l'intelligenza critica, il realismo, lo spettacolo e l'erotismo. Fu proprio per questi suoi amori che cominciarono i suoi guai. Lo accusarono subito di essere melodrammatico, fumettistico, barocco, ma soprattutto di indulgere a pericolosi erotismi in una Italia bigotta e moralista. Da nessuna delle parti politiche in lotta si voleva ammettere che anche agli operai, ai contadini, ma soprattutto alle donne del popolo, piaceva fare l'amore e mettersi in mostra ballando il *boogie-woogie*, masticando *chewing-gum*, modelli nuovi che nel nascente immaginario del dopoguerra avvicinavano al sogno della modernità e del progresso dell'America del Nord, rompendo la solidarietà di classe. La fisicità di Silvana Mangano minacciava la morale dei benpensanti ben prima che Anita Ekberg turbasse le notti insonni del felliniano dottor Antonio. Il moralismo cattolico e la retorica della critica italiana non sapevano come studiare a fondo un regista contraddittorio e moderno. De Santis amava i romanzi popolari francesi, il musical americano, il mondo contadino, le belle donne: era uno scomodo comunista di campagna. Nessuno, prima e dopo De Santis, fatta forse eccezione per Pier Paolo Pasolini, ha mai subito tanti attacchi dalla *intellighentsia* italiana e l'ostracismo americano. Da questa sponda dell'oceano Atlantico gli veniva negato il visto per recarsi a Hollywood[3] dopo la nomination all'Oscar di *Riso amaro*, ma caparbiamente De Santis non cambiava registro e, con *Non c'è pace fra gli ulivi* (1950), esaltava il ribellismo dei pastori contro il sopruso dei ricchi e dello stato, rivisitando lo stile di una ballata popolare brechtiana. Nel 1952, con *Roma ore 11*, film inchiesta sulla disoccupazione e sfruttamento femminile, raggiungeva il massimo della ricercatezza stilistica e della denuncia sociale. In seguito al successo ottenuto dal film, l'allora primo ministro Mario Scelba – dopo una campagna diffamatrice nei confronti del regista – promosse un'inchiesta governativa per scoprire se il film avesse ottenuto fondi dall'Unione Sovietica. Nel gennaio del 1954 il ministro Giuseppe Ermini fece passare una legge contro il finanziamento pubblico di film nei quali si intravedeva una eventuale influenza del partito comunista. Un'agenzia di stampa segnalò i nomi degli appartenenti al PCI[4] e contro di loro si iniziò una dura campagna[5]. Sebbene questa faccenda abbia dato vita a varie interpretazioni, secondo lo storico Lorenzo Quaglietti:

> vuoi gli effetti della campagna di stampa, vuoi il comunicato governativo si prefiggevano di mettere in guardia i produttori, avvertendoli che il governo avrebbe prorogato o rinnovato la legislazione in materia di contributi e di finanziamento, sempre che non deviassero dalla linea fino allora seguita, di non interferire con il particolare indirizzo che si voleva mantenere nella produzione[6].

[3] L'ingresso negli Stati Uniti gli fu negato anche nel 1959 in occasione della consegna del premio conferito dalla Hollywood Foreign Press Association al suo film *Cesta Duga Godine Dana/La strada lunga un anno.*

[4] Per le conseguenze della legge e la lista completa dei nomi, si veda Lorenzo Quaglietti, *Storia economico-politica del cinema italiano 1945-1980*, Roma, Editori Riuniti, 1980, p. 87.

[5] Durante le nostre numerose conversazioni, il regista ha non ha mai negato che il segretario del PCI, Palmiro Togliatti, preoccupato dalle roventi polemiche suscitate dal film, gli suggerì di fare una commedia amorosa.

[6] Lorenzo Quaglietti, *op. cit.*, p. 87.

Essendo nato nella «vera» Ciociaria[7], quella parte del basso Lazio dove, quando ero bambino alla fine degli anni Cinquanta, i contadini ciociari portavano ancora le cioce e parlavano soltanto nel loro dialetto arcano e incomprensibile ai foresti, Giuseppe De Santis era un mito. Ricordo che, durante le serate estive, quando gli adulti si sedevano sulle aie o a ridosso delle case e noi bambini, dopo aver corso per ore, sfiniti, ci mettevamo seduti per terra e ascoltavamo le loro chiacchiere su tutto e tutti, spesso le loro conversazioni rievocavano i briganti, l'occupazione delle terre, le vendette contro i soprusi, i tradimenti, ma spesso i loro discorsi cadevano sui personaggi dei film che avevano visto alla sala del comune, tra cui quelli di De Santis con cui i contadini si identificavano. Per noi bambini, il nome «De Santis» era un mistero fascinoso e affascinante, soprattutto quando i contadini parlavano di un film con tante pecore e pastori che ballavano la tarantella e si ribellavano guidati da un mitico "Francì [Francesco]". Soltanto molti anni dopo, quando vidi per la prima volta *Non c'è pace tra gli ulivi*, capii perché questo film ricorresse così frequentemente tra gli adulti. Anche mio padre, che durante la seconda guerra mondiale era stato in Russia, parlava spesso di un film, *Italiani, brava gente*, e ci diceva con orgoglio che questo film rappresentava accuratamente quella dolorosa esperienza nella sfortunata campagna russa, e affermava di essere contento che qualcuno avesse finalmente mostrato la vera faccia della loro "odissea".

Durante i miei studi post-laurea presso l'università del Michigan ad Ann Arbor ebbi il piacere di ascoltare le lezioni di Rudolf Arnheim. Durante un nostro colloquio, mi rivelò di aver conosciuto un altro ciociaro, suo studente nei lontani anni in cui insegnava al Centro Sperimentale e che dopo tanti anni il non più giovane regista ancora gli scriveva e che lui lo ricordava con molto piacere ed affetto. Quando gli chiesi il nome, mi rispose Giuseppe De Santis. Da quella esperienza decisi di interessarmi e di studiare il caso di questo regista che, dopo un folgorante inizio, era stato dimenticato. Mi ero ripromesso di tornare in Ciociaria e di andare a scovare nella terra,

[7] De Santis amava ricordarmi che ci sono due "Ciociaria", quella della costa e l'altra a ridosso delle montagne, caratteristiche geografiche che secondo lui avevano anche influenzato il carattere degli abitanti, chiusi e scontrosi i montanari, solari ed aperti gli altri.

dove non c'è pace tra gli ulivi, questo regista – che nella foto di gruppo al Centro Sperimentale che Arnheim mi aveva fatto vedere mi faceva pensare a una versione ciociara o mediterranea di James Dean o Paul Newman.

Tornato in Italia un giorno ero al Centro Sperimentale nel mese di luglio del 1988, ed ebbi il piacere di conoscere un gentilissimo signore sardo che doveva montare alla moviola le bobine che avevo richiesto; ad una mia domanda su De Santis, mi disse che il «Dottor De Santis» era una persona gentilissima e che aveva insegnato alla scuola di cinema per alcuni anni. Gli chiesi di procurarmi il numero di telefono del regista, il che fu subito fatto e quella stessa sera gli telefonai. Mi rispose una voce un po' tremula ma giovanile, con un lieve accento romanesco, che alla mia domanda rispose di essere Giuseppe De Santis. Dopo un breve colloquio mi invitò ad andare a Fiano Romano, dove all'epoca viveva con la seconda moglie Gordana Miletic. La settimana dopo andai a Piazza Commercio n. 1 ed ebbi finalmente il piacere di parlare personalmente con De Santis: da quel momento nacque tra noi un grande rapporto e una vera amicizia, che mi ha portato a studiare i suoi film e il suo anomalo e discusso ruolo nel cinema italiano.

Dopo tanti anni, in occasione del decennale della sua scomparsa, ho deciso di pubblicare alcune delle nostre conversazioni per far conoscere meglio le sue idee e per far conoscere ai lettori italiani la sua esperienza negli Stati Uniti, Paese che ebbe per tanti versi un ruolo determinante nella sua formazione e nella sua cinematografia ma che sfortunatamente segnò anche il suo destino di artista. Nel 1989 De Santis tenne un giro di conferenze presso alcuni dei maggiori atenei statunitensi. L'esperienza fu ripetuta l'anno successivo quando fu invitato a presentare i suoi film e a discuterli presso la Scuola Italiana di Middlebury College nel Vermont. Due anni dopo tenne un corso sulla regia e sulla sceneggiatura presso lo stesso college, dove realizzò un video con gli studenti iscritti al corso. Il volume che ho curato ha anche lo scopo di far conoscere le esperienze del regista negli Stati Uniti, che sono documentate da lettere e da alcuni dei suoi interventi.

Durante il nostro lungo sodalizio mi ha sempre affascinato il suo progetto di cinema per il popolo e per lo sviluppo della democrazia e nell'ambito del dibattito intorno alla fine del Neorealismo e alla rinascita dello *star system* all'italiana, la controversia riguardo all'uso di Silvana Mangano nel film *Riso amaro*, che rimane ancora oggi un punto molto discusso. Per testimoniare «il sortilegio» della giovane «presa dalla strada», o incontrata in una giornata piovigginosa sotto una grondaia come ricordava spesso De Santis, ho incluso nel volume l'articolo del giovane Italo Calvino, che descrive il set di *Riso amaro* ed è folgorato dalla bellezza e dalle potenzialità della diciottenne Silvana Mangano, che definisce di una bellezza e di un temperamento fiero e classico. La corporeità della giovane aveva impressionato il giovane giornalista a tal punto da portarlo a scrivere che nessuna foto avrebbe potuto a darne un'idea completa. Calvino coglieva anche l'unicità dell'ambientazione del film, infatti si stupiva nel vedere le mondine al lavoro, e si chiedeva come mai il cinema, prima di De Santis, non si fosse ispirato alla risaia e al duro mondo delle mondariso. Scrivendo su De Santis, Calvino coglieva il suo amore nel mostrare le dure condizioni del lavoro e la denuncia dello sfruttamento. Ne lodava l'impegno realista, la grande umanità, l'amore per i dettagli, che il regista mostrava persino nello spiegare al maestro Petrassi, che faceva il commento musicale, come impostare lo spartito, basandolo su motivi popolari e sulle canzoni delle mondine che il regista aveva imparato a memoria. Il giovane Calvino lodava il grande impegno di realismo di De Santis nella capacità di cogliere il colore dell'ambientazione, la coralità della storia raccontata, e spiegava che la moralità del film era nel realismo e non nella retorica e nella convenzionalità che erano dovute alle esigenze commerciali.

Nel volume ho incluso l'abbozzo di un soggetto per un film sulle danze e i canti popolari, che De Santis ha scritto con la collaborazione di Gianni Puccini. Il regista ipotizza un film che sarebbe nato dalle ricerche di una commissione centrale di inchiesta che, viaggiando per l'Italia con l'aiuto di un musicista, di un coreografo e di un fotografo, avrebbe raccolto e studiato i vari canti e danze popolari di tutta l'Italia, per poi raccontare le emozioni, gli amori, i dolori, le speranze, le lotte, i lutti, l'emigrazione e la poesia, cioè tutti gli aspetti della vita di quel mondo contadino. Tale progetto mostra l'amore del regista per la collettività e per quell'Italia che, con il boom economico, è scomparsa. Il regista immagina di utilizzare il fazzoletto, oggetto comune in tante canzoni popolari, come simbolo e metafora attraverso cui legare l'incalcolabile ricchezza della cultura contadina per rappresentarla realisticamente. Il regista si guarda bene nello specificare di non voler creare uno spettacolo tipo rivista hollywoodiana, levigata da bellezza fasulla, e tanto meno una storia «romantica», ma un'opera di ricerca poetica e realista della cultura popolare.

Ho incluso una mia riflessione su un soggetto sull'occupazione delle terre in Calabria, *Noi che facciamo crescere il grano*, in omaggio a De Santis, che si è sempre rammaricato per la mancata realizzazione del progetto. Durante una delle nostre conversazioni ha affermato, riferendosi al progetto: «Purtroppo il film non l'ho mai potuto fare». Nel saggio si ipotizza sulla evoluzione artistica e cinematografica del regista se il film si fosse realizzato, e che cosa avrebbe potuto rappresentare per il cinema italiano dell'epoca, che non ha una testimonianza epocale dell'ultimo atto dell'odissea dei braccianti meridionali prima del grande esodo. Continuo a sostenere che il soggetto avrebbe dato modo al regista di realizzare un film che rientrasse perfettamente nel suo progetto di cinema popolare, che voleva parlare alle grandi masse, cioè rispettando quelle che lui riteneva le ragioni e le origini della nascita del cinema. Il cinema per lui era un grande mezzo di comunicazione di massa, concepito per il grande pubblico. Naturalmente per lui il grande pubblico era sempre quello popolare, ma questo non significa che De Santis abbia fatto un cinema popolare nel senso deleterio del termine, piuttosto che ha trattato problematiche, temi, tematiche che riguardavano direttamente la classe subalterna, i lavoratori e i contadini. Trattando dei suoi film, il cinema popolare deve essere inteso non come cinema cafonesco ma colto, dato che era creato da un uomo con un suo bagaglio culturale che voleva creare racconti da destinare al pubblico i quali dovevano contenere qualcosa che servisse, non dico a guidarlo, ma a far comprendere in che vita, in che mondo vivevano, in modo da suggerire le possibili linee di condotta.

Seguendo il programma cinematografico del cineasta, si è incluso il soggetto *Portella delle Ginestre*, scritto nel 1959 in collaborazione con Felice Chilnuti. Esso traccia gli eventi che portarono al tragico eccidio di undici contadini e al ferimento di altri sessantacinque, per opera di Salvatore Giuliano che seguì gli ordini della mafia. Mentre il film di Francesco Rosi è una cronaca al rovescio con l'intento di smascherare come e chi aveva ucciso il bandito siciliano, il soggetto incluso nel volume inizia con il raccontare le circostanze che portarono il giovane Giuliano alla criminalità, partendo dal giorno in cui sparò a due carabinieri che l'avevano fermato per contrabbando. Prima di arrivare all'eccidio del primo maggio 1947, il soggetto spiega quali erano le condizioni socio-economiche durante e dopo lo sbarco degli Alleati in Sicilia, il mercato nero dei generi alimentari, e il traffico della farina e del grano, controllato dalla «onorata società» che riuscì a manipolare e sfruttare la criminalità. Il soggetto accenna al problema del separatismo siciliano e alla paura dei baroni del feudo che prima l'avevano appoggiato per preservare i propri privilegi, e poi con la vittoria del Blocco del Popolo alle elezioni regionali del 1947, per timore di perdere le loro signorie sul latifondo, sfruttarono di nuovo Giuliano e la sua banda per uccidere i braccianti che si erano radunati per celebrare la festa del lavoro e la recente vittoria elettorale. Il soggetto si conclude con la morte del bandito e un accenno al processo di Corte d'Assise di Viterbo in cui Pisciotta, cugino e braccio destro di Salvatore, disse di aver compiuto deliberatamente l'omicidio; per essere poi avvelenato tre anni dopo nel 1953. Il merito di De Santis è quello di essere stato il primo a pensare di realizzare un film sulla prima strage della nuova Repubblica italiana, per mantenere viva la memoria delle vittime che il primo maggio a Portella si erano radunate con mille e cinquecento persone. Avevano votato per il Blocco del Popolo per far rispettare la nuova costituzione italiana che sanciva la riforma agraria e che il nuovo governo regionale di sinistra aveva incluso nel programma, ma trovarono la morte per mano di un uomo a cui era stata promessa una divisa e un grado in un esercito a servizio della mafia e degli interessi dei feudatari.

Durante le conferenze tenute negli Stati Uniti e durante i due soggiorni lavorativi a Middlebury, De Santis parlava spesso di un suo ritorno alla regia con un film su dieci detenute per fatti di terrorismo. Tra i manoscritti lasciati dal regista alla Wake Forest University, ho trovato il soggetto cinematografico che il regista aveva scritto con Franco Reggiani e che traccia una scaletta della struttura generale del film che all'epoca, 1986, sarebbe stato uno dei primi sul tema della giustizia e della riabilitazione e sull'inserimento dei condannati politici. Come in quasi tutti i suoi film, ma in particolare *Roma ore 11, Il Permesso,* partendo da un fatto di cronaca, avrebbe seguito dieci terroriste che dopo dieci anni di carcere avrebbero usufruito di quattro ore di permesso speciale per andare a vedere uno spettacolo teatrale alla cui realizzazione avevano partecipato durante uno *stage* in prigione. A differenza dei tanti film che poi sono stati realizzati sul tema del terrorismo, il soggetto di De Santis prevedeva, durante la messa in scena dello spettacolo teatrale, dei *flashback* che avrebbero permesso allo spettatore del film di conoscere meglio le storie personali delle detenute e le cause che le avevano portate ad abbracciare la lotta armata.

Per concludere, spero che la vasta collezione di interviste, conferenze, testimonianze e sogni nel cassetto inclusi nel volume possano far conoscere meglio un regista che per passione si è dedicato al cinema politico, seguendo un percorso artistico simile a tanti altri militanti della sua generazione che sono passati dal frondismo antifascista alla resistenza armata, per costruire un avvenire nuovo e migliore. Molti di loro nel dopoguerra, durante gli anni della Guerra Fredda, hanno abbracciato la solidarietà con i braccianti per il diritto alla terra, perché la democrazia italiana crescesse meno dimezzata di quello che in realtà si è avverato. Per rendere più chiaro il lungo viaggio passionale ed artistico del regista, ho incluso una sua lettera indirizzata a Giovanni Grazzini, allora direttore della rivista «Bianco e Nero» in cui De Santis risponde alle domande sui *gouaches* che Renato Guttuso aveva dipinto ispirandosi al servizio fotografico che Robert Capa aveva scattato durante la sua visita sul set di *Riso amaro*. Nella nostra epoca di post-tutto la lettera del regista è una testimonianza che può essere letta come esempio rappresentativo di tutti i testi inclusi nel volume, della passione, dell'impegno del regista e della sintonia di pensieri e di sentimenti che molti intellettuali di sinistra avevano per un'arte schierata, trasgressiva, rivoluzionaria, diretta verso il popolo, per il rinnovo e lo sviluppo dell'umanità.

I parte

Giuseppe De Santis negli Stati Uniti

L'influenza della letteratura americana sul Neorealismo[1]

A.V.: De Santis mi ha raccontato che la Dottoressa Annamaria Lelli, allora direttrice dell'Istituto Italiano di Cultura di Chicago aveva iniziato la presentazione in inglese per cui il regista iniziò il suo intervento affermando: «Io non parlo o capisco una parola d'inglese, quindi non ho capito assolutamente niente di che cosa abbia detto la professoressa». A questa candida affermazione, la Direttrice rivolta al pubblico, chiese: «How many people do not understand Italian? So, maybe, those people will need translating? Who doesn't? Mister De Santis said that because he doesn't speak a word of English he didn't understand anything of what was said about him!»[2].

De Santis: Sì, però, immagino che per avermi invitato a venire dall'Italia fino a Chicago, non può che aver parlato bene di me. Ad ogni modo, vorrei, prima di tutto ringraziare, con molta affettuosità, l'Istituto di Cultura che mi ha invitato e in modo particolare la dottoressa Annamaria Lelli. Tra l'altro è la prima volta che io vengo in America e quindi è il primo impatto che io abbia avuto con la società americana o, se volete, con i grattacieli o con una grande metropoli americana. Devo dire che mi fa piacere aver iniziato con Chicago, perché Chicago è una città molto cinematografica, molto adatta al mio mestiere, almeno così a me sembra. In ogni caso, io mi auguro che proseguendo il mio viaggio, che mi porterà in varie città, come Los Angeles e New York, dove andrò

[1] Conferenza tenuta da De Santis nell'ottobre del 1989 all'Istituto Italiano di Cultura di Chicago.

[2] «Quanti di voi non capiscono l'italiano? Chi ha bisogno di un interprete? Il Signor De Santis ha detto che non capendo neanche una parola d'inglese non ha capito nulla di quello che è stato detto».

alla fine del mio giro di conferenze, io possa essere conquistato allo stesso modo in cui mi ha affascinato Chicago.

Per venire al tema che abbiamo concordato con Annamaria Lelli, – da trattare questa sera con voi e vale a dire l'influenza della letteratura americana sul cinema neorealistico italiano – prima di iniziare permettetemi innanzi tutto di dirvi che il Neorealismo non sarebbe nato nel modo così come molti lo conoscono senza questo apporto della letteratura americana e vi dirò perché.

Ecco, intanto vorrei cominciare col parlare in prima persona, com'è giusto, credo, che ogni autore faccia in presenza di un pubblico, per portare una testimonianza e spiegarvi che cosa è stata per me e per la generazione di registi, di intellettuali, che abbiamo una certa età, in altre parole per tutti quelli della mia generazione, direi, per allargare un pochino di più l'orizzonte, la letteratura americana. Ecco noi vivevamo in un'Italia governata da una dittatura. Vivevamo in un'Italia fascista molto chiusa, molto provinciale – soprattutto culturalmente – che non aveva grandi orizzonti, non aveva grandi spazi, e la nostra cultura in quegli anni era una cultura che non aveva neppure un grande rapporto internazionale, ma neanche con l'Europa, era persino fuori da quelle che erano le grandi qualità della cultura europea. Per restare, diciamo, nella mia professione, bisogna riconoscere che il cinema italiano era soprattutto di scarso rilievo drammatico, di scarso rilievo analitico, di scarso rilievo in tutti i sensi. Sì, era un cinema senza spessore. Qualcuno ha usato un termine, per definire questo cinema che si faceva in quegli anni, molto giusto, molto appropriato, che cadeva proprio bene nel cuore di questo cinema: «il cinema dei telefoni bianchi». Perché il telefono bianco era – gli anni dei quali vi parlo sono gli anni che vanno dal '34, '35, fino al '40, '42 – un simbolo veramente di evasione, di distacco, direi, dalla realtà.

La caratteristica di questo cinema era che, per esempio, non aveva stratificazioni sociali nel presentare la società italiana. C'era la borghesia, la piccola media borghesia, ma tutto veniva confuso in questa, diciamo borghesia, senza capire poi le varie differenze che passavano tra un piccolo borghese, un grande borghese, un medio borghese, e via di seguito. Insomma, tutto era livellato nello stesso modo. Ecco, c'era l'assenza, invece, del popolo italiano, che non appariva mai. Non c'era in pratica il popolo di contadini, il popolo di operai, il popolo di artigiani, non c'era il popolo e la mia generazione di intellettuali sentiva questo grande distacco del cinema italiano e della cultura di allora dalla realtà e dalle grandi tematiche e problematiche nazionali. Ecco la ragione per cui l'incontro con la cultura americana è stato molto importante. Sono anni in cui da noi si cominciano a tradurre John Steinbeck, [1902-1968], William Faulkner [1897-1962], si cominciano a tradurre i grandi scrittori, si cominciano a tradurre James Cain [1892-1977], Sherwood Anderson [1876-1941], Ernest Hemingway [1898-1961] ed è quasi come per noi l'incontro con un respiro diverso del mondo e della società nel suo insieme, direi, insomma come appariva la cultura americana.

Ecco, in questi libri apparivano gli operai, apparivano i coltivatori di tabacco, apparivano gli artigiani, apparivano anche i vagabondi e i disoccupati. Questa era la narrativa americana che noi leggevamo e che volevamo imitare. Sentivamo che questa letteratura nasceva dal profondo della società americana e ne registrava tutte le varie componenti, le varie articolazioni. In modo particolare era una letteratura dove noi sentivamo il respiro del popolo, cosa che mancava nella nostra letteratura. Io parlo della letteratura italiana nel suo insieme, naturalmente, anche se poi c'erano alcuni esempi di narrativa italiana che, in qualche modo, questi problemi li trattavano, ma erano molto rari. Io posso qui citare, non so se qualcuno di voi lo conosce, questo bellissimo saggio narrativo di Corrado Alvaro [1895-1956] che si chiama *Gente in Aspromonte* [1930], ed è una storia di pastori della Calabria. Posso ancora citare *Tre operai* [1934] di Carlo Bernari [1909-1984], ma insomma, salvo questi rari esempi in cui la narrativa italiana prendeva contatto con la grande realtà italiana, soprattutto delle classi subalterne, bisogna risalire solo a un grande scrittore, che è Giovanni Verga [1840-1922], per poter sentire, diciamo, in che modo qualche intellettuale italiano aveva messo le radici nella nostra realtà italiana.

Quindi, voglio dire che la nostra letteratura era molto limitata, perché era una letteratura post-dannunziana, quindi che si articolava soprattutto intorno alle classi medie, alla classe borghese, ripeto, ma sempre, però, senza capirne le paure, le angosce, e tutto quello che questa classe rappresentava in quel periodo, nonostante avesse dato il suo appoggio, il suo assenso, consenso, al fascismo.

Ecco, cominciò il risveglio e le riviste per i giovani intellettuali furono una sorta di predicazione, perché il nostro cinema, e quindi anche la nostra letteratura, in qualche modo, cercava di conquistare quello che, appunto, ancora non aveva conquistato, e cioè un rapporto con i grandi strati sociali e un rapporto, appunto, che fosse il più possibile radicato nella nostra società. Io allora lavoravo, avevo cominciato ad occuparmi di cinema come critico cinematografico in una rivista di cinema che, ironia della sorte, era diretta da uno dei figli di Mussolini: Vittorio Mussolini [1916-1997], e fu una rivista che svolse, direi, un grande lavoro in favore di questo rinnovamento del cinema italiano. E questo gruppo riunito intorno alla rivista «Cinema»[3] del quale faceva parte Antonioni [1912-], faceva parte Visconti [1906-1976], facevo parte io, Zavattini [1902-1989], e tutto un gruppo di autori che allora iniziavano, anche se Zavattini era un tantino più anziano di noi, che cominciavano a trattare, diciamo, questi temi del rapporto con la società italiana nella sua complessità.

Ecco, proprio da questo gruppo, raccolto intorno alla rivista «Cinema», avviene la prima svolta, si avverte il primo campanello. Visconti debutta come regista con un film oramai famoso che si chiama *Ossessione* [1943], ecco, e cosa emblematica, veramente emblematica, questo film era ispirato ad un romanzo americano. Il romanzo era un romanzo di James Cain, intitolato *Il postino suona sempre due volte*. Ora vedete come veramente *Ossessione*, che è ancora oggi considerato come un film che in qualche modo rappresenta il primo passo verso un cinema legato alla realtà italiana, si serva di un romanzo americano, ma questo non accadde per caso.

Ecco, non accadde per caso perché questo romanzo ci presenta un'America che in qualche modo comincia a somigliare a un'Italia che si sta lentamente formando. Assicurazioni, disoccupati, motel, grandi strade, grandi pianure, camion che camminano, mogli che tradiscono i mariti e tutto un mondo che noi nel nostro cinema non vedevamo mai rappresentato. Ecco, l'operazione – perché io lavorai con Visconti come sceneggiatore e come aiuto regista – l'operazione che facemmo noi fu di trasportare questa storia in una regione dell'Italia, che è quella dell'Emilia Romagna, dove esisteva in qualche modo il corrispettivo di questa America che Cain descriveva.

Era una regione dell'Italia del nord industrialmente già sviluppata, dove persino l'agricoltura aveva cominciato ad essere industrializzata, dove c'era mobilità di lavoro; un mondo multiplo, mol-

[3] Per altre informazioni sulla rivista si veda il saggio *Attorialità e recitazione, vere anomalie del cinema di Giuseppe De Santis*, incluso in questo volume.

to articolato; noi calammo questa storia, la calammo proprio in questa regione perché ci sembrava che fosse l'equivalente, anche perché è una regione di grandi pianure con un grande fiume com'è il fiume Po, noi calammo questa storia dentro questa regione perché sembrava che potesse in qualche modo rispondere a quella che era l'ispirazione americana. Ma lo facemmo all'italiana, cioè lo facemmo come uomini che pur apprezzando una cultura, pur essendo affascinati da una narrativa com'era quella americana, pretendevano poi di interpretarla in un modo che fosse nazionale. L'operazione riuscì, il film fu molto importante, e di grande svolta per il cinema italiano. Ecco, io credo che questa operazione, senza avere avuto alle spalle un romanzo come quello di James Cain non sarebbe riuscita nello stesso modo.

Ma *Ossessione* non fu ancora il Neorealismo. Perché si realizzi il cinema del Neorealismo italiano c'è bisogno di una grande svolta storica in Italia. C'è bisogno della caduta del fascismo e c'è bisogno soprattutto della guerra di liberazione, della Resistenza, cioè di quel momento che rappresenta nella storia moderna italiana uno dei nodi più importanti nello sviluppo della democrazia. Perché è la prima volta, ripeto nella storia moderna d'Italia, che finalmente il popolo prende le armi in mano, combatte contro il nemico, per il proprio riscatto, per la propria libertà. Noi avemmo un'opportunità che nella nostra storia non avevano avuto neanche i protagonisti durante le guerre risorgimentali. Non so se qualcuno tra voi ha avuto occasione di vedere questo bellissimo film di Visconti che si chiama *Senso* [1954] sul Risorgimento italiano, dove c'è appunto una scena che pone l'accento in modo particolare su come da parte degli eserciti italiani, generali, ufficiali, e politici non si consegnano le armi nelle mani del popolo, perché il popolo potrebbe usarle e chiedere in cambio forse delle cose che il potere non aveva voglia di concedere.

Durante la Resistenza italiana avviene quello che io chiamo un grande nodo storico della storia italiana vale a dire una grande svolta, tant'è vero che coloro che fanno la Resistenza in Italia, quei ceti, quegli strati sociali che liberano l'Italia dall'occupazione nazifascista, diventano immediatamente nel dopoguerra i protagonisti della realtà italiana. Voi vi ricordate, per chi di voi ha potuto vedere almeno i capolavori del cinema italiano che vanno da *Ladri di biciclette* [1949] a *Miracolo a Milano* [1951], *Paisà* [1956], *Roma città aperta* [1945], dal mio film *Riso amaro*, e tanti altri, ma non posso nominare tutti, in cui i protagonisti provengono sempre dai ceti popolari, dalle classi subalterne e questo non accade per caso; questo accade proprio perché queste classi avevano combattuto per il loro riscatto, erano diventate le interpreti della storia d'Italia e ora, diciamo, esigevano un ruolo da protagoniste, anche nella cultura, anche nella letteratura, anche nella pittura e soprattutto nel cinema. Ecco io dico sempre, spesso mi viene fatto di dire, che quando si indicano i padri del Neorealismo italiano: Rossellini [1906-1977], Visconti [1906-1976], De Sica [1902-1974], in realtà si racconta soltanto una leggenda; secondo me il Neorealismo italiano ha avuto solo una grande madre, che è la Resistenza italiana. Senza questo grande movimento storico non sarebbe nato il cinema neorealistico italiano. E qui c'è il grande contributo della letteratura americana. Perché la letteratura americana era stato il punto di riferimento per noi, quel tipo di letteratura americana del quale io vi ho parlato, naturalmente, era stato il grande punto di riferimento democratico che ci aveva ispirato e che ora noi, in qualche modo, calavamo nel cinema italiano. Dico la letteratura americana, e non dico il cinema americano, perché è vero anche che nel cinema americano esempi di film dove compaiano contadini, operai, artigiani, le classi cosiddette subalterne, ce ne sono pochi. Ma ce ne sono appunto nella narrativa americana, ecco perché ad ispirare noi fu la narrativa americana piuttosto che il cinema americano. Certo, per ritornare ai film, anche il cinema americano, soprattutto quello del periodo del *New Deal*, quel cinema di King Vidor [1894-1982], *Alleluia!* [1929], *La folla* [1928] e quel cinema anche di Frank Capra [1897-1991], con il cinema dell'ottimismo, hanno mostrato il volto del popolo perché era un cinema che seguiva un grande progetto politico, che era appunto il progetto riformatore per uscire da una grande crisi economica come è stata quella degli anni '30. Questo, in qualche modo, fu anche il progetto del cinema neorealistico italiano. Ecco, gli autori di quel cinema che tutti quanti voi ammirate, che poi, diciamo, è stato all'ordine del giorno della cultura internazionale, avevano questo progetto: servirsi dello strumento della macchina da presa per essere utili a costruire la democrazia nel nostro Paese, che faceva i suoi primi passi e che ha avuto momenti bui, anche in Italia. Quindi, fu un cinema per molti aspetti di denuncia, di guasti antichi e di guasti nuovi che si creavano e fu un cinema, diciamolo, non amato molto dai governi – io parlo degli anni tra il '50 e il '60 – perché quei governi non capirono che questo cinema lavorava e voleva andare nella direzione della costruzione, dello sviluppo e della crescita della democrazia del nostro Paese. Ma ci fu qualcosa di ancora più grave: persino le masse popolari, che erano rappresentate in questo tipo di cinema, non compresero questo progetto, non compresero che in esso avevano un grande alleato per lo sviluppo democratico in Italia, e questo cinema in qualche modo morì, certo non di morte naturale. Ecco, anche questo voi non lo trovate nelle storie ufficiali. Il Neorealismo, per essere stato quello che è stato, fu un cinema che si volle boicottare, si volle emarginare e lentamente scomparve, diciamo così, dalla cultura italiana, anche se ha rappresentato forse un momento di coscienza critica della cultura italiana. Fu certamente un momento molto alto della poesia italiana, io mi permetto questi termini; ecco, per citare sicuramente forse il vertice di questo cinema, mi auguro che tutti voi abbiate visto il film *Paisà* di Roberto Rossellini, che è costruito proprio a piccoli racconti, che vanno avanti dalla Sicilia fino al Po, si arresta praticamente, non arriva, perché l'Italia non era ancora tutta liberata, si ferma alle foci del Po, si ferma a Ravenna, insomma. Sembra quasi la storia della nascita di una nazione, della rinascita, anzi, se volete, di una nazione, così come voi avete nella vostra storia un grande film che è *La nascita di una nazione* [1915] di D.W. Griffith.

Ecco, *Paisà* fu questo, ma, ripeto, una serie di battaglie contro questo cinema che lavorava perché in Italia la democrazia crescesse più rapidamente, una serie di battaglie lo portarono alla sua fine. Ecco, io credo che questo cinema debba essere molto grato alla narrativa americana, perché, ripeto ancora una volta, senza la narrativa americana probabilmente questo cinema sarebbe stato diverso. Questa è sempre un po' la storia della cultura, voglio dire che è fatta come le scatole cinesi, una cultura ne contiene un'altra, un'arte nutre un'altra arte e questo è il cammino normale della poesia e dell'arte. Per questo io potrei anche esaminare tutti gli apporti che il cinema neorealistico italiano ha dato come contributo al cinema americano, e anche alla narrativa americana, ma questo è un altro discorso. Io mi auguro tanto di essere invitato la prossima volta e dovremo farlo un'altra volta. Ringrazio ancora una volta tutti voi di avere avuto la pazienza di ascoltarmi. Io voglio soltanto sottolineare una cosa. Un autore non è mai uno storico, naturalmente interpreta il mondo riducendolo tutto al proprio universo poetico, è sempre tendenzioso, e io credo di esserlo stato, ma così voi avete un'immagine di chi sono io. Ringrazio la nostra gentile ospite per aver tradotto e grazie per la pazienza che avete avuto.

Domande e discussione

Domanda di uno spettatore: Pensa che il cinema neorealista italiano sia stato influenzato anche da come il popolo italiano ha accolto i soldati americani?

De Santis: Sicuramente sì. Intanto perché, scusate questo paragone, il soldato americano arrivava con dietro le spalle l'aura della democrazia, mentre l'altro soldato che aveva visto l'italiano, era il soldato tedesco che portava l'occupazione. È vero che questo soldato esportava molte cose che potevano anche non piacere agli italiani, però esportava anche cultura, e soprattutto umanità. C'è stata, io lo ricordo molto bene, una grande solidarietà del popolo italiano verso il soldato americano. E questo io credo che si senta anche nel cinema. Io, per esempio, come testimonianza personale, posso dire che ci sono due miei film che senza l'esempio di una certa narrativa americana non avrei mai fatto. Io ho molto amato un libro di Sherwood Anderson, che si chiama *Winnesburg, Ohio* [1919], lo pubblicò Occidente. Era un romanzo che era strutturato in un modo straordinario, cioè il centro era un villaggio americano e i personaggi erano ognuno staccato dall'altro e ognuno faceva parte di un racconto, ma tutti insieme formavano un romanzo. Era costruito, come si dice, a staffetta, un personaggio consegnava la fiaccola a un altro personaggio e così via. Io credo che la struttura di questo romanzo abbia influenzato, per esempio, uno dei film miei che io amo di più, questo non significa che sia bello o non bello, insomma, che è *La strada lunga un anno* [1958], che è costruito proprio in questo modo. Ecco, posso dire un altro film che io ho fatto *Italiani, brava gente* [1964], che è la storia della ritirata dalla guerra di Russia dei nostri soldati su quel fronte, quindi un film di guerra. Bene, il film è raccontato dai morti. Ecco, se la mia generazione non avesse letto con tanto amore *Spoon River*, credo che probabilmente questo film io non l'avrei mai articolato in questo modo. Questo per dirvi quanto ci abbia influenzato insomma la letteratura americana.

E come ha detto lei [De Santis si rivolge a uno spettatore] *La piccola città*, sicuramente, è stato un momento importante nell'immediato dopoguerra. Insomma tutti questi elementi sono sparsi, ma ce ne sono tanti. Io, dovete scusarmi, sono stato costretto un po' a schematizzare, ma purtroppo chi parla ha sempre paura di annoiare, e allora tende a parlare per paradigmi, appunto per schemi. Naturalmente tutto quello che vi ho detto potrebbe occupare, non so, cento pagine di un libro, duecento, trecento pagine di un libro. Io stesso ho scritto dei saggi su tutto quello che vi ho raccontato. Ma qui, con il fatto che io che non parlo inglese, con lei che deve tradurre, la mia paura di annoiarvi è grande.

Domanda: Dato il miglioramento delle condizioni economiche in Italia, il fatto che oggi l'Italia sia una delle forze maggiori in Europa, crede che ancora ci siano delle persone, come Lei o registi della giovane generazione, che mirino a fare dei film che rappresentano fatti e realtà che la corrente principale, dominante del cinema non rappresenta?

De Santis: Io sicuramente sì. Io personalmente sì, ma per una ragione molto semplice: io sono molto legato a questo tipo di cinema che noi abbiamo fatto, questo cinema chiamato neorealistico, ma poi si potrebbe chiamare in mille altri modi, voglio dire, è un modo per intenderci quello di chiamarlo neorealistico, in ogni caso è un cinema profondamente legato alla realtà. Io personalmente ho sempre avuto voglia di continuare su questa strada, ma la mia buona volontà non serve a molto, perché spesso ho trovato invece, dall'altra parte, incomprensione. Quindi in quaranta anni di attività ho potuto realizzare solo undici film, mentre invece ne avrei potuti almeno fare venticinque oppure trenta. Ma questo non significa che la realtà italiana non sia cambiata, intendiamoci. In Italia è quasi sparita la povertà, ci sono ancora, si può dire, sacche di malessere economico, ma insomma la grande povertà nel senso in cui io l'ho vista da ragazzo, in Italia direi che non c'è più. C'è un diffuso benessere, le dirò di più, che dagli anni in cui il cinema neorealistico lavorava è cresciuta anche la democrazia in Italia, non ci sono dubbi su questo. Ma questo non significa però che non si possano ancora fare film che vadano in quella stessa direzione.

Domanda [L'interprete]: Lui vuole fare un paragone tra Chicago e l'Italia perché dice che a Chicago ci sono tanti gruppi etnici diversi, ma questi gruppi non sono omogenei e nel cinema americano di successo sono rappresentati in un solo modo, che non rappresenta poi la realtà, allora lui voleva sapere se questo fenomeno esiste anche in Italia.

De Santis: Io credo che nel nuovo cinema italiano si sia ricominciato con la confusione, cioè non ci sono più gli strati sociali. Questo in parte perché, sicuramente la società italiana è mutata, però un operaio è ancora un operaio, e un borghese è un borghese, un medico è un medico, un artigiano, un falegname, è un artigiano ancora. Ripeto, anche che se magari qualche volta può accadere che un artigiano guadagni più di un professore di università, le stratificazioni sociali sono molto nette da noi. Ecco, il cinema italiano, secondo me, questo non lo sa registrare ancora. C'è stato un film molto interessante di Elio Petri [1929-1982], che è stato un mio allievo, che si chiama *La classe operaia va in paradiso* [1973], ed è la storia di un operaio ormai arrivato al massimo del suo guadagno, del benessere, che ha raggiunto tutto quello che può raggiungere un operaio che guadagna molto bene e che vive in una società di consumo. È un film raro. Al cinema italiano io direi che manca un progetto, manca un progetto come è stato quello che hanno avuto, diciamo, gli autori del cinema neorealistico. Si fanno dei buoni film in Italia ogni anno, ma sono film che guardano al particolare e non più al generale. Ecco, la grande caratteristica, la grande qualità del cinema del Neorealismo è stata che è riuscito a guardare all'individuo, ma anche all'individuo dentro il complesso sociale dell'intera società. *Ladri di biciclette* è la storia di un operaio disoccupato che perde la sua bicicletta perché gliela rubano, ma è anche un film su una grande metropoli come Roma. Direi che il film non è la storia di questo operaio, ma protagonista di questo film è Roma. Questa qualità di grande respiro, nel cinema italiano ho l'impressione che non ci sia più e se c'è, esista in un modo frantumato, non con un disegno, un progetto.

Domanda: Lei ritiene che in *Ladri di biciclette* l'uomo non fosse tanto in controllo di se stesso, ma la città controllava lui?

De Santis: Certo.

Domanda: *Miracolo a Milano* era dello stesso periodo? E in quel film c'era forse lo stesso elemento, cioè che il protagonista non era tanto la persona, l'individuo, ma la città?

De Santis: Sicuramente, sicuramente. *Miracolo a Milano* nasce con lo stesso tipo di riflessione. Soltanto che, mentre la scelta stilistica di *Ladri di biciclette* è realistica, quella di *Miracolo a Milano* è favolistica. Ma l'importante è anche essere fedeli alla sostanza della realtà, non importa poi quale forma si scelga per dare la sostanza della realtà e della verità. Io non penso che i pittori metafisici abbiano espresso meno realtà e verità di quanto non l'abbiano espressa i pittori figurativi.

Domanda: Cosa pensa del cinema americano? A me sembra che il cinema americano abbia un livello artistico più basso del cinema italiano. Al cinema americano, secondo me, manca molto la qualità artistica, è troppo commerciale. Domina troppo l'idea dell'avventura.

De Santis: Non sempre, direi, non sempre, così come non sempre il cinema italiano è di qualità. Voglio dire che ci sono delle eccezioni. In Italia, le ripeto, quattro, cinque, forse anche sei film all'anno sono buoni, di qualità, ma naturalmente lei è fortunata perché vede solo questi; gli altri sono molto brutti, le assicuro che sono veramente vergognosi e lo stesso accade per il cinema americano.

Interprete: Lei [spettatrice] afferma di vedere molti film americani brutti.

De Santis: Sì, però ci sono molti film americani che sono molto belli come i film di Woody Allen, i film di Martin Scorsese, anche se non sempre. Molto spesso mi viene chiesto di rivelare il nome del regista che preferisco, oppure i nomi dei registi che preferisco. Io mi rifiuto di rispondere a questa domanda. Io dico sempre: mi piace questo film, mi piace quest'altro. Ecco, di Fellini [1920-1993], a me piacciono *La dolce vita* [1960] e *I vitelloni* [1953], per esempio, tutto il resto non mi piace. Ma capisce, per dire, allora, non è che mi piacciano tutti i film di un regista. Perché, vede, il nostro mestiere è un mestiere molto strano, sì, molto, molto strano. È un mestiere molto spesso casuale, anche precario, perché legato al rapporto che uno ha con il capitale, ecco, con chi finanzia il film. Quindi non sempre, voglio dire, un regista può avvicinarsi o può esprimere tutto quello che magari ha avuto nella mente di esprimere, non sempre si riesce a farlo. Anche perché, vede, con tutti gli sforzi possibili e immaginabili il cinema non sarà mai un'arte individuale, è sempre un'arte collettiva. Allora per un regista esprimere il proprio mondo poetico significa sempre passare attraverso una serie di filtri. Per un pittore, per uno scrittore, il problema è nel rapporto più diretto con la carta, la penna e le idee, oppure per un pittore con i colori, quindi è molto diverso. Ecco, il cinema, io credo, nonostante i grandi esempi, come Chaplin, Stroheim e altri, mai può essere un'arte individuale. E aggiungerei che questo è il grande fascino del cinema, proprio perché è un'arte di collaborazione, come sono state le grandi botteghe dei pittori dell'Umanesimo, dei grandi pittori del Rinascimento.

C'era quel signore che da molto tempo aveva alzato la mano lì dietro, poi timidamente si è ritirato. La prego di fare una domanda, ma l'avverto di parlare ad alta voce perché, sfortunatamente, io sono un po' sordo, mi dovete scusare.

Domanda: Io volevo chiedere [...] anni fa, su un testo di critica cinematografica di cui non ricordo il nome, si citava il povero Giampaolo Bernagozzi [1926-1986] riportando un suo discordo sul documentario, in cui riteneva che in quel periodo, cioè durante il Neorealismo, il documentario bisognava lasciarlo perdere per poter capire e rientrare nel Neorealismo.

De Santis: Sì, probabilmente il discorso che Bernagozzi faceva era quello, cioè partire dal documento per trasfigurare la realtà, per modificarla, cioè, ispirarsi al documento vero per poterlo poi trasfigurare attraverso una, diciamo, visione più poetica della realtà o dei fatti.

Domanda: Ho scoperto che il cinema italiano è rimasto molto più attaccato al documentario rispetto al cinema americano, perché vedo che spesso il documentario fatto in altri Paesi stranieri, nei confronti di quello italiano, è molto più commerciale, molto più tecnico, molto più istruttivo. La nostra versione, invece, è molto più realista e neorealistica nello stesso tempo.

De Santis: Sinceramente, io non posso rispondere a questa sua domanda che è una vera considerazione.

Domanda: Ricordo che anche Lei nel 1968 affermò, ma non ricordo dove, di essere d'accordo con Bernagozzi. Lei disse una cosa verissima, nell'affermare che il documentario è una cosa eccezionale, però che in quel momento si sarebbe dovuto cambiare.

De Santis: Sì, perché c'è stato un momento in cui il cinema italiano sembrava che potesse impelagarsi in una palude, che fosse quella così del documento per il documento. Mi ricordo alcune riflessioni che faceva il nostro grande Cesare Zavattini sul pedinamento, sull'andar dietro al personaggio, seguirlo in ogni suo attimo, che non trovavo giusto. Io dico che l'arte non può essere questo; il problema è: come lo seguo? Va bene, lo pedino! Ma come? Davanti, di dietro, di fianco, di lato, dall'alto: già in questa scelta c'è un'interpretazione, ha capito?

Ricordo che Zavattini aveva inventato un soggettino di quattro pagine, io lo cito sempre perché è un esempio meraviglioso di struttura cinematografica. Un uomo esce di casa, un piccolo impiegato esce di casa con un cappotto nuovo, con un vestito nuovo. In strada, qualcuno dall'alto gli butta un pomodoro. Quest'uomo va su tutte le furie, entra nell'abitato e qui comincia il film, lui comincia a cercare chi gli ha buttato il pomodoro. Allora, parte da una realtà banale, semplice, come può essere questa di un avvenimento assolutamente banale, qualsiasi, però poi ecco, quando entra, bisogna inventare, eh, e come! Il pedinamento può andare da una parte piuttosto che da un'altra, il personaggio può incontrare quello piuttosto che quell'altro, e quindi il pedinamento finisce. Lui sosteneva che bastasse seguire un uomo e si sarebbe fatta la poesia. No, non basta!

Domanda: Voglio chiedere, per quanto riguarda il Neorealismo, non sono sicuro di aver capito bene, ma lei diceva che non ha avuto un buon successo perché i film erano troppo intellettuali o perché in generale fu abbastanza difficile per il pubblico. Nei film politici, con dei protagonisti che provengono dalle classi subalterne, è abbastanza difficile fare dei film comprensibili per il pubblico o le masse dell'epoca?

De Santis: Vede, il livello culturale del nostro pubblico a quell'epoca era molto basso, lei deve considerare che l'Italia, nell'immediato dopoguerra, aveva un tasso di analfabetismo molto alto, ma questo non significa che non avrebbe potuto apprezzare un certo tipo di cinema. Un uomo può essere analfabeta, ma capisce tante altre cose e anche un uomo colto le vede in un altro modo. Quindi, il cinema che vedeva questo pubblico popolare, che tra l'altro non aveva neanche la preparazione, era un cinema assolutamente commerciale, di disimpegno assoluto. Quindi proporgli un cinema che in qualche modo rappresentava i suoi problemi, i suoi dolori, le sue angosce, le sue paure, e tutto quello che fa parte della vita quotidiana, era qualcosa a cui non era abituato, quindi non andava a vederlo. Senza dubbio, lei ha ragione in una cosa: non c'è stato sufficientemente, da parte dei registi del Neorealismo, uno sforzo per usare un linguaggio, dei contenuti e un'analisi che fossero vicini al livello culturale di queste masse. Ecco, ma questo è un vecchio vizio dell'intellettualità italiana. Io qui non voglio aprire un discorso, dovrei citare Antonio Gramsci, ma meglio non aprire questo capitolo anche se siamo all'Istituto di Cultura.

Ecco, io per esempio, che ho scelto di fare il cinema, mi sono posto immediatamente questo problema, del rapporto col grande pubblico. E il mio film più famoso *Riso amaro*, che fu stroncato dalla critica: oggi la gente ne parla bene perché è diventato un *cult movie*, ma allora io me lo ricordo, gli insulti che mi sono piovuti addosso. Pensate, ero sommerso dagli insulti! Prima di tutto dalla sinistra italiana, perché la sinistra, i sindacalisti, i preti, tutti mi rimproveravano di presentare un mondo, come quello delle risaie, che non esisteva nella realtà. Ragazze che masticavano il *chewing-gum*, ragazze che ballavano il *boogie-woogie*; per tutta una parte della sinistra italiana nelle risaie ancora si ballava il walzer. Si rifiutavano di guardare la realtà italiana. Ora io,tra le tante operazioni strategiche, diciamo, che deve usare un regista che vuole avere un rapporto con il pubblico, quella che usai fu di scegliere una storia molto banale, e anche molto romanzesca, ma lo feci di proposito, perché volevo restare al livello culturale del pubblico che intanto rappresentavo, che era quello di questo universo femminile, delle operaie del riso, e poi perché volevo che il grande pubblico fosse affascinato da questo, e fosse catturato da questo mondo.

Ma non era una furberia di natura commerciale la mia, era una scelta culturale, questo glielo posso dire in tutta franchezza. Devo ricordare che molto spesso è accaduto che i miei colleghi non si siano posti questo problema. Questa è stata un'altra delle cause per cui il Neorealismo è stato facile eliminarlo, proprio perché non aveva grande successo di pubblico[4], perché, guardi, il capitale, quando un film ha successo, è disposto anche a far passare la storia di Marx

[4] Riguardo alla commerciabilità dei film di De Santis, si veda il saggio *I retroscena dietro la disoccupazione*, incluso in questo volume.

o di Stalin o di chi non so io. Invece questo cinema non aveva successo di pubblico.

Domanda: Il successo di *Riso amaro* è stato più grande negli altri paesi di quanto non fosse in Italia?

De Santis: Mah, devo affermare che ha avuto molto successo anche in Italia. Fu il primo film, forse, del cinema neorealistico italiano, che ha avuto successo con il grande pubblico, però certamente non è stato in Italia il grande successo internazionale che è stato nel mondo, questo no. Ma questo vi dà anche la misura della grande preparazione culturale che avevano altri Paesi, l'America, la Francia, la Germania, rispetto a quella che era l'Italia – il successo di questo film.

Grazie, mille grazie per la vostra attenzione.

La genesi di *Riso amaro*[1]

Vedo un'aula soprattutto occupata da donne, non per far dispiacere agli uomini, ma la cosa mi riempie di grande gioia per due ragioni: prima di tutto perché gli uomini amano le donne, gli italiani in particolare; e poi perché questo è un film su tutti i vari tipi della condizione femminile: materiali, di lavoro, condizione esistenziale, condizioni economiche, e anche di salario; quindi che ci sia qui un pubblico particolarmente femminile mi riempie di gioia ed è ragione di grande soddisfazione per me. Io cercherò di raccontarvi molto in breve come sono arrivato a concepire questo film, vi darò qualche notizia, così, aneddotica, ma nello stesso tempo che vi può servire da guida poi per guardare o per fare una certa lettura del film. Questo è il mio secondo film; io avevo realizzato, prima di questo, un altro film che si chiama *Caccia tragica* [1947], e nonostante non abbia fatto molti film – soltanto undici in una carriera che è durata circa quarantadue anni, e stasera, almeno per ora, siamo con *Riso amaro* – questo che è il mio secondo film è purtroppo il più famoso. Dico purtroppo perché non è mai piacevole essere il signor "Bitter Rice", anche perché ho fatto dei film con minori difetti di questo, ma le circostanze hanno voluto che voi stasera mostraste proprio questo mio film, per una serie di ragioni che capisco, anche se avrei preferito vedere un altro mio film.

Com'è nato questo film? È nato in un modo, direi, persino casuale, per degli strani e miracolosi percorsi che ogni tanto attraversano la vita di un artista. Io tornavo, mi ricordo, una notte, da Parigi, dove ero stato per presentare il mio film *Caccia tragica*, e mi fermai

[1] Conferenza tenuta a Bloomington presso la Indiana University – De Santis mi ha dato la cassetta contenente la conferenza che ho sbobinata come per le altre conferenze incluse in questo volume.

alla stazione di Milano per aspettare la coincidenza per Roma, per proseguire con il treno per Roma ed era l'una, o le due di notte, era molto tardi, questo intorno al '47, verso la metà dell'anno '47; improvvisamente in questa stazione solitaria, direi anche particolarmente angosciosa – erano gli anni del dopoguerra in Italia, quindi anche pieni di paura e di timori – io sento da lontano salire dei canti che man mano aumentano, man mano diventano proprio quasi un tamtam, un rombo nelle mie orecchie. Io vado verso questo suono e trovo improvvisamente due binari di treni con due treni già pronti, assiepati di ragazze, donne, anche qualcuna anziana, che cantavano i canti delle mondine. Mi informai su chi fossero e mi risposero che stavano andando alle risaie – era allora il mese di maggio perché la monda si fa esattamente in quei mesi – e allora io, improvvisamente in questo universo femminile, che naturalmente mi piaceva in modo particolare, essendo anche molto giovane allora, mi fermai a guardare insomma, in sostanza persi il treno per Roma, per passare la notte con le mondariso. Così è nato *Riso amaro*, questa sorta di affresco popolare, potrei dire, perché in realtà è un film, vedrete, che ha una storia che può sembrare, scusatemi la presunzione, molto banale, molto romanzesca; in realtà io tentavo proprio attraverso questo elemento di storia banale e romanzesca di essere al livello dei miei protagonisti, dei personaggi che io rappresentavo. Allora la cultura nel nostro paese era davvero poco diffusa, noi abbiamo ereditato nell'immediato dopoguerra un paese che aveva, credo, un buon 60-70% di analfabetismo e quindi la cultura con la quale io avevo a che fare era di livello molto basso. Perciò io ho usato, ho scelto, e con il mio collaboratore insieme abbiamo selezionato una storia che fosse la più semplice, la più espressiva per questo tipo di mondo che andava a rappresentare. Vi dico questo perché naturalmente una delle critiche maggiori che è stata sempre fatta a questo mio film è che ha una storia troppo romanzesca, troppo – da noi si dice, non so se voi questo termine possiate afferrarlo – fumettistica, cioè che somiglia a quelle storie che sono le storie dei fumetti. Ora, io ancora oggi difendo questa impostazione, perché questo mi ha consentito anche di fare un film che ha avuto un immediato, grande successo popolare. Come voi sapete questo film ha avuto una grande star, che allora non era una grande star, era una ragazza qualsiasi, una ragazza direi anche – con un'espressione che si è usata molto per definire il cinema neorealistico di quegli anni – una ragazza "incontrata per la strada". In realtà poi non era stato così, anche qui vi racconto un altro aneddoto perché sono cose curiose che possono darvi la misura di come certe volte il miracolo, la magia, direi anche l'elemento di destino influiscano sulla scelta di un attore o di un altro attore. Io avevo invitato tante ragazze a presentarsi allo studio, che doveva produrre il film, e vennero molte ragazze; venne, mi ricordo, anche Silvana Mangano [1930-1989], accompagnata da un'amica, e venne, naturalmente, come tutte le ragazze di solito credono di dover andare dal regista: pettinandosi in modo particolare, con molto rossetto, cioè carica, era un'altra persona, era una cosa abominevole. E mi ricordo, mi fece impressione solo per questa sua qualità assolutamente abnorme e le dissi: «Va bene, arrivederci, buona notte». Poi, mentre ancora continuavo la ricerca di questa mia protagonista, che volevo in un certo modo e che non riuscivo a trovare, nel quadro degli attori italiani, improvvisamente, un giorno, mi ricordo, mi trovavo in via Veneto a Roma – resa famosa da *La dolce vita* [1960] – e camminavo, era un giorno di pioggia e camminavo sotto il muro, proprio accanto al muro; ad un angolo, proprio ad un angolo di strada, incontro, più esattamente mi scontro, con una ragazza che aveva i capelli tutti bagnati, non aveva rossetto, aveva un piccolo trench povero, poverissimo, e un particolare che mi è rimasto in mente sempre, per tutta la vita, aveva una piccola rosa in mano. Lei si scontrò con me e mi disse: «Ma, Dottore, è lei?» – voi sapete che in Italia "dottore" oramai, è un termine che usano tutti. Io dissi: «Ma chi sei tu?», lei disse: «Ma come non mi riconosce? Sono Silvana Mangano». In quel momento io vidi un'altra Mangano, vidi esattamente il mio personaggio, quello che io cercavo, cioè una ragazza della strada, una ragazza qualsiasi, una gran bella ragazza, straordinaria, io le feci il provino e questo fece la fortuna della Mangano e forse anche del mio film. Io non ho mai ben appurato se il successo, il grande, mostruoso successo di questo film è dipeso più dalla Mangano o se invece è dipeso più dalla mia capacità di fare il regista. Questa è ancora una cosa da esplorare. Ad ogni modo andiamo avanti, vediamo che altro io vi posso dire. Erano gli anni, come vi ho detto, dell'immediato dopoguerra; il film affronta con passione, con grande, direi anche, lasciatemelo dichiarare, coraggio, un tema che in quel momento era assai dibattuto nel mondo politico italiano, che era quello del rapporto tra il capitale e il lavoro. È un film quindi sul lavoro e su tutto quello che il lavoratore fa per accedere ai luoghi di lavoro, in questo caso particolare il lavoro riguarda le donne, quindi le donne avevano ed hanno ancora, tuttora, anche se la situazione è estremamente migliorata, sempre maggiore difficoltà degli uomini ad entrare nel mondo del lavoro. Poi, tra l'altro, il mercato del lavoro presentava poca presenza femminile, anche se questo tradizionalmente è un mestiere che fanno soltanto le donne, e vedrete che una sorta di *speaker* lo dice all'inizio del film; è un lavoro proprio che, per la sua pazienza, per la sua delicatezza, per la sua grande resistenza fisica – io dico che questa naturalmente è una menzogna inventata dagli uomini – possono farlo solo le donne. Questo pregiudizio è un altro dei modi del maschilismo per rigettare sulla donna i lavori pesanti. In realtà lo può fare qualsiasi altra persona. Certo è un lavoro molto, molto duro. Io mi auguro anche che questo film, – ormai le risaie non ci sono più in Italia, – abbia contribuito a fare scomparire questo mestiere che oramai fanno soltanto le macchine. Io mi illudo di questo fatto, voi sapete che molte volte gli artisti si fanno di queste illusioni. Io una volta sono andato a rivedere i vecchi posti in cui avevo girato questo film; trovai, al posto di questa grande, meravigliosa isola di donne che è la risaia, trovai, con grande tristezza, dei mostri di macchinari che facevano tutto da soli. Forse qui in America voi siete più abituati ai mostri, in Italia soprattutto io e quelli della mia generazione non siamo molto abituati. Allora mi fece molta impressione questo e devo ammettere che ebbi molta nostalgia delle mie mondariso.

Il film che voi vedrete naturalmente ebbe molte noie, perché quegli anni erano anni duri per la politica italiana e fare dei film, che denunciavano situazioni di lavoro come quelle che dovevano sopportare le mondariso, non era molto ben visto dai nostri governi, anche se in quell'anno, proprio in quell'anno, il governo italiano aveva una sua larga rappresentanza anche di sinistra e non solo di destra. No, nel '48, scusate, correggo, nel '48 le sinistre erano già uscite, io non voglio usare il termine "cacciate", diciamo, erano uscite dal governo e si formarono da allora dei governi di centro, di centro-destra, il centro sinistra arriverà molto dopo, nel '62, '63. Ora, dovete capire che fare un film come *Riso amaro*, in quelle condizioni non fu facile e ricordo ancora una cosa, devo dire, straordinaria, il terzo miracolo del film. Io faticai molto, faticammo molto allora con i produttori a trovare una risaia, cioè un padrone di risaie che ci desse la possibilità di girare nelle risaie per denunciare, mostrare anche la condizione in cui queste donne lavoravano, dormivano e infatti non lo trovammo.

Ci venne in soccorso la FIAT, pensate, ci venne in soccorso Gianni Agnelli [1921-2003], ironia della sorte, perché poi la vita presenta anche di queste tragicommedie: a offrirci la possibilità di denunciare, di dire tutto quello che avevamo in animo di dire, e che credo che sia stato detto a sufficienza nel film, fu proprio il massimo del capitale finanziario italiano, il massimo dell'industria italiana a darci la possibilità di fare un film di denuncia sulle condizione del lavoro femminile. Io vorrei chiudere con questo, rimandando un po' al dibattito le domande che voi potete farmi sul periodo al quale questo film appartiene, che è appunto la grande epoca del cinema italiano oramai mitico, del periodo neorealistico, e altre domande che avrete in animo di fare. Credo che un regista che spieghi quello che ha fatto è un cattivo regista, secondo me, perché o il film parla da solo oppure è meglio non averlo fatto. Quindi ci rivediamo magari dopo. Vi ringrazio di avermi ascoltato e grazie all'Università qui a Bloomington che mi ha invitato, mi ha offerto l'occasione di stare un po' con voi.

De Santis, dopo la proiezione del film

Vorrei cominciare magari io, così scaldo l'ambiente, come si dice. Certo voi avete visto nel peggiore dei modi questo film, *Riso amaro*, forse non avete neanche visto *Riso amaro* perché se c'è un film che non dovrebbe essere proiettato alla televisione, in uno schermo piccolo, è proprio *Riso amaro*, che ha proprio come impostazione un grande respiro, grandi esterni, grandi masse, quindi, se in qualche modo vi è piaciuto così, ecco io dico che forse il film è migliore di quanto voi abbiate visto, questo almeno come augurio per me, anche come alibi, se voi volete.

Vorrei iniziare con un paio di osservazioni su quelli che erano i miei obiettivi da raggiungere con questo film. Intanto devo ricordarvi che la caratteristica del mio cinema, del cinema che io amo, che poi ancora ho continuato a fare dopo *Riso amaro* e che, se mi lasceranno il tempo o mi daranno mai l'opportunità di fare ancora qualche altro film, continuerò, immagino, è che il mio è un cinema utopistico, un cinema visionario, un cinema dell'iperbole, un cinema che è sempre ai limiti della credibilità. Ecco, a me piace molto questo gioco di sfiorare il credibile e cercare, nel possibile, di non superare mai questi limiti. Quindi, avete visto un cinema molto gridato, molto di confezione, vorrei dire proprio che avete visto un film che può sembrare una contraddittorietà o una contraddizione nell'ambito di quello che è stato il movimento neorealistico italiano. Inoltre se aggiungiamo che come autore del film ci sia poi uno dei protagonisti, uno dei testimoni di questo movimento, allora *Riso amaro* sembrerebbe ancora più contraddittorio[2]. Nei miei film ho portato avanti il discorso che parte sempre dalla realtà, ma che è un discorso di finzione. Voi sapete che questo movimento fece come propria scelta di sviluppo creativo e artistico quella del rapporto con la realtà, con il quotidiano, mostrando l'uomo che affonda nel territorio dove abita e l'uomo che si muove in mezzo ad altri uomini che hanno una complessità di umori, di angosce e di paure. Queste sono tutte cose che al cinema italiano che precede il periodo neorealistico non appartengono, perché chi di voi ha un tantino di dimestichezza o ha una buona dimestichezza con il cinema italiano del periodo fascista sa bene che la realtà era comunemente assente da questo cinema, soprattutto erano assenti le classi lavoratrici, le classi subalterne, che invece nel cinema italiano sono apparse solo e soltanto dopo la guerra. Per un effetto molto semplice, molto spontaneo, perché proprio con la caduta del fascismo in Italia si realizzano certe determinate condizioni storiche. E direi che proprio la caduta del fascismo e quindi le forze che hanno lottato per far cadere il fascismo e hanno fatto la Resistenza e la guerra di liberazione, in Italia sono poi quelli che saranno i veri, i grandi protagonisti del cinema italiano: operai, artigiani, pescatori, gente di buona volontà, come si dice da noi, gente non di grande importanza nel tessuto sociale della vita italiana.

Con l'avvento del Neorealismo, queste classi subalterne, queste classi lavoratrici, in tutte le loro stratificazioni, naturalmente, per la prima volta acquistano il ruolo di protagoniste nel cinema italiano, lo acquistano in virtù di questo nodo storico che c'è stato, e che ha portato per la prima volta, nella storia moderna della storia d'Italia, ad acconsentire alle grandi masse lavoratrici di avere le armi e quindi di conquistare la libertà e di lottare anche per il proprio riscatto, proprio attraverso le armi. Questo ha dato loro la possibilità di assumere un ruolo di protagonisti poi nel cinema italiano. Certo, c'è voluta la volontà degli autori italiani, c'è voluta la

[2] Da queste considerazioni di De Santis è nata la mia idea di includere il saggio sulla presunta anomalia o contraddittorietà del neorealismo desantisiano.

volontà di questo gruppo abbastanza esteso di autori italiani che hanno fatto proprio questo nodo storico, questo che è stato appunto un cambiare pagina nella storia d'Italia. Non sto a raccontarvi come e quando – se invece avete voglia di farmi delle domande, le farete – tutto lo sviluppo del cinema neorealistico è finito, è morto, è scomparso dal cinema italiano, oppure ha lasciato delle tracce che non sono più quelle di una volta. Per quello che mi riguarda, io voglio dirvi che tutto quello che avete visto in questo film e che non sembra avere grande credibilità, è dovuto a una mia scelta di stile, perché a me piace partire da una situazione che è quasi documentaristica, ma poi sul documento far campeggiare la fantasia, sprigionare la fantasia. Per esempio, certamente le condizioni di lavoro delle mondine erano tali; per questo tra loro non potevano parlare, o per lo meno il chiacchiericcio tipico dell'universo femminile era limitato a poco, ma l'invenzione del canto attraverso il quale loro parlano è una pura invenzione, non esiste nella realtà. Ma a me che cosa interessa? Interessa prendere la sostanza della realtà, perché, secondo me, soltanto questo tipo di sostanza mi dà la realtà in un modo più perfetto, più poetico e più profondo. E così potrei dirvelo per altre cose, per esempio, voi avete visto che qui c'è una scena che può essere ai limiti del credibile, ma che non lo era per me, che non lo è nella sostanza, quando cioè la mondariso che è incinta abortisce in acqua. Ripeto, è un'iperbole, ecco perché vi ho detto che io sono il regista delle iperboli, dell'eccesso, dell'accumulazione di suono, voci, significati, e allusioni. Certamente, probabilmente, in risaia non è mai accaduta una cosa di questo genere, o può darsi anche che sia accaduto, però questo restituisce al massimo una condizione dolorosa, terribile, del lavoro in risaia. Ultima cosa, fatemi dire, è che a me interessa l'uomo immerso nel paesaggio, immerso nel territorio, a me interessa l'uomo che si muove nell'ambito di un ambiente che è quello che lo circonda. E come avete visto, probabilmente qualcuno di voi avrà notato, molto spesso nel linguaggio del mio cinema la camera parte da un dettaglio per allargarsi poi, e quindi parte dall'individuo per allargarsi e va nel collettivo, va dal particolare al generale. Questa forse è una caratteristica del mio lavoro, che ha un suo significato ideologico, che ha un suo significato direi anche di impostazione di linguaggio cinematografico, forse per tanti aspetti anche non usato, credo, da altri registi prima di me. Tenete conto che il film è del '48; dopo di me si diffonde quello che si chiama da noi, non so quale sia l'espressione da voi, il "piano sequenza", cioè quella inquadratura che consente al regista di legare una serie di piani e girare con un unico movimento di camera una serie di nodi del racconto che si vuole svolgere. Avete visto anche che il mio cinema è fatto di belle immagini, il mio cinema è fatto anche qualche volta di giochi con la camera da presa, perché anche questo vuole avere un suo significato. Io credo al cinema ancora come fenomeno da baraccone, scusate se mi si consente di dire queste cose, per me il cinema è ancora un rito che si svolge in grandi sale di proiezione con molta gente, è un luogo dove c'è un'aggregazione come c'è nella chiesa, quindi c'è un rito, perciò io vi ripeto: il mio cinema è un cinema soprattutto di finzione che però poi rimanda continuamente alla realtà. Detto questo, io mi aspetto delle domande da voi, per potervi magari illustrare delle cose che vi possono aver interessato di più e altre che vi hanno interessato di meno, naturalmente non abbiate timore di farmi delle critiche, anche se io già so che cosa si può dire di un film di questo genere. Semmai vi dico soltanto: «Abbiate un pochino di pietà nei miei confronti»!

Iniziano le domande.

De Santis: Io la pregherei di parlare un po' più forte perché, tra le altre cose, sono anche un po' sordo.

Domanda: La pregherei di parlarci del modo in cui la cultura americana ha influenzato il suo cinema e in particolare *Riso amaro*.

De Santis: Beh, la cultura americana, in modo particolare, la narrativa americana moderna è stato uno dei punti di riferimento per noi, per quelli della mia generazione, assai importante sul piano culturale. Tutti noi – lasciatemi dire dei paroloni che possono sembrare esagerati, ma non trovo altri termini poi per esprimermi – direi che siamo diventati antifascisti amando la cultura americana, proprio perché la cultura americana, la narrativa americana, io parlo della grande narrativa americana, da Hemingway a Caldwell, a Steinbeck che sono gli autori proprio amati dalla mia generazione, un po' meno Fitzgerald, che da noi è arrivato con un po' di ritardo. Vi sembrerà strano ma questa narrativa destava dei sentimenti, evocava il sentimento di una grande democrazia, perché appunto dentro questa narrativa c'era la molteplicità di classi, che noi nel nostro cinema, nella nostra cultura non sentivamo, non toccavamo con mano. Se voi pensate, nella narrativa italiana bisogna arrivare a Verga perché il popolo con tutte le sue stratificazioni sociali entri nella letteratura italiana. Voi penserete a Renzo e Lucia di Alessandro Manzoni, che però sono personaggi che rientrano in una linea strutturale che serve soltanto di condotta per sviluppare altre tematiche, mentre invece la narrativa americana che leggevamo era piena di personaggi che cercavamo. *Furore*[3], io penso a *Furore*, penso a *La via del tabacco*[4], penso a tante cose, persino a John Fante [1911-1983], che era un autore allora conosciuto da un gruppo di intellettuali antifascisti italiani. Sì, persino John Fante ci rimandava qualche cosa che non avevamo. Tant'è vero che la prima volta in cui si rivede un disoccupato e del trasgressivo nel cinema italiano durante il periodo fascista, è stato non a caso in un film di Visconti che si chiama *Ossessione*. Mi auguro che molti di voi lo abbiano visto, questo film era ispirato ad un racconto di James Cain, *Il postino suona sempre due volte*, che noi trasferimmo proprio in un paesaggio italiano, che in particolare era quello intorno a Ferrara, nell'Emilia Romagna, la regione d'Italia industrialmente più avanzata e dove anche l'agricoltura era in quel periodo in una fase di maggiore sviluppo che in altre situazioni italiane. Quindi questo soffio di democrazia, che ci veniva da questo grande respiro della letteratura americana, ci ha sicuramente influenzato molto. Le dirò di più, quando diciamo letteratura americana diciamo anche cinema americano. Il cinema americano del *New Deal*, del periodo del *New Deal*, proprio del periodo rooseveltiano, per noi è stato uno dei punti di riferimento importantissimi, fondamentali, ma quel cinema del *New Deal* che va sia da *La folla*, ad *Alleluiah!* di King Vidor, fino alla commedia di Frank Capra, che è la commedia dell'ottimismo, e lasciatemelo dire, anche fino al musical.

Il musical in che senso? Io sono, credo, uno dei registi che ha avuto più a che fare con il musical americano e in *Riso amaro* voi avete potuto vedere molte cose che sono mutuate dal musical americano, perché molti movimenti di gru, tanti movimenti della camera che si aggira sui corpi, intorno ai corpi di queste mondariso, sicuramente erano l'influenza che io subivo o comunque erano la mediazione che io trovavo tra un cinema che io amavo molto, che

[3] Titolo italiano del romanzo di John Steinbeck, *The Grapes of Wrath*.
[4] De Santis si riferisce a *Tobacco Road* di Erskine Caldwell

mi piaceva, e il cinema che io volevo fare, quindi anche il musical è entrato per lo meno nel mio cinema. Io non credo soltanto nel mio cinema, io per esempio personalmente penso che *Otto e mezzo* di Fellini prima ancora che un film sia un grande musical, ha la struttura di un musical, ma è un vero musical, secondo me, non all'italiana, ma un musical all'americana. Se io dovessi, oggi, scrivere un saggio su *Otto e mezzo* [1963] comincerei con il dire che Fellini è un grande regista di musical. Mi dispiace che a Fellini non abbiano mai fatto girare un musical, a parte *Ginger e Fred* [1985], che però c'entra trasversalmente con il musical. Quindi, vedete, la cultura americana è stata per noi molto importante, di grandissima importanza, in modo particolare per me, ma direi in generale per tutto quanto il gruppo degli intellettuali della mia generazione, poi anche per i registi che hanno fatto, che sono stati i protagonisti del cinema neorealistico.

Domanda: È la prima volta che vedo questo film e forse la domanda non le sembrerà tanto importante, però mi ha sorpreso il fatto che lei abbia scelto uno stile [...] quasi da giallo, perché c'è il ladro che scappa, [...] e questo aspetto del film mi interessa molto. Ci racconti qualcosa della genesi di questa scelta.

De Santis: Forse lei non c'era quando abbiamo cominciato.

Domanda: Mi ricordo bene che lei ha parlato della stazione di Milano, ma mi interessa soprattutto la scelta del ladro che cerca di scappare.

De Santis: Io ho detto che ho voluto usare una storia che fosse banale e che fosse una storia affascinante per il pubblico popolare per catturarlo a seguire un certo tema che mi interessava di più e che è appunto quello della denuncia di certe condizioni di lavoro sopportate dal mondo femminile; così ho scelto anche, ripeto quello che ho detto prima, questo tipo di racconto piuttosto romanzesco, per molti aspetti poco credibile. La credibilità non mi interessa, io voglio raggiungere la credibilità attraverso la sostanza della realtà, la sostanza della verità, non la verità documentaristica in modo banale e, direi, in sostanza anche poco artistica. Ho scelto questo perché ho ritenuto, ritenevo, ritengo ancora oggi, che per colloquiare con le grandi masse popolari italiane in quegli anni bisognasse scegliere un racconto di tipo estremamente semplice e di tipo molto affascinante, proprio come una storia di gangster, ripeto, anche perché, come ho detto prima, il livello culturale del grande pubblico italiano era molto basso in quegli anni. Noi avevamo un alto tasso di analfabetismo, quindi io con questo tipo di realtà dovevo fare i conti. Io rappresento un mondo che è un mondo semianalfabeta, o per lo meno un mondo poco acculturato, e allora secondo me è inutile mettersi in una posizione intellettualistica e trovare il racconto raffinato, il racconto di distacco documentaristico. No, è meglio essere dentro, esserci con il sangue dentro, così come ci sono questo tipo di personaggi che io ho trattato. Questa è stata una scelta, che è stata anche per molti aspetti, se lei vuole, ideologica.

All'inizio della mia carriera io avrei voluto fare lo scrittore, mi sarebbe piaciuto, ho pubblicato anche dei racconti su riviste letterarie con un discreto successo. Io vi sto parlando sempre di epoche buie per la democrazia in Italia, cioè '35, '36, '37, '38, fino agli anni Quaranta. Quand'è che ho smesso di fare lo scrittore? Quando ho capito che la scrittura non mi faceva comunicare con nessuno perché in Italia nessuno leggeva, e ho scoperto lo strumento del cinema perché era lo strumento di comunicazione di massa per eccellenza. Ora, scelto questo strumento per comunicare, allora è inutile usarlo in un modo intellettualistico o per fare un cinema per pochi intimi, come molti miei colleghi hanno fatto e hanno fatto benissimo a farlo; ciò non ha niente a che fare con i loro meriti artistici, non è una critica che faccio a chi ha scelto altre strade; ma io racconto la mia storia, la mia avventura di uomo di cinema. Ho smesso di scrivere perché io volevo comunicare con il più possibile di gente, con il più possibile di popolo, e lo strumento della macchina da presa mi dava questa possibilità. Potrei anche rispondere che probabilmente non ero nato scrittore e che quindi ho cambiato mestiere, però, forse, non ho neanche provato ad andare fino in fondo perché il cinema mi ha catturato immediatamente col suo fascino, che è un grande fascino che ancora conserva, salvo in questa saletta dove non avete che una televisione, dove qui noi stiamo assistendo ad altri riti, ma siamo tra un pubblico che studia, tra un pubblico colto.

Lasciatemi dire un'unica cosa: ritengo che questi mezzi qui non siano i più idonei alla ricerca, voi siete tutti quanti studenti che sono nel momento della loro vita in cui devono fare delle analisi, devono ricercare; ecco, questo strumento, la televisione, almeno rispetto al cinema, non è uno strumento di ricerca, perché voi non vedete qual è il colore, non vedete le atmosfere, non potete sentire quella che è la bellezza di un cielo in un certo modo piuttosto che in un altro, perché questo strumento non ve lo trasferisce, non ve lo può trasmettere, non ve lo potrà mai trasferire, il cinema ha bisogno di un altro spazio. [...] per ritornare un pochino a quando sono passato al cinema, la mia scelta è stata questa, è stata di fare un cinema concepito per essere inteso e compreso da un grande pubblico, che mi ha comportato molte rinunce, con molta sincerità, ha comportato molte rinunce per me, molte rinunce sul piano, anche, della finezza di certe scelte psicologiche; per esempio, molto spesso i miei personaggi, e qui ne avete visto qualcuno, sono tagliati un po' come diciamo noi in Italia, «con l'accetta». L'ho fatto per alcuni perché volevo che il personaggio arrivasse immediatamente a trasmettere il suo significato, mentre, invece, questo non accade, questo lo difendo, per il personaggio della Mangano. Silvana esprime – vi ricordo che eravamo sempre nel '48 – un grande malessere delle giovani generazioni italiane lavoratrici e un grande malessere giovanile in generale, che era quello di volere migliorare il proprio stato di vita, la propria condizione. Quindi, anche se lei sbagliava strada, il tunnel che infilava per cercare di superare questa sua condizione di lavoratrice scegliendo delle strade sbagliate, esprime un suo malessere e credo che questo malessere sia articolato abbastanza bene nel film, anche perché la ragazza rimanda a tanti miti che in quel momento proprio per noi incominciavano a nascere. Da noi i mass media cominciavano ad avere una loro importanza, direi anche persino strategica da un punto di vista propagandistico, e il personaggio della ragazza, di Silvana, li rappresenta tutti. Avete visto che ha il *chewing-gum*, legge il giornale a fumetti, balla il *boogie-woogie*, è *à la page*, come direbbero i francesi, proprio perché esprimeva questa condizione giovanile italiana. Sapete che questo film ebbe molte critiche, soprattutto da sinistra e soprattutto dai sindacalisti, perché mi accusarono dicendo che io avevo dipinto un mondo che non esisteva perché loro ancora pensavano che sulle aie delle risaie si ballasse il valzer, ma erano loro indietro. La loro mentalità rifletteva un'espressione italiana, sapete come si dice da noi? In italiano si dice: «sei rimasto al valzer», che come nel loro caso, significava che non conoscevano la loro realtà, perché sulle aie si ballavano altre cose, i desideri che c'erano erano di un altro tipo. Questo modo di dire era per raccontare un pochino la storia e la mentalità di quell'epoca.

Scusate, ma prima di ascoltare un'altra domanda, voglio aggiungere ancora qualche cosa a questo proposito, e rispondo sempre alla sua domanda. Il film suscitò un enorme scandalo naturalmente, e una delle altre accuse, che poi io mi sono portato dietro per tutta la vita, è quella che il film era un film di eccesso erotico. Ma chi criticava il film da questo punto di vista non capiva qual era la forza di erotismo che sprigionava da queste masse di ragazze, che arrivavano la mattina, si immergevano in acqua, vestite in questo modo molto disinvolto – che io dovevo cercare a mia volta di capire per ridare questo mondo attraverso il cinema. Quindi l'erotismo che c'è nel film è un erotismo che fotografa questo tipo di realtà, perché era questo quello che loro comunicavano. Una comunità di donne, ripeto ancora una volta, un universo di donne di questo tipo, molto variegato, di diverse età, esprimeva da solo questo grande erotismo, e guai ad un regista se non l'avesse a sua volta espresso. E ci fu anche il caso della Mangano: mi accusarono di aver usato le gambe e la bellezza della Mangano in funzione proprio plateale e strumentale, che è un'altra delle menzogne più assolute che riguardano il film, perché la scelta della Mangano, la sua bellezza, il suo atteggiarsi, il suo costume, nasconde dietro un motivo poetico. Un mondo così disastrato, un mondo di donne che è costretto a fare un lavoro così duro, così angoscioso, così per certi aspetti quasi degradante – queste donne si portavano dietro malattie per tutta la vita – veniva ancora di più esaltato da una bellezza che, così bella, veniva mortificata facendo questo lavoro. Più questa bellezza era forte e si immergeva dentro questo lavoro, e più il tema della denuncia di questa condizione di lavoro veniva fuori, quindi la critica non ha saputo capire neanche da che cosa muoveva questa scelta e perché io avevo desiderato una ragazza di questo tipo, bella, formosa, con un volto molto sexy. La ragione era questa, il rapporto tra il personaggio, il paesaggio, la sua condizione di lavoratrice veniva fuori solo in funzione di questo rapporto con la sua bellezza. Se io avessi utilizzato una bruttina, senza offesa per nessuna donna al mondo, per carità, io adoro tutte le donne, se avessi messo una donna con meno sensualità, con meno interesse, con meno fascino, probabilmente la denuncia del film sarebbe stata meno forte, almeno questo è quanto io credo e ripeto di aver voluto fare. Ma voi siete gli spettatori, quindi dovete giudicare voi.

Posso suggerirvi un elemento di studio, che è un ricordo molto bello che io ho ancora di questo film. Mentre giravo *Riso amaro* venne a trovarmi questo grande operatore, questo grande fotografo americano che è Robert Capa[5] [1913-1954] e fece un servizio straordinario, bellissimo, perché arrivò in un momento molto profondo, molto interessante del film, proprio mentre io giravo questa sequenza della ragazza che abortisce in acqua, che io considero personalmente la sequenza meglio riuscita, forse perché dentro questa sequenza c'è una espressività la più italiana possibile, perché ci sono molti riferimenti letterari, ai riti del canto meridionale, ci sono molti riferimenti pittorici, perché queste figure rimandano alla nostra grande pittura del Trecento, del Quattrocento, del Rinascimento nei loro atteggiamenti più belli. Ecco, lui venne a trovarmi proprio in quel momento e fece un servizio molto bello. Io credo che questo servizio sia uscito su «Life», dove lui collaborava, forse nell'ottobre-novembre del '48. Vi invito a ricercare questo servizio, così potrete avere un elemento in più di studio.

Domanda: E mi dispiace molto che appunto la scena che lei considera una delle più belle del film è stata quella che non abbiamo praticamente quasi visto perché il nastro non funzionava molto bene, infatti credo che molti si domandassero che cosa fosse successo in quel momento e lei ci ha spiegato invece che si trattava proprio di un aborto. Voglio anche ringraziarla per questa sua precisazione.

De Santis: Un aborto che si compie in acqua.

Domanda: Ora io le vorrei fare una domanda molto stupida, io non sono un intenditore di cinema, ma lei ci ha raccontato prima in che modo ha scelto il personaggio di Silvana Mangano. Ma come ha scelto Vittorio Gassman [1922-2000] e l'altro che mi sembra sia Raf Vallone [1917-2003], oppure mi sbaglio? E poi un'altra cosa, io ho letto, ed è stato anche detto molte volte dai critici del cinema italiano, che Vittorio Gassman, di fatti anche in questo film, fa sempre le parti del cattivo, o ne ha almeno fatte molte, specialmente quand'era giovane, perché era troppo bello e agli italiani non piacciono gli uomini belli, per cui i registi gli davano la parte del cattivo.

[5] Nato a Budapest come Endre Friedman, lasciò l'Ungheria a 18 anni, prima per Berlino e poi per Parigi, dove mutò il nome in André e assunse quello d'arte con cui è rimasto famoso.

De Santis: Gassman era allora, quando io lo scelsi per questo film, un attore studente che usciva dalla nostra Accademia di Arte Drammatica, che è la più prestigiosa Accademia di Arte Drammatica che c'è in Italia, come scuola statale, ed era uno dei giovani più in vista del teatro italiano. Io lo scelsi perché era, proprio con il suo volto, secondo me, il prototipo di quello che era la figura del fumetto che Silvana Mangano leggeva, bello, con il viso arcigno: lo scelsi in questa funzione, era un prototipo. Quindi Gassman direi che è più un prototipo che un personaggio nel mio film, tant'è vero che lui me ne ha sempre voluto per questo. Gassman non ha mai amato *Riso amaro*; ancora oggi, ogni volta che trova occasione per dirlo, dice molto male di questo film, dice che è un film brutto, che è un film falso e altre cose di questo genere, benché in realtà questo non essere personaggio, ma essere prototipo, gli ha portato molta sfortuna nella sua carriera, perché lui è stato scelto da allora in poi sempre per fare ruoli di cattivo, persino quando l'hanno invitato a Hollywood. Sempre per *Riso amaro* è diventato un uomo famoso, un personaggio famoso, perché poi proprio questo film, che lui non ama, è quello che gli ha dato la grande popolarità e notorietà per la sua carriera. Dopo *Riso amaro* gli hanno fatto fare il ruolo di cattivo fino ad un certo punto della sua carriera, fino a quando è arrivato un film di un mio collega che si chiama Mario Monicelli – e mi auguro che tutti lo conosciate, che abbiate visto dei film suoi – il quale gli ha capovolto il ruolo, gli ha fatto fare il ruolo di un popolano, di un ladruncolo molto simpatico[6], dove lui è molto, molto bravo, perché Gassman è un attore di grandissima qualità, anche se parla male dei miei film, ma non ha importanza, queste sue critiche non diminuiscono le sue qualità tecniche ed interpretative.

Per rispondere alla sua seconda domanda… Vallone, invece… come trovai Vallone? Io andai a Torino, dove ho girato il film. Io ho girato nelle risaie allora, come vi ho detto, di proprietà della FIAT, di Agnelli, e mi ricordo ancora che Agnelli – ecco ancora degli aneddoti, perché so che poi ai giovani questi aneddoti piacciono – veniva spesso a trovarmi in risaia, ma non per venire a trovare il regista di sinistra Giuseppe De Santis, ma per venire a fare la corte a una delle due sorelle Dowling, perché voi avete visto nel film, la donna che arriva in risaia dopo aver fatto la donna di servizio è Doris Dowling

[6] De Santis si riferisce al film *I soliti ignoti* del 1958.

[1923-2004], che era allora un'attrice americana di una certa notorietà e che in quel momento si trovava in Italia e che io scritturai. Lei aveva una sorella molto, molto bella, che si chiamava Constance Dowling[7] [1919-1969] – vi dirò anche questo, perché so che lo troverete molto interessante. Allora, Agnelli faceva la corte a questa donna, veniva a trovarmi spesso in risaia, ma Constance Dowling invece ha avuto un'altra grande importanza. Io mi auguro che tra voi ci siano studenti, dopotutto siete italianisti, quindi sapete o avete sfiorato questo nostro grande autore che è Cesare Pavese [1908-1950]; voi sapete anche che Cesare Pavese si è suicidato e una delle cause della sua crisi che l'ha portato poi al suicidio è proprio stata questa donna, Constance Dowling, che lui amava, ha amato alla follia, benché non riamato allo stesso modo. Ecco, ho infilato questa piccola notizia, che può servire a voi come novità.

Ecco, Vallone io lo trovai già che stava nella redazione di Torino de «l'Unità», il quotidiano comunista e si occupava della terza pagina. Vallone è stato anche un grande giocatore di football, il calcio; è stato non nella nazionale, non ha giocato in quella che si chiama la nazionale italiana, ma nei – da noi si dice – i "lupotti" della nazionale; sono quelli che sono allevati per la nazionale. L'ho scelto perché mi piaceva questo volto molto bello, allora aveva un volto molto bello, poi lui aveva un grande desiderio di fare il cinema, perché aveva fatto già un pochino di teatro tra amici, diciamo così, e noi scrivemmo, mi ricordo, il ruolo proprio tagliato su misura per Vallone; da quel momento io non so se abbia fatto la sua fortuna o la sua sfortuna perché lui non ha fatto più il giornalista, ha fatto l'attore.

Domanda: Quindi non era un attore professionista?

De Santis: No, né lui, né la Mangano, mentre lo era Gassman e lo era Doris Dowling.

Domanda: Ho due domande. Prima: dati gli sviluppi tecnologici e i nuovi mezzi tecnici, se lei potesse fare il film oggi col colore, che cosa farebbe o in che modo lo rifarebbe?

[7] *Verrà la morte e avrà i tuoi occhi*, dieci disperate liriche di Cesare Pavese sono dedicate all'attrice americana Costance Dowling, il suo ultimo grande amore.

Seconda domanda: Quali furono i principali problemi tecnici che lei incontrò durante la produzione del film allora e forse come potrebbe risolverli oggi, usando, utilizzando la tecnologia moderna?

De Santis: Io ritengo che i film sono irripetibili, non si può fare un altro *Riso amaro*. Vi dirò anzi che ci hanno provato molti altri registi con scarso risultato. Credo anche che, se io riproponessi di nuovo *Riso amaro*, intanto non sarebbe questo, sarebbe un'altra cosa, anche perché io ritengo che una delle forze di suggestione che ha *Riso amaro* ancora oggi è che il film è antropologico. Perché questo tipo di volto della società contadina di ieri non esiste più, è mutato in Italia. Io troverei già delle grandi difficoltà a trovare i volti, i personaggi, dovendo ambientare il film nella stessa epoca, perché oggi non c'è più la monda. Ecco, una delle forze di questo film è questo: di rimandarci antropologicamente ad un certo stadio di sviluppo della società contadina italiana, quindi io direi che non posso pensarlo né a colori, né in bianco e nero. Per me non esiste il problema. Le dirò che non è esistito neanche per tanti anni durante la mia carriera quando, con un atteggiamento del tutto mercantile, molti produttori mi hanno proposto di fare la serie di *Riso amaro*, come accade sempre. Io ho sempre rifiutato, tant'è vero che poi con le stesse coppie di attori, Gassman, Mangano, Vallone, hanno fatto altri miei colleghi – Alberto Lattuada [1914-] per esempio – altri film, come per esempio *Mambo* [1954], *Risaia* [1956] e non so che altre cose, comunque sempre per sfruttare lo stesso terzetto di attori, ma io mi sono sempre rifiutato[8].

Per venire all'altro problema, io le dirò una cosa che fa parte proprio veramente del processo della creatività di un autore, che così come per uno scrittore vale anche per un regista, o per un pittore; che, attraverso certi canali, arriva a fare una certa inquadratura o ad articolare un certo movimento di macchina o un movimento di gru, ma questi sono sempre molto misteriosi da in-

[8] De Santis si riferisce al film di Robert Rossen del 1954 in cui Mangano lascia i suoi amanti per la carriera di ballerina, il film è famoso per la scena in cui lei balla la danza che ha dato il titolo al film. *La risaia* di Raffaello Matarazzo anche se non menzionato da De Santis, ha molti punti in contatto con *Riso amaro*. Nel 1952, Lattuada ha girato *Anna* con Raf Vallone, Gassman e Mangano, fu un tentativo di ripetere il successo di *Riso amaro*.

dividuare, molto, molto misteriosi da analizzare. Io le voglio dire una cosa: io ho fatto l'assistente regista di Visconti in *Ossessione*. Quando io ho fatto questo film con Visconti avevo già alle mie spalle un diploma preso alla scuola italiana di cinematografia per la regia. Visconti era al suo primo film e non aveva fatto nessuna scuola. Io, tecnicamente, ero più preparato di Visconti, ma quando vidi Visconti in azione, mi sembrava come se si fossero accesi dei grandi lampioni, delle grandi lampadine perché quest'uomo andava avanti e inventava, creava il linguaggio attraverso canali che sono misteriosi, perché il processo della creazione secondo me è una cosa molto, molto misteriosa. Ecco, io ne ho individuato qualcuno prima, vi ho detto, sono certo che dal musical americano io ho mutuato una serie di scelte tecniche che ci sono, di linguaggio, applicandole però, calandole dentro la mia cultura, dentro la cultura italiana e qui sta la qualità di questa operazione, perché se io le avessi applicate ad un musical avrei fatto solo un'opera di ripetizione, mentre invece applicandolo, trasferendolo su un altro elemento di tessuto sociale, elemento di racconto, diventa un lavoro di assimilazione. Difficoltà ne ho incontrate tante, perché soprattutto le difficoltà dipendevano dal fatto che le ragazze lavoravano in acqua dalla mattina alla sera e avevano dei grandi problemi – scusate se tocco anche dei problemi intimi – cioè le ragazze che stavano molto in acqua tutta la giornata avevano dei problemi di mestruazioni molto gravi. Io mi ricordo che molti giorni con la Mangano non potevo lavorare, perché stando dalla mattina alla sera in acqua, lei aveva le sue faccende, scusate se parliamo di queste cose, ma è bene anche non nasconderle, lei aveva le sue cose, due, tre volte al mese per esempio, che non mi consentivano di lavorare. Quindi, è un elemento che mi ha molto spesso trattenuto dal fare certe cose piuttosto che certe altre tecnicamente, per paura, per non affaticare, per non creare dei grandi problemi. Perché a lavorare quando si ha un soggetto cinematografico che lavora in acqua si è per forza, per necessità tecniche, portati ad uniformare la propria scelta tecnica, il proprio linguaggio a quello che consente il territorio. Io direi di essere andato veramente oltre quello che mi consentiva il territorio, perché queste mie gru – io mi auguro che siate abbastanza dentro al linguaggio cinematografico – sulle quali io piazzavo la macchina da presa, che si alzano, scendono, entrano, esplorano corpi, gambe, e altre cose di questo genere, erano già dei grandi risultati, quindi difficoltà tecniche ne ho incontrate molte, per esempio, eccovi un paio di aneddoti che posso raccontarvi. Silvana Mangano era un'interprete che qui ha incontrato miracolosamente il suo personaggio, era proprio lei che era così, quindi io non ho fatto grandi sforzi per indirizzarla verso un certo tipo di recitazione, verso un certo tipo di personaggio. Anzi, le dirò di più, che se si guarda la sceneggiatura di *Riso amaro*, quella scritta a tavolino, il personaggio della Mangano è molto, molto inferiore a quella che è poi la sua presenza sullo schermo. Direi che proprio a me è accaduto come, scusate la presunzione, a Luigi Pirandello [1867-1936]: io andavo dietro a questo personaggio perché sentivo che era un personaggio che – come si dice da noi – "tirava", gli andavo dietro ed ero felice di andargli dietro perché sentivo che il personaggio cresceva, si sviluppava e andava bene. La Mangano era molto pigra e allora molto spesso, nel cambio di inquadratura tra una inquadratura e l'altra, io me la scordavo in acqua, la lasciavo lì in acqua e andavo a fare un'altra inquadratura e lei che era molto disciplinata, ma anche pigra, restava lì finché io non la chiamavo. E da questo è nata una delle più belle fotografie, che poi è diventata un poster, che è quella in cui c'è la Mangano in primo piano con le gambe e le calze nere e, nel fondo, una cavalla, una cavalla bellissima. Ma quella cosa è nata per caso, perché la Mangano non si è spostata, è rimasta lì in acqua, avevamo finito l'inquadratura, allora i fotografi le si sono gettati addosso. Per dirle un altro degli aneddoti del film. Un altro ancora che volevo raccontarvi è questo. Io spero che la scena della macelleria ci sia, che non sia stata anche quella sacrificata.

C'è la scena della macelleria, in cui ci sono le carni? C'è il finale di questa sequenza? Bene, ho sentito che questo c'è. Io ho girato questa sequenza per una settimana intera e naturalmente i produttori, che vogliono sempre risparmiare, non hanno mai cambiato la carne per una settimana. Ora, questo per darle una risposta anche a quello che è il processo creativo che passa, ripeto, sempre attraverso dei canali misteriosi. Io non ho mai sentito il disagio di stare in mezzo a una carne, scusate, che aveva una settimana, ma tutta la *troupe* sì, e pare che io abbia alla fine della settimana, finita la sequenza, esclamato: «Ma non sentite uno strano odore qui?». Ho rischiato di essere linciato, perché ero l'unico che non si fosse accorto di questo, perché avevo vissuto come in *trance*. Ma anche in questo caso, ecco ho risolto una grande difficoltà tecnica che io ho dovuto affrontare anche se, nell'inconscio, in realtà poi questa carne per me non puzzava.

Constatando le difficoltà dell'interprete, a questo punto De Santis dice: «Mi dispiace [...] che ti dia delle cose da tradurre che sono molto complesse e molto impegnative».

Domanda: Ha già un'idea per il suo prossimo film?

De Santis: Non solo ho un'idea, il film è già pronto nella sceneggiatura, però non vorrei, come è accaduto per tanti altri miei film che non ho fatto, dei quali ho scritto la sceneggiatura, ma poi, per una ragione o per l'altra non me li hanno fatti fare, che anche questo non debba finire nello stesso modo[9]. Mi auguro invece questa volta – già siamo a punto buono – di poterlo portare a termine. Vi dirò che è un tema molto interessante, credo per voi donne soprattutto, ma anche in generale, ed è ispirato, come sempre, come quasi tutti i miei film, ad un fatto di cronaca realmente accaduto in Italia. Come sapete, l'Italia ha vissuto la grande tragedia del terrorismo, sapete anche che in questa tragedia sono state coinvolte almeno due generazioni di giovani, la generazione che ha oggi trent'anni e la generazione che ha anche quarant'anni e anche le generazioni come la mia, padri, fratelli, famiglie: è stata una grande tragedia nazionale. Ora, è accaduto in questi ultimi tempi che ci siano molti di questi terroristi che si sono o pentiti o dissociati, non so se comprendete questa parola «dissociati», vuol dire che hanno rinunciato alla lotta armata e hanno detto: «Noi con la lotta armata abbiamo sicuramente imboccato una strada che era sbagliata, che era ingiusta, anche se le motivazioni per le quali abbiamo fatto questo forse sono ancora tutte quante socialmente e storicamente in piedi». Questi sono i dissociati. È accaduto che un gruppo di ragazze, esattamente dieci ragazze, dieci donne, in virtù di alcune leggi a mio giudizio molto illuminate che ha varato il Parlamento italiano, hanno potuto godere – questo accadeva nel 1986, tre anni fa – di quattro ore di libertà, tutte insieme, sono uscite per quattro ore – la città è Torino, loro sono nel carcere delle Nuove a Torino – per assistere ad uno spettacolo al quale in qualche modo loro, in una serie di seminari che facevano in carcere, hanno potuto collaborare. Allora io raccon-

[9] Il film non è stato girato, ma siccome all'archivio De Santis della Wake Forest University abbiamo la sceneggiatura, ho incluso nel presente volume un mio commento presentato a Venezia nell'ambito di un simposio sul terrorismo tenutosi a Casa Artom, nel dicembre del 2005.

to, come mi è accaduto spesso nei miei film – voi non conoscete un mio film che si chiama *Roma ore undici* [1953] ma anche quello è inspirato ad un fatto di cronaca – io faccio la storia di questa giornata, dal momento in cui le mie ex terroriste si svegliano, al momento in cui si preparano ad uscire dopo otto anni di carcere. Per la prima volta possono vestirsi, forse in un modo elegante, forse in un modo diverso, dipingersi di nuovo, riavere un rapporto di nuovo con la realtà sociale, percorrere la città, accompagnate, sia pure scortate dalla polizia, assistono a questo spettacolo che non è quello che avevano programmato, non voglio rivelarvi una trovata che c'è, perché quando vanno a teatro lo spettacolo non si svolge, si svolge un'altra cosa. Dopo lo spettacolo loro riescono, vengono accompagnate, chiedono il permesso di fare quattro passi, di fermarsi in un caffè a prendere qualche cosa, un whisky, un liquore, dopo di che le rimettono sulle macchine e ritornano in carcere, le porte del carcere si richiudono alle loro spalle. Questa è la struttura del mio film che riguarda dieci personaggi con dieci, naturalmente, storie diverse, con dieci provenienze diverse anche, ideologicamente, e che non ha neanche un flashback, che è raccontato tutto quanto così come io ve l'ho raccontato. Io mi auguro di poterlo girare questo film, con dieci donne, naturalmente per me sarà un ritorno di nuovo ad avere un'aggregazione di donne, quindi sarà un film sicuramente che mi darà molti grattacapi, molte cose da fare, ma soprattutto la cosa più importante è che io possa farlo, perché lo faccio in quanto considero che la società deve fare un gesto per tentare di recuperare socialmente queste donne che sono – io ho conosciuto molte di loro per poter costruire il film – donne di una grande sensibilità, di una grande intelligenza, sono donne che, se non avessero alle spalle delitti purtroppo atroci, avrebbero veramente diritto a tutto il nostro affetto, a tutta la nostra considerazione. E mi auguro per loro che questo film possa dare loro una mano, perché recuperino il rapporto con la realtà, sia pure scontando le loro pene, che sono delle pene che sono state loro inflitte dai tribunali civili e penali italiani.

La mia testimonianza tendenziosa nel ripercorrere il cinema italiano del dopoguerra[1]

De Santis: Vorrei iniziare ringraziando chi ha avuto la cortesia, la gentilezza di invitarmi, cioè il professor Antonio Vitti che è il promotore di questo mio lungo viaggio attraverso varie università americane; permettetemi anche di ringraziare anticipatamente il professore che dovrà sobbarcarsi non solo il compito di sentire le tre o quattro sciocchezze che io dirò, ma avrà anche la pazienza di doverle tradurre[2].

Ecco, io vorrei partire da una prima considerazione. La considerazione è la seguente: io credo di essere qui non in veste né di storico del cinema italiano né in veste di filologo, ma di essere soltanto un testimone di quello che nel cinema italiano è accaduto, soprattutto negli anni poco prima e subito dopo la caduta del fascismo. Quindi io fornirò una testimonianza, perché io sono un artista e un artista è sempre molto soggettivo, è legato soltanto al suo universo poetico ed è raramente oggettivo. Io credo che l'arte sia sempre di tendenza, l'arte è sempre schierata, non è mai oggettiva, questa è una mia opinione personale naturalmente e quindi, proprio perché l'arte è di tendenza, anch'io fornirò sicuramente una testimonianza tendenziosa, dato che vuole spronare, stimolare quelli che sono qui allievi a studiare le cose del cinema italiano. Definirei quello che sto per dire un intervento provocatorio, perché magari gli studenti cerchi-

[1] Conferenza tenuta da De Santis alla Wake Forest University, il 23 ottobre 1989, ultima tappa del viaggio attraverso gli Stati Uniti dove aveva tenuto conferenze presso alcune delle maggiori università degli Stati Uniti

[2] Il professore a cui si rivolge De Santis è Allen Mandelbaum, traduttore dei maggiori classici latini e della *Divina Commedia*, che per mostrare la sua stima e l'apprezzamento per il regista e i suoi film, tradusse simultaneamente la conferenza.

no la verità un tantino più a fondo di quanto finora le storie ufficiali non abbiano consentito loro di apprendere.

Il cinema chiamato con il nome di «cinema neorealistico», ma lo si sarebbe potuto chiamare in tanti altri modi, è stato all'ordine del giorno della cultura internazionale e lo è stato proprio perché era profondamente nazionale, cioè un cinema profondamente radicato nella realtà italiana, nelle tematiche italiane, nelle problematiche italiane e, ripeto, io credo che sia stato all'ordine del giorno della cultura internazionale proprio perché era profondamente nazionale. Oggi le cose vanno un po' male per il cinema italiano perché questa forte identità nazionale che aveva è finita un po' male, perché il cinema italiano, invece di parlare italiano, parla oramai quasi tutto inglese. Logiche di carattere produttivo e ragioni anche di perdita d'identità hanno fatto sì che San Francesco d'Assisi parlasse inglese, che Marco Polo anche parlasse inglese e anche i personaggi di Bertolucci o dei fratelli Taviani parlino inglese[3].

Questo è un po' quello che accade oggi in Italia, e non capita a caso. Io vorrei ripercorrere, per capire che cosa è accaduto e perché siamo arrivati a questo punto, un po' il cammino del cinema italiano almeno dal regime fascista sino ad oggi. All'incirca, sia pure in modo del tutto schematico, il cinema del regime fascista si divideva per filoni: c'era un filone patriottico-storico, che ha prodotto per esempio un film come *Scipione L'Africano* [1937, di Carmine Gallone], ne avrete sentito parlare sicuramente; un filone comico-sentimentale, senza identità, chiamato addirittura da noi, proprio perché era un cinema di totale evasione, «il cinema dei telefoni bianchi», perché i telefoni bianchi in quegli anni, intorno agli anni '35-'40, erano un simbolo di evasione, di distacco dalla realtà, perché non c'era quasi nessuno che in casa possedesse un telefono bianco; e poi c'era un filone drammatico e di avventura che raccontava storie di leggenda molto poco credibili.

Bisogna chiedersi, allora: qual era la caratteristica particolare che distingueva questo cinema da quello del regime fascista? Era che l'Italia sembrava un Paese senza classi, come si dice oggi, un Paese

[3] Il regista si riferisce al film di Liliana Cavani, *Francesco* (1989) con Mickey Rourke nelle vesti del poverello d'Assisi. La Cavani, dopo più di venti anni, ritorna a filmare la storia di San Francesco dopo quella girata in chiave anticonformista con Lou Castel nel 1961. Nel 1987, Bernardo Bertolucci ha girato in inglese *L'ultimo imperatore* e i Taviani *Good Morning Babilonia* nel 1987.

interclassista. Nel cinema apparivano soltanto la piccola e media borghesia, e senza neppure le sue vere angosce, le sue paure, i suoi drammi che pure c'erano. La borghesia veniva vista e considerata in modo indifferenziato, nonostante avesse, tra l'altro, dato il suo appoggio, il suo consenso alla dittatura fascista e avesse contribuito a portare al potere Mussolini [Benito, 1883-1945] e i fascisti. Naturalmente c'erano delle eccezioni a questo. Alessandro Blasetti [1900-1987], probabilmente un nome che voi potete ricordare, aveva fatto dei film interessanti come *1860* [1934]; Vittorio De Sica aveva fatto, oltre a *Teresa Venerdì* [1941], un piccolo film sulla piccola-media borghesia abbastanza interessante, *I bambini ci guardano* [1943], e Roberto Rossellini, con una serie di documentari o di materiale che si riferiva in modo particolare al documentario, aveva creato delle rotture nel cinema italiano di regime. Queste erano le eccezioni, ma ci fu un'eccezione che era più eccezionale delle altre e che in qualche modo segnò una prima svolta del cinema italiano. Il film si chiama *Ossessione* [1943], fu diretto da Luchino Visconti, fu un film al quale io personalmente partecipai sia come sceneggiatore, come scrittore della sceneggiatura, sia come aiuto regista. Pur essendo stato girato nel '42, è ancora considerato oggi come il manifesto di un certo gruppo di intellettuali del cinema italiano che collaboravano con una rivista che si chiamava «Cinema». Questo film, che conteneva in sé i primi germi di un cinema che verrà dopo, nacque da questa rivista, nacque in seno a questa rivista che pure, ironia della sorte, era guidata, come direttore, dal figlio di Benito Mussolini, Vittorio Mussolini. Quali erano le diversità che c'erano in questo film? Ecco, per la prima volta appariva una classe operaia nel cinema italiano, nella figura di un operaio disoccupato che gira per le strade in cerca di lavoro; per la prima volta appare la famiglia frantumata perché c'è un tradimento coniugale; per la prima volta appare un paesaggio italiano, appare cioè l'uomo legato dentro il paesaggio italiano. Il film era ispirato ad un romanzo americano; il romanzo americano si chiama *The Postman Always Rings Twice* di James Cain, ed è molto significativo, io dico sempre, che proprio un romanzo americano sia servito in qualche modo d'ispirazione a quelle che poi saranno le prime basi del cinema che si svilupperà nell'immediato dopoguerra. Emblematico, ma non casuale, perché per tutta la generazione di intellettuali, alla quale anche io appartengo, la narrativa americana era stata qualcosa di estremamente importante, cioè quella narrativa che andava in giro per il mondo con il nome di John Steinbeck, di Erskine Caldwell [1903-1987], di John Dos Passos [1896-1970] e che era andata ben altrimenti in giro ancora prima con il nome dei grandi narratori Mark Twain [Samuel Langhorne Clemens, chiamato Mark, 1835-1910], Edgar Allan Poe [1809-1849]. È inutile che vi stia a elencare tutti i nomi, ma vorrei menzionare Hemingway [Ernest, 1899-1961] e questo italiano, italo-americano che in questo momento è rivalutato qui in America e porta il nome di John Fante. Questa narrativa era stata importante per noi, per la mia generazione di intellettuali, perché per la prima volta, attraverso questi racconti noi conoscevamo tante cose. Ma esattamente che cosa? Una molteplicità di culture, una molteplicità di interessi, una molteplicità di classi, conoscevamo cioè un volto di una democrazia verso la quale noi andavamo, verso la quale noi aspiravamo. Ripeto che non è stata casuale l'ispirazione di Visconti e di tutto questo gruppo del quale vi ho parlato, non è stata casuale la scelta di questo romanzo. Noi trasferimmo la struttura narrativa di questo romanzo nella nostra città più aperta, più spregiudicata, che era Ferrara, tra l'Emilia e la Romagna, proprio perché questa regione conteneva già i germi di un futuro sviluppo democratico dell'Italia, perché era una regione con uno sviluppo industriale sufficientemente avanzato, c'era un'agricoltura, anche, non più arcaica come nel Meridione d'Italia, ma già con una grande tradizione alle spalle che è, poi, quella degli Etruschi, che hanno una grande tradizione di agricoltori e sono gli inventori delle canalizzazioni. Ora noi inventammo questo film in questa regione perché era una regione di grandi pianure, di grandi fiumi, di grandi spazi, perché era una regione dove c'era grande mobilità di lavoro, cioè esattamente quello che era l'equivalente del romanzo americano. E questo per noi era già un atto di democrazia, quello di mostrare l'uomo a contatto con questo grande paesaggio che è quello dell'Emilia Romagna, quello di mostrarlo in tutte le sue molteplicità di trasgressione, perché era un operaio disoccupato, un operaio che tradisce anche l'amicizia, tradisce una serie di cose, ma era pur sempre un operaio come protagonista, cosa che a quell'epoca era un evento particolare. Non era ancora il Neorealismo. *Ossessione* fu certamente il più grande atto di trasgressione al regime fascista che il cinema italiano abbia fatto, oltre quel limite non si poteva andare. Io vi fornirò un esempio per darvi un'idea di cosa significasse allora la censura fascista, o quello che rischiavamo che potesse essere abolito dalla censura fascista. Visconti mi aveva assegnato, come suo aiuto regista, un ruolo particolarmente importante. Io ero incaricato di fare quello che c'è sempre dietro il primo piano, cioè di costruire i fondi, quello che c'è dietro gli attori che sono davanti alla macchina da presa, quindi di costruire la prima, la seconda, la terza dimensione. Era un lavoro, naturalmente, che mi metteva immediatamente in rapporto con una realtà, soprattutto quando giravamo nelle strade o nella cittadina di Ferrara, oppure anche nelle campagne, mi metteva immediatamente davanti al paesaggio e alla realtà umana di questa regione. Io, portato anche dalla mia vivacità a diventare già protagonista, qualche volta costruivo storie nel secondo, nel terzo piano che erano addirittura più importanti di quelle del primo piano e Visconti doveva fermarmi. Ma era un lavoro di una grande importanza, perché attraverso questi fondi noi ci collegavamo, in questa Italia provinciale, alla cultura europea e direi alla cultura internazionale. Vi spiegherò in che modo. Per esempio, ci sono i due protagonisti che a un certo punto, stanchi di camminare, si fermano su un mucchio di pietre e discutono tra di loro, ma nel fondo della valle c'è tutto un gruppo di contadini che sta battendo il frumento con i cavalli come si usava allora, c'è un lavoro contadino che avviene nel fondo, con delle grandi paglie bianche e con i loro costumi da contadini. Ma quel fondo somigliava stranamente a una pittura di Bruegel il Vecchio [1525-1530] e per noi questo significava molto, poterci riagganciare in qualche modo, sentire il sapore di questa grande lezione pittorica dell'Europa. E tutto questo era in contrasto con questi due personaggi che discutevano tra loro e, mentre questo mondo contadino era ancora tradizionalmente fermo al suo lavoro, i due già affacciavano un malessere che sarà poi un malessere del domani, del futuro. E per darvi un altro esempio, sulla piazza di Ferrara, mentre sempre i due amanti, che sono il centro del racconto del film, discutono tra loro, a una finestra lontano c'è una ragazza con la sua camicia da notte che si pettina i capelli specchiandosi in un vetro della finestra. Ecco, questo era un legame con la grande pittura di Pablo Picasso [1881-1973], il primo Picasso – quante donne lui ha dipinto che si pettinano i capelli – e noi volevamo sottolineare questo legame che ci univa alla grande cultura europea per dire, ancora una volta, che la cultura italiana era provinciale, però aveva necessità di aprirsi ad altri apporti. E così noi costruimmo una serie di fondi, salvo uno che io non ho mai potuto, come si dice in termine, piazzare dentro questo film. Adesso vi racconterò. Eravamo nel '42, l'Italia era in piena guerra e Ferrara, questa grande città, era percorsa per le strade da mutilati di tutti i tipi, reduci dalla guerra. Io avrei voluto tanto in uno dei fondi del film far circolare i reduci e dare questo aspetto importante della nostra realtà di quel momento, ma Visconti non me lo permise, mi disse: «No, se noi mettiamo un'immagine di questo tipo, sicuramente la censura fascista ci taglierà la scena, perché non sopporterà di far vedere che ci sono dei soldati che sono stati feriti in guerra, che hanno perso una gamba, un braccio o che sono ciechi».

Io naturalmente non misi questi mutilati, però poi confesso che sinceramente nel primo film dell'immediato dopoguerra che io feci, *Caccia tragica*, di mutilati ne misi talmente tanti che forse andai fuori dalle righe. Questo per dirvi che oltre un certo tipo di trasgressione non si poteva andare, questo per dirvi anche che *Ossessione* non fu ancora la nascita del Neorealismo. Perché nasca il cinema neorealistico italiano c'è bisogno di un grande avvenimento storico, di una grande svolta nella storia moderna italiana e la grande svolta è la caduta del fascismo; la grande svolta è la guerra di liberazione nazionale, la Resistenza, che il popolo italiano ha combattuto contro il fascismo e contro il nazismo. Una svolta storica, ripeto, non solo perché cadde il fascismo, ma perché il popolo italiano per la prima volta nella sua storia moderna ebbe la possibilità di avere le armi tra le mani e di combattere per la propria libertà e per il proprio riscatto.

Mai, persino durante le guerre risorgimentali, in Italia il popolo aveva avuto la possibilità di avere le armi tra le mani e di combattere per il proprio riscatto. Questa è la prima volta che avviene, e questo segnerà il volto del cinema italiano, tanto che io personalmente ritengo che nella storia ufficiale, quando voi trovate una serie di padri del Neorealismo, in realtà questo cinema non ha avuto dei padri, ma ha avuto una grande madre, che è la Resistenza italiana. Perché questa guerra di liberazione, combattuta da un antifascismo che naturalmente vedeva schierate certamente tutte le classi, ma in modo particolare tutte le grandi masse lavoratrici, portava la grande massa lavoratrice ad essere protagonista del proprio destino, della propria storia. Chi sono, se poi ci ripensate, chi sono infatti i protagonisti del cinema neorealistico italiano? Sono partigiani, sono contadini, sono operai, disoccupati, sono gente povera affamata di case, che assalta le case per poterle abitare, sono contadini che assalgono il latifondo, le grandi terre incolte italiane per poterle coltivare, cioè sono tutti coloro che hanno fatto questa guerra di liberazione, certamente accanto agli alleati, e che ora diventano i protagonisti di questo cinema. Vedete come la storia, un rovescio della storia crea anche un rovescio dell'arte e com'è vero che sempre la storia determina poi una nuova coscienza, crea sempre un rinnovamento delle strutture – senza questa svolta storica io personalmente non credo che sarebbe mai nato il Neorealismo. Ecco, vedete anche la bellezza di questo fenomeno, lasciatemi dire questa parola un po', se volete, fanatica, ma io lo dico lo stesso, la bellezza di questo fenomeno, tutti gli autori che hanno creato il cinema neorealistico erano di tendenze diverse, venivano da ideologie diverse: c'erano i conservatori, c'erano i liberali, c'erano i democratici cristiani, c'erano i comunisti, c'erano i socialisti, c'era cioè quel fronte nazionale di antifascismo che aveva creato e che aveva combattuto la Resistenza italiana. Tutti questi registi si trovarono uniti, sia pure nella diversità, uniti in un unico progetto, che era questo, in poche parole: usare la macchina da presa, questo grande strumento di comunicazione di massa, il cinema, per far crescere, sviluppare e affermare la democrazia in Italia. Un disegno politico che diventa anche un disegno artistico, una unità di intenti perché l'Italia si rinnovi, perché l'Italia cresca alle idee nuove, perché l'Italia abbia un'apertura ideologica molteplice e non di una sola direzione e allora ecco come da quel cinema venne fuori un'Italia vera, nuova, fatta di carne, fatta di umanità ora dolente, ora ironica, ora appassionata, un'Italia vera. E c'era di tutto in questo cinema: c'era l'aspetto sociale, c'era la ricerca documentaristica e c'era anche la condizione esistenziale dell'uomo. Non è vero che la condizione esistenziale nel cinema italiano nasce più tardi con Antonioni, non è affatto vero, perché già il cinema neorealistico in quegli anni conteneva questa condizione esistenziale dell'uomo. Questa è un'altra delle tante leggende che i libri di storia sul cinema non contengono, c'è più dolore esistenziale nell'operaio di *Ladri di biciclette* che perde la propria bicicletta e ritorna a casa, dopo aver tentato di rubare anche lui un'altra bicicletta, c'è più dolore esistenziale in quell'operaio che magari in Monica Vitti [Ceciarelli, Maria Luisa, 1931-] che, toccandosi i capelli, dice: «Mi fanno male i capelli». Questa è una mia opinione personale, che naturalmente non vuole gettare nessuna ombra sulla grande genialità di Antonioni, ma lo dico solo contro chi, storico oppure critico del cinema, sostiene che il cinema neorealistico fosse soltanto un cinema che denunciava ingiustizie sociali vecchie e nuove e non teneva conto sufficientemente dell'uomo.

Ma vediamo, se la Resistenza era stata il motore storico di questo, quali erano invece le radici culturali del cinema neorealistico. Io ritengo che bisogna sempre indicare quattro punti cardinali che furono fondamentali per i registi della mia generazione, per i creatori del cinema neorealistico; sommariamente, scusatemi se sono un po' pedante, ve li riassumo: il cinema della Repubblica di Weimar, quello nato con il nome di Kammerspiel e che ha visto dei grandi registi come per esempio Pabst [1885-1967], Fritz Lang [1890-1976], Friedrich W. Murnau [1889-1931], Karl Grüne [1890-1962], Josef von Sternberg [1894-1969] e Dupont [1891-1956], che raccontavano, nei loro film, il dolore del dopoguerra, del primo dopoguerra della prima guerra mondiale, le atmosfere di quel cinema, le luci delle strade, delle case, i mutilati, come nei film, per esempio, *Varieté* [1925], *La via senza gioia* [1925], *Die Strasse-La strada* [1923], *La tragedia della miniera* [1931], *L'angelo azzurro* [1930], *Metropolis*, [1926], *M, il mostro di Dusseldorf* [1931] che voi tutti immagino conosciate, un cinema che putroppo la dittatura di Hitler soffocò e distrusse completamente, ma che fu un grande punto di riferimento per il cinema neorealistico italiano. Il cinema sovietico, quello di Pudovkin [1893-1953], di Dovzenko [1894-1956], di Ejzenštejn [1898-1948], quello cioè che ha creato grandi film come *La corazzata Potemkin* [1926], e il suo stile storico-politico e la nascita di un nuovo linguaggio cinematografico, come quello che portò i registi del cinema sovietico a studiare le leggi del montaggio. Per venire a noi poi, il cinema del New Deal, con la sua faccia dell'ottimismo, se volete, quello della commedia di Frank Capra, e anche dei musical, e quello disperato de *La folla* [1928] di King Vidor, o di *Aurora* [1927] di Murnau [1889-1931], oppure di *Alleluiah!* [1929], sempre di King Vidor. Spesso questo cinema era fatto da immigrati, ma che hanno la capacità di parlare della depressione, della grande crisi, con una forza ottimistica dentro, utopistica direi. E, ripeto, dalla disperazione dei film di King Vidor come *La folla* [1928], fino al musical che vedeva interpreti magari Ginger Rogers [1911-1995] e Fred Astaire [1899-1987], però tutto un cinema che, insieme con la letteratura, la narrativa americana, ci faceva sentire questo spessore, questo grande ideale di democrazia. Ma era quel cinema, quel cinema del *New Deal* che faceva presentire già la guerra imminente che sarebbe scoppiata, un cinema pessimistico nel suo fondo, ma che era interpretato da classi povere, da prostitute, da vagabondi, da rifiuti della società; potrei citare qui tanti capolavori, come *La bête humaine* [1938] [titolo italiano: *L'angelo del male*], come *La grande illusio-*

ne, come *Pépé le Moko* [1936] [titolo italiano: *Il Bandito della Casbah*] sino a quel grande autore del cinema francese non sufficientemente conosciuto, anche perché è morto molto giovane, che fu Jean Vigo [1905-1934], autore di due grandi film, *Zero de conduite* [1933] (titolo italiano *Zero in condotta*) e *L'Atalante* [1934]. Tutto questo è il grande bagaglio culturale di un cinema profondamente nazionale, ma vedrete poi in che modo si legava alla grande cultura cinematografica internazionale. Ecco perché io ho voluto indicare non tanto e soltanto i nomi dei film, quanto anche parlare di questi grandi avvenimenti storici, di questi grandi fatti storici che hanno determinato quello specifico cinema, perché io credo profondamente che sia sempre la storia che costruisce un'arte invece che un'altra; ecco perché io credo che si possa dire che il Neorealismo cinematografico italiano fu la coscienza critica della cultura italiana. Fu il momento più alto probabilmente di tutto il movimento neorealista, che pure ci fu nella pittura, nella letteratura, nella scultura. Ecco ancora un'altra delle ragioni per cui il Neorealismo non poteva nascere sotto il fascismo. Ma voi mi domanderete: perché questo cinema è finito? Anche qui vorrei sfatare una leggenda, che è sempre contenuta nelle storie ufficiali, cioè che il cinema neorealistico italiano sia morto di morte naturale; non è esattamente così. Il cinema neorealistico italiano, come potete ben immaginare, fu ucciso dai nemici della democrazia, da chi non voleva che la democrazia in Italia crescesse e si sviluppasse secondo un certo cammino. L'Italia, nell'immediato dopoguerra, dopo i governi in cui tutti i partiti furono alleati tra loro, dopo il '47, nel '48, quando i comunisti e i socialisti furono gettati all'opposizione, oppure se volete uscirono da questi comitati governativi di coalizione, ecco noi abbiamo avuto dei governi in Italia di democrazia, permettete di dirmi, buia, governi di centro, di centro-destra e che certamente non potevano appoggiare un cinema che desiderava e si batteva per delle profonde trasformazioni radicali in Italia. Un'Italia che certamente mutava volto in quegli anni, ma che aveva ancora e conservava nel suo seno profonde ingiustizie. È vero che ci fu in Italia un grande sviluppo economico, è vero anche che il benessere si diffuse anche tra le classi subalterne, ma noi che facevamo un cinema che voleva portare avanti lo sviluppo della democrazia, noi dicevamo che le ingiustizie, restavano, permanevano ancora. Ci furono campagne di stampa contro questo cinema, ci furono delle complicità della sinistra anche contro questo cinema, che forse, e senza forse, per mediare la situazione di rapporto con i governi che si succedevano, non desideravano che il cinema fosse troppo radicale nella denuncia di certe ingiustizie. Ci fu soprattutto qualcosa di grave: questo cinema fatto proprio perché era l'espressione di quanto accadeva nella nostra società, l'espressione, direi, più avanzata di quanto accadeva nella nostra società, proprio quei ceti che avrebbero dovuto appoggiarlo non andarono a vederlo. Non andarono al cinema, non gli prestarono aiuto. L'Italia aveva allora, in quegli anni, un alto tasso di analfabetismo, soprattutto un alto tasso di analfabetismo cinematografico, direi io. Il nostro pubblico non era educato ad accogliere un cinema che gli parlava improvvisamente di cose vere, sanguigne, che accadevano ogni giorno sotto i suoi occhi; disertò le sale cinematografiche, non dando nessun aiuto valido a questo cinema che pure avrebbe dovuto considerare come suo grande alleato. Ecco, io vorrei, se avete un tantino di pazienza, citarvi due film che segnano un altro dei momenti, dei nodi storici del cambiamento della nostra vita nazionale. I due film sono del 1960, e sono due grandi film che mi auguro tutti voi conosciate: uno è *La dolce vita* [1959] di Fellini e l'altro è *Rocco e i suoi fratelli* [1959] di Visconti, due film che sembrano molto diversi l'uno dall'altro eppure hanno la stessa tematica, si somigliano in modo incredibile. Sono la storia di due emigrazioni. Il film di Fellini è la storia di un piccolo intellettuale di provincia che emigra dalla sua piccola cittadina e arriva in una grande metropoli come Roma, dove si perde dentro ai meandri di una borghesia media, ricca, aristocratica e trova l'inferno di questa sua perdizione. Il film di Visconti è la storia di un'intera famiglia nel Meridione d'Italia, è la storia di una famiglia contadina che emigra verso una grande città, che è Milano. Questa famiglia, contadina fino ad allora, patriarcale nella sua struttura, si frantuma dentro l'inferno di una grande metropoli, dove trova disoccupazione, violenza. Ma questi due film hanno un finale ideologicamente assai diverso, così come hanno anche una matrice diversa. Uno è un film in cui appare per la prima volta nel cinema italiano la borghesia in tutta la sua molteplicità di aspetti e che ha un finale che io chiamerei miracolistico perché, non so se voi vi ricordate, nel finale Marcello Mastroianni [1924-1996], sulla spiaggia dove assiste all'arrivo di un grande mostro marino, lontano vede apparire una figura di adolescente che è quasi una Madonna e che è quasi una metafora di quello di cui forse questo protagonista ha bisogno. Un finale quindi ecumenico, evangelico, se volete, con tutti i diritti di un grande regista cattolico com'è Fellini a fare giustamente un finale di questo tipo; un finale, quello di Visconti, in cui uno dei tanti fratelli di Rocco finalmente trova occupazione in una fabbrica, ma non si accontenta di questo e sogna sempre di ritornare nel suo paese nel sud, dove si augura siano costruite finalmente fabbriche per dare lavoro a tutti. Un finale laico, da una parte, e un finale che segna già, a mio giudizio, quello de *La dolce vita*, il percorso dell'involuzione che l'Italia aveva già iniziato nel 1960. Finiva un'egemonia in Italia, che era quella della cultura della sinistra italiana, e iniziava l'egemonia di una restaurazione, di una conservazione, a mio giudizio. Dal cinema italiano spariscono operai, contadini e si afferma definitivamente il volto della borghesia, ripeto, in tutta la sua molteplicità di aspetti. Per questo io dico sempre che *Rocco e i suoi fratelli* forse è l'ultimo grande grido, l'ultimo grande canto del cinema neorealistico italiano, perché da quel momento in poi, dopo il grande, strepitoso, enorme, successo de *La dolce vita* i registi italiani si accodano a Fellini e io li chiamo i "nipotini" di "padre Fellini". Faccio dei nomi: Bertolucci [Bernardo, 1941], Samperi [Salvatore, 1944] e altri che è inutile che io vi nomini, ma la storia del cinema italiano da quell'anno in poi, dal 1960, si fa con un volto diverso, si fa con la borghesia, ma senza perdere il suo grande valore; io qui vi dico soltanto quello che è un nodo storico, un nodo che porta un'inversione di tendenza, questo voglio registrare. Bisognerà attendere almeno dieci anni perché si riveda il volto di un operaio nel cinema italiano, in un film di Elio Petri [1929-1982] che si chiama *La classe operaia va in paradiso* [1972], bisogna aspettare almeno dieci anni perché si riveda la faccia di un contadino nel cinema italiano, in un bellissimo film di Olmi, che io mi auguro tutti abbiano visto, che si chiama *L'albero degli zoccoli* [1978], quindi il progetto neorealistico è fallito, ma non è morto di morte naturale, questo mi preme di affermarlo. Cosa resta della grande lezione del Neorealismo? Molto direi, nel senso che tutte le cinematografie internazionali sono state influenzate da questo grande cinema, ma quello che è molto grave è che l'Italia non ha più un progetto cinematografico. Si fanno bei film, guardate, in Italia nascono ogni anno tre, quattro film che sono sempre molto significativi, ma sono sempre caratterizzati da un elemento che è diverso da quello che fu il grande cinema neorealistico, che riguardano sempre e soltanto l'individuo, non l'individuo nei suoi rapporti con la società. Il cinema neorealistico era andato sempre dal particolare al generale, dall'individuo alla società, era stato sempre alla ricerca di grandi progetti storici e sociali. Pensate soltanto alla bellezza di *Paisà* (1946), il disegno strutturale, ideologico di *Paisà*, gli eserciti alleati che camminano dalla Sicilia su, su, verso il nord d'Italia e di volta in volta scoprono una verità dolorosa, con le sue vergogne, anche, con le sue arretratezze, ma che vuole risorgere, vuole ricominciare da capo a ricostruire. Ecco perché io personalmente dico sempre che forse *Paisà* è il punto più alto che abbia toccato il cinema neorealistico italiano, proprio perché a me sembra come il film della nascita di una nazione, com'è per voi il vostro film, del vostro grande regista D. W. Griffith, *La nascita di una nazione* [1915]. Questo progetto è finito, è morto, non c'è più e non ne nasce un altro, perché che sia finito il Neorealismo non è del tutto grave, possono nascere altri progetti, invece altri progetti non ce ne sono. Queste sono alcune considerazioni del tutto personali, che vi vengono da un ragazzo che come me ora ha gli anni della grande Rivoluzione d'ottobre. Non vi dico questo a caso, perché anch'io sono, in qualche modo, come quella rivoluzione, un regista che ha avuto tanti fallimenti, che ha perso tanti colpi nella vita. Io dico sempre che ho scritto più sceneggiature di quanti film mi abbiano fatto realizzare, e infatti ho fatto solo undici film, pensate. Sono solo undici i film realizzati, in quarant'anni di carriera sono molto pochi, però nel mio cassetto ci sono trenta sceneggiature di film che non ho realizzato. Io penso sempre che questi film che non mi hanno mai fatto realizzare, che sono lì nel mio cassetto, siano migliori di quelli che io ho realizzato. È il mio grande alibi di fronte a voi ed è anche un alibi che mi dà la forza di continuare a vivere nonostante gli anni di disoccupazione che io ho dovuto sopportare[4]. C'è un grande libro di un nostro grande scrittore, Italo Calvino [1923-1985], che si chiama *Il visconte dimezzato* [1952], non so se voi lo conoscete; ecco, io potrei essere definito «il regista dimezzato». Io vi ringrazio della pazienza che avete avuto per ascoltarmi, e ringrazio ancora il professor Allen Mandelbaum, in modo particolare, che ha fatto un grande sforzo e ancora una volta l'amico che mi è qui a fianco e che mi è stato a fianco durante tutto il mio viaggio, devo dire che non mi ha mai perso di vista, il nostro caro Antonio Vitti e mi auguro di rivedervi ancora.

Mille grazie anche a tutti voi che mi avete ascoltato pazientemente.

[4] Per un approfondimento sui problemi avuti da De Santis con la censura, i produttori, i mancati finanziamenti e le tante polemiche nate intorno ai suoi film, si veda il saggio *I retroscena dietro la disoccupazione*, incluso nel presente volume.

Impressioni riportate dagli incontri in atenei statunitensi e i ricordi letterari del mito americano

A. V.: Quali sono le impressioni e le sensazioni che hai riportato da questo viaggio attraverso gli Stati Uniti? Hai finalmente visto "l'America", dopo averla sognata attraverso la letteratura e il cinema, e poi anche avversata durante la Guerra Fredda?

De Santis: Allora, per rispondere alla domanda che tu mi fai, in pratica sulle mie prime impressioni dell'America, dove mi trovo per la prima volta nella mia vita, dovrei incominciare con il dire che veramente le mie sono solo impressioni, perché io ho visto province, città, ho visitato molte università, ma non posso dire di aver approfondito niente, quindi sono soltanto sensazioni che io ho riportato, sono immagini che ho catturato e che si vanno, man mano che passano i giorni, accumulando dentro di me. Parlerei, per prima, di una sensazione che è stata la più forte che io abbia provato e cioè i grandi spazi.

Che cosa mi ha impressionato più di tutto? Che in America anche nelle grandi città come Chicago e Los Angeles, che io ho visitato, lo spazio, nonostante i grattacieli, nonostante la moltitudine di case e di uomini e di vita che circola nelle strade, è sempre rispettato, cioè si sente che questo è un mondo nuovo e che quindi ha potuto costruire, sviluppare e progettare per il futuro, mentre le nostre città, che sono antiche, che nascono nel Medioevo o addirittura prima del Medioevo, sono città dove la misura è solo umana, perché l'uomo tutt'al più poteva circolare col cavallo, col somaro, con la bicicletta o con la carrozzella, ma oggi queste città sono senza un futuro proprio perché non hanno gli spazi adeguati allo svolgersi della vita umana. Quello che mi sembra straordinario qui in America, che è anche la prima sensazione che abbia avuto, è che, nonostante la giovinezza di questo grande Paese, gli uomini che l'hanno costruita siano riusciti a prevedere il futuro.

Questa è la prima sensazione che si ha, ed è per questo che le macchine circolano con discreta facilità, anche nelle grandi metropoli, e non parliamo poi della provincia, come può essere qui a Winston-Salem e come può essere, non so, nel Midwest, a Lafayette, a Bloomington o nell'Iowa, ad Iowa City, dove sono stato e dove regna una grande serenità, una grande armonia tra l'uomo e il paesaggio. Proprio la presenza di questi grandi, straordinari spazi consente all'uomo di muoversi liberamente senza le angosce che proviamo noi oggi in Italia. Voglio dare un esempio di questo che sto dicendo: persino nelle grandi città, Chicago e Los Angeles, non ho mai sentito – nonostante abbia girato molto in macchina, a piedi – i veleni o li ho sentiti appena emanati dai gas delle macchine. Questo significa che gli spazi, essendo talmente grandi, riescono a soffocare, ad attutire o per lo meno minimizzare al massimo l'effetto velenoso degli scarichi. Nelle nostre città oramai, io che vivo non lontano da Roma, le esalazioni di gas, quando si va in città, sono insopportabili, io tossisco continuamente per le macchine che circolano. Questa è la prima grande sensazione. In più, io ero abituato, nei film, a vedere un'America un tantino diversa da quella che ho incontrato. Per esempio, ho visto che i ragazzi, i giovani studenti, sono molto gentili, in generale la gente è molto civile, sorride, ha sempre il volto dell'ottimismo, mentre invece il cinema americano molto spesso, troppo spesso, mi aveva rimandato l'immagine di un'America violenta, aggressiva, dura da sopportare. Ora forse, naturalmente, ripeto, sono solo sensazioni; non sono stato nelle grandi, grandissime metropoli come New York, dove andrò a giorni e mi dicono che sia una città molto dura. Però, in generale, in tutto quello che ho visto, anche a Chicago per esempio, la gente ha il volto dell'ottimismo, ha il volto della gente che è felice di stare al mondo, ci sta bene e cammina con un futuro che vede con sufficiente soddisfazione. Certo, nessuno ancora mi ha portato e non ho visto le sacche di miseria, di povertà che sicuramente ci saranno in questo Paese, sia perché io ne ho letto più volte sul giornale, sia perché tanta letteratura che ho letto mi lascia il ricordo di questi grandi dislivelli di ricchezza che ci sono in America. Io per ora, salvo qualche quartiere di Los Angeles verso Hollywood, verso Santa Monica, il grande degrado vero e proprio ancora non l'ho potuto vedere o toccare con le mie mani. Mi auguro di vedere anche questo aspetto perché è sicuramente un aspetto che ci sarà in America e che io devo in qualche modo verificare.

A.V. Che cosa in particolare ti ha affascinato?

De Santis: Ho girato, ho fatto il giro di varie università americane finora, ripeto, ho toccato sia la provincia che due grandi città come Los Angeles e Chicago, e la cosa che mi ha affascinato è la struttura universitaria, sono le strutture di queste grandi, immense università. Io sono stato alla UCLA, a Los Angeles, sono stato alla USC, anche nelle università di provincia, sono andato a Bloomington nell'Indiana, o ad Iowa City; anche qui, a Winston-Salem, ho constatato che esistono strutture che per me, che sono italiano e quindi conosco le strutture universitarie italiane, che sono stato io stesso studente universitario, ebbene queste università mi sembrano addirittura dei sogni, mi sembrano addirittura delle favole. Qui la gente, i ragazzi mi sembra che abbiano a disposizione persino più del necessario. Sono strutture complete, straordinarie e sulla loro efficienza più o meno non so dire in profondità che cosa si riscontra; insomma, a vedere che le aule ci sono, ci sono i mezzi per fare il cinema, sembra tutto meraviglioso ed efficiente. Per esempio, ad Iowa City in un programma post-laurea, diretto dal professor Andrew Dudley ho visto delle apparecchiature del dipartimento cinematografico, che sono addirittura più imponenti di quanto non siano al nostro Centro Sperimentale di Cinematografia in Italia, che pure è l'unica scuola nazionale. Qui mi dicono che questo tipo di dipartimento che c'è ad Iowa City, addirittura è moltiplicato per tre, per quattro volte, per dieci, per cinquanta volte perché questo tipo di dipartimenti e di strutture sono presenti in quasi tutte le università degli Stati Uniti. La quale cosa mi ha enormemente affascinato e mi auguro che i ragazzi che frequentano queste scuole sappiano sfruttare queste strutture, sappiano renderle utili e che comunque facciano in modo che esse siano utili alla loro crescita professionale.

A. V.: Durante questa tua esperienza hai ripensato al ruolo che il cinema americano ha avuto nel tuo cinema?

De Santis: Sì, certo, ci ho pensato. Il cinema americano, soprattutto quello di un tempo, anche se il fascino continua ancora oggi, mi ha certamente influenzato. Io sono stato sicuramente suggestionato in maniera determinante dal cinema americano, la mia generazione, del resto, la generazione di cineasti alla quale io appartengo, credo che sia stata tutta quanta influenzata dal cinema americano. Ma per restare a me e alla mia esperienza personale ora io comincio, proprio dopo aver fatto vari esami di coscienza, come si dice, il mio cinema comincio a scoprirlo ancora più profondamente e ora riesco a capire meglio quali siano state le ragioni di queste influenze. Io intanto credo di essere partito da un grande amore per la democrazia americana, perché in quegli anni – io parlo degli anni '37, '38, '39, '40, – per noi giovani intellettuali italiani era l'immagine più importante che potesse esserci nella vita sociale del mondo intero. La democrazia americana è quella che ci ha fatto diventare antifascisti, che ci ha fatto capire come il fascismo, la dittatura, fosse qualche cosa di particolarmente grave e opprimente per il nostro Paese. Di fronte a quello che mi davano i film americani di quell'epoca io avevo un primo rapporto con i sentimenti di un grande Paese democratico. Quando io ricordo tutto quello che il *New Deal* ha fatto per il cinema americano, capisco perché allora sentivo che c'era un grande motore nella storia che muoveva un certo tipo di cinema. Io ho amato in modo particolare i film di King Vidor, i film come *La folla*, come *Allelujah!*, che tra l'altro si svolge in una coltivazione di tabacco, che è la storia della raccolta del cotone, sia pure con dentro poi il dramma e una tragedia individuale; ma la raccolta del cotone è sicuramente qualcosa di cui io mi sono, sia pure nel subconscio, ricordato quando ho girato il mio *Riso amaro* – che è la storia della raccolta del riso. E un altro cinema americano che credo mi abbia influenzato molto, sia pure trattando tematiche lontane da quelle che io poi ho trattato nel mio cinema, è sicuramente il cinema di Frank Capra [1897-1991], cioè quella che è stata la classica commedia americana di quegli anni, che aveva però questo particolare sapore di democrazia, nel senso che Capra cercava nei suoi film di conciliare sempre la dialettica tra i vari strati sociali, cercava sempre cioè, con la sua bonarietà, con il suo ottimismo, di fare in modo che il lavoro andasse d'accordo con il capitale o trovava il modo per dire in che modo il lavoro potesse andare d'accordo con il capitale, cioè il padrone con i lavoratori. Ed era questo che mi affascinava molto, questo tentativo di Capra di trovare una mediazione, il punto di mediazione tra queste due forze. E in più Capra mi restituiva che cosa? Mi restituiva la grande correttezza, la grande onestà, la grande pulizia morale dei protagonisti, dei personaggi. Quando penso a *Mr. Smith va a Washington* [1939], quando penso al volto di James Stewart [1908-1997], di Gary Cooper [1901-1961], queste persone che erano la personificazione della correttezza, quindi anche della democrazia americana, questo cinema, questi eroi per me diventarono importanti e io credo che, sia pure in condizioni diverse, in storie diverse, io li ho in qualche modo trasferiti nei miei eroi che portano sempre questa volontà di colmare le ingiustizie o di battersi contro le ingiustizie per cercare di fare affermare la giustizia. Giustizia di tutti i tipi: giustizia sociale, giustizia storica, giustizia di vario genere. Questo è quanto mi dava Capra, è quanto mi dava tutta la commedia americana di quegli anni che, ripeto, aveva un suo valore anche perché seguiva il corso di quella che era la grande idea riformatrice di Roosevelt [Franklin Delano, 1882-1945]. C'è poi in quell'epoca del *New Deal* anche il cinema del musical, il cinema con Fred Astaire, Ginger Rogers, il cinema coi balletti dei negri che mi ha sicuramente influenzato molto, nel senso della tecnica con cui questi film venivano girati, non solo perché io amavo molto, anche, le canzoni, amavo molto il jazz e amavo molto i cori dei negri. Questi film mi hanno soprattutto influenzato tecnicamente, perché l'uso che si faceva della gru, in modo particolare, di questo mezzo cinematografico sul quale è montata la macchina da presa, è uno stile, quello delle riprese del balletto, che io credo di aver sfruttato e adoperato in molte occasioni, in modo particolare in *Riso amaro* proprio perché questa gru, con questo movimento che ti permette di inseguire i corpi della gente, di inseguire i volti, io credo di averlo mediato proprio dal cinema e dal balletto americano. Se io mi ricordo certi movimenti di macchina in *Riso amaro* – la macchina che cerca di inseguire Silvana Mangano, di scoprirla in tutti i modi, di penetrare nel suo volto, di esaltare il suo corpo, di umiliarla, a seconda delle occasioni, cioè tutto quello che mi consentiva di fare attraverso i movimenti di macchina, anche qualche volta complessi, con la gru – credo che io li abbia mutuati dal cinema americano ed esattamente da quello del musical. E poi c'è il terzo genere di film, che sempre appartiene anche a quel periodo o che per lo meno nasce in quel periodo, che è il film di gangster che mi ha sempre molto appassionato nei suoi meccanismi narrativi e che, io credo, nella struttura di *Caccia tragica* e anche nella struttura, per qualche verso, di *Riso amaro*, mi ha sicuramente influenzato. C'è un altro genere ancora, che è il genere di film western. Io sono stato un grande amante del western, direi che il mio primo amore cinematografico è stato il western e il western mi appassionava proprio perché, sempre, al solito, lì c'è il sentimento della giustizia sociale, c'è sempre l'uomo che o si fa giustizia da solo oppure c'è la legge, lo sceriffo che, nelle lande sperdute dove la giustizia non viene rispettata, arriva e la fa rispettare. Questi sentimenti che sono, ripeto, sempre sentimenti di una democrazia, mi hanno sempre appassionato e io credo di averli calati in più di un'occasione, da *Non c'è pace tra gli ulivi* [1950] a tanti altri film – *La strada lunga un anno* [1958] – che io ho fatto, che per tanti aspetti, poi, hanno, certe volte, direi persino il respiro dei film western, oltre che la struttura. Tutto questo è un bagaglio naturalmente culturale che io mi sono portato dietro e che mi ha influenzato, anche se mi ha influenzato nel modo in cui una cultura di un altro Paese può o dovrebbe influenzare qualcuno che appartiene ad un'altra cultura. Sono come dei vasi comunicanti, come le scatole cinesi che, a sorpresa, una dentro l'altra, si accumulano nel tuo subconscio, nella tua memoria culturale e poi, un giorno, senza che neanche tu lo sappia, li sfrutti e li adoperi.

A.V.: Che ruolo ha avuto l'ammirazione che Vittorio Mussolini aveva per il cinema americano durante gli anni in cui scrivevi per la rivista «Cinema»? Che tipo di direttore era il figlio del Duce?

De Santis: Vittorio Mussolini, certo, fu quasi un'ironia della sorte che sia stato direttore della rivista «Cinema» proprio in un periodo in cui questa rivista covava nel suo seno un numero importante di intellettuali antifascisti come Mario Alicata [1918-1966], Pietro Ingrao [1915], Gianni Puccini [1914-1969], Massimo Mida [1917-1992], me, Franceso Pasinetti [1911-1949], voglio dire, tutta la redazione di «Cinema» di quel periodo in cui ho vissuto l'antifascismo. Devo dire che questo uomo, che aveva più o meno la nostra stessa età in quella epoca lì, ci ha lasciato completa libertà di esprimerci così come noi volevamo, e questo dipendeva, credo, da due ragioni: primo perché lui amava profondamente il cinema, soprattutto il cinema americano, il cinema francese, il cinema straniero, lo amava e capiva, si rendeva conto che il cinema italiano non riusciva a esprimere il meglio di se stesso. Non che lui desiderasse il cinema che poi noi avremmo fatto in seguito, ma la sua preoccupazione era sempre che il cinema italiano migliorasse, sia pure sulla strada che il cinema italiano aveva imboccato, che era quella del cinema di genere storico-patriottico oppure quello della commedia sentimentale. Lui fece anche un viaggio a Hollywood del quale rese anche testimonianza con grande entusiasmo, anche se non fu trattato molto bene in quegli anni in cui venne a Hollywood, perciò lui ci ha lasciati sempre liberi di scrivere quello che volevamo. Devo dire che il mio caso è particolare. Una volta, quando uscì un film che lui aveva scritto e aveva anche prodotto, diretto da Roberto Rossellini – mi pare si chiamasse *Un pilota ritorna* [1942] – ne avevo approfittato anche per fare un'analisi di questo film, dove cercavo di indicare a Rossellini la strada più consona al suo stile – mi sembrava di capire che la sua strada migliore, la sua sensibilità lo guidasse di più verso una materia documentaristica piuttosto che le storie romanzesche – e mi ricordo che stroncai questo film, ma non ebbi mai nessun rimprovero. Anzi, ti dirò che – quando io ho fatto il critico cinematografico in quegli anni tra il '41, il '42, e all'inizio del '43 arrivavano spesso delle proteste, delle lettere al direttore di attori e di registi che si lamentavano per la durezza delle mie critiche. Lui non mi ha mai detto niente e qualche volta so che queste lettere erano anche minacciose, ma lui non ha mai reagito.

A.V.: Avevate dei rapporti diretti con Vittorio Mussolini? Vi siete mai incontrati, parlati, conosciuti?

De Santis: Ci siamo incontrati un paio di volte – con questo uomo non ci vedevamo mai, perché tutto quello che serviva alla rivista praticamente lo faceva lui attraverso un suo segretario – e personalmente non ho avuto mai dei rimproveri veri e propri, anzi, semmai, un incoraggiamento a fare in modo che la cinematografia italiana migliorasse; quindi mi spronava semmai a dire cose che poi sono quelle che ho detto, anche se lui però non aveva la capacità di capire che, dietro le mie critiche, e dietro i discorsi delle mie critiche, c'era un filo di antifascismo, c'era un filone anche, un filo che andava oltre l'antifascismo, addirittura cospirativo. Noi eravamo già legati, questo gruppo di Roma, che andava da Ingrao ad Alicata, a me e altri, al partito comunista italiano ed eravamo legati ai gruppi antifascisti dell'Italia intera: a tutto il gruppo milanese, dove c'era Guido Aristarco, dove c'erano altri giornalisti che poi diventeranno famosi, eravamo legati anche al gruppo di Bologna. Insomma, avevamo un bel legame con questi gruppi giovanili che già allora clandestinamente cospiravano contro il fascismo. Certo lui ignorava tutto questo, perché lui leggeva le mie critiche attribuendo loro un valore che sicuramente non era quello che nascondeva la critica in se stessa, ma io devo dire con onestà che lui fu sempre corretto.

A.V.: Siccome tu parli sempre della grande collaborazione che regnava tra di voi, potresti approfondire come venivano elaborati e poi scritti gli articoli che oggi vengono sempre menzionati come precursori della rinascita del cinema italiano?

De Santis: Gli articoli firmati da Visconti in realtà erano articoli scritti materialmente da Gianni Puccini, che li scriveva dopo che tutti quanti insieme c'eravamo consultati. Allora noi agivamo veramente in gruppo, eravamo un gruppo molto solidale, molto unito, e spesso Puccini, che aveva una grande facilità di scrittura (era veramente un giornalista nato), si metteva alla macchina da scrivere e trasformava immediatamente un pensiero in un articolo. Lui non solo ha scritto articoli che poi ha firmato Visconti, ma molto spesso ha scritto articoli anche che poi ho firmato io. Ripeto, le idee erano sempre o di Visconti, o mie o del gruppo tutto insieme, ma la redazione di questi articoli veniva molto spesso affidata a Puccini proprio perché lui aveva una grande facilità di scrittura, mentre né Visconti, né io abbiamo mai avuto una capacità rapida di scrittura. Siccome ho sempre impiegato più giorni per fare un articolo e Visconti addirittura dei mesi, ci servivamo di Puccini per potere più rapidamente scrivere un articolo. Io, per esempio, mi ricordo di aver scritto un saggio su Renoir [Jean, 1894-1979] e il cinema europeo quando Renoir emigrò in America, che poi ho riletto e devo ammettere che è veramente un bel saggio. A parte questa ultima considerazione, io direi che questo saggio l'abbiamo scritto insieme, ma materialmente è stato lui poi a gettarlo, a farlo a macchina, perché lui era un uomo straordinario, del quale, sfortunatamente, si parla o si scrive sempre molto poco. Gianni Puccini ha avuto una grandissima importanza nel nostro gruppo, scusa se mi dilungo su questo, ma voglio che tu faccia un accenno, magari se trovi il modo, dovresti scrivere su di lui, perché era un uomo e un intellettuale straordinario. Lui era capace di avere la macchina da scrivere da una parte e, mentre scriveva gli appunti per un articolo, siccome era un grande sportivo e scriveva articoli di sport, aveva il giornale dello sport accanto e un pochino lo leggeva, mentre consultava le note; poi, fischiettando, scriveva a macchina. Io me lo ricordo sempre così, per dirti che uomo straordinario era. Puccini veniva anche da una famiglia di letterati, il padre, Mario Puccini [1887-1957], era un grande scrittore italiano, anche lui non sufficientemente onorato in Italia, perché sottovalutato, mentre invece è stato, almeno per tre o quattro romanzi, uno scrittore estremamente importante. Quindi Gianni Puccini fu una figura di grande rilievo nel nostro gruppo. Comunque, molti degli articoli dei quali tu parli sono articoli firmati da Visconti, qualcuno firmato anche da me, che aveva scritto Puccini. Ti dirò di più, che c'è un articolo molto bello di Puccini, in cui lui racconta l'incontro tra Visconti e me su un vaporetto che va a Capri[1]. Ebbene, l'umiltà, la semplicità, e la grande genialità di questo uomo, lo portavano anche a mitizzare delle cose che non erano in realtà perfettamente accadute o avvenute nel modo così come lui le raccontava. Ora, in realtà, la prima volta che io ho incontrato Visconti non è stato sul vaporetto per Capri; invece l'ho incontrato, proprio insieme a Gianni Puccini, nella casa di Karl Koch [1892-1962]. Gianni aveva studiato tedesco, era addirittura lettore di lingue finniche, però all'inizio, da giovane, aveva studiato il tedesco e conosceva quindi Karl Koch, che era l'aiuto di Renoir. Come sai, all'epoca Renoir era venuto in Italia a girare il film *Tosca*[2] e, andando in casa di Koch, dove oltre ad incontrare Renoir, io conobbi anche Visconti, proprio in quella occasione simpatizzammo molto con questo giovane, che allora stava insieme con Renoir, perché l'aveva conosciuto in Francia. Ci scambiammo gli indirizzi, ci dicemmo: «Vediamoci ancora per combinare qualche cosa», però non ci siamo mai più visti. Un giorno, con la mia prima moglie, prendo il vaporetto per andare a Capri e incontro Visconti. Lì nacque l'amicizia tra me e Visconti, passai un mese a Capri con Visconti, poi siamo stati in sceneggiatura ed è così che nacque la nostra grande amicizia, e tutto il lavoro che verrà in seguito. Però Puccini ha mitizzato, perché in realtà avrebbe dovuto raccontare che Visconti ed io c'eravamo conosciuti prima in casa di Koch. Ma l'idea di questo vaporetto, che porta questi due uomini, insieme, sul mare, verso Capri, evidentemente gli piaceva talmente che lui, poi, ha creato la leggenda di

[1] Interessante riportare che uno dei primi testi sul cinema italiano negli Stati Uniti, *Passion and Defiance. Film in Italy from 1942 to the Present di Mira Liehm*, Berkeley, California Press, 1984, inizia con il raccontare il mitico incontro tra De Santis e Visconti su una nave in rotta verso Capri durante le vacanze pasquali del 1940 pochi mesi prima dell'entrata in guerra dell'Italia.

[2] Karl Koch portò a termine il film nel 1940 e fu distribuito nel 1941, dopo che Jean Renoir fu costretto a partire a causa della guerra. Luchino Visconti che aveva iniziato come assistente del regista francese collaborò anche con Koch.

questo primo incontro che, sicuramente, ha determinato una svolta, perché in seguito a questo secondo incontro noi abbiamo fatto varie sceneggiature, incominciando dai racconti di Verga, come per esempio *L'amante di Gramigna*, che poi non ci hanno fatto girare, ma abbiamo fatto altre sceneggiature, altri soggetti, altre riduzioni da romanzi; poi la nostra collaborazione sfociò in *Ossessione*. Quindi, quel primo incontro fu importante, mentre il secondo è sicuramente determinante per il cinema italiano. Ci tengo a ricordare e a ripetere che l'umiltà, la semplicità e direi anche la grande umanità di Puccini furono decisive per il nostro gruppo. Lui avrebbe potuto mettere anche il suo nome in primo piano, ma non lo fece, perché era una delle sue caratteristiche.

A.V.: Pensi che, a differenza di tanti altri intellettuali di sinistra, Puccini si sentisse più in sintonia con la tua poetica personale e condividesse di più il tuo amore per i contadini e per un cinema comprensibile alle masse?

De Santis: Io credo che questa tua supposizione sia giusta, sia un'analisi molto azzeccata. Io credo che, in generale, la critica – fermiamoci a quella di sinistra soltanto, la critica sinistrese, quella di destra non ci interessa, tanto si sapeva che agiva per altri motivi – quello che non capì fu prima di tutto il mio progetto, non capì il progetto per il quale io, all'interno del Neorealismo, lavoravo, che era quello di esprimermi in modo tale da coinvolgere il grande pubblico, cioè io, sia pure inconsciamente – non avevo ancora letto Gramsci [Antonio, 1891-1937] – ubbidivo ad alcune intuizioni di Gramsci, e mi ponevo il problema non di fare il cinema per il cinema, ma di fare il cinema in modo da trattare problemi che fossero compresi dal grande pubblico e che portassero avanti il discorso sulle ingiustizie sociali e sulla democrazia. Alla sinistra intellettuale non piaceva, da una parte, il fatto che io utilizzassi strumenti narrativi come il romanzesco, come la bassa cultura, e dall'altra non piaceva il fatto che io, in questa rappresentazione della realtà, mettessi a nudo anche aspetti della realtà che la sinistra, arretrata almeno di un secolo, non accettava, che era l'erotismo, il rapporto tra l'uomo e la donna, l'amore che è al centro della vita della società e della vita umana. Ecco, queste cose la sinistra ha ritardato molto a comprenderle. Io mi ricordo degli attacchi su «l'Unità» a film miei molto casti, com'era per esempio appunto *Non c'è pace tra gli ulivi* oppure *Un marito per Anna Zaccheo* [1953], perché si vedeva una mezza gamba di Silvana Pampanini [1925] o di Lucia Bosè [1930]; gridavano all'erotismo come se l'erotismo, il rapporto sessuale non fosse una delle tante espressioni della vita, quindi ritardavano l'evoluzione dei costumi. Ma tutto questo è dipeso da un tipo di ingabbiamento che la sinistra ha avuto dentro la propria cultura, che era rimasta ancora a livello ottocentesco, come l'operaismo e tante altre cose che le hanno fatto sfuggire la rappresentazione e direi anche gli sviluppi della realtà italiana.

A. V.: Potresti dare degli esempi più specifici?

De Santis: Certo che ti posso dare esempi. Ritengo personalmente che il grande movimento contadino in Italia, per l'occupazione delle terre, non sia stato sufficientemente compreso e appoggiato dalle sinistre perché le sinistre erano su posizioni operaistiche, allora: tutto quello che l'operaio faceva andava bene, il contadino era un alleato dell'operaio ma non era il proletario della campagna. C'è stato un grande, non solo, direi, ritardo, ci sono stati i grandi errori in questo, e il movimento dell'occupazione delle terre e tutto il movimento contadino in Italia non è stato sufficientemente appoggiato dai partiti di sinistra, in modo particolare dal partito comunista. Così questo ritardo, che il PCI ha avuto nella comprensione della strategia delle masse lavoratrici italiane e questa incomprensione hanno anche portato a non comprendere certi problemi del cinema – come la realtà che il mio cinema esprimeva. La critica con, diciamo così, «la puzza sotto il naso», mi rimproverava di scegliere dei soggetti poco credibili, troppo romanzeschi, troppo avventurosi, troppo erotici, e poi di portarmi dietro un bagaglio che aveva alle sue spalle o il cinema americano o il cinema sovietico, cioè non capivano qual è la funzione dell'arte, dell'intreccio tra le diverse culture, come, in che modo, un poeta, un creatore deve far proprie tutte le culture possibili e immaginabili secondo, naturalmente, la sua sensibilità. Questo la sinistra non l'ha capito, quindi secondo me è come tu dici, io andavo oltre a quello che in realtà loro riuscissero a vedere, ma andavo oltre soprattutto nel cercare il grande rapporto con il grande pubblico italiano, perché ti dico che se la storia del cinema Neorealistico non avesse avuto, per esempio, dei film come *La terra trema* [1948], così radicalmente chiuso dentro il dialetto e una forma poco accattivante per il pubblico, le cose sarebbero andate diversamente. L'insuccesso del Neorealismo è stato anche determinato da questa incapacità di parlare alle masse, certe volte dalla troppa raffinatezza, e dalla distanza delle tematiche e del linguaggio che i miei colleghi hanno usato. In modo particolare, credo che Pietro Germi [1914-1974], anche Lattuada [Alberto, 1914-2005] ed io, abbiamo tentato sempre di esprimerci cercando un grande legame con il pubblico popolare. Questo è quello che la sinistra non ha capito o non ha voluto capire.

A.V.: Pensi che si possa recuperare un movimento artistico come il Neorealismo?

De Santis: Io credo che i movimenti artistici non si possano recuperare mai più, si possono soltanto riprendere le lezioni che questi movimenti dettano, e la grande lezione del Neorealismo è stata la fame di verità, come proprio Zavattini – tanto per fermarci al nostro amico – diceva: «Abbiamo fame di verità». Quello che può ereditare il cinema italiano dal Neorealismo è questo; intanto l'analisi della realtà più minuta, direi più sottile, e poi soprattutto afferrare sempre quella che è la sostanza della verità e quella che è la sostanza della realtà. Insomma, questa era stata la grande lezione del Neorealismo, l'attenzione all'uomo, l'attenzione ai problemi che circondano l'uomo. Il resto, sai, non si ricupera, perché un periodo artistico muore, non si rifà più, perché mutano le condizioni storiche, perché mutano tante altre condizioni.

A. V.: Per ritornare al tuo primo impatto con il mondo americano, mentre viaggiavi hai mai pensato ai romanzi italiani che in gioventù ti hanno aperto gli occhi descrivendo l'America?

De Santis: Hai proprio ragione, mi hanno aperto gli occhi. *America primo amore* [1935] di Soldati [Mario, 1906-1999] è un libro che io ricordo benissimo, tutti i saggi di Cecchi [Emilio, 1884-1979] e in modo particolare il saggio di Cecchi al volume che pubblicò Vittorini [Elio, 1908-1966] e che si chiama *Americana* e in più anche molte traduzioni di Pavese hanno sicuramente influenzato moltissimo la mia idea dell'America, e anche direi la mitizzazione dell'America, perché da questi uomini l'America è sempre mitizzata, soprattutto da personaggi come Vittorini, come anche Pavese. Loro hanno mitizzato perché erano due artisti, ha mitizzato meno Cecchi che aveva uno sguardo un pochino più distaccato. Però sicuramente tutti sono stati la guida, sono stati il breviario, sono stati, che ti devo dire, il vocabolario per leggere l'America e una certa America, non ci sono dubbi su questo. Questo vale non solo per me, ma per tutta la generazione di intellettuali di quegli anni.

A. V.: Ti dispiace soffermarti sulle differenze tra i due autori che hai menzionato? In che modo, secondo te, erano diversi Vittorini e Pavese nella loro mitizzazione del mito americano?

De Santis: Prima di tutto perché sono anche due uomini diversi, l'uno è un siciliano passionale e direi che essere siciliani significa anche avere dei maggiori legami, in qualche modo, con l'America come mito di emigrazione. Vittorini per esempio diceva: «Il nome Palermo non mi suona come Cincinnati», «Il fiume Brenta non mi suona come il Mississippi». Questo grande mondo che era l'universo americano è stato il limite di Vittorini; secondo me non capiva come veramente fosse, l'importante era che lui ce lo facesse diventare, così come gli scrittori americani, la letteratura americana o il cinema americano avevano fatto diventare mitico il Mississippi. E quindi lui aveva un legame, hai ragione tu, aveva un legame proprio mitico con questa società, con l'America. Pavese di meno, perché era un piemontese, che è un uomo più freddo, più distaccato, più analitico e anche con dei drammi diversi come scrittore, quindi non è un caso che lui abbia tradotto romanzi – mentre Vittorini ha tradotto brevi racconti con grandi echi di spazi, di personaggi che si perdono nei territori – Pavese invece ha tradotto *Moby Dick* [*Moby Dick or the White Whale*, 1851 di Herman Melville, 1819-1891] e soprattutto ha tradotto *Benito Cereno*, [1856, di Melville] che è una grande opera, cioè ha tradotto Melville, che è qualcosa di diverso da Bret Harte [Francis, chiamato Bret, 1836-1902], da O. Henry [William Sydney Porter, 1862-1910] e dallo scrittore americano, sia pure di grande valore, ma che dipinge un altro tipo di America. Tutto questo è dato, secondo me, dalla diversità dei caratteri e dalle diverse sensibilità dei due uomini, ma io credo che se uno mette insieme le due immagini, trovi l'America giusta, perché l'America è allo stesso tempo mitica, leggendaria, così come la immaginava da emigrante, come dici tu, il siciliano Vittorini, e nello stesso tempo è anche quella di Pavese, quella delle grandi disperazioni, delle grandi angosce, delle grandi paure e quindi l'America dell'essere solo in mezzo a milioni e milioni di altri uomini.

A. V.: Prima di concludere, vorrei sentire il tuo parere sul ruolo della televisione come maggiore produttrice del cinema italiano e sulla morte del grande cinema che tu tanto ami.

De Santis: Guarda, io sono un uomo, un cineasta che ama le immagini, di qualsiasi tipo esse siano, che mi vengano dalla fotografia, che mi vengano dalla televisione, che mi vengano dal cinema, che mi vengano da qualsiasi altra parte, continuo ad amare le immagini, e quindi per me, sia pur comprendendo le differenze che variano tra lo scatto di una fotografia e la televisione, il mezzo televisivo e il mezzo cinematografico, io amo le immagini. Quindi se, per esempio, il cinema dovesse morire e mi restasse la televisione, a me resta sempre qualcosa per esprimere le immagini. Io sono legato al cinema per un'altra ragione, perché il cinema è il rito, il rito della sala chiusa dove la gente si riunisce per consumare questo spettacolo, insieme nel silenzio e nel buio. Questo è un grande fascino che sicuramente la televisione non ti dà, però l'importante per me è creare le immagini. Se mi dicessero: «È morto il cinema, non c'è più questo rito, ma c'è sempre la televisione», io vado avanti lo stesso, insomma, per me fare un film per la televisione o fare un film per il cinema non ha grande importanza, sia pure facendo, naturalmente, le debite differenze, comprendendo i diversi tipi di linguaggio che devono variare passando da un mezzo all'altro. Del resto in questi anni, guardando molta televisione, devo dire che mi ha insegnato molto, mi ha insegnato moltissimo, proprio perché ho capito, per esempio, come la televisione sia un mezzo che può esprimere certamente meglio di quanto possa fare il cinema. La televisione riesce a fare un'analisi quasi spettrale dell'animo umano, a darci lo spettro della psicologia dell'uomo, insomma delle creature umane, perché riesce proprio a stare dentro i personaggi. Non voglio dire che il cinema non ci riesca; il cinema di Bergman [Ingmar, 1918], il cinema per tanti aspetti anche di Antonioni [Michelangelo, 1912], ma in modo particolare di Bergman, è riuscito sempre ad andare persino nelle viscere della gente. Ma il cinema di Bergman è, in qualche modo, un cinema televisivo, è un cinema che in qualche modo anticipa, se vuoi, la televisione, e sembra particolarmente adatto ad esprimere questi particolari come fa la televisione.

A.V.: Scusa, ma il tuo cinema era completamente l'opposto.

De Santis: Certamente, perché questo scavo psicologico nel mio cinema di solito non è mai stato il punto focale, più importante – mi riferisco all'analisi psicologica di questo o di quell'altro personaggio – ma io ho cercato sempre di contemplare l'individuo nei rapporti della società, forse trascurando certe volte l'analisi psicologica dei personaggi. La televisione direi che in questo senso mi è servita molto, mi ha spronato molto a guardare il mondo anche un tantino più da vicino, stando di più sui volti e sulle espressioni che un volto può dare, per raccontare se stesso o per raccontare il suo rapporto con il mondo.

II parte

De Santis "Artist in Residence" a Middlebury College

Presentazioni di De Santis e discussioni con il pubblico Scuola Italiana di Middlebury, estate 1991[1]

Roma ore 11

È un film che dovrebbe interessarvi in modo concreto perché affronta, sia pure nell'anno 1952, il tema della disoccupazione giovanile, in modo particolare il tema della disoccupazione giovanile femminile. Ripeto che, anche se ambientato nel 1952, il problema della disoccupazione giovanile non è, per lo meno nel mio Paese, mutato di molto. Allora eravamo sui 3 milioni di disoccupati in Italia con una percentuale di circa 2 milioni di giovani ed oggi siamo quasi sulle stesse cifre. I tempi non sono mutati almeno da questo punto di vista. Certo sono mutati gli atteggiamenti delle ragazze e sono mutate molte cose da allora, però purtroppo questo problema non è variato. Stasera mi dilungherò un po' più del solito perché credo che questo film abbia un particolare interesse per voi quindi lasciatemi dire qualche cosa in più, anche se magari sarò più noioso. Il film trae spunto da un fatto realmente accaduto a Roma nell'anno 1952. Il fatto di cronaca è il seguente. Io ve lo racconto anche perché il film non si sviluppa attraverso nodi narrativi misteriosi che devono essere svelati. Si parte con il fatto di cronaca già svelato al pubblico, che già ne era informato, quindi si tratta poi di svelare come questo fatto di cronaca sia accaduto veramente. Il fatto di cronaca è il seguente: un giorno su un giornale romano a grande diffusione, c'è

[1] Nell'estate del 1991 su invito del Prof. Edoardo Lebano, allora direttore della Scuola Italiana, De Santis ha trascorso sei settimane a Middlebury College dove ha presentato e discusso sei dei suoi film. Non ho incluso *Riso amaro* il primo film presentato e *Caccia tragica,* proiettato dopo, per evitare eccessive ripetizioni. Per alcuni film non ho incluso le discussioni dopo le proiezioni dalle quali non erano emerse nuove informazioni.

un'inserzione che chiede alle ragazze di presentarsi per un posto di dattilografa per un ufficio. Era pensabile che si presentassero per questo posto di dattilografa in quest'ufficio 20, 30, forse 40 ragazze, mentre incredibilmente si presentarono 300 ragazze. Questo già vi dice qualcosa di particolare. Si presentarono 300 ragazze. Attesero per essere scelte a sostenere l'esame di dattilografia in fila l'una dopo l'altra. Ci fu il crollo della scala sotto il peso dei loro corpi, ci fu il crollo, ci fu un morto e ci furono molti feriti. Questo è il fatto di cronaca che suscitò naturalmente un grande scandalo, una grande eco nel paese. Io naturalmente pensai immediatamente di ricavare un film da questo fatto di cronaca, perché intanto, come avete già visto attraverso l'altro film *Riso amaro*, io ero particolarmente sensibile, sono sempre stato sensibile, al mondo femminile, poi mi sembrava che il tema in sé meritasse proprio lo sviluppo di un film. Vi racconto come mi organizzai per il lavoro. Uno dei miei collaboratori è stato Cesare Zavattini, che mi auguro che i giovani, anche se non conoscono, vorranno conoscere perché non solo è un grande scrittore italiano, ma è stato uno degli uomini più importanti del cinema italiano, che ha creato film come *Ladri di biciclette, Umberto D, Miracolo a Milano* in collaborazione con il regista Vittorio De Sica, quindi un uomo geniale nel cinema italiano. Io l'ho avuto come collaboratore in questo film, anche per altri film, ma per questo ho avuto da parte sua una collaborazione particolare. Lui suggerì immediatamente, ecco forse qui entriamo già nel merito di quello che io voglio dire, di fare un'inchiesta giornalistica, così prendemmo un giornalista per fare un'inchiesta interrogando tutte le ragazze che avevano partecipato a questo avvenimento; interrogammo anche tutto il quartiere dove l'avvenimento era accaduto: interrogammo i pompieri, la polizia, tutti quelli che si potevano interrogare per avere notizie sull'accaduto. Questo giornalista si chiamava Elio Petri, devo dire si chiamava, purtroppo, perché è morto. Lui è diventato un regista molto famoso. Elio Petri era stato un mio collaboratore per molti anni, in seguito all'inchiesta di cui vi avevo parlato. Poi è diventato regista, ha girato molti film, di due dei quali forse ricordate per lo meno i titoli. Uno è *Un cittadino al di sopra di ogni sospetto*, che arrivò fino al premio Oscar, l'altro è *La classe operaia va in paradiso*. Sono due film straordinariamente belli, che se non conoscete dovreste scoprire. Ecco io ho avuto questo collaboratore, quando ancora lui non pensava al cinema, ma faceva il giornalista di cronaca per un giornale.

Che cosa ci rivelò questa inchiesta? Questa inchiesta ci rivelò una cosa eccezionale. A prendere parte all'avvenimento non c'erano soltanto ceti poveri, ragazze piccolo borghesi o figlie di contadini, ma c'erano anche ragazze della piccola, della media e anche della grossa borghesia, dico romana, ma potrei anche dire italiana. Questo ci dette già un sentimento dell'epoca in cui vivevamo, un sentimento storico ma anche un sentimento dello sviluppo del nostro Paese, in pratica sentimmo che per la prima volta la donna in Italia si affacciava sul mercato del lavoro in un modo molto massiccio e molto forte. Perché la donna voleva non solo guadagnare qualcosa per aiutare la propria famiglia, magari povera, ma essere presente, contare qualcosa, per rendersi indipendente dalla propria famiglia. È stato un processo molto lungo in Italia, quello della liberazione della donna o liberalizzazione della donna, ma credo che quell'anno in cui facemmo il film, 1952, comincia proprio l'affacciarsi della donna sul mercato del lavoro in maniera molto, molto forte. Noi sentimmo questo e quindi il film è dedicato un po' a tutto l'universo femminile. Dopo l'indagine facemmo una cosa più profonda, non contenti di aver raccolto una massa di notizie da questa inchiesta, dalla quale vennero fuori delle cose straordinarie, come vedrete in qualche modo nel film. Sempre Zavattini mi suggerì di fare un'esperienza diretta per la realizzazione di questo film. Noi mettemmo lo stesso annuncio sul giornale per cercare una ragazza, che poi avremmo adoperato nel nostro film come impiegata nella nostra troupe. Naturalmente scegliemmo un ufficio che non fosse al terzo o al quarto piano e che non avesse scale perché temevamo appunto di incorrere in rischi uguali a quelli che avevano corso le ragazze e facemmo quest'esperienza diretta. Non vennero certo 300 ragazze, ne vennero, mi pare di ricordare 50-60, senza che noi dicessimo che facevamo questo esame alle ragazze per il film. Ecco, forse fummo un po' crudeli in questo, penso, voglio dire lo facemmo a fin di bene perché in realtà poi assumemmo non una ma due ragazze nel film. Allora io vissi dall'interno, direi, calandomi dentro questo mondo, per vedere quali erano le angosce, le ansie di queste ragazze, mentre in fila aspettavano per sostenere l'esame. Ecco, questo ve lo dico, perché questo modo di lavorare è stata una delle caratteristiche degli autori della mia generazione – che appunto li ha portati poi a dare vita al cinema che va sotto il nome di cinema neorealistico. Questa è stata una delle caratteristiche, in altre parole essere in mezzo alla gente, essere con la gente, seguire la gente, tallonarla, come diceva Cesare

Zavattini, stargli sempre dietro, essere dentro di loro per cercare di conquistare il più possibile della coscienza che c'era dentro queste ragazze. Credo fu un'esperienza anche per molti aspetti dolorosa ma che a me personalmente come regista mi arricchì enormemente e mi approfondì enormemente per poter poi fare il film. Questo io dovevo dirvelo, perché penso che sia giusto che voi sappiate queste cose. Ora il film è di una grande semplicità perché narra i fatti che si svolgono tutti in una giornata, vale a dire dal primo mattino alla sera, è un film diverso da *Riso amaro*, che avete visto, un film più asciutto, più stringato, anche più semplice, più diretto, non affermerei che è un film di cronaca, non vi aspettate un film di cronaca perché voi dovete già capire che la cronaca è un fatto giornalistico, ma un film che fa soltanto la cronaca di un avvenimento resta un documentario; bisogna che poi la cronaca diventi storia, storie di vite umane, altrimenti, ripeto, la cronaca non è più un film, ma resta un documentario. Quindi voi vedrete grosso modo i tempi di sviluppo di questo episodio che vanno dalla prima ragazza che arriva, all'esame delle ragazze, al crollo della scala, all'arrivo della polizia e dei pompieri, le ragazze in ospedale, i ritorni nelle loro case e per ultimo il processo che viene intentato da parte di un commissario di polizia ad un gruppo di ragazze che lui ritiene siano state la causa di questo crollo della scala. Naturalmente questa sorta di processo sommario, improvvisato, non trova il colpevole e direi che neanche noi autori l'abbiamo trovato, non abbiamo voluto trovarlo, abbiamo voluto che il pubblico riflettesse il più possibile su questo doloroso avvenimento senza indicargli un colpevole. In altre parole è un film dove il problema resta aperto, ma io voglio assicurarvi che questo è un modo malizioso per abbordare il tema: è chiaro che quando un autore non vuole dire il responsabile rimanda al di fuori di tutto quello che il pubblico vede. Le responsabilità vanno da un'altra parte. Ecco, credo che in sostanza le colpe siano di una società che porta a risultati di questo tipo, cioè invece di 10-20 ragazze, come sarebbe augurabile trattandosi di disoccupate, ne porta 300 in un luogo. Io voglio chiudere come anche l'altra volta, ho chiuso con un piccolo aneddoto. Questo film ovviamente fu attaccato dalla stampa, fu un altro dei miei film che non piacque al potere, al potere ufficiale. Io però ho un grande titolo di merito perché per la prima volta nella storia del cinema italiano apparve in un giornale italiano un articolo di fondo, io non so come si dica in inglese, ma per farvi capire di solito è l'articolo più importante di un giornale, ed io ebbi l'onore di avere un articolo di fondo su un grande quotidiano italiano, scritto da qualcuno che attaccava il film e attaccava il governo che aveva concesso il permesso a questo film di uscire; si indagò anche sui capitali, sui finanziamenti di questo film. Fu considerato un film sovversivo, quando si pensa ad un film sovversivo, almeno nel 1952, a uno viene in mente che i capitali erano russi o sovietici, invece poi si appurò, perché il mio produttore si chiamava Paul Graetz, che i capitali erano di una grande società americana che si chiama in Italia ERRE KAPPA O ma credo che da voi si dica RKO. Ecco chiudo con questo aneddoto per farvi capire un pochino come andavano le cose in quell'epoca, nel 1952. Vi auguro buona visione. Spero che questa copia sia una buona copia, e non un reperto d'archeologia come quella di *Riso amaro* e spero che voi possiate vederlo con la stessa cura e la stessa passione con cui io ho fatto il film. Ci vediamo dopo per scambiarci qualche battuta, se avete bisogno di qualche informazione. Grazie tante.

Dopo il film

Pubblico: Potrebbe spiegare come lei ha girato le scene della scala? Come ha fatto tecnicamente e artisticamente?

De Santis: Io vorrei approfittare di questa domanda che è simile a quella che mi aveva fatto la scorsa volta il professor Pozzi ed io purtroppo come vi ho detto, sono un po' sordo e non avevo capito. Volevo spiegare, così lo spiego anche a lei, che ho una cifra stilistica che è quella di costruire le scene con un modo che in termine tecnico si chiama piano sequenza. Che cos'è?

Un piano sequenza è un'inquadratura che raccoglie più piani, in altre parole che parte magari da un campo lungo, un primo piano passando per un piano americano, tutto senza mai un taglio di stacco in modo che non ci siano divisioni tra un piano e l'altro, creando un piano tutto unito. Questo si chiama piano sequenza. Io lo faccio perché questa ricerca di stile per me non è soltanto una ricerca di stile formale, per dare, diciamo, eleganza all'inquadratura, il passaggio, magari da un primo piano ad un campo lungo nello stesso momento con la macchina da presa senza staccare: ma è per dare un significato alla sequenza. Vi cito alcuni esempi dal film. *Roma ore 11* comincia con un primo piano della ragazza che aspetta, il carrello va indietro, la ragazza si muove e la macchina da presa si alza, creando quella cifra stilistica che in termini cinematografici si chiama piano sequenza. La stessa cosa io ho fatto per la scena della scala, non sono tanto i dettagli che sono importanti, ma questa lunga inquadratura della quale lei mi chiede. Voi avete visto che nel film c'è un ascensore con il quale sale il ragioniere. Io ho usato quello stesso ascensore – mettendoci la macchina da presa sopra – e con la macchina da presa ho fatto quello che si dice in termine tecnico carrello-ascensore, che in questo caso sostituiva un altro strumento che io adopero spesso nel cinema e che è la gru. Sulla gru normalmente si mette la macchina da presa, così la gru partendo dal basso si alza, va in alto, può andare a destra, a sinistra, riscendere. È uno strumento che io ho usato molto spesso, non solo per ragioni di carattere tecnico, ma perché sicuramente mi ricorda tanto l'infanzia, la culla, questo desiderio di volare che hanno sempre tutti i bambini. Questo è un dato psicanalitico che magari dovrebbe essere spiegato da uno psicanalista, ma oltre all'uso tecnico che ne faccio, vi ho dato anche la ragione direi psicoanalitica ma che ha una sua vera origine essendo legata a certi sentimenti della mia infanzia. Ma per venire alla sua domanda, il pezzo delle scale è tecnicamente realizzato in questo modo, con la macchina da presa sopra l'ascensore che sale su, man mano e descrive l'ambiente passando da un primo piano a un campo lungo, fermandosi su questa o quella ragazza. Questo è il piano sequenza.

Domanda del pubblico: Perché ha voluto far vedere un'Italia povera, quando si legge spesso che proprio in quegli anni la crescita economica della nazione iniziava?

De Santis: L'Italia che voi vedete in questo film è un'Italia che esce da una guerra. Siamo nel 1952, c'è un dopoguerra molto drammatico e molto doloroso, fatto di povertà, quindi è un volto di un'Italia molto povera. Però, ripeto ancora una volta, quello che mi interessava sottolineare in questo film era la presenza, in questo luogo, di tutti i ceti sociali alla ricerca di un lavoro. Perché questo caratterizzò in quel momento il movimento liberatorio della donna, perché la donna voleva essere presente in società e voleva contare. Ripeto, certo questo volto dell'Italia non c'è più. Purtroppo rimane invece il problema che è quello della disoccupazione, che è altrettanto drammatico, altrettanto tragico, e che è quello di un Paese povero. L'Italia fortunatamente non è più un paese povero, ha avuto uno sviluppo economico notevole, è una potenza che sicuramente sul piano industriale ha le sue cose da dire, perciò questo mondo che avete visto è un mondo che dovete interpretare come una metafora. Io mi sono servito di questa scala perché credo che la scala, sia nella letteratura che nella mitologia, sia la metafora per eccellenza, si sale, si scende, quindi interpretate questo film come una metafora, piccola o grande che sia, del salire e scendere nella vita.

Domande del pubblico: Io conservo una copia della sceneggiatura del 1956, in un'edizione ormai difficilmente reperibile. Ma quello che mi interessa al di là del reperto, in questo caso della sceneggiatura, che in ogni modo conserva un certo significato letterario oltre che giornalistico, anche per Elio Petri, che è stato suo collaboratore, ma mi interessa soprattutto per il fatto che lei ha avvertito l'esigenza di scrivere una prefazione, che ritengo molto interessante ai fini di una dichiarazione poetica – sia pure a distanza di 3 anni dalla realizzazione del film – in quanto in questa prefazione lei diceva che bisognava osservare una realtà del mondo di quegli anni e allo stesso tempo denunciarne gli elementi critici. Quindi c'è una volontà di denuncia di un aspetto dell'alienazione sociale. Però con questo aspetto vorrei che lei mi dicesse se interpreto bene o male la sua intenzione... Oramai il Neorealismo aveva esaurito la sua fase ascendente. Dopo gli anni Cinquanta inizia il fenomeno di riflusso. Quindi questo è il suo modo di ribadire la volontà di denuncia nel 1956, quando in questo film ci sono anche degli elementi di innovazione stilistica rispetto anche alle sue opere precedenti. Qui le storie sono individuali, comunque con un tessuto connettivo che le inserisce in un contesto sociale a cui lei ha sempre tenuto. Quindi questo aspetto della denuncia che lei vuole ribadire in un anno fatidico per le sorti della situazione del mondo operaio a livello internazionale, cioè nell'anno dei carri armati in Ungheria, nell'anno del ventunesimo congresso del partito comunista e così via, ha un significato ai fini di una interpretazione a distanza di 3 anni oppure è soltanto un fatto interpretativo del testo che appariva come fatto autonomo a livello di pubblicazione?

De Santis: Io credo di avere dedicato non solo questo film ma anche altri miei film e anche quelli che non mi è stato consentito di fare e che non ho fatto, ai problemi del lavoro. Forse avvertendo che sarei stato un disoccupato per antonomasia – sono molti anni che non riesco a fare un film – questo problema della disoccupazione, questo rapporto dell'individuo con il lavoro mi ha sempre ossessionato. Forse, ripeto, è stato qualcosa che perfino nel subcosciente ha lavorato dentro di me. Il tema del lavoro si trova in tutti i miei film, salvo in alcuni che sono soltanto film d'amore, ma anche nei film d'amore il problema del lavoro c'entra sempre. Certo, qui c'è una denuncia molto chiara, molto precisa, molto frontale. Io non posso dimenticare che la nostra costituzione, tutte le costituzioni dei paesi democratici, assicurano all'uomo la possibilista di un lavoro. Io credo che si possa perdonare tutto ai governi, ma non si possa perdonare che ci siano delle persone senza un lavoro che muoiono di fame o che devono sopportare la disoccupazione. Credo che si possa perdonare tutto, ma questo non si può perdonare. Allora questo tema mi ha sempre ossessionato. Può darsi anche che qui, nell'enfasi della denuncia, io abbia anche persino radicalizzato la situazione, ma siccome ritengo che sia uno dei drammi più grandi col quale possa scontrarsi l'uomo, dico anche che la denuncia possa persino essere mancante in questi casi. Eravamo nel 1952, ma siamo nel 1991 e in Italia i disoccupati sono ancora quanti erano nel 1952. Allora quindi la mia denuncia aveva senso. Mi dispiace solo che non sia riuscito né con questo né con altri film a rendere la situazione più importante, in modo da farla mutare, ma almeno dare una mano al dibattito sul lavoro e sulla disoccupazione. Mi dispiace molto perché la prima vittima di questa situazione sono stato proprio io, che non ho potuto fare tutti i film che avevo pensato di fare e che purtroppo sono rimasti nel cassetto. Non so se oggi il film può parlare alla classe operaia nel modo in cui allora poteva parlare. Sicuramente, com'è cambiata l'Italia, è cambiata anche la classe operaia. C'e perfino chi affaccia l'ipotesi che la classe operaia non ci sia più, dimenticando i metallurgici che sono sempre lì, comunque non siamo qui per parlare di queste cose. Ad ogni modo, certamente la classe operaia è cambiata, le cose credo che per certi versi vadano molto meglio di un tempo, comunque resta questo dato che è grave, drammatico, doloroso per un Paese anche di un notevole livello di sviluppo che ha 3 milioni di disoccupati, tra i quali ve ne sono almeno 2 oppure 2 e mezzo che sono giovani. Io dimenticavo di dire una cosa, che la ragione per cui c'era questa grande massa femminile che premeva per cercare lavoro nelle metropoli, è che questa è l'epoca in cui comincia in Italia la grande migrazione, il grande esodo dei poveri verso il nord, verso le grandi metropoli. Quindi anche le donne, che seguono le famiglie in questa migrazione, sono rappresentate in questo film perché in quegli anni l'emigrazione raggiunge quasi il massimo. Ci sono emigrazioni, esodi di massa verso Torino e quindi verso la FIAT, verso Milano, anche verso Roma e provengono quasi tutti dal sud. Quindi è un problema molto complesso, molto articolato. Oggi questa emigrazione è ferma ma ce n'è un'altra che preme alle porte non solo dell'Italia, ma del mondo intero, che è quella dei paesi poveri, cosiddetti terzi, che cominciano ad affacciarsi, a bussare alle porte. Ecco come da una piccola metafora si passa a grandi metafore e si arriva alla situazione d'oggi attraverso questi paragoni. Scusate, a volte io metto troppa enfasi nello spiegare queste cose, ma la rabbia qualche volta ha anche bisogno di trovare uno sfogo.

Domanda del pubblico: Una curiosità a proposito di questo film è il ruolo dei media, della radio, dei giornali. Questo accento insistito sul ruolo dei media e sul collegamento dei media e della cultura popolare, a me sembra che sia una cosa nuova nel cinema di quegli anni.

De Santis: Perché è il mondo di queste ragazze, che sono, che erano ossessionate dalla canzonetta, dalla radio, da tutto quel processo che io analizzo e che non posso non portare sullo schermo. Quindi voglio dire, nel momento in cui ci si immerge dentro una realtà e la si descrive, bisogna descriverla in tutta la sua complessità. Io mi ricordo Zavattini, che è un uomo che io ho amato molto e pregherei i ragazzi di soddisfare la loro curiosità leggendo due piccoli romanzetti, uno si chiama *I poveri sono matti* e l'altro si chiama *Parlano tanto di me*. Sono due piccoli libretti che si leggono molto rapidamente ma che vi daranno anche la genialità di questo grande uomo che mi ha accompagnato nello sviluppo di questa sceneggiatura. Io ho avuto, durante la stesura della sceneggiatura, molte polemiche con lui, perché Zavattini voleva addirittura, per radicalizzare la polemica, che nessuno dei personaggi avesse un nome, avesse una sua identità. Lui voleva addirittura che una ragazza si chiamasse «quella del cappellino», un'altra «quella dell'anellino», l'altra «la ragazza incinta». Un procedimento al quale io mi ribellavo perché ero affamato di storia, quindi di dare un'identità a tutto e a tutti, quindi dicevo «No, perché non si deve chiamare Carmela?». Lui, per minimizzare al massimo l'identità e dare corpo al tema centrale, voleva addirittura abolire nomi e cognomi, le identità delle ragazze, così come ha fatto in alcuni dei suoi romanzi in cui i personaggi vengono chiamati: «l'uomo del cappellino», «quello dei baffi», «quello senza baffi». Ho avuto delle grosse polemiche con lui a questo proposito. Voglio raccontarvi un aneddoto per farvi capire meglio la personalità di questo uomo geniale. Io avevo finito di montare *Roma ore 11*, e faccio una proiezione come si usa sempre fare, con i collaboratori e con il pubblico. Il film ha un enorme successo, viene anche Zavattini, alla fine ci riuniamo, io gli chiedo «Sei contento? Ti è piaciuto?». Lui comincia, Zavattini era molto comico, molto divertente fisicamente, era un uomo dell'Emilia Romagna e aveva un modo di parlare molto divertente. Così mi dice: «Ti sei dimenticato l'aeroplano». Io veramente mi ero scordato questo aeroplano che doveva passare e gli ho detto: «È vero, scusami mi sono dimenticato». Devo ammettere che nell'ultimo mixaggio del film, che è l'ultima operazione che si fa, me ne ero dimenticato. «Va bene» mi dice, «non ti preoccupare». Lo incontro alcuni mesi dopo e mi dice: «Guarda, l'aeroplano l'ho piazzato. Quell'aeroplano l'ho piazzato nel film di De Sica *Stazione Termini*. Mentre i due amanti sono in stazione facendo l'amore in uno scompartimento, c'è un grosso aereo che passa». Io gli ho detto: «Sono molto contento, sono molto felice per te che finalmente hai piazzato questo aeroplano».

Alcuni mesi dopo esce *Stazione Termini*, vado a vederlo, ma l'aeroplano non c'era! Anche De Sica se n'era dimenticato! Mi ha detto mia figlia giorni fa che in un film che lui ha fatto 10 anni dopo diretto da De Sica, *Il tetto*, pare che quest'aeroplano ci sia. Tutto questo anche per farvi capire quali erano le battaglie tra noi cineasti. Tutto questo sembra non avere senso e invece ce l'ha. Io questo aeroplano l'ho dimenticato e ho sbagliato e dico sempre che tutto sommato questo aeroplano gira ancora nei cieli d'Italia e aspetta che i registi nuovi e vecchi lo adoperino, che gli diano un senso, perché è l'eredità di un'epoca.

Domanda del pubblico: Appena torno a Brooklyn la prima cosa che faccio è prendere a noleggio *Il tetto*, per vedere l'aeroplano, ma per adesso, poiché abbiamo visto due dei tuoi film, *Riso amaro* e quello di stasera, forse si potrebbe fare qualche raffronto. Nel primo film il messaggio politico è anche nei volti dei personaggi e non c'era bisogno di farlo ripetere nei dialoghi. I personaggi sembrano datati mentre nel film di stasera non lo sembrano.

De Santis: Sì, sì, capisco, capisco... sai che cosa? In *Riso amaro* io ho voluto proprio che i personaggi si portassero addosso tutto. Quindi voglio dire sì, può darsi che Vallone sia datato, ma bisogna guardarlo nella retorica che fa parte del suo personaggio. Qui, sì, certo datato ma la disoccupazione che rappresenta è quella che esisteva, voglio dire, le date si spostano sempre ma il problema resta. *Riso amaro* è girato in un altro stile. Io vi posso dire con molta franchezza che *Riso amaro* è un film più costruito stilisticamente, *Roma ore 11* è un film più asciutto, ripeto, più stringato più semplice, anche qui però, mi dispiace dirlo, ci sono due o tre tagli moralistici molto stupidi. Com'è stupida questa censura, che è la cosa veramente datata. C'è la prima ragazza che fa l'esame che prima di andare via mostra al ragioniere, vale a dire gli fa vedere una gamba. Ed è stato tagliato! Ma insomma a chi dà noia la gamba di una ragazza! Ed è stato tagliato e mi sembra una cosa di una ridicolaggine unica. Ci sono altri due o tre taglietti che sono di carattere moralistico che sono di un puritanesimo che è proprio veramente aberrante. Quello sì, è datato!

Nei miei film c'è sempre la speranza di trovare un posto di lavoro. Quindi la presenza della ragazza, che alla fine del film si rivede di nuovo davanti al cancello, mostra un certo ottimismo. Questo finale è un altro dei miei motivi, un'altra delle mie cifre stilistiche, quella di finire un film così come comincia. Questa è una cosa che amo molto, che mi è sempre piaciuta molto, quindi a parte questa ripetizione, c'è anche questo senso di dare la speranza di un lavoro. La ragazza crede fino all'ultimo in un lavoro, poi nel suo gesto cerca anche di riscattare questo suo infantilismo, questo suo assoggettamento succube nei confronti della propria madre.

Io dimenticavo di dirvi, una cosa così per i cinefili, per quelli che amano le chicche, che nel film ci sono alcune delle protagoniste che sono delle ragazze che avevano subito il crollo della scala, ne ho prese 7 o 8. La ragazza del cappellino, ad esempio, era una ragazza che era lì presente. Oltre a questo c'erano, come avete visto, quasi tutti i grandi divi italiani dell'epoca, che ancora oggi ringrazio perché, vi confesso, sono venuti quasi tutti senza essere pagati. Talmente hanno amato questo film, lo sentivano come un dovere di fare un film di questo genere e di combattere una battaglia democratica appunto per il lavoro. Da Vallone a sua moglie che è Elena Varzi, che interpreta la donna incinta nel film, alla Carla Del Poggio, a Massimo Girotti, alla Lucia Bosè, tutti quanti sono venuti chi più chi meno, a delle paghe minime e addirittura, Vallone è venuto, ha prestato la sua opera senza essere pagato.

La strada lunga un anno

Siamo al nostro terzo appuntamento con il mio cinema e direi anche con i diversi volti di un'Italia ormai lasciati alle nostre spalle e con anche, scusate la presunzione, con il percorso di un cineasta come me che quindi avete potuto giudicare in vario modo, anche se noi non siamo andati in ordine cronologico con le date di uscita dei miei film. Prima avete visto il mio secondo film, *Riso amaro*, poi avete visto il mio primo film, poi in mezzo c'è stato *Roma ore 11* che invece era il mio quarto. Oggi invece vedete un film che è del 1958. A proposito di questo film, intanto voglio darvi un paio di informazioni che è bene che voi abbiate. All'inizio vi ho detto che il film «rappresenta un volto dell'Italia». In realtà questa espressione non è giusta o per lo meno è giusta in un certo senso. Per questo film pensato per l'Italia, che si riferisce a fatti e avvenimenti italiani, purtroppo non riuscii a trovare un produttore che lo finanziasse e avendo proprio tanta voglia di farlo, dato che mi piaceva molto il tema, chiesi soccorso agli amici in Jugoslavia ed andai a girarlo proprio lì, scegliendo tutti i posti che assomigliassero il più possibile all'Italia, a quell'Italia che avevo in mente, dove io pensavo appunto di collocare il mio racconto. Il racconto si sviluppa sul solito mio tema, quello del lavoro. In questo film è visto in un modo molto particolare, direi forse anche in un modo più profondo, per lo meno nelle ambizioni mie, che negli altri film, perché c'è il lavoro che si trasmette dai vecchi ai giovani, dai giovani ai ragazzi, c'è, come si dice, questa consegna di tradizioni del lavoro che si passa di generazione in generazione. Questa è la novità rispetto agli altri film sul tema del lavoro e in più c'è un particolare fatto storico. L'Italia ha avuto un momento, intorno proprio agli anni tra il 1954-1955 fino al 1960, in cui i disoccupati, operai, contadini che non riuscivano a trovare lavoro hanno inventato una forma di lotta assolutamente originale, ripeto, inventata proprio dal proletariato italiano, proletariato, per usare questo termine, nel senso anche di contadini. Questo modo di aggredire la disoccupazione è stato chiamato «sciopero alla rovescia». Che cos'è lo sciopero alla rovescia? Allora, scioperare, lo sapete tutti, significa non lavorare, quando uno incrocia le braccia e non lavora. Invece questi miei protagonisti, com'è avvenuto nella storia, invece di incrociare le braccia lavorano. Ma lavorano in che modo? Lavorano perché, non trovando lavoro, riescono a lavorare per farsi pagare dopo, in modo particolare dagli enti civili. Ad esempio, questo film riguarda la costruzione di una strada che dalla montagna conduce in pianura. Allora il comune afferma che non ha soldi, l'amministrazione locale dice che non ha denaro (questi sono avvenimenti che sono avvenuti in molti comuni d'Italia), e allora gli operai cominciano a lavorare e si segnano le ore di lavoro e poi chiedono, fanno pressione sulle amministrazioni locali per farsi pagare. Questo si chiama «sciopero alla rovescia», ripeto una forma di lotta che hanno inventato gli operai italiani. Avvenimenti che ho voluto trattare in questo film, perché mi sembrano eventi veramente originali e che tutti dovrebbero ora ricordare e a quell'epoca testimoniare con un film. Cosa c'è ancora che mi preme segnalarvi in questo film? Questo film ha una struttura, credo, tentata per la prima volta nel cinema italiano e nella narrativa per lo meno del cinema italiano, in altre parole ha una struttura come a staffetta. Voi sapete che nelle olimpiadi c'è una fiaccola che uno consegna ad un altro e poi ancora a un altro. Questo film è costruito in questo modo. Ci sono dei personaggi o un personaggio che comincia la storia, poi in un altro episodio lui diventa personaggio di sfondo e viene avanti un altro personaggio che diventa protagonista. E in questo modo si va avanti a seconda degli episodi che vengono scanditi nel corso del racconto. E quindi c'è questo scambio continuo tra protagonisti e non protagonisti che mi sembra un modo tentato per la prima volta nel cinema. È un film più lungo di quello che ci si aspetta normalmente da un film. Io vi chiedo un po' di pazienza, del resto credo che ne valga la pena perché, dico per restare in America, è il mio film più premiato perché ha avuto non solo una nomination all'Oscar nel 1959, è stato candidato tra i cinque film per il miglior film straniero, poi ha avuto il Globo d'Oro, che è un premio molto prestigioso che assegna la critica cinematografica straniera qui in America e poi ha avuto un premio per uno degli attori protagonisti, Massimo Girotti, ad un festival a San Francisco. Oltre ai premi ricevuti qui, ha anche avuto una quantità di premi in altri festival. A me naturalmente questo film è molto caro perché, ripeto, è stato girato in Jugoslavia dove tra l'altro io ho incontrato mia moglie, che voi vedrete nel film anche perché fa un ruolo. Forse avrete delle difficoltà a riconoscerla perché la vedrete più grassa di quanto sia oggi in realtà, allora io proprio per farle interpretare questo ruolo di contadina la misi come si fa, scusate il termine, con i maiali, la misi un poco all'ingrasso. Ecco, vi prego di avere un pochino di pazienza perché il film è più lungo del solito. Quindi se ve ne andate siete scusati, capisco che possa essere un po' noioso. Per me non lo è stato. È un film che mi è molto caro, se non altro perché grazie a questo film ho incontrato mia moglie.

Giorni d'amore

Questo è l'unico film che io ho girato che è allegro, diciamo, ha un sapore di comicità e quindi spero che vi divertirete. È un film, anche se allegro, naturalmente non privo di problemi, quindi non crediate di sfuggire alla mano pesante dell'ideologo De Santis. È un film ambientato nel mio paese, nel paese in cui io sono nato, che si chiama Fondi, situato nel basso Lazio in una piccola regione che si chiama Ciociaria. Si chiama Ciociaria perché gli abitanti di questa regione, adesso sono rimasti pochi esemplari, portavano delle scarpe particolari, portavano dei calzari simili a quelli degli antichi romani che si chiamano "ciocie". Però la parola Ciociaria potrebbe derivare anche dal fatto che questa parte della Ciociaria, dove io in particolare sono nato, è sulla costa e in vista di dove si immagina che la maga Circe abbia attirato Ulisse con la sua magia. Quindi Ciociaria per due ragioni. *Giorni d'amore* è un film solare direi, solare oltre che essere allegro, in questo mio paese che è un paese di pianura, è una specie di conca dove si coltivano le arance e i limoni. Fondi è anche ricca di canali, c'è anche un lago abbastanza importante. Insomma è un film, diciamo, dove i personaggi sono dentro questo ambiente che è un ambiente di solarità. Io ho dedicato a questo mio paese due film. Un altro film che voi vedrete sabato sera, che si chiama *Non c'è pace tra gli ulivi*, è un film dell'interno, della montagna, questo è un film di pianura. Il film è ispirato ad una tradizione del mio paese che non è solo, credo, del mio paese, ma è una tradizione diciamo di quasi tutto il Meridione d'Italia. Quando due giovani fidanzati poveri non riescono a convincere i genitori che vogliono sposarsi, perché o c'è una protesta da parte della famiglia della donna o della donna stessa, oppure c'è una protesta da parte della famiglia dell'uomo, allora scelgono un modo molto rapido e molto giovanile per farlo: scappano e passano una notte insieme per forzare le famiglie ad accettare la loro unione. In Sicilia mi sembra si chiami "la fuitina", nel mio paese "cappano", ovvero scappavano. Perché, come voi vedrete, anche per essere fedele alla realtà, nel film naturalmente ci sono contadini molto poveri. Oggi nel mio paese questo tipo di contadino, questo tipo di famiglia non c'è quasi più. Ci sono rimasti veramente dei rari esemplari. Ecco anche perché riferendomi sempre ai miei film, affermo che se hanno un valore, è soprattutto un valore antropologico, perché questi volti, queste facce che voi vedrete e questo tipo di povertà non ci sono più, sono scomparsi quasi completamente. Questo film è la storia di due ragazzi che non riescono, per ragioni economiche, a sposarsi (mentre adesso il matrimonio fra contadini nel mio Paese costa in media sui 100 milioni, che mi pare equivalgano a ottantamila dollari). Questo per dire che il benessere si è diffuso anche nella mia regione, perché il contadino che una volta coltivava gli aranci o il piccolo orto, frutta o erbaggi, oggi invece coltiva le serre, e ha anche realizzato delle notevoli somme di danaro con la crescita edilizia del paese, per non parlare di speculazioni – non so se sia un termine che voi potete capire perché non so quanto significato abbia qui in America la speculazione edilizia –. Ad ogni modo, per tornare al mio film, è ispirato a questa tradizione, a questa vecchia usanza. Il film è interpretato da Marcello Mastroianni, che per la prima volta fa il ruolo del protagonista (aveva fatto soltanto dei piccolissimi ruoli), e poi c'è Marina Vlady che era un'attrice all'inizio della sua carriera, aveva anche lei fatto delle piccolissime parti, ed era molto, molto giovane. Mastroianni, per la prima ed unica volta nella sua carriera, fa la parte di un contadino ciociaro. Il film è raccontato con lo stile di una commedia goldoniana e voi vedrete che accanto a questi due attori ci sono molti contadini veri; e molti di questi contadini veri sono stati scelti nel mio paese, in particolare un paio di donne che mi hanno anche portato in braccio, mi hanno allevato; quindi quando io dirigevo questo film mi rimproveravano anche perché avevano questo rapporto con me quasi materno. Ripeto, è raccontato un po' come una ballata popolare, e ripeto, voi vedrete che il film è introdotto da una specie di organo di barberia come si chiama tra noi, al mio paese, che non so se ci sia stato mai nell'uso nella società americana, ma mi pare di averlo visto qualche volta in qualche vecchio film americano della fine dell'800 e inizi del '900. Erano dei pianoforti che andavano in giro per i paesi e c'era sempre un uomo che girava questa specie di pianoforte – che era una pianola meccanica in realtà – e c'era una donna che girava poi per il pubblico per prendere i soldi. Io cercherò di non avere questa tentazione alla fine del film e di girare tra il pubblico per prendere i soldi, cercherò di trattenermi. Vedremo se sarà il caso. Io mi auguro che il film vi piaccia. Prevedo soltanto un piccolo problema. In questo film il dialogo è molto importante. *Giorni d'amore* è un film dove il dialogo ha una grande importanza. Mi dispiace molto se molti di voi non potranno capirlo perfettamente perché ha un grande valore psicologico per capire ed entrare nella mentalità contadina di quell'epoca, perciò qualche volta magari aiutatevi tra di voi. So che tra voi c'è chi capisce di più e chi invece di meno, datevi una mano perché è il caso di apprezzare il dialogo, che ripeto è una delle cose forse più belle del film. Questo lo dico anche perché al film hanno collaborato due miei concittadini, uno è un grande poeta e io non so se abbiate mai letto, se i vostri professori lo usano come poeta di studio, si chiama Libero De Libero, un poeta di peso della letteratura italiana del '900. L'altro che ha curato con me i colori del film, perché è uno dei miei pochi film a colori, è il pittore Domenico Purificato, anche lui nato nel mio paese, uno dei pittori più importanti dell'ultimo ventennio. Non passerò con il piattino, ma spero che vi piaccia lo stesso.

Non c'è pace tra gli ulivi

Stasera vediamo *Non c'è pace tra gli ulivi,* che è un film del 1949. Come vedete, andiamo avanti e indietro cronologicamente. Il film, che avete visto l'altra sera sullo schermo televisivo, era *Giorni d'amore* che è del '54, stasera facciamo qualche passo indietro. *Non c'è pace tra gli ulivi* è un film molto amato dai cinefili e i grandi patiti di cinema, fino al punto che è considerato il mio film più bello. Ma i cinefili sono i cultori di cinema quindi giudicherete voi stessi che cosa meriti o non meriti il film. Quello che mi preme di dirvi e che va aldilà dell'amore che i cinefili portano a questo film, è che sicuramente *Non c'è pace tra gli ulivi* è un film anomalo, molto particolare certamente diverso dagli altri miei film e direi anche anomalo nel senso che si distacca completamente dal panorama della cinematografia italiana soprattutto di quegli anni. È un film molto particolare, soprattutto stilisticamente, e vi spiegherò le ragioni. È bene che io vi spieghi le ragioni perché così entrerete nel secondo, nel terzo livello del film. Voi sapete che un film ha molte letture; c'è la prima lettura che è la storia che vi viene raccontata, poi ce n'è una seconda, una terza e ce ne possono essere infinite e i miei film sono tutti quanti a varie dimensioni, hanno, infatti, vari livelli di lettura. Vi parlerò di un paio di questi momenti di lettura, del linguaggio stilistico che io ho usato per questo film perché, ripeto, ha una certa importanza. Il film è ambientato nel mio paese come *Giorni d'amore*, ma vi avevo spiegato che mentre *Giorni d'amore* si svolge nella pianura della Ciociaria, lungo la costa, questo invece è un film dell'interno, della montagna ed è ambientato tra i pastori del mio paese. Un film molto duro, molto drammatico, molto chiuso, direi quasi impenetrabile per molti aspetti. Il film descrive un mondo arcaico, un mondo primordiale legato a passioni primordiali, dove l'odio, la proprietà, il possesso e l'oppressione sono ancora allo stato puro. Anche se il film è ambientato nel '49, in un'Italia che in qualche modo, nel bene o nel male, aveva già fatto dei passi abbastanza notevoli verso l'apertura di democrazia, verso aperture, per cercare di distruggere molti pregiudizi appartenenti a questa società contadina, com'era la maggior parte dell'Italia dell'immediato dopoguerra. Ripeto, è un film di un mondo arcaico, ed io per esprimere questo mondo arcaico ho voluto usare una tecnica e un linguaggio che mi permettesse di avere i personaggi della storia e il paesaggio dentro al quale questi attori, questi uomini, queste figure si muovono, tutti nello stesso tempo a fuoco ed ho usato un modo di fotografare che si chiama panfocus, utilizzato per la prima volta nel cinema italiano. Panfocus, come voi capite, significa «tutto a fuoco». Perché ho fatto questo? Ho fatto questo, ripeto, perché volevo che i personaggi, che vivono in mezzo alle rocce in un paesaggio molto duro, molto roccioso, anche all'interno primordiale, vivessero quasi in simbiosi con il paesaggio stesso. Per raggiungere questo ci voleva una fotografia che avesse nello stesso momento a fuoco sia il primo piano che il secondo, il terzo, il quarto fino all'ultimo, all'infinito, includendo, magari, anche un albero che si trovava nel fondo, tutto questo proprio per ottenere questa simbiosi tra attori, storia, personaggi e ambiente. Il panfocus è un modo di fotografare particolare che nel cinema italiano non era stato utilizzato, ma era stato usato dagli americani, soprattutto da Orson Welles nel famoso *Quarto potere* [*Citizen Kane*, 1941] con la fotografia del grande operatore Gregg Toland [1904-1948]. Un'altra caratteristica stilistica di cui a me preme parlarvi è questa: voi vedrete che il film è recitato come fosse una sacra rappresentazione. Io non so se qui in America ci sia questo modo popolare di esprimersi attraverso feste paesane, dove si rappresenta la storia di Cristo, interpretata da attori presi dalla strada. Io avrei voluto che il film fosse in qualche modo una sacra rappresentazione, che fosse anche un poco come il teatro delle marionette, fosse anche un poco come un'opera lirica, che somigliasse a quel tipo di narrazione, in cui gli attori si fermano, vanno in disparte e dicono qualche cosa direttamente al pubblico. Gli attori parlano al pubblico direttamente, come sdoppiandosi. Ecco, in questo modo io anticipavo, o se volete, andavo dietro ad un metodo che poi è stato tipico del teatro di Brecht, quello che oggi viene chiamato brechtiano, che è quello dello straniamento. Io non so se qualcuno, sicuramente i professori vi avranno parlato di questi metodi che ha usato Brecht nel teatro, lo straniamento è quando l'attore, oltre ad essere attore, è allo stesso tempo lettore di un testo e i miei attori si comportano allo stesso modo. Sono attori e storici allo stesso tempo, in altre parole, sono personaggi e anche nello stesso tempo lettori di un testo. Quindi tenete ben presente questa tecnica, altrimenti potreste rischiare di non comprendere il film e di non capire perché spesso i miei personaggi parlano direttamente al pubblico nella macchina da presa. È una tecnica che userà molto più tardi un regista greco molto famoso che si chiama Anghelopulos [Thodoros, 1936] che molto spesso fa parlare gli attori nella macchina da presa. Ecco, queste due caratteristiche stilistiche sono molto importanti in questo film. Ripeto, io non ho altre cose da dirvi al di fuori di sottolineare questi dati che vengono dalla mia intuizione, dall'ispirazione di un artista. Io non so se sia per questa ragione che i cinefili amano questo film che, ripeto, è per me molto calato nella realtà da sembrare non un film realistico ma iperrealistico, anzi direi quasi metafisico tanto è librato nello spazio, sembra addirittura un'apparizione, un film lunare. Io mi auguro che non solo i cinefili lo amino ma che lo amiate anche voi. Vi auguro buono spettacolo.

Italiani, brava gente

Ultimo incontro cinematografico. Forse ci sarà una coda, credo, di un film che io ho diretto dedicato a mia moglie[2], non so se ci sarà, in ogni modo ripeto, questo sarà il nostro ultimo incontro cinema-

[2] De Santis avrebbe voluto far vedere *La garconniere*, ma per mancanza di tempo non fu proiettato.

tografico, che coincide anche con l'ultimo film che io ho girato. Diciamo non ultimo, penultimo, anche se io lo considero l'ultimo perché in realtà questo film è del 1963 e ho girato poi nel '71, quindi a distanza di 8, 9 anni un film che si chiama *Il professionista di sicuro avvenire*, quasi ironicamente, perché io certamente non ho avuto un grande avvenire come cineasta dal punto di vista del lavoro. Non so per quale ragione considero quel film come se non l'avessi fatto, perché era un film prodotto da me e quindi non avevo l'interlocutore che di solito ha un regista nella figura di produttore che finanzia il film. È per questo motivo che io considero il film che stiamo per vedere come il mio ultimo film. È un film di guerra e, come io penso dovrebbero essere tutti i film di guerra, contro la guerra, contro tutte le guerre. Ripeto, è un film girato nel 1963, che è un anno di grande importanza politica perché se voi vi ricordate, i più anziani di sicuro, ma i giovani non possono ricordare, sono gli anni intorno ai quali la politica americana diretta dal presidente Kennedy e la politica sovietica diretta da Kruscev cercavano uno sbocco, cercavano un'apertura per trovare un modo per convivere. Questa politica si chiamava politica del disgelo, che poi ebbe un determinato corso con grandi aperture economiche, politiche e culturali, le quali consentirono anche a me di mettere in piedi questo film, che ha tre produttori. Fu quasi un miracolo in quegli anni, perché è un film prodotto dagli italiani, dagli americani, nella persona di una grande produttore molto importante che si chiamava John Levin, e appunto dai sovietici. Il film è girato completamente in Unione Sovietica sui posti veri dove la guerra si svolse. È un film dedicato alla fratellanza e alla comprensione fra i popoli. I fatti che voi vedrete snodarsi lungo il corso del film sono quasi tutti accaduti nella realtà, anche se poi rielaborati nella fantasia dai miei collaboratori, scrittori e da me come regista. Si svolgono tutti tra il '42 e il '43, l'anno in cui, appunto, comincia la grande crisi del fascismo. Grande crisi del fascismo che, com'è stato più volte ripetuto nel corso anche dei nostri incontri, fu un regime che ebbe un grande consenso di popolo, fu un regime che governò con una grande impronta dittatoriale, ma seppe costruire anche un grande consenso di popolo. Proprio in quegli anni ci furono molte guerre alle quali gli italiani, l'esercito italiano, parteciparono – la guerra di Grecia, la guerra d'Albania, la guerra di Russia – il soldato italiano, lentamente cominciò a percepire che c'era qualcosa che non funzionava. Che non funzionava soprattutto perché veniva inviato mal equipaggiato, malnutrito, ad aggredire degli altri popoli, come appunto i greci, gli albanesi, i russi, che a loro non avevano fatto niente di male. È un momento in cui l'esercito italiano comincia ad entrare in crisi, direi anche ideologica, militare, perché l'esercito italiano si avvia a una disfatta dietro l'altra. Questo momento della guerra di Russia è proprio il momento, direi, dove la crisi del fascismo si manifesta più fortemente. Il film è la storia del manifestarsi e dello svilupparsi di questa crisi nella coscienza dei soldati, nelle coscienze collettive e nelle coscienze anche individuali. Visto che abbiamo sempre parlato di strutture, che sono sempre molto importanti nei miei film, stasera vorrei parlarvi di quella di questo film e spiegarvi com'è costruito e com'è strutturato il racconto, che in questo film ha una grande importanza. Contrariamente alle altre strutture dei miei film che nascono, se vi ricordate, dall'individuo, prendono corpo, si allargano e poi diventano corali e di massa, qui si fa il percorso inverso; in altre parole con una struttura che io chiamo, ma non so se voi capirete questo termine, "ad imbuto". Sapete che cos'è un imbuto? L'imbuto è quell'arnese che si mette in un fiasco per versare dentro del vino o dell'olio. Questa struttura parte dal collettivo, dalle masse, lentamente si assottiglia e finisce con un uomo solo, con un singolo uomo, in lotta per salvare la propria vita e per salvare la propria esistenza. Altra particolarità del film sta nel fatto che è raccontato dai morti. È raccontato da soldati morti che non sono più tornati dalla Russia. È insomma uno *Spoon River* della guerra. Non dico a caso *Spoon River*, perché la letteratura americana ha avuto una grande influenza sul cinema italiano ed in particolar modo sul mio cinema. Il film naturalmente ha attori dei tre paesi. Ha attori sovietici, ha attori americani, ha attori italiani. Tra gli attori americani troverete un attore che in seguito a questi film ha avuto una grande fortuna in America e ha interpretato per molti anni, credo che continui ancora ad interpretare il *serial* che si chiama *Il tenente Colombo*. Peter Falk è l'attore a cui mi riferisco. Io vorrei lasciarvi a questo film, mi auguro che tutto vada bene, che la copia sia in buono stato, che voi possiate comprendere tutto, perché in questo film il dialogo è soprattutto molto importante, non tanto il dialogo che si svolge tra i protagonisti, quanto le voci dei morti. Ecco appunto questo *Spoon River* della guerra che ha un particolare significato. Io vi auguro buona visione.

Dopo il film

De Santis: Nel film non avevamo i colpi a salve come si gira normalmente nel cinema, per cui tutto quello che avete visto, a parte gli esplosivi e le bombe che erano delle cariche false, era tutto vero, quindi è come se io avessi rifatto la guerra girando questo film. Il film è durato pressappoco un anno di riprese, perché avete visto che ci sono tutte e quattro le stagioni, quindi con i tempi delle stagioni e con i tempi russi che sono sempre molto lenti, il film è durato credo sette o otto mesi di riprese. La cosa più interessante e curiosa per me è che il film si sia mantenuto abbastanza fedele alla copia originale. Ci sono dei tagli che credo siano non di censura, perché ci sono delle cose che avrebbero benissimo potuto subire dei tagli e non li hanno subiti, quindi non sono dei tagli di censura, ma ci sono dei tagli che molto spesso alterano il carattere del film e che vorrei spiegare. Il film non vuole essere uno spettacolo della guerra, e allora tra battaglia e battaglia ci sono dei lunghi tempi di analisi dei personaggi, ci sono delle scene, come in una sinfonia, che vanno più lentamente. Soprattutto nel finale è stata tagliata una parte molto lunga in cui l'uomo [il soldato italiano in fuga] è solo e questo è stato fatto a vantaggio delle scene più spettacolari, per cui molto spesso il film sembra soprattutto uno spettacolo della guerra, ma non vuole esserlo, anzi, vuole essere tutto il contrario. Ed è molto strano che questo sia accaduto, non perché questo intacchi il valore del film, questo no, ma per esempio la scena del cavallo – che mi ha fatto molto piacere vedere, perché nell'edizione originale non c'è – io l'avevo tagliata a favore di altre scene che a me sembravano più interessanti, e invece qui mi ha fatto molto piacere rivederla perché mi è piaciuta molto, come lotta dell'uomo per la sopravvivenza. Avevo anche tagliato il personaggio interpretato dalla donna nella scena in cui il soldato la ritrova durante la sua ritirata, per dare il senso che lui gira a vuoto e, come presagio di morte, ,la ritrova congelata. Quindi ci sono delle cose che nella versione italiana avevo tagliato e che mi ritrovo stasera... non si capisce, è abbastanza curioso[3]. A parte

[3] Negli Stati Uniti circolano almeno tre versioni del film con titoli diversi; personalmente ho visto la versione italiana, quella russa, e quelle distribuite negli Stati Uniti e in Inghilterra e confermo che le varie versioni presentano delle piccole differenze.

queste cose che mi premeva di dirvi, il film ebbe molte noie, molte polemiche in Italia, perché naturalmente una parte dell'esercito italiano considerò questo film come un'offesa all'esercito italiano, come se noi la guerra l'avessimo vinta e non persa, e ci furono delle interpellanze in Parlamento in cui si chiedeva che questo film fosse messo sotto sequestro. Fu anche sequestrato, ma poi, invece, il processo fu vinto perché i giudici stabilirono che non c'era offesa all'esercito italiano. Io ebbi molte lettere di minacce dai fascisti, mi scrissero delle lettere molto, molto pesanti, molto gravi, minacciandomi addirittura di morte. Qui il fascismo, faccio anche una sorta di autocritica, è visto attraverso l'aspetto buffonesco, stregonesco, nel personaggio che ha una mano finta, per dare una simbologia, quindi non avevano neanche ragione i fascisti di offendersi per questo film. E poi avrei una serie di aneddoti da narrarvi che sono tutti molto divertenti, ma questa sera non mi sembra il caso. A proposito di Peter Falk, a proposito dell'arrivo degli americani in un mondo come quello russo: all'epoca uno come l'attore che si chiamava Arthur Kennedy veniva confuso con un parente dell'allora presidente degli Stati Uniti che era Kennedy. Potete immaginare la confusione che ci fu in quell'anno in cui io giravo a Mosca.

Pubblico: Potrebbe approfondire di più i problemi che ha avuto con il governo italiano?

De Santis: Devo dire non con il governo italiano, ma con la parte più reazionaria del Paese, con la parte reazionaria del Parlamento italiano, quindi anche con molti militari che insorsero contro il film, ma poi i giudici giudicarono che il film non offendeva l'esercito italiano, per questo, secondo la nostra legge, il film dovette passare due volte in censura, e dovette cambiare titolo. Io mi ricordo ancora il manifesto americano che uscì, una grande pubblicità sul «New York Times», il film si chiamava *Italiano brava gente*, ma penso che questo errore fu fatto volutamente. Invece poi, nell'edizione uscita dopo la censura, si è chiamato *Italiani, brava gente*. Io voglio dire però che ho fatto delle battaglie anche contro i sovietici e vi dico anche che tipo di battaglie sono state. Perché questo era un film contro la guerra e contro tutte le guerre. Voi sapete che i Russi, come tutti, dividono le guerre in giuste ed ingiuste. Io ritengo personalmente che tutte le guerre siano ingiuste. E per sottolineare questo dato, nel film c'è una scena che lo mette in risalto molto bene. Quando il soldato italiano, insieme al soldato tedesco, mi riferisco ai due disertori, vanno incontro ai russi, ebbene il soldato italiano fischia l'*Internazionale* come simbolo di liberazione della propria coscienza, e avete visto che arrivano, non di proposito, ma perché bombardano con le katiushe un villaggio e quindi vengono colpiti anche loro. Ricordo che i russi non volevano questa scena. Non la volevano perché dicevano: ma non spariamo su uno che fischia l'*Internazionale*. E io dicevo, non è che voi sparate contro uno che fischia l'*Internazionale*, partono le katiushe e muore anche lui. «No, no, ma il messaggio è che noi spariamo contro qualcuno che fischia l'Internazionale». Mi ricordo che io dovetti andare ad un altissimo livello per convincere i russi che la cosa era giusta. Non vi dico qual era, comunque era un livello molto alto, io mi ricordo che dissi: «Ma se i cinesi», allora c'era la polemica con i cinesi, «arrivano dietro la vostra frontiera fischiando l'Internazionale, voi che fate?». «Noi spariamo!». «Beh, allora perché non volete che in questo mio film ci sia qualcuno che fischia e voi che sparate!». E così con questo aneddoto io convinsi i sovietici. Ebbi molte polemiche proprio perché, nonostante il disgelo, quindi un'apertura mentale molto forte, ci furono dei problemi molto, molto gravi. Oggi però posso dirvi che è stato un periodo d'interesse per me quando ho fatto quell'esperienza in quegli anni in Unione Sovietica. Ecco, vi cito un altro esempio di polemica che ho avuto con i russi. Vi ricordate quella scena che mi sembra bella, in cui l'ufficiale italiano, interpretato dall'attore Andrea Checchi, resta con i soldati per strappare i moschetti in cui ci sono i nomi e lui li vuole portare con sé per avere il conto dei morti, arrivano i militari sovietici che circondano il campo e lo fanno prigioniero. Quando l'ufficiale saluta i morti io volevo assolutamente, esigevo che ci fosse l'onore delle armi, che anche i sovietici onorassero questi nostri caduti. Ed è una polemica che non sono riuscito a vincere perché i russi non hanno mai voluto accettare questo onore delle armi che si rende normalmente a tutti. Hanno detto no, assolutamente no, questo non è nella nostra consuetudine, nel nostro uso. Questo per raccontarvi qualche piccolo aneddoto. Ho avuto polemiche quindi dall'una e dall'altra parte, insomma non è stato facile, non è stato semplice per me. Però posso dirvi che certamente, passato questo periodo, è incominciata l'epoca post Kruscev, certamente questo film in Russia non me lo avrebbe mai fatto girare, non me lo avrebbe mai fatto girare con la libertà che ebbi allora.

Pubblico: Chiaramente sono passati 20 anni dalla guerra, dalla ritirata, ma le storie sono tutte documentate? Come e dove avete ottenuto il materiale?

De Santis: Sì, sono tutte documentate, magari con dei finali un pochino diversi. Una delle cose che a me dispiace, nel rivedere il film, è che ha perso nel sonoro a causa di questi tagli di cui vi ho parlato. Avete sentito anche all'inizio – e un poco si ripete in tutto il film – il suono delle gavette che da una diventano due, tre, quattro, mille, duecento, mille gavette c'è stato anche un libro famoso di uno scrittore che ha partecipato alla guerra e ha scritto *Centomila gavette di ghiaccio*. Quindi c'era questo sonoro molto bello delle gavette, che poi è stato sacrificato. Gli episodi sono quasi tutti veri. È vero l'episodio della lepre, è vero per esempio l'episodio del tenente italiano, che in questo caso era un capitano ed è un famoso chirurgo italiano che andò ad operare un partigiano italiano. Ecco, solo che non moriva, io l'ho fatto morire, proprio per dare all'episodio l'idea del racconto. La battaglia del Bug è una battaglia vera che si è svolta proprio in questo modo con i tedeschi che tentarono di impossessarsi di questa vittoria e invece poi ci furono i fucilati che avete visto, quindi all'80% è tutto documentato ed è una delle risposte che io ho potuto dare quando c'è stata la polemica qui in Italia. Ho scritto e affermato che questi fatti sono accaduti nella realtà, noi non abbiamo fantasticato molto, a parte il fatto che la guerra noi l'avevamo persa e invece sembrava che per alcuni di noi l'avessimo vinta.

Pubblico: Io non riesco a capire perché l'esercito italiano si sia offeso. Io mi sento onorato. Questo è l'unico film in cui l'italiano è trattato con dignità e che dimostra anche di saper combattere anche dal punto di vista umano.

De Santis: Di militari ce ne sono di tante specie. Quel gruppo di militari che polemizzarono e che si opposero... io mi auguro che non ci siano più.

Mille grazie.

Incontro di De Santis con gli studenti iscritti al *Directing Practicum* nell'estate del 1993[1]

De Santis: Scusatemi per essere arrivato con qualche giorno di ritardo dall'Italia. Il ritardo è dovuto a una serie di circostanze che è inutile che stia a spiegarvi, però so che voi in questi giorni avete già fatto un buon lavoro con il professor Vitti. Avete, in realtà, parlato, almeno da quello che mi è stato riferito, dei primi problemi che si incontrano per chi vuole avvicinarsi al cinema, e cioè i problemi del soggetto, di un'idea da mettere in un racconto da filmare. Avete parlato anche della sceneggiatura, dei diversi modi di concepire una sceneggiatura per il cinema americano. Beati voi che restate in America a fare il cinema, e spero che avrete il coraggio e la voglia poi di farlo, mentre per noi italiani che, sfortunatamente, viviamo in un Paese dove il cinema sta morendo, le prospettive sono poco rosee. Cominciamo con l'affermare che in Italia noi facciamo la sceneggiatura in un modo del tutto diverso. Però credo che, dopo tutto, il problema centrale non sia nei diversi modi di scrivere una sceneggiatura, ma nel contenuto di una buona sceneggiatura. Da quello che mi viene riferito, vi è stato spiegato tutto questo, poi avete esaminato qualche film, credo anche qualche film mio. Che cosa avete visto? Avete visto *Caccia tragica*?

A. V.: Sì, abbiamo visto *Caccia tragica, Riso amaro* e *La strada lunga un anno* e poi li abbiamo discussi e analizzati.

[1] Grazie alla lungimiranza del Direttore Edoardo Lebano, nell'estate del 1993, De Santis fu invitato a tenere un corso: *Directing Practicum* che insegnava teoria, terminologia e scrittura cinematografica. Dopo una settimana di lavoro si pensò di riprendere tutte le attività della scuola e finimmo col creare un video dedicato alla scuola, per ricordare questa fruttuosa collaborazione. Insieme al regista si scelse di intitolarlo *Ciao, Ciao Middlebury* in omaggio all'ultima parte del filmato in cui De Santis e la moglie, Gordana Miletic-De Santis, salutano affettuosamente il College, i docenti, gli studenti e il personale.

De Santis: Ah! *La strada lunga un anno*, bene. So anche che avete esaminato e fatto una ricerca di linguaggio su questi miei film. Quindi il professor Vitti ha fatto un buon lavoro, mi ha già tolto dalle spalle un peso che poteva essere magari per me più lungo e più circostanziato, ma comunque se voi ne avrete bisogno, se ne sentite la necessità, se vi sembra che tutto quello che vi ha detto il professor Vitti ancora non vi soddisfi e avete bisogno di maggiori chiarimenti, io sono qua per fornirveli e, naturalmente, per darvi tutte quelle informazioni che a voi servono.

A questo proposito, però, voglio avvertirvi subito che, naturalmente, ho preso un po' di appunti, quindi mi dovete scusare se li seguirò per cercare di avere un ordine organico. Io non sono qui, naturalmente, in veste di professore, anche se molto spesso mi sento chiamare «professore», io sono qui in veste di artista, di un uomo che ha fatto una sua esperienza cinematografica, che ha lavorato per molti anni nel cinema. Un regista che ha fatto una serie di film, neanche tanti, ma insomma, comunque, sono stati sufficienti a darmi una esperienza, e quindi cercherò di trasmettervi, nel migliore dei modi possibili, l'esperienza che io ho accumulato in tutti gli anni in cui ho fatto il cinema. Questa è la veste che io posso prendere in questa università, in questo college; del resto, a me piace molto il titolo che viene dato a personaggi come me quando entrano in questa università, "Artist in Residence", che mi pare più giusto di "professore", perché appunto io non sono un professore, non voglio esserlo. Credo che non potrei neanche esserlo, soprattutto trattando una materia, – ne parleremo molto presto – dove regole o dove, diciamo così, insegnamenti per creare e mettere su un film artisticamente non ce ne sono, come ritengo che non ce ne siano per nessuna arte, salvo quelle poche, o molte (dipende sempre dai casi) regole grammaticali che, in qualche modo, in tutte le arti ci sono e alle quali bisogna anche sottostare.

Di solito si dice: «Ma Picasso non sa disegnare»; no, tutto quello che Picasso faceva, soprattutto negli ultimi venti anni della sua carriera, mostra il talento di un uomo che aveva una tale capacità di disegnare, di saper disegnare, che poteva giocare con il corpo umano, con la figura o con il paesaggio a suo piacimento. Quindi, voglio dire, io cercherò con l'aiuto di tutti – operatore, assistente operatore, il professor Vitti, e di voi studenti – di parlarvi di alcune regole, delle regole fondamentali che ci sono nel cinema, però, ricordatevi poi che queste regole possono anche essere trasgredite. C'è un buon proverbio italiano che dice: «Impara l'arte e mettila da parte». Sì, l'arte imparala, però tieniti pronto a metterla lì per farne tesoro, ma anche per poterla distruggere e usarla a modo tuo, alla tua maniera. Con questo voglio dire che, alla base poi di queste regole c'è sempre la genialità di un artista, c'è sempre la capacità creativa del singolo individuo, del singolo regista o del singolo artista che crea. Per fortuna, però – di questo credo che bisognerà parlare forse anche un pochino più diffusamente – il fascino, o per lo meno quello che per me è stato sempre un grande fascino e che mi ha fatto avvicinare al cinema, dipendeva anche dal fatto che trovo una vera fortuna che il cinema non si faccia da solo; il cinema non lo fa un uomo solo. Anche nei casi più eccelsi, come quello di Chaplin [Charles, 1889-1977], come quello di Stroheim [Erich von, 1885-1957], come quello di Orson Welles [1915-1985], quando noi siamo portati a pensare, a credere che c'è soltanto la genialità di Chaplin o c'è soltanto la genialità di Orson Welles o di Stroheim o di tanti altri registi che potrei citare, questo non è affatto vero, perché quelle opere lì sono nate con il concorso di operatori, di sceneggiatori, di costumisti, quei film sono nati cioè da tutto un complesso di tecnici che fanno di questo mestiere un mestiere di collaborazione, cioè si lavora in collettivo. Si lavora insieme, ripeto che per me questo è stato sempre il più grande fascino di questo mestiere, perché questo in qualche modo mi faceva pensare di trovare dei legami con le antiche tradizioni delle botteghe d'arte – pensate a che cosa è stato da noi il Rinascimento con la pittura, o anche la pittura medievale o la scrittura, per molti aspetti, soprattutto quella che si sviluppava nei monasteri: è stato sempre un concorso di molta gente che collaborava e metteva insieme poi un'opera che poi doveva uscire –. Ecco, il cinema ha sviluppato questa caratteristica sulle altre arti. È vero che ci possono essere dei casi in cui un uomo fa tutto da solo, cioè fa la luce, fa l'operatore, fa lo scrittore, ma anche in questo caso – permettetemi di usare un paradosso – io dico che non è vero che è soltanto lui che crea, perché c'è sempre, in qualche modo, poi, lo sviluppo e la stampa, che interviene dopo aver girato un film, ci sono sempre, se si fotografa un paesaggio, le condizioni particolari di quel paesaggio nel momento in cui lui lo si è fotografato, quindi c'è un'apertura e una varietà di ingegni e di temperamenti che lavorano alla costruzione di un film che, ripeto, ne fa la sua caratteristica maggiore. Per questo, se dovessi tirare fuori un dato – ripeto, io non sono qui per darvi consigli e non ve li darò per tutto il tempo che stiamo insieme, se non soltanto, appunto, suggerirvi il frutto delle mie esperienze – io ho imparato che il cinema non può mai essere un fatto privato, cioè non può mai essere un fatto privato com'è il rapporto, non so, del poeta con la carta e con la matita, com'è, non so, il rapporto, può darsi anche, del pittore con i colori e con la tela. No, il cinema ha una sua destinazione, cioè il cinema non esiste senza un pubblico, quindi senza un interlocutore. Senza questo interlocutore il cinema è fotografia, soltanto memoria da conservare per se stessi. Io parlo del cinema, vero cinema, nel senso professionale, nel senso cioè del cinema che va nelle sale, che quindi non potrà mai essere un fatto privato, perché ha bisogno di un interlocutore. Questo fatto, di avere bisogno di un interlocutore, fa del cinema, naturalmente, uno strumento di estrema responsabilità per chi lo fa, responsabilità morale e responsabilità civile. Ecco, io prima di arrivare, direi, alle regole fondamentali che regolano questo mestiere, direi che, prima ancora di regole grammaticali, nel cinema ci sono delle regole morali e delle regole civili, che sono di un'estrema importanza e di un estremo valore, perché il regista, o chiunque affronti il cinema, deve sapere che il suo prodotto, quello che crea, va ad un pubblico. È un po' come il giornalista, io mi sono spesso sentito come il direttore di un giornale o come un giornalista, perché un giornalista ha sempre delle responsabilità maggiori di quanto non abbia magari un artista che scrive un libro oppure un pittore che dipinge un quadro, perché il suo mestiere è quello di informare, è quello di dare notizie vere, quello di non turlupinare l'interlocutore, di non raccontargli delle menzogne. Questa a me pare la prima regola morale e civile del cinema, che io tenterò di trasmettervi in tutti i modi possibili. Da quei pochi film miei che avete visto, avrete capito anche che quello che mi ha, prima di tutto, mosso a fare il cinema, era questo bisogno di raccontare con le immagini qualcosa che si svolgeva sotto i miei occhi, che faceva parte della storia della società civile, qualcosa che faceva parte della storia dell'uomo; quindi io ero mosso dal desiderio di dire delle cose che, come uomo, erano state frutto delle mie esperienze e potessero essere utili o, in qualche modo, sentivo il bisogno di comunicarle ad altri uomini. Ricordate, allora, questo che vi dico, perché, ripeto, è una regola, prima ancora di quella grammaticale, una regola fondamentale per chi fa il cinema. Cosa altro posso dirvi ancora di generale prima di affrontare quelle che sono, ripeto, le regole fondamentali con cui poi si fa il cinema? Beh, direi che un frutto della mia esperienza è stato che l'approccio con la realtà, anche quando si vogliono creare dei film fantascientifici oppure dei film che vanno al di sopra delle contingenze reali, quotidiane della realtà, anche quando si vogliono creare dei film di questo tipo, la realtà in sostanza ci aiuta sempre. Voglio dire, anche quando si fanno dei film sui dinosauri, che cos'è che tiene avvinto lo spettatore nel guardare la vita dei dinosauri o quello che si immagina sia stata la vita dei dinosauri, sono i loro comportamenti che in qualche modo si avvicinano ai nostri atti quotidiani, ai nostri comportamenti quotidiani, altrimenti questo fascino del fantastico, dell'incredibile, del paradossale, del viaggiare nel sogno per il sogno non ci sarebbe se non muovesse sempre da una realtà. Ecco, io mi sono mosso sempre, per costruire i miei film, da basi realistiche, e io con voi vorrei proprio cercare di fare un programma, di vedere in che modo è possibile sviluppare questo programma. Noi lo faremo qui in studio, e spero che questa settimana, queste tre lezioni che noi facciamo insieme, cioè, oggi, giovedì e venerdì, ci siano sufficienti per imparare quelle dieci, quindici, venti regole e lo faremo in modo tale che siano anche queste non del tutto grammaticali nel senso del lessico, di un vocabolario; no, lo faremo anche divertendoci, trovando anche il modo per raccontare la grammatica creando qualche cosa, recitandola in qualche modo, perché, guardate, – io voglio avvertirvi subito, per chi ha voglia di continuare questo mestiere, per chi di voi avrà passione poi di continuare, che questo è un mestiere molto duro, direi per molti aspetti un mestiere anche molto doloroso, un mestiere quasi, direi, da minatori. La regola generale è che in questo mestiere ci si debba in qualche modo sempre divertire, proprio per cercare di distruggere questa fatica che prova, ripeto, non solo il regista ma tutta un'*équipe* insieme, perché è un mestiere molto, molto, ma molto faticoso e allora il gioco, il giocare anche con la grammatica, il giocare con questo strumento che è la macchina da presa, in questo caso la telecamera, porta sempre quel tanto di buon umore, di ironia o anche di stacco dalla pesantezza di questo mestiere e in qualche modo aiuta a farlo. Quindi, queste regole, io cercherò, vedremo di combinarle in modo che siano anche divertenti e curiose per voi che le apprenderete. Dopo di che, ora vi spiego che cosa vorrei fare io. Io vorrei cercare di fare con voi delle esercitazioni, ma realizzando dei piccoli raccontini, di una lunghezza che può andare da un'immagine soltanto, di un minuto, due minuti, tre minuti, anche a racconti un pochino più lunghi. Vorrei però che noi restassimo, per raccontare queste cose e per realizzare queste cose, per fare queste esercitazioni, che poi la pratica è quella che vi sarà più utile di tutti, vorrei che restassimo nell'ambito del nostro college. Qui c'è una vita, qui c'è l'anima di una parte dell'America, ci sono gli uomini, ci sono le creature umane, ci sono una serie di comportamenti e di abitudini, c'è una vita che pulsa; allora io dico, visto che non abbiamo degli apparati hollywoodiani a disposizione, noi abbiamo pochi mezzi, già stiamo parlando di cinema e ci serviremo invece di telecamere, non avremo un apparato a disposizione così come può fornire l'industria cinematografica quando, io mi auguro, qualcuno di voi andrà ad affrontarla; quindi con i mezzi, con i pochi mezzi che avremo a disposizione, cercheremo invece di fare il più possibile, imparando anche quello che poi magari potrà essere più difficile da fare quando qualcuno di voi, sempre, affronterà il cinema vero e proprio. Noi abbiamo escogitato una serie di trucchi per cercare di non farvi fare delle cose che siano sempre quelle quattro o cinque regolette piuttosto banali, o per lo meno che io trovo sempre piuttosto banali, ma cercheremo di articolare la grammatica in un modo tale che affronti anche qualche piccola difficoltà. Ripeto, sempre nell'ambito di quelli che sono i pochi mezzi che abbiamo a disposizione. Ma vorrei che questi nostri racconti, piccoli o grandi, che andremo a costruire, nascessero dalla vita di questo nostro college e io dico questo anche per due motivi: uno direi funzionale, perché mi pare che questo sia il modo migliore per voi di continuare gli studi, di apprendere l'italiano, di avere un rapporto con la realtà italiana che vi ha portato in questo college per apprendere una lingua; e secondo, perché noi non abbiamo molto tempo per andare in giro, sì, potremmo realizzare racconti che non riguardano la vita del college ma che possono riguardare realtà lontane o diverse che stanno fuori dalla nostra realtà immediata; però, secondo me, andremmo fuori dal seminato e andremmo fuori, scusate anche e consentitemi di dirvelo, da un aiuto che posso darvi io, perché a me normalmente quello che eccita, quello che stimola è soprattutto la realtà che mi circonda.

Antonio, forse è difficile per i ragazzi seguirmi? Parlo troppo svelto? Avete difficoltà a seguirmi? Ditemelo, così potrò parlare più lentamente. Antonio, va bene così?

A.V.: Sì, va bene. Gli studenti dicono di aver capito tutto.

De Santis: Allora, ecco come vorrei realizzare questi racconti. Intanto parliamo di questo programma, poi dopo vediamo se siamo d'accordo. Intanto, mi pare che qui ci siano dei momenti che sono veramente interessanti nel college e sono i momenti in cui gli studenti e i professori stanno insieme, sono questi momenti di aggregazione particolare che mettono insieme, molto democraticamente, in modo molto, molto sciolto, professori e studenti. Uno è sicuramente la mensa. La mensa è un momento in cui tutti i ragazzi sono insieme e tutti quanti i professori stanno con loro. Ce n'è un altro, del quale io conservo un ricordo molto bello, e spero che il professor Lebano quest'anno ci darà la possibilità di farlo, sono i picnic all'aria aperta, spero che ci saranno. Qualcuno ce ne sarà, Antonio?

A. V.: Sì, ce ne saranno almeno due e ci saranno anche due feste da ballo.

De Santis: Bene, Antonio dice che ce ne saranno almeno due. Perché è molto bello filmare un picnic all'aria aperta con le diverse storie che avvengono all'interno di un picnic, così come le diverse storie che avvengono all'interno di una mensa, di un pranzo: i ragazzi che vanno a prendere il mangiare, si scambiano delle battute; chi si siede accanto a qualcuno, magari perché ha voglia di conversare con lui; quell'altro che invece ha in antipatia uno e si siede da un'altra parte e via di seguito, cioè una serie di piccole, minime storie che possono essere il grande interesse di questi momenti di aggregazione. Un altro momento che voi avete, e che secondo me è di estremo interesse, è quando andate al cinema. Io ho visto, per esempio, quando andate al cinema ci si ferma sempre fuori, poi, prima che cominci la proiezione, ognuno siede, anche lì, a seconda delle sue simpatie, a seconda dei suoi rapporti, a seconda dei suoi comportamenti e poi ci sono i commenti. Non ci interessa di vedere il film, è chiaro, quello lo avete visto per voi, ma ci interessa il dopo, quello che il film suscita in voi e il dialogo che fa nascere e le emozioni che questo o quel film ha provocato. Tra l'altro, arrivando qui, ho visto una cosa che è molto bella. Ho visto dei lampioni che di notte emettono queste luci che sembrano quasi delle sagome. Sembrano persone che non si riconoscono, perché sembrano quasi tutti di profilo con una luce quasi spenta, quindi c'è anche la possibilità di fare delle cose belle fotograficamente, per dare una sfumatura misteriosa alle cose. Questi effetti sono molto importanti, ricordate che ogni oggetto rappresentato ha sempre bisogno di una sua scelta stilistica.

Perché vi parlo in questo momento di un modo di fare cinema? Magari di fotografare? Vi parlo di uno spettacolo al quale voi andate abbastanza frequentemente, no?

Perché ogni film nasce in base alla scelta di stile, nasce in base al contenuto che si vuole rappresentare. Dopo parleremo un pochino più approfonditamente di questo aspetto del cinema. Vorrei anche che raccontassimo tante storie. Il direttore della scuola, il professor Lebano, mi ha raccontato una storia. Ora io conosco una *love story* che si è svolta qui nel college due anni fa. Da quello che mi hanno detto queste storie qui continuano, e si ripetono ogni estate. Quella raccontatami, oramai è arrivata quasi al matrimonio, secondo me sarebbe molto bella da girare. Poi vedremo chi sono i protagonisti e parleremo con loro e vedremo se vorranno far parte del nostro film senza essere troppo invadenti.

Mi sembra che tutti siano a conoscenza di questa storia, no, Antonio? Ecco, la conoscono già tutti, allora, magari in forma di intervista, sia all'uno che all'altra, si può iniziare il soggetto che poi farà parte del film. Io ho preso una serie di appunti sulla storia che è finita bene, ma così come questa, si possono anche raccontare delle piccole *love story* che non arrivano a conclusione, che sono solo fatte di sguardi e di tenerezza. Quando ero qui la prima volta, io mi sono trovato per esempio nella vostra biblioteca, dove c'è un grande silenzio; pensate quanto può essere bello, un piccolo accenno di storia d'amore tra due ragazzi, senza una parola, fatta solo di sguardi, in questo ambiente di silenzio, di raccoglimento e di studio. Vi dico questo come tante altre cose che potrei raccontarvi e che voi stessi potrete raccontare a me.

Ieri sera, per esempio, era bellissimo, perché verso il crepuscolo, con una luce molto, molto bella di grandi tagli, c'era un ragazzo che andava sui pattini e andava per i viali, le viuzze lungo i prati, e volava, sembrava un aeroplano. Io dicevo: prima o poi, adesso, tra poco, prenderà il volo, sicuramente, perché ci andava con una grazia, con un'armonia che era straordinaria. Ecco, già questo, seguire un ragazzo, da solo, che fa questo, capire le ragioni perché lo fa, prenderlo dalla partenza, poi vederlo alla fine, quando sarà sfinito. Perché io sono andato a mangiare con mia moglie, siamo usciti e lui ancora andava su questi pattini, poi siamo andati via dal cinema ed era ancora là. Insomma, lui è andato sui pattini, credo per circa due ore. Vedete quante storie, ripeto, si possono raccogliere, io ne ho appuntate una serie. In questo college ci sono anche gli sport che praticate, ci sono tanti sport ancora da filmare, però vorrei anche che voi stessi suggeriste alcune storie o anche piccole cose da inventare, che vi vengono in mente osservando questa realtà che vivete. Ripeto, perché noi dovremmo cercare di restare nel nostro ambito, di restare nel nostro college per fare questa esercitazione, restare legati a questa realtà, perché credo che sia la cosa migliore che possiamo fare. E poi, sapete, a me non dispiace neanche del tutto che lasciamo, magari, una memoria dedicata a questo college. La nostra scuola lascia degli appunti, lascia dei ritratti, lascia delle note cinematografiche come un documento che resterà negli archivi della scuola. Questo sarebbe il programma che io vorrei realizzare con voi, magari queste cose le sceneggiamo prima insieme, vedremo di dividerci in gruppi e poi di realizzare qualcosa di concreto. Per esempio, sicuramente, se riusciamo, e io me lo auguro con tutto il cuore, a filmare un picnic, credo che allora non sarà solo un ragazzo, un regista, ma magari bisognerà avere due o tre macchine, se è possibile, tre persone, perché tutti quanti insieme riescano a fare questa cosa. Così come anche le altre attività, anche la mensa può essere studiata da due o tre di voi, mentre, invece, le cose più piccole, le cose più individuali e che riguardano un solo personaggio andranno fatte da un solo regista. Quando io dico un solo regista, voglio dire che noi dovremmo cercare anche di unire questa esperienza mai in modo solitario, cioè se ci sarà un raccontino come questo, diciamo così, del ragazzo che va sui pattini, se riusciamo a dargli anche una maggiore concretezza, allora secondo me bisognerà che ognuno di voi che fa, mettiamo, questo compito avrà un suo aiuto regista e che ci sia anche una figura fondamentale, della quale sarà bene che noi parliamo, che è una grande collaboratrice o un grande collaboratore del regista che voi chiamate in America la *script girl* e che da noi si chiama «segretaria di edizione», che è quella che tiene tutto il diario della lavorazione di questo piccolo filmato o grande filmato, quello che sia, e che è in realtà la collaboratrice più diretta del regista o dell'aiuto regista. Quindi, voglio dire, le vostre troupe saranno sempre minimo di tre persone, non potranno mai essere di una singola persona, a parte i tecnici che ci saranno e che vi accompagneranno. Questo è il programma che io avrei intenzione di sviluppare e mi auguro, ripeto, che magari in questa settimana noi, dopo aver esaminato la grammatica, e aver fatto l'esercitazione che vi insegnerà quelle cinque, sei, dieci regole, lo ripeto ancora una volta, semplici in realtà, e poi magari dalla prossima settimana cominciamo già a fissare questi racconti, a vedere in che modo possiamo affrontarli con il mio aiuto, con l'aiuto del professor Vitti e con l'aiuto anche di voi stessi che collaborate e suggerite, anche per il lavoro di un altro, questo o quel dato importante per le storie che scriveremo.

Prima di passare ai dettagli del programma, volevo ancora sottolinearvi un dato del discorso generale che sto facendo, parlandovi dello stile che poi vi servirà quando girerete le vostre storie. Quando vi ho detto che ogni film, a seconda del suo contenuto, ha bisogno di una scelta stilistica, necessita di una scelta stilistica, è perché un film non può mai essere uguale ad un altro, ogni contenuto ha bisogno di essere raccontato in un certo modo. A me dispiace che voi abbiate visto soltanto *Caccia tragica, La strada lunga un anno, Roma ore 11* e non abbiate visto uno dei miei film più anomali nel cinema italiano e direi anche, in generale, nel cinema mondiale, che si chiama *Non c'è pace tra gli ulivi,* ma noi faremo in modo di vederlo perché in questo film voi vedrete la scelta di un certo stile per il film che è dettata proprio dal genere di storia che io racconto e soprattutto dal paesaggio dove questa storia viene ambientata. Ma, per fermarci un tantino al film che avete visto insieme, *Roma ore 11,* vorrei spiegarvi perché questo film è raccontato in quel modo e non in un altro. Lo stile è dovuto al fatto che è un film – anche se voi non conoscete tutta la mia opera – direi più secco, più semplice e più lineare dei miei altri film. Perché io sentivo che la forza di questa storia era così importante, così piena di valori, che non aveva bisogno di altre ricerche particolari di stile. Ma bisogna chiedersi se sarebbe bastato aver fatto già la scelta di stile per raccontare questo tipo di film dando a questa storia lo stile di una cronaca o lo stile di un'attualità quasi girata, colta quasi sul suo divenire. Se lo avessi fatto, io avrei commesso un grande errore. Se mi fossi fermato alla cronaca, se mi fossi cioè fermato a raccontare soltanto in modo cronachistico come le cose si sono svolte, avrei fatto soltanto, come vi dicevo, un lavoro di giornalista e non di artista, mentre invece tutto quello che abbiamo cercato di realizzare, i miei collaboratori ed io, è stato di portare questa cronaca a diventare storia, storia con la "s" maiuscola, storia nel senso importante della parola, che lo facesse diventare qualcosa che andava al di sopra del dato reale. Tanto più che in questo film c'è la simbologia di una scala, c'è la simbologia di un mondo femminile che non riesce a trovare i propri spazi lavorativi, e ci sono una serie di significati dentro il film che non si potevano raccontare in modo cronachistico, ma bisognava raccontarli come fosse il perno di una storia, di un grande avvenimento civile della società italiana. Da lì nasceva questa ricerca di stile.

In *Caccia tragica* lo stile, per esempio, è già più complesso, è uno stile che, se lo dovessi definire, chiamerei più barocco, più articolato, perché – io non ho mai nascosto quelli che sono i miei amori cinematografici – io ero un giovane che cominciava il suo primo film e voi avete visto in questo film tutti quelli che noi chiamiamo, non so qual è la parola, i «referenti» culturali che ci sono alle spalle. C'era quindi il western americano, c'era il film gangster americano, c'era il cinema francese dell'immediato dopoguerra, quello che è il cinema di Jean Renoir, dei grandi maestri del cinema francese. Essendo questo il mio primo film, si sentivano tutti i retaggi, tutti gli ancoraggi culturali che io mi portavo dietro, però la scelta era anche una scelta determinata dal tipo di racconto. Il racconto è epico, è un racconto di come un'intera comunità si mette in movimento e si sostituisce, in quel caso, ai carabinieri, alle forze pubbliche per dare la caccia a dei banditi, con un andamento epico, e quindi io ho cercato la forma più epica possibile per poter esprimere questo tipo di contenuto. Ecco perché, ripeto, non dovete mai dimenticare, anche quando noi articoleremo questi piccoli racconti che andremo a filmare, che la prima cosa da fare è vedere in che modo bisogna articolare la ricerca di stile. Vedete, ragazzi, qualche volta la ricerca di stile può arrivare anche mentre si lavora. A me è accaduto qualche volta che, cominciato il film, lentamente, proprio perché il cinema è un'arte di collaborazione, la ricerca di stile è avvenuta collettivamente, cioè, è avvenuta nell'ambito dell'*équipe* che cominciava a fare il film. Dopo una settimana, due settimane, l'insieme dell'*équipe* impone lo stile del film. Quindi questa cosa è molto articolata, non è solo una scelta che può venire da una serie di considerazioni che fa un regista, un autore per conto suo, personalmente, ma può avvenire qualche volta anche sulla base di una scelta collettiva di un'*équipe* che va in questo modo piuttosto per un altro. Perché vi dico questo? Perché, guardate, io voglio insistere su questo mestiere che è un mestiere di *équipe*; io posso dirvi che molto spesso, nel girare un film, mi sono trovato, ad esempio in situazioni in cui ho dovuto ricorrere alla collaborazione (che sembra ovvio), ma anche a dover spiegare a me stesso quello che volevo, perché i collaboratori non capivano le mie richieste. Voi sapete che cos'è un *dolly*, un carrello, allora il carrello, per farlo, c'è bisogno di alcuni tecnici, c'è bisogno di un cartellista che spinge il carrello. Se il regista ha concepito il carrello in un certo modo, qualche volta complicato come molto spesso sono i miei film, con una tecnica un po' più complessa e più complicata di certe altre, con un movimento magari di gru che si alza, va in panoramica e poi si riabbassa per pescare i personaggi, chi tira un carrello, chi deve seguire poi materialmente questo mezzo per fare esprimere al regista quel determinato contenuto, sono degli operai, dei semplici operai. Io molto spesso ho sentito che alcune cose non le eseguivano alla perfezione, non le facevano bene, cioè non le "sentivano", tra virgolette, erano cose che loro non sentivano e io molto spesso ho corretto, perché ho sentito che c'era qualche cosa che loro ritenevano che fosse non bene articolato, non semplice, non facile da fare o troppo complicato.

Questo lungo discorso che vi ho fatto sullo stile aveva lo scopo di far conoscere meglio le difficoltà che si devono affrontare nel fare cinema, e per dirvi come questo lavoro sia fondamentalmente un mestiere di collaborazione, dove tutti insieme collaborano a fare un certo prodotto. Certo, c'è la mente pensante. Perché vi ho fatto io il paragone con il giornalista, e col direttore del giornale? Io dico sempre che un regista è un direttore di un giornale che ha una linea da seguire, ma che ha poi una serie di collaboratori che lui cerca e tenta di fare andare tutti verso una certa strada, una certa linea da seguire. Ecco, questo è per spiegarvi fino in fondo che cosa io considero un'arte di collaborazione. Prima di venire alle regole, vorrei sapere se ci sono delle domande.

Signorina, la prego, io sono un po' sordo, la prego di alzare un po' la voce.

Domanda di uno degli studenti: Pensa che anche gli attori siano parte di quest'*équipe*? In che maniera lei li ha diretti? Ha mai preso in considerazione il loro volere?

De Santis: Io le parlerò della mia esperienza e poi dell'esperienza di altri registi. La mia esperienza personale è questa: io considero che l'attore è sempre una persona umana, con un cuore, con un cervello suo, non è un oggetto da mettere lì, da fotografare o da muovere come un meccanismo o come una macchina, tutto quello che un regista ha in mente deve comunicarlo, così io ho sempre fatto.

Il regista deve cercare di comunicarlo ad un attore affinché questo attore esprima quello che un regista ha voluto che lui esprimesse, ma se l'attore trova difficoltà a dire questa o quella battuta, trova difficoltà a fare questo o quel movimento, è meglio cambiare registro, perché vuol dire che quel modo di fare non è inteso. Ecco, io mi sono trovato molto spesso con attori non attori, o per lo meno con attori che non avevano una base professionale di lavoro, come la Mangano, come Raf Vallone o come tanti altri con i quali io ho avuto rapporti di lavoro; e allora si va fino in fondo, si studia il personaggio, si parla, si articola una scena, ma se c'è qualcosa che l'attore non sente di poter fare allora bisogna essere pronti a cambiare. Ecco, vorrei soffermarmi su questo punto. Bisogna cambiare sempre nella direzione nella quale si vuole andare, perché molto spesso con gli attori, soprattutto con le grandi star, succede esattamente che loro vogliono andare dove magari il regista non vuole andare, allora la macchina deve seguire solo loro e non segue invece quello che è la storia. Ma queste sono esperienze che io, per mia fortuna, non ho avuto, perché non ho mai lavorato con delle grandi star; credo che non potrei neanche lavorarci perché io penso che un film sia, ripeto, un'arte di collaborazione, ma che è qualcosa che deve andare in una direzione e non può andare in un'altra. Molto spesso gli attori, le grandi star, hanno in mente di andare per altre strade, tant'è vero che ci sono dei film, che sono diventati i film di De Niro [Robert, 1943], o i film di Marlon Brando [1924-2005], oppure di altri attori o attrici che si sono imposti ai registi, anche se adesso non mi vengono in mente i nomi. Però, per quello che è la mia esperienza, io ho avuto sempre un rapporto soprattutto di collaborazione umana, dentro i limiti, ripeto, di quello che io desideravo fare, di quello che il film doveva essere. Ci sono registi, invece, in Italia – io non conosco sufficientemente il cinema americano – che molto spesso considerano l'attore come uno strumento che serve soltanto per esprimere questa o quella loro idea e non altro, quindi obbligano gli attori anche, così, a delle prestazioni che non sono del tutto giustificate o buone. Questo senza giudicare i risultati. Lei sa che c'è una leggenda che circola nel cinema italiano, che Fellini, questo grande, geniale regista italiano, molto spesso ai suoi attori, quando sono in campo lungo – sapete che lui è un grande improvvisatore – fa dire dei numeri, cinque, sei, sette, otto, diciannove, venti... Anche se forse questa è soltanto una leggenda, serve a capire i modi diversi usati per dirigere gli attori. Io credo che forse qualche volta possa accadere, è accaduto a Fellini, a Rossellini, a me non è mai accaduto, ecco, io non ho mai avuto voglia che mi dicessero soltanto dei numeri, ma avevo sempre qualcosa da far dire loro. Però può accadere anche questo, insomma. Certo, è un po' umiliante per l'attore, non è un modo corretto di agire, con l'attore bisogna avere sempre questo tipo di rapporto, ma, ripeto, anche lui fa parte di questo lavoro di *équipe*, di questo lavoro collettivo e quindi deve sottostare a quelle che sono le leggi di un'*équipe*. Ecco, questa è la mia idea. Ci sono forse altre domande che avete voglia di fare?

Domanda di un altro studente: Quanto è importante il dialogo, la parte scritta di un dialogo in una sceneggiatura, nella realizzazione di un film? Quanto lo è stato nel suo cinema?

De Santis: Signora, io ritengo che il cinema sia un romanzo o un racconto per immagini, il cinema è un'arte per immagini, quindi l'immagine per me è tutto. Mi sono formato anche guardando e ammirando film muti. C'è un film di un grande documentarista olandese, non so se qualcuno di voi lo conosce, si chiama *Pioggia*[2] ed è la storia di come comincia la pioggia e lentamente si trasforma in un temporale, naturalmente in Olanda, dove queste cose erano abbastanza frequenti. Per dire, lì non c'era suono, non c'era dialogo; il cinema muto ci ha addirittura abituato a farci sentire il suono anche quando non c'è. Io non so se qualcuno di voi abbia visto un film molto bello, fatto qui in America da un regista svedese, che si chiama *Il vento*[3]. In questo film il racconto si svolge in una zona arida dell'America, non ricordo quale, non so se sia l'Arizona, ma c'è sempre questo vento che soffia dal principio alla fine, ed è un film che durerà per almeno un'ora, ma alla fine si sente talmente il vento, la polvere, che uno esce dal cinema e ha voglia di pulirsi addosso. Ecco, per dire con che forza le immagini riescono a comunicare, quindi è chiaro che prima di tutto il cinema è un'arte per

[2] Titolo originale; *Regen*, di Joris Ivens, 1929, girato ad Amsterdam senza didascalie su una giornata di pioggia con una successione cronologica naturale.

[3] Titolo originale; *The Wind*, di Victor Sjostrom con Lillian Gish. Il film si svolge nel Texas. Tratto dal romanzo di Dororthy Scarborough fu sonorizzato nel 1928.

immagini; dopo, la parola e il suono devono essere un complemento a queste immagine, ed è importante, importantissimo che lo siano. Lei ha fatto bene a tirare fuori questo discorso, e le devo dire, per esempio, che all'inizio ho avuto molta difficoltà ad amare il cinema di Woody Allen [1935], perché mi sembrava un cinema fatto solo di parole e io riuscivo molto difficilmente a seguire, facevo grande difficoltà a seguire il dialogo, perché non lo afferravo, perché, essendo un cineasta innamorato delle immagini, guardavo le immagini e non riuscivo a guardare e a sentire nello stesso tempo. Poi, lentamente mi sono abituato a questo, voglio dire, è la maniera, è lo stile, il modo di fare cinema di Woody Allen e quindi lo ho accettato. Ma, per dire, molto spesso il dialogo può essere anche ingombrante, può essere inutile, può essere fastidioso, così come io ricordo dei film dove la musica è fastidiosissima; si ha, certe volte, la voglia di alzarsi e di andarsene, perché è incombente e ingombrante. Inoltre qualche volta – mi deve scusare il nostro operatore Michael se dico questo – ci sono dei film in cui si sente che è il film di un operatore, perché la fotografia si è sostituita a tutto il racconto ed è un film solo fotografico, non è più un film che ha un buon equilibrio di tutti quelli che sono gli strumenti e i mezzi necessari per fare un film di qualità.

A. V.: Sentiamo se ci sono altre domande

Domanda: Per quanto riguarda il montaggio, i registi italiani sono sempre coinvolti con il montaggio?

De Santis: Beh, in Italia sempre, so che in America molto spesso quando si finisce di girare un film, quando il prodotto è finito, viene tolto al regista e che addirittura il produttore con il montatore fa delle strane cose. In Italia non c'è regista che non faccia il montaggio da solo con il proprio montatore, non c'è un regista di qualità, soprattutto, che non si coinvolga con il montaggio. Qualche volta può accadere per registi commerciali, ma io escludo che siano del tutto estranei alla funzione del montaggio. Il montaggio è fondamentale, è un momento di costruzione del racconto e non può fare a meno del regista, anche perché un montatore (anche se da noi, come immagino anche in America, segue il corso della lavorazione, quindi ha tutte le spiegazioni, tutti i rapporti che deve avere un montatore con il regista), poi dopo può trovarsi sempre in imbarazzo nel tagliare un pezzo, aggiungere qualche cosa, quindi la presenza del regista come autore di un film è fondamentale nel montaggio, guai a non seguire il montaggio.

A.V.: Sembra che non ci siano più domande.

De Santis: Se non avete altre domande, io mi metterei un pochino così, con Antonio, Michael e Charlie[4] a fare i diversi piani, per farvi vedere come si racconta il cinema. Si racconta con una serie di riprese ben studiate; che poi si mostrano con degli obiettivi, che forse ora noi non avremo tutti, però normalmente una macchina da presa li ha per raccontare le storie in immagini. Io adesso non so quali saranno gli equivalenti in inglese, ma tu, Antonio, potrai tradurre a Michael, che poi li mostrerà agli studenti e farà delle inquadrature. Queste informazioni che sto per darvi è bene che voi le impariate a memoria. Una macchina da presa, normalmente, ha una serie di obiettivi che si cambiano a seconda delle circostanze, della scena che si vuole girare. Ecco, per esempio, in un ambiente piccolo come questo, se uno lo volesse fotografare tutto intero in modo da raccogliere da De Santis a voi e il più possibile, allora mette un grandangolo, che da noi normalmente equivale a un obiettivo 18, oppure il 25. Non so come si spiegano queste cose in America, ma è bene che queste cose le sappiate. Volete che facciamo un esempio? Possiamo mettere un grandangolo, e ci mettiamo il massimo di cose che si possa ottenere. Antonio, che ne dici se ci mettiamo alle mie spalle con un grandangolo e proiettiamo tutto sullo schermo e lo facciamo vedere ai ragazzi? Va bene?

A. V.: Adesso lo spiego all'operatore. Siamo pronti.

De Santis: Questo è il massimo che si possa prendere di questo ambiente e lo proiettiamo sullo schermo. Ecco, vedete, mi metto qua. Naturalmente, considerate che lui, l'operatore, potrebbe andare ancora molto più indietro e quindi prendere molto di più. Ecco, questo è l'equivalente di che cosa, come obiettivo? Antonio, equivale a un 18?

A. V.: Sì.

[4] Michael e Charlie erano i nostri operatori che non parlavano italiano.

De Santis: Sì, perfetto è un 18, il grandangolo che nella camera, nella cinepresa si usa per avere il più possibile di un ambiente. Bisogna stare attenti, perché usando questo obiettivo, se si fanno delle panoramiche a destra e a sinistra, può un pochino deformare, proprio perché ha questa grande larghezza. Non possiamo dare un pochino di luce sui ragazzi? Possiamo darla? No?

Ah già, perché non possiamo spostare queste lampade.

Però va bene, perché dà un'idea della differenza che può causare la luce, questo è importante per chi non ha esperienza come loro.

Sì, ma ecco, la luce, gliela dà l'operatore Michael. Ecco, vedete com'è anche più bella l'immagine. Senti Antonio, fai fare a Michael un movimento panoramico a destra e a sinistra per vedere se deforma oppure no. Beh, non eccessivamente, però comunque ricordatevi, se voi ve lo volete appuntare, che questo obiettivo normalmente bisogna usarlo con la macchina da presa ferma, cioè non potete fare una panoramica, perché altrimenti può creare questa deformazione e il volto umano poi non può venire in primo piano perché, se io adesso mi inserisco in primo piano, guardate che succede. Vieni in primissimo piano su di me, per esempio, guardate che spaziosità, che ampiezza di tutto quello che c'è intorno. Questo è il massimo a cui si possa arrivare. Qui non abbiamo l'obiettivo cinematografico, quindi non si può fare più di questo. Non è la stessa cosa, in ogni caso ricordatevi che questo obiettivo, il 18, oppure il 25, sono tutti e due obiettivi che bisogna usare con molta parsimonia, cioè tenere la macchina ferma per inquadrare il più possibile di ambiente nel quale si sta, ma che però non bisogna muovere panoramicamente.

Poi dopo di questo, che cosa c'è normalmente che si usa nel cinema, dopo il grandangolo? C'è un obiettivo base, proprio fondamentale, che è il 35, io non so a che cosa equivalga qui il 35 mm, con cui normalmente si fa tutto nel cinema, perché è l'obiettivo che ha maggiore luminosità, che consente anche di avere un pochino il fuoco dappertutto e ci si può muovere molto liberamente perché non deforma, non fa oscillazioni. Poi dopo il 35 viene l'obiettivo 50. Il 50 è un obiettivo col quale si fanno di solito delle cose in primo piano, più ravvicinate. Ecco, se noi mettiamo adesso un 50 mm. Ecco, questo è un 50, va bene? Adesso c'è un altro obiettivo, col quale si fanno proprio i primissimi piani, così facciamo prima tutti gli obiettivi. Ecco, questo qui è un 50 mm; adesso andiamo a 75 mm che proprio serve per il primissimo piano. Ecco, questo è un 75. Ricordatevi che gli obiettivi fondamentali sono il 18 e il 25, i grandangoli. Il 35 mm, l'obiettivo base con cui fate tutto, il 50 mm, va bene, e il 75 mm per fare i primissimi piani. Poi c'è il 100, che serve come teleobiettivo.

Ma quali sono i campi? Quali sono i piani? Adesso facciamo i piani. Facciamo, per esempio, un campo lunghissimo, a meno che non ci sia una finestra, ma qui non vedo finestre. Quindi da qua dentro non possiamo fare un campo lunghissimo. Un campo lunghissimo è quando noi ci troviamo in esterno e vogliamo avere il massimo di paesaggio. Un campo lungo è un tantino più corto del campo lunghissimo. Normalmente il campo lunghissimo e il campo lungo si usano quando si vuole dare grande importanza al paesaggio, quando si vuol far dominare soprattutto il paesaggio o la grandiosità di una scena oppure anche la solitudine di un uomo, magari, che è da solo in questo grande territorio, in un grande spazio all'aperto.

Per l'interno, invece, la terminologia è diversa, per fare tutto quest'ambiente, quello che in esterno si chiamerebbe un campo lungo, qui sarebbe un totale. Ricordatevi che un totale si usa per definire il massimo di un ambiente. Ecco, per esempio, se noi andiamo a girare alla mensa, dove andiamo a mangiare, se facciamo il totale della mensa noi dovremmo metterci al posto della ragazza che controlla chi entra, come si dice, col tesserino, e avremmo il totale della mensa. Quel campo, in quel caso, sarebbe scorretto chiamarlo campo lungo, perché non è un campo lungo perché appunto siamo in un interno e non siamo in un esterno, quindi va usato il termine totale. Dopo il totale, che cosa c'è? Dopo il totale c'è la figura intera. Vogliamo fare un esempio di figura intera? Antonio, facciamo alzare magari un ragazzo e poi lo riprendiamo.

Ecco, questa è la figura intera che comprende dai piedi in su e anche qualche volta i piedi in modo più abbondante. Può andare ancora un pochino indietro, Charlie? Non stringere, allarga, ancora, ancora. No, adesso è troppo. Ecco così, va bene. Questa è una figura intera che, naturalmente, viene usata spesso perché il rapporto uomo-paesaggio siano in una buona simbiosi, l'uomo viene rappresentato al centro di questo paesaggio, ed è naturalmente un piano che si usa molto quando si vogliono raccontare delle storie in cui il paesaggio ha una certa importanza. Questo normalmente si fa con questo obiettivo che vi ho detto, che è il 35, che serve un po' a tutti gli usi. Dopo di che si passa al piano americano, che io non ho mai capito perché si chiama piano americano. Il piano americano è proprio appena al di sotto delle ginocchia. Andiamo, ecco stop, vai, fai il piano americano. Ecco, questo sarebbe il piano americano. Dico, perché non ho mai saputo questo? Perché in realtà poi non è che gli americani adoperino molto questo piano, quindi non so quale sia l'origine di questa definizione, piano americano. Non so neanche quale sia il termine nella vostra nomenclatura, come si chiama un piano americano, Antonio?

A. V.: Si chiama campo medio, normale, nessuno qui lo chiama americano.

De Santis: Nessuno lo chiama americano da voi, da noi in Italia si chiama piano americano. Poi andiamo, invece, più sotto ancora, fino alla cinta. Bene, sì, qui, ancora un po' più avanti... ecco, questo è un campo medio da noi. Guardate, tutto quello che vi sto dicendo si ottiene sempre con un obiettivo che è il 35, sempre con la macchina da presa, non con la telecamera. Adesso andiamo a un primo piano, invece, andiamo ancora più sotto, stringiamo, stop. Ecco questo è un primo piano.

Intervento di uno studente: Questo si chiama *close up*!

De Santis: *Close up*! Bene, ma questo è un primo piano. Poi invece c'è il primissimo piano, che è ancora più stretto. Vai, ecco, questo è il primissimo piano. Vedete, per esempio, adesso il ragazzo si sarà stancato magari, ci mettiamo qualcun altro? Ho pensato che se facessimo, se girassimo questo picnic sull'erba, ho pensato che a parte – mi seguite ragazzi? – i piani totali per inquadrare tutto il picnic da due o tre punti, le storie particolari di questo picnic, le storie singole di questo picnic noi dovremmo girarle tutte in primissimo piano, perché in tal modo diventa una soluzione stilistica molto buona. Che ne pensate? Perché il primissimo piano, all'interno di una grande folla, ci dà un grande movimento, perché si vede la gente che passa dietro, sfocata, e non abbiamo sempre bisogno di avere tutto l'insieme. Allora abbiamo il primissimo piano con roba che si muove dietro e abbiamo il senso, stranamente, di un grande agglomerato. Per esempio, per il picnic io consiglio una scelta stilistica di questo tipo, cioè di usare questo o il primo piano, o un pochino più indietro. Poi abbiamo il dettaglio, ma qui credo che il dettaglio non lo possiamo fare. Possiamo fare il dettaglio di un occhio? Facciamo venire avanti lui? Si fa il dettaglio di un occhio, di un orecchio, quando si vuole sottolineare, no? O soltanto gli occhi, possiamo fare soltanto gli occhi? Questo è un occhio, tutti e due, Charlie, tutti e due gli occhi. No, no, più sotto, più sotto ancora, stringi, stringi, ancora. Ecco, questo è un dettaglio, il dettaglio degli occhi, voi avete bisogno di avere al massimo, di sottolineare al massimo questo elemento. Per esempio, dettaglio degli occhi che guardano amorosamente, oppure con ironia o non so quali altri aggettivi usare. E guardate, questi sono, più o meno, grosso modo, i piani di un film.

Adesso ci sono però le regole di come queste cose si realizzano. Intanto c'è, per esempio, qualche cosa che già comincia ad entrare nell'estetica di un film. Se io, per esempio, intervisto tutti voi, sarebbe poco bello, se lui lo riprendessi in primo piano, e quella ragazza, magari, la tagliassi qui al mento e quell'altro l'ho tagliassi qui all'altezza della bocca. Le riprese non avrebbero una buona armonia. Allora l'importante, nel momento in cui volessi fare una intervista a tutti quanti voi, è di avere sempre la stessa misura. Come si ottiene? Generalmente c'è un aiuto operatore che misura la lunghezza e di volta in volta, quando riprende, si assicura di mantenerla per avere tutti gli intervistati alla stessa distanza – a meno che l'esperienza non porti un regista a dire che le distanze possono variare a seconda delle caratteristiche fisiche degli intervistati. Per esempio, un regista esperto potrebbe sostituire lui con l'altro, perché lui ha un bel faccione grande e quindi il regista sa di potersi tenere a questa distanza che vi sto facendo vedere. Probabilmente per riprendere questa ragazza, Josephine, che ha un visto più sottile, più delicato, la distanza per poter avere la giusta qualità, la stessa armonia del suo dettaglio, dovrebbe essere minore. Questo è molto importante, ricordatevelo questo, questa è una regola, secondo me, di una grande importanza, perché altrimenti le inquadrature diventano squilibrate tra loro, e si perde soprattutto l'armonia che è di grande importanza, altrimenti si creano grandi squilibri.

Parliamo un po' della soggettiva. Se lui parla con me ed io sono ad una distanza e vogliamo avere quello che lui vede di me, ecco, questa ripresa diventa una soggettiva. Antonio, come si chiama lui?

Altri studenti rispondono: Giuseppe.

De Santis: Giuseppe. Ecco, la soggettiva di Giuseppe, che guarda un altro Giuseppe che sono io, allora naturalmente la soggettiva diventa diversa – io sono più lontano, quindi probabilmente sarò, non so, in figura intera o sarò in un equilibrio, oppure posso essere anche alla stessa distanza sua.

Domanda di uno studente: Lei ha detto che bisogna avere una telecamera, però, per esempio, se filmiamo nella mensa, sarebbe meglio avere due o tre camere sullo stesso soggetto così noi possiamo vedere più cose, non è vero?

De Santis: Sicuramente, questo è sicuro. Un'altra regola fondamentale, ripeto, che serve per l'armonia della scena, non è, naturalmente, una regola inviolabile perché poi, non so, arrivano registi come Godard [Jean-Luc, 1930], come altri, e se ne infischiano – non so come potreste tradurre questa espressione. Qual è l'espressione americana? Molti registi le regole le strappano e fanno quello che vogliono loro. Ma voglio dire, se volete avere delle regole, io credo che in questa scuola si debbano insegnare le regole, poi dopo voi le strappate, ne fate quello che volete, però le regole sono queste. Adesso vediamo un pochino, stai un po' più indietro, Charlie, allarga un pochino, vai indietro. Ecco, io entro adesso, guardate, io entro di spalle adesso, vedete la mia spalla? Vai ancora un pochino più indietro. Questa è la macchina da presa alla mia spalla, la vedete, no? Lui mi guarda, dove mi sta guardando rispetto alla macchina da presa? Mi sta guardando verso destra lui, va bene? Lui mi sta guardando, state attenti, perché questa è una regola fondamentale, mi sta guardando verso destra; quando io faccio quello che si chiama il controcampo, cioè vado dalla spalla sua ad inquadrare me, va bene, mi seguite? In questo momento, lui mi guarda a destra, e io però lo guardo a sinistra nella macchina da presa. Lo sguardo, andando dall'altra parte, dev'essere sempre lo stesso, allora io devo venire da questa parte, dove lui mi guarda sempre a destra e io lo guardo sempre a sinistra. Questa è una regola fondamentale, perché se non c'è questa regola, gli sguardi non si incrociano più. Dopo noi, domani, faremo degli esempi di questo, vedremo in che modo gli sguardi non si incontrano più. Sono gli errori che commettono molto spesso i giovani registi che non sanno queste regole oppure non hanno voluto imparare queste regole e che, invece di mettersi di là, si mettono da quest'altra parte e allora scavalcano il campo, come si dice, invertono il campo. Se la macchina da presa andasse da quella parte, Giuseppe almeno mi guarderebbe non più a destra, mi guarderebbe a sinistra, e io invece di guardarlo a sinistra lo guarderei a destra. Allora i nostri sguardi non si incrocerebbero più filmando questi due pezzi.

Noi domani faremo degli esempi, io ho preso degli appunti, li faremo proprio recitando, in modo che così li capiate bene. Comunque, prima di concludere per oggi dovete ricordare queste semplici regole che vi ho appena spiegato. Se non vi è chiaro lo ripeto ancora una volta. Allora, Giuseppe sta lì, sta parlando con me che non ci sono e mi guarda sulla destra, io che sono fuori campo, fuori dalla scena, entro in campo e lui mi guarda sempre sulla destra; poi dopo io voglio fare l'inverso, l'inquadratura inversa, cioè voglio andare dall'altra parte per avere Giuseppe di spalle e l'altro Giuseppe frontale e allora non devo andare da questa parte, dove invertirei gli sguardi, ma devo andare da quella perché gli sguardi devono essere sempre gli stessi, cioè se uno guarda a destra deve sempre guardare a destra, se uno guarda a sinistra deve sempre guardare a sinistra.

Ecco, queste sono le regole che non sono poi normalmente tante, infatti sono quasi finite. Io direi che domani, invece, le facciamo, le realizziamo con dei piccoli raccontini, in modo che vi siano ancora più chiare e che possiate fissarle bene nella vostra memoria. Domani prendiamo degli studenti che facciano gli attori, che recitino, magari, quando giriamo le storie, così tutti voi avrete queste regole più chiare.

Dopo questo incontro insieme agli studenti abbiamo scritto tante storie che sono servite per mettere in pratica i suggerimenti di De Santis e ora, insieme alle riprese, sono negli archivi di Middlebury College.

III parte

Conversazioni con Peppe

Gli indimenticabili anni di fronda antifascista, la collaborazione con Visconti e la realizzazione di un sogno

137-175

A.V.: Come sei passato dal volere fare lo scrittore al mondo del cinema?

De Santis: La letteratura non era di grande successo, soprattutto non dava da vivere, fra l'altro. Io non escludo che nella scelta del cinema per me ci fosse anche una ragione di natura economica, perché il cinema, non solo era più affascinante di quanto non fosse la letteratura, significava il rapporto con il mondo degli attori, un mondo leggendario, mitico; eravamo giovani allora, quindi Hollywood, la mecca del cinema, era il nostro sogno. Tutte queste cose sicuramente mi hanno affascinato e mi ha anche affascinato l'idea che nel cinema si potesse guadagnare di più e più facilmente, però credo che la ragione fondamentale di questa scelta, o per lo meno la prova che io volevo fare, era di vedere se con il cinema sarei stato più soddisfatto come autore. La mia scelta fu determinata sicuramente dal desiderio di avere una fascia di interlocutori più vasta, di poter raggiungere le masse di pubblico che allora andavano al cinema. Il cinema era veramente al suo massimo splendore di pubblico, erano gli anni tra l'inizio e la fine degli anni Trenta, l'inizio degli anni Quaranta, quindi era il massimo splendore del cinema, tutto questo mi affascinava – ma dietro c'erano anche delle ragioni ideologiche e politiche. Io cominciavo già a frequentare gruppi di antifascisti, avevo già posizioni di un antifascista che orientava le sue scelte verso delle ideologie socialiste, quindi il rapporto con le grandi masse di pubblico era per me molto importante, era l'idea di poter parlare e poter inviare dei messaggi o per lo meno raccontare delle storie che potessero conquistare le masse popolari. Per me questo era un elemento, da un punto di vista ideologico e politico, di estrema importanza. Io credo che questo, soprattutto, abbia caratterizzato, anzi ha sicuramente influenzato la mia scelta per il cinema.

masse - antif.

A.V.: Nella tua scelta di fare cinema non hanno avuto nessun peso le posizioni sovietiche riguardo al ruolo del cinema nell'educare le masse o anche quelle del fascismo italiano in cui sei cresciuto rispetto all'influenza del cinema sul popolo? Sei arrivato alla tua idea di cinema colto ma comprensibile e fruibile, istintivamente?

De Santis: No, penso di no. Ma, sai, è molto difficile, Antonio, dire, rispondere no a queste cose o sì. Sicuramente il fascismo è stato il più grande incantatore di serpenti che abbia avuto la storia dei mass media italiani; il fascismo scopre i mass media, e quindi con questa scoperta il cinema diventa l'arma più forte. La stessa cosa, su un'altra sponda, sia pure con intenti diversi, la diceva anche Lenin [Vladimir Ilitch Oulianov, 1870-1924]. Può darsi che loro abbiano influenzato questa mia scelta, ma può essere accaduto più nel mio subconscio che nella razionalità del mio pensiero, non posso dirlo, questo non sono in grado di dirlo. Certo, il cinema era la modernità e la letteratura era ancora qualche cosa di antico, qualche cosa che affondava le sue radici in tradizioni che erano lontane. Per la mia generazione il moderno si identificava nel cinema, in questo nuovo mezzo di espressione, e come me, ne furono catturati tanti, tra l'altro anche molti letterati italiani. Corrado Alvaro [1895-1950], per esempio, fu uno di quelli che frequentarono il Centro Sperimentale di Cinematografia per qualche anno, quindi fu anche lui affascinato da questo mezzo – tanto per menzionare un intellettuale che è diventato, poi, uno scrittore di grande rilievo in Italia. Il cinema ha affascinato, non so, qualche uomo politico come Pietro Ingrao, che poi è diventato quel grande uomo politico che tutti apprezzano: anche lui, prima ancora che io facessi l'esperienza del Centro Sperimentale, frequentò il Centro Sperimentale di Cinematografia, affascinato da questo nuovo mezzo di espressione. Anche lui, facendo più o meno lo stesso percorso, perché Ingrao cominciò a scrivere poesie nella sua giovinezza e avrebbe voluto avere un destino, un futuro di scrittore o di poeta e invece dirottò verso una scelta cinematografica che poi però fu di breve durata, perché la serie degli avvenimenti che sconvolsero l'Italia e anche la sua vita lo portò a fare altre scelte, in modo particolare la scelta politica alla quale poi ha dedicato tutta la sua vita. Ma per dire, era un momento molto particolare quello della mia generazione, anche se Ingrao è un tantino più anziano di me, e Alvaro era sicuramente un uomo di maggiore età. Alvaro aveva, credo, almeno una decina di anni più di me ma, benché ci fossero tanti anni di differenza tra noi, abbiamo avuto una collaborazione cinematografica per tanti versi assai interessante, assai importante nel seguito della mia attività di regista. Tutto questo per dire che intorno al cinema si era raccolto l'interesse di molti letterati, di molta gente che, pur avendo la vocazione del letterato, voleva sfociare nel cinema, quindi, come vedi, questa mia scelta fu determinata da una serie di ragioni anche epocali.

A.V.: Che ruolo ha avuto il legame tra letteratura e cinema nella tua scelta?

De Santis: Il legame tra la letteratura e il cinema sicuramente ebbe un peso. Sai, io, qualche volta, ho tentato anche di spiegarlo in questo modo. Evidentemente, sai, io scrivevo e avevo voglia di vedere rappresentato quello che scrivevo, non so, scrivevo un dialogo e avevo voglia di sentirlo recitare, descrivevo un'alba, un colore, e avevo voglia di vedere il colore, di vedere tutto quello che pensavo. Quindi questo spostamento continuo dalla pagina scritta alla sua articolazione visiva, alla trasposizione in immagini, era molto, molto vicina in me. Io sentivo, mentre scrivevo, che c'era qualcosa che mi impediva di fare quasi un salto avanti. Sicuramente ci fu anche questo, ci fu anche questo naturalmente. Ci fu forse anche la considerazione che la letteratura attraverso la parola non poteva fare di più, oppure non aveva più quella forza, quella capacità di convinzione e quella grande importanza che aveva sempre avuto attraverso i secoli, e che l'immagine si andava sostituendo alla parola, alla forza della parola. Io già probabilmente cominciai a sentire questo, che l'immagine era comunque più forte della parola e che sarebbe venuto un mondo dove l'immagine avrebbe dominato sulla parola. Questa sensazione la ebbi molto, molto chiara quando iniziai a sentire l'attrazione di fare cinema.

A. V.: Questo spiega, in un senso, l'idea, l'importanza del paesaggio, no? E Verga?

De Santis: Beh, questo sì, questo sicuramente. Ecco, per esempio, a tutto quello che io ti ho detto si può rispondere: «Ma sai, tu sentivi il bisogno di vedere e di sentire, di fare recitare perché probabilmente i tuoi dialoghi non erano sufficienti», oppure «Un tramonto, descrivere un tramonto, non sapevi descriverlo come lo avresti saputo descrivere al cinema». Si può dire: «Tu forse non eri un vero scrittore, sei stato un buon cineasta o potevi essere un buon cineasta», non lo so, a seconda dei giudizi che si possono dare sul mio lavoro. Ma io sentii fortissima questa attrazione per l'immagine, un mondo in cui l'immagine aveva più forza della parola.

A.V.: Appartieni, come afferma Carlo Lizzani, ad una generazione che proviene dall'attività di critica cinematografica frondista, poi siete passati quasi tutti alla regia. Gli esponenti di spicco del gruppo *Cinema* hanno sempre insistito su un tema fondamentale, quello della utilizzazione in chiave cinematografica delle opere di Verga che è stata una vostra costante, anche nei tuoi scritti cinematografici. Sappiamo quanto le opere dello scrittore siciliano abbiano inciso nei tuoi studi e poi nella realizzazione dei tuoi film, ma mi piacerebbe che tu spiegassi com'è nato questo incontro.

De Santis: Prima di passare a Verga, voglio dirti subito, e l'ho detto tante altre volte e anche scritto, io sono stato il peggiore critico cinematografico italiano perché io non facevo il critico, in realtà io esprimevo i miei giudizi sulla base di quello che era il cinema che noi volevamo fondare, quindi c'era la cattiveria, c'era l'arroganza, la prepotenza di chi voleva cambiare o si illudeva di cambiare il mondo e con il mondo il cinema italiano. Quindi, io ero assolutamente un laterale, ero settario, ho fatto una critica militante, con tante cattiverie, con tanta rabbia dentro. Che poi questa critica abbia avuto una sua utilità, un suo punto di partenza per sviluppare un discorso che nell'immediato dopoguerra porterà al Neorealismo, lo lascio dire agli storici, ecco, questo è un discorso che non posso fare io. Certo dalla rivista «Cinema» partì, non solo per le mie critiche ma per merito di un gruppo di giornalisti che ci lavoravano, un'ipotesi di cinema legato direttamente alla realtà. Io direi che questa ipotesi però è soltanto un'intuizione del Neorealismo che poi si svilupperà durante la Resistenza.

A.V.: E Verga?

De Santis: L'incontro con Verga... L'incontro con Verga... Verga era uno scrittore sconosciuto agli italiani o semisconosciuto, cominciavano già ad uscire dei saggi su Verga e pochissimi saggisti, voglio dire, italiani, si erano accorti di questo grande scrittore. Verga fu una scoperta legata certamente prima di tutto al mondo dal quale io venivo, cioè il mondo contadino, perché era stato lo scrittore, in una parte della sua vita e precisamente negli ultimi anni, legato al mondo contadino, alla società contadina, per cui *I Malavoglia* [1881], così come tutti i suoi racconti di paese, coi pastori, i contadini, gli artigiani, i piccoli minatori, erano per noi di grande stimolo. Per tutti questi motivi lui era uno scrittore che io sentivo enormemente come parte delle mie radici. Questa sicuramente è stata la partenza della scoperta di Verga, quindi andai alla scoperta del suo mondo poetico carico di questo mio *background*, che avevo alle spalle. E in più c'erano delle motivazioni politiche. Già nel momento in cui la mia generazione scopre Verga, lo scopre anche come scrittore che, tra i romanzieri italiani – e non ce n'erano tanti e non ce ne sono tanti, l'Italia non è mai stata un Paese di grandi romanzieri – era quello che si era di più avvicinato agli umiliati e agli offesi, ai poveri, quindi c'era anche la ragione di avvicinarsi a questo scrittore, a questo grande scrittore, perché era l'unico che aveva avuto una sensibilità, sia pure da una posizione di distacco e di borghese illuminato, che aveva avuto la sensibilità di avvicinarsi a questi ceti e cantare, direi, e poetare su questi ceti di poveri. Quindi ci fu tutta una ragione che andava, ripeto, dalla mia sensibilità di uomo cresciuto in mezzo al mondo contadino alle ragioni di scelte anche politiche. Era lo scrittore, sembrava, che più e meglio di tutti avesse rappresentato questo mondo dei poveri, questo mondo degli umiliati e degli offesi, degli uomini che lui chiamava "i vinti" che erano sicuramente i vinti e per i quali noi sognavamo un grande riscatto. Questo è stato l'avvicinamento a Verga. E voglio aggiungere un terzo elemento. La mia generazione ha vissuto in un'epoca che è quella del fascismo, in cui da tutte le parti la letteratura, e la cultura ufficiale, così come la pittura, suonavano false, il cinema suonava falso, mentre Verga ci riportava continuamente alla realtà, cioè ci descriveva, ci dipingeva le cose così come stavano. Quindi noi, che andavamo alla ricerca delle nostre migliori radici, cioè andavamo alla ricerca di scrittori, di poeti, di cineasti, di pittori, di letterati che affondavano la loro sensibilità dentro questo mondo sconosciuto agli italiani, il mondo dei poveri e degli umiliati, trovammo in Verga il nostro punto di riferimento. Quindi, ti ripeto, le due ragioni, quelle ideologico-politico-storiche e quelle letterarie camminarono di pari passo. Quando, andando avanti nel tempo e cominciando già a prospettare un nuovo futuro dentro articoli che scrivevamo –

sono rimasti poi famosi i due articoli che Alicata ed io abbiamo scritto su Verga – quando dovevamo teorizzare sulle scelte da compiere per un certo cammino del cinema italiano, i punti di riferimento per noi erano Verga e il mondo che Verga era riuscito a descrivere e intendevamo appunto il mondo della povera gente, il mondo delle classi subalterne. Questa è la ragione che ci ha spinto al legame con Verga e i suoi racconti e romanzi ci hanno condotto sicuramente sulla strada del realismo e poi ci hanno condotto, attraverso altre ragioni, altre cause, al cinema, e non solo al cinema, ma anche alla letteratura e alla pittura realista.

A. V.: Ti riferisci a tutto il gruppo *Cinema*?

De Santis: Sì, tutto il gruppo di *Cinema*, che allora significava Gianni Puccini, tutti i tre fratelli Puccini, Dario Puccini, Gianni Puccini, Massimo Mida Puccini, Antonioni, Visconti, che allora entrò nel nostro gruppo, cominciò a collaborare con qualche scritto sulla rivista «Cinema» e altri, di cui adesso poi non ricordo neanche più i nomi, ma su questa rivista si cominciò per primi a teorizzare un po' sulle possibili strade da prendere per il cinema italiano.

A. V.: Come reagirono i gerarchi fascisti e anche il figlio di Mussolini ai tuoi articoli su Verga?

De Santis: Mah, sai, il fascismo ha avuto sempre un'ambiguità demagogica; il fascismo sembrava tutto proiettato verso il popolo, mentre in realtà sappiamo che era manovrato soltanto dai grandi gruppi finanziari italiani, dal capitale finanziario italiano e dalla grande borghesia agraria e bancaria italiana, ma la demagogia del fascismo era quella di andare verso il popolo. Ora, dentro questi valori demagogici che il fascismo faceva propri, naturalmente chi come noi scriveva sul popolo o teorizzava sul popolo non veniva compreso nel senso in cui noi veramente scrivevamo, ma veniva compreso nel senso in cui il fascismo usava questa demagogia. Quindi era facile a noi questo gioco di parlare di popolo, di realtà, di verità italiana e di venire in qualche modo accettati dall'ufficialità fascista che, per il popolo e in favore del popolo, spendeva tante parole di demagogia. Questo fu l'aspetto che ci consentì di conservare delle posizioni di antifascismo, di scrivere in un modo antifascista, in un modo laico, in un modo molto, molto crudo e molto pesante, anche rispetto a quelle che erano le ingiustizie sociali del momento, senza che il fascismo osasse impedircelo o proibircelo. Aggiungi a questa ragione un'altra sicuramente importante, che noi eravamo, nel momento in cui riflettevamo su Verga, nel momento in cui teorizzavamo e ipotizzavamo un cinema neorealistico e un'arte neorealista, o un'arte realistica senza chiamarla neorealistica, se vuoi, il fascismo era ai suoi ultimi anni, era al canto del cigno, agli sgoccioli. Quindi il fascismo, anche se ci avesse considerato – e forse ci considerò – come degli intellettuali che facevano la fronda, che non camminavano sulla retta via, ci consentiva questa libertà perché, sentendo il suo declino, sentendo venir meno il suo favore, il suo consenso presso larghi strati di intellettualità italiana, tentava con il silenzio di conquistarseli o per lo meno di conquistarseli con la tolleranza, perché eravamo in un momento in cui il fascismo era già in crisi. Non dimentichiamoci che il 25 luglio 1943, cioè la fine del fascismo, non è lontana dagli anni in cui noi facciamo queste esperienze, scriviamo questi articoli e dettiamo queste ipotesi di soluzione per la vita artistica italiana.

A. V.: C'erano dei legami tra Rossellini e il gruppo di *Cinema*?

De Santis: Certo, molto forti, perché Rossellini intanto era molto amico di Vittorio Mussolini, perché Rossellini aveva girato un film da una sceneggiatura, da un racconto di Vittorio Mussolini, quindi lui entrò e conobbe questo gruppo di giovani, che eravamo noi, perché appunto era amico di Vittorio Mussolini. Aggiungi poi che questo gruppo di giovani, che teorizzavano certe scelte artistiche, erano dei giovani che a lui piacevano in modo particolare, perché entravano già nel nucleo delle sue idee. Lui veniva già facendo dei piccoli documentari che avevano questa spinta di approccio vero la realtà. Aggiungi poi che, quando io tornai dall'esperienza con Visconti, quando uscì *Ossessione*, Rossellini mi disse: «Questo è il cinema che noi dobbiamo fare, questo è il cinema che anch'io vorrei fare» e che, fra l'altro, mi prese come suo aiuto regista per fare un film che poi non fu mai finito che si chiamava, allora in quel momento in cui dovevamo farlo, *Scalo merci*, quasi un'imitazione di *Ossessione* o per lo meno affondava la sua atmosfera, le sue radici, in questo clima un po' francesizzante, ecco, da fronte popolare, com'era quello di *Ossessione*. Quindi, Rossellini è uno che ha vissuto in mezzo a noi, ha vissuto accanto a noi, ha vissuto con noi, sposando le nostre idee, insomma. Non si può parlare del cinema di Rossellini senza riferirlo al gruppo di *Cinema*, assolutamente impossibile farlo. Chi fa questo commette un'ingiustizia storica, cioè non lega il filo rosso che percorre la carriera di Rossellini. Siamo noi poi che l'abbiamo tirato fuori dalla capacità e possibilità di essere disponibile ad accettare sempre il nemico da tutte le parti; lui è stato un democristiano sempre, forse prima ha anche sposato molte idee del fascismo, anche se forse non è stato mai un fascista. La sua intelligenza non gli consentiva, diciamo così, di essere fascista, perché capiva quali erano le pecche del fascismo. Se mai può averne approfittato per lavorare, per fare i fatti suoi, ma questa è un'altra cosa.

A. V.: E con De Sica avevate contatti?

De Santis: Con De Sica abbiamo avuto dei contatti, nel senso che i contatti erano con Zavattini. Noi eravamo dei grandi ammiratori di Zavattini, con cui avevamo dei rapporti molto stretti. La nostra grande ammirazione era per il letterato, e anche per il cineasta che andava in quegli anni formandosi, che noi conoscevano attraverso le cose scritte per Mario Camerini, e quindi con Zavattini c'erano dei legami. De Sica fu uno per il quale io scrissi allora dalla rivista «Cinema» due critiche per i film che lui aveva fatto, uno *Un garibaldino al convento* [1942] e un altro è *Teresa Venerdì* [1941]. Avevo scritto due articoli nei quali io identificavo e ricuperavo dentro questi due film, che erano dei film, se vuoi, molto tradizionali, alcuni dettagli, alcune soluzioni, da cui si capiva che lui era un regista che aveva una sua grande sensibilità, un suo grande cammino da fare. Allora questo ci avvicinò. Con De Sica io mi ricordo che, proprio in base a queste mie critiche, quando una volta lo incontrai – mi ricordo anche il luogo dove io lo incontrai, lo incontrai proprio a Piazza di Spagna, mentre lui stava aspettando un autobus e anch'io aspettavo un autobus – parlammo a lungo. Lui aveva visto *Ossessione* e mi disse: «*Ossessione*, che grande film, che film straordinario!». Come vedi un'affermazione simile a quella di Rossellini, che disse: «Questo è il nostro avvenire, questo è il nostro futuro, noi dovremmo fare un cinema di questo tipo». Mi ricordo che gli consigliai anche di prendere un racconto di Flaubert [Gustave, 1821-1880], che mi sembrava fosse nella sua sensibilità. Il racconto è *Un cuore semplice* [*L'Histoire d'un coeur simple*, 1876] uno dei tre racconti esemplari di Flaubert, che è la storia di una povera donna di servizio che resta tutta la vita fedele ai suoi padroni, una donna che riesce addirittura ad annullarsi con la sua fedeltà, con l'ossequio verso i padroni e muore come una povera cosa. Io suggerii questo racconto che De Sica, mi ricordo, ha sempre voluto fare, *L'Historire d'un coeur simple*, e che poi invece non ha mai realizzato, e che poi realizzerà invece uno dei figli di Ferrara, il fratello di Giuliano Ferrara, non so se si chiami Giorgio Ferrara [1947][1], non so come si chiami l'altro, ma sono i figli del grande deputato, del grande funzionario del partito comunista Ferrara.

A. V.: Nei tuoi scritti, durante la collaborazione con il gruppo *Cinema* soprattutto, nelle recensioni che scrivevi, quello che mi ha colpito di più è l'importanza che dài spesso al documentario, indicandolo come la via giusta, cioè la via che il cinema italiano dovrebbe intraprendere per il proprio rinnovamento. Quali rapporti c'erano tra il documentario e la letteratura che allora conoscevi e poi, quando sei passato a fare cinema, tra il documentario e il romanzesco e il melodramma che distinguono i tuoi film?

De Santis: Mah, il documentario perché io ho sempre creduto che la fonte di ispirazione di ogni poeta, di ogni narratore, insomma, dell'arte in generale, deve essere sempre la realtà. Che poi dalla realtà di un fatto, di un atteggiamento di questo o quel personaggio, si debba partire per la tangente e su questo costruire una serie di avvenimenti, di atteggiamenti, di nodi narrativi è un altro discorso. Ma la partenza, io ho sempre pensato che la partenza dovesse essere proprio di radice realistica, cioè di ispirazione della realtà, e niente più del documentario può legarti alla realtà. Il romanzesco perché – ma questa è una mia posizione molto personale anche all'interno di quelli che sono stati poi gli sviluppi del cinema neorealistico – io ho sempre amato la storia, ho sempre amato l'intreccio, ho sempre amato raccontare dei fatti e non mi è mai piaciuto o, per lo meno, non ho mai incentratola mia tematica sul racconto di piccole cose, quello che oggi si chiama, con una parola, mi sembra, abbastanza azzeccata in arte – sia nella letteratura che nel cinema, nel nuovo cinema italiano dei giovani – il

1 Nel 1977, Giorgio Ferrara ha realizzato *Un cuore semplice* con Adriana Asti e Alida Valli, sceneggiato da Cesare Zavattini.

minimalismo. Io sono per fare un'arte che abbia sempre delle storie forti, delle storie con dei fatti che siano portanti, insomma. Questo non è che mi abbia poi impedito di fare dei film come *Roma ore 11*, dove il dettaglio, la piccola cosa, ha una grande importanza, però al centro ci sono delle ragazze che, per bisogno di lavoro, vanno su una scala, questa scala crolla mentre aspettano di fare l'esame di dattilografia, una di loro muore, ci sono molti feriti e ognuno torna a casa senza avere conquistato quell'unico posto. Per dire, questo non mi ha impedito di costruire anche delle piccole storie, però io ho sempre creduto che l'intreccio, i fatti fossero fondamentali, perché in me c'è sempre stato questo bisogno di invenzione, questo bisogno di finzione, se vuoi, perché io credo anche che la vera grande natura del cinema, nel senso vero della parola, il cinema cinema, sia quello di essere tutta una finzione. Questa è una mia immagine di cinema, io ho sempre amato il cinema come un circo equestre, come uno spettacolo per grandi masse popolari che devono commuoversi, che devono interessarsi. Le grandi masse popolari non possono, per lo meno in quel periodo non potevano, a causa del livello culturale in cui erano, essere commosse per delle storie minimalistiche. Le grandi masse popolari possono commuoversi solo per delle grandi storie, per grandi fatti, che non devono essere necessariamente melodrammatici, possono essere melodrammatici o no, ma devono essere dei grandi fatti, delle grandi storie, con grandi problemi, con grandi pensieri dentro. Ripeto, però, questa è una mia posizione personale che mi caratterizza in un modo un po' anomalo dal resto dei codici del cinema neorealistico, come caratterizza anche lo stesso Visconti, con il quale ho fatto le mie prime esperienze. Voglio dire, anche Visconti ha sempre amato le grandi storie, i grandi fatti, i grandi personaggi. Sai, nel cinema neorealistico ci sono state varie tendenze, ma è sciocco dire che le mille tendenze hanno significato i mille neorealismi; no, il Neorealismo è stato un'unica cosa, ci sono stati modi diversi di essere neorealistici, chi usando un linguaggio diverso, chi storie diverse, ma tutti uniti in questa grande passione civile che era quella di denunciare la realtà italiana, soprattutto la realtà delle classi subalterne. Questo è stato il grande disegno, poi ognuno, dentro questo grande progetto è andato per conto suo, ma non tanti neorealismi, un unico Neorealismo con tante diversità, l'unità nella diversità, o se vuoi la diversità dentro l'unità. Questo è stato il Neorealismo.

A. V.: Allora secondo la tua interpretazione *Ossessione* non fa parte del Neorealismo?

De Santis: Io direi di no, perché anche se *Ossessione* anticipa sicuramente le scelte che poi farà il cinema neorealistico non può fare parte del cinema neorealistico perché nasce prima della caduta del fascismo. Tu sai la mia tesi: penso che il Neorealismo nasca da un nodo storico. C'è una guerra, c'è la caduta del fascismo, c'è una Resistenza e gli italiani conquistano la democrazia, senza questo nodo storico il Neorealismo non poteva nascere. Noi avremmo potuto avere altri dieci, quindici anni di fascismo, ma il cinema neorealistico che abbiamo fatto, con il regime fascista non si sarebbe potuto fare. *Ossessione* era il massimo di permissività alla quale si poteva arrivare, non credo che si potesse andare oltre quello al quale è arrivato Visconti, dov'era dissacrata la famiglia, dove c'era un'infedeltà coniugale, un assassinio, dove c'era un vagabondaggio di un proletario, dove c'erano, tutti quanti scomposti, i miti tradizionali dell'ufficialità predicata dal fascismo, quest'Italietta, quindi, sai, era il massimo di trasgressione che si potesse toccare.

A. V.: Voi, a quel tempo, eravate coscienti di questo?

De Santis: Noi eravamo in parte coscienti, non del tutto coscienti. Ad onore del vero, non eravamo del tutto coscienti. Guarda, io ti racconto un esempio perché ti dà la misura di questa nostra coscienza. Io mi ricordo che Visconti, come tu sai, mi aveva delegato, durante il film, a fare il mio lavoro di aiuto regista componendo i fondi dell'inquadratura, cioè tutto quello che stava dietro la storia che si svolgeva davanti, soprattutto quando queste storie si sviluppavano nelle piazze, nei campi, nelle strade dove c'era movimento di gente. E io assolvevo a questo mio compito soprattutto avendo nella mente gli articoli che avevo scritto sul documentario, sul paesaggio del cinema italiano prima di *Ossessione*, dove l'uomo sembrava un essere un fantasma che non aveva niente intorno a sé, quindi popolavo questo mondo di *Ossessione* di queste o di quelle storie. Mi ricordo che allora a Ferrara, noi giravamo in questa città, e tornavano i primi reduci dalla guerra, dall'Albania, dalla guerra d'Etiopia, circolavano molti mutilati. Mi ricordo che in un'inquadratura, in cui c'era una scena in primo piano, io avevo messo nel fondo alcuni mutilati che passavano e

Visconti mi disse: «Beppe, guarda, questo qui è meglio non metterlo perché ce lo tolgono sicuramente». Il fascismo non avrebbe tollerato di mostrare già un'Italia ferita, carica di mutilati. Queste, per dirti, erano le percezioni che noi avevamo di quello che si poteva fare e quello che non si poteva fare. Abbiamo osato, ma non avevamo la coscienza di osare. Lo stesso io, quando ero critico cinematografico, scrivevo le mie critiche cinematografiche, ma non sapevo neanche io che trasgredivo in un modo così totale a quella che era la linea ufficiale del regime. Io mi sono, come si dice, buttato, ho osato, e il Padreterno aiuta sempre chi osa, chi rischia, ma non avevamo una coscienza precisa, anche se, ripeto, poi nel racconto di *Ossessione* noi avevamo calato molte delle nostre ambizioni, molte delle nostre vedute politiche. Avevamo costellato il racconto di tanti piccoli messaggi da inviare a questo o a quello spettatore che avesse avuto la percezione di certe determinate cose o avesse avuto una sensibilità particolare per leggere il nostro film in chiave antifascista.

A. V.: Racconta com'è nato questo film.

De Santis: Il soggetto è, come tu sai, un romanzo americano di James Cain, che noi trasportammo in Italia e scegliemmo la Pianura Padana. La Pianura Padana, e in essa Ferrara, ci sembrava più corrispondente a un paesaggio come quello americano de *Il postino suona sempre due volte*, paesaggi più moderni, grandi vie di comunicazione, con una mobilità di lavoro, con i vagabondi e gli assicuratori. Perché nella Pianura Padana c'era la società più moderna e più avanzata che c'era allora in Italia e per questo noi collocammo questa storia proprio all'interno di questa zona. È stato scritto molte volte che *Ossessione* non ha niente a che fare con *Il postino suona sempre due volte*, ma questo non è vero, questo non è assolutamente vero. Invece ha molti punti di riferimento – Micciché[2] spiega molto bene queste cose, devo dire che da questo punto di vista il suo saggio è molto bello – i riferimenti ci sono eccome, erano alla base della nostra partenza. Non avremmo mai scelto la Pianura Padana se non avessimo voluto seguire alcune atmosfere del romanzo americano. Io mi

[2] De Santis di riferisce a: Lino Micciché, *Visconti e il neorealismo, Ossessione, La terra trema, Bellissima*, Venezia, Marsilio, 1999.

ricordo che avevo portato Visconti nella nostra Ciociaria, nella mia Ciociaria, a Fondi, perché pensavo che potesse ambientarlo lì, nella pianura di Fondi, il lago, le montagne, gli aranceti, ma mi sbagliavo, perché in realtà era un luogo più angusto, una società più chiusa di quanto non fosse quella della Pianura Padana. Questo per dirti che ci furono delle dipendenze molto nette, molto precise, di cui non c'è affatto da vergognarsi. Anzi, direi che non è neanche emblematico questo perché intanto c'era stata da parte di noi giovani, della mia generazione, un grande amore per la letteratura americana di quegli anni, cioè di questi scrittori che vanno da Faulkner a Caldwell a Steinbeck a Hemingway. C'era stato un grande amore, direi che ci aveva conquistato e portato al nostro antifascismo proprio sulle tracce di questa letteratura, che sentivamo come una letteratura molto aperta, come una letteratura molto democratica e come una letteratura che trattava i problemi della gente reale, vera, non solo della gente vera e reale ma, in modo particolare, delle classi subalterne, della povera gente, quindi la sentivamo molto vicina a noi e ne avevamo fatto il nostro grande punto di riferimento insieme a Verga. La letteratura americana è stata per noi una conquista. Quindi, voglio dire, scegliere un romanzo di questo tipo, anche se in maniera del tutto casuale se vuoi, perché Renoir, amico di Visconti, gli aveva lasciato questo adattamento fatto da un francese de *Il postino suona sempre due volte* – mi pare fosse un altro regista, adesso non mi ricordo quale; l'aveva dato a Renoir, che l'aveva dato a Visconti – era casuale questa cosa, ma non lo era del tutto. Nel momento in cui Visconti lo accettò e noi lo sceneggiammo sentivamo tutta l'importanza di questa cosa e ci piaceva questa dipendenza dal mondo americano. E quindi ci fu questo connubio, noi cercammo di fondere queste due cose, questo grande amore per la letteratura americana con il grande amore per la realtà italiana e trasportammo questa storia nel posto dove ci sembrava che l'America potesse rivivere in qualche modo, o per lo meno potesse arrivare l'eco di una certa atmosfera americana.

A. V.: Ma questa scelta è stata un ripiego perché il fascismo non vi aveva dato il permesso di fare un primo film tratto da un racconto di Verga, o mi sbaglio?

De Santis: Sì, noi volevamo fare un racconto di Verga, perché Visconti tentò – in questo il libro di Miccichè non è sufficientemente informato, io poi quando abbiamo presentato il libro l'ho detto – Visconti tentò in un primo tempo, spinto da noi, di acquistare i diritti de *I Malavoglia*, ma gli furono negati dagli eredi, i quali avevano delle ambizioni di un altro tipo. Non si fidavano forse di Visconti, che era un regista al suo primo film, e invece gli concessero i diritti di due o tre racconti e Visconti li comprò. Tra questi ce n'era uno, *L'amante di Gramigna*, che noi sceneggiammo, che era la storia di un contadino, il quale, per un'ingiustizia che subisce da parte di un padrone, si dà alla mafia e diventa bandito commettendo una serie di delitti contro lo Stato, e contro la proprietà privata. Questa sceneggiatura ci fu bocciata, i fascisti non ci consentirono di farla e allora noi ripiegammo su questo racconto, il quale secondo me, secondo noi, era molto più trasgressivo di quanto non fosse il racconto di Verga. Ma siccome l'altro era Verga, e questo bene o male aveva un richiamo americano, forse i fascisti ce lo lasciarono girare. E poi al punto in cui eravamo arrivati, Antonio, c'era poco da fare – per questo ti dico che c'era un fascismo in crisi e noi approfittammo della crisi del fascismo, anche se non ne avevamo una piena coscienza, per incunearci, per entrare dentro il sistema e cercare di corroderlo dall'interno. Questa è stata la storia del gruppo *Cinema*.

A. V.: Avevate altri progetti allora oltre a Verga e a *Ossessione*?

De Santis: Avevamo altri progetti, avevamo tanti altri progetti, avevamo in mente tante cose. Visconti ed io accarezzavamo anche l'idea di fare un film da questo bellissimo romanzo francese, *Il grande amico* [*Le Grand Meaulnes*, 1913] di Alain-Fournier [Henri, 1886-1914], però anche lì Visconti chiese i diritti agli eredi di Alain-Fournier e non gli vennero accordati. Avevamo scelto anche dei racconti di Maupassant [Guy de, 1850-1893], in modo particolare me ne ricordo uno che si chiamava *Le vestali*, un piccolo racconto molto divertente, molto saporito, al quale noi lavorammo insieme con Zavattini, tra l'altro, e che non andò in porto neanche quello; poi dopo con Visconti abbiamo avuto una serie di idee, tanti progetti. Noi abbiamo avuto tanti progetti con Visconti.

A. V.: Perché scegliere Visconti come regista? Non hai pensato magari di farlo tu? In fondo lui non aveva nessuna esperienza da regista.

De Santis: Non aveva esperienza, però aveva i capitali, perché *Ossessione*, non dimenticare, è un film finanziato quasi interamente da Visconti, con capitali suoi. Anche se ebbe la distribuzione di una società di distribuzione, mi pare la ECI, non mi ricordo più come si chiami, però in realtà il film fu finanziato completamente da lui.

A. V.: Ma lui sapeva qualcosa di regia oppure si lasciava guidare?

De Santis: Beh, direi che lui aveva fatto quest'esperienza in Francia al seguito di Renoir, dove non aveva fatto l'aiuto regista come raccontano le leggende, perché Visconti aveva fatto più il trovarobe, l'aiuto assistente di costumi che l'aiuto regista vero e proprio. Poi aveva fatto l'aiuto regista quando Renoir era venuto in Italia a girare la *Tosca* e poi aveva litigato con i produttori, un po' perché in Italia i fascisti alla stazione Termini l'avevano incontrato mentre lui comprava un giornale francese, e lo avevano menato. Al quel punto Renoir si allontanò, se ne andò in America, insomma, emigrò. Lasciò questo film, la *Tosca*, nelle mani del suo aiuto regista, che si chiamava Karl Koch e Visconti rimase nell'impresa. Quindi Visconti aveva queste esperienze. Ma erano più forti le mie esperienze (venivo dal Centro Sperimentale di Cinematografia, come allievo del Centro Sperimentale), che quelle di Visconti, ma sai, siamo lì, al solito, la sensibilità, il grande intuito, la genialità di Visconti si rivelò proprio in questo, che pur essendo un uomo non con tutte le carte in regola da un punto di vista del mestiere, riuscì a girare il film, fu la sua genialità, la sua sensibilità ad inventare, a costruire un suo modo di fare cinema.

A. V.: *Ossessione* ha avuto un'influenza sul tuo primo film oppure no? In *Caccia tragica* hai sentito il peso di Visconti?

De Santis: Difficile dire, credo che gli stili siano diversi, sono sicuramente diversi. In realtà *Caccia tragica* è un racconto completamente della mia sensibilità. Che poi dopo io l'abbia ambientato non molto lontano da Ferrara, nella Pianura Padana, può non essere casuale, sicuramente, perché avevo fatto una ricca esperienza con Visconti in quella zona, però devi pensare che anche la zona che io avevo scelto, che è sempre nella Pianura Padana, Ravenna invece che Ferrara, era in qualche modo un luogo, un terreno, un paesaggio, un territorio che somigliava molto alle mie pianure, alle pianure del mio paese. I contadini erano vestiti nello stesso modo, con questi grandi mantelli neri, la bicicletta che da me era stata sempre, insieme col somaro, il mezzo con il quale si andava nei campi, era lo stesso che poi ritrovavo. Io ritrovavo canali, per esempio, alberi, cioè ritrovavo un'atmosfera che era propria del mio paese.

A.V.: Hai mai pensato di girarlo nel tuo paese?

De Santis: Non avrei mai potuto ambientarlo nel mio paese perché la storia era una storia di cooperative.

Dietro la macchina da presa quando il vento del nord soffiava

A.V. : Cominciamo con *Giorni di gloria*?

De Santis: *Giorni di gloria* [1945] è un film un po' accidentale nella mia carriera di regista, nel senso che fu un film messo insieme dopo la liberazione d'Italia. È un film di montaggio. Avendo a disposizione un materiale abbastanza interessante, sia del vecchio Istituto Luce, sia materiale che avevano girato durante la Resistenza i partigiani, venne l'idea a questo grande montatore italiano, sicuramente il più importante che abbia avuto l'Italia che è Mario Serandrei [1907], che ha lavorato a lungo con quasi tutta l'intellettualità cinematografica italiana, da Castellani [Renato, 1913-1995] a Lattuada a Visconti, insomma con tutti i più importanti registi della sua epoca. Ha fatto anche con me molti dei miei film, e gli venne in mente di fare un film di montaggio che potesse dare un quadro di quello che era stata la Resistenza, il quadro di una situazione sia dell'Italia resistenziale sia delle ingiustizie di vario tipo dentro le quali il fascismo aveva fatto vivere la società civile. Decidemmo anche di girare alcuni episodi di raccordo che potessero servire di contorno anche al materiale documentario vero e proprio e Visconti girò il processo al questore Pietro Caruso, che si era macchiato di molti delitti a Roma durante l'occupazione tedesca e io invece girai una parte delle Fosse Ardeatine [24 marzo 1944], non entrai all'interno delle Fosse Ardeatine dove si rinvennero i 335 cadaveri delle vittime fucilate dai tedeschi dopo l'attentato dei partigiani a via Rasella [23 marzo 1944], non osai perché non ce la facevo proprio né moralmente né fisicamente ad assistere a questo ricupero e anche archiviazione dei cadaveri. Girai invece, all'esterno delle Fosse Ardeatine, le testimonianze dei parenti che erano venuti lì, fratelli, sorelle, madri, ma in maggioranza erano quasi tutte donne; poi girai un piccolo episodio ricostruito di un'azione di GAP, come si chiamavano allora i Gruppi d'Azione Patriottica che operavano durante la Resistenza in città, un'azione appunto di questi partigiani, ma fingendola. E da questo nacque il documentario, che ha avuto delle peripezie molto strane, perché si è perso il negativo, è stato rimesso in piedi con passione da un mio vecchio compagno del Centro Sperimentale, si chiamava Montesanti [Fausto], col quale io poi, fra l'altro, avevo avuto delle polemiche a proposito di Verga e il cinema (mi riferisco agli articoli scritti con Mario Alicata). Montesanti, con grande passione, aveva ricuperato il negativo di questo film, l'aveva rimesso insieme, per cui è uscito grazie a quella copia ritrovata che, fortunatamente, si può ancora vedere.

A. V.: Sai come si è perso il documentario?

De Santis: Perché *Giorni di gloria* fu sottratto alla Cineteca Nazionale, io non mi ricordo bene in che modo e perché, forse lo portarono via i tedeschi, ma non mi ricordo quali peripezie attraversò questo film, per cui bisognò ricostruirlo quasi completamente. È un film che porta un segno, che è sicuramente un segno propagandistico; era cioè un film elettorale, fatto con l'intento di mostrare quanto tutta la sinistra insieme e quanto il popolo, le masse popolari, avessero contribuito alla caduta del fascismo, nella Resistenza italiana, e alla creazione di un nuovo Stato democratico italiano. Questo era l'intento del film, quindi, naturalmente, fatta questa dichiarazione, bisogna spogliarla di quel tanto di demagogia o di scopo propagandistico che aveva all'interno questo documentario. Comunque, il documentario resta, a mio giudizio, un documento ancora valido, interessante, espressione di passionalità, se vuoi anche di radicalismo politico che in quegli anni dell'immediato dopoguerra circolava in Italia. Almeno da questo punto di vista è un documento che è di grande interesse. Tra l'altro aveva un commento di un uomo illustre e di cinema come Umberto Barbaro [1902-1959], oltre che di un grande giornalista che si chiamava Umberto Colosso [1895-1959]. Come sai, Barbaro è stato un grande saggista di cinema ed era stato anche il mio maestro durante gli anni in cui io ero stato studente al Centro Sperimentale.

A.V.: Come è stato messo insieme il documentario originale? Sono tre parti oppure quattro parti? Perché ho letto due versioni diverse, una parla di quattro parti, Luchino Visconti, Marcello Pagliero [1907-1980], Giuseppe De Santis e Mario Serandrei. Ma ho anche letto che era composto di tre parti, De Santis, Pagliero, Visconti, e che Serandrei ha fatto il montaggio, e che tu ne eri anche il coordinatore.

De Santis: Serandrei ha fatto solo il montaggio, Visconti girò il processo Caruso e girò la fucilazione anche di qualcuno che adesso non ricordo più.

A.V. : Di Carretta, direttore del carcere di Regina Coeli?

De Santis: Sì, esatto, di Carretta. Invece Pagliero girò l'interno delle Fosse Ardeatine, quello che io non ebbi forza, coraggio di girare. Io girai le interviste ai parenti delle vittime di queste Fosse Ardeatine e in più quel piccolo flash di azione di GAP nella città, ricostruendolo completamente.

A.V.: A Roma?

De Santis: A Roma, sì, sempre a Roma.

A.V.: E gli altri pezzi?

De Santis: Gli altri i pezzi che usammo erano di operatori sconosciuti, anonimi che militavano sia durante la guerra partigiana tra le file dei partigiani stessi, e altro era materiale del cosiddetto Istituto Luce, materiale che noi recuperammo all'Istituto. Si voleva dare una sintesi alla lotta partigiana, ma il materiale era scarso.

A.V. : Ma la PWB, cioè gli americani, sapevano di questa vostra operazione o lo seppero soltanto con la proiezione del 18 ottobre del 1945 a Roma? Avevate il loro permesso?

De Santis: Sì, la PWB lo sapeva, perché da quando gli americani erano arrivati a Roma e la città fu sotto il loro controllo, con l'occupazione, il loro consenso alla fattura e anche alla produzione di questo film erano necessari. Devo, però, aggiungere che, in questa circostanza, noi incontrammo degli uomini sufficientemente progressivi, democratici, che dettero il consenso per costruire e mettere in piedi un film di questo genere che, in qualche modo, era un quadro della partecipazione di massa alla guerra di Resistenza e alla guerra per la liberazione nazionale da parte di grande masse di popolo italiano. Quindi gli alleati fecero una politica, in questo caso, molto aperta, molto illuminata, non ci furono problemi, non ci furono discussioni, non ci furono censure, almeno da quello che ricordo io, ci fu un'apertura mentale notevole, perché, sicuramente, il documentario ha un taglio di sinistra, non è certo un taglio che si presta ad un'interpretazione né ambigua né equivoca. No, è molto netto, esalta questa grande partecipazione di masse popolari alla lotta di liberazione e quindi esalta anche tutto quello che rappresentava il popolo italiano, quindi il suo più grande partito, il partito comunista e il partito socialista in Italia; quindi ci fu il permesso, e ora non ricordo neanche se ci fosse l'approvazione, ma credo che la PWB dette anche dei soldi.

A. V. : Ma c'erano anche dei documentari o cortometraggi dell'Incom?

De Santis: Incom o Istituto Luce? Non ricordo dove trovammo questi pezzi. Ma, sai, Serandrei era un abilissimo montatore, poi fra l'altro era – al contrario di altri montatori italiani che sono soprattutto dei buoni artigiani, qualche volta direi anche dei grandi artigiani – Serandrei prima di essere un grande montatore era un grande intellettuale, era un uomo molto colto, un uomo molto fine, colto, conoscitore di letteratura, quindi trovare il materiale, scavare, metterlo insieme fu un'iniziativa, direi, tutta sua.

A. V.: C'è una copia al Centro Sperimentale?

De Santis: C'è una copia al Centro Sperimentale, non so quanto ben ricostruita, ma io tra prima, seconda, terza parte, non mi ricordo bene, io ti dico le cose che abbiamo girato noi, perché anche su questo documentario le attribuzioni non sono sempre molto corrette, per esempio, a cominciare dal fatto che il mio nome è scritto con la "c", "De Sanctis", invece che "De Santis", ma questo ti dà anche il clima della confusione che c'era e delle difficoltà che il cinema incontrava a cominciare, a costruire, a fare e a ricostruirsi. Persino un nome poteva essere sbagliato nei titoli di testa.

A. V.: Ma il gruppo *Cinema* aveva già progettato di fare un film o un documentario sui GAP romani, oppure no?

De Santis: Sì, ma non era il gruppo *Cinema*, ero proprio io con Gianni Puccini. Sì, forse tu non hai torto a dire il gruppo *Cinema*, perché in realtà eravamo quasi tutti di questo gruppo, Gianni Puccini, io, Mario Socrate – che era un poeta che aveva fatto la Resistenza, aveva fatto, anzi, il gappista, parte di questi gruppi d'azione patriottica nella città – e poi anche Massimo Mida, credo. Insomma, c'era un gruppo notevole di *Cinema* e si pensò di fare appunto questo soggetto che avrebbe dovuto essere poi, appena dopo la liberazione, il primo film italiano. L'impegno di fare questo film lo prese il marito della Loren [Sophia, 1934], Carlo Ponti [1912], che allora, in quella grande confusione che c'era in Italia, si dichiarava molto vicino ai comunisti, e quindi disse che lui avrebbe realizzato questo soggetto che, tra l'altro, era un soggetto molto bello, molto appassionante, molto affascinante, del quale credo esistano dei capitoli pubblicati da qualche parte in un libro che mi pare abbia curato Massimo Mida con qualche altro, intitolato *Cinema e Resistenza* o *I soggetti sulla Resistenza italiana*[1]. Da qualche parte ci dev'essere questo libro, se lo trovo te lo darò. Ed era un film sulla storia di uno di questi ragazzi della borghesia, della buona borghesia romana che è entrato nelle file della Resistenza e, avendo scelto di fare il GAP, cioè di appartenere a questo gruppo resistenziale che faceva la guerriglia urbana, ha una grande crisi durante tutto il suo percorso all'interno di questa organizzazione, che poi si risolve naturalmente nel migliore dei modi. Nel suo travaglio capisce quanto sia necessario, anche con angosce, con grande dolore, con grande tragedia umana, uccidere il nemico, combattere il nemico, pur di fare in modo che vinca la democrazia: questo era il senso del racconto.

A.V. : Perché non si fece questo film?

De Santis: Perché Ponti, passato un pochino di tempo, quando le cose si erano rimesse un po' in ordine in Italia, il film non lo volle più fare. Non lo volle più fare forse perché non aveva fiducia nel regista Giuseppe De Santis che doveva farlo e forse perché si preparava già a dei cambiamenti che poi in realtà si verificarono nella sua vita – questa sua vicinanza al partito comunista era stata una vicinanza

[1] Si veda la bibliografia generale inclusa in questo volume.

del tutto casuale e aleatoria, del tutto opportunistica. E invece il primo film dell'immediato dopoguerra lo fece Rossellini, fece *Roma città aperta*, per dire che cos'è la casualità certe volte nel cinema. Rossellini ebbe l'opportunità di fare il primo film italiano sulla Resistenza, mentre avrebbe potuto e avrebbe dovuto essere questo film, *GAP*. Dentro questa storia del film che noi avevamo concepito, questo film intitolato *GAP*, c'era anche l'episodio che era un fatto di cronaca, che poi Rossellini attribuì, dentro *Roma città aperta*, alla Magnani [Anna, 1908-1973], il pezzo in cui la Magnani viene uccisa mentre rincorre il marito che avevano arrestato i tedeschi. Questo era un fatto di cronaca che noi avevamo nel racconto di *GAP*, ma Rossellini, essendo un fatto di cronaca, lo utilizzò nel suo racconto.

A. V.: Ma a quell'epoca avevate avuto contatti con Rossellini?

De Santis: Sì, allora si stava tutti insieme: Amidei [Sergio, 1904-1981], Rossellini, tutto il gruppo che, uscito dalla guerra di liberazione, cominciava a tentare di ricostruire, di mettere in piedi il cinema italiano, ci si vedeva continuamente, c'erano scambi di idee, consigli da una parte e dall'altra, quindi si faceva vita molto comune. Eravamo in grande comunicazione, quindi certe volte, certe idee si travasavano da un regista all'altro, da un copione all'altro, da una storia a un'altra. Quindi non penso che questo episodio della Magnani possa essere stato copiato dal nostro racconto, dal nostro soggetto. Era nell'aria, era un fatto di cronaca, quindi giustamente e legittimamente Rossellini e Amidei, che fu il suo sceneggiatore, avevano tutte le ragioni per appropriarsene. Tra l'altro è l'episodio più bello di *Roma città aperta*, quindi se ne sono appropriati in un modo veramente straordinario.

A. V.: Potresti parlare del passaggio alla realizzazione de *Il sole sorge ancora* [1946] e dei retroscena nel realizzarlo?

De Santis: Intanto in quell'epoca, che era di grande passionalità – grandi rivolgimenti politici e sociali erano in progresso in Italia, noi tutti del gruppo di *Cinema* tentammo di rifare la rivista «Cinema», ma, per una serie di circostanze che adesso bene non ricordo, non riuscimmo a mettere in piedi la rivista e allora comprammo o fu comprato, non mi ricordo bene, un vecchio giornale fascista diretto da un fascista, Mino Doletti, si chiamava «Film d'oggi» e questo fu il primo esempio di democrazia cinematografica giornalistica italiana, perché un gruppo composto da Mario Camerini [1895-1981], De Sica, Zavattini e Visconti diventò il comitato direttivo di questo giornale, come i garanti, diciamo, di questo giornale e i redattori di questo giornale diventarono Antonioni, io, Gianni Puccini, Massimo Mida e Carlo Lizzani [1922]. Per dire, insomma, come tutto il gruppo di *Cinema* si ricostituiva per lavorare in collettivo e sotto la garanzia anche di grandi nomi come erano quelli di Visconti, di De Sica, Camerini, gli uomini di punta del cinema italiano in quel momento. Questo giornale, costituito a Roma, fece dei grandi servizi importanti per il bilancio del cinema italiano e soprattutto lavorò nella prospettiva di un cinema neorealistico; faceva fare, per esempio, delle inchieste a degli operatori come Piero Portalupi, che so, sugli sciuscià, sul contrabbando di sigarette, su quello che era lo stato di degrado di una città come Roma nell'immediato dopoguerra. Da uno di questi servizi fatti sugli sciuscià De Sica poi ricavò il suo film *Sciuscià*, e altre cose di questo genere, quindi fu un giornale molto particolare. Il giornale dovette trasferirsi a Milano perché l'editore di questo giornale voleva dargli un'importanza maggiore e quindi avere anche dei mezzi tecnici più moderni, più aggiornati: a Milano c'erano tutte le rotative a colori con cui si poteva fare meglio un giornale e noi, tutto il gruppo nostro, non il gruppo direttivo, ma il gruppo di giornalisti (Massimo Mida, Lizzani ed io) ci spostammo a Milano per fare il giornale a Milano, lasciando qui un gruppo redazionale che era costituito da Gianni Puccini e da Antonioni, con scambi di lettere tra Milano e Roma, costruendo questo giornale che, ripeto, ha avuto una sua grande importanza nell'immediato dopoguerra. Come hai sentito, ti ho ricostruito un po' il passaggio per arrivare a *Il sole sorge ancora*. Allora: questo gruppo si trasferì a Milano, facendo anche un viaggio molto avventuroso in quell'immediato dopoguerra, perché tutto questo gruppo, composto da me, Massimo Mida, Puccini e Lizzani andammo a Milano – allora i treni funzionavano male – con una camionetta sulla quale c'erano anche Vasco Pratolini [1913-1991], lo scrittore Carlo Bernari e una grossa figura di partigiano italiano, Franco Calamandrei[2], figlio di un grande

[2] L'attacco in via Rasella era stato deciso dal comando dei GAP Centrali in sostituzione dell' assalto, programmato per quel giorno, al corpo di guardia di via Tasso per liberare i prigionieri della Gestapo. Dopo un sopralluogo Fiorentini, Salinari e Calamandrei avevano ritenuto irrea-

statista, un grande avvocato, Mauro Calamandrei, molto conosciuto in Italia. E con questa camionetta noi attraversammo quest'Italia distrutta dai bombardamenti, distrutta dalla guerra. Ci mettemmo, per arrivare a Milano, mi ricordo, tre giorni e io ho sempre sognato di fare un film su questo viaggio, perché era veramente un viaggio all'interno di un inferno, che era la devastazione totale dell'Italia, per mostrare che cosa significa la guerra che passa su paesi, città e nelle campagne, portando quindi la distruzione dappertutto. E riuscimmo a fare questo viaggio e ad arrivare sani e salvi proprio grazie alla solidarietà – ecco, questa è la forza della Resistenza italiana – che in quel momento si era creata tra gli italiani. Noi dormimmo in casa di compagni, di amici, e ci dettero da mangiare trattorie e ristoranti di compagni. Fu un viaggio da una parte drammatico e tragico per quello che vedemmo intorno a noi, però pieno di commozione per la solidarietà che si sviluppò intorno a noi. Arrivammo e facemmo questo giornale per un anno, un anno e mezzo, un giornale che ha avuto una sua importanza – io penso che tutti lo dovrebbero studiare – perché io continuai a fare il mio mestiere di critico cinematografico, che avevo già fatto sulla rivista «Cinema», e quindi ripresi questo mestiere e in più scrissi una serie di articoli che, credo, oggi sono abbastanza curiosi da rileggere. Devi riguardarti tutta la collezione che esiste alla biblioteca del Centro Sperimentale di Cinematografia. Finita quest'esperienza milanese del giornale, io incontrai a Milano degli amici e incontrai dei gruppi che mi dettero la possibilità di cominciare a fare il cinema, che era quello che noi desideravamo, da me a Puccini, a Lizzani. Tutti volevamo fare il cinema in maniera concreta e seria e la prima opportunità che avemmo fu quella di creare questo film, *Il sole sorge ancora*, con i finanziamenti dell'Associazione Nazionale dei Partigiani d'Italia, cioè l'ANPI, la quale in quel momento, essendo un'associazione composta da tutti i partiti che avevano dato un contributo alla Resistenza italiana, quindi dal partito liberale fino al partito comunista, e essendo un organismo che rappresentava tutta la sfera politica italiana, ci concesse dei fondi, trovò dei fondi per fare un film sulla

lizzabile quell'operazione dato il sistema difensivo approntato dai tedeschi e avevano predisposto invece l'aggressione alla colonna tedesca che ogni giorno percorreva via Rasella ultimate le esercitazioni alla controguerriglia.

Resistenza italiana così come si era svolta al nord; una specie, se vuoi, di risposta del nord a *Roma città aperta* che era un film del sud, comunque di una realtà che era molto ben diversa da quella del nord. Infatti il film di Rossellini è un film che si sente che è stato prodotto in una capitale dove c'erano i ministeri, dove c'erano i politici, dove c'era il Parlamento, quindi è un film più di mediazione tra le varie forze politiche, mentre il nostro, fatto nel nord, dove si respirava un'aria un tantino più passionale e direi anche più radicale, è un film con un'ottica più di sinistra. La Resistenza è guardata con un'ottica più di sinistra – allora si diceva nell'ambiente politico, il vento del nord e il vento del sud per definire due fronti, il vento del nord che era un vento di sinistra e il vento del sud che era un vento di mediazione, di centro, di forze più conservatrici. E c'è l'esperienza milanese, che è quella che conta, perché io, per la prima volta dopo aver fatto il film con Visconti che era ambientato a Ferrara, una città quindi del nord per me che sono un uomo del Meridione – io considero ancora oggi Roma Meridione d'Italia, è proprio qui a Roma che comincia il Meridione – c'è il mio secondo impatto con una grande città del nord, una grande città moderna, europea, com'era Milano in quel momento, dove si viveva con una grande passione politica e si viveva con un grande stimolo a lavorare per la ricostruzione dell'Italia e perché crescesse e si consolidasse la democrazia in Italia. Furono un paio d'anni, quelli che ho vissuto a Milano, di grande, di importantissima formazione culturale e politica per me, perché, ripeto, ho vissuto nell'occhio del ciclone, ho vissuto cioè, anziché un'esperienza vista da una città come Roma che in qualche modo aveva una dimensione più nazionale, a Milano io ho avuto l'idea di vivere in una città che era il cuore dell'Europa, o per lo meno era uno dei cuori dell'Europa che batteva comunque con lo stesso ritmo con cui battevano i cuori dell'Europa. Mi sentii più al centro dei grandi problemi internazionali che c'erano in quel momento sul tappeto. E girammo questo film, che naturalmente fu affidato a un regista di fede assoluta antifascista, Aldo Vergano [1891-1957], un bravissimo uomo, una brava persona, non ho altri aggettivi da trovare per lui. Era un uomo non di grande genialità artistica, non di grande capacità di regista, ma comunque capace di assicurare, di garantire una linea di sicura fede antifascista al film. Eravamo noi di *Cinema*, perché al film abbiamo partecipato Lizzani, io, Aristarco, chi in un modo, chi in un altro, io come aiuto regista e collaboratore alla sceneggiatura, Aristarco, anche lui, ha scritto la sceneggiatura,

Lizzani come attore. E noi di *Cinema* lo consideriamo come il nostro primo film del dopoguerra. *Ossessione* era stato il nostro primo film durante il regime fascista, era stato il nostro manifesto durante il regime fascista; questo era il nostro manifesto del dopoguerra: questo è stato sempre per noi *Il sole sorge ancora*. È un film che ha, a mio giudizio, degli straordinari pezzi di antologia cinematografica. Per tutti, voglio citare ad esempio il pezzo del prete e del partigiano che vengono condotti alla fucilazione, e di tutta la gente che, attraverso il prete, comincia a pregare per rivoltarsi contro i tedeschi. *Il sole sorge ancora* è un film che poi ebbe una grande importanza nel cinema del dopoguerra italiano, credo che sia tra i film più belli fatti sulla Resistenza italiana, anche perché poi, tra l'altro, non ce ne sono molti.

A. V.: La parte che tu hai appena menzionato l'hai ideata tu?

De Santis: Sì, è un'idea che venne a me in sceneggiatura e che è molto strana, molto curiosa perché – io lo racconto spesso questo – fa capire come il processo creativo sia molto strano, sia molto eterogeneo e possa arrivare da mille suggerimenti. Io mi ricordavo, avevo letto sempre con grande piacere un racconto di Maupassant [Guy de, 1850-1893] che si chiama *La maison Tellier* [1881], che è la storia di un casino, di una casa di tolleranza dove tutto il gruppo delle prostitute viene condotto dalla *maitresse* in un piccolo paese, dove si celebra la Prima Comunione di una nipote di questa *maitresse* e la casa delle prostitute si chiude per un giorno e le ragazze partono per andare ad assistere a questa Prima Comunione della ragazza. Arrivano in questo paesino di provincia dove nessuno le conosce, quindi vengono scambiate per delle vere e proprie signore. Loro, per la prima volta, si sentono trattate come delle signore e quindi sono molto commosse da questo e durante la funzione della Prima Comunione della bambina in chiesa il prete comincia a parlare di loro, comincia ad elogiare e anche a complimentarsi che ci fossero anche delle brave signore venute dalla città per questo rito religioso. Allora una delle prostitute comincia a piangere, l'altra anche, improvvisamente si crea una commozione generale per cui tutti cominciano a piangere nella chiesa. Io, chissà come mai, avevo trasferito questo meccanismo all'episodio de *Il sole sorge ancora*, per dire quanto sono casuali certe volte i percorsi della creazione artistica.

A. V. : Che ruolo ha avuto Libero Solaroli in questo film?

De Santis: Beh, ha avuto molta importanza, perché Solaroli era un uomo di grande cultura anche lui, raro nel regno della produzione cinematografica. Lui era un direttore di produzione, un organizzatore di produzione, non un finanziatore, era un organizzatore generale e, essendo un uomo molto colto, era uno che non dava solo suggerimenti di carattere amministrativo e organizzativo, ma che partecipava in tutti i sensi alla costruzione artistica e al prodotto nel senso più alto della parola, nel senso cioè culturalmente elevato; e poi era un uomo che aveva percorso un po' tutto il cinema italiano migliore, che aveva lavorato con tutti i gruppi migliori del cinema italiano, quindi io l'avevo avuto già come direttore di produzione in *Ossessione*. Noi eravamo molto legati, era stato mio professore al Centro Sperimentale di Cinematografia, quindi avevamo un legame molto forte ed ebbe una grande importanza per il film.

A. V.: E Giorgio Agliani chi era?

De Santis: Giorgio Agliani era il produttore delegato dall'ANPI, era un famoso partigiano italiano, un comandante partigiano che in quell'occasione l'ANPI delegò alla produzione, affidandogli la produzione del film, ed è anche questa una figura di uomo del quale, a mio giudizio, come al solito non si parla mai per quello che merita, non gli si danno mai tutti gli onori che merita perché fu lui che in qualche modo inventò – per un organismo di questo tipo, com'era l'Associazione dei Partigiani d'Italia, lontano dal dover produrre film – la produzione cinematografica. Del resto fu il personaggio che poi, conoscendo me durante la lavorazione de *Il sole sorge ancora,* mi fece debuttare, mi dette la possibilità, l'occasione di fare il mio primo film, che è *Caccia tragica,* che fu prodotto dall'ANPI in associazione con alcune cooperative dell'Emilia Romagna.

A. V.: Poi, dopo questo film, *Il sole sorge ancora,* prima di arrivare a *Caccia tragica* che c'è stato di mezzo?

De Santis: Mah, direi di cose che abbiano una loro sostanza importante non ce ne sono state, avvenimenti importanti non ce ne sono stati, direi che in questo frattempo i rapporti che c'erano con Visconti, con Rossellini, lentamente si smembravano perché, dolorosamente purtroppo, quando uno comincia a camminare con i propri piedi è un po' indispensabile, anche se crudele, allontanarsi dai propri maestri o dai propri alleati o dai propri amici, perché si fa lo stesso mestiere e ognuno se ne va per conto suo. Questo è un aspetto doloroso di quel periodo, se vuoi, perché ebbi pochi e rari incontri con Rossellini da allora in poi, quando cominciai a lavorare in proprio, così diminuirono anche i miei rapporti con Visconti, che proprio in quegli anni, a cavallo tra la fine de *Il sole sorge ancora* e il mio primo film *Caccia tragica*, mi propose ancora di lavorare insieme; lui aveva voglia di fare un film da un romanzo di Vittorini che si chiamava *Uomini e no* [1945], che poi è stato fatto negli anni scorsi, mi pare una decina di anni fa da un altro regista[3]. Lo stesso Rossellini mi chiamò perché potessimo lavorare insieme ad altri film come aiuto regista, ma io oramai avevo in mente di mettermi in proprio, di cominciare a fare il mio primo film. Quindi c'è questo momento in cui un gruppo si scioglie in qualche modo, anche se il gruppo vero e proprio di *Cinema*, cioè Puccini, Lizzani ed io, siamo rimasti sempre insieme. Puccini ha collaborato alle sceneggiature di tutti i miei film, Lizzani mi ha seguito come aiuto regista nel mio primo film *Caccia tragica*. Il nostro gruppo rimase compatto, vicino a me, poi avrà un rapporto costante con me durante tutta la mia carriera, però con questi due grandi maestri, come Rossellini, col quale io avevo lavorato e come Visconti, col quale c'era stato questo grande legame ideologico e artistico, in qualche modo si sfaldarono i rapporti.

A. V.: Quando avete girato *Il sole sorge ancora* avevate già visto *Roma città aperta* e in che modo e in quale misura ne siete stati influenzati?

De Santis: Sì, l'avevo visto. Credo di sì, era già uscito *Roma città aperta*.

A. V.: Dove l'avevate visto?

[3] Il film è stato diretto da Valentino Orsini nel 1980 con l'attore Flavio Bucci nella parte del gappista n. 2

De Santis: Forse a Roma, l'avevo visto a Roma, era uscito a Roma. Io l'avevo già visto. Mi ricordo, quando uscì il film, non detti un giudizio positivo. Rossellini mi aveva invitato a una proiezione privata, non ne ebbi un'impressione molto buona, salvo alcuni episodi, perché Rossellini non è un grande narratore. Rossellini non è un romanziere. Rossellini è un novelliere. Se dovessi trovare il termine da attribuirgli – questo non va mica a suo demerito – dovrei citare Boccaccio [Giovanni, 1313-1375], che è un grande novelliere e non è che valga meno di Manzoni [Alessandro, 1785-1873], uno dei romanziere più importanti della nostra narrativa. Il taglio migliore di Rossellini è sempre nel racconto, nel piccolo racconto, oppure nel piccolo percorso, poi non è un caso che le cose migliori nei suoi film vengano sempre da un quarto d'ora bello, ma nell'insieme *Roma città aperta* non mi entusiasmò, non mi piacque del tutto, lo trovai molto caotico, molto frammentario, con un andamento narrativo molto disarticolato, non sufficientemente preciso, salvo alcuni episodi che naturalmente mi piacquero molto come quello appunto della Magnani che abbiamo nominato prima. Ma, per il resto, dei film di Rossellini io amo molto di più *Paisà*. *Paisà* è proprio la forma narrativa più congeniale a Rossellini, perché è una serie di racconti; lui nel racconto è molto forte, ha una grande capacità di sintesi. Questo è dovuto al fatto che il suo stile non ha il fiato lungo per la grande narrazione, ha un fiato più corto, perciò *Paisà* è un film che io penso sia assolutamente, non solo il suo capolavoro, ma forse in senso assoluto il vero grande capolavoro del cinema neorealistico italiano, proprio perché io ho sempre visto dentro *Paisà* tutti gli ideali che il gruppo di cineasti del Neorealismo si erano prefissati di realizzare: *Paisà* è la nascita di una nazione, è come una nazione che, partendo dalla Sicilia fino ad arrivare alle zone del nord, ricostruisce la propria identità attraverso la Resistenza, attraverso la ricostruzione, attraverso la lotta partigiana, attraverso tutta una serie di incontri e di avvenimenti. Il cammino di questo esercito alleato, che sfiora e ha contatto continuamente con la Resistenza e con personaggi italiani, ti dà il senso di come nasce la nuova Italia. Ecco, io dico sempre che *Paisà* è come la nascita di una nazione, è come *La nascita di una nazione* di Griffith, per l'Italia in senso ideale e per il cinema italiano in generale. È sicuramente uno dei vertici più grandi del cinema neorealistico italiano, e anche per questa ragione direi io, perché è la storia di una nazione che ricomincia da capo la sua vita e costruisce la propria identità.

A. V.: Secondo te, i due sacerdoti: Don Camillo [personaggio interpretato da Carlo Lizzani] ne *Il sole sorge ancora* e Don Pietro [personaggio interpretato da Aldo Fabrizi] di Rossellini che cosa hanno in comune? Avete subito delle influenze?

De Santis: No, perché sono due personaggi molto diversi.

A. V.: Tutti e due hanno un ruolo centrale nelle rispettive storie e tutti e due muoiono fucilati alla fine.

De Santis: Sì, ma sono due personaggi molto diversi, e anche gli attori sono molto diversi.

A. V.: Sì, d'accordo, ma non mi riferivo alla recitazione o ai personaggi per sé, vorrei che tu spiegassi in che modo sono ideologicamente diversi.

De Santis: Beh, ideologicamente sono diversi perché, mentre il nostro prete è uno che partecipa proprio alla Resistenza, il prete di Rossellini è uno che casualmente la sfiora, cioè ci si trova dentro per una serie di circostanze, ma insomma, non si sono influenzati. Era semmai una costante di un altro tipo, di un altro genere, veniva da un'altra ragione: era vero che le masse cattoliche avevano partecipato in grande, avevano dato un grande contributo alla Resistenza italiana, ed era vero anche che avevano dato un grande contributo i sacerdoti, soprattutto i preti poveri, i poveri preti di paese.

A.V. : Per queste ragioni ci sono tante figure di sacerdoti nei film del dopoguerra? Anche in *Paisà*, sebbene con impostazioni e sviluppi diversi.

De Santis: Ma sì, pensa, che era quasi obbligatorio passare attraverso la figura di un prete, sarebbe stato monco un film se non ci fosse stata, sia pure di passaggio, di contorno, la figura di un prete. A me non sembra che il prete de *Il sole sorge ancora* somigli in qualche modo a quello di Aldo Fabrizi [1906-1990], se non in questa costante: che tutti e due si battono per il cambiamento dell'Italia, uno in modo più diretto, l'altro in un modo un pochino più casuale, che è tipico anche della narrativa di Rossellini, dove tutto si spiega sempre con la casualità, tutto avviene sempre per caso, non è mai premeditato, non c'è mai una forza che abbia un suo cammino già prefissato. Tutto appare sempre molto casuale, è quello che si dice, insomma, il caso della quotidianità. Noi, sull'altra sponda, diversa da questo tipo di linea ideologica, abbiamo sempre pensato che il caso non arrivi mai per caso e che quindi, anche nella casualità, c'è sempre una ragione, una forte ragione, una forte razionalità, il caso ha sempre una sua razionalità. Questo ci ha anche divisi, per molti aspetti, dalla poetica di Zavattini, che faceva della quotidianità e della casualità degli incontri e degli avvenimenti una delle sue ragioni di grande poesia; però noi abbiamo sempre avuto un rapporto con la casualità molto più razionale, molto più solipsistico, più marxista, se vuoi.

A. V.: Queste tue affermazioni mi hanno fatto ripensare a *La giusta via*, il tuo articolo polemico sulla strada che il cinema del dopoguerra avrebbe dovuto prendere.

De Santis: No, io quest'articolo del quale tu mi parli non me lo ricordo, mi sembra strano che io lo abbia scritto.

A. V.: L'hai scritto prima del film di Rossellini e anche di *Giorni di gloria*.

De Santis: Ah, prima. L'ho scritto prima, probabilmente per parlare di un film del quale stavamo confezionando la sceneggiatura, però non mi ricordo assolutamente che cosa abbia scritto.

A. V.: Indicavi la via giusta al cinema italiano per raggiungere il realismo.

De Santis: Sì, sai, era tutta la polemica che noi avevamo già cominciato dalle pagine di «Cinema», tutte le ipotesi che facevamo di un cinema che per crescere, per essere forte, per essere un grande cinema doveva affondare le sue radici nella realtà italiana, quindi ispirarsi alla realtà italiana. Non c'era realtà più forte in quel momento, in quell'immediato dopoguerra, degli avvenimenti che avevano caratterizzato la Resistenza italiana, di questo nodo storico in cui per la prima volta il popolo italiano si trova ad avere le armi tra le mani e combatte per il proprio Paese, per la propria liberazione; mi riferisco naturalmente alle masse popolari che lo fanno in proprio, lo fanno per difendere i propri interessi, per difendere la propria identità, la propria nazionalità. A me sembrava, a noi sembrava che questo fosse, dovesse avere il primo posto nella graduatoria dei temi da trattare, in questo senso io dicevo, probabilmente – non so, non mi ricordo l'articolo – la via giusta da seguire. Ma la via giusta voleva dire anche la via del realismo, la via cioè dello studio della realtà, la via del rapporto di conoscenza con la realtà italiana, muoversi in mezzo alla gente, avvicinare la gente, studiare, capire quali erano i problemi della gente, insomma stare vicino alla gente, perché questo poi è il grande significato del cinema neorealistico italiano, cioè un cinema che è stato vicino alla gente, che ha capito la gente.

A.V.: Anche *Caccia tragica* nacque da questo rapporto con le masse e dal desiderio di mostrare la nuova realtà italiana?

De Santis: Ma l'idea base, anche per questo film, è naturalmente quella che è stata un po' la caratteristica del mio lavoro, cioè *Caccia tragica* nasce da un fatto di cronaca accaduto in una grande città come Milano. Un giorno una camionetta che portava i fondi di pagamento – dovevano pagare una piccola fabbrica di operai – viene assaltata da un gruppo di banditi – allora c'era molta criminalità nelle grandi città come Milano–. Vengono derubati e improvvisamente la polizia dà loro la caccia e poi si uniscono alla polizia anche gli operai della fabbrica per cercare i ladri, perché sono interessati a recuperare le somme delle loro paghe. Ecco, io, sulla traccia di questo fatto di cronaca, pensai che la cosa poteva essere molto più bella, più interessante, più avventurosa e più esaltante da un punto di vista ideologico, se avessi trasportato la storia nel cuore di una cooperativa agricola – che in quel momento stavano rinascendo nell'Emilia Romagna, che è la patria delle cooperative agricole – e che i banditi fossero ancora, da una parte reduci di guerra sbandati, com'è poi il personaggio rappresentato, interpretato da Andrea Checchi [1916-1974] e dall'altra da ancora residui di fascismo che circolavano in Italia nell'immediato dopoguerra ed erano al servizio di questo o quell'agrario, questo o quel gruppo di potere reazionario e conservatore, che in Italia usava il fascismo ancora come l'aveva usato ai tempi della sua nascita per combattere le aspirazioni delle grandi masse popolari, per combattere le riforme sociali. Ecco perché io volli calare dentro una regione come la Pianura Padana del ravennate, l'Emilia Romagna, una storia di questo tipo, proprio per renderla più sanguigna, più vera, e poi perché mi sentivo di muovermi meglio in un paesaggio di campagna, per me che venivo da una società contadina, da un mondo contadino, piuttosto che in un paesaggio urbano. Ecco la ragione per cui preferii questa ambientazione campestre, rurale, era per avere un rapporto con il paesaggio fisicamente molto più appassionante per me di quanto non lo fosse un paesaggio di città urbana, dove mi sarei mosso con meno passione, con meno emozione; queste furono le ragioni delle mie scelte. Naturalmente scelsi questa regione anche perché l'avevo attraversata, facendo l'esperienza con Visconti di *Ossessione*, e in qualche modo poi questa regione somiglia un po' al mio paese, somiglia alla mia Fondi, perché è un paese di pianura, con laghi, con canali, con alberi, con grandi distese di territorio, anche se le colture, le coltivazioni sono diverse; ma la gente si vestiva nello stesso modo, grandi mantelli neri contadini, grande viavai di biciclette come sono sempre in questi grandi territori di pianura. Quindi una serie di elementi mi spinsero verso un'ambientazione come quella di *Caccia tragica*.

A V.: Potresti parlare della scelta degli attori?

De Santis: Per la scelta degli attori, sai, ho seguito quello che ho sempre sostenuto che dovesse essere il cammino del cinema italiano. Da una parte io appoggiavo la scelta di attori professionisti perché desideravo, pensavo che la grande esperienza umana e civile che noi stavamo facendo con il cinema Neorealistico italiano, andando a girare sui posti veri, mischiandoci alla gente vera e girando nelle case vere, fosse un'esperienza che era giusto che facessero anche gli attori italiani di professione, altrimenti sarebbero rimasti tagliati fuori da questo incontro umano con questa grande realtà italiana. Dall'altra, però, quando mancavano nel quadro degli attori professionisti italiani, ho voluto usare delle nuove leve, dei volti nuovi. E così è stato sempre per tutta la mia carriera cinematografica: Silvana Mangano in *Riso amaro* è una ragazza che non aveva mai fatto niente nel cinema, una non professionista, diventata poi professionista, accanto a Gassman o a Doris Dowling che erano già degli attori che venivano da scuole di accademia di arte drammatica oppure, come la Doris Dowling, addirittura da una scuola di cinema americano. Quindi io ho sempre mischiato le due cose, perché ho voluto che l'attore italiano non fosse privato di questa grande esperienza umana che tutti i cineasti del cinema neorealistico stavano facendo; non dovevano essere tagliati fuori, perché far crescere la democrazia italiana significava anche parteciparvi direttamente, non stando solo a guardare.

A. V.: Ma quando hai avuto finalmente questa possibilità di fare il tuo primo film, hai ripensato agli scritti, agli articoli, alla tua esperienza con il gruppo *Cinema*, hai ripensato ai film che ti avevano influenzato, a scene particolari, a sequenze viste e studiate? E in particolare, come hai tenuto conto delle tue idee e delle polemiche sul come creare un nuovo cinema realista?

De Santis: Sì, io penso che *Caccia tragica* sia un film che si legge a carte scoperte, ci sono tutti i miei amori dentro. C'è l'amore per il film western, c'è l'amore per il film di gangster, c'è l'amore per il film persino dell'espressionismo tedesco, c'è l'amore per il cinema francese del fronte popolare. Ci sono tutti i miei amori, in un cinema di un uomo che ha avuto una sua cultura cinematografica, che ha studiato il cinema e che quindi, per la prima volta, sia pure rielaborando a modo suo materiali e immagini che gli sono rimasti come bagaglio culturale nella memoria, inventa un suo linguaggio. Però io credo anche che *Caccia tragica* sia un film assolutamente autonomo da un punto di vista del linguaggio, che sia un film molto personale, molto, molto personale, a parte, ripeto, le influenze che io posso aver subito.

A. V.: Mentre giravi il film eri cosciente dei vari generi filmici che hai menzionato, dal western al gangster, e come cercavi di integrarli alla tua idea di fare un film realista, ma soprattutto d'impegno e di denuncia sociale?

De Santis: No, non c'era una coscienza precisa di questo, c'era una voglia di raccontare una storia secondo certi risvolti, secondo certe cadenze; che queste cadenze poi fossero quelle del cinema americano, del cinema espressionista tedesco, del cinema francese, era una cosa che accadeva del tutto inconsciamente.

A. V.: Non c'era una scena o una sequenza in particolare in cui tu pensavi di voler ricostruire o almeno citare le influenze culturali e cinematografiche che amavi?

De Santis: No, direi di no, non ci sono... Sì, forse se c'è un modello al quale in qualche modo può somigliare *Caccia tragica*... citerei due film: uno è *Ombre rosse* [1939] di Ford [John, 1895-1973], che ha grosso modo una struttura viaggiante, è un film, come si dice in America, *on the road*, è un cinema la cui narrazione si svolge durante tutto un viaggio, qui c'è una camionetta che corre, ci sono dei banditi che scappano, c'è un altro gruppo che dà loro la caccia fino a quando li catturano. L'altro è un film che io ho amato molto, un film di Fritz Lang [1890-1976], un film tedesco, tipico prodotto dell'Espressionismo, che si chiama *Mörder, M* [*Il mostro di Dusseldorf*, 1931] con Peter Lorre, un famoso film. Ripeto che sono bagagli culturali che hanno lavorato dentro di me in modo inconscio, ma non in modo così determinato come la gente può pensare o come qualcuno magari ha scritto.

A. V.: Non pensavi affatto allora, per esempio, a ricostruire un po' il clima, l'atmosfera di *Ossessione*?

De Santis: No, questo no, assolutamente, no!

A.V.: Neanche all'inizio? Nella sequenza con il camioncino? Oppure nell'elaborazione dei personaggi?

De Santis: Non credo. Il personaggio di Vivi Gioi [pseudonimo dell'attrice cinematografica e drammatica italiana Vivien Trumphy (Livorno 1919-Fregene 1975)]e il personaggio della Calamai [Clara, 1919-1975], sono due personaggi, anche se possono assomigliarsi per molti versi, molto distinti. Girotti [Massimo, 1918-2003] non può somigliare ad Andrea Checchi, che è il protagonista. Non mi sembra, non mi pare; poi, sai, non tocca a me dire queste cose. Tra l'altro, se queste similitudini o somiglianze ci fossero, bene o male, io sono stato uno degli autori di *Ossessione*, quindi se ci fossero, sarebbe anche giusto che ci fossero, perché altrimenti avrei fatto *Ossessione* come al servizio di un padrone. Io non ho mai lavorato al servizio di un padrone, quando ho lavorato, ho lavorato sempre con la mia identità, con la mia sensibilità e ho dato degli apporti che erano degli apporti miei, personali, non ho servito la sensibilità di altri.

A. V.: C'è in particolare qualcosa, episodio, scena o sequenza, che ti ricordi di *Caccia tragica*?

De Santis: Sì, mi pare che *Caccia tragica* sia in qualche modo la somma un po' di tutto quello che poi io sono riuscito a fare nei miei film, come se *Caccia tragica* fosse un concentrato di quello che poi io svilupperò in tutti gli altri miei film. Sai, si dice spesso che un artista fa sempre un solo film, fa sempre lo stesso film, ed è vero, in parte è vero, se pensi a Chaplin, a Woody Allen, non so, o a tanti altri registi o anche autori, in parte è vero. *Caccia tragica* oggi mi appare come il concentrato di tutto quello che poi farò in seguito, perché ci sono tutte le mie tematiche. C'è intanto la donna, la donna vista nei due aspetti di moglie, di fidanzata, com'è il personaggio della Del Poggio [Carla, nome d'arte dell'attrice Maria Luisa Attanasio, Napoli 1925], con la sua innocenza contadina, però anche con il suo sottile filo di erotismo nei panni un po' strappati che si porta addosso, con quest'aria leggermente mascolina che mostra la donna con la sua aggressività. Un aspetto che si rivela anche nel personaggio della Vivi Gioi, con una sua aggressività particolare, con un suo dolore, un suo strazio esistenziale e con un pathos erotico molto, molto forte e che somiglia a tanti altri personaggi che io ho trattato in altri miei film. Quindi in *Caccia tragica* già appaiono queste figure di donne che domineranno tutto il mio lavoro, e poi c'è un grande tema, il tema della solidarietà. La solidarietà tra la gente, tra gli uomini, il sentimento dell'amicizia, che è sicuramente qualcosa che mi veniva dall'essere appartenuto ai gruppi di sinistra che avevano fatto la Resistenza e mi veniva anche dall'aver in qualche modo sposato un'ideologia che basava tutta la sua umanità e tutta la sua capacità di intervento umano sulla vita civile, sull'aiutarsi l'uno con l'altro, sullo stare insieme, sul costruire insieme un mondo diverso, un mondo migliore, un mondo di un altro tipo, meno ingiusto. Questo in *Caccia tragica* mi pare che sia proprio dominante, che sia il tema centrale, ripeto, con questo filo, direi di grande amore, perché *Caccia tragica* è anche una grande storia d'amore maschile, perché è la storia di una grande amicizia di questi due reduci che, per ragioni diverse, hanno avuto avventure diverse: l'uno si è trovato, disoccupato, a sposare una causa ingiusta come quella di unirsi con un gruppo criminale e l'altro che è riuscito a ricostruirsi una famiglia, a costruirsi una casa, a trovare un lavoro e a camminare su una strada di rinnovamento e di progresso. Dall'impatto, dal ritrovarsi insieme, da questo scontro-incontro tra i due uomini, che poi hanno, non so se te lo ricordi, una lite sulle biciclette (anche lì non è un caso che si incontrino sulle biciclette) — nasce tra loro quella che è forse la storia d'amore più importante che ci sia in *Caccia tragica*. La loro storia d'amore è una grande amicizia tra due uomini, che è un dato anche molto importante nei miei film e che è una caratteristica che, molto probabilmente, io ho assimilato dal cinema americano. Il cinema americano presenta spesso storie d'amore tra uomini, io ne parlo nel senso più umano, più civile, più alto della parola. Il cinema americano è quello che più di tutti ha raccontato storie di grandi amicizie tra uomini, di grandi amicizie, di grandi avventure tra uomini. Questo credo di averlo ereditato dai film americani. Questo sentimento mi è piaciuto molto, ed è una linea che è sempre presente dai film western ai film di gangster, a tutto il cinema americano. E a proposito di elementi, poi, che in qualche modo mi accompagneranno nel resto della mia carriera, che sono anche presenti in *Caccia tragica*, c'è la vittoria, se vuoi molto utopica, o molto utopistica, delle masse popolari, delle forze popolari, dei poveri, insomma, la vittoria sul banditismo, sulla criminalità, la vittoria per la conquista del lavoro e la vittoria per il cambiamento delle situazioni. Ripeto, è una suggestione portata addirittura sulla linea di una utopia, perché poi i fatti hanno dimostrato, purtroppo, che nella realtà né le grandi solidarietà, né le grandi concentrazioni di partiti di sinistra in Italia sono riusciti a far percorrere alla storia italiana quegli avvenimenti. Le masse popolari sono state per quarant'anni escluse dal governo, dico le masse popolari, per lo meno quelle rappresentate da questo grande partito di massa che è stato il partito comunista italiano, sono state sempre escluse dai governi italiani, si sono sempre trovate ai margini, anche se questo non significa che non abbiano inciso sulla storia italiana attraverso i sindacati, attraverso le fabbriche, attraverso i movimenti di massa, ma comunque sono sempre state escluse. Anche se poi, ripeto, quello che io ho profuso nei miei film è rimasto soltanto come una grande ispirazione utopistica, però in *Caccia tragica* questa idea, questa ideologia è molto molto più forte che magari in altri film. Anche in *Riso amaro* c'è questo, nel finale: la solidarietà, la compattezza, l'amore tra le persone povere, quindi la volontà di affrontare insieme un destino diverso, di cambiare il mondo. C'è anche questo, insomma, però in *Caccia tragica* queste cose sono più concentrate, sono espresse con maggiore forza, anche con maggiore potenza narrativa e più idealismo.

A. V.: C'è anche molta sensualità e attrazione sessuale, non credi?

De Santis: Sì, è vero, di sensualità c'è abbastanza. Soprattutto se si pensa a quei tempi ce n'è a sufficienza, perché fare in quegli anni, cioè nel '49, un film dove intanto c'è la scena in cui l'attrice fascista, di cui adesso non mi viene il nome, Vivi Gioi, si fa un bagno seminuda sotto la doccia e recita tutta una scena seminuda abbracciandosi con Andrea Checchi. C'è anche un momento in cui lei ha un certo tipo di rapporto con la sua prigioniera, che è Clara Del Poggio, con una sottile linea di simpatia quasi fisica per questa ragazza, che è anche molto evidente, molto forte; certo, non forte come sarà in *Riso amaro*, ma sono due film diversi e sono due tessuti e due terreni diversi. *Riso amaro* si svolge in un universo completamente femminile, quindi la forza erotica e sessuale era molto più forte, qui è minore proprio perché le donne hanno un ruolo minore, hanno un ruolo più nascosto.

A. V.: Già ci sono il rapporto amoroso e l'attrazione erotica, tutti elementi che in fondo facevano paura alla cultura italiana di entrambi gli schieramenti politici.

De Santis: Certo, questo è stato uno dei grandi difetti, dei grandi errori del cinema italiano dei miei colleghi, salvo che in Visconti; un po' tutti i miei colleghi del cinema neorealistico non hanno tenuto in debito conto, secondo me, quello che è, nella nostra vita di tutti i giorni, l'elemento che cambia anche la vita di una persona, cioè il rapporto tra uomo e donna, quindi il sesso e quanto poi il sesso influisca su questa o quella avventura, su questa o quella vita di tutti i giorni. Secondo me, l'hanno lasciato molto in disparte e io credo che una delle cose che ha caratterizzato il mio cinema sia stato proprio questo: di rimettere al suo posto, di tenere conto del fatto che nella vita appunto c'è anche l'amore, c'è anche il sesso, con tutto quello che il sesso significa. Quindi il mio cinema è stato caratterizzato anche da questo elemento, proprio perché negli altri autori del cinema italiano mancava. Io sentivo che c'era questa forte mancanza, che c'era questo vuoto, e credo che il mio cinema abbia riempito questo vuoto, alcuni dicono un po' troppo, altri dicono a ragion veduta. Il sesso doveva essere trattato nei miei film perché c'era l'universo femminile, con tutti quelli che sono i problemi dell'universo femminile che mi ha interessato sempre in un modo molto particolare; io sono stato sempre molto attento ai cambiamenti della figura della donna e alla posizione della donna nella nostra società e tutto il suo percorso dalla liberazione in poi.

A. V.: *Caccia tragica* fu accolto bene dalla critica!

De Santis: Sì, *Caccia tragica* fu accolto bene dalla critica. Ci furono alcune reazioni, naturalmente, da parte della critica reazionaria, fascista, ma nel suo complesso fu accolto bene. Ebbe anche dei premi, a Venezia ebbe il premio della Presidenza del Consiglio, che era un premio speciale che si dava al miglior film italiano.

A. V.: Anche in Francia fu accolto molto bene, è vero che non ricevette la Palma d'Oro perché nella giuria c'era Malaparte [Curzio pseudonimo dello scrittore italiano Kurt Erick Suckert, 1898-1957] che si oppose?

De Santis: Questo è *Riso amaro*, non *Caccia tragica*. Questo è *Riso amaro*, che andò a Cannes e non fu premiato perché Malaparte si oppose alla premiazione di questo film. Malaparte, che poi avrà tutta un'altra storia personale, allora era una figura di reazionario, conservatore che cercava di boicottare ogni film progressivo, poi invece scoprirà più tardi nella sua vita il socialismo, il comunismo, andrà persino in Cile; ma insomma, questo fu per *Riso amaro*.

A.V. : E dai tuoi amici, dai compagni di strada, dal gruppo di *Cinema* ricevesti elogi?

De Santis: Il gruppo di *Cinema* lo accolse molto bene, io ebbi molti telegrammi, molte testimonianze. Forse qualche dubbio lo affacciò Aristarco, credo, sull'eccesso di meccanismi narrativi che c'erano in *Caccia tragica*, mise a nudo un po' quelli che erano i miei amori cinematografici, pensando che questi fossero dei difetti, ma in realtà ogni artista porta dietro di sé un bagaglio culturale che poi utilizza in modo suo personale e in modo particolare.

La verosimiglianza, il dialetto e la finzione cinematografica

A. V.: Con i tuoi più stretti collaboratori e con i tuoi amici del gruppo *Cinema*, vi siete mai posti la questione della lingua o discusso l'uso del dialetto, soprattutto quando scrivevate soggetti per film ambientati nel Meridione?

De Santis: Il problema in sé e per sé, cioè il problema di come far parlare i personaggi, non credo che ce lo siamo mai posti in maniera teorica. È venuto fuori il problema lavorando e discutendo questa o quell'altra sceneggiatura. Naturalmente, se tu pensi che il Neorealismo abbia significato prima di tutto radicarsi nelle varie problematiche nazionali e molto spesso, per ogni film che si faceva, nelle varie realtà locali e regionali, veniva spontaneo far parlare questi personaggi in dialetto – per lo meno, non tanto in un dialetto stretto che poteva rendere incomprensibile il sud dal nord e il nord dal sud, ma in una lingua italiana che fosse sporcata, che avesse un accento, ecco soprattutto che avesse un accento, con qua e là ogni tanto la battuta direttamente in dialetto. Questo è stato il problema così com'è venuto fuori attraverso il lavoro di sceneggiatura che noi abbiamo fatto e attraverso l'esperienza che di volta in volta facevamo. Devo dire che ci sono stati forse anche registi più accorti, più sensibili di me anche a questo problema. Visconti, ad esempio, è stato costretto a mettere una didascalia iniziale nella copia originale che lui considerava il vero testo de *La terra trema*, perché tutti i pescatori, tutti i contadini del villaggio di Aci Trezza, parlavano in dialetto siciliano stretto, incomprensibile anche allo stesso Visconti. Tu sai che lui lavorava in un certo modo, per cui dava i temi in una scena e poi i personaggi andavano avanti per conto loro; siccome i pescatori di Aci Trezza parlano questa lingua incomprensibile, il film è in dialetto perché loro non conoscono la lingua italiana, però alla fine per presentare il film nel Nord mi ricordo che hanno dovuto ricorrere ai sottotitoli.

A. V: Per Visconti, ovviamente, era una scelta politica oltre che una provocazione polemica?

De Santi: Visconti lo faceva per sottolineare che questa famosa unità d'Italia era un'unità con molte sfasature, con molte ingiustizie, appunto perché il sud veniva abbandonato, tant'è vero che aveva un'identità di lingua, ma non aveva una lingua unitaria come il resto dell'Italia, come è accaduto per altre civiltà, per altre nazioni. Noi non siamo arrivati, o per lo meno io non sono arrivato fino a questo elemento polemico. Vorrei sottolineare che fare del cinema in questo modo significava anche isolarsi dal rapporto con il pubblico, mentre io, invece, ho sempre inteso lavorare in una direzione in cui il pubblico fosse il destinatario dei miei film, perciò quell'operazione di Visconti è stata un'operazione così radicalizzante, che poi lui stesso ha voluto o ha dovuto far mettere i sottotitoli in italiano oppure hanno dovuto doppiare il film in una lingua un tantino più comprensibile.

Per ritornare al nostro tema, il primo a porre questo problema, tra noi del nostro gruppo – e curiosamente lo pose proprio nel modo in cui tu lo poni – fu Mario Alicata, il quale, se io ben ricordo, era contrario all'inserimento del dialetto nei film regionali, locali, e sosteneva la tesi che in realtà, poiché il cinema è finzione, anche la lingua poteva essere una lingua di finzione, e che i personaggi, sia pure appartenendo a società locali, a civiltà locali, oppure essendo borghesi, operai o contadini, dovessero parlare una lingua che fosse non solo comprensibile, ma il più possibile poetica e il più possibile ricavata o di diretta dipendenza dall'italiano, diciamo tanto per intenderci quello che normalmente si dice la lingua italiana derivata dalla lingua toscana. Il primo che si pose questo problema, ripeto, tra noi fu Alicata e secondo me non aveva torto nel porselo, perché era un modo per andare oltre i confini o le strettoie anche del realismo, del verismo. Naturalmente e giustamente lui portava ad esempio i romanzi di Verga, dove sia pure nel periodare, nelle frasi e nel componimento della lingua, c'era un substrato e una derivazione dal dialetto siciliano, però il dialetto non veniva mai parlato in modo diretto, ma veniva semmai mediato attraverso quello che questo dialetto aveva accumulato nella sua storia, e cioè il greco, il latino, le invasioni arabe, e le altre. La lingua di Verga è una lingua molto composita e molto bella. Ecco, questo era l'invito che faceva Alicata, che era tra noi l'unico che si era occupato di questo problema nel modo che tu poni. Noi allora cominciavamo a sentire questa cosa e ti dirò che nei miei film, in sostanza, non si parla molto in dialetto, si parla con un accento, cioè c'è un accento, ma non è mai radicalizzato. Ripeto, oggi io sono in grado col senno di poi di inquadrare il problema come lo poni tu, allora noi non ce lo ponevamo, non ce lo siamo posti, se non forse quando eravamo al termine della nostra esperienza.

A. V.: Pensi che il non aver affrontato questo problema direttamente abbia in qualche modo ritardato o almeno apportato dei ritardi culturali e abbia nociuto o impedito la crescita di una vera identità meridionale?

De Santis: È possibile. Non è del tutto ingiusto questo tuo giudizio, tant'è vero che, ti ripeto, Alicata, uomo di grande cultura, uomo di capacità analitiche e saggista anche di opere di letteratura, se lo poneva così come se lo sono posti anche altri; sicuramente non era un'arretratezza, questo no, non arriverei mai a questa denominazione, mi sembra anche che non sia neanche giusta, se si pensa all'epoca e se si pensa a tutti gli idealismi dai quali noi muovevamo, che era quello di dare il massimo di realtà sociale, culturale, politica e storica di un Paese.

A. V.: Mostrare una realtà culturale e sociale, però senza ricorrere all'identità linguistica.

De Santis: Antonio, non si poteva certo nella mia Fondi far parlare un contadino nella lingua pura che fosse l'italiano toscano di Manzoni o l'italiano di non so quale altro scrittore; una sporcatura a questo dialogo la dovevi sempre dare; porre il problema come lo poneva Alicata e come lo hai posto tu e l'hanno posto alcuni critici, secondo me non era ingiusto, però ti devo dire la verità, che non è stato molto sentito questo, cioè non hanno preso molto corpo questa analisi o questi inviti o queste critiche, perché poi il cinema italiano, o per lo meno quel tipo di cinema, è andato avanti sottolineando con i dialetti, sia pure in modo sfumato, le varie realtà locali e regionali.

A. V.: Mi ha colpito molto la presenza di Corrado Alvaro come curatore dei dialoghi dei tuoi film. Non so se sia stata una tua idea oppure del produttore. Chi ha invitato Corrado Alvaro a curare i dialoghi di *Riso amaro*?

De Santis: Io. Tra i tanti scrittori che ho amato nella mia giovinezza, c'era Alvaro, ma questo per una ragione anche molto semplice: essendo noi degli autori che avevano come punto di riferimento Verga, in Italia c'erano pochi scrittori che si muovevano nell'ambito di Verga; uno di questi, e sicuramente uno dei più prestigiosi in questo campo, era proprio Alvaro. Alvaro aveva scritto questo bellissimo racconto-saggio storico, sociale, politico sui pastori della sua Calabria e aveva scritto tutta una serie di cose delle quali io e quelli della mia generazione eravamo molto innamorati, e quindi io avevo questa particolare ammirazione per Alvaro e lo invitai a collaborare. Come sai, ha collaborato più volte con me, però io ho invitato Alvaro a collaborare con me anche in film che poi non si sono mai più realizzati.

A. V.: Come mai hai inviato uno scrittore calabrese a curare i dialoghi per un film ambientato nelle risaie del vercellese?

De Santis: Perché, essendo un uomo del sud che aveva fatta propria la descrizione della società contadina, era quello che aveva più descritto la società contadina tra gli scrittori moderni, tra gli scrittori della nostra epoca, mi sembrava che, dovendo svolgere un film su un'aggregazione di lavoratrici della terra, Alvaro potesse darmi una mano. Aggiungi poi che, così come per me nella mia filmografia, anche per Alvaro la donna è stata sempre un elemento di grande importanza nella sua letteratura, quindi io lo chiamai anche per questa ragione. In modo particolare Alvaro, durante la sceneggiatura di *Riso amaro* elaborò i canti delle mondine, quelli che cantano le mondariso; li elaborò lui sul tema di una vecchia canzone di guerra della prima guerra mondiale e poi dette idee per i dialoghi in modo più preciso, più puntuale di quanto non avremmo potuto fare noi. Ma la ragione era questa. Poi Alvaro ha lavorato, ad esempio, ad un altro film, che sai che è stato un mio grande sogno, quello sull'occupazione delle terre, *Noi che facciamo crescere il grano*[1], in cui lui ha collaborato molto strettamente con me, intanto perché era calabrese, e perché aveva vissuto gli avvenimenti dell'occupazione delle terre, e poi Alvaro è stato anche un grande giornalista, ha diretto giornali di vario tipo, era un uomo di sinistra, quindi il

[1] Si veda il soggetto del film progettato incluso nel presente volume.

problema lo conosceva bene. Purtroppo il film non l'ho mai potuto fare, ma questo spiega la ragione per cui avevo scelto Alvaro e non altri.

A. V.: Prima, mentre parlavi, hai detto che Mario Alicata era dell'opinione che il cinema fosse finzione, per cui non era importante privilegiare i dialetti, mentre invece era necessario attenersi alla realtà sociale. Tu sei ed eri d'accordo con queste idee?

De Santis: Io sì, sono assolutamente d'accordo, però con una precisazione. Io sono per il cinema di finzione, ma portato, tu sai che lo dico spesso, fino all'eccesso, fino al paradosso, fino all'iperbole, fino a quasi l'incredibile, anche se è una finzione che parte sempre da problemi reali e da problemi che scaturiscono dalla realtà. Tutti i miei film, e non sono neanche tanti, sono pochi, nascono tutti quanti o da una cronaca diretta della realtà, oppure da un fatto, come quello delle mondine, da un ambiente socialmente caratterizzato, quindi che ci sia tutta la finzione possibile e immaginabile, tutto l'immaginario di un autore, ma che parta sempre, quest'immaginario, da una realtà e da situazioni vere e reali.

A. V.: Per queste ragioni le tue storie e poi i tuoi film si sviluppano in un modo che non è verosimile?

De Santis: Assolutamente, anzi direi che questa è una delle mie cifre stilistiche. Se io dovessi spiegare la mia cifra stilistica, ecco, ad esempio, in *Caccia tragica* c'è un treno che viaggia pieno di reduci e c'è un reduce, Andrea Checchi, che fa un comizio, mentre questo treno viaggia, a dei contadini che coltivano la terra, non c'è niente di più assurdo e incredibile di questo, che però diventa credibile nel momento in cui diventa espressione – è, come si dice, una licenza poetica.

A. V.: Questa cifra è parte della bellezza del tuo cinema, però quello che mi sorprende è che nelle polemiche che sono nate dopo l'uscita di tutti i tuoi film, il dibattito era sempre intorno al realismo – per esempio, Aristarco attacca *Riso amaro* parlando di non verità, di arbitrarietà della vicenda, dei personaggi e delle situazioni. Il dibattito è sempre portato avanti sia dai critici di destra che da quelli di sinistra, basti pensare a Lanocita [Arturo] e ad Aristarco, che sembrano addirittura concordare scrivendo in continuazione che nei tuoi film: «non c'è verità assoluta nel racconto».

De Santis: Sì, ma io penso che questi critici si sbagliassero, perché loro non dovevano andare alla ricerca del credibile e della verità nei miei film, dovevano andare ad analizzare dall'interno qual era la mia cifra e che cosa io facevo della realtà. È chiaro che non esiste nella realtà che le mondine potessero non parlare, ma che ci riuscissero solo cantando. Era soltanto una licenza, ripeto ancora una volta, era la licenza poetica che dà il significato della costrizione, della schiavitù, dell'oppressione dentro la quale queste donne potevano muoversi. Non era vero, ma lo è poeticamente, perché questo è ciò che fa l'autore, che parte da una situazione e la trasforma poeticamente. Qual è la situazione in questo film? La situazione è uno stato, una condizione miserevole di lavoro, dove le donne non possono abbandonare il lavoro, distrarsi o fare altre cose, e allora si esprimono cantando, ma è un'invenzione poetica.

A. V.: Sì, ma perché il dibattito si sviluppava sempre sulla realtà, sulla verosimiglianza o sulla mancanza di esse, quando invece tutti sapevano benissimo, come nel caso di Alicata, che l'attrazione cinematografica è l'illusione e la finzione poetica? Spesso anche tu scrivevi lettere aperte e brevi articoli per difendere la verità e la credibilità presentata nei tuoi film[2].

De Santis: Sì ma, sai, allora c'erano, così come ancora adesso continua questa polemica, c'erano nell'ambito dell'analisi critica e cinematografica del Neorealismo alcuni che parteggiavano per un cinema come era quello di Rossellini e per certi aspetti quello di De Sica, oppure per altri aspetti quello di De Sica e Zavattini. Rossellini era il loro esempio più radicale, di aderenza perfetta, assoluta alla verità e alla credibilità anche del racconto, che era un aspetto e anche un modo di fare cinema. Ce n'era un altro, che loro non comprendevano, a mio giudizio, o per lo meno, non era compreso da quelli che erano su questa sponda e che amavano solo questo tipo di cinema, che era quello di partire dalla realtà e di trasfigurarla,

[2] Nel presente volume ho inserito delle lettere di De Santis scritte all'epoca per mostrare il tono della polemica e anche la posizione che il regista aveva assunto nella difesa dei suoi film.

di trasformarla. Allora il dibattito era su queste cose e gli uni non capivano gli altri. Questo è durato e ancora dura, secondo me, non si è mai risolta questa polemica. Ancora oggi, tu hai visto che Micciché [Lino], lo storico del cinema, sostiene che non c'è mai stato un Neorealismo, ma ci sono stati molti neorealismi e che la lingua che parla De Santis non è minimamente paragonabile a quella di Rossellini; ma a lui sfugge qualche cosa che è di grande importanza: che noi eravamo diversi nell'unità, ma eravamo uniti nel desiderio di far conoscere la realtà italiana, anche se diversi nell'esprimerla. Com'è successo per i grandi avvenimenti poetici, se tu prendi il cubismo, prendi l'espressionismo in pittura, ognuno poi all'interno di questi movimenti si esprimeva nel modo che più confaceva alla sua natura, alla sua personalità, e alla sua sensibilità. Certo che il mio cinema è lontano da quello di Rossellini, ma perché io ho un'altra cifra, un altro modo di aggredire la realtà, un altro modo di concepirla e di trasfigurarla. Rossellini la interpreta a modo suo. Un altro modo è anche quello di Zavattini, che è capace di passare da *Miracolo a Milano*, dove l'esempio di trasfigurazione è radicale, è totale, perché parte da una situazione di assoluta credibilità e verità, cioè quella di alcuni poveri diseredati che vivono in questa sorta di cloaca di periferia milanese, ma poi il racconto si sviluppa secondo una allucinazione tipica di Zavattini; ma questo non è meno realistico o meno neorealistico di *Paisà*. All'interno di tutti questi film il discorso era questo: mostrare l'Italia in tutti i suoi volti, che poi ognuno si esprimesse in modo diverso va da sé. Mi pare che questa diversità fosse veramente l'indice delle distinte cinematografie e di una diversificazione di personalità molto importante.

A. V.: Ma tu eri sempre consapevole del ruolo della finzione nei film che hai fatto?

De Santis: No, cosciente no, direi che io ho sempre amato il cinema da baraccone, il cinema come un fatto di circo equestre, con tutte le possibili finzioni che il cinema ti offre come possibilità di linguaggio. Ho sempre amato queste possibilità, ma questi sono bagagli culturali che ti porti dietro, lavorano nel tuo inconscio o subconscio ma è anche una questione di natura mia. Ci sono altri registi che non hanno amato questo, ma hanno amato un altro tipo di cinema.

A. V.: Nel tuo cinema la realtà è trasformata. Tu trasfiguri la realtà, la rendi cinematografica, allora da quello che hai affermato precedentemente, eri sempre cosciente di questa trasformazione?

De Santis: No, non è stato cosciente in me. Oggi forse, se mi metto a guardare con più distacco, anche con più ironia, il mio cinema, capisco che tutto quello che mi faceva concepire quel tipo di cinema e non un altro, fosse dovuto alla mia particolare sensibilità, alla mia particolare personalità, all'interno, ripeto, di questo movimento. Ognuno ha avuto la sua cifra, ed è stato un bene secondo me.

A. V.: Sono d'accordo, ma quello che mi attrae più di tutto nei tuoi film è l'utilizzazione di tutti i mezzi offerti dal cinema, non hai mai paura di mostrare la finzione e la esibisci liberamente. Secondo te, fino a che punto lo spettatore dell'epoca in cui i tuoi film sono usciti, ne era consapevole?

De Santis: Lo spettatore non deve diventare consapevole tanto della trasfigurazione, ma deve apprezzare la trasfigurazione come un dato della realtà, come un dato che viene dalla realtà. Per restare sempre al pezzo che, ripeto, forse è il più iperbolico che io abbia realizzato nella mia carriera, che è quello del reduce che sul treno, mentre viaggia, fa il comizio ai contadini che stanno sui campi, lo spettatore cosa deve afferrare? Deve afferrare questo: che c'è un uomo disperato che è stato costretto, tornando a casa da reduce e non trovando lavoro, a fare il bandito e che, trovandosi oggi in mezzo ai suoi compagni, sfoga il suo malessere, parla del suo malessere, parla del malessere di tutti i reduci e parla del malessere di un Paese che non riesce a risolvere una serie di problemi che riguardano l'occupazione e la disoccupazione. Questo è quello che deve afferrare il pubblico. È chiaro che io, per non darglielo in maniera pedagogica, didattica, glielo devo dare in una maniera poetica, e allora arriva la trasfigurazione che per me si traduce in quei termini, per altri registi si può tradurre in altro modo di raffigurare.

A. V.: Ma nel tuo modo di fare e concepire il cinema, lo scopo era sempre di creare un cinema popolare nel senso che arrivasse alle masse e le influenzasse?

De Santis: Sì, sempre nell'ambito di un cinema che fosse capito da tutti, ma chiamarlo cinema popolare non è giusto. Io trovo che questo termine non sia neanche appropriato, non è che io facessi un cinema per il popolo, io facevo un cinema che voleva parlare alle grandi masse, cioè rispettavo le ragioni e le origini della nascita del cinema. Il cinema è un grande mezzo di comunicazione di massa, e allora io volevo, e voglio, ancora oggi continuo a pensare che un regista debba avere come interlocutore le grandi masse, il grande pubblico. Adesso se vuoi il pubblico che va al cinema è diminuito molto, forse quindi bisogna pensare ad un cinema di tipo diverso. Ma, essendo il cinema nato così, per questo dico anche come fenomeno da baraccone, per molti aspetti, per me il cinema è stato questo, è stato un cinema che bisognava fare per il grande pubblico. Naturalmente il grande pubblico è sempre il pubblico popolare, è sempre il popolo, ma questo non significa che io abbia fatto un cinema popolare per il popolo, è un altro discorso questo. Che poi per il popolo io abbia trattato problematiche, temi, tematiche che riguardavano direttamente la classe subalterna, i lavoratori, e i contadini, questo è un altro discorso. Il cinema popolare si deve intendere in questo modo, perché vedi, per esempio, molto spesso il mio cinema è stato considerato come un cinema – proprio perché si occupava di contadini, di operai, di povera gente – un po' catone, un cinema incolto. Io credo che il mio cinema, invece, sia stato un cinema colto, che veniva da un uomo con un suo bagaglio culturale dietro le spalle e che usava questo bagaglio culturale per parlare al grande pubblico, così come credo che il grande piacere per un uomo politico sia quello di parlare, ma anche di riuscire a convincere, una persona, due persone. Quindi il paragone che io faccio con l'uomo politico è abbastanza calzante, tra l'altro io ho fatto il regista avendo anche una consapevolezza politica, quindi avendo una consapevolezza che il mio prodotto, la narrazione, i racconti che volevo fare da destinare al pubblico dovevano contenere qualcosa che servisse, non dico a guidare il pubblico, ma a far comprendere al pubblico in che vita, in che mondo vivevamo, o in che mondo viviamo, in modo da suggerirgli le possibili linee di condotta, e questo è ancora adesso il mio cammino di cineasta.

A. V.: Una volta che tu creavi queste immagini prese dal reale, ma trasformate in una nuova realtà che diventava una realtà cinematografica, e usavi tutti gli espedienti cinematografici possibili per farlo e anche tanti generi cinematografici diversi, creavi un nuovo e diverso immaginario cinematografico, cioè creavi un'altra realtà che diventava una realtà cinematografica, ma aprivi anche un discorso politico, un rapporto nuovo con il pubblico. È questa la tua posizione critica?

De Santis: Certamente, ma questo non era consapevole in me. Però, vedi, Antonio, fammi dire una cosa sui generi, perché si è sempre molto insistito da parte della critica sul fatto che io mi sono mosso usando ora questo ora quel genere, ma sui generi bisogna intendersi. Per esempio, si è scritto anche che *Uomini e lupi* [1956] è un film che assomiglia ad un film western, che *Caccia tragica* ha degli elementi del western, però se per western si intende i grandi spazi, si intende la vita dell'uomo in mezzo al paesaggio, alla natura, lo scontro con la necessità di sopravvivere, se per western si intende tutto quello che sono i canoni del western americano, allora, non so, *Il vecchio e il mare* [1954] di Hemingway[3] è un western? Perché, vedi, c'è l'uomo su una barca, il grande oceano, e c'è la sua lotta con un pesce. Allora, seguendo questa logica, anche *Moby Dick* è un western! Io non sono d'accordo su questo. Non sono affatto d'accordo, quando – almeno per quello che mi riguarda – si sottolinea la mia appartenenza a questo o a quel genere e si citano dei film. Non è mica vero che sia così semplice; è vero che, certo, nei miei film ci sono alcuni elementi che fanno pensare al western, ma bisogna circoscriverlo a questo. Il western è soltanto la prateria, i bisonti, i cavalli e i cowboy; questo è il western, e questa è la sua caratteristica storica. Se si intende, invece, che in *Caccia tragica* c'è un uomo in fuga, un gruppo di banditi in fuga, gli altri che li inseguono, se questo si intende per western, io dico allora che anche *Moby Dick*[4] è un western, ma non lo è.

A. V.: Ci sono degli elementi e delle scene di azione strutturate secondo degli elementi o stilemi di un western. Per esempio, quando oggi ho rivisto *Il sole sorge ancora*, alcune scene, anche se il film non è un western, hanno degli elementi che fanno pensare a quel

[3] *Il vecchio e il mare,* [*The Old Man and the Sea*] con il quale Hemingway vinse il Premio Nobel per la letteratura (1954)

[4] *Moby Dick* romanzo dello scrittore statunitense Herman Melville, pubblicato nel 1851.

genere. Per esempio, alla fine, quando i partigiani sono sul tetto e sparano ai tedeschi e Lucia si alza e guarda dalla finestra e dice al padre e agli altri amici: «Arrivano i partigiani», e prima dell'arrivo dei partigiani si erano viste le bestie che venivano spinte davanti e poi dietro c'erano alcuni partigiani a cavallo. Tutto il film non fa pensare a un western, ma per esempio in quella scena c'è un aspetto del western che viene colto da uno spettatore abituato a vedere i film western.

De Santis: Sì, però sono, secondo me, elementi esteriori che ti fanno attribuire o che possono essere attribuiti ad un western. Bisogna analizzare, come al solito, dall'interno un racconto per capire poi la sostanza del racconto. Ripeto, *Il vecchio e il mare* di Hemingway è un western perché ha tutte le cadenze di un western, ma non lo è perché è uno stato, invece, di condizione esistenziale di un uomo. Nel romanzo c'è l'angoscia, la paura, l'aspetto del rapporto con l'animale; c'è dentro tutta una serie di significati che normalmente il western non ha, quindi da un punto di vista esteriore si può anche dire che ripeta alcune cadenze, ma nella realtà, se si guarda all'interno di questi singoli racconti, poi si scopre che il western non c'entra niente. Tu pensa alla grande problematica che affronta *Caccia tragica*: il fascismo che rispunta immediatamente dopo la guerra di liberazione per cercare di scompaginare ancora una volta, come aveva fatto nel passato, le cooperative agricole che stanno per risorgere. È un tema che il western non ha mai trattato. Le inquietudini di un uomo che torna dalla guerra, non ha trovato lavoro e quindi si immerge dentro una criminalità che lo obbliga persino a combattere contro i suoi vecchi compagni, i suoi compagni d'armi, i suoi compagni di lavoro, sono tutti elementi che non erano stati toccati prima nel cinema italiano.

A. V.: Ma non è una critica scrivere che ci sono sequenze da western anche se come dici tu sono utilizzati diversamente.

De Santis: Io voglio dichiarare che tutto questo che io dico non è in polemica né con te né con quelli che hanno scritto questo. Dico soltanto che non sono sufficientemente approfonditi questi elementi. Quando si dice: ci sono i generi, c'è il genere, c'è il musical, non si dice il tutto; come per il musical, lo dico sempre che ci sono certe cose del musical che mi hanno sempre affascinato, entusiasmato, poi magari nel comporre una sequenza posso usare stilisticamente alcuni ingredienti tecnici che sono stati usati dal musical, con tutto quello che comporta tutto questo, questa specie di trasferimento dal musical a un tema di lavoro. Allora banalmente, non dico te, ma in generale la gente dice: «Ecco, usa le mondine come fosse un coro, un teatro, come una coreografia». Ma bisogna vedere che cosa c'è dietro quella coreografia, che cosa significa quel movimento che parte dalle gambe, si alza, vede questa corona, così, che si dispone. Bisogna vedere che cosa c'è dentro un film e in una storia. Secondo me, quelli che hanno detto queste cose e che continuano a dire queste cose, a mio giudizio, non si sono calati dentro la verità che c'è dietro questi stilemi.

A. V.: È verissimo che nei tuoi film dietro gli stilemi ci sia ben altro, ma se non sbaglio nel tuo articolo *Cinema e narrativa*[5] in cui discuti come il cinema italiano dovrebbe trovare un legame con le masse, indichi come esempio positivo il genere western che, esaltando le gesta dei pionieri, lo spirito del popolo americano, attraverso un linguaggio secco e realistico, ha creato un incontro tra la narrativa popolare e il genere cinematografico popolare. Il risultato opposto invece ha avuto luogo in Italia, in cui il cinema italiano forse non è mai riuscito a trovare un legame con la tradizione narrativa autentica e di conseguenza a parlare con le masse.

De Santis: Ma anche perché non c'è una grande narrativa italiana. L'Italia non è mai stato un Paese di grandi narratori, non ha mai avuto narratori come la Francia, come la Russia o come l'America, o come non so quali altre culture letterarie.

A. V.: Nel tuo progetto di creare un cinema che parlasse alle masse, non popolare ma per le masse, oltre a tutto il tuo bagaglio culturale, utilizzavi stilemi provenienti anche dal cinema americano che aveva avuto un forte successo di pubblico, per poter comunicare alle masse un nuovo ideale e un nuovo immaginario collettivo. Sei riuscito ad aprire un nuovo dialogo con il pubblico?

De Santis: Sì, certo, avevo un bagaglio culturale che io mi portavo dietro, e di volta in volta questo bagaglio culturale incideva sul

[5] In «Film d'oggi», n. 21, 1945.

mio modo di fare cinema, sicuramente. L'articolo che tu citi, e che io ho riletto da poco, devo dire che è un articolo – adesso mi dispiace essere un po' presuntuoso – molto profetico: noi allora ancora non conoscevamo Gramsci [Antonio, 1891-1937], ma questo articolo anticipa certe cose che poi leggeremo, tre, quattro anni dopo in *Letteratura e vita nazionale* [1950] di Gramsci, che proprio esprime queste stesse idealità, ponendo il problema di trovare il modo in cui l'intellettualità italiana possa fare da mediatrice con le grandi ambizioni, le grandi esigenze delle masse. Gramsci diceva: bisogna che l'intellettuale italiano esca dalla sua torre d'avorio per cercare di trovare un modo e un linguaggio adeguato per essere compreso dalle grandi masse. È un articolo profetico in questo senso.

A. V.: Leggendo questo articolo mi sono chiesto tante volte perché tu te la prenda tanto quando i critici ravvedono elementi da western nei tuoi film, dato che avevi trovato negli stilemi del western un modo per comunicare nuovi ideali alle masse.

De Santis: No, a me fa piacere se tu citi questo mio articolo, perché è un articolo, secondo me, di grande interesse. Tra l'altro era, in modo particolare, la mia posizione nel dibattito che avevamo fra di noi. Nella letteratura, poi, avevo già scritto i due articoli con Alicata su Verga, quindi questo è un po' il derivato di quella ricerca. Io ho sempre sentito che dietro un grande cinema c'era sempre una grande narrativa. Non è un caso che l'America ha avuto quello che ha avuto, la Russia ha avuto quello che ha avuto, la Francia lo stesso; sono state le grandi cinematografie nate proprio dalla letteratura. La letteratura inglese io la conosco un pochino meno di queste, comunque la letteratura, anche la narrativa inglese, voglio dire, è una grande letteratura, quindi anche il cinema inglese si è sempre ispirato molto alla grande letteratura inglese.

A. V.: L'articolo in questione è uscito dopo ed è più avanti degli altri due articoli del '41, perché mentre in quelli con Alicata ci si riferiva all'ambiente, al paesaggio e anche al Verismo, nell'articolo menzionato c'è una ricerca di qualcosa di più attuale, di un cinema più aggiornato, non si rifà al passato, ma guarda al futuro del cinema con un progetto nuovo.

De Santis: Eravamo cresciuti; hai ragione sicuramente, è un articolo più avanzato, che va oltre il verghismo.

A. V.: Negli articoli con Alicata c'era un tentativo di cercare qualcosa che non si ha, e si guarda al passato, all'Ottocento, al Verismo, perché penso che per voi non ci fosse stato nient'altro, invece nel nuovo articolo c'è una ricerca più vasta con una visione più aperta senza rivolgersi tanto al passato.

De Santis: Hai ragione, sono due momenti anche storici molto ben scanditi, un articolo è del '41 e l'altro è del '46 mi pare, c'è il fascismo di mezzo, la caduta del fascismo e tante altre cose.

A. V.: Ti presteresti a rispondere a questa mia ipotesi? Che avrebbe scritto De Santis critico cinematografico in un articolo, o in una recensione per «Cinema», analizzando alcune scene, oppure sequenze, per esempio, di *Caccia tragica*. Prendiamo come esempio la scena dove i contadini cercano il bandito che è scappato e Michele, sapendo chi è, va dove il bandito abita e trova dei bambini mascherati che stanno festeggiando il Carnevale. I bambini chiedono ai due inseguitori di mettersi le maschere, ma loro rifiutano, allora il bambino più grande si toglie la maschera, mentre una bambina sta parlando di Lilì Marlene [Daniela il personaggio interpretato da Vivi Gioi, detta Lilì M.]. Che avresti scritto su quella sequenza?

De Santis: Mi ricordo, era una sequenza che ebbe particolare successo presso i critici francesi, e che invece fu considerata dalla critica italiana intellettualistica. Se io dovessi scrivere su questo film, naturalmente ne scriverei come autore, quindi posso dire solo che quella sequenza a me veniva da un processo, anche quello, culturale. Io ero stato molto colpito e anche molto influenzato da alcuni libri sull'adolescenza, o sulla nascita, la scoperta dell'adolescenza e in modo particolare da un libro che ancora oggi io adoro, di uno scrittore francese che si chiama Alain-Fournier: il libro si inntitola *Il grande amico* (*Le grand Meaulnes* è il titolo originale in francese), ed è la storia di un'amicizia tra due ragazzi, con dentro delle storie d'amore, sono i primi innamoramenti dell'adolescenza, quindi i bambini, l'adolescenza, le maschere, il Carnevale, sono tutte cose che mi venivano da un amore che io avevo verso questa età, che è appunto tra la fine dell'infanzia e la nascita dell'adolescenza, e mi veniva anche dal fatto di avere vissuto con molta intensità da ragazzo nelle strade, nelle piazze del mio paese, dove era sempre Carnevale, dove una maschera era sempre l'occasione per fingere, per inventarsi un teatro, per inventarsi una serie di giochi. Credo che dietro ci fosse questa sorta di bagaglio culturale depositato dentro di me e un tanto di inconscio che me lo faceva venire fuori. C'è solo questo. Io potrei dire però che questa sequenza non è affatto una sequenza intellettualistica, che anzi è una sequenza che dà, nel film, un elemento di grande turbamento. È una sequenza inquietante, di grande inquietudine, perché dà il malessere di un gruppo di giovani che si affacceranno nell'immediato dopoguerra ad una vita che sarà una vita di grande difficoltà, di grandi complicazioni e quindi una vita dove ci sarà da togliersi e da mettersi la maschera, dove bisognerà avere varie ambiguità per poterla affrontare. Per lo meno, io tendevo a dire che c'era un'ambiguità, nella vita italiana, che questi ragazzi ereditavano e si portavano dietro. Secondo me, va un pochino interpretata in modo persino psicanalitico quella sequenza, ma non è del tutto arbitraria e non è affatto intellettualistica.

Avevano ragione, in questo senso, i francesi, perché venendo da una cultura più profonda, da una capacità di comprendere il cinema molto meglio di quanto facessero gli italiani, per lo meno gli italiani in quel periodo, vedevano meglio di altri dentro questa sequenza. Lo stesso, sai, ti posso dire, che è accaduto per un'altra sequenza di un mio film, che è *Roma ore 11*. Non so se tu ti ricordi, c'è il momento in cui Lucia Bosè ritorna a casa, dove lei vive con un pittore che è Raf Vallone, lo trova che sta lavorando e lei comincia a rifare il letto, accende il fuoco ed è una sequenza che si svolge tutta muta. Anche qui, in Italia questa sequenza fu accusata di intellettualismo, ma i francesi la capirono molto bene, capirono qual era lo spirito di questa sequenza e il significato. Non dimentichiamo che, per darti il grado di cultura dei due diversi popoli in quel periodo, in Italia il Neorealismo va quasi sotto silenzio tra le grandi masse popolari – e questo sarà un tema magari della nostra discussione – e con scarsa aderenza da parte della maggior parte della critica italiana che, venendo da un certo tipo di cinema che era quello fascista, dei telefoni bianchi, non aderì, non capì, non volle capire anche per certi aspetti politici il cinema neorealista. In Francia, Paese più evoluto, con una democrazia che aveva le sue profonde radici, con una cultura, con una società molto più avanzata di quanto non fosse in Italia, il Neorealismo fu immediatamente compreso e direi che il successo del Neorealismo italiano cominciò proprio in Francia. Furono i primi, sia il pubblico, soprattutto il pubblico, sia i critici, che gli dettero poi quel successo che si irradiò nel mondo intero. Nello stesso modo accadde anche in America: gli americani, che erano passati attraverso tutta una letteratura della crisi, la letteratura della crisi che io posso chiamare, se vuoi, quella degli anni difficili della Depressione, del *New Deal*, cioè dei vari scrittori da Hemingway a Faulkner a Steinbeck, ad altri che adesso non mi vengono in mente. Gli americani che erano passati attraverso questa letteratura e che anche avevano un rapporto con un tipo di cinema molto più evoluto, molto più aperto di quanto non fosse quello italiano, capirono immediatamente quali erano le grandi qualità, la grande novità del cinema italiano. Ma questo dipende dalle varie culture e dai vari gradi di maturazione di queste culture. L'Italia era un Paese che usciva da un'incoltura molto forte, questi vent'anni di fascismo erano stati vent'anni di grande chiusura mentale, che avevano agito in qualche modo profondamente sulla cultura italiana, nel bene e nel male.

A. V.: Come hai ripetuto tante volte, non basta mettere una cinepresa in strada per capire la realtà, ma bisogna interpretarla, e nella scena di cui parlavamo in *Caccia tragica*, quando gli inseguitori arrivano, pensando che l'amico abbia tradito e che sia colpevole, scoprono dalle lettere che lui è un disoccupato, che aveva cercato lavoro, aveva fatto tante domande, ma tutte respinte. Pensi che a quel punto gli spettatori capiscano che la realtà è più profonda dell'apparenza? Quando i bambini aprono la tenda, e si vede un buco, si vede che l'uomo che loro cercano sta fuori e si sta pulendo le scarpe, mi sembra che il film voglia andare oltre il fenomeno oggettivo che si può vedere sullo schermo. Quale realtà dovrebbe percepire lo spettatore? Oppure quale realtà avrebbe dovuto percepire il pubblico popolare dell'epoca?

De Santis: Questi sono tutti i significati che si raccolgono dentro quella scena che, ripeto ancora una volta, non è per niente intellettualistica, bisognava saperla capire, interpretarla, leggerla per tutti i significati che contiene e nasconde.

A. V.: Al centro dei tuoi film c'è sempre l' idea di mostrare, al di là del fenomeno oggettivo che si vede, che nella finzione c'è un'altra realtà. Per esempio, un'altra scena tanto discussa in *Riso amaro*, quella in cui, prima che le mondine col contratto di lavoro e quelle senza contratto, le clandestine, si azzuffino, arrivano i soldati con Marco davanti e portano delle sagome. Oltre al bel colpo d'occhio o colpo teatrale, che direbbe De Santis critico riguardo a quella scena?

De Santis: Sì, è vero, hai ragione, molti non hanno capito quella scena. Direi che la maggior parte, la maggioranza della critica non l'ha saputa interpretare. Ma sai, *Riso amaro* è stato un film stroncato dall'80% della critica in Italia in modo particolare. Solo alcuni hanno elogiato certe cose, ma in generale è stato un film massacrato dalla critica italiana. Oggi c'è una rivisitazione di *Riso amaro*, per cui *Riso amaro* è diventato un *cult movie*, e allora tutti aderiscono indiscriminatamente a *Riso amaro*, ma allora fu attaccato terribilmente. Quella scena che hai menzionato era un dato della realtà, i soldati veramente portavano queste sagome per andare a un poligono qualsiasi a sparare. Era un dato della realtà e a me piaceva che ci fosse una doppiezza o un'ambiguità che c'è sempre nelle maschere oppure in un manichino. Esse provocano un momento di sgomento, sembrano come una vita ferma che al di là non abbia un'altra vita, e invece poi la vita ha questi doppi aspetti; è manichino e nello stesso tempo è anche essere animato; credo che volessi dire tutto questo.

A. V.: Oltre all'effetto teatrale non ci potrebbe anche essere un tentativo di scoprire la realtà al di là dell'apparenza? Ci sono due gruppi di mondine che stanno per picchiarsi e loro pensano veramente di essere nel giusto. Quelle che hanno il contratto pensano che le clandestine siano il loro nemico, invece non sono le vere nemiche di classe. E che si potrebbe dire di Marco? È veramente il protettore dei datori di lavoro e dei possedenti? In fondo è lui che riconcilia le mondine e che fa il discorso che nella vita è tutta una questione di facce e che non bisogna mai giudicare gli altri senza metterli alla prova.

De Santis: Io credo che tu abbia ragione, perché tu sei uno che analizza ma io sono uno che crea e certe cose può dirle a un livello d'inconscio, io posso dirti come credo che sia nata la scena. La tua analisi mi pare la più giusta, e anche assolutamente la più lineare.

A. V.: Sei sempre stato in disaccordo con il mettere la cinepresa per le strade e lasciare che la realtà e le cose parlino, non è vero?

De Santis: Ma poi tra l'altro Zavattini sapeva benissimo di mentire, perché lui la selezionava la realtà eccome! Perché uno gli poteva chiedere: «Ma perché hai inquadrato quello e non hai inquadrato quell'altro?». Nel momento in cui hai inquadrato quello e non quell'altro hai selezionata la realtà; se l'hai selezionata vuol dire che gli dai un significato, e allora questo significato è già non cogliere più la realtà così com'è, ma la realtà secondo i tuoi occhi, secondo la tua interpretazione.

A. V.: Ma quella che sembrava agli altri una realtà oggettiva; tu invece la elaboravi, creavi nuove immagini.

De Santis: Esattamente...

A. V.: E poi al di là c'era un'altra verità che forse parlava ancora di più dell'altra, ma l'avevi ricreata tu come artista, vuoi dire questo?

De Santis: Certo, io sono d'accordo, mi pare un'interpretazione molto giusta, molto accurata.

A. V.: Potresti approfondire quello che abbiamo discusso ripensando al soprannome Lilì Marlene dato al personaggio di *Caccia tragica*.

De Santis: Beh, intanto l'ho scelto perché *Lilì Marlene* è stata una canzone cantata dai tedeschi, quindi era un simbolo. Però un simbolo, anche questo, a doppio taglio, proprio come dici tu, che nascondeva altre realtà, perché per la mia generazione *Lilì Marlene* era anche *L'angelo azzurro* [1930]. *Lilì Marlene* era Marlene Dietrich [1901-1992], era *L'angelo azzurro*, che è stato uno dei film capostipite della nostra generazione, è stato uno dei film che più abbiamo amato, che più abbiamo ammirato. Quindi, in Lilì Marlene c'era un elemento che doveva servire a caratterizzare un popolo, una nazione, il degrado di una nazione che aveva scelto questa canzone come simbolo di una perversione, ma dall'altra parte c'era anche la passione, il fascino che questa canzone aveva avuto sulla mia generazione attraverso il mito de *L'angelo azzurro*, di Marlene Dietrich, di quella Germania fatta di un malessere che soprattutto quel personaggio dentro *L'angelo azzurro* portava nel film. Quindi è un'arma a doppio taglio, non direi che nel mio film sia solo una canzone che serve a classificare il nazismo, serve soltanto a caratterizzare un popolo, con tutti i suoi errori e le sue qualità, le sue differenziazioni, perché questa canzone non era una canzone che hanno cantato solo i soldati tedeschi, l'hanno cantata anche gli americani. Per questo volevo cogliere il mito, il fascino del personaggio.

A. V.: Oltre a quello che il personaggio rappresentava per la tua generazione, pensi che Giovanna [Carla Del Poggio] e Lilì Marlene possano essere viste come un'iperbole o meglio metafore? Giovanna come metafora della nuova Italia e Lilì Marlene invece della vecchia Italia? L'Italia che aveva collaborato con i tedeschi e ancora ne porta i segni, la testa rapata di Daniela-Lilì Marlene che lei cerca di nascondere con la parrucca? L'attrazione che la tua generazione provava per lei si percepisce nei due personaggi maschili protagonisti, i reduci. L'Italia fascista che si è anche prostituita al nazismo come, infatti, ha fatto il personaggio di Daniela e deve essere punito. *Caccia tragica* è un film sulla ricostruzione dell'Italia, che per rinascere e per ricostruirsi deve ammazzare-sconfiggere la vecchia Italia e alla fine il reduce, quando capisce quello che ha fatto Daniela-Lilì Marlene, l'ammazza e si libera. C'è una catarsi, una liberazione-riconciliazione con la nuova Italia rappresentata dai contadini, i reduci che cercano lavoro e che lottano per togliere le mine e sconfiggere i latifondisti.

De Santis: Io credo che sia esatta questa interpretazione, ma non a livello di coscienza, assolutamente. È quello che il film ti dà come interpretazione, come analisi, sicuramente, però forse c'è una domanda da porsi, che è un po' una domanda che sempre ricorre nella cultura mondiale. Sicuramente, quella fascia di personaggi che vanno da Lilì Marlene al suo amante bandito, reduce, è più affascinante di quanto non sia il mondo della nuova Italia rappresentata da Giovanna e da Michele [Massimo Girotti], sicuramente è più affascinante per lo spettatore. È una vecchia domanda: come mai il male ha più fascino del bene?

A. V.: Perché, secondo te, spesso il male ha più fascino del bene?

De Santis: Non lo so, comunque questa è una domanda che bisogna porsi; però, ti ripeto, ti faccio questa domanda, ma me la pongo anch'io. Me la faccio anche ripensando che tra i tanti critici naturalmente di destra, che infierirono contro il film, la sinistra fu un tantino più saggia, più accorta, non mi trattò male, il film non ebbe le reazioni da sinistra così violente di *Riso amaro*. Però quelle critiche che vennero da parte della destra e da alcune frange della sinistra accusarono il film di essere un film decadente, perché guardava più ai personaggi della crisi, ai personaggi della degenerazione, ai personaggi dell'inquietudine, quindi della decadenza, piuttosto che ai personaggi nuovi della futura Italia sana, integra dell'unità nazionale. Questa fu la critica in quegli anni lì, ed è una domanda, secondo me, legittima, solo che in quegli anni loro non capirono che questi personaggi della crisi rappresentavano l'Italia. Hai ragione tu, che in quel caso rappresentano ancor di più l'Italia. Poi, soprattutto per i percorsi che ha avuto l'Italia da quel periodo fino ad oggi, ancora di più, hanno rappresentato questa ambivalenza, questa ambiguità, questi triplici, quadrupli volti che ha avuto l'Italia in tutti questi anni, piuttosto che il mondo sano, su questo non ci sono dubbi. Quindi non era una visione decadente dell'Italia, era il malessere, questo gruppo esprimeva il malessere della società italiana. Lo esprimeva certamente in un modo radicalizzante, però era il malessere della società italiana. Dall'altra parte c'era una società che voleva crescere, andare avanti, voleva cercare di ricostruire, ma è chiaro che questo era meno affascinante, perché il peso stava tutto dalla parte del male. Il male è necessario proprio per affermare il bene, e più il male è male, più si afferma il bene, questo è il capovolgimento della cosa.

A. V.: Sembra quasi che nel film questa tua paura si sveli nella scena in cui loro si devono fermare e devono prendere il ferito. Per sbaglio lui fa cadere la parrucca di Lilì Marlene, quasi per far ricordare al pubblico la sua vera identità.

De Santis: Sì, lei si scopre, anche quello è un altro dei miei giochi, c'è sempre una parrucca, c'è sempre un doppio volto, lei si copre, lui gli dice: «Copriti», addirittura, le dice addirittura: «Copriti»!

A. V.: Ma forse lui, il reduce, le dice di coprirsi, perché la sua testa rapata gli ricorda la vecchia Italia fascista che aveva collaborato con il Nazismo ed è qualcosa che lui non ama. Lei, infatti, reagisce con un gesto eccessivo, inumano.

De Santis: Butta fuori il ferito.

A. V.: Questo episodio ha anche fatto nascere una discussione tra te e Antonioni mentre scrivevate la sceneggiatura, vero?

De Santis: C'è stata una discussione molto forte, molto violenta con Antonioni, perché lui, che non ha un temperamento da scena drammatica molto forte, trovava assolutamente incredibile questa scena con un ferito, reduce che viene scaraventato dall'ambulanza in corsa.

A. V.: Tu volevi soltanto una scena drammatica oppure trasmettere il male che si annidava nel personaggio?

De Santis: Volevo una scena forte, ma anche mostrare il male che si nascondeva nel personaggio.

L'ingerenza del PCI, il maschilismo, l'arretratezza culturale e politica negli anni Cinquanta

A. V.: Com'è nata l'idea di dirigere un film sulle sventure di una donna che vorrebbe un marito, e poi l'idea di ambientarlo a Napoli?

De Santis: Il soggetto di *Anna Zaccheo* [1953] è l'unico soggetto che non sia nato da me, da una mia idea o da un mio scritto. Era un soggetto di due sceneggiatori, scrittori del cinema italiano che si chiamano Giannetti [Alfredo, 1924-1995] e Laurani [Salvatore, 1924], e che non era neanche ambientato a Napoli; era ambientato più o meno in una cittadina di provincia importante, mi pare di ricordare che fosse in Umbria e aveva tutta un'altra articolazione, anche se al centro c'era il tema della donna che cercava un marito per crearsi una famiglia, perché era quello il tema che dominava il soggetto. Quando mi proposero di fare questo film, dissi subito che mi andava nelle sue linee generali, ma non mi andava nella sua collocazione, e quindi avrei desiderato una collocazione di tipo diverso – allora fu inserita Napoli – e avrei voluto avere accanto a me dei collaboratori di tipo particolare, come erano quelli miei, sempre i soliti, mi pare che ci fossero: Elio Petri, Gianni Puccini e anche Cesare Zavattini. E ci mettemmo a lavorare, quindi mi pare che poi firmammo tutti insieme soggetto e sceneggiatura, perché il soggetto primario scritto da Giannetti e Laurani in realtà era stato completamente, se non del tutto, trasformato, aveva subito una modificazione tale per cui rimase solo il titolo. Anzi, il titolo all'inizio era *Una corona per Anna Zaccheo*, una corona perché lei sposava uno di questi principi romani, diciamo, che sono sempre dietro l'angolo per sposare una bella ragazza. Quindi, subendo questa trasformazione, ritenemmo che non fosse neanche giusto staccare il nome dei soggettisti Laurani e Giannetti da quelli che poi avevano fatto la sceneggiatura. Anche se in realtà noi avevamo apportato delle trasformazioni al soggetto primario, sentimmo il dovere di mettere i loro nomi insieme ai nostri, cioè gli altri che erano subentrati dopo. Questa è la ragione, ma poi Zavattini ebbe il grande merito, col suo solito stimolo di penetrare sempre nei luoghi dove si doveva girare, di inviarci a fare un'inchiesta; io mandai i miei collaboratori, poi andò, mi pare, anche Petri e non so chi altro. Laurani e Petri andarono a Napoli e cercarono di scoprire e indagare su una Napoli nuova, per non fare una Napoli da cartolina, così come si era fatto in tanti altri film. Tanto è vero che a Napoli furono trovati degli ambienti, furono trovate delle situazioni che nessuno immaginava ci fossero, e io ricordo ancora che quando il film uscì fu soprattutto criticato dai napoletani, dagli scrittori, dai giornalisti, anche dall'intellettualità napoletana in generale, proprio perché non riconoscevano la loro Napoli, perché dicevano che molte delle cose che noi avevamo inserito a Napoli non esistevano – come, per esempio, la pubblicità; Nazzari [Amedeo, 1907-1979] che fa la pubblicità nelle vesti del dottor Illuminato; come, per esempio, il gioco delle frecce e tante altre cose che adesso non ricordo. La realtà invece era che i napoletani non conoscevano la loro città e che noi, essendo andati a esplorare, a indagare questa loro realtà, avevamo scoperto che Napoli era una città di grande vivacità che aveva le stesse cose che già cominciavano ad avere città come per esempio Roma e Milano. I napoletani credevano che la loro società fosse più tradizionale nello sviluppo tecnologico, nello sviluppo economico, ma fu un loro errore di analisi, di valutazione della loro realtà sociale.

A. V.: Ma la collocazione a Napoli l'hai scelta per una ragione specifica?

De Santis: Sì, la collocazione a Napoli credo sia dipesa dal fatto che Napoli è una città che ha un terreno più fertile per le cose che si volevano raccontare – una ragazza in cerca di marito e di un posto, di una collocazione in una società civile che non riesce a trovare – proprio perché Napoli è, come si dice, un supermercato dove c'è di tutto. Quindi ci sembrava che dentro la mancanza di omogeneità, che aveva una città come Napoli, una donna di questo tipo si perdesse più facilmente; o per lo meno che la fragilità di una donna all'interno di questa società per tanti aspetti molto disorganizzata, confusa, fosse sinonimo proprio di un malessere generale portato magari all'eccesso. Un malessere, però, di una realtà italiana che non riguardava solo Napoli. Lì era più esplosivo, ci sembrò che a Napoli fosse più esplosivo il terreno per collocarci questa storia.

A. V.: Pensavi anche alla sceneggiata, per esempio?

De Santis: La sceneggiata, sì, perché è un momento della realtà culturale, ma non solo napoletana, è un momento della realtà culturale di tutta l'Italia. La sceneggiata fa il paio con il melodramma, se vuoi nell'Emilia Romagna, dove il melodramma è di casa, ed è, per l'appunto, l'equivalente della sceneggiata. Quindi la sceneggiata aveva anche questo valore, quello di sottolineare il grado di arretratezza culturale di un'Italia povera e di un'Italia che era rimasta, almeno per quanto riguarda le grandi masse popolari, ad un livello molto basso di cultura, e in modo particolare per quanto riguarda i ceti più degradati di una certa Napoli. Inoltre c'era anche, nel mostrare la sceneggiata, il desiderio di far comprendere come i valori tradizionali degli affetti, la famiglia e la difesa dell'onore, fossero ancora una grande radice nazionale, che magari al marinaio [il personaggio interpretato da Massimo Girotti] che accompagna Anna Zaccheo fa ridere, insomma, tanto ridere che poi lui, non credendo più a questi valori, alla fine lascia la ragazza. Mentre invece non fanno ridere Anna Zaccheo, che ancora crede a quei valori che si vedono nella cultura della sceneggiata, che sono ancora portati dentro la sceneggiata, mi riferisco ai valori popolari. Questo è il senso della sceneggiata.

A.V.: Potresti commentare la scena del bagno e poi la scena nel posto delle scommesse, quando Anna Zaccheo è mostrata con l'arco dove lei lavora. Quelle due scene, che valore hanno nel film e nella tua visione del ruolo della donna nel contesto della storia?

De Santis: Mah, io credo che intanto ci sia sempre nei miei film un grande desiderio di conferire alla donna una apertura mentale, una spregiudicatezza e una libertà, direi, laica e pagana. Quindi il bagno, una ragazza bella che fa il bagno nuda, è un'espressione di solarità, è un'espressione di laicità, anche di liberazione da tanti pregiudizi. Questo era un elemento liberatorio. La scena, invece, in cui lei appare nel posto delle scommesse, tira la freccia con l'arco, era per rendere il sentimento che l'uomo ha nei confronti della donna in generale, che considera solo merce da accarezzare, o merce da amare, ma solo come merce. Infatti le gridano delle cose molto volgari, o per lo meno molto degradanti che riguardano esclusivamente il sesso, quindi la condizione della donna, in questa scena, veniva in modo particolare sottolineata proprio per dire «questo è lo stato della nostra cultura, questo è il livello della nostra cultura maschilista». Il film è tutto in difesa di una donna che, essendo l'anello più fragile di una catena in una società come la nostra particolarmente votata al maschilismo, fatica più di ogni altro a trovare i suoi spazi di libertà di espressione, e anche di amore o di affetti.

A. V.: Quali erano le ragioni principali per filmare una storia che tu non avevi scritto e pensato?

De Santis: Il film mi è stato proposto, e di solito io non ho mai fatto soggetti di altre persone. In questo caso, questo soggetto era di due amici molto legati a me per ragioni di battaglie culturali in nome del cinema, quindi lo accettai. Comunque mi entusiasmò molto il rapporto con la Pampanini [Silvana, 1925]. La sfida di tentare, per la prima volta nella mia carriera, un film con un'attrice vera. Per un regista come me, che aveva inventato le attrici, che aveva inventato le star, fare un film con una star vera e propria era una nuova avventura. Ora posso dirti che l'esperienza con la Pampanini mi piacque molto. Mi piacque molto perché trovai con lei un accordo straordinario, una comprensione straordinaria, forse il migliore rapporto di lavoro, sul piano professionale, che io abbia avuto con un'attrice, perché la Pampanini era una donna che, per aver fatto molti film, per la maggior parte tutti brutti, aveva una sua professionalità, un suo mestiere, una sua disciplina; aveva, ripeto, una grande capacità di intendere che cosa si poteva fare, avendo tra le mani un regista diverso e un soggetto diverso. Lei quindi accettò in pieno e fu, credo, un ottimo esperimento, del quale io sono ancora oggi soddisfatto. Ho un ricordo molto bello di lei e di quella esperienza. Queste sono le ragioni per cui ho accettato di fare questo film. Poi c'erano delle ragioni del tutto personali, del tutto particolari, era un momento – era il 1953, se non sbaglio – io venivo da *Roma ore 11* che era stato un film di grande denuncia sociale e c'erano state delle reazioni governative, della stampa soprattutto di destra che aveva fortemente attaccato il film; quindi questo mio film d'amore, tutto sommato, voleva in qualche modo cercare di prendersi una pausa di riflessione rispetto a quello che c'era da fare e alla confusione un pochino generale che c'era nell'ambito degli autori del Neorealismo in Italia. Io sentivo, d'altra parte, anche un'esigenza più profonda di trovare dei soggetti in cui lo sviluppo psicologico dei personaggi fosse più approfondito che in altri miei film, che, essendo stati dei film per la maggior parte corali, quindi con molti, molti personaggi, non mi avevano dato la possibilità magari di stare più accanto, più vicino alle psicologie dei personaggi. Ecco, questo io lo sentii anche come un desiderio mio, una svolta nel mio lavoro, una possibilità di dedicarmi maggiormente a un ritratto psicologico di un personaggio o a una serie di ritratti, ma qui in modo particolare è la donna che è in prima linea. Credo che siano queste le ragioni particolari che mi mossero verso questo progetto. Poi, ripeto, bisognerebbe studiare un pochino la situazione del cinema italiano in quegli anni. Io avevo fatto *Roma ore 11*, mi pare che fosse uscito anche *Umberto D* [1952], c'erano stati dei film che erano "suonati" molto duri nei confronti della società civile, nei confronti dei vari governi di centro e di centro destra che si alternavano in Italia, che restringevano sempre di più gli spazi di lavoro per chi aveva voglia di fare dei film avanzati e progressivi. Per cui ci fu anche un tantino di sbandamento. Può darsi anche che per tutti questi motivi accettai di girare la storia di Anna Zaccheo.

A. V.: Non hai fatto nessun riferimento alla storia che circola negli ambienti culturali italiani e cinematografici, che cioè era stato Togliatti [Palmiro, 1893-1964] stesso a suggerirti di girare un film su una storia d'amore. Che cosa c'è di vero?

De Santis: Suggerire no. C'è di vero questo, che una volta Togliatti, che aveva molto amato *Roma ore 11*, ne parlò persino in un comitato centrale facendo l'elogio di questo film, dicendo che era un film straordinario ed era il modo più giusto di fare una propaganda indiretta – senza cioè che fosse dichiaratamente una propaganda dove veniva affondato il pedale sulla denuncia sociale –, che questo era un modo artistico, poetico, di denunciare una situazione di grande arretratezza sociale com'era quella che c'era in quel momento in Italia. Poi una volta, incontrandolo, Togliatti mi disse in una conversazione privata: «Mah, sai, adesso devi cercare di vedere un pochino di fare dimenticare, perché questo film è molto forte, è un film che ha dato fastidio alla gente». In quel periodo volevo sempre riprendere il mio famoso sogno di poter girare il film *Noi che facciamo crescere il grano*, sull'occupazione delle terre, ma lui stesso mi disse: «Mah, insomma, magari adesso cerca di fare un film che esca fuori da questo terreno della socialità e della denuncia e magari... fai una storia d'amore», ma non suggerì altro.

A.V.: Oggigiorno si parla e si scrive molto sull'ingerenza del PCI e sui *diktat* culturali imposti e tu sembri suggerire che, almeno nel tuo caso, non ci fossero.

De Santis: Il partito non mi ha mai suggerito niente, anche perché credo che nessuno avrebbe dato retta a dei dettami. Che io ricordi, non ho mai visto il partito imporre delle tematiche; un conto sono i giornali che il partito amministrava e dove bisognava scrivere in un certo modo piuttosto che in un altro, oppure si potevano censurare degli articoli, oppure si poteva fare un dibatto sulla linea e il percorso politico che un giornale poteva fare, ma sul piano culturale, creativo, narrativo del cinema, della letteratura, si potevano esprimere dei pareri, ma mai dare o comandare ordini di questo tipo. Io credo che sia molto impropriamente mitizzato questo aspetto. Il rapporto tra gli intellettuali e il partito è stato sempre molto sciolto, per lo meno lo è stato per me e per quelli del mio gruppo; quanto agli altri, ognuno può raccontare la sua. Nelle tre o quattro volte in cui io mi sono scontrato con il Partito, era sempre per ragioni di altro tipo. Per esempio ti racconto che, siccome il partito mi aveva dato una mano a preparare il mio primo film *Caccia tragica*, poiché le riprese del film duravano più a lungo del tempo stabilito, costando più del necessario, il partito tentò di intervenire per dirmi: «Va bene, ma cerca di tagliare delle scene per far risparmiare questi o quei soldi», ma senza entrare nel merito della mia condotta artistica del film.

A. V.: Ubbidisti ai consigli di Antonello Trombadori [1917-1993] che il partito aveva mandato come mediatore?

De Santis: No, neanche in quei casi poi gli ubbidii, perché continuammo lo stesso a girare il film senza prendere in considerazione le loro richieste. Un altro esempio, per dirti, avvenne durante le riprese di *Italiani, brava gente*, in cui il partito in qualche modo aveva dato il suo aiuto perché aveva mediato per ottenere la collaborazione con l'Unione Sovietica. Come sai il film fu girato in Russia[1], e ci furono degli incidenti di lavoro, di percorso durante la lavorazione del film perché c'era un attore americano [Peter Falk, 1927] che arrivò in Russia ed era diverso da come io l'avevo immaginato. Pensa che me l'avevano fatto scegliere dalle fotografie di vent'anni prima, e allora il partito mi disse: «Va bene, ma adesso cerca lo stesso di fargli fare la parte scritturata». Io dissi: «No, io mi fermo, si cambia, per questo attore faremo un altro ruolo e quel ruolo che avrebbe dovuto fare lo faremo interpretare da un altro, ma non posso fargli fare la parte originale». Così gli creai la parte del dottore napoletano.

Come vedi, questi sono stati degli interventi, dei consigli, dei suggerimenti, ma non furono mai ordini da eseguire. Non sarebbero mai stati accolti da me, perché io pretendevo che nessuno entrasse nelle cose che dovevo amministrare io, gestire io e che dovevo decidere io, soltanto io! Ma furono, comunque, degli interventi che non hanno mai riguardato né l'ideologia, né il racconto, né l'intreccio di un film, erano dei meccanismi che riguardavano sempre l'economia o la finanza di un film.

A. V.: Così potresti liberamente e onestamente affermare che mai nessuno da parte del partito ti ha scritto o ti ha chiamato in privato e ti ha detto, per esempio, di togliere delle scene amorose o delle scene di donne nude dai film? Oppure di cambiare dei dialoghi o dei riferimenti o delle idee? Penso in particolare a *Riso amaro*, a *Caccia tragica*, a un *Marito per Anna Zaccheo* oppure a *Italiani, brava gente*.

De Santis: Mai. Ci sono stati degli attacchi durissimi per *Anna Zaccheo*, uscirono degli articoli scritti da emeriti imbecilli anche comunisti, gente del cinema. Articoli mossi soprattutto, secondo me, da invidie, da gelosie, tra i quali ricordo anche quello di Aldo Vergano [1891-1957], con il quale io avevo girato il film *Il sole sorge ancora*. Questi presunti intellettuali scrissero a «l'Unità» dicendo, proprio a proposito di *Un marito per Anna Zaccheo*, che questo film era osceno. Dovrei ritrovarla, è una lettera che proprio scrisse Vergano, in cui affermava che *Anna Zaccheo* era un film morboso, un film erotico, solo perché c'era una donna nuda che faceva il bagno. Poi tra l'altro

[1] Il film fu girato in Ucraina.

non era neanche nuda e i cineasti avrebbero dovuto saperlo che aveva soltanto una calzamaglia con la quale nuotava, anche se poi l'effetto era quello di una donna nuda. Queste ingerenze sono cose venute di riflesso, ma non dal vertice del partito, non dai ceti dirigenti. Come per esempio, tornando a *Riso amaro* che avevi menzionato, ci fu una grande polemica tra me e i sindacalisti della CGIL e anche con altri sindacati appartenenti a tutto l'apparato sindacale italiano quando uscì il film, perché loro sostenevano che quello che io avevo dipinto non era il mondo delle mondine, perché le mondine non ballavano il *boogie-woogie*, non si davano agli uomini in quel modo come io le avevo fatte vedere, ma erano delle ragazze pie, oneste e tradizionali. Loro avevano, insomma, una visione del mondo della risaia assolutamente di tipo ottocentesco, non solo, ma secondo me anche un'arretratezza culturale e mentale assoluta. A queste critiche io ho sempre risposto con molta veemenza e non mi sono mai arreso.

A.V.: All'epoca in cui hai girato *Un marito per Anna Zaccheo* tu avevi in programma altri film, come per esempio *Pettotondo*. Potresti soffermarti su questi tuoi progetti non realizzati e anche spiegarmi come e perché il produttore Roberto Amoroso, dopo aver firmato il contratto per il film che si sarebbe dovuto ambientare in Puglia, si ritirò?

De Santis: Amoroso si ritirò perché disse che il bel tempo stava per finire. Disse che era troppo tardi, perché dovevamo girare in Puglia e quindi era già troppo tardi per la stagione appropriata per girare, allora bisognava rinviare tutto. Mi fece capire che la sceneggiatura non gli piaceva tanto, insomma, inventò delle scuse di vario tipo. Poi noi sceneggiatori sapemmo, per altre informazioni, che lui era stato proprio pregato dal Ministero del Turismo e dello Spettacolo, dalla Direzione Generale del Cinema e anche da altri, di non fare questo film perché era una storia di denuncia sociale, di condizioni di grande arretratezza sociale dentro le quali viveva un'intera regione come la Puglia. *Pettotondo*, con la scusa di fare la storia di una prostituta che viaggia all'interno di una regione, era il modo per mostrare i malesseri, non solo psicologici, di una regione, ma anche i malesseri finanziari, economici e la grande arretratezza in cui vivevano le masse operaie, le masse contadine, le masse subalterne, povere.

A. V.: Però i rapporti con Amoroso restarono abbastanza buoni, no?

De Santis: Siamo rimasti in buoni rapporti, lui accantonò questo progetto; al posto di *Pettotondo* facemmo *La garçonnière*, che era un film più limitato, che si svolgeva quasi interamente in un interno. Costruimmo l'intera strada dove il film si svolgeva e l'intero quartierino de *La garçonnière* in un teatro con annesso un grande cortile, dove c'è una specie di eco di quelli che sono i rumori di un quartiere popolare, dove accadono una serie di cose che fanno da contrappunto al tema centrale di questo appuntamento d'amore tra una ragazza di vent'anni e un uomo maturo sui quaranta, cinquant'anni. E così facemmo questo film in breve tempo. Credo che sia il mio film più corto, nel senso che credo di avere impiegato solo sei o sette settimane a girarlo, proprio perché, stando in un ambiente tutto quanto costruito in teatro, non c'erano i pericoli o i rischi che si corrono sempre girando, come ho sempre fatto io, film in esterni, dove il sole può esserci o non esserci, si possono avere, insomma, intemperanze di tempo che tu non puoi prevedere, e che poi creano maggiori disagi. Nel teatro di posa sei lì, tutto è a tua disposizione, quindi giri tranquillamente. Quindi è un film che credo di aver girato in sette settimane, se non sbaglio: a quell'epoca era un buon record, soprattutto per uno come me che ha sempre avuto problemi con i produttori a causa del tempo impiegato per girare.

A.V.: Quanto di autobiografico c'è in questo film?

De Santis: Non direi, non più di quanto non lo sia per la media degli italiani di quel tipo che io descrivo, cioè per un uomo arrivato tra i quarantacinque e i cinquanta anni a delle posizioni di piccolo benessere sociale, che avverte il disagio di aver perso il malessere economico e arriva a sentire altri malesseri. Nel film si sente anche il disagio soprattutto per aver perso una memoria storica e un'identità – un'identità in conflitto con il proprio passato, che era stato molto più ricco del presente, molto più appassionante, perché fatto di battaglie e di lotte civili. Il personaggio principale del film in quel momento doveva sentirsi inserito dentro l'Italia del boom economico. Eravamo proprio nel Sessanta e l'Italia stava mutando, cominciava a crescere nel suo sviluppo economico, e quindi a disperdere una serie di passioni civili e ideologiche, che nel film si leggono attraverso la costruzione dei conflitti e dell'ambientazione. Quest'uomo sente questo malessere, questo disagio, sente che sta diventando come tutti gli altri e si aggrappa a quella giovane come ad una metafora – e anche alla verginità della ragazza – che acquistano simbolicamente il significato del suo cercare la memoria del proprio passato, per ritrovare l'identità della propria giovinezza. Sempre continuando con la metafora, quando la ragazza, che lui crede pura, vergine, gli dice che in realtà ha avuto già un altro rapporto, lui sente cadere quest'ultima illusione. Lui sente che il mondo è veramente cambiato, che non c'è più niente da fare e che bisogna cercare di coesistere e di continuare a vivere dentro questa nuova mentalità, che rappresenta la rottura con i grandi ideali, con i grandi sentimenti sociali. Questa è la metafora che si porta dietro *La garçonnière*. A mio giudizio non lo capì nessuno in quel periodo e lo scambiarono per un film, che ti devo dire, un film solo di una piccola storiella banale, di un intrigo a tre, come al solito, il triangolo amoroso. In realtà il film ha dietro l'inizio dello sfascio della famiglia italiana, nel momento in cui cominciano a disperdersi tutte le cose che ho menzionato, in questa grande metafora tra una giovane e un uomo di una certa età. Questo è quello, per lo meno, che io intendevo fare, poi se questo è arrivato oppure non è arrivato a compimento non spetta a me dirlo.

A. V.: Saresti d'accordo nell'affermare che anche la scelta dell'attore Raf Vallone, Marco di *Riso amaro*, nel ruolo di Alberto, il protagonista de *La garçonnière*, rientri nell'idea che hai tracciato della metafora, oppure no?

De Santis: Non per questa ragione. Scelsi Vallone perché mi sembrava il più giusto in quel momento, con quel tanto di retorica che Vallone anche nella vita si porta dietro, con quel tanto di bolso, anche un pochino di pigrizia e di ambiguità che, col passare degli anni, un personaggio di questo tipo doveva acquistare. Certo, pensare che Vallone l'avessi scelto come esempio di onestà, di rettitudine in *Riso amaro* e che qui accusi il colpo dopo tanti anni da *Riso amaro* può essere un'idea, secondo me; può darsi, ripeto, io credo che un artista lavori sempre su dei sentimenti che, nel suo subconscio, sono latenti o hanno una loro incubazione e sorgono e vengono fuori spontaneamente, ma senza che uno abbia fatto una vera scelta. Tu hai visto bene, io non credo di aver fatto un calcolo, c'era una ragione di amicizia, di affetto con Vallone, e c'era anche una identità di personaggio, per cui mi sembrava che Vallone rappresentasse bene tutto questo che ho spiegato; lo rappresentava anche perché, avendolo io conosciuto come un povero ragazzo giornalista alla redazione de «l'Unità», senza ancora un mestiere preciso e un'identità molto precisa, era diventato un attore di grande successo, una star, quindi aveva assaggiato il benessere, aveva assaggiato una serie di cose che mi sembrava potessero confluire dentro questo personaggio che io volevo che interpretasse. Riflettendo, adesso, a tutto questo, capisco anche la tua affermazione.

A. V.: Ma l'indagine sociale, che è una caratteristica dei tuoi film, secondo te, c'è anche ne *La garçonnière* oppure no?

De Santis: Certo che c'è, accidenti se c'è. Se tu vedi, i perdenti sono tutti i poveri: perde la ragazza, perché non riesce anche lei, come la Mangano, a uscire dal fatto di aver compiuto un passo falso. Lei crede di conquistare, di salire un gradino del proprio stato sociale andando con un uomo che ha già una posizione sociale. In realtà è respinta, appena lei si presenta con la sua immagine di verità e di lealtà, così come Silvana Mangano in *Riso amaro*. Lei non regge al confronto con il nuovo perché viene da un ambiente povero, lei fa la modista, fa la fotomodella, insomma, è una ragazza del popolo.

C'è il pugile che va all'incontro e viene battuto da uno che abita nel cortile, c'è questa povera gente che è costretta a cambiare casa e deve lasciare una lapide di un fratello che è stato ucciso durante la Resistenza, c'è la povera gente del cortile, ecco perché il cortile ha una sua identità che sta sparendo. Poi ci sono anche i ragazzacci della strada, del bar, che non si sono inseriti nel tessuto sociale e che mostrano appunto che l'analisi sociale, la denuncia sociale, c'è continuamente, perché tutto ha uno sfondo sociale. Ecco perché chi ha interpretato questo film solo come una storia d'amore secondo me non ha visto giusto, a parte il grande tema centrale che riguarda in generale la società, lo stato delle cose, la situazione che c'era in quel momento in Italia, nella famiglia italiana, che si stava, ripeto, smembrando.

A. V.: Con allusione anche alla famiglia della società contadina o soltanto a quella borghese?

De Santis: Famiglia borghese, ma quando dico famiglia borghese mi riferisco a quella famiglia che si presenta nel film con tutte le sue caratteristiche. Certo, anche la famiglia contadina c'è nel film, c'è, Antonio, il ragazzo che viene da Fondi e c'è la ragazza, Clementina, che fa la puttanella, o meglio che è costretta a fare la puttanella. Voglio dire, c'è un segno di dispersione delle famiglie anche di un'altra classe sociale. In ognuno c'è un elemento della società che va un tantino degradandosi. La ragazza è l'elemento, direi, più sintomatico di questo, perché conserva ancora questi suoi grandi valori. Lei è l'unica emancipata, tra i personaggi del film, è l'unica che porta con sé una verità vera, sana, aperta, laica, assoluta e che, sia pure desiderando migliorare la sua condizione di vita, non accetta delle condizioni che la degradino, tanto è vero che se ne va dalla casa dell'amante. Tanto è vero che, quando riporta il bambino nel cortile, sente gli sguardi della gente del popolo che è come se la giudicassero, se non capissero il suo ritorno a dei valori per loro scomparsi. Voglio dire, il film va analizzato, va sentito diversamente; ripeto che l'autobiografia c'entra fino a un certo punto, perché questa era la situazione di buona parte della borghesia italiana in quegli anni. Del resto, sai, questo film è un film del '60, periodo in cui esce *La dolce vita* di Fellini, dove questo che ti sto dicendo io viene portato al massimo dell'esasperazione; questo degrado, questo sfascio, questo boom, questo benessere appaiono anche ne *L'avventura* di Antonioni, in *Rocco e i suoi fratelli* di Visconti, perché queste sono le tematiche che escono in quegli anni. Ripeto che, secondo me, il mio film è dentro questa inquietudine, sebbene con una sua caratteristica, forse, di maggiore semplicità e anche di maggiore ottimismo, perché il film si sofferma in modo particolare su questi due esseri che sono perdenti, ma comunque vincenti, perché sono le forze nuove. Quando la ragazza esce dalla garçonnière e si incontra con Vincenzo, gli dà un bacio e va via: è un bacio di speranza, mentre invece se ti ricordi le soluzioni, i finali de *La dolce vita* sono affidati simbolicamente alla Madonna, in quella figurina di ragazza che appare di fronte al mostro – quindi è un po' un messaggio evangelico o ecumenico. Oppure quello di *Rocco e si suoi fratelli*, che offre una soluzione più positiva nell'affermazione: «Io voglio tornare al mio paese, cerchiamo di tornare», o l'alternativa che segue l'altro fratello che riesce finalmente ad entrare in fabbrica.

A. V.: Che ruolo ha la città in questo film? Questo è un altro tuo film, dopo *Roma ore 11*, che si svolge in una città, un posto che non ami molto.

De Santis: La città è sempre vista, credo, come il luogo della disgregazione di questi ideali, di questi sentimenti, di questa memoria del passato che sfugge. Per quello che riguarda il discorso della famiglia, in quella appartenente al paese ancora legata alla società contadina, almeno per un certo tempo, i valori si sono conservati, sono stati rispettati, certe leggi hanno continuato ad avere la loro importanza; invece la città disperde, la città frantuma, distrugge i tentativi che ci sono di cercare di solidarizzare. La città non crea solidarietà, questo è un po', credo, quello che esprimono i miei film che sono statti girati in città. Persino in *Roma ore 11* la città non ha il timbro o il segno della solidarietà, che si trovano invece in altri miei film che si svolgono in campagna. Anche le ragazze che cadono dalla scala, chi muore, chi è ferita, poi ognuna torna per conto suo, e quella che resta, l'unica, non è certo un simbolo di solidarietà perché chiede ancora quel posto che è rimasto libero. Voglio dire, la città non come inferno, ma comunque la città è rappresentata come un luogo dove i valori rischiano di perdersi, di disperdersi, di frantumarsi, questo sicuramente. Almeno lo credo, però dovrei rifletterci un pochino di più, forse sarebbe meglio, senza dubbio è più giusto che ci riflettiate voi critici.

A. V.: Oggi, ripensando ai film che avresti voluto girare in quel periodo e paragonandoli a questi appena discussi, che significato avrebbero avuto nella tua evoluzione artistica e nella storia della cinematografia italiana?

De Santis: Beh, nella mia carriera sicuramente molto, perché in realtà i film che io non ho fatto, che sono più di quelli che ho fatto, sono in realtà forse il meglio di me o, comunque, quei film che mi avrebbero consentito di sviluppare il mio talento, la mia creatività, la mia sensibilità e mi avrebbero fatto crescere come artista. Il fatto che mi sia stato impedito di farli significa che c'è stata dentro di me una mortificazione artistica ed espressiva molto forte, di cui io ho sofferto molto. Voglio anche illudermi che in un panorama italiano di questi anni, durante i quali io non ho lavorato, dove pure si sono fatti dei buonissimi film, film eccellenti e anche capolavori per certi aspetti, forse il mio cinema, che è un cinema più progettuale, voglio dire, che ha una sua coerenza, una sua grande concretezza, ecco (se si pensa appunto al film sull'occupazione delle terre incolte in Calabria, oppure al film di un esilio forzato come quello che subisce il poeta Ovidio da parte dell'imperatore e che, in qualche modo, raffigura la persona di un intellettuale, di tutti gli intellettuali che hanno subito delle censure da parte del potere, o un film come *Pettotondo*, che è la storia, è la denuncia dello stato di degradazione, di arretratezza in cui si trovava un'intera regione come la Puglia) questi miei film, che hanno una loro caratteristica molto speciale, molto particolare all'interno del cinema italiano, potevano anche, se fossero stati fatti, oltre che far crescere me nello sviluppo di artista, portare forse un contributo al cinema italiano che avrebbe, chi lo sa, fatto percorrere ad altri registi, giovani, per esempio, dei percorsi diversi da quelli che hanno poi invece compiuto. Queste sono le domande che io mi faccio sempre, quando dico: «Va bene, quello che io ho fatto, ho fatto, il resto sta lì così, se non l'ho fatto vuol dire che, insomma, non c'era necessità di questi film». No, invece, io credo che allora ci fosse necessità, nel panorama del cinema italiano, dei film che non mi hanno fatto fare, ripeto, non li cito tutti, sono tantissimi. E in più avrebbero potuto determinare delle svolte che oggi io non sono in grado di identificare, ma comunque – è presuntuoso forse da parte mia pensarlo – credo che se fossero passati, sarebbero stati dei film che avrebbero lasciato un segno. Ti dico questo perché mi pare che ai giovani proprio siano mancati, in tutti questi anni, dei punti di riferimento, delle figure alle quali riferirsi, anche se io poi non sono stato la figura di regista che ha più interessato i giovani in Italia. I miti dei giovani cineasti italiani sono stati sempre Fellini, Visconti, Rossellini o De Sica.

A. V.: Pensi che questo sia dovuto anche al fatto che i tuoi progetti non si siano realizzati e che molti dei tuoi film non siano stati distribuiti? Dai soggetti tuoi non realizzati mi sembra che la cinematografia italiana abbia perso un pezzo di storia e che, se oggi ci fossero quei tuoi film, si avrebbe un'idea diversa del mondo contadino e della lotta per le terre e della miseria del Meridione. Nel cinema italiano ora ci sarebbe un quadro più chiaro di quello che veramente è accaduto nel Meridione, prima del grande esodo.

De Santis: I miei progetti di film di grande significato politico, sociale e storico avrebbero sicuramente potuto fornire uno stimolo di riflessione per i giovani. Per questo io, ripeto, ho la presunzione di credere che, se me li avessero fatti fare, qualcosa sarebbe potuto anche accadere; se non me li hanno fatti fare, hanno avuto delle ragioni, visto che questi film sono quasi tutti film di forte denuncia sociale o culturale oppure storica. Coloro che manovrano i capitali per realizzare un film, che poi sono sempre capitali che hanno una radice politica, se non me li hanno fatti fare avevano delle ragioni politiche. Allora, tra le tante cose, io faccio anche l'ipotesi presuntuosa che questi film avrebbero potuto anche determinare delle svolte o comunque essere di stimolo ai giovani, per cercare di trovare dei percorsi diversi da quelli che, mi sembra, in generale, hanno percorso i giovani in questi anni, disperdendosi e frantumandosi senza avere un loro progetto.

A. V.: Quando affermi che questi progetti avrebbero potuto essere «una guida ai giovani», ti riferisci al fatto che nel tuo cinema cercavi proprio di spezzare la scala gerarchica tra cinema colto e cinema popolare, o che i tuoi film sarebbero stati anticipatori e modelli per i film che poi sono usciti nei tardi anni Settanta e Ottanta sul mondo contadino?

De Santis: Mah, sai, io sono stato sempre un gramsciano convinto, ancora prima di conoscere Gramsci, di averne cioè fatto lettura; quando scrivevo già teorizzavo sul cinema, anche durante la mia carriera di artista. Io ho sempre creduto che l'artista debba avere un compito suo specifico e particolare nel nostro mondo culturale italiano, cioè quello di trovare una mediazione tra intellettualità e creatività e i ceti poveri, i ceti subalterni. I ceti popolari in Italia si sentono respinti dal mondo dell'intellettualità. Si sentono ai margini della vita culturale, perché l'intellettualità così come si è sempre fatta in Italia è un'intellettualità che parla solo ai propri simili, è un'intellettualità che si parla addosso, che parla solo per se stessa o che comunque ha un interlocutore che è un altro intellettuale, che non è mai il grande pubblico dei ceti bassi. Il mio progetto era di fare dei film che si esprimessero con un linguaggio il più semplice possibile, che portassero dei sentimenti al pubblico e che potessero fare scoprire certe verità e certe forme di giustizia che in Italia sono sempre mancate per molti anni.

A. V.: Credi che neanche il partito comunista ti abbia assistito in questo tuo progetto?

De Santis: [lunga pausa] Credo di essere stato il solo regista ad avere avuto questo progetto in Italia. Credo che questa sia stata anche la ragione delle mie sfortune e delle mie fortune: ho cioè adoperato un linguaggio che il pubblico ha compreso, e allora mi ha amato, è andato a vedere i miei film (vedi i grandi successi di *Riso amaro*, i grandi successi di *Non c'è pace tra gli ulivi*, di *Anna Zaccheo* di *Caccia tragica*); d'altra parte questa è stata la causa delle mie sfortune, in quanto poi la politica o chi faceva la politica cinematografica non permetteva di sviluppare tematiche o problematiche che andassero in una direzione non desiderata, e così mi ha escluso.

A. V.: Secondo te perché avveniva tutto questo?

De Santis: Mah, perché il mio cinema dava fastidio, era scomodo, presentava la realtà, che è una realtà che la classe politica italiana al potere non vuole che le grandi masse conoscano; la verità dispiace sempre a chi ha il potere tra le mani, soprattutto quando queste verità denunciano proprio gli abusi di potere.

A. V.: Come inseriresti il tuo cinema o la tua prospettiva di cinematografia nell'ambito del cinema di quegli anni?

De Santis; Io credo che, nell'ambito del Neorealismo, il mio cinema sia stato un cinema con una forte espressività di linguaggio. Un linguaggio molto forte, più definito di quanto non lo sia quello di altri, con un grande afflato, impeto epico che la maggior parte del cinema italiano non ha avuto e con, ripeto ancora una volta, una gran voglia di farsi comprendere dal grande pubblico popolare e una gran voglia di portarsi dietro tutte quelle istanze che andavano in qualche modo nella direzione della costruzione di una democrazia italiana libera, progressiva, aperta e non soffocata, non dimezzata come invece poi si è dimostrata la realtà italiana, come si è dimostrata negli anni la politica italiana.

A. V.: Tu pensi di avere avuto ad esempio una posizione ideologica completamente diversa dagli altri registi?

De Santis: Sì, più dichiarata, non solo perché io non ho mai fatto mistero a nessuno di essere comunista, di avere scelto questa ideologia e questo percorso politico e ideologico in ogni occasione. Anche perché mi pare che i miei film contengano questi dettati; voglio dire che i miei film somigliano molto al loro autore, cioè somigliano molto all'ideologia dell'autore che li ha fatti. Non sono dei film diversi dall'autore che li ha fatti, mi sembra che il mio cinema mi somigli molto. Mi somiglia molto nel bene e nel male, forse più nel male che nel bene, se vuoi, ma, insomma, il mio cinema mi somiglia molto. C'è una certa durezza, una coerenza, qualche volta persino troppo schematica, e c'è soprattutto una grande, come si dice, utopia contenuta nell'ideologia del mio cinema. I miei film sono sempre di natura utopica, per questo sono sempre film, direi, dell'eccesso, sono sempre film iperbolici, proprio perché io ho mirato sempre ad un'utopia, perché ho creduto e continuo a credere ancora oggi che l'utopia sia una grande molla, un grande stimolo per l'uomo, per andare avanti. Gli orizzonti ci vogliono perché uno abbia davanti a sé un riferimento per combattere, per andare avanti, per crescere, per maturare nella vita insieme con gli altri uomini.

A. V.: Il tuo cinema era molto legato al mondo contadino, ma tu sei sempre stato più attento degli altri registi dell'immediato dopoguerra ai massmedia, ai cambiamenti di costume e hai anche criticato la mentalità maschilista italiana radicate nelle masse. Come riconcili questa tua particolare attenzione nei riguardi dei nuovi fenomeni culturali con la tua idea di creare un cinema più comprensibile a tutti e utopistico allo stesso tempo?

De Santis: Il mio cinema era l'uno e l'altro secondo me. Io volevo fare un film semplice che fosse compreso dalle masse popolari, che si muoveva nell'ambito della cultura delle masse popolari, quindi cercando di costruire le storie in modo che sorgessero proprio dall'interno della cultura delle masse popolari, e naturalmente registrando quelli che erano anche i cambiamenti, i mutamenti che avvenivano dentro questo tessuto sociale che sono le grandi masse popolari. Ripeto, posso avere sbagliato mille volte, ma questo era il mio indirizzo, il mio progetto. C'è una cosa che non si dice mai, secondo me, che invece appartiene, non solo a tutto il cinema neorealistico, ma appartiene soprattutto al mio cinema, ed è che sembra che il pedale della condizione esistenziale nel cinema italiano lo abbia soltanto premuto Michelangelo Antonioni o non so chi altro, mentre, invece, proprio perché i critici italiani, i saggisti, gli storici non hanno saputo mai guardare in profondità nel cinema italiano, questa condizione esistenziale si trova disseminata dappertutto. Per gli altri hanno fatto sempre il contrario di quello che si fa per Antonioni, hanno insistito sulla denuncia sociale, sull'aspetto sociale del cinema neorealistico insomma, ma si sono dimenticati queste altre cose. Io credo, lo ripeto, l'ho detto già parecchie volte, mi pare anche a te, credo che la servetta di *Umberto D* – che è seduta su una sedia, la pancia piena perché è incinta, e fa il caffè, macina il caffè e sta lì immobile e per chiudere la porta allunga un piede lentamente – sia un'immagine di una condizione esistenziale molto forte. Voglio dire, un'immagine come quella di Rossellini, in *Germania anno zero* [1947], del ragazzo che, da solo, gioca all'interno di una città, ti dà il sentimento di una condizione esistenziale molto più forte di quanto non lo faccia una Monica Vitti di Antonioni. Ad esempio le mie ragazze di *Roma ore 11* sono tutte toccate da una disperazione esistenziale. Oggi, se ci fosse da rivisitare il cinema italiano, e mi auguro che qualcuno lo faccia al più presto, se ci fosse da rivisitare, da rileggere il cinema neorealistico italiano, bisognerebbe farne una lettura proprio partendo da questo punto di vista. Bisognerebbe vedere cosa ha dato tutto il cinema neorealistico, quindi anche il mio, al malessere esistenziale della società italiana. Si scoprirà, se si indaga bene, che erano molto più forti e molto più profondi di quanto non abbiano fatto altri ai quali si attribuisce un cinema che ha guardato soprattutto al malessere esistenziale dell'uomo, del personaggio.

A. V.: Nella ricerca per creare un cinema capito da tutti, le tue soluzioni formali, stilistiche e compositive ne erano anche condizionate? Pensi che alcuni dei tuoi film siano completamente diversi da quelli dei tuoi contemporanei a causa del tuo progetto e anche come risultato delle critiche dei tuoi compagni di viaggio e dei tuoi nemici?

De Santis: Sì, io credo che *Non c'è pace tra gli ulivi* sia un film che non somigli a nessun altro film di un regista italiano, se si parte dall'espressività e dalla figuratività soprattutto. È un film molto particolare, quasi lunare. È un film lunare, quasi metafisico direi io, ha una grande compositività figurativa che non somiglia neanche ai miei film. Voglio dire che si vede una netta differenza dal regista che ha fatto *Non c'è pace tra gli ulivi* e dopo fa *Roma ore 11* e *La garçonnière*, che hanno un altro linguaggio, un altro stile. Io ho sempre adoperato diversi stili secondo il film che facevo, proprio perché ogni film ha bisogno di un suo linguaggio, quindi ho dato ad ogni film il linguaggio che, a mio giudizio, si meritava. Per questo c'è questa grande differenza anche di linguaggio, non di stile, certamente di linguaggio, tra *Riso amaro* e, non so, *Roma ore 11* o tra *Roma ore 11* e *Non c'è pace tra gli ulivi* o *Un marito per Anna Zaccheo* o *Italiani, brava gente*. Credo che la mia personalità figurativa non somigli a nessuno degli altri registi italiani. Semmai può somigliare ad altre cinematografie, con te ne ho parlato tante volte, io non ho nascosto mai l'influenza che hanno avuto, in generale su tutto il cinema neorealistico, e in modo particolare su di me, il cinema americano, il cinema sovietico, il cinema dell'espressionismo tedesco e il cinema del fronte popolare, il cinema cosiddetto populista francese. Questi sono i miei punti cardinali, questi sono i miei antenati, sono le mie tradizioni cinematografiche, insomma, può darsi che si possa pescare più lì per trovare dei riferimenti che magari nel cinema italiano non si vedono.

A. V.: Queste soluzioni formali tecniche, oppure modelli presi, come hai detto, da altre tradizioni cinematografiche, nascevano dal progetto di creare un cinema popolare capito da tutti, oppure, forse anche senza volerlo da un tuo bisogno nascosto di essere un autore cinematografico *cinephile*. Per essere capito meglio ti cito Bertolucci che ha affermato: «La storia per me non esiste, la storia cioè delle persone, per me esiste soltanto il cinema, così esistono soltanto modelli che io prendo dalla cineteca».

De Santis: Non so, per me esistono le storie, prima ancora che esista il cinema, esistono dei personaggi, esattamente l'opposto di quello che dice Bertolucci. Per me esistono i personaggi, esiste una storia, esistono i sentimenti, esiste tutto quello scavo, quel lavoro che si fa prima che questo si trasformi in immagini. È chiaro che nello scrivere una sceneggiatura, nel lavorare a tavolino, nel preparare un film, questo film, mentre lo prepari, già lo hai per molti aspetti nella testa trasformato in immagini, però, prima di tutto, esiste quello che ti ho detto. Esiste la storia, i personaggi, l'intreccio, i sentimenti, l'ideologia, esiste la scrittura di un film prima ancora di arrivare sul set, sono tutte cose che preesistono al set.

A. V.: Sì, ma per esempio, quanto tanti critici hanno visto nei tuoi film, certe scene o sequenze che hanno fatto pensare ad altri film o ad altre cinematografie, è una scoperta dei critici o era qualcosa di cui veramente tu eri cosciente, l'hai fatto, insomma, intenzionalmente?

De Santis: Ognuno di noi, credo, si porta dietro un bagaglio culturale del quale, in parte è cosciente – e quindi cerca di somigliare a quel bagaglio culturale perché, se se lo porta dietro, vuol dire che lo ama –, in parte è incosciente, quindi è l'uno e l'altro. Certo, se mi fossi accorto, mentre giravo un'inquadratura o un'altra, che un'inquadratura poteva somigliare a questo o a quell'altro regista, non l'avrei mai girata, credo che non l'avrei mai girata. Il mio primo sentimento sarebbe stato di rifiuto, perché avrei capito di somigliare a un altro o di copiare, quindi non l'avrei fatto. Da parte mia c'è sempre stato un totale rifiuto di citare. Questo non significa però che dentro di me, nel subconscio, questo bagaglio culturale non mi abbia fatto avvertire di somigliare o non somigliare a qualcun altro anche mentre lo facevo. È un percorso che fai in un modo molto, come si dice, molto involontario, non lo fai con una percezione assoluta della citazione, non hai una coscienza precisa di quello che riveli. Puoi essere soddisfatto o meno soddisfatto, hai la coscienza del pezzo che stai costruendo, se è bello, non è bello, se è fatto bene, se ha una sua amalgama con tutto il resto che hai già fatto o che devi fare, ma non c'è una coscienza. Io credo che questo accada per tutti e non solo per me.

A. V.: Vorrei chiudere con una domanda/osservazione provocatoria. Nella cultura cinematografica italiana non si è quasi mai presa in considerazione la civiltà contadina, ma negli anni Settanta e Ottanta, soprattutto nella produzione televisiva, ci sono stati almeno cinque o sei film basati su storie tratte dalla cultura contadina, per esempio *Novecento* [di Bernardo Bertolucci, 1976], *Padre padrone* [di Paolo e Vittorio Taviani, 1977], *Cristo si è fermato a Eboli* [di Francesco Rosi, 1979], *L'albero degli zoccoli* [di Ermanno Olmi, 1981] e *Ligabue*[2] [di Salvatore Nocita, 1977] con la sceneggiatura di Cesare Zavattini. Secondo te a che cosa è dovuto questo interessamento e qual è la tua opinione o impressione di questi film?

[2] Basato su mezzo secolo nella vita di Antonio Laccabue (1899-1965) chiamato Ligabue "ul matt" in dialetto emiliano, fu mostrato in tre puntate televisive.

De Santis: Bene, io ti devo dire che tutti i film che tu hai nominato li ho amati molto, chi più, chi meno. Per esempio *Novecento* secondo me è un grande film, io l'ho amato molto anche ideologicamente. L'ho amato per ragioni, se vuoi, anche nostalgiche, nelle bandiere rosse, nelle zappe e nella lotta di classe. L'ho amato per tutta una serie di cose che fanno parte della mia vita ed esperienza politica, ma l'ho amato anche come visualità: Bertolucci è sicuramente un uomo di grande capacità figurativa. Poi l'ho amato anche perché ci ho trovato tanto De Santis dentro, ci ho trovato tante cose che io avevo fatto o che comunque a me sembrava di avere già fatto prima di lui. Gli altri film, *L'albero degli zoccoli* è anche un film che mi piace enormemente, *Ligabue* anche. Hai nominato dei film molto degni e che danno, direi, della società contadina, un ritratto assai coerente, molto profondo, molto importante.

A. V.: Ma secondo te, perché il mondo contadino proprio in quegli anni è tornato di moda, sembra che di colpo sia stato riscoperto, mentre, invece, quando tu hai presentato i tuoi progetti come la sceneggiatura sui fatti di Andria il film non è andato in porto. Potresti spiegarmi il perché di tutto questo?

De Santis: Mah, sai, è stato riscoperto perché, in realtà, questo mondo contadino... Intanto c'era una società italiana un tantino più matura per comprendere questo tipo di storie, quindi gli spazi si erano allargati, secondo me, e hanno dato la possibilità a registi di fare film su questo mondo – ma naturalmente a registi che davano delle garanzie, anche, di non andare oltre quello che si doveva o poteva dire. Si era sicuri che non sarebbero andati oltre un certo limite: tali erano i Bertolucci, che poi sono diventati registi internazionali, come anche i fratelli Taviani, Olmi e altri che si sono mossi su questo terreno. Quindi c'era questo di sicuro, e da una parte c'era un'apertura mentale rispetto a questi temi sicuramente più ampia. E in più, bisogna dire, se vuoi – io lo dico con una certa malignità – in quel momento storico in realtà dava fastidio al potere politico più la classe operaia che le masse contadine. Per questo le masse contadine erano, in questi film, quasi dei pezzi da museo, erano delle cose che stavano alle spalle della società italiana. Anche quando i Taviani fanno *Padre padrone*, questa è una realtà molto medievale, molto arretrata, così fuori dal contesto sociale: all'interno di questo dramma c'è un rapporto conflittuale tra padre e figlio, che è il tema fondamentale di quegli anni, in cui le generazioni dei padri e dei figli si confrontano e si scontrano. La classe operaia, invece, che proprio in quegli anni ha avuto le sue più grandi battaglie, era scomoda, come anche lo era l'affacciarsi sul panorama politico italiano dei movimenti, dei grandi movimenti di autonomia e del terrorismo, che preoccupavano molto di più di quanto non potesse preoccupare il mondo contadino. Secondo me questa è stata la ragione per cui, nel bene e nel male, sono usciti una serie di film sul mondo contadino e, invece, non sono usciti film sulla condizione o la lotta degli operai, se non *La classe operaia va in paradiso*, il film di Petri, perché in quegli anni la classe operaia era molto combattiva, è sempre stata il nemico per antonomasia.

A. V.: Eppure tu in quegli stessi anni avevi riproposto per la televisione anche i fatti di Andria.

De Santis: Io avevo proposto i fatti di Andria, ma era già una realtà ben diversa, una società di rivolta; i fatti di Andria sono una battaglia che fanno i contadini con le armi in mano, addirittura tolgono le armi ai carabinieri per imbracciarle loro, disarmano un esercito, disarmano la polizia. C'è già un mondo contadino che è a livello della coscienza di classe dell'operaio o, per lo meno, ad un livello di coscienza di classe molto avanzata, che in qualche modo poteva far paura al potere, faceva paura. E in più c'era da fare i conti con una realtà, perché erano fatti presi dalla realtà, i fatti di Andria[3], un avvenimento storico accaduto nel 1946, in cui, per esempio, tutto un esercito di carabinieri aveva preso delle posizioni molto conservatrici che avevano portato all'acuirsi della rabbia e condotto alla rivolta.

A. V.: Pensi che la decisione di non finanziare un film su un preciso fatto storico sia dovuta anche alla paura di rievocare fatti sanguinosi e violenti, in un momento storico delicato?

[3] 26 marzo 1946: insurrezione di Andria in Puglia, i braccianti si battono nelle strade contro la polizia per le terre, 7 morti, centinaia di feriti e centinaia di arresti.

De Santis: Certamente, un film così era chiaro che il potere non poteva accettarlo, perché era un modo diverso di affrontare il mondo contadino. Il mio progetto era immediato, aveva molti riferimenti all'attualità del momento in cui io lo volevo fare, perché intanto c'era il terrorismo che cominciava e la mia storia aveva molti punti di riferimento, somigliava a molte cose che davano fastidio al potere. Il mondo di Bertolucci era un mondo dell'Ottocento, un mondo che, sia pure fatto di violenza, fatto di rivolte e assalto alle terre, però in qualche modo era un mondo pacificato.

Per finire fammi dire un'ultima cosa – benché io ami molto *Novecento*, è il film di Bertolucci che preferisco – la grande sapienza, direi figurativa, di Bertolucci arrivava fino al punto di schiacciare sicuramente l'ideologia e la forza del racconto, la forza sociale del racconto. La forma nel film aveva una preminenza, com'è per esempio, anche *Il tè nel deserto* [di B. Bertolucci, 1990], che è un film fatto solo per la forma, per cui il contenuto scompare, non si afferra più, insomma, è un film che va al di là di ogni possibile percezione. Questi sono i pericoli, sai, di un linguaggio portato fino all'esasperazione, per questo poi il linguaggio non diventa più linguaggio, ma solo metafisica del linguaggio.

Giorni d'amore e le polemiche sul Neorealismo

A.V.: Mi sembra che le critiche rivolte a *Giorni d'amore* [1954] mirassero più al tuo modo ti concepire il Neorealismo che ad analizzare il film. Che ti ricordi di quegli anni e delle polemiche con Aristarco?

De Santis: Il film era stato attaccato da Luigi Chiarini [1900-1975], direttore, non so più se ancora lo fosse all'epoca, del Centro Sperimentale, e da altri critici perché veniva considerato come un film di «Neorealismo rosa», in quell'epoca in cui era in pieno sviluppo il cinema neorealistico. Io mi ero difeso scrivendo e affermando che, naturalmente, il termine «Neorealismo» era un termine, come al solito, incompreso dai saggisti e dagli storici del cinema italiano. Questo mio film non apparteneva affatto ad una sfera di sfumatura né era superficialmente legato alla realtà, perché la storia che io raccontavo era radicata nella storia del mio paese, quella appunto di due giovani che, non avendo soldi a sufficienza per potersi sposare, inventano lo stratagemma della fuga con il consenso dei genitori per poter poi risparmiare le spesa della festa, i soldi del matrimonio e tutta una serie di spese che il matrimonio fatto secondo le regole ufficiali e tradizionali comporta. Come vedi, questo film nasceva da una tradizione assolutamente reale del mio paese e non solo del mio paese, ma che abbracciava anche, direi, tradizioni e costumi di quasi tutto il sud, il Meridione d'Italia. Il modo però in cui il film era raccontato era certo diverso da quelli con cui avevo raccontato i miei precedenti film, perché era trattato come una bella favola d'amore e con una venatura tra il boccaccesco e il comico. Mi richiamavo, proprio in questa lettera, ad alcune tradizioni letterarie della nostra cultura, storie scritte appunto dal Boccaccio, da tanti autori del Trecento e del Quattrocento che avevano trattato l'amore, soprattutto l'amore tra contadini, così come avevo fatto io in questo modo scherzoso, allegro, insomma solare e pieno di vita. Ora, da questo a definirlo un film di «Neorealismo rosa» mi sembrava che ci fosse proprio una cattiva volontà e anche il desiderio, come al solito, di denigrare una mia opera, come spesso è stato fatto dai miei nemici critici e dai miei nemici politici. Il film, pur avendo un suo andamento di ballata popolare, allegra, solare, aveva però una sua grande malinconia, aveva una sua grande tristezza, perché la storia di questi due giovani, costretti a inventare questo stratagemma, inventare questa fuga, inventare una messinscena tra le loro due famiglie che fanno finta di recitare di fronte a tutto un paese per cercare di coprire la loro piccola miseria, mi sembra ancora a tutt'oggi una storia percorsa da una vena di grande tristezza. Perciò il film, sia pure avendo quest'aria di grande ironia, di gran divertimento, aveva comunque un suo impegno civile, soprattutto un suo impegno sociale. Inoltre era anche una storia sulla condizione giovanile del matrimonio, in cui la donna, che è stata sempre al centro dei miei film, in queste circostanze è la vittima, perché è sempre quella che, bene o male, sconta tutta una serie di arretratezze che ci sono nel costume, o che c'erano, per lo meno, allora, nel costume dei nostri paesi del Meridione. Il film addirittura fu, invece, attaccato da sinistra, perché lo trovarono reazionario. Lo trovarono un film addirittura contro i contadini, in quanto li mostrava come dei grandi conservatori, come gente attaccata alla terra e al possesso delle cose. Io, in realtà, avevo dipinto i contadini così come sono, o per lo meno così come erano, ma secondo me anche così come sono: non c'è persona al mondo che sia più attaccato alla «roba» – come dice il nostro grande scrittore Verga – dei contadini, quindi io ho registrato anche questo stato d'animo e questo loro sentimento. Scrivevo ad Aristarco[1], sempre nella mia lettera, che quindi questi critici avevano giudicato male il film, perché lo avevano giudicato dal di fuori e non dal di dentro, l'avevano giudicato non partendo dalle mie ambizioni e dalle intenzioni che avevo messo dentro il film, ma partendo da ambizioni e da considerazioni che erano le loro, estranee al film. Spesso accade nella critica italiana, ancora oggi, che si scriva su un film cominciando col dire quello che si sarebbe desiderato, senza fare invece esattamente il contrario, cioè porsi al posto del regista o degli autori per capire che cosa hanno voluto dire, e analizzare se poi sono riusciti a dirlo o non ci sono riusciti. Questo mi pare debba essere il metodo che va seguito

[1] Il regista si riferisce alla lettera scritta ad Aristarco pubblicata con il titolo, *De Santis ci scrive (a proposito di «Giorni d'amore»)*, in «Cinema Nuovo», n. 49, 1954.

da un critico cinematografico, da un critico di qualsiasi genere. Io, ripeto, mi richiamavo alla nostra letteratura, andavo da Boccaccio a Goldoni [1707-1793], a tutta la letteratura che aveva trattato l'amore in un modo gioioso e favolistico. Questa era tutta la polemica intorno al film, anche se adesso io con precisione non mi ricordo tutti i dettagli.

A. V.: Non ti sembra che ci siano due piani in questo film, per esempio c'è la parte della relazione più intima tra Pasquale [Marcello Mastroianni] e Angela [Marina Vlady, 1938] e poi c'è quella, invece, che si svolge in paese, che sembra quasi come una messinscena teatrale in cui i contadini spesso sembrano quasi dei burattini? Forse alcuni critici si rifacevano a questo aspetto del film nelle loro critiche.

De Santis: Dunque, i due piani sono volutamente così, perché c'è la storia dei due ragazzi che si svolge indipendentemente da quella dei loro familiari e del paese, anche se è frutto della situazione che loro stessi hanno creato, e i contadini devono recitare perché si pongono questo stratagemma del fingere. La recita che loro fanno li porta addirittura, non essendo della gente che sa recitare, che sa mantenere i propri sentimenti nascosti e inventare, ad un litigio. Loro finiscono per litigare veramente, proprio perché si dicono le cose che pensano in realtà su ognuno di loro e sulle rispettive famiglie. Ma non sono due piani, secondo me le due storie appartengono alla finzione e al gioco di un'architettura del film che, ripeto, è raccontata come una ballata popolare. Non credo che ci sia discontinuità né stilistica né di contenuto tra i due racconti. La lite tra le famiglie è dichiaratamente una recita, per questo io ho anche citato *Le baruffe chiozzotte* [1762] di Goldoni che richiamano questi modi di fare, e questa è, secondo me, la forza del film: il riuscire ad affondare le proprie radici in una tradizione letteraria e culturale italiana molto forte, ma questo i critici non lo capirono. Ho citato *Le baruffe chiozzotte* di Goldoni perché è forse la commedia di Goldoni che più mi viene in mente a proposito di un litigio che si svolge nelle piazze, nei vicoli, tra una piccola comunità. Perciò, voglio dire, tutto il film ha questa sua impostazione, se vuoi, non tanto teatrale, quanto da ballata popolare, perché il teatro è dentro, è concepito all'interno, e sono i genitori che devono recitare. Ci sono addirittura tutti i meccanismi del teatro, ci sono i siparietti che si alzano e scendono di volta in volta tra le due famiglie di contadini, quindi è dichiaratamente, volutamente teatrale, ma con un suo andamento e un suo tono particolare. Io non credo che ci sia discordanza tra le due cose; ci possono essere, sicuramente, delle parti meglio riuscite, delle altre meno riuscite, altre parti più equilibrate, altre in cui i toni magari sono più eccessivi, sono più caricaturali, ma questi sono altri problemi, non credo che ci siano stonature di stile nella costruzione sia del meccanismo della sceneggiatura, sia del meccanismo stilistico del film. Almeno così è la mia impressione.

A. V.: In quegli anni, in Italia, il dibattito era sull'involuzione del Neorealismo, infatti nella lettera ad Aristarco offri una tua risposta nel tentativo di legare di più il cinema italiano alla grande narrativa italiana. Potresti spiegare in che modo affrontavi il problema e come volevi superarlo attraverso la costruzione e lo sviluppo del personaggio?

De Santis: Sì, infatti mi ricordo che la polemica fosse su questo, la polemica in quegli anni era su come dovesse svilupparsi il cinema neorealistico, se dovesse essere radicato nella realtà in un modo soltanto drammatico e soltanto spingendo il pedale sul sociale, sulla denuncia di quelle che erano le condizioni generali della società civile italiana, o se pure non si potessero svincolare i personaggi che dovevano costruire questo o quel dramma da una realtà troppo naturalistica e farli nascere e costruirli come dei personaggi che avessero delle basi al di fuori di un naturalismo troppo aderente alla realtà, troppo fotografico o troppo schematico. Questo era il grande dibattito che c'era allora. Io sentivo che, in parte, nel Neorealismo, nello sviluppo dei personaggi, per lo meno anche nei miei, soprattutto nei miei, si poteva incorrere nel pericolo di schematismo, di mancanza di articolazione analitica da un punto di vista psicologico e questo film... anzi, io avevo già cominciato prima con *Un marito per Anna Zaccheo,* che è il ritratto della condizione miserabile di una donna che non trova lavoro e non trova un marito perché è troppo bella e perché è povera e non riesce ad inserirsi dentro il tessuto della nostra società. Ora, io avevo già cominciato con *Un marito per Anna Zaccheo* a guardare i personaggi da vicino con maggiore attenzione, con maggiore affetto, con maggiore sfaccettatura psicologica, cioè a rompere un pochino certi schematismi dei miei film precedenti e direi che *Giorni d'amore* continua questo mio scavo in funzione dei personaggi. Infatti credo che, per lo meno i due protagonisti del film, Angela e Pasquale, siano due personaggi che sono visti nel complesso della loro psicologia, cioè con le loro contraddizioni, con le loro generosità, con le loro ipocrisie, con i loro desideri, con le loro piccole manchevolezze. Insomma, è un quadro più a tutto tondo di un personaggio, mentre forse in precedenza, non dico solo per i miei film, ma in generale il Neorealismo aveva guardato più al tessuto dentro il quale il personaggio si muoveva, piuttosto che al personaggio in se stesso. Questa era la nuova fase che, secondo me, bisognava affrontare per uscire da certi schematismi nei quali il Neorealismo poteva rischiare di soffocare o di fermarsi e di stagnare. Questo era il dibattito e la mia posizione riguardo alla loro, però, ripeto, io non sono sicuro di ricordare bene le cose, dovrei rileggere questa lettera per avere una conferma delle cose che ti dico.

A. V.: Ma non pensi che in tutti i tuoi film ci fosse fin dall'inizio uno scavo del personaggio? Per esempio anche in *Riso amaro*, Silvana non è un personaggio soltanto nato dal tessuto in cui vive. Silvana è già un personaggio diverso dalle altre mondine e molto più complesso, perché è influenzata dalla nuova cultura americana del dopoguerra. Il suo immaginario è quello di una ragazza che ha letto i fumetti, è un personaggio che non è soltanto il risultato del tessuto in cui vive e lavora.

De Santis: Questo sicuramente è vero. In tutti i miei personaggi, da *Caccia tragica* a *Riso amaro* a *Non c'è pace tra gli ulivi*, c'è sempre questo. Però mi sembra che, sia in *Anna Zaccheo* sia in *Giorni d'amore*, questo mio approccio al personaggio sia più evidente, sia più vicino alle ambizion e, alla volontà che mi guidavano. Mentre in *Caccia tragica* e in *Riso amaro* l'ambiente dentro il quale i personaggi nascono e crescono ha più importanza, ha più forza, sia visiva che narrativa, in *Giorni d'amore* e in *Anna Zaccheo* i personaggi sono più forti degli ambienti dentro i quali sono calati. Ecco, questo mi sembra una novità nel mio sviluppo cinematografico che può essere una novità rispetto agli altri film precedenti. Può essere una svolta nel bene e nel male, io non voglio giudicarla, però mi sembra che in questa fase io sia stato più attento, più sensibile allo sviluppo del personaggio e fuori da schematismi. Però lasciami dire anche un'ultima cosa a questo proposito, soprattutto perché riguarda me. Io ho sempre pensato che questi miei film – come *Anna Zaccheo,* come *Giorni d'amore,* come anche *La garçonnière* – siano non tanto dei romanzi, ma dei racconti, delle novelle, se si confrontano con quelli che io considero dei romanzi come, non so, *Caccia tragica, Riso amaro, Italiani, brava gente,* perché questi film hanno delle strutture epiche, hanno delle strutture molto complesse, molto larghe, come *La strada lunga un anno,* perché dipingono la realtà nella sua totale complessità. Questi film, che sono all'apparenza dei piccoli film essendo di dimensioni sicuramente più brevi, più ridotte, e che si concentrano intorno a due o tre personaggi, sono quelli che io considero come i racconti di un romanziere. Moravia [Alberto, 1907-1990] ha scritto i suoi grandi romanzi e poi ha scritto una serie di racconti; per me erano come dei racconti e vorrei aggiungere ancora questo: che se avessi potuto fare i film che una serie di circostanze mi ha impedito di fare, cioè per esempio un film sull'occupazione delle terre in Calabria, film che io ho tanto sognato di girare e che sarebbe stato di altro genere (che è inutile che io stia qui a raccontare), credo che questi racconti, tipo *Giorni d'amore* o *Anna Zaccheo* oppure *La garçonnière* forse sarebbero entrati di contorno dentro questi grandi affreschi che io avrei voluto realizzare. Insomma, la mia ambizione è sempre stata quella di costruire degli affreschi, di fare dei film che fossero dei grandi affreschi, quindi con molti personaggi con tante storie. I miei film più rappresentativi, direi, sono: *Roma ore 11,* dove c'è appunto la complessità della vita con tante sfaccettature di personaggi, con tante anime, tante storie, tante sensibilità, e *La strada lunga un anno,* dove c'è una congerie di personaggi che fanno e agiscono.

A. V.: Strano che tu non abbia incluso *Italiani, brava gente.*

De Santis: Lasciami continuare e poi capirai da te. All'interno di questo mio progetto, se io avessi sempre costruito, se mi avessero fatto costruire sempre film di questo tipo, come io ho sempre sognato, e ho anche scritto, probabilmente non sarebbero nati *Giorni d'amore* o *Anna Zaccheo,* oppure sarebbero stati assorbiti all'interno di queste grandi storie con l'andamento di affresco che avrei voluto costruire. Il destino ha voluto, oppure una serie di circostanze ha voluto che io questi film, proprio negli anni in cui ho fatto *Anna Zaccheo,* in cui ho fatto *Giorni d'amore,* in cui ho fatto anche *Uomini e lupi* (chiamiamoli, da un punto di vista per lo meno produttivo, film minori, concentrati più intorno a piccole storie), se avessi potuto fare i film che non mi hanno fatto fare, probabilmente queste storie, che io mi portavo dietro in qualche modo dentro di me, sarebbero entrate dentro questi grandi affreschi. Quindi io considero questi film come i miei racconti, mentre gli altri, da *Caccia tragica* a *Riso amaro* a *La strada lunga un anno* a *Roma ore 11* sono i miei romanzi, e quindi vanno analizzati in funzione di quello che io ti sto dicendo. Il racconto ha un suo andamento, una sua misura, una sua chiave di struttura e di interpretazione e di sviluppo; il romanzo è un romanzo, è un'altra cosa, è un altro tipo di articolazione.

A. V.: Se tu avessi potuto continuare questo tuo romanzo, pensi che l'evoluzione del cinema italiano neorealista sarebbe stata diversa?

De Santis: Sì. Ma, tu, Antonio, pensi che se io avessi potuto fare i film che non mi hanno fatto fare… Mi chiedi se il cinema italiano poteva cambiare di fisionomia?

A. V.: Sì, soprattutto che impatto avrebbero avuti questi progetti non realizzati se fossero diventati film sul dibattito degli anni Cinquanta.

De Santis: Sì, capisco, ma sai, io credo di non essere mai stato, anzi sono certo di non essere mai stato un leader di un movimento, se non forse agli inizi del movimento neorealistico. Un leader dal punto di vista teorico e culturale, ma non certo un leader narrativo, perché io ho avuto pochi seguaci, il mio cinema in generale non è stato capito non solo dalla critica, ma non è stato capito neanche dagli autori del cinema italiano. Quindi il mio cinema non ha fatto scuola, cioè non è come il cinema di De Sica, di Rossellini o di Visconti che ha creato una scuola, ha creato un certo stimolo in altri registi. Il mio cinema apparentemente sembra non avere trovato un seguito, quindi, da questo punto di vista, anche se io avessi realizzato quei film che non mi hanno fatto realizzare, che andavano nella direzione di questi grandi romanzi, di questi grandi affreschi, non credo che avrebbero mutato le sorti del cinema italiano, perché in realtà non c'è niente di tutto quello che è stato fatto nel cinema italiano durante il periodo neorealistico italiano che ha cambiato le sorti del cinema italiano. Tant'è vero che, a un certo punto – e tu sai che io sostengo che il certo punto comincia con *La dolce vita*, con questa svolta che si dà nel cinema italiano – si cambia pagina. Proprio con *La dolce vita* è avvenuto, anche senza i miei film, voglio dire, ma essendoci quelli degli altri, quindi non c'è un'altra storia da raccontare. Sicuramente il film di Fellini è stato una grande svolta, ha determinato una svolta nel cinema italiano. I miei film non l'hanno creata, però lasciami ancora una volta ripetere che tanto mio cinema poi si ritrova in tanti autori del cinema italiano.

Proprio l'altra sera, guarda caso, rivedevo questo bellissimo film di Fellini, che è *La dolce vita*, e poi riflettevo su come si passa dal protagonismo nel cinema italiano dei ceti poveri, dei ceti subalterni, al protagonismo della classe borghese, della media e grossa borghesia italiana. La svolta è proprio storica, economica e politica nel nostro Paese e *La dolce vita* lo segna molto marcatamente. Ma mentre lo guardavo ho anche notato che contiene all'interno, per vie molto sottili che bisogna sapere molto bene identificare, molti suggerimenti, molti stimoli che vengono da due o tre dei miei film. C'è per esempio una processione che si richiama tanto alla processione di *Non c'è pace tra gli ulivi*, c'è il ballo della Ekberg [Anita, 1931], che fa pensare tanto al ballo della Mangano in *Riso amaro*, e giù giù, te ne potrei citare tante di queste cose. Quando io dico che il mio cinema non è stato mai un cinema leader perché non ha mai guidato, non ha mai portato a una svolta, io credo che comunque poi, successivamente, abbia influenzato per vie trasversali quasi tutto il cinema italiano anche se, ripeto, gli autori stessi che lo facevano non se ne accorgevano.

A. V.: Il critico Stefano Masi, che ha scritto un libro sul tuo cinema, ritiene che la sinistra italiana abbia creato l'etica dell'autore[2].

De Santis: Chi ha scritto questo?

A. V.: Stefano Masi, che sostiene che la sinistra italiana ha creato l'etica dell'autore, in cui, racchiudendo tutte le diversità dei vari registi italiani, ha escluso il cinema popolare, e di conseguenza un regista come te che cercava il contatto con il pubblico, con il vasto pubblico. Sei d'accordo con questa interpretazione?

[2] Si veda la bibliografia generale inclusa in questo volume.

De Santis: Sì, sono assolutamente d'accordo e io dico sempre che sono stato un gramsciano convinto pur senza avere mai letto Gramsci, per lo meno durante la lavorazione dei miei primi film. Dopotutto sono, nel cinema italiano, quello che ha raccolto di più l'insegnamento di Gramsci, che era, detto in parole molto, molto semplici, se vuoi anche superficiali, il problema di creare un rapporto tra il desiderio di intellettualità che avevano i ceti poveri e l'intellettuale che scriveva o l'intellettuale, l'artista che faceva opera artistica. Non si determinava un incontro ideologico, poetico e sociale tra il gruppo di intellettuali – che si esprimessero uscendo dalla loro torre d'avorio e usando strumenti, mezzi e linguaggi comprensibili alle grandi masse popolari – e il desiderio invece di grande intellettualità che le masse popolari hanno sempre avuto e che non riuscivano ad esprimere, proprio perché mancava loro questo incontro con gli autori della creazione, gli autori delle opere d'arte. Io sono stato un gramsciano convinto, sempre, ancora prima di leggere Gramsci. Lo sono tuttora e vorrei dire a questo punto che se il cinema italiano avesse camminato per altre strade come espressività, e come linguaggio, avrebbe avuto anche un grande successo popolare. Parlo di De Sica, parlo di Visconti, che hanno fatto dei film molto chiusi, quindi incapaci di comunicare la loro bellezza, e la loro forza espressiva.

A. V.: Mi sembra che tu stia ritornando alla mia domanda o almeno alludendo alla mia domanda sull'influenza che avrebbero avuto i tuoi film romanzi non realizzati.

De Santis: No, ma voglio precisare che, se al posto di un cinema scadente, del cinema dei telefoni bianchi o del cinema americano deteriore, si fosse creato un cinema rivolto alle masse, e se questi grandi autori, da De Sica a Rossellini a Visconti, avessero lavorato con questo stesso metodo gramsciano col quale io ho lavorato, credo che le sorti del Neorealismo italiano sarebbero state diverse, perché allora sarebbe stato più difficile distruggere, abbattere il Neorealismo perché avrebbe avuto un grande alleato com'erano, appunto, le forze popolari. Accanto a questo, devo dire che non c'è stato da parte delle forze popolari e da parte di tutta la sinistra nel suo insieme uno sforzo per cercare di avvicinarsi a questi linguaggi di un cinema troppo elevato, com'erano quelli di De Sica, quelli di Rossellini e di Visconti, come non c'è stato grande sforzo per cercare di avvicinarsi alle masse. Questo mancato incontro ha determinato anche una crisi di cui il governo, i governi di centrodestra, i governi conservatori italiani, hanno saputo approfittare per dividere gli autori all'interno del cinema italiano, e per creare anche l'insuccesso di questi film che, ripeto, già così com'erano costruiti erano dei film difficili da comprendere per le grandi masse popolari. Io ho cercato di fare dei film che fossero capiti dalle masse popolari e almeno in tre o quattro di questi miei film le mie intenzioni sono arrivate a segno, voglio dire, *Riso amaro* ha avuto un grande successo, *Non c'è pace tra gli ulivi* è stato un grande successo popolare, quindi mi sono sforzato di seguire questa strada. Il mio progetto non è stato un progetto leader, non è stato un progetto seguito dagli altri registi magari di valore più importante di quanto non sia la mia figura di regista, e soprattutto non è riuscito a raccogliere intorno a sé dei giovani che volessero camminare insieme a me per costruire questo tipo di progetto di un cinema che fosse dalla parte del pubblico e con il pubblico e che difendesse quelle che erano le grandi tematiche, i grandi temi che riguardavano la società, i ceti subalterni della società civile italiana.

A. V.: E secondo te, perché questo non è accaduto?

De Santis: Mah, secondo me non è accaduto perché ci sono state intanto delle forze governative, come la stampa, che hanno lavorato molto bene per dividere gli uomini e perché, in realtà, il Neorealismo è stato per molti registi italiani soltanto un'avventura e non una vocazione. Per molti non è stata una fede e allora, al primo cambiar di vento, hanno cambiato vento anche loro; appena hanno scoperto che fare questo cinema era difficile, duro, perché veniva attaccato, proibito, si sono avviati per altre strade. E poi c'è stato anche, da parte della critica di sinistra e di tutta la sinistra italiana, una incapacità di comprendere a che cosa il cinema potesse condurre. Quindi la sinistra è stata molto debole; all'interno della sinistra, poi, ci sono stati degli intellettuali che hanno cominciato a strizzare l'occhio alle nuove filosofie che cominciavano a circolare per l'Europa, l'esistenzialismo, oppure la condizione esistenziale dell'uomo, e hanno iniziato a dire e a scrivere che nel cinema neorealistico tutto quello che era la condizione esistenziale dell'uomo non veniva espresso. Ed è un'altra delle grandi menzogne che hanno inventato, o comunque uno dei grandi abbagli che ha preso la sinistra – in questo caso ci interessa solo la sinistra italiana –, guardando il cinema neorealistico. Il cinema neorealistico bisogna saperlo leggere. Oggi una lettura in questa direzione, cioè una lettura che sappia guardare tutto il cinema neorealistico passato in una chiave esistenziale ancora non c'è nella critica italiana. Si crede che la condizione esistenziale nel cinema italiano l'abbia trattata soltanto Antonioni o la abbia trattata soltanto Fellini e, in realtà, se si va a guardare, dai miei film ai film di Rossellini ai film di Visconti, ai film soprattutto di De Sica e di Zavattini, la condizione esistenziale dell'uomo è molto più forte di quanto non lo sia nei film di quei registi che sono considerati, diciamo così tanto per capirci, gli esistenzialisti del cinema italiano. Io cito sempre ad esempio questo pezzo bellissimo di *Umberto D* in cui la piccola servetta, che è incinta, è nella cucina, sta sola, sta macinando il caffé con la sua piccola pancia, dentro la quale c'è in maturazione un bambino, e lei, per non spostarsi, per non alzarsi dalla sedia, allunga un piede per cercare di chiudere una porta. Non c'è niente di più straordinariamente poetico, bello e nello stesso tempo che esprime la condizione esistenziale di un personaggio come questa scena, che per me è indimenticabile, mentre magari viene citato come luogo dell'espressione esistenzialistica una battuta di Monica Vitti in un film di Antonioni, che dice: «Mi fanno male i capelli». Un fatto o una constatazione che sono del tutto esteriori, mentre invece la scena con la servetta in *Umberto D* è dimenticata. Questa è una lettura che sarebbe interessante fare, si scoprirebbero molte cose nel cinema neorealistico italiano che i critici allora non capirono. Tutti quelli che cercarono di denigrare, la sinistra compresa, il cinema neorealistico italiano dicendo che aveva chiuso il suo ciclo, che era un cinema solo di denuncia e che raccontava solo il sociale e soltanto la realtà italiana in modo riduttivo, tutti quelli che dissero allora questo non capirono che cos'era la complessità, invece, di un film neorealistico e la complessità, soprattutto, ideologica, spirituale e spiritualistica del cinema neorealistico. Questa è un'altra delle ragioni per cui le mode cominciarono a condurre i registi in altre direzioni, i critici in un'altra direzione. Arriviamo così agli anni in cui il cinema neorealistico viene, come io dico molto spesso, assassinato; è un assassinio di stato, come si uccide una cultura o un movimento. Come sai, non è la prima volta che accade nella cultura, non solo italiana, ma nella cultura internazionale.

A. V.: Negli Stati Uniti molti critici, riguardo alla fine del Neorealismo, citano sempre Antonioni che, discutendo i problemi emersi da *Ladri di biciclette*, avrebbe affermato che dopo l'immediato dopoguerra, i dilemmi di un Antonio Ricci non sarebbero stati più la disoccupazione e la mancanza di una bicicletta, ma il bisogno di esaudire desideri indotti.

De Santis: Già, ma Antonioni dicendo questo non capiva che il film di De Sica poneva anche questo problema, lo poneva all'interno del racconto, domandandosi che cosa avrebbe fatto Antonio dopo. La società che troverà intorno a sé sarà simile a quella stessa che lui ha affrontato cercando la bicicletta e il lavoro. Anche se avrà il lavoro, e la bicicletta, continuerà ad avere sotto gli occhi la stessa società, cioè una proprietà frantumata, una società dove non ci sono le opere assistenziali che badano ai poveri, ma non c'è una organizzazione di lotta, una società dove non ci sono ancora organi sociali per l'assistenza. Il popolo crede più nei maghi o nelle santone, o come si chiamano queste stregone, piuttosto che nelle forze che devono portare allo sviluppo della società civile. Quella è la società che avrebbe incontrato Antonio, il problema non è se lui ha la bicicletta o non ha la bicicletta, il problema è che *Ladri di biciclette* è la storia di una grande città, è il viaggio di un'anima all'interno di una città. Questo è quello che, secondo me, non ha capito la critica e quindi, con queste cose che mi dici tu, anche Antonioni. *Ladri di biciclette* bisogna leggerlo come il viaggio di un uomo all'interno di una città, con i suoi guasti, le sue insufficienze, le sue arretratezze e il suo tessuto sociale che è degradato, dove l'uomo è belva contro un altro uomo, dove la solidarietà quasi non esiste. Quindi per me il problema non è se lui ha il lavoro o non ha il lavoro, non è questo che conta, ma tutto quello che accade intorno a lui. Il ragazzo che segue questo padre e questo padre è travolto dal furto: ripeto, è solo un fatto accidentale perché il furto della bicicletta non è uno dei punti che mettono a nudo la condizione esistenziale umana, ma è un elemento di racconto che getta un uomo dentro l'abisso infernale in cui l'individuo non trova sostegni sociali. Bisogna saper leggere il film in questa direzione.

A. V.: Come accade in tutti i tuoi film e anche in *Uomini e lupi*, un film di cui non parli mai ma che mette in risalto molte delle problematiche di cui parliamo?

De Santis: In *Uomini e lupi*, ma anche con le ragazze di *Roma ore 11*; bisogna saperle leggere le storie. Si è detto anche che il cinema neorealistico è scomparso perché erano spariti i poveri dall'Italia. A parte che non è vero, i poveri non sono spariti, tanto meno non erano spariti in quegli anni. E poi c'è sempre questo dato che io cito continuamente: questi poveri che sembra sempre che non ci siano, quando ci sono le grandi calamità nazionali, come, per esempio, la neve che distrugge intere regioni d'Italia, i terremoti e le inondazioni, vengono fuori dal sottofondo, dal sottosuolo – tutta un'umanità che sembra ancora quella del cinema neorealistico – quindi vuol dire che c'è ancora un mondo in Italia che sopravvive in mille modi. Questo non significa affatto che l'Italia non abbia fatto progressi, che la gente non stia meglio, che non ci sia del benessere più diffuso, io non voglio dire questo. Ma che siano spariti i poveri, che sia sparito quel tipo di umanità è una grande menzogna. E poi non era neanche tutto questo il discorso, il discorso era che il Neorealismo era un metodo, era un modo di indagare la realtà, e questo io dico che è una lezione che il cinema italiano non ha dimenticato mai, anche se sono sparite alcune forme e alcuni modi di aggredire e di guardare la realtà; ma insomma, non è che con Fellini o con i nuovi giovani che sono venuti dopo sparisce l'analisi della realtà italiana. Certo, non continua quel movimento, il movimento va in un'altra direzione, però la lezione del Neorealismo che è stata, come diceva Zavattini, la grande fame di realtà (cioè quello di mettere a nudo quali erano le condizioni vere, storiche, economiche, sociali e umane dell'Italia), questa grande lezione è rimasta nel cinema italiano, e sia pure, così, in piccoli rivoli, in piccoli frammenti, in piccoli canali, si ritrova qua e là nel miglior cinema italiano, quindi è stata una grande lezione.

A. V.: In questa tua ricerca della realtà sei sempre stato accusato dalla destra di mascherare un progetto ideologico.

De Santis: Mah, io non te lo so dire, ti ripeto, però, che io ero gramsciano ancora prima di leggere Gramsci, quindi del tutto ideologico non doveva essere questo mio disegno, questo mio progetto di costruire un cinema o una narrativa in una certa direzione. Questo, a mio giudizio, veniva fuori dalle considerazioni generali e dall'analisi che io facevo di una certa storia d'Italia, di una certa realtà italiana, che mi faceva impostare i problemi nella direzione in cui mi sembrava giusto che dovessero essere impostati. Che questo fosse un progetto ideologico precostituito io non lo so, non lo so dire. So che io non sono né un filosofo né un uomo che ha fatto della politica nel senso stretto della parola; io non sono mai stato un funzionario di partito, ho sposato certe idee perché queste idee coincidevano con la scelta del mio mondo artistico. Il mondo che mi interessava di più, mi sensibilizzava maggiormente, era quello della povera gente, quello delle classi diseredate, quello delle classi subalterne, ed era normale, era fatale che, per chi ha amore per certe cose, per chi ha attenzione e particolare interesse per queste classi, incontrasse l'ideologia marxista, incontrasse il marxismo. Ma tutto questo non mi ha portato a fare dei progetti ideologici; io non considero i miei film come film di progetti ideologici. Che poi questa mia scelta, questa mia attenzione verso il reale, seguendo certi principi, possa avermi condizionato in maniera ideologica è possibilissimo, ma questo mi pare normale per ogni autore; il cattolicesimo o il cristianesimo di Fellini si vede in tutti i suoi film e mi pare che sia anche un bene che si veda, perché un autore è giusto che abbia, che sveli qual è la sua identità, la sua cultura, la sua provenienza e i suoi sentimenti, questo mi pare normale. Che i condizionamenti, poi, possano aver portato a creare un prodotto non bello, ma brutto, cattivo, qui comincia un altro discorso.

A. V.: Alcuni critici sovietici tra cui Kazev [Ivan] ritengono che i film neorealistici, inclusi i tuoi, hanno un finale debole, che non dà una via d'uscita alla disperazione dei protagonisti. Che cosa risponderesti a queste osservazioni?

De Santis: Anche dei miei film?

A. V: Sì, affermano che i film italiani del dopoguerra mostrano un finale troppo debole, ingenuo, e non sanno dare una via d'uscita alla disperazione dei protagonisti. Riferendosi a *Non c'è pace tra gli ulivi*, hanno trovato che alla fine c'è una rappacificazione con la legge che è una caratteristica tipica di tutti i film italiani del Neorealismo.

De Santis: Mah, mi pare un giudizio un po' troppo generalizzato. Che ci sia in questo o quel film, anche nei miei, una volontà di avere dei finali ottimistici, nel senso di concepire per l'uomo sempre una speranza che lo faccia andare avanti e lo faccia avere fiducia nei propri gesti e nella propria vita, questo è vero. Però accanto a questo c'è, certo, il finale di *Roma ore 11* che non è affatto un finale ottimistico, perché, nel momento in cui trecento ragazze che si sono presentate ad un concorso restano vittime del crollo di una scala, e ce ne sono di ferite, c'è una sola ragazza che ancora sta lì, disperatamente attaccata sotto l'ufficio al posto che ancora deve avere. Non mi pare un finale molto ottimistico, così come non mi pare neanche un finale ottimistico quello di un film come *Riso amaro*, dove una ragazza, che insegue un suo sogno, viene avvolta dal malessere di una ragazza che vuole cercare di guadagnarsi un altro posto nella sua vita e si suicida e, per legge di solidarietà, le amiche le stanno intorno, ma solo per legge di solidarietà. Se una ragazza deve suicidarsi e un'altra ancora aspetta per il posto, così come in tanti altri film, mi pare troppo generalizzata la considerazione di questo critico russo e non mi pare che appartenga a tutto il cinema neorealistico italiano. Certo, che il cinema neorealistico italiano abbia, nella sua generalità, voluto da una parte denunciare i mali e le carenze e le insufficienze della nostra società, ma dall'altra cercare anche di dare una luce di speranza agli uomini perché affrontassero queste difficoltà e cercassero di risolverle, di cambiare queste insufficienze, di trasformarle in un mondo più giusto, questo mi pare sia stato giusto che il cinema neorealistico l'abbia fatto. Bisogna tenere conto che il periodo storico durante il quale il cinema neorealistico è nato e si è sviluppato era un periodo in cui, appunto, si fondava la democrazia italiana, si costruiva la democrazia italiana, quindi era giusto avere, quando c'è stata, una voce di speranza perché la democrazia restasse in piedi, si sviluppasse e crescesse nel migliore dei modi.

A. V.: Le osservazioni che ti ho riportato nei confronti dei tuoi film mi sembrano interessanti, perché, anche se nascono da considerazioni politiche diverse, sembrano paradossalmente in linea con le accuse dei critici di destra italiani che leggevano i messaggi dei tuoi film in rapporto alla politica di Togliatti e in linea con politica adottata nel dopoguerra dal PCI, che non voleva una rottura radicale con il potere.

De Santis: Io credo che sia giusto questo giudizio, ma non veniva da dettati politici, veniva da una considerazione e da un'analisi della realtà italiana che ci faceva dire che l'Italia poteva essere costruita con il concorso di tante forze ideologiche, sia pure divise tra di loro, ma che bisognava conservare un'unità nazionale per cercare di costruire un Paese, di costruire una democrazia. Lui non dice delle cose sbagliate ma esatte.

A. V.: Nell'America latina anche i cubani e il cinema nuovo brasiliano hanno accusato i cineasti italiani del Neorealismo di non aver voluto la rivoluzione.

De Santis: Mah, di non averla voluta, poi, è un'esagerazione. Non c'erano le condizioni oggettive per farla, dopotutto non era neanche nel programma.

A. V.: Infatti, allora le critiche sono fondate?

De Santis: No, no! Ma dimmi tu Antonio, dimmi tu come sarebbe stato possibile in quelle circostanze storiche!

A. V.: Lasciamo da parte la rivoluzione e ritorniamo, se ti va, alla domanda sulla possibile influenza dei tuoi progetti non realizzati, perché penso che questo tema sia legato al percorso seguito dalla industria italiana dell'epoca. I tuoi film-romanzi affrontavano i grandi temi del tempo e avevano un significato politico che voleva incidere sulla struttura della società per creare una democrazia più giusta. Nei racconti che sei stato costretto a girare, come ad esempio *Giorni d'amore*, si critica una società che non permette a due giovani del popolo un matrimonio secondo le regole tradizionali. In questi tuoi film meno corali mi sembra che predomini una critica delle nuove mode, che alla fine sono sfatate, più che un rimando a un cambiamento radicale della società, come invece avviene nei film più corali, quelli che tu hai chiamato «romanzi». Il respiro dei temi affrontati, se paragonati a quelli che avresti voluto affrontare, mostra le gravi condizioni in cui dovevi lavorare, sottoposto a una censura anche se apparentemente dettata dal mercato.

De Santis: Certo, sono d'accordo. C'erano molte cose di cui non si poteva assolutamente parlare, una serie di questioni che non potevano essere poste apertamente. I soggetti dei film venivano maltrattati ancor più della loro impostazione. Venivano tagliati gli ultimi resti delle ali, non solo perché non si potesse volare in alto, ma neppure sollevarsi più.

A. V.: L'involuzione del Neorealismo che si verifica in quegli anni mi sembra che fosse dovuta alla scelta dell'industria cinematografica, timorosa di non avere i fondi governativi, di non produrre film di grande impegno civile e sociale come erano i tuoi progetti non realizzati; per questa ragione ti chiedevo come si sarebbe evoluto il cinema italiano se tutti questi progetti si fossero fatti. Tornando all'inizio di questa nostra conversazione, direi che il tuo progetto cinematografico sia stato forzato a trattare le sfumature dei problemi sociali. In *Giorni d'amore* i sogni della ragazza, Angela, sono, però, anche il risultato dei cambiamenti che ci sono stati nella società italiana, di fatti lei desiderava un matrimonio con la veste bianca, con i fiori d'arancio, la permanente e la luna di miele. Tu sei sempre stato attento a mostrare i cambiamenti nella vita dei giovani, delle donne, negli strati bassi della società italiana, e anche nel registrare le influenze della cultura americana nelle masse operaie, nei contadini italiani, per questo i tuoi film minori – che tu hai definito racconti nel tuo progetto di essere romanziere – mi sembrano quasi opere cinematografiche che preannunciano la commedia all'italiana in quanto raccontano i cambiamenti dell'immaginario collettivo con un tono agrodolce.

De Santis: Capisco quello che stai dicendo ma preferirei riflettere su queste tue affermazioni.

A. V.: Per concludere, alla luce di quello che ci siamo detti, che valore ha per te il termine Neorealismo? Mi piacerebbe anche sapere se preferiresti un altro termine per definire i tuoi film.

De Santis: Io non so quanto il termine di «realismo» possa essere oggi appropriato per il mio cinema, che è stato, lo dico spesso, un cinema dell'eccesso, un cinema della parabola, delle grandi metafore, un cinema utopistico, cioè un cinema costruito sull'accumulazione.

A. V.: Ti piace il termine Neorealismo?

De Santis: Mi piaceva questo termine finché ha significato, ha avuto un significato combattivo, propulsivo e rivoluzionario, nel senso di un termine che veniva dato ad un cinema che era tutto schierato per cercare di costruire una diversa Italia, un'Italia democratica, più democratica, nuova e rifondare un Paese. Certo, oramai, a distanza di tempo, questo termine ti confesso che qualche volta mi dà persino fastidio, perché è una catalogazione che oramai diventa quasi ingiusta, perché diventa riduttiva. Ti spiego in che senso. Se in quel momento, per definire un certo tipo di cinema, era giusto chiamarlo «neorealistico», per i contenuti e le problematiche che trattava, per il senso che aveva questo termine allora, oggi, a distanza di tanti anni, lo sento come riduttivo. Ripensando a quel cinema, trovo che quel cinema sia stato l'espressione di una realtà, sia stato l'espressione di una cultura, l'espressione di una poesia e di una poetica molto più alta di quanto non possa dire il termine «neorealistico». Che oggi, a distanza di tempo, si possa dire che quel cinema è stato sicuramente il più grande cinema che si sia mai prodotto nella storia del cinema italiano, definirlo «neorealistico» mi sembra estremamente riduttivo. Oggi, a distanza di tempo, quel cinema mi sembra più importante del termine, di quanto non significhi quel termine, perché è un cinema che ha trattato l'uomo in una maniera complessa, profonda, straordinaria, approfondita, che ha trattato i temi sociali in un modo molto vicino alla realtà italiana, che ha trattato tutta una serie di problemi che il cinema italiano, la narrativa, persino la narrativa italiana, la cultura italiana non aveva mai trattato. Ecco perché io dico sempre che il cinema neorealistico è stato la coscienza critica degli italiani, rispetto a tutte le altre arti. Il Neorealismo è stato in quel momento sicuramente la punta di diamante della nostra cultura ed è riuscito a fare quello che non si è fatto nelle altre arti. Questo non lo dico solo io, lo dicevano persino degli scrittori come Pavese, come Calvino [Italo, 1923-1985], Vittorini e come anche tanti altri. Tu hai ragione, effettivamente mi sembra un termine riduttivo per indicare una scuola, per indicare non una scuola, ma almeno un certo periodo del cinema italiano.

A. V.: Per il tuo cinema, non sarebbe meglio, magari, utilizzare «realismo critico» o realismo iperbolico?

De Santis: Oggi, a distanza di anni e fuori da quella che era la nostra battaglia, preferirei il secondo.

Comporre storie e personaggi collaborando con attori, scrittori, produttori e il cinema indipendente

A. V.: Hai sempre sostenuto che per te il cinema è un lavoro collettivo, mi incuriosisce chiederti come, lavorando sempre con un gruppo di stretti collaboratori e amici, arrivavate a scrivere un racconto, a modellare un personaggio e a comporre sceneggiature.

De Santis: Io avevo le mie idee, il mio modo di fare cinema, di comporre un racconto, poi sai tra ognuno di noi si arrivava a dei compromessi. Per ogni regista credo che vari, a seconda della propria sensibilità, del proprio carattere, ma ho sempre lavorato con persone che condividevano il modo di lavorare. Io, nel costruire i personaggi col mio gruppo, ho sempre voluto comporre dei personaggi che potessero, per il loro ruolo, rappresentare il massimo di verità o di realtà dentro la quale si muovevano o dalla quale venivano. Per fare un esempio più preciso, il personaggio della Mangano in *Riso amaro* è costruito secondo che cosa? Secondo quello che era il malessere di una giovane ragazza contadina, povera, costretta a fare un lavoro brutale, come quello della monda, a partire, quindi, per quaranta giorni all'anno e stare in capannoni e con i piedi in acqua tutto il giorno. Nel creare il personaggio della Mangano, che cerca di riscattare questa sua condizione e diventare qualche cosa d'altro, andare oltre, conquistare un certo benessere, noi cercavamo, soprattutto io cercavo, di esprimere quello che era il malessere generale di una ragazza della sua età, della sua condizione, che c'era in Italia in quel periodo. Certo poi c'era anche la critica nel film di chi cerca una via di uscita dalla sua condizione di lavoro e la cerca per vie traverse anziché per vie dirette. Mentre ci sono le mondine che lottano per i propri diritti sindacali e i propri diritti civili, lei cerca invece di unirsi ad un bandito e spera di fare un salto di benessere tutto in una volta, con un avventurismo di ricerca e di strada da percorrere che nel film, se vuoi con un po' di moralismo in più, viene criticato. Ma questa era la nascita del personaggio, così come Marco, il personaggio interpretato da Vallone, era in sostanza il rappresentante di una realtà sana, di un italiano che vuole cercare di trasformare questo Paese lottando, battagliando, per farsi largo secondo metodi giusti e onesti. Oppure dall'altra c'era anche una ragazza come quella rappresentata da Doris Dowling, che ha già percorso la strada che vuole percorrere il personaggio della Mangano e cerca ora un riscatto, quindi c'è quasi uno scambio di ruolo. In realtà tra le due coppie avvengono non solo scambi di uomini, ma scambi anche di ruoli. Ecco, si tratteggiavano i personaggi secondo quello che i personaggi dovevano esprimere: quella quantità, quella parte di realtà italiana che era, diciamo così, la sommatoria dei malesseri di una società come la nostra.

A. V.: Ma anche dell'immaginario nascente tra gli strati deboli della società. Nel film c'è una critica molto forte rivolta ai nuovi mass media attraverso la perdizione di Silvana che, nell'incontro con Walter, si illude di aver realizzato i suoi sogni indotti dal fotoromanzo.

De Santis: Sì, sicuramente, ma in tutto *Riso amaro* c'è questo continuo scambio di influenza dei mass media che vanno dal fotoromanzo al *boogie-woogie*, alla cultura americana che arriva da noi e comincia a influenzare molta gioventù e molti comportamenti, e dall'altra la cultura contadina, sana, voglio dire, anche progressiva, se vuoi, almeno dentro il racconto di *Riso amaro*. Per queste ragioni c'era questa continua polemica tra i due livelli di cultura, tra due culture: una che cercava di imporsi con tutta una serie di affascinanti strizzatine d'occhio culturali, e l'altra che invece cercava di farsi largo costruendo l'Italia con la propria cultura, che era quella della ripresa delle battaglie sindacali e delle battaglie per i diritti civili che erano ancora da farsi.

A. V.: Anche qui il male è più bello del bene?

De Santis: Sì, sicuramente; il male è più affascinante del bene.

A. V.: Ti eri mai posto il problema che un corpo con il fascino, la bellezza di una donna come Silvana Mangano, mi riferisco all'attrice, non al personaggio, avrebbe potuto portare degli sconvolgimenti durante la realizzazione della sceneggiatura e addirittura stravolgere il messaggio finale del film?

De Santis: No, perché, anzi, ti dirò che questa, sai, è stata una cosa molto strana, molto curiosa. Io la racconto sempre perché nella sceneggiatura, se uno la legge, il ruolo di Silvana, che ha fatto poi la Mangano, era inferiore a quello dell'altra, a quello del personaggio che ha fatto Doris Dowling, ma mentre lavoravamo al film, io sentivo che il personaggio della Mangano mi prendeva la mano, proprio perché il fascino della sua bellezza, la sua aggressività e prepotenza se ne andavano un po' per conto proprio, per lo meno io mi sentivo trascinato da questo personaggio e gli andavo dietro, sia pure guidandolo. È un po', ecco, la storia, che io dico sempre, dei personaggi in cerca di autore. Mentre la Mangano era nella sceneggiatura un personaggio in cerca d'autore, che io nella lavorazione del film ho portato fino a compimento, cioè un personaggio che ha trovato il suo autore in me, gli altri personaggi, quello di Raf Vallone, quello di Doris Dowling, quello di Gassman, erano già ben definiti, non andavano cercando un autore, ma erano già personaggi compiuti. C'è stato sicuramente questo fatto nella realizzazione del film, perché io stesso sono stato preso dal fascino di questa ragazza, non perché bella, con un bellissimo corpo, con una sua grande fisicità capace di rappresentarsi sullo schermo, ma piuttosto perché mi sembrava che il personaggio volesse andare in certe direzioni che sono poi quelle che di fatto percorre durante il film. Anche se i grandi nodi narrativi che ci sono nel film sono quelli che c'erano già in sceneggiatura, cioè la collana, lei che ruba la collana, lei che poi apprende la notizia che la collana è falsa, lei che uccide Walter, lei che si suicida, tutte cose che erano già stabilite. Ma c'è una serie enorme di dettagli, di comportamenti, di cose intuite proprio nel momento della lavorazione.

A. V.: Fino a che punto c'era l'intento di smascherare il ruolo che il fotoromanzo aveva raggiunto nell'immaginario di alcune donne con la realizzazione di questo film?

De Santis: No, non volevo distruggere il fotoromanzo, però volevo dire, ecco, il fotoromanzo è un elemento della nostra cultura che è sicuramente retrivo, arretrato e quindi bisogna fare altre scelte culturali, che vanno oltre il fotoromanzo e che vanno oltre il *boogie-woogie*. Ecco, queste erano le indicazioni che volevo esprimere, ma soprattutto c'era secondo me una certa sensibilità con cui si avvertiva il pericolo di una soggezione alla cultura americana che stava arrivando e che poteva conquistare, come del resto poi è accaduto nella realtà, un'intera nazione e quindi che la nostra diventasse una cultura di dipendenza dalla cultura americana. Naturalmente quando io parlo di cultura americana, Antonio, intendimi bene, io parlo di cultura americana retriva, reazionaria o ritardata, non della grande cultura americana, non della grande lezione di democrazia della cultura americana, ma degli aspetti più deteriori, insomma del consumismo, del benessere, in cui tutto è sacrificato al denaro; il denaro prima di tutto. Io sentivo che stava arrivando quest'ondata di cultura a livello popolare, che poteva sommergere altri ideali sociali; questo nel film c'è in modo analitico, non credo neanche che ci sia in modo critico, perché Silvana fa le cose che tutte le ragazze della sua generazione, della sua condizione avrebbero fatto nello stesso momento. Il *boogie-woogie* l'ho ballato anch'io nelle piazze, nei vicoli, voglio dire, no? Il fotoromanzo non l'ho mai letto perché per fortuna già leggevo altre cose, ma era comunque il dato essenziale della cultura di una ragazza povera, contadina, operaia e anche della piccola borghesia italiana.

A. V.: In questo schema, in cui si svolgono le due parabole delle donne che si incrociano e poi scambiano l'uomo, eri cosciente del fatto che l'italiana è americanizzata mentre l'americana è italianizzata? Mi riferisco anche alla fisicità delle due attrici.

De Santis: No, è una cosa che mi fai scoprire solo tu in questo momento.

A. V.: Silvana come personaggio è molto americanizzata, non soltanto perché è affascinata dalle nuove mode d'oltre oceano, ma da come si muove, come cammina, come tratta gli uomini, come comunica la sua sensualità attraverso il proprio corpo e nel ballare disinvolto e senza inibizioni. Invece la Dowling, a parte il fatto che è americana, ha l'aspetto di un'italiana raffinata e a volte ha la mentalità di una piccola borghese con caratteristiche fisiche e comportamentali più italiane, più mediterranee che americane.

De Santis: Non ho mai pensato a questo, me lo fai venire in mente tu, non c'era assolutamente nessuna intenzione, nessuna malizia in questo. Doris Dowling venne scelta per questo film per due motivi: prima perché noi avevamo visto un film[1] di Billy Wilder [1906-2002], non mi ricordo più come si chiama, dove lei faceva un piccolo ruolo – lei è stata la donna, credo, di Billy Wilder per qualche anno – e lei nella caratterizzazione era straordinariamente brava. All'epoca viveva in Italia, viveva nei nostri circoli di sinistra, così avevamo un rapporto quasi quotidiano, giornaliero, e mi sembrava bello prendere questo volto che non doveva essere quello di una contadina, ma doveva essere già quello di una piccolo borghese, quindi doveva essere differenziata dal resto della massa contadina, insomma, il suo volto mi sembrava che esprimesse molto bene questa differenza. Non fu scelta per ragioni commerciali perché il nome di Doris Dowling non significava assolutamente niente in America. In realtà c'è stata una spinta di amicizia verso questa persona, di simpatia sicuramente, soprattutto perché il suo fisico corrispondeva all'immagine di questo personaggio che era descritto nella sceneggiatura.

A. V.: La Dowling non ha il fascino erotico o trasgressivo che tante attrici americane dell'epoca avevano e non riflette neanche l'immagine dell'americana che esisteva nell'immaginario italiano dell'epoca; al contrario Silvana, come attestano le tue stesse dichiarazioni, doveva personificare la bomba atomica nostrana. Pensi che le accuse di erotismo che ti sono volate addosso da tutte le parti all'uscita del film, siano anche da attribuire al complesso sessuale degli italiani? All'estero l'Italia, la società italiana veniva, e lo è ancora, percepita come una società molto sensuale, erotica, appassionata, mediterranea, eppure se si prendono in esame le reazioni all'erotismo nei tuoi film, ne viene fuori un'altra immagine.

De Santis: Ma sai, questa qui è una società dove l'intellettuale ha sempre avuto dei complessi di colpa verso l'erotismo, verso il sentimento erotico. In questo ha ragione il mio amico Tinto Brass [1933] quando fa delle polemiche per i suoi film, affermando che in Italia c'è

[1] De Santis si riferisce al film *Giorni perduti* del 1945. Doris Dowling era arrivata in Italia con una grande formazione artistica teatrale avendo recitato nel gruppo di avanguardia di Clifford Odets che era anche conosciuto per le sue idee progressiste.

un complesso di colpa anche dell'intellettuale italiano, figuriamoci poi della critica cinematografica italiana, e certe volte si arriva al sottoprodotto, alla sottocultura dell'intellettualità italiana. Quindi avere un rapporto con l'erotismo è stato sempre molto difficile, e i critici non l'hanno mai capito. Adesso certo c'è una società un pochino più aperta, più liberalizzata e ci sono alcuni critici che si avvicinano a queste tematiche con maggiore apertura, con maggiore spregiudicatezza, ma all'inizio, negli anni in cui il mio cinema per primo ha cominciato ad affrontare il tema della donna come corpo erotico, come desiderio, come oggetto del desiderio (perché è un dato reale della vita), ci furono degli approcci ai miei film di tipo conservatore e di tipo reazionario, ma prima di tutto all'interno della sinistra e non molto lontano dalla sinistra. Io mi ricordo ancora le critiche che i sindacalisti di sinistra facevano al film *Riso amaro*, proprio da questo punto di vista: che era un film troppo scollacciato, che mostrava le donne con una aggressività erotica troppo forte. Mi ricordo anche che per il film *Un marito per Anna Zaccheo* ci furono dei compagni che scrissero a «l'Unità» delle critiche infondate che Ingrao, allora direttore, pubblicò. Ci rimasi così male che non ho mai potuto perdonarlo, perché mi si accusava di aver mostrato la degradazione di una donna, come se la protagonista di *Un marito per Anna Zaccheo* fosse una prostituta. Non avevano capito il significato del film, dicevano: «De Santis mostra la Silvana Pampanini in acqua che fa il bagno nuda», non avevano capito invece questa grande libertà solare, l'erotismo che io non ho mai prospettato in modo funerario. Sono nato, come tu sai, in un paese di arance, di mandarini, di sole, di mare, quindi l'erotismo per me è stato sempre un fatto pagano, un fatto di grande liberazione, di libertà totale e assoluta. La critica non è stata all'altezza di cogliere il senso di libertà sessuale che è disseminato in tutti i miei film, non ha sentito questa mia posizione sul rapporto con la donna.

Oggi, naturalmente, le cose sono cambiate anche se il pregiudizio di tipo cattolico in un Paese come il nostro, dove le radici sono quelle che noi sappiamo, rimane. Ti ho detto, poi, anche il mio caso di cattolico, nato in una famiglia cattolica, che però ha avuto a che fare poi con le forze del marxismo e quindi educato e trasformato attraverso la dialettica filosofica. Il cattolicesimo è stato una cappa mortuaria, è quello che ha creato il grande tabù rispetto al rapporto con la donna. Del resto persino ancora oggi questo nostro

Papa Paolo VI[2], che per altri aspetti ha dei grandi meriti per tante altre cose, ancora parla della donna, del rapporto sessuale o del rapporto carnale, come se da una parte ci fosse il diavolo e dall'altra ci fosse l'acqua santa. È ancora un rapporto conflittuale nel senso più cupo, più funerario e più medievale della parola, e questo è dovuto secondo me alle radici storiche dell'Italia. Direi che all'estero poi si guarda all'Italia come a un Paese del Mediterraneo, fortemente intriso di sessualità, perché esiste, ma è tenuta sotto la cappa del potere cattolico. Oggigiorno, liberata da tanti pregiudizi, la sessualità degli italiani è esplosa in una maniera magari più violenta di quanto non sia esplosa in altre società. La società americana, che pure ha naturalmente al suo interno i pregiudizi del perbenismo, i pregiudizi che si portano dietro sia i cattolici americani, sia gli altri appartenenti ad altre religioni americane, ha avuto uno sviluppo più libero da questo punto di vista. È una società più aperta, più spregiudicata, in cui il lasciarsi, il prendersi, il mettere al mondo dei figli, il divorziare è a un passo più democratico e più libero di quanto non lo abbia o non lo abbia avuto la nostra società. Oggigiorno mi pare di capire che anche in Italia si siano superati questi scogli, anche se poi, ripeto, basta per esempio leggere le reazioni al film di Tinto Brass *Paprika* [1991] che, sfruttando la prospettata riapertura delle case chiuse (un motivo che è su tutti i giornali in questo periodo), ha fatto un film erotico: sono esplosi tutti quanti i conformismi, allora vuol dire che ancora ci sono e che erano soltanto nascosti.

A. V.: Per ritornare al comporre personaggi, mentre Silvana emanava trasgressività e sensualità, Francesca e Marco sembrano così seri, freddi, retorici. Sembrano vivere della retorica della buona famiglia italiana, ma non quella di sinistra, quella con i valori della famiglia italiana tradizionale. Inoltre Marco non ride quasi mai, sembra spesso impacciato nei movimenti, soprattutto se paragonato a Walter che è sempre disinvolto e disinibito. Mi ha colpito la scena dello scontro finale in cui sono nel macello e stanno per ammazzarsi. Walter dice a Marco: «Tu sei fortunato ad aver trovato Francesca, perché anche lei è troppo per uno come te. Tu non eri un uomo adatto per qualcuna come Silvana».

[2] Al secolo Giovanni Battista Montini (Concesio, Brescia, 1897-Castelgandolfo, Roma, 1978

De Santis: Forse è vero, perché Marco secondo me esprime anche nel suo personaggio una certa retorica dell'uomo italiano, dell'uomo onesto, per bene, capisci? Ma nel suo personaggio volevo anche rappresentare l'uomo della frontiera, che porta dietro di sé sempre dei concetti sani, onesti, di cose pure, pur essendo un uomo che vuole sfidare, affrontare il mondo, ma sempre con questo moralismo certe volte un po' anche retorico.

A. V.: Ma il personaggio di Vallone è retorico, soprattutto in certi momenti mi sembra molto tradizionale e forse anche conservatore. Ad esempio, quando lui dice a Silvana: «Sai perché nel mondo è tutta una questione di facce...», mi sembra che il suo discorso non stia in piedi, soprattutto da un punto di vista dialettico di sinistra.

De Santis: Fa parte di una retorica dell'uomo integro, del militare, dell'uomo onesto, per bene, per cui una faccia si vede e rivela. Capisci... come si dice nel proverbio: «l'abito non fa il monaco», insomma. Il personaggio di Marco di solito viene criticato, ma secondo me è proprio perché non si entra nel personaggio. C'è una certa retorica nel suo personaggio, come c'è retorica anche in Walter, però in Walter è la retorica del prototipo del fumetto.

A. V.: Per questo è tutto pimpante e spigliato?

De Santis: È più spigliato perché è un altro personaggio.

A. V.: Ogni volta che faccio vedere il film in America, tutte le ragazze lo trovano più attraente, più avventuroso di Marco. Molte mi dicono che con un tipo come Walter ci si diverte, mentre con uno come Marco si va all'altare.

De Santis: Qui siamo sempre al solito fascino del male. Il male affascina più del bene, insomma. Walter si muove in un certo modo, è cattivo, ha questa...

A.V.: Strafottenza...

De Santis: E poi balla, ma sì, insomma ha quello che attrae.

A. V.: A proposito di ballare, è vero che hai dovuto usare una controfigura per le scene del ballo perché Gassman non sapeva ballare?

De Santis: [dopo una lunga risatina] Verissimo!

A. V.: Ripensando ai nomi dei personaggi, Walter viene dai fumetti, e Marco? Dato che è un nome che si ripete anche spesso nella letteratura italiana, soprattutto durante la Resistenza e il dopoguerra. C'è Marco in *Paisà*, c'è il tuo Marco – in *Riso amaro* – poi c'è Marco Laudato in *Tiro al piccione* [1953] di Giosè Rimanelli [1925]. C'è anche la versione con la K. Nel tuo film c'era un riferimento preciso?

De Santis: Scusa, ma non hai pensato a Marcus che è stato il grande leader! Ma io non credo che noi avessimo intenzione di rifarci a lui. Bisognerebbe tornare a quei tempi per capire, ma io non lo credo proprio. Walter era stato scelto anche perché fa più impressione alla ragazza, perché uno che si chiama Marco non fa impressione a una ragazza. Walter, capisci, è più da fotoromanzo. Marco non credo che abbia un riferimento politico. Non abbiamo pensato a questo. Silvana si chiamava Silvana per farla identificare il più possibile con l'attrice, era più immediato.

A. V.: E Francesca? Anche questo nome sembra così tradizionalmente italiano.

De Santis: Sì, è molto, molto usato.

A. V.: Sembra appropriato all'aspetto dell'attrice e anche al personaggio, quasi fa pensare a una santa in cerca di redenzione.

De Santis: Non so... Io non lo so, potrebbero esserci questi significati che dici tu, queste attribuzioni, ma non me lo ricordo, non mi ricordo di averci mai pensato.

A. V.: L'inizio, proprio l'inizio di *Riso amaro*, comincia con un uomo che guarda in macchina. Potresti commentare questa scelta?

De Santis: Sì, con un uomo che guarda in macchina. Ecco un modo poetico di trasformare la realtà, no? C'è un uomo che guarda in macchina e dice delle parole che servono da didascalie. Che servono anche per introdurre il mestiere della mondina. Lo spettatore non sa neanche dove stia, è una figura astratta, è un volto astratto, ecco, questo è il rapporto con la metafisica, no?

Poi c'è un carrello indietro, che lo scopre, sta sopra un treno ed è un cronista, un giornalista. Quindi, ecco, una finzione poetica... che si trasforma... Questo è il cinema iperbolico, paradossale, incredibile, che ho fatto io, perché quest'uomo sta sopra al vagone di un treno, hai capito? Luogo assolutamente assurdo per un giornalista, un cronista, ma non tanto, perché potrebbe benissimo essersi messo lì per guardare la realtà dall'alto. Capisci quanti significati ha? Quindi, voglio dire, è incredibile e iperbolico, ma anche credibile.

A. V.: Ma c'è un primo piano e lui sta parlando direttamente agli spettatori del film, più che agli ascoltatori del programma radiofonico.

De Santis: Sì, è proprio un primissimo piano, è una gru, è un movimento di gru; va indietro, c'è un carrello indietro, e poi la macchina comincia a fare una panoramica sulle mondine che stanno venendo, vanno a prendere il treno, e finisce sui due poliziotti. È tutto un movimento di carrello combinato con gru.

A. V.: Ma sembra che lui stia parlando col pubblico, al pubblico, invece poi scopri che sta facendo la radiocronaca per Radio Torino. E anche qui incomincia tutta l'affabulazione che poi si ripete in tanti tuoi film.

De Santis: Eh, sempre lì... Anche perché poi alla fine è la stessa voce che conclude il film.

A. V.: Però è strano, perché lui non è mai salito sul treno.

De Santis: E va bene, ma questo sarebbe quello che scriverebbe un critico, non un regista!

A. V.: Che genere di critico? Aristarco?

De Santis: No, non Aristarco... No, quelli che dicono: «La monda non si faceva in questo modo...».

A. V.: Capisco l'ironia, ma vorrei sapere da te perché non era importante farlo salire sul treno? Perché non si è mai visto dove sia andato? È andato con le mondine? Per lo spettatore non è importante, perché tu volevi che si seguisse l'altra storia, quella del furto?

De Santis: Questa è la trasfigurazione. Nessuno ci dice che lui, il cronista, non sia dietro un angolo a guardare, capisci. Nessuno ce lo dice. Con la voce dello speaker che ritorna alla fine, io non lo mostro come l'ho mostrato all'inizio, perché non ne ho bisogno, non ne ho necessità, perché l'ho visto all'inizio, quindi potrebbe stare lì a guardare le mondine che, finita la monda, se ne ritornano a casa.

A. V.: Ho letto dal libro di Carlo Lizzani su *Riso amaro*[3] che, dopo la sconfitta delle elezioni del 1948, il film era considerato troppo rosso e che avevate paura che alla fine il film non venisse neanche distribuito. A te personalmente oppure agli altri del gruppo, del partito, vi è venuta mai l'idea di formare una distribuzione e un'industria cinematografica indipendente da quella nazionale con delle nuove strutture di produzione e di diffusione alternative?

De Santis: Sì, beh certo, c'è stato intanto il tentativo, direi riuscito anche, di Lizzani quando debuttò col suo primo film *Achtung! Banditi!* (1951) che fu prodotto da una cooperativa, in sostanza, di compagni o comunque di gente di sinistra che aderiva ad un'iniziativa di quel genere. Ad esempio, avremmo potuto formare tutta una serie di cooperative che potevano andare avanti da sole con il sussidio, naturalmente, che si dava allora, non so se si dia ancora, che permette alle cooperative di godere di una serie di privilegi. Però, tutto questo non interessò al partito, non riuscimmo mai a far capire ai massimi dirigenti, che erano quelli che dovevano capire, qual era l'importanza di produrre in un modo indipendente i film. Perché in questi vecchi dirigenti c'era ancora l'idea, la stratificazione dell'idea, comunque, che il cinema fosse un luogo di divertimento, fosse un luogo di grande consumo di denaro, quindi di spreco di beni, capisci? Nella vecchia mentalità del funzionario di partito, che andava, che ti devo dire, da Secchia [Pietro, 1903-1973] a Longo [Luigi, 1900-1980], che forse arrivava fino a Togliatti, che pure amava molto il

[3] Carlo Lizzani, *Riso amaro*, Roma, Officina edizioni, 1978.

cinema, c'era l'idea che potesse, diciamo, sfociare in un movimento, così, non interessante, ecco, ai fini della cinematografia italiana. Devo dire che l'unico che invece capì abbastanza bene che cosa poteva venire nel cinema da gruppi indipendenti, da autori indipendenti che si fossero messi insieme fu Di Vittorio [1892-1957][4], sindacalista, uomo di grande apertura mentale.

Ti posso raccontare per esempio che, quando, attraverso una serie di peripezie, io cercavo i produttori per il mio film sull'occupazione delle terre in Calabria, *Noi che facciamo crescere il grano*, conosciuto anche con quest'altro titolo *Il nostro pane quotidiano*, li avevo trovati, poi li persi, insomma, facevo molta fatica e non trovavo sostegno dal partito. Mi ricordo che Di Vittorio mi disse: «Guarda, facciamo una sottoscrizione con la Camera del Lavoro, con i sindacati e raccogliamo il denaro per farti fare questo film». E io, devo dirti la verità, in quel momento lì a quest'offerta splendida, generosa di Di Vittorio ebbi molta paura. Ebbi paura di sacrificare del denaro dei lavoratori per un film del cui buon esito commerciale non ero certo e quindi dicevo: «Ma questo organismo, che mi dà il denaro, che fa questo grosso sacrificio finanziario, se non viene ricompensato riprendendo almeno il denaro dei lavoratori, come andrà a finire?». Mi sembrava un film a rischio per gli operai che investivano per passione. Non accettai e ritengo di aver fatto bene, perché sicuramente in quella epoca un film di quel genere, così avanzato e così rivoluzionario, il pubblico non lo avrebbe sicuramente accettato, o comunque non gli avrebbe decretato nessun successo finanziario. Ma avevo anche paura che non sarebbe stato distribuito. Questo non significa, ripeto, che ad ognuno di noi non sia venuto in mente di creare un cinema indipendente, che avesse delle strutture proprie. Ci abbiamo pensato eccome, però non era facile farlo, come non lo è tuttora. Non lo è, capisci, perché il sistema produttivo, industriale – ma è un termine che non va bene per l'Italia che non ha mai avuto una vera e propria industria cinematografica – da noi ha dei passaggi e dei meccanismi che non si possono articolare come per esempio si articolano in America dove c'è una banca che ti dà la fiducia sul nome di prestigio e chiede il denaro. Insomma i meccanismi sono diversi da noi. Il nostro cine-

[4] Giuseppe Di Vittorio, sindacalista (Cerignola, Foggia, 1892 - Lecco 1957). Bracciante, nel 1911 divenne segretario della Camera del Lavoro di Cerignola e guidò la CGIL nei difficili anni '50.

ma italiano non ha un mercato sicuro, ricco e importante come quello che ha il cinema americano. Da noi il cinema indipendente è sempre stato difficile farlo, non c'era un gruppo che potesse agire facendo un calcolo di esportazione o di mercato del prodotto anche all'interno, potendo contare su un milione di spettatori, era impossibile. Devo dire, ad onore del vero, che lo stato con varie iniziative ha tentato di promuovere un cinema fatto e gestito dagli autori, però lo stato lo ha fatto in un modo tale che, in realtà, poi non ha sviluppato, non ha determinato nessun movimento, perché tutto questo lo stato lo faceva per controllare e per censurare i progetti, o comunque per poter indirizzare i progetti. Ancora oggi è in piedi, nello statuto delle leggi del Ministero del Turismo e dello Spettacolo, l'articolo 28, che concede ai registi che presentano dei progetti validi un buon appoggio, rappresentato, mi pare, dalla metà o da un terzo del budget, col quale si possono affrontare delle spese. Allora naturalmente che cosa fanno i giovani registi che vogliono debuttare? Progettano un film, fanno un preventivo di un miliardo che è più alto di quello che normalmente costa, il Ministero approva questo progetto e ne assegna cinquecento, poi il film riescono a farlo con cinquecento milioni. Però, ti ripeto, questo è un meccanismo in qualche modo di censura.

A. V.: Poi c'era il problema della distribuzione e degli esercenti?

De Santis: Il problema degli esercenti in realtà non è un impedimento, anzi, così com'era il meccanismo in Italia, poteva un po' invogliare. Da una parte c'è la distribuzione, che può voler dire anche gli esercenti, ma non sempre, perché la distribuzione ti dà un minimo garantito, come si dice, un'anticipazione sul budget del film, e qualche volta anche questo anticipo minimo garantito è costituito da denaro che loro prendono dagli esercenti. Capisci? Gli esercenti sanno che danno un film di un certo tipo, quindi anticipano anche del proprio denaro. Del resto non si andava tanto lontano, perché, dico, io ho prodotto con questo sistema un film, il mio ultimo, girato nel '71, *Un apprezzato professionista di sicuro avvenire* che è stato prodotto da me e da un mio amico sceneggiatore, Giorgio Salvioni. Noi abbiamo creato una piccola società di produzione, siamo andati da un distributore che ci ha dato un'anticipazione, abbiamo avuto un credito dalla Banca del Lavoro come prevede, appunto, una misura di legge del nostro Parlamento e abbiamo messo in piedi un film. Però poi il film non ha avuto un grande successo, anche se è andato abbastanza bene, in quanto ha recuperato il denaro che era costato. Ma noi ci eravamo caricati di debiti, a causa di tutti i contratti che ci avevano legato alla Banca del Lavoro e anche al noleggio. Gli interessi sono aumentati tutti quanti e gli interessi passivi sono stati talmente forti che abbiamo dovuto pagare un sacco di denaro, tant'è vero che alla fine, non potendo più sopportare il peso di questi debiti, la società è fallita e attualmente è proprietario di questo film il Tribunale di Roma, che ha ancora dei piccoli creditori; ma essendo proprietario del negativo può un giorno mandarlo all'asta, venderlo, non so, a duecento-trecento milioni e pagare quei trenta, quaranta milioni di debiti che ci sono ancora da pagare, e dopo ci potrebbe essere una nuova distribuzione del film. Tutto questo per ricordare che le possibilità ci sono sempre state; ma diciamo anche che non si è mai riusciti a creare un movimento indipendente, perché c'è stata anche una razza di registi italiani che non ha mai voluto rischiare, che ha voluto lavorare sempre sul comodo, avere dei contratti regolari, girare un film essendo pagati, capisci, rischiando non denaro proprio, ma facendolo rischiare al produttore. Secondo me questo non è un metodo giusto, però è un po' il sistema che ti spinge ad avere paura, perché da noi è molto rischioso in quanto, ti ripeto, non hai un mercato a disposizione tale da potere rischiare. Però ecco, i registi di successo, quelli già affermati, tipo Scola [Ettore, 1931], Dino Risi [1916], o non so chi altro, per esempio Verdone [Carlo, 1950], potrebbero produrre per conto proprio.

A. V.: Del resto lo fa già Nanni Moretti [1953]e anche altri, no? Anche i fratelli Taviani hanno prodotto qualche cosa, associati con De Negri, un loro amico produttore, che gestisce i loro film, però non è mai diventato un movimento.

De Santis: Ma sai, la cosa è molto dubbia, perché guarda, è curioso questo; ti rivelo un mio stato d'animo: ho prodotto anch'io un film indipendente, con capitali miei e di questo mio amico, ma sai che quasi non lo considero un mio film, perché non essendo un film commissionato, non è venuto dall'esterno, essendo un film non a pagamento, ma fatto a mie spese, mi sembra quasi come un film che io non abbia fatto, capisci? Strano, no? Perché così ti sembra che il film non esista. Il produttore, bene o male, è lo stimolo che ti spinge o, se si va oltre i tempi stabiliti, si fa una trasgressione nei suoi riguardi, per cercare anche di fare qualcosa contro corrente. Insomma, hai un nemico, o per lo meno hai un interlocutore che ti stimola e ti spinge a fare determinate cose o a non farle, nel momento in cui un regista si comporta male. Per tutte queste ragioni non so se la formula di autofinanziamento, in un sistema di distribuzione e di esercizio cinematografico come vige in Italia, sia buona o non buona; in America forse esiste un sistema già diverso.

A. V.: Quello che trovo strano in tutto quello che racconti è la posizione assunta dal partito comunista, che come movimento di opposizione, che voleva creare una nuova cultura, un'alternativa alla cultura vigente in Italia, non si è mai posto il problema di creare una produzione cinematografia alternativa a quella capitalista o almeno alternativa al governo democristiano.

De Santis: Sì, ma sai, di questo il partito non ne ha mai voluto sapere. Noi abbiamo presentato, io per primo, insieme con altri, vari progetti di costituzione di società che fossero in qualche modo agevolate, appoggiate, diciamo gestite economicamente dal partito. Il partito non ne ha mai voluto sapere per un principio molto semplice, per un principio, se vuoi, di marxismo integrale: insomma non si è mai voluto investire del denaro perché quel denaro capitalizzasse o ne facesse fruttare dell'altro, capisci, così il partito non ha mai comprato case di produzione. Il partito ha sempre pensato che fosse una forma di speculazione e non ha mai voluto gestire cose di questo genere. Ti ripeto, il partito del quale ti parlo io, della mia generazione, forse oggi è un pochino più spregiudicato questo PDS che si è creato adesso, ma allora la *forma mentis* del vecchio dirigente era tale per cui queste cose non riusciva a concepirle. A noi sembrava di assoluta normalità questo, che il partito creasse delle società o almeno una società di produzione.

A. V.: Si è almeno pensato di creare delle scuole di cinema, dopotutto si voleva una cultura diversa, no?

De Santis: Niente, era contrario a questo. Penso che lo fosse anche per una ragione politica, per la stessa ragione della quale io ti ho parlato adesso a proposito del mio film *Un protagonista di sicuro avvenire*, perché si sarebbe abolita nella realtà una forma di lotta, di antagonismo con il capitale, che il partito comunista, o per lo meno la classe dirigente al potere a quell'epoca, voleva mantenere in piedi. C'era una lotta, allora l'antagonismo nasce quando c'è il capitale da una parte e la forza lavoro dall'altra, capisci? Insomma, se ci fosse stata, invece, l'abolizione di uno di questi protagonisti, lo scontro avrebbe prodotto meno antagonismo.

A. V.: Però allo stesso tempo non è riuscito a creare una cultura diversa, alternativa.

De Santis: No, non è riuscito a crearne una, non l'ha voluta promuovere. Ripeto, secondo questo principio che si può discutere o meno, non l'ha voluta creare e noi abbiamo sofferto molto di questo e siamo poi andati in giro di qua e di là (io sono andato in Jugoslavia, sono andato in Russia a fare dei film). Io sono stato il primo a muoversi su questo; *La strada lunga un anno* è stato finanziato da compagni jugoslavi, *Italiani, brava gente* è un film dove gli italiani hanno messo quattro soldi per produrlo, il resto l'ha pagato l'Unione Sovietica, perché abbiamo girato tutto lì, hanno pagato quindi tutte le spese, tutti i servizi, quindi è un film dove il peso economico dei costi è caduto più sui sovietici, non certo sugli italiani. Gli italiani avevano già abbondantemente coperto il costo della loro partecipazione con un paio di attori americani[5] che ci sono nel film, assicurandosi così la distribuzione, capisci. Io poi avrei potuto anche girare *Noi che facciamo crescere il grano* con una struttura che in quegli anni c'era a Vienna, avevo stabilito dei contatti con loro, ma non riuscii a concludere nulla.

A. V.: Tu hai cercato contatti con gli studi di Berlino?

De Santis: Sì, Berlino. Ecco, anche con Berlino si poteva; io ho intessuto dei rapporti con loro, ho avuto dei rapporti molto stretti. Come tu sai, alla fine della guerra la città era stata divisa in quattro settori che erano toccati ai quattro grandi alleati, ai sovietici era toccato il settore dove c'erano gli stabilimenti cinematografici. Poi, proprio mentre stavo per realizzare *Noi che facciamo crescere il grano*, ci fu l'accordo tra gli alleati di abbandonare la città, quindi i settori cinematografici rientrarono nelle mani dei nostri nemici politici.

[5] Si veda la filmografia inclusa in questo volume.

Noi ci siamo spostati a destra e a sinistra perché sentivamo il bisogno di trovare finanziamenti per i nostri progetti. Io per esempio tante volte ho proposto ai sovietici di aprire in Italia... dicevo: come ci sono gli americani sul nostro mercato, con le varie ditte Colombia, Fox, Metro-Goldwyn, eccetera, aprite anche voi nel nostro Paese delle società di distribuzione che possono servire a finanziare il cinema progressivo. Anzi, ti rivelo che io ho accusato i sovietici, verso la fine degli anni Cinquanta, proprio di avere dato, non avendo risposto all'appello di solidarietà verso questo cinema neorealistico, pure loro una mano a chi l'aveva affossato. I sovietici non ne hanno voluto mai sapere, anche se con estrema correttezza e con estrema onestà, perché non volevano essere criticati, non volevano essere chiamati propagandisti di film politici in un territorio che non apparteneva loro, com'era l'Italia, capisci! Questi risvolti, sai, sono state delle cose con le quali io mi sono scontrato continuamente, non sono stati dei problemi facili da risolvere, abbiamo trovato sempre dei muri. Si voleva che in realtà l'artista, l'autore si scontrasse con un antagonista che era il capitale e i dirigenti ritenevano che nel momento in cui non ci fossero stati più scontri e la lotta fosse finita, non ci sarebbero stati più stimoli. Credo che la ragione principale fosse proprio questa, a mio giudizio.

A. V.: Forse un rapporto diverso con l'industria statale e capitalista, secondo te, avrebbe potuto influire se non cambiare la distinzione tra naturalismo e realismo?

De Santi: Beh, il naturalismo è proprio quella forma deteriore dell'arte secondo cui la realtà si copia tale e quale com'essa è, questo è il naturalismo; salvo poi che vi sia un movimento del naturalismo in arte con punte anche di grande interesse. Non so, Zola [Èmile, 1840-1902] è stato il capo, per lo meno nella letteratura di quell'epoca, del naturalismo in Francia e direi forse in tutto il mondo, ma era un naturalismo scientifico che fondava le sue ragioni su certe tesi filosofiche di cui è inutile parlare, ma che ha prodotto dei grandi capolavori. Senza questi presupposti, detto così brutalmente, essere naturalisti significa essere un autore che copia la realtà così come se la trova davanti, anche se a mio giudizio è sempre un'ambiguità chiamare un'arte naturalistica, se questo muovere dal documento vero e proprio poi riesce a prevaricare il documento e a diventare arte, quando scompare il termine o la denominazione «naturalistica» e diventa un'altra cosa, così com'è almeno per la letteratura di Zola. Di naturalismo ce n'è stato molto nel cinema sovietico, ce n'è stato molto anche nel cinema americano, e anche nel cinema italiano. Aggiungo che il naturalismo è la copia della realtà, di quello che avviene nella realtà, senza gli elementi di una trasfigurazione poetica di quello che è il documento vero e proprio. Il verismo invece è proprio il superamento della forma naturalistica, è l'adesione ad una verità, ad una realtà, ma adesione non in modo fotografico e, come si dice, come riproduzione diretta della realtà o della verità. Infatti tutto il cinema neorealistico italiano è partito da posizioni di verismo e la letteratura, lo sai, la letteratura di Verga, che era una letteratura denominata veristica, è stata il nostro punto di riferimento.

A. V.: Sarebbe quasi come un rapporto più dialettico con la realtà?

De Santis: Un rapporto più dialettico con la realtà, un rapporto più poetico, un rapporto, direi, di maggiore libertà della creatività. I veristi non hanno mai dovuto copiare, avvicinarsi il più possibile alla verità. La realtà va bene, ma mai copiarla, perché questo significava appunto fare soltanto una cosa che apparteneva all'arte fotografica, o per lo meno alla fotografia e non all'arte.

A. V.: In molte tue interviste rilasciate negli anni Cinquanta ti soffermi sul fatto che tutti i tuoi film venivano manipolati, compromessi, o a causa dei produttori o a causa della censura. Pensi di non essere mai riuscito a fare un film veramente come volevi?

De Santis: Beh, no. Ho detto però che il mio film più libero è sicuramente *La strada lunga un anno*, perché è un film dove io ho avuto un produttore che era di idee socialiste. Ero in Jugoslavia e io giravo un film dentro un contesto di ideologia socialista o per lo meno di ispirazione socialista, quindi non ho avuto problemi di discussione sul contenuto e sulla forma con cui io interpretavo questo contenuto e così è stato il mio film più libero. Dico il mio film più libero, ma certo non libero nel modo più totale, più assoluto, perché anche lì ho dovuto accettare un paio di compromessi; per esempio gli jugoslavi, per produrre questo film, non volevano avere problemi diplomatici con l'Italia e quindi mi obbligarono a premettere al film una didascalia nella quale si diceva che questo era, praticamente, ambientato in un mondo immaginario. Io poi, quando venni in Italia e feci l'edizione italiana, mi preoccupai invece che fosse il più possibile vicino ai luoghi d'Italia dove io avevo immaginato che si dovesse svolgere questa storia, cioè la mia Ciociaria, quindi ho doppiato il film in dialetto con l'accento, con le sfumature, con un dialetto più o meno del basso Lazio. Questo è, ripeto, il mio film più libero. Naturalmente è il film dove ci sono tutti i miei difetti e tutti i miei pregi, perché è senza dubbio il film che io ho potuto girare senza le mani legate.

A. V.: *Caccia tragica* ha subito ingerenze, manipolazioni?

De Santis: Ma anche *Caccia tragica*, devo dire, è stato girato in condizioni favorevoli rispetto al produttore, perché il produttore di *Caccia tragica* era l'ANPI, l'Associazione Nazionale Partigiani d'Italia e quindi, voglio dire, già un organismo che, per quanto riguarda il contenuto che esprimeva questo film, era sostanzialmente d'accordo. Ecco, ci potevano essere nell'ambito dell'ANPI, che ti devo dire, i liberali, i repubblicani e non so chi altri, che potevano avere delle osservazioni sulla dinamica ideologica del film, però, insomma, non ci furono grandi pressioni. Certo i compromessi li ho fatti in questo senso come professionista del cinema, nel senso che, come ne abbiamo parlato tante volte nei giorni scorsi, io ho sempre creduto che l'interlocutore di un film fosse il grande pubblico, quindi mi sono sempre sforzato di trovare quella forma, quel linguaggio e quei contenuti che potessero arrivare al grande pubblico. Io credo, per esempio, che se i miei colleghi in quell'epoca si fossero preoccupati un po' di più del pubblico, voglio dire, dai De Sica-Zavattini, con *Ladri di biciclette* e i vari *Sciuscià*, a Visconti de *La terra trema*, se si fossero posti il problema di parlare al grande pubblico secondo me noi avremmo anche potuto non dico sconfiggere, ma attenuare la grande battaglia che ci fece allora la censura, il governo, che uccise in realtà tutto il movimento.

A. V.: In che modo esattamente?

De Santis: Nel senso che noi non avemmo il seguito delle grandi masse, cioè non riuscimmo a mobilitare il popolo. Questo cinema, che difendeva le classi subalterne mostrando i problemi, le ingiustizie che le grandi masse subivano, non riusciva a mobilitarle, perché questo pubblico non era educato a dei film di questo tipo, a queste tematiche, e quindi disertò le sale. Che poi questo cinema abbia avuto successo all'estero, in America, o in Francia, e in altri Paesi, è un altro discorso, ma in Italia l'esito fu questo. Se i registi si fossero preoccupati, come mi sono sempre preoccupato io, di trovare sempre la formula più giusta, il modo più giusto per avere un dialogo, un rapporto con il pubblico, probabilmente avremmo avuto, non diciamo un avvenire diverso, ma il cinema neorealistico sarebbe durato sicuramente più a lungo.

Di fronte a un film così radicaleggiante com'era *La terra trema*, parlato in un dialetto stretto siciliano che neanche Visconti riusciva più a capire alla fine, chi vuoi che ci andasse a vederlo? Non ci andava nessuno. Io, da questo punto di vista, ho fatto dei compromessi con me stesso, quando molte volte sentivo che le storie, le problematiche erano più private che pubbliche o per lo meno appartenevano più al mio gusto, alla mia sensibilità di individuo che di uomo civile. Antonio, ascolta bene a quello che ti dico: ho badato di meno alla mia sensibilità di individuo, di artista, piuttosto che a quella di uomo civile, perché come regista avevo delle responsabilità civili che dovevo rispettare attraverso questo mezzo che io manovravo. Come ti ho detto, io me lo sono posto questo problema, e l'ho sempre affrontato facendo dei sacrifici. Questo non significa che io sia sceso a dei compromessi di ordine né di contenuto, né di tematiche.

A. V.: Malgrado i compromessi che ti sei imposto liberamente, bisogna riconoscere che i produttori hanno influenzato la tua spinta utopistica.

De Santis: Sicuramente, tra il contenuto di *Caccia tragica* che è prodotto dall'ANPI e il contenuto, non del tutto esaltato, di *Riso amaro* che era un film prodotto da un industriale del cinema, la Lux Film, la differenza c'è. Se fossi stato più libero di concepire un racconto attraverso un produttore diverso, *Riso amaro* avrebbe avuto delle punte, delle spinte rivoluzionarie più avanzate di quanto non ne abbia. Invece lì c'è una mediazione, ci sono dei terreni che sono un po' calpestati con più volontà di mediare il contrasto sociale piuttosto che acuirlo. Questo sicuramente era dovuto da una parte al capitale che veniva appunto da una società industriale ben organizzata com'era la Lux Film, e dall'altra ad una serie di compromessi che io facevo per cercare di rendere il prodotto adatto al grande pubblico, alle grandi masse.

A. V.: Carlo Lizzani afferma che la mediazione sia anche dovuta al risultato delle elezioni del 1948 sfavorevoli alla sinistra. Pensi che la mediazione abbia influenzato anche il messaggio e il linguaggio dei tuoi film?

De Santis: Io non parlo mai del messaggio, non credo che i miei film abbiano mai avuto cadute di messaggio nel senso politico e ideologico della parola, non lo credo; posso avere mancato qualche volta, qualche film ha, diciamo, un approccio con le problematiche della vita pubblica meno interessante di altri, però in questo caso credo si possa dire che c'è una continuità ideologica nei miei film, sufficientemente da salvarli, o per lo meno della quale io non sono del tutto scontento. Bisognava trovare i modi per esprimere questi contenuti che fossero non i più graditi al pubblico, ma che potessero conquistare più facilmente il pubblico di quanto non potessero farlo altre forme di linguaggio che usavano altri miei colleghi.

A. V.: Con un tipo di linguaggio cinematografico che la gente capiva?

De Santis: Che poteva recepire. Anche se poi, ripeto, il linguaggio di *Non c'è pace tra gli ulivi* non è un linguaggio semplice, ne abbiamo parlato ieri, però lì c'era una storia che era molto facile da accogliere, e all'interno di questa storia, all'interno di questo linguaggio, c'era anche una forza di racconto che poteva conquistare il pubblico. Infatti, ti dirò che *Non c'è pace tra gli ulivi* in Italia ebbe più successo di *Riso amaro*, pensa che cosa strana. Ci fu questo strano fenomeno: in Italia, ripeto, solo in Italia, ha incassato più *Non c'è pace tra gli ulivi* che *Riso amaro* perché *Non c'è pace tra gli ulivi* era una storia molto forte, era una storia coinvolgente, e quindi grandi masse popolari la sentirono, anche se poi non afferrarono l'importanza civile di questi film; ma sfortunatamente non furono soltanto le masse popolari o comunque il grande pubblico popolare, perché non lo capirono neanche gli intellettuali, come abbiamo detto durante le nostre conversazioni.

A. V.: Non pensi anche che il tema, lo sviluppo della trama e il conflitto base di *Non c'è pace tra gli ulivi*, non la composizione del film, fosse più vicino alla mentalità del contadino italiano dell'epoca, mentre *Riso amaro*, benché abbia degli espedienti da romanzo popolare, era un film più complesso, in quanto trattava dell'immaginario legato a problematiche che all'epoca appartenevano al mondo delle donne? Forse per questo il film ebbe più successo all'estero mentre in Italia si discuteva sul verosimile, la sensualità e l'onesta delle mondine e su come si fa la monda.

De Santis: Può darsi, non è un caso che *Riso amaro* abbia avuto poi grande ripercussione, grande successo internazionale, ancora oggi è un film amato e che ancora viene proiettato. Non è vera la storia di chi dice che, tutto sommato, il pubblico veniva conquistato dalle gambe, dalla bellezza della Mangano; secondo me questo è un elemento sicuramente di fascino del film, ma quello che conquistava era forse questo ambiente, l'ambiente della risaia, così anomalo nel panorama del cinema internazionale, questo ambiente curioso, questo universo femminile che lavora aggregato tutto insieme. Questo è stato, secondo me, il primo elemento di grande successo di pubblico, quindi questo ambiente esotico, assai esotico, curioso, insomma, da una parte; poi la trama, lo snodarsi della trama. Non basta mettere in scena una bella ragazza con delle belle gambe e un bel corpo, se poi non si crea attorno a questo volto, a questa sua grande presenza fisica una serie di meccanismi che devono incantare il pubblico. Fu un film fortunato al di là di quello che noi pensavamo o speravamo, di quello che persino i produttori speravano o si immaginavano.

A. V.: Girando i tuoi film ti sei mai posto il problema della sintassi, della grammatica del cinema, per esempio i piani, le varie riprese, angolazioni della cinepresa, campi, controcampi, nell'ambito della mediazione che ti imponevi per essere capito dalle masse popolari?

De Santis: Mah, io sono stato uno sempre molto rispettoso di quelle poche regole, della sintassi del cinema, perché sono stato un buono studente al Centro Sperimentale di Cinematografia, quindi queste regole le ho imparate, le ho apprese da professori di alto livello, e ne sono stato sempre rispettoso perché ho sempre ritenuto che la rivoluzione che si doveva fare nel cinema non toccasse queste leggi, queste quattro, dieci regole che ci sono, ma che la grande rivoluzione fosse rappresentata dal contenuto che tu portavi sulla scena e dal linguaggio che usavi. Che poi ci fosse la sgrammaticatura o la regola di grammatica rispettata o non rispettata secondo me era molto secondario. Voglio dire che un gruppo di cineasti che hanno tentato di rompere la grammatica scolastica del cinema (erano quelli della Nouvelle Vague), non è che siano stati interessanti o abbiano rinnovato il cinema francese perché erano sgrammaticati o perché usavano la sintassi in un modo diverso, io non credo per questo, ma per quelle cose che ci hanno raccontato, per il modo in cui ce le hanno raccontate. Io sono stato uno rispettosissimo della grammatica, e lo è stato anche in un trascorrere dei tempi un tipo così trasgressivo come Truffaut [François, 1932-1984], che poi ha finito per fare un cinema industriale di alto livello, anche se è un cinema sicuramente di alto valore artistico. Le rivoluzioni non nascono da questo, anche perché poi fra l'altro tutto quello che ha fatto la Nouvelle Vague nel senso della rottura di certi schemi, di leggi che regolano la ripresa cinematografica, era stato già ampiamente sperimentato dai russi, dai sovietici, che sono stati i più grandi, come si dice, sono stati all'avanguardia della teorizzazione delle leggi perché appunto hanno provato e riprovato a creare un vero cinema rivoluzionario. Oggi, se si guardano alcuni dei tanti film di Pudovkin [Vsevolod, 1893-1953], o di Ejzenštejn [Sergej, 1898-1948], o di grandi registi come Dovzenko, si vede che sono pieni di sgrammaticature, ma usate in una funzione volutamente rivoluzionaria. Quindi, voglio dire, la Nouvelle Vague non ha fatto niente di nuovo, non ha fatto assolutamente niente di nuovo da questo punto di vista, anche perché io non credo appunto che nella sintassi si faccia una rivoluzione.

A. V.: Non hai mai pensato di rifiutare un determinato campo o un certo tipo di piano perché culturalmente o tradizionalmente associati alle borghesia o al mondo capitalista?

De Santis: No, non mi sono mai posto questi problemi e credo che se un Pasolini [Pier Paolo, 1922-1975] se li fosse posti, secondo me avrebbe fatto un grande errore. Voglio dire, Pasolini è interessante. Benché io non ami il Pasolini cinematografico se non per un paio di film, mi piace di più il Pasolini scrittore, soprattutto il primo Pasolini scrittore, e trovo che lì lui sia veramente un grande autore, mentre nel cinema mi sembra che non riesca ad esprimere tutto quello che lui riesce invece ad esprimere con la parola. Ma comunque, voglio dire, Pasolini è stato più interessante per le cose che raccontava e non certo per la grammatica o la sintassi che usava nel raccontare queste cose.

A. V.: A parte la rivoluzione stilistica, tornando al contenuto, come mai in Italia si è dovuti arrivare quasi agli anni Settanta prima che il cinema si preoccupasse di trattare direttamente la nascita e la storia del fascismo? Mi sembra che anche quando il cinema del dopoguerra sia passato dalla cronaca alla storia abbia sorvolato il fascismo per soffermarsi sul Risorgimento.

De Santis: Sai, erano temi molto difficili da far digerire ai produttori. I produttori non hanno mai in generale amato fare i film politici, tutto quello che di politico si è fatto, che di ideologico si è fatto nel cinema italiano si deve solo al grande coraggio, alla grande forza, alla grande combattività degli autori italiani che hanno percorso questa strada e questo cammino. I produttori non hanno mai dato un contributo allo sviluppo del cinema neorealistico; sono stati gli autori di questo cinema neorealistico che hanno imposto ai produttori un certo tipo di cinema, altrimenti i produttori non l'avrebbero mai fatto. E poi chi erano i produttori in quel momento? Erano soltanto dei mediatori, come lo sono ancora oggi per la stragrande maggioranza, cioè qualcuno che tra te, autore, e la distribuzione, l'esercizio, riesce a mediare e a mettere insieme un capitale per produrre un film, ma un capitale che non è suo, che appartiene sia alla distribuzione sia all'esercizio. Questo è il produttore italiano, che non è la figura del produttore americano. Ora, il produttore non ha mai amato la politica in modo esplicito. Tanto meno quindi fare i film sulla Resistenza in Italia, questo grande avvenimento, questo grande nodo storico così determinante per la nascita di tante cose in Italia, a parte la nascita della democrazia, e i film sul fascismo, anche perché c'è una zona, c'è tutta una zona di fascismo silenzioso, nascosto in Italia, sufficientemente consistente. Se tu pensi poi che il MSI è stato fino all'altro giorno, all'altro ieri, dico per dire, il terzo partito; dopo la democrazia cristiana e dopo il partito comunista era il terzo partito d'Italia, poi è stato superato, scavalcato dal partito socialista, ma ancora oggi ha una consistenza di voti schierati apertamente a destra. Quindi un film del tutto concepito a studiare le radici del fascismo è stato sempre molto difficile da fare. L'hanno fatto alcuni registi usando lo strumento della commedia all'italiana, l'ha fatto Risi, l'ha fatto qualcun altro, di cui adesso non mi viene in mente il nome, però appunto potendoci scherzare, ironizzare e ridere sopra. In un modo serio, secondo me, la storia del fascismo non è stata mai affrontata per queste ragioni.

A. V.: Ho apprezzato molto *Il cavallo di lui*, la sceneggiatura che hai scritto con Puccini in cui, attraverso le vicissitudini dei due cavalli del Duce, raccontavate in modo comico e satirico le tragiche vicende italiane all'epoca della caduta del fascismo e dell'occupazione tedesca. Peccato che non sia mai stato realizzato, sarebbe stato un bel film comico-grottesco ma con impegno civile

De Santis: Mi ricordo quanto ci siamo divertiti a scriverlo. Però questo non significa che i miei film non abbiano mai toccato il fascismo, perché nel mio film *Caccia tragica*, che nasce in modo libero attraverso l'ANPI, l'attacco al fascismo ancora c'è, si trova, non è che venga nascosto.

A. V.: Sì, ma nel tuo film ci sono i problemi storici del momento, il banditismo, i reduci, ma la mia domanda riguardava soprattutto il periodo, a metà anni Cinquanta, quando si incomincia a parlare di film storici e si ritorna al Risorgimento, come per esempio in *Senso* [1954].

De Santis: Sì, ma *Cronache di poveri amanti* [1953] di Lizzani è un film dove il fascismo c'è… certo non ci sono le ragioni, le radici della nascita del fascismo, ma c'è.

A. V.: Bisogna anche ricordare che fu fatto in cooperativa e che al festival di Cannes il governo democristiano intervenne per non farlo premiare.

De Santis: Ma questo prova quello che dicevo. Ci sono molti film antifascisti, ma non c'è un film sulla storia del fascismo, sulle radici del fascismo, tu hai ragione di dirlo. Io credo che sia dovuto solo al fatto che questi progetti non sarebbero stati accettati, non sarebbero stati accettati né dal governo, né dalle censure, né dai produttori, per cui non vai a scontrarti con delle tematiche, problematiche che sai che sono delle battaglie già perse in partenza. I temi dell'antifascismo e del fascismo sono stati abbondantemente affrontati nel cinema progressivo italiano, nel cinema diciamo semplicemente democratico italiano, in varie forme, in vari modi, in varie circostanze, ma la storia del fascismo no, perché sarebbe stato impossibile.

A. V.: Anche per quanto riguarda la Resistenza? Tu hai sempre dichiarato che la Resistenza è la madre del Neorealismo, eppure questo periodo non è stato trattato da molti film del dopoguerra; esistono film che mostrano la Resistenza nel suo svolgersi, senza mai affrontare le cause storiche della sua nascita che in qualche modo avrebbe tirato dentro anche la storia del fascismo. C'è una spiegazione a tutto questo?

De Santis: Sì, certo, certo. Ci sono pochi film sulla Resistenza perché non ce li hanno lasciati fare, venivano bocciati; sai, le censure in Italia hanno lavorato in un modo molto duro, molto feroce. C'è un bel libro di Mino Argentieri[6] sulla censura del cinema italiano negli anni soprattutto tra il '50 e il '60, dove trovi molte spiegazioni a questo tuo interrogativo. Ti ripeto, è dipeso dal fatto che c'era una situazione particolare; c'è tutt'ora, ancora oggi se vai a proporre un film sulla nascita del fascismo, sullo sviluppo del fascismo, è abbastanza difficile che venga accettato. Però, aspetta, adesso mi viene in mente che, se tu pensi a *Novecento* [1976] di Bertolucci, è forse un film che all'interno del suo racconto ha la nascita del fascismo.

A. V.: Siamo negli anni Settanta, però, io parlavo soprattutto degli anni Cinquanta in cui non ci sono cose del genere, ma capisco perfettamente quello che dici sul ruolo svolto dal governo democristiano e dai produttori. Prima di finire questa nostra conversazione, che è partita dal comporre personaggi e storie e poi è passata allo stile, vorrei soffermarmi su quanto scritto da Carlo Lizzani su una tua cifra stilistica cinematografica. Nel libro dedicato a *Riso amaro*[7] il critico spiega la concatenazione sintattica di base che tu prediligi nel poter raccontare un episodio, uno dopo l'altro, partendo dall'individuo che incorpora la massa o il gruppo e poi ritornando all'individuo come catarsi finale. Potresti spiegare come questo modulo narrativo si applica anche agli altri tuoi film?

De Santis: A tutti i miei film, a tutti i miei film, a seconda delle storie, naturalmente, a vari livelli di qualità raggiunta o non raggiunta, ma direi che è un discorso coerente con la mia personalità, con la mia sensibilità e che percorre tutti i miei film, quasi tutti i miei film.

[6] Si veda la bibliografia generale inclusa in questo volume.
[7] Si veda la bibliografia generale inclusa in questo volume.

Te ne posso citare qualcuno: *Caccia tragica* comincia come *Riso amaro*, comincia da un dettaglio di una coppia che si sta baciando e c'è una gru che si allontana; *Riso amaro* nello stesso modo; *Non c'è pace tra gli ulivi* comincia con un dettaglio di donne che portano dei canestri sulla spalla, c'è la voce del regista, lentamente si allarga e poi ritorna sull'individuo e quando è alle spalle della piccola famiglia di pastori si ferma. È una sintassi che percorre quasi tutto il mio cinema.

A. V.: Anche un film come *Giorni d'amore*?

De Santis: *Giorni d'amore* comincia con un primo piano della ragazza poi piano piano il campo si allarga su un terreno dove lei sta battendo il granturco; arriva un suo fratellino che entra in campo e si allarga al paesaggio, ma comincia con un dettaglio, parte dall'individuo insomma e poi finisce sempre con l'individuo.

A. V.: In questo esempio il modulo non include le masse, il popolo, non diventa un discorso corale come negli altri film. Pensi che sia dovuto al fatto che il film tratti di problemi individuali?

De Santis: Sono più problemi individuali, però che tendono sempre ad essere incorporati dentro una situazione, un ambiente, una città, una campagna. Non so, per esempio, *Un marito per Anna Zaccheo* è una storia intimista, una storia d'amore, la storia di una donna che non riesce a trovare un posto nella vita, che desidera un marito che non riesce a trovare, tutto però è inserito nel corpo di una città, quindi anche se non c'è fisicamente la massa, perché non può esserci in un film intimista, in un film d'amore, c'è la città, tutto questo accade perché c'è una città che si muove dentro questi meccanismi e dentro questo sistema. Il sistema dentro cui si muovono i miei personaggi – sia quelli che hanno rapporti con le masse, sia quelli che si muovono nell'ambito familiare o delle loro piccole storie d'amore – il sistema c'è sempre a determinare la loro vita e la loro catarsi o la loro evoluzione, a seconda delle cose. Il sistema esiste, è sempre presente. *Roma ore 11* è un film che non trova il colpevole di chi ha fatto cadere la scala, perché il colpevole sta dietro l'angolo, come si dice, il colpevole è questo tipo di sistema che obbliga tracento ragazze, invece di due o tre, ad andare a cercare un posto di lavoro, per cui una scala cade. È la società che viene messa sotto accusa, la società così com'è impiantata e così è anche per gli altri miei film.

A. V.: E *La garçonnière*?

De Santis: Anche *La garçonnière* è la storia, se letta bene, di un uomo maturo oramai, che è stato ugualmente catturato da questo nuovo sviluppo dell'Italia, da questo boom economico, quindi che ha un passato di resistente (probabilmente ha fatto la Resistenza), ma è stato travolto da questo sistema e crede di poter ricostruire la propria verginità avendo un rapporto dolce e affettuoso con una ragazza giovane. Crede di potersi ricostruire un futuro, ma quando si accorge che la ragazza non è più vergine, non è più come lui l'ha immaginata, si scosta, si allontana. Direi che è il mio film più metaforico, perché in questo lui capisce che oramai il mondo è tutto diverso, è tutto capovolto, che lui stesso deve cambiare, deve accettare una realtà così com'è e non può più ritornare ad un mondo che è quello che ha alle spalle. *La garçonnière* ha dietro le spalle questo *background*, la storia della crisi di un uomo, che attraverso questo rapporto con la giovane scopre la sua identità e quindi il malessere di una società. Quindi la società c'è, eccome; anche la ragazza deve cercarsi un uomo maturo per poter magari salire di un gradino nel suo benessere, cosi come il pugile che va a fare il combattimento per raggranellare del denaro e viene sconfitto. Ecco, quando lui si incontra con la ragazza, in realtà, sono due sconfitti. *La garçonnière* è il film degli sconfitti.

A. V.: Per questo non riescono a cambiare? Alla fine il professionista ritorna con la moglie?

De Santis: Lui ritorna con la moglie, probabilmente chissà se cambierà!

A. V.: Dici che continuerà a cercare una soluzione esistenziale andando con altre donne?

De Santis: Continuerà, sì certo.

A. V.: Non ha avuto la forza di cambiare?

De Santis: Non ha avuto la forza, perché il mondo è brutto, perché non può cambiare. Questo è un film della crisi, è un film che mette a nudo il malessere di una certa società.

A. V.: E il ragazzo di Fondi? Fa pensare molto a te.

De Santis: C'è un ragazzo di Fondi che si diverte come io mi divertivo, sono le piccole civetterie che un regista usa, quando si diverte a mettere dentro qualcosa di suo. Nel ragazzo di Fondi c'è un'appendice autobiografica.

A. V.: Anche lui, per esempio, non si ritrova più, anche qui ci sono riferimenti alle tue esperienze di vita?

De Santis: Anche lui è uno che non ha capito, si muove dentro una fantasia che non è realistica.

A. V.: Potresti dare degli esempi?

De Santis: Vuole fare l'amore sulla paglia, ma non solo; nel cortile c'è l'epigrafe del partigiano, per cui questi cambiano casa, ma quel ricordo resta. C'è anche il bambino che si perde e che poi i genitori ritrovano... È un film sulla crisi, per questo poi non ebbe successo, perché metteva a nudo in quegli anni una certa crisi che la gente non voleva accettare. La metteva a nudo con estrema sincerità, che era diverso dal presentare questo tipo di società da come la presentava Fellini ne *La dolce vita* e Antonioni in altri film che si muovevano nell'ambito della borghesia mettendo a nudo i suoi difetti e vizi, ma dando in realtà una grande partecipazione a questo tipo di società così come si sviluppava e non denunciandola, non dicendo con distacco: «La società sta andando verso questa direzione, lo mostro ma senza compiacermi». *La dolce vita* adombra la Madonna nella ragazzina che arriva sulla spiaggia quando il mostro viene tirato fuori, dando un finale tutto evangelico. C'è un'aderenza dell'autore a questo tipo di crisi, a questo tipo di realtà, così come nei film di Antonioni c'è una partecipazione sofferta, dolorosa, che però sposa questa realtà, questa società della crisi. Da me, ne *La garçonnière*, c'è qualcosa di più, c'è la condanna, c'è il distacco da questo tipo di società così come va prefigurandosi; mi pare, può darsi pure che sia stata una mia illusione.

A. V.: Ma non hai mai pensato che anche nei tuoi film si potesse ravvedere un richiamo religioso?

De Santis: Ci sono stati dei critici che l'hanno scritto, sì, e secondo me hanno colpito nel giusto, perché c'è una componente, che io l'abbia voluto o non l'abbia voluto, del mio essere cresciuto in una famiglia, in famiglie direi, di tipo patriarcale, profondamente legate al cristianesimo, al cattolicesimo. Quindi sicuramente questi sentimenti hanno lavorato dentro di me e mi hanno portato a concepire dei racconti che hanno un tipo di religiosità evangelica, un tipo di religiosità cristiana molto forte. Ecco, io mi ricordo, per esempio, di aver una volta assistito ad una proiezione de *La strada lunga un anno*, in un collegio di missionari dove si formavano le missioni – fu un'esperienza molto interessante per me. Abbiamo avuto un dibattito alla fine del film e secondo le varie nazionalità, per esempio, ti posso dire che tutto il terzo mondo tendeva a dare un'interpretazione molto missionaria e quindi molto rivoluzionaria del film, molto combattiva, mentre le missioni dei Paesi neocapitalistici o capitalistici, le quali non recepivano la lezione che c'era sottointesa dietro le righe, lo consideravano in tutt'altro modo. Ogni nazionalità lo interpretava in un modo diverso. Lì venne fuori la matrice profondamente cristiana di questo mio film e credo che sia giusto dire che nei miei film, in tutti i miei film, ci sia una cristianità portata alle origini del cristianesimo.

A. V.: In *Non c'è pace tra gli ulivi* è quasi sacrale, il sacro che è nella natura che viene violato dall'ingiustizia umana.

De Santis: Anche *Non c'è pace tra gli ulivi*, sicuramente, non c'è mai stato preconcetto in me, sicuramente è un bagaglio anche quello, un bagaglio culturale, un bagaglio filosofico, un'accumulazione di sentimenti che ti porti dentro e che lavorano per te, insomma. Nel marxismo, nella stessa giustizia sociale che predica il marxismo, del resto, c'è tanto cristianesimo, tanta cristianità, tanto del cristianesimo nel senso più antico della parola, non certamente nel senso nuovo e moderno. Questo ti può spiegare anche la ragione per cui io sia portato, in politica, ad avere molta più simpatia per i cattolici di sinistra che per i socialisti, per esempio. Riesco a ragionare di più, a comprendere di più i cattolici di sinistra che i socialisti. Con i socialisti mi sento sempre molto sbilanciato, mi sembrano delle piccole code opportunistiche della sinistra, invece i democristiani di sinistra o il cattolicesimo di sinistra mi sembra sempre più autentico, più vero, o per lo meno mi affascina di più, mentre questi cosiddetti compagni di strada che sono i socialisti non mi hanno mai affascinato, se non alcune figure come Pietro Nenni [1891-1980], un grande personaggio della politica italiana, un grande oratore, un grande giornalista, per una serie di altre circostanze che non hanno niente a che fare con questo argomento del quale parliamo. Anche in questo c'è evidentemente una ragione che percorre questi miei film.

Un apprezzato professionista di sicuro avvenire: ovvero l'Italia del post boom economico

A. V.: Come sai si è scritto molto sul tuo ultimo film, *Un apprezzato professionista di sicuro avvenire* [1972], quali erano le tue intenzioni nel progettare questo film?

De Santis: Erano intanto molti anni che non lavoravo, dal '63 che non riuscivo a realizzare un mio progetto – bisogna partire da questa considerazione. Dal '63, dopo aver finito *Italiani, brava gente*, un grande affresco sulla guerra in Russia, quando sono tornato in Italia dall'Unione Sovietica ho visto che l'Italia era molto cambiata in questi due anni in cui io ero stato fuori, e non a caso perché sono gli anni che coincidono con la nascita in Italia del centro-sinistra e con l'espansione del boom economico. L'Italia era passata da una società agraria, contadina, a una società industriale, fortemente industrializzata, quindi quando mi sono trovato a costruire *Un apprezzato professionista di sicuro avvenire*, per realizzarlo ho dovuto scegliere una formula di produzione assai anomala nella mia carriera di regista, perché è un film prodotto da me e dal mio amico Giorgio Salvioni (che in quel momento era sceneggiatore con me); ci siamo messi insieme e abbiamo formato una piccola società di produzione e l'abbiamo prodotto. Scegliemmo questo tema, perché anche questo nasceva, come tutti i miei film, da un fatto di cronaca che avevamo letto su un giornale. Il fatto di cronaca era più o meno quello che io poi ho raccontato, cioè la storia di una donna che aveva denunciato il marito perché, essendo impotente, l'aveva costretta ad andare a letto con un altro uomo pur di avere un bambino. Ciò serviva per dimostrare alla società che lui non era impotente ma un uomo a tutti gli effetti, e questo elemento che si concentrava poi nel bambino, nei rapporti con la moglie, era un elemento del quale lui aveva bisogno per avere in questo tipo di società il suo posto di uomo con tutte le sue valenze. Questa storia ci appassionò, ci sembrò anche di grande interesse in quel momento in cui l'Italia stava mutando. Ci sembrò che fosse una metafora in qualche modo di questa Italia in cui molti ceti popolari avevano cambiato situazione sociale, molti poveri erano diventati ricchi e molti poveri erano diventati più poveri di quanto non lo fossero stati. Ecco, sembrava che questo film esprimesse molto bene questa situazione. Infatti i protagonisti del film riflettono le trasformazioni: l'avvocato è figlio di un ferroviere, la ragazza che lui sposa è figlia di un ex muratore che si è arricchito con l'edilizia, che continua a fare una serie di imbrogli, di appalti e superappalti per cercare di guadagnare denaro, accumulare benessere e miliardi su miliardi e costruire in questa società che mutava – in cui soprattutto i ceti piccolo-borghesi mutavano, si trasfiguravano e perdevano la loro identità –. Mi sembrò un elemento molto interessante da descrivere, con un operaio, com'è quello rappresentato da Cucciolla [Riccardo, 1924-1999], che per lottare non si sarebbe servito più degli schemi utilizzati nel passato, secondo i quali avrei potuto costruire le storie alla maniera dei miei film precedenti. Un operaio disoccupato, infatti, si muoveva al di fuori delle forze che conducono alle battaglie sindacali, ma si muoveva molto liberamente in un modo che non era più da proletario, perché era libero da ogni vincolo, da ogni legame con le frange delle lotte sindacali.

A. V.: Quali erano le cause?

De Santis: In quel momento c'erano delle grandi concentrazioni: i sottoproletari, che soprattutto a Napoli si andavano creando, si riunivano tra loro addirittura in sottosindacati e creavano delle grandi frantumazioni all'interno del sindacato stesso. Quindi questa rottura, in un momento in cui anche i sindacati italiani erano in crisi, ci sembrò giusto rappresentarla attraverso questo proletario disoccupato, che viene rappresentato da Riccardo Cucciolla, e che combatte questa battaglia tutta personale, tutta individuale con stratagemmi suoi che vengono dalla sua fantasia e creatività tutta meridionale. L'insieme di queste considerazioni su una realtà italiana tutta diversa da quella che io avevo sempre trattato nei miei film, meno paradigmatica, meno programmata, ma più frantumata, più rotta, più degradata, mi spinsero a cercare un ambiente che l'avrebbe potuta raffigurare meglio. Questo tipo di società, collocata poi in una cittadina com'è Latina, forma un tessuto sociale completamente diverso. Fui io a voler impiantare il racconto a Latina, che è una cittadina dove si sono accumulate diverse culture dell'Italia, perché il fascismo ha creato questa città artificialmente nel mezzo delle paludi; ha chiamato a bonificarla contadini veneti, poi c'è stato anche un insediamento di piemontesi e poi di toscani, poi tutta una popolazione che scendeva dalle coste e dai monti della Ciociaria che sta alle spalle di Latina. Nel film volevo che il personaggio principale e il suo ceto sociale riflettessero anche la particolarità del luogo.

A. V.: Potresti approfondire queste diversità e menzionare che altro ti piaceva di Latina che ti ha portato ad ambientarci il film?

De Santis: La mancanza di omogeneità tra le varie classi sociali e la frantumazione del tessuto sociale era quello che mi piaceva di Latina, ecco perché ho calato il racconto del film dentro quella realtà che, secondo me, rifletteva i cambiamenti in corso. Poi il film è tutto una grande metafora, dove, naturalmente, l'uomo che è l'avvocato, il protagonista, che viene definito come un arrampicatore sociale, arriva fino all'apice della sua ignominia, rappresentata nell'offrire la propria moglie ad un altro uomo pur di non sfigurare di fronte ad una società dove l'immagine è tutto. Quindi ecco l'importanza dell'immagine nella nostra società, in cui essa conta più di tutto, il che comporta avere una bella moglie, ricca, con figli, non avere anomalie fisiche. Lui arriva fino al massimo dell'infamia, in altre parole offre la propria moglie e lo fa, non a caso, con l'unico uomo che può capire un sacrificio di questo genere, lo fa con il suo amico prete. Qui c'era nella nostra ambizione, in qualche modo, attraverso questo rapporto tra prete e donna, questo prete che si sacrifica per l'amico, l'idea di raffigurare, in qualche modo, la sacralità della Vergine Maria con lo Spirito Santo che scende dal cielo – era un film profano e contro la sacralità di certe cose. Ci sono simboli dentro il film che non so se si colgano o meno: la metafora vuole essere quella di una società che costringe gli uomini a percorrere dei canali ignobili, orribili e miserabili – quindi sono tutti visti come delle vittime – per conservare un potere, per farsi largo conquistando uno spazio, perché al di fuori di questo tipo di condotta, per conquistare queste poltrone, o questi posti, oppure un certo potere, non c'è via di scampo. Forse il film è un'opera molto autobiografica, in quanto mostra la rabbia di un uomo come me che, essendo stato per tanti anni disoccupato, dice: «Ecco, un uomo disoccupato può cadere in spire di questo genere pur di conquistare un potere». Mi ribello a questo tipo di percorso, se tu vuoi interpretarlo in modo psicanalitico, la chiave di lettura è sicuramente questa, vale a dire: oggi bisogna fare queste cose per conquistare un posto, per conquistare il potere, tant'è vero che il disoccupato nel finale del film dice all'avvocato: «Voglio che mio figlio diventi mostruoso come te, imbroglione come te, e io vado in galera al posto tuo». Lui si sacrifica perché capisce che in questo mondo non c'è altra strada da percorrere. Il film è terribilmente pessimista, terribilmente triste, perché fatto da un artista che ha naturalmente perso molta fiducia nella società.

A. V.: È un film di grande pessimismo, specialmente se si analizzano e si mettono a confronto tutti i tuoi temi, stilemi e anche predilezioni stilistiche, includendo anche il ruolo che hanno gli attori. Se paragonati a quelli svolti nei tuoi altri film, il messaggio di *Un apprezzato professionista di sicuro avvenire* diventa l'affermazione della fine di un' epoca. Una fine che può essere letta attraverso il significato emblematico del padre ferroviere, del treno, del tema della campagna, del tema della terra fatto rivivere nel confronto tra il prete e il padre contadino che va a trovarlo e gli dice: «Tu come tuo fratello, avete rifiutato di lavorare la terra, come se la terra fosse stregata, avesse la peste». Inoltre c'è il conflitto tra città e campagna, che con gli altri temi è contenuto nella metafora dell'impotenza moderna davanti ai problemi.

Riguardo alla metafora dell'impotenza, vorrei che tu ti soffermassi sulla figura del sacerdote che, secondo me, se ci rifacciamo ai tuoi film, cominciando da *Il sole sorge ancora* a cui hai dato una grossa impronta, vede il ruolo del prete non più come un collaboratore o promotore delle forze progressive della società, ma come un individuo che, benché intenzionato ad aiutare il prossimo, soccombe alla nuova situazione di impotenza. In *Roma città aperta*, sebbene il sacerdote, Don Pietro, non sia comunista, muore perché ha collaborato con i partigiani, invece nella società degli anni Settanta il tuo sembra indicare che il prete collabora con la Democrazia Cristiana, cioè con le forze che non sono più quelle progressiste e democratiche della società.

De Santis: Su questo, invece, secondo me, questa lettura non è giusta, perché il prete da me è l'unica persona capace di portare avanti con la fede e con la propria umanità un suo discorso. Ecco perché, se tu vuoi richiamarti a certe linee ideologiche dei miei film, qualcuno l'ha scritto, e io sono d'accordo, che un filone di cristianesimo sociale nei miei film c'è sempre. Il prete qui è l'unica persona onesta, perbene che ci sia nel film, perché dalla Chiesa oggi, dalla Chiesa di un certo tipo, possono venire quelle forze che, sia pure sacrificandosi nel modo in cui lui si sacrifica – poiché viene ucciso, e il suo è un gesto di progresso, fatto per salvare la vita di un uomo, perché l'altro gli aveva fatto credere che si sarebbe ucciso – sono una forza di progresso.

A. V.: Sì, si presenta come una forza di progresso, forse, a livello personale, però alla fine lui capisce che deve uscire dalla chiesa, e non solo per aver peccato. Nel caso fosse restato nell'istituzione, sarebbe potuto diventare, anzi, sarebbe finito come il vescovo o come gli altri suoi superiori che collaborano con il suocero che è coinvolto con la mafia edilizia. Il suo gesto diventa un atto di ammissione dell' impossibilità di cambiare le istituzioni.

De Santis: Ma non sarebbe stato il mio prete [lunga pausa]. Non sarebbe stato il personaggio del mio prete. Quello che mi dici mi fa pensare al rimprovero che mi hanno fatto tutti i cattolici progressisti, quando mi hanno detto: «Ma la cosa importante sarebbe stata non che lui si spogliasse, ma che fosse restato a combattere questa sua battaglia all'interno della Chiesa».

A. V.: La mia lettura è diversa, lui aveva capito di non poter più restare prete, perché nell'istituzione non avrebbe potuto far niente, così ne esce con un atto coraggioso ma isolato. Lo spogliarsi rientra nella metafora generale dell'impotenza in cui si trovano gli individui intrappolati dalle istituzioni (in questo caso la Chiesa), e sono incapaci di poter apportare cambiamenti.

De Santis: Esattamente, è quello che io ho voluto suggerire e che però mi è stato rimproverato dai cattolici progressisti, ai quali ho detto: «Voi parlate di un certo tipo di prete, ma quel prete lì, un prete di campagna, un prete di radici tradizionali che aveva una cultura contadina, non può restare. Un prete che crede di aver tradito certi principi no, non può restare ma lui dice ancora di più, lui dice: "Ho scoperto attraverso il sesso che il mondo è un altro"». Prima gli mancava la dimensione umana che la Chiesa non ha e non dà ai suoi preti. Quindi il film era anche in favore dello sposalizio dei preti – era un tema di dibattito in quel periodo se i preti si potessero sposare o no –. Lui dice: «Io ho scoperto l'umanità, attraverso questo figlio, il sesso, la paternità», dentro il sesso scopre il mondo, scopre se stesso.

A. V.: Se la figura del tuo prete e le sue azioni si riallacciano e si confrontano con quelle dei preti visti nei film dell'immediato dopoguerra della cinematografia italiana, allora non mi sembra che la mia affermazione precedente sia veramente in contraddizione con il tuo punto di vista. Mentre i preti di quell'epoca potevano, operando nella Chiesa, aiutare le forze progressive, negli anni Settanta mi sembra dal tuo film che non sia più possibile. All'inizio lui pensa di poterlo ancora fare, quando aiuta la protesta del baraccato che va a protestare in chiesa, poi alla fine scopre la propria impotenza di fronte alle posizioni sociali e politiche dell'istituzione, allora ne esce e si libera. Il sesso, secondo me, lo aiuta a capire meglio la propria posizione, ma non è la causa determinante.

De Santis: Sì, lo scopo è attraverso il sesso, ma l'impotenza è tutta la metafora del film, tutte le forze sono impotenti di fronte a questa società che si presenta in un modo tale per cui rende impotente qualsiasi sforzo. È un film di una grande sfiducia.

A. V.: Sì, ma penso che il confronto con la nuova realtà avvenga attraverso la rilettura dei temi che erano presenti dei tuoi film del passato.

De Santis: Sì, assolutamente, non è un film nuovo, non è che sia un film che stravolge il mio passato. No, è un film di aggiornamento delle mie tematiche di fronte ad un'Italia che è mutata e anche è al passo con il tema scelto. Il tema scelto è questo.

A. V.: Ho rivisto le tue tematiche in questo film, non è come hanno scritto alcuni critici che *Un apprezzato professionista di sicuro avvenire* non sembra un film di De Santis.

De Santis: No, ma queste sono delle grandi stronzate, ci sono io a tutto tondo, la sessualità che c'è in tutti i miei film, che percorre tutti i miei film e che è al centro anche di questo film e che è il tramite attraverso il quale poi si sprigiona e si dirama tutta la storia. Guarda che la critica più bella, io mi ricordo, non so se tu l'abbia letta, l'ha pubblicata un giornale siciliano che non mi ricordo più come si chiami[1]. Purtroppo, in generale, il film non è stato capito da nessuno, persino da Antonio Parisi[2] [critico che ha scritto un libro sul cinema di De Santis], nel suo libro non ha capito, non ha capito proprio la metafora del film. C'è una critica di un siciliano, che è una critica molto bella, non so se sia uscita su «Il Corriere di Sicilia» o altrove, ma quel giornalista ha capito tutto quello che ho voluto dire, che cosa io volevo esprimere, adesso però non ricordo il suo nome.

A. V.: Sì, l'ho letto, comunque ho rivisto che quasi tutte le tematiche dei tuoi film precedenti si infrangono contro una nuova, mutata realtà in cui la solidarietà, con cui nei tuoi film riuscivi a risolvere i conflitti sociali, non trova più una collocazione qui.

De Santis: Sì, ma è un film che è assolutamente nelle mie cose... certamente.

A. V.: Anche la donna che, benché non abbia perso completamente la sessualità è però ridotta a un oggetto.

De Santis: Assolutamente, i miei temi ci sono tutti, è un film assolutamente mio. Certo, mutati i tempi, c'è un uomo che non ha più fiducia, è un uomo che ha perso la speranza. Poi dopo puoi fare anche una lettura di tipo diverso, è permesso. Avrei voluto fare un altro film dopo *Un apprezzato professionista di sicuro avvenire*, su un gruppo di terroriste, in cui avrei sviluppato una prospettiva di speranza, per dare fiducia a queste terroriste[3], in favore del recupero sociale, quindi la speranza sarebbe ritornata per altri versi. Ma nel fim di cui stiamo discutendo la società era in un momento in cui i ceti piccolo-borghesi e anche il proletariato si stavano oramai frantumando, trasformando, per essere inglobati dal potere, da questo tipo di sistema che distrugge tutto e che le forze di nessun uomo

[1] De Santis fa riferimento alla recensione di Gregorio Napoli uscita su «Il giornale di Sicilia», il 29 aprile 1972, p. 3.
[2] Si veda la bibliografia generale inclusa in questo volume.
[3] Si veda la sceneggiatura de *Il permesso*, inclusa in questo volume.

valgono a combattere, perché tutti sono impotenti di fronte a questo stravolgimento. Sai che io volevo chiamare il film *La giornata di dolore dell'Avvocato tal dei tali*, avevo questo titolo bellissimo, ma ce n'era anche un altro, molto bello, *La sposa bianca*, perché lui non va mai a letto con sua moglie, ma non hanno voluto accettarli. Il primo, che era mio, sarebbe andato benissimo anche con lo stile del film. Avevo anche pensato a un altro titolo, ti ricordi, dove il protagonista nell'oggi ha i baffi, e nel passato non ha i baffi, così, considerando tutti questi particolari, volevo chiamare il film *Con baffi e senza baffi*.

A. V.: Con allusione a *Conversazione in Sicilia* [1937] di Vittorini [Elio, 1908-1966]?

De Santis: Sì, come in Vittorini, ma, di nuovo, non me l'hanno voluto accettare.

A. V.: Sei sempre stato un regista scomodo e i tuoi film sono stati ricevuti sempre come opere faziose, oppure sono state viste come opere stilisticamente sopra le righe, non sei d'accordo?

De Santis: Sì, sono sempre stato scomodo, e tutti i miei film hanno sempre avuto delle cattivissime critiche, in generale… anche perché devi pensare che la stampa in Italia all'80% era stampa di destra; oggi la situazione è un pochino diversa, anche se predomina sempre l'area di destra del giornalismo italiano. Questo film è stato stroncato in una maniera velenosa, miserabile, ignobile, orrenda, perché come al solito nessuno ha capito niente, nessuno ha capito, forse nessuno ha voluto capire secondo me, perché c'era anche questo nella battaglia politica allora in corso, ma è un film assolutamente mio, del tutto personale, fatto in piena coscienza delle cose.

A. V.: Un film che si riallaccia anche a *La garçonnière*, di cui potrebbe esserne quasi una continuazione?

De Santis: Ma certamente, è naturale. Ora, ripeto, io non so se ti sia capitata sotto gli occhi questa critica del giornale siciliano, perché è una critica molto acuta, molto precisa, dove il giornalista riesce a individuare tutto quanto quello che io ho voluto dire. Il giornalista ha capito la metafora dell'impotenza, cosa che non ha capito Antonio Parisi. Ognuno è padrone di scrivere, di interpretare come vuole, io non gli ho fatto nessuna osservazione su questo. Ma levami una curiosità, ti ho dato io la cassetta del film? Come hai potuto vedere questo film?

A. V.: *Un apprezzato professionista di sicuro avvenire*?

De Santis: Sì, come l'hai visto tu?

A. V.: Io l'ho visto tanti anni fa, molto prima di questo tuo viaggio negli Stati Uniti.

De Santis: Ma l'hai visto in cassetta?

A. V.: In videocassetta, sì, quella che tu mi avevi regalato, dopo il nostro primo incontro a Fiano Romano.

De Santis: Ma allora la cassetta che ti ho dato credo sia mutilata di tutto un pezzo.

A. V.: Quale?

De Santis: Manca tutto il pezzo dell'incontro del prete con la moglie dell'amico, perché l'abbiamo dovuto tagliare per la televisione, tutto il rapporto sessuale del prete, perché nella versione che hai si vede solo il prete che arriva, si spoglia e basta, invece c'è tutto il rapporto, esplicito, che ho dovuto tagliare.

A. V.: Nella versione che ho visto, durante il loro rapporto lei dorme, in altre parole sembra essere priva di sensi, o finge di esserlo.

De Santis: Quindi non hai visto l'edizione integrale, inoltre quella copia che tu hai visto era brutta di colore, e anche di tante altre cose. Queste cassette sono un disastro certe volte.

A. V.: Torniamo ai titoli, *Un apprezzato professionista di sicuro avvenire* si sarebbe dovuto chiamare *La giornata di dolore di un apprezzato professionista di sicuro avvenire...*

De Santis: *La giornata di dolore dell'Avvocato Tal dei Tali…*

A. V.: Che poi ha cambiato anche nome ...

De Santis: Sì, ma si voleva fare il verso al racconto di..., poi ha cambiato titolo perché non andava bene ai distributori, allora siamo riusciti a trovare un accordo su questo titolo che secondo me era un titolo non sufficientemente rappresentativo, anche se alcuni l'hanno interpretato in una chiave autobiografica, dicendo «un apprezzato professionista» che sarei io, «di sicuro avvenire». Un'ironia su me stesso, in realtà non ci ho mai pensato.

A.V.: Forse il titolo voleva alludere al film di Mauro Bolognini, *La giornata balorda* (1960) che si ispira ai racconti romani di Moravia?

De Santis: Ecco, sì, giusto.

A. V.: In *Un apprezzato professionista di sicuro avvenire* secondo te, c'è un legame con il cosiddetto cinema civile italiano di quel tempo?

De Santis: Mah, sai, io sostengo che tutto il mio cinema è un cinema di impegno civile e di impegno politico.

A. V.: Sì, anch'io, ma in quegli anni c'è stato il periodo che i critici chiamano di impegno civile.

De Santis: C'è una distinzione, secondo me anche questa arbitraria, che fanno gli storici del cinema, quando identificano il cinema d'impegno con quello di Rosi [Francesco, 1922], di Damiani [Damiano, 1922], di Petri, come se il cinema civile non ci fosse stato prima, ma la storia del cinema civile in Italia comincia, se vuoi, con *Ossessione*. Sfido i critici a provare che con *Ossessione* non ci fosse impegno.

A. V.: Secondo te non esiste una distinzione tra impegno sociale e civile?

De Santis: In *Ossessione* c'è un chiaro impegno civile, finalmente sull'Italia si dicono alcune cose, ci sono i disoccupati, ci sono le famiglie che si frantumano, ci sono gli infedeli, c'è tutta una serie di cose. L'impegno civile comincia lì, poi dopo continua con *Roma città aperta*, continua con *Caccia tragica*, continua con *Sciuscià*. Tutto il Neorealismo è un cinema di impegno civile. Loro fanno invece la differenza tra impegno civile e impegno sociale.

A. V.: I critici e gli storici pensano che la distinzione sia in una critica rivolta ad una istituzione, con un individuo o un gruppo che combatte contro la corruzione o il cattivo funzionamento delle istituzioni.

De Santis: Questo è l'errore, di credere che il cinema neorealistico sia stato solo un cinema di impegno sociale e quindi di critica, di denuncia del sociale, e non del civile. Ma Santo Iddio, un film sulla disoccupazione non è un attacco alle istituzioni, non è un attacco al governo, non è un attacco a chi non riesce a trovare spazio perché questa massa di giovani sia occupata? C'è una grande confusione in questo modo di analizzare, non si può far cominciare il cinema civile con l'attacco alle istituzioni, al governo, oppure ai ministri, ai funzionari, alla mafia, perché questo fa ridere, è soltanto un fatto esteriore. Secondo me c'è una distorsione, cioè non bisognerebbe fare differenza.

A. V.: Sì, c'è anche qualcuno che ha legato questo tipo di cinema in particolare a Petri, un tuo allievo prediletto.

De Santis: No, a Rosi.

A. V.: Non pensi che con Petri il genere cambi?

De Santis: No, inizia con Rosi e il suo film *Salvatore Giuliano* [1962].

A. V.: Ma con *Un cittadino al di sopra di ogni sospetto* il genere cambia radicalmente, no?

De Santis: Impossibile parlare del genere e di altri film senza, prima, parlare di Rosi!

A. V.: Se ti avessero fatto girare il tuo soggetto su Portella delle Ginestre[4] forse ora tu saresti ricordato come l'iniziatore del genere

[4] Si veda la sceneggiatura inclusa in questo volume.

civile. Ritornando a Petri, ho visto una certa influenza delle sue tecniche nel tuo film *Un apprezzato professionista di sicuro avvenire*.

De Santis: Sì, ma anche Petri lo diceva. Petri era un mio allievo, ci sono stati travasi naturali.

A. V.: Sì, senza dubbio, ma ti hanno influenzato le tecniche del *flashback* utilizzate da Petri quando hai girato *Un apprezzato professionista di sicuro avvenire*? Mi riferisco alla tecnica, non allo sviluppo della storia.

De Santis: Cioè io avrei copiato la tecnica di Petri?

A. V.: No copiato, forse influenzato da queste nuove tecniche, e non soltanto quelle di Petri, ma dai film appartenenti al genere civile, e anche da tanti altri film girati negli anni Settanta, in cui il passato si mescola con il presente e lo spettatore delle volte ha difficoltà a capire.

De Santis: Io mi ricordo di aver concepito il film *Un apprezzato professionista di sicuro avvenire* come se i *flashback* non ci fossero, come se fosse tutto al presente. Il *flash* fa parte del presente, anche il ricordo fa parte del presente, il *flash* ha l'importanza che ha il presente, senza soluzione di continuità, è tutto unito, è tutto amalgamato insieme. Non ho concepito il *flashback* come un luogo della memoria, infatti è come un luogo del presente, quindi è diverso da Petri, dove non c'è neanche il *flashback*… I *flashback* di Petri sono dei sogni suoi, sono immaginari, sono delle fantasie, da me sono fatti reali, non sono delle fantasie.

A. V.: Prima di terminare questa nostra conversazione, visto che hai menzionato i vari titoli che avresti voluto dare a *Un apprezzato professionista di sicuro avvenire*, vorrei chiederti come sono nati i titoli dei tuoi film. Pare che abbiano quasi tutti dei riferimenti letterari, o mi sbaglio?

De Santis: Dunque, *Caccia tragica* sì, perché c'è un romanzo di Anton Cechov [1860-1904], però forse non lo sapevamo neanche quando abbiamo fatto il film. I titoli dei miei film in generale non li ho inventati io, per esempio *Riso amaro* l'ha inventato Gianni Puccini.

A. V.: Ma anche quella è una contaminazione letteraria, oppure no? C'è un romanzo americano che si chiama *Riso nero*...

De Santis: Sì certo, di un grande scrittore che io amo molto, non mi ricordo come si chiama, quello di *Winnesburg, Ohio*.

A. V.: Sherwood Anderson, che è anche l'autore di *Riso nero*, poi c'è *America amara* di Emilio Cecchi.

De Santis: *America amara*, può darsi che venga da quello, sì, la contaminazione da Cecchi, *America amara*. Come hai detto che si chiama lo scrittore americano di *Winnesburg, Ohio*? Mi affascinavano i suoi racconti, erano molto belli, mi ha influenzato molto. Questo è un capitolo che si dovrebbe trattare, l'influenza della letteratura americana e del cinema americano. So che tu ti sei interessato all'influenza del cinema, ma bisognerebbe trattare anche l'elemento della letteratura americana, che è notevole, per la nostra generazione è stata molto rilevante. Per tornare alla tua domanda, *Non c'è pace tra gli ulivi* è anche questo un titolo che trovò Gianni Puccini.

A. V.: Perché anche lì c'è un corrispondente letterario, c'è un romanzo americano che si chiama *Resting in peace*, che significa «riposare in pace». Da lì potrebbe essere nato *Non c'è pace*, visto che si svolge tra gli ulivi simbolo di pace, ma tra cui essa non esiste.

De Santis: Ma sai, Gianni Puccini era un uomo molto colto, c'è sicuramente un richiamo... *Riso amaro* tu hai ragione nella maniera più assoluta, però più *America amara* che *Riso nero*, anche se era un autore, questo di *Riso nero*, molto amato da noi, quindi potrebbe essere nato anche incosciamente. Poi dopo *Non c'è pace tra gli ulivi*, c'è *Roma ore 11*...

A. V.: Quel titolo si rifà a un fatto di cronaca, no?

De Santis: È un fatto di cronaca *Roma ore 11*, ma non dimenticare che c'era *Roma città aperta*, quindi si rifaceva anche a quel titolo. In Francia *Roma ore 11* ha avuto un altro titolo, orrendo, per non mettere la traduzione del titolo, i francesi nazionalisti come sono si inventano dei titoli orrendi ... lo hanno chiamato *Onze heures sonnaient*, *Suonavano le undici*.

A. V.: Hanno cambiato anche il titolo di *Italiani, brava gente,* no?

De Santis: Sì, l'hanno chiamato in un modo osceno, orrendo. Dunque, stai a sentire... ora non mi viene ...

A. V.: In francese l'hanno chiamato *Marcher ou mourir,* come hanno fatto negli Stati Uniti, dove – dato che circola anche la versione distribuita in Inghilterra – esistono due titoli *March on or Die* e *Attack and Retreat.*

De Santis: Sì, ma il titolo in Francia è *Marcher ou crever,* orrendo!

A. V.: In Francia hanno anche cambiato *Non c'è pace tra gli ulivi.*

De Santis: Sì, *Pâque sanglante, Pasqua di sangue,* che però era il primo titolo che poi rifiutammo perché era melodrammatico, così abbiamo scelto quello che poi è rimasto.
Per tornare ai titoli, ti ripeto, i titoli dei miei film sono quasi tutti di Gianni Puccini, anche *La strada lunga un anno,* che è un bellissimo titolo, era un titolo di Gianni Puccini.

A. V.: *La garçonniere* ha riferimenti letterari?

De Santis: Sì, forse, ci sono dei riferimenti letterari, io adesso non ricordo con molta precisione.

A. V.: Torniamo indietro a *Giorni d'amore*?

De Santis: *Giorni d'amore* era per distinguere dai giorni del lavoro, mi ricordo questo e me lo ricordo bene. *Giorni d'amore* era proprio perché si diceva: «il contadino lavora tutto l'anno, tutti i giorni, ci sono i giorni del lavoro e i giorni dell'amore». L'abbiamo chiamato *Giorni d'amore* proprio per fare questa differenza con i giorni del lavoro.

A. V.: I tre giorni che loro passano insieme.

De Santis: Sono, in realtà, soltanto due poveri giorni.

A. V.: Il loro povero viaggio di nozze.

De Santis: Non dimenticare che *Giorni d'amore* è un film di pianura, e *Non c'è pace tra gli ulivi* è un film dell'interno, sono due Ciociarie diverse, la Ciociaria del mare, della costa e la Ciociaria dell'interno.

A. V.: Un aspetto che tu riesci a cogliere anche nello sviluppo dei personaggi e nei tratti caratteriali.

De Santis: Sì, nel carattere, nello stile stesso, sono due linguaggi e stili diversi, sono due impostazioni stilistiche diverse.

A. V.: *Il sole sorge ancora* era un rimando al romanzo di Hemingway?

De Santis: Sì, *Il sole sorge ancora* era un rimando al romanzo di Hemingway.

A. V.: Chi ha dato il titolo al film?

De Santis: Il titolo non ricordo chi lo trovò, però mi pare, sì, mi pare che *Il sole sorge ancora* fosse uno di quei codici con i quali le radio clandestine davano i messaggi, era un messaggio in codice per i partigiani. *Il sole sorge ancora* comunque è venuto da Hemingway, è venuto sicuramente da quel suo romanzo.

A. V.: *Giorni d'amore* non potrebbe anche richiamare *Giorni di gloria*?

De Santis: No, però potrebbe essere, mi ricordo che forse è uno dei pochi che ho trovato io, ed era per distinguerli dai giorni del lavoro: siccome io sono anche un avido lettore dei libri dell'antichità, uno dei libri che mi hanno molto influenzato è un testo del poeta greco Esiodo. Sì, mi pare che sia stato proprio lui a trattare le attività giornaliere... è una specie di calendario dei giorni del lavoro e di quello che bisogna fare, ciò che bisogna piantare, e non piantare.

È un libro di Esiodo[5], però non mi ricordo come si chiami, ma avendo questa reminiscenza letteraria abbiamo detto, va bene, quelli sono i giorni del lavoro, questi sono i giorni dell'amore.

A. V.: Nella sequenza sul lago, nel dialogo tra i personaggi inter-

[5] Esiodo, poeta greco arcaico (forse metà del sec. VIII a. C.)

pretati da Marcello Mastroianni e Marina Vlady c'è un richiamo a questa separazione delle giornate.

De Santis: Sì, lo dicono, lo dice, mi pare... lui quando afferma: «Me l'hai fatto diventare una fatica», cioè pure l'amore m'hai fatto diventare una fatica.

A. V.: Quando lei gli chiede: «Quando piove [...] com'è bello stare come i signori». C'era una scena in cui lui si stufa di lei perché lei non si dava, e ne va, poi, non sapendo come occupare il tempo a disposizione, va a fare mezza giornata di lavoro. Questo episodio poi non l'ho visto nel film, ma l'ho letto nel soggetto che mi avevi prestato.

De Santis: Si vede che l'abbiamo abolito.

A. V.: Sì, perché nel film io non l'ho visto.

De Santis: No, quello l'abbiamo abolito. Il film è stato tagliato molto, era lungo, tutte le storie secondarie – come al solito la mia tendenza all'affresco – erano delle storie molto importanti nel coro, poi nell'economia del film furono sacrificate.

A. V.: Ho letto nella sceneggiatura che lui, dopo averla lasciata, non sapendo che fare finisce con l'andare a fare mezza giornata di lavoro, così gli amici lo prendono in giro, dicendogli: «Ma come, hai passato tutta la notte con questa ragazza e non hai fatto niente».

De Santis: Questo episodio non l'ho mai girato, almeno non me lo ricordo.

A. V.: Passiamo a *Italiani, brava gente*, titolo che mi pare sia tutto un programma. Durante i sopralluoghi nell'Unione Sovietica avete mai sentito usare l'espressione *Italiani, brava gente*?

De Santis: Quando facevamo l'inchiesta per cercare di costruire i nodi narrativi del film, una volta incontrammo una donna che ci disse: «Italiani, brava gente!». I rapporti che avevano avuto i russi con molti soldati italiani erano diversi da quelli che avevano avuto con i tedeschi e con i fascisti e quindi facevano una differenza. Senza dubbio questo rapporto diverso fu anche dovuto al fatto che il soldato italiano arrivò sul fronte russo già stanco, già battuto in Grecia, in Albania, quindi arrivò su un fronte dove la guerra la sentì maggiormente inutile. Il fascismo cominciava a sfaldarsi, quindi arriva un soldato in crisi, già umanamente predisposto a capire le ingiustizie di un'occupazione, di un'aggressione, quindi a familiarizzare nel rapporto con i contadini russi.

A. V.: Il tema di due popoli che si incontrano, oltre a tutti questi eventi e circostanze da te ricordati, mi sembra che sia nato, soprattutto, dal tuo forte desiderio di mostrare l'internazionalismo e il superamento del nazionalismo attraverso la solidarietà di classe. Dopotutto i contadini da ambedue le parti scoprono delle caratteristiche che non conoscevano dell'altro, anche a causa della situazione politica in vigore nei rispettivi Paesi. Da una guerra di liberazione o di difesa per i russi e un'invasione o conquista per gli italiani, che non aveva una giustificazione, nasce una solidarietà soprattutto da parte degli italiani poveri soldati-contadini. Come tu hai fatto osservare, oltre al dato storico e al fatto che le guerre oramai avevano cominciato ad avere un peso sull'anima del soldato italiano, il film sembra strutturato su due piani. Il tema dell'incontro mi ha fatto pensare a una tua rilettura o impiego dello stesso tema presentato in *Paisà* da Rossellini, ma ricorrendo alle regole del cinema popolare d'autore e ad una ideologia. In Rossellini gli italiani incontrano gli americani e li accettano come liberatori, mentre nel tuo film si incontrano e si scontrano le classi sociali e le ideologie. Malgrado però una guerra ingiusta e differenze politiche, in tanti modi le differenze vengono superarate dall' umanità che li porta a fraternizzare. Il tuo marchio d'autore si mostra anche attraverso il simbolismo che si rifà al mito di Anteo, il gigante che ogni volta che veniva messo a terra rinnovava la propria forza. Nel tuo film i russi rinnovano la propria forza attraverso il contatto e la protezione della propria terra, mentre invece i soldati-contadini italiani muoiono quando non sono più a contatto con la propria terra. Il tema della terra si vede anche nella forza della natura e della terra russa, quando gli italiani arrivano. Immagini presentate nelle panoramiche dei campi di girasoli, e anche attraverso i tuoni che i soldati italiani odono. Il temporale che si scatena subito dopo è il presagio di quello che poi accadrà loro.

De Santis: Ma certo, è naturale. Mi pare molto acuta, molto sottile, questa tua idea dell'incontro tra russi e italiani visto come un impiego rovesciato di *Paisà*, dovresti svilupparla. Il temporale, sì, sicuramente, è voluto per dare anche il mistero di questa terra, infinita, enorme, perché Cucciolla lo dice al soldato che aveva detto: «Ma qua seminano con gli aeroplani? Seminano il grano con gli aeroplani?». Queste affermazioni nascono dal fatto che vedono terre sconfinate, poi c'è il mistero. Il soldato che è ignaro dice: «Come mai i tuoni... ma non me lo potevano dire che era un temporale?». Cucciolla, che oltre ad essere contadino sa o percepisce come andranno a finire le cose, e conosce anche i fenomeni naturali, risponde: «Copriti, fesso, che tra poco viene a piovere». E l'altro, che non è consapevole, afferma: «C'era bisogno di fare tutta sta caciara?»

A. V.: Sì, era un vero presagio, perché alla fine quando loro muoiono a causa del gelo, del freddo, della neve, è la natura, il clima russo che li distrugge congiuntamente all'avanzata dell'esercito russo.

De Santis: È stato il famoso Generale Inverno che ha distrutto pure Napoleone [1769-1821]. Bisogna chiedersi perché i russi non hanno mai costruito strade. Dietro c'è stata sempre una ragione strategica. Perché le strade avrebbero potuto condurre gli eserciti stranieri immediatamente nelle città: secondo la loro strategia, più le strade sono rotte, meno strade ci sono, e più dentro questo gelo gli eserciti stranieri marciscono. I tedeschi sono arrivati alle porte di Mosca, ma non sono mai riusciti a sfondare, perché l'inverno li ha distrutti. Il famoso Generale Inverno… quindi anche i soldati italiani vanno incontro a questa fine.

A. V.: Grazie per aver fatto questo film che mi ha fatto vivere la tragedia degli italiani in Russia. Come ti ho raccontato, mio padre ha fatto quella campagna e fin da bambino ne avevo sempre sentito parlare. I tanti generi impiegati e la coralità del racconto hanno reso tutto attendibile. Siccome hai spesso affermato che il termine «realismo» non si può applicare al tuo cinema, e prendendo anche in considerazione che ci sono critici, soprattutto anglosassoni, che con *Riso amaro* danno l'inizio del tramonto del Neorealismo autentico, come vorresti che il tuo modo di fare cinema fosse ricordato? E che significato può ancora avere oggi il termine Neorealismo?

De Santis: È una delle riflessioni che io faccio molto spesso a proposito del mio cinema; oggi che si può, al di fuori delle polemiche, al di fuori delle battaglie, considerarlo con maggiore distacco, è una considerazione che faccio spesso, perché il mio cinema è un cinema utopistico, il mio cinema è un cinema per tanti aspetti anche dell'eccesso, nel senso quindi anche barocco della parola e quindi anche dell'iperbole, cioè della cosa che si muove sempre ai limiti del credibile. Non so, in *Caccia tragica*, questo treno che viaggia, con dei comizi che si svolgono al microfono mentre si ascolta una banda jazz è quanto di più incredibile ci possa essere nella realtà, però assunto lì, come metafora di una voce viaggiante, una voce che cammina e vuole cercare e fare, è un'iperbole che sicuramente è fuori dalle nozioni del realismo. Non so come vorrei che il mio modo di fare cinema fosse ricordato. È una cosa alla quale io non so risponderti molto.

A. V.: I tuoi film mi sembrano strutturati sull'accumulazione stratificata. Messaggi e stile sono presentati a strati, a vari livelli, che possono avere vari valori di lettura.

De Santis: Ho fatto film di accumulazioni.

A. V.: Questa tua strategia faceva anche parte del tuo progetto di creare un cinema popolare, gramsciano, per poter parlare a tutti cercando di riprodurre le regole dello spettacolo e della popolarità del cinema americano, piegandoli in senso ideologico?

De Santis: Mah, io ho avuto tanti modelli, lo dico sempre, e tanti punti di riferimento, ho avuto un bagaglio culturale come ha ogni persona che si mette a fare dell'arte, più o meno a un certo livello. Quindi è logico che il bagaglio culturale che uno ha lo adoperi e lo trasformi o lo interpreti con la propria sensibilità. Sicuramente il cinema americano è stato un cinema così importante che non poteva non influenzare non solo me, ma in generale ogni regista che fa questo mestiere. È come se uno scrittore non tenesse conto di una certa cultura. È stato un cinema così importante quello americano, così come il cinema sovietico, che mi hanno influenzato, ma ci sono stati anche altri grandi miti come il cinema tedesco, il cinema francese e i grandi autori. Non c'è un cinema che abbia risposto ai miei progetti, alle mie ambizioni in modo particolare. Direi che è la serie di queste cinematografie, l'insieme di queste cinematografie, quindi un bagaglio culturale che, di volta in volta, dentro di me, in modo cosciente, o meno cosciente, o in modo inconscio, affiorava e mi faceva costruire questa o quella storia, questo o quello stile, questo o quel linguaggio.

A. V.: Forse erano più soluzioni stilistiche?

De Santis: Sì, assolutamente, e poi vedi, anche questo: ogni film ha il suo stile, ogni film ha il suo modo di esprimersi. Io ho fatto *Non c'è pace tra gli ulivi* dopo *Riso amaro*. *Non c'è pace tra gli ulivi* è un film di una grande forza figurativa, un film quasi astrale, metafisico, è un film di una grande espressività figurativa, dove gli attori addirittura recitano guardando in macchina, che non è certo lo stile del film che verrà dopo, *Roma ore 11*, o non è lo stile di quello che era venuto prima, *Riso amaro*. Questo spostarsi continuamente alla ricerca di un linguaggio era proprio della personalità di un autore che, di volta in volta, per esprimere questo o quel contenuto, cercava di esprimerlo secondo il linguaggio che gli sembrava il più appropriato. Per farmi capire ancora meglio, i film di Rossellini hanno tutti una loro linearità, hanno uno stile che è in fondo tradizionale. Direi che una inquadratura di Rossellini la puoi riconoscere abbastanza facilmente, perché ha persino una uniformità di linguaggio abbastanza tradizionale. Ecco perché lui stesso affermava che i film sono soprattutto retti sul racconto, sui sentimenti, sulla storia, e questa sua semplicità era ricercata proprio per far risaltare il più possibile il contenuto. Io sono stato un regista che invece alla forma ha dato grande importanza, alla ricerca stilistica, al linguaggio col quale esprimersi, e quindi, di volta in volta, a seconda del film che facevo, ho cercato un linguaggio diverso. Quindi c'è stata una grande varietà di linguaggi, c'è una grande varietà di figuratività, di espressione e di immagine nel mio cinema. Sì, certo, se tu prendi il pezzo della pioggia in *Riso amaro* durante la quale la ragazza abortisce in acqua e le donne cantano come in un grande quadro di Giotto [di Bondone, 1266 (?) -1337], dei trecentisti, dei pittori del nostro Trecento, si riconosce subito l'autore di *Non c'è pace tra gli ulivi*, che ha una sua scansione in questi termini figurativi. In ognuno di questi film poi c'è magari il riferimento ad un altro film, perché una delle caratteristiche del mio cinema è che io non solo ho sperimentato vari linguaggi e vari stili a seconda del film che ho fatto e a seconda del problema e del tema o del racconto che trattavo, ma direi che all'interno persino dello stesso film io ho usato linguaggi diversi per esprimere un certo contenuto. Per la sequenza della quale ti sto parlando, quella della pioggia durante la quale la ragazza abortisce in acqua – alla quale io volevo dare il massimo di spiritualità e anche di religiosità, ma di religiosità nel senso rituale della parola, del rito che si compie con il parto in una condizione così dolorosa – io mi sono ispirato alla grande pittura del Trecento, mentre invece il ballo del *boogie-woogie*, che è un tema di tipo diverso, è espresso con un linguaggio diverso, con uno stile diverso. Questo per dirti che persino all'interno di un mio film c'è una serie di stili diversi o apparentemente diversi, che cozzano tra di loro, possono sembrare anche tra di loro in contrasto, ma che in realtà servono soltanto a esaltare questo o quel momento con il linguaggio, per rendere più leggibile un certo contenuto; ripeto, la religiosità di questo momento della ragazza che abortisce in acqua fa nascere una scelta di stile.

A. V.: Che cosa risponderesti ai critici che hanno scritto che nei tuoi film la ricerca formale è spesso un estetismo compiaciuto?

De Santis: Ma non è estetismo, e non è neanche compiaciuto, è una ricerca che si sviluppa soprattutto sulla base del contenuto. Io volevo esprimere la religiosità di questo atto, dare anche il suo mistero, che è il mistero del parto, della nascita di un bambino, e dare anche la misericordia, la pietà di questa povera donna che è costretta, per ragioni di lavoro, ad abortire in acqua. E allora mi è sembrato che questo modo potesse essere il più giusto, espresso con quel tipo di linguaggio, ma non è una cosa che parte al di fuori del contenuto. Nasce dal contenuto stesso.

A. V.: Allora non è che trovi una discontinuità stilistica?

De Santis: No, nasce dal contenuto. Quando però il contenuto cambia, quando la Mangano balla il *boogie-woogie*, il linguaggio è diverso, si esprime in un altro modo, non si esprime con la religiosità, con la ieraticità, se vuoi, che hanno le donne che compongono quel pezzo di racconto. In questo senso, dico, non c'è discontinuità ma c'è ricerca di linguaggio, ricerca di stile. Io penso che questa accusa di estetismo, che ancora oggi mi accompagna e che continuamente citano i critici, non sia giusta, non perché io non accetti critiche. Mi va benissimo di essere chiamato con qualsiasi aggettivo o epiteto, mi possono chiamare come a loro pare, ma non mi sembra giusto, perché ogni cosa è determinata dal racconto.

A. V.: Ma tu non pensi di essere veramente un narratore cinematografico? Ti definirei il cantastorie del cinema italiano del dopoguerra.

De Santis: Sì, io penso di essere un forte narratore, perché sono proprio, tu hai ragione, un cantastorie. Io amo molto le storie, anche quella della nascita di un fiore per me è una storia. Queste sono state le grandi polemiche molto affettuose, molto amichevoli che io ho avuto con Zavattini, quando sceneggiavamo *Roma, ore 11*, dove lui voleva che ci fosse assolutamente assenza di storia, che le ragazze si chiamassero addirittura «quella dell'anellino», «quella del cappellino», «quella del...». Io dicevo no, che era giusto che avessero un nome e un cognome e che avessero dietro le spalle una loro identità, una loro paternità, una loro sostanza di personaggi, e per sostanza di personaggi intendevo anche un nome e un cognome. Quindi io sono per le storie, ma non si fraintenda, perché per esempio un altro degli equivoci del cinema italiano, della storiografia sul cinema italiano, della saggistica, è di credere che il cinema di Fellini o il cinema di Antonioni sia un cinema più moderno di quanto non lo sia quello dei registi come Visconti, o come me, o come Germi, che hanno raccontato delle storie a tutto tondo. Non è vero per niente, perché, riguardando appunto *La dolce vita*, non è che Fellini si serva di una struttura labile e non abbia storie, non abbia racconti. C'è una signora struttura portante molto, molto forte, costruita con tutti quelli che sono i canoni di una tradizione narrativa, che può essere quella ottocentesca o quella del romanzo, anche moderno, ma con dentro una struttura e dei personaggi; è un grande affresco con dentro un grande romanzo. Non è vero quello che inventano i critici, che dicono che sono film a struttura libera o a strutture aperte; non è vero, sono strutture concepite secondo la tradizionale struttura di un romanzo e di una tradizione narrativa. Che poi siano narrati, espressi con linguaggi e stili di tipo diverso è un altro discorso; che poi la narrazione sia più fluida rispetto a quella di un altro film o di un altro autore è un altro discorso, però si deve partire da questa considerazione: che non è vero che c'è una rottura degli schemi narrativi, non è vero che c'è una svolta. Non è vero questo, perché si resta, per fortuna a mio giudizio, dentro una cultura e, una tradizione narrativa molto forte e molto ferrea. Così lo stesso Antonioni, i cui film hanno bisogno sempre di racconti, di storie. Non c'è un cinema senza storie.

A. V.: Quello che hai detto concorda con quello scritto in un'intervista che hai rilasciato a un giornale francese, in cui, parlando dei personaggi di Fellini, di Zavattini e di Rossellini, hai affermato che la costruzione dei tuoi personaggi è più vicina a quella di Fellini che a quella di Rossellini e di Zavattini, ma ti riferivi soprattutto a *La strada* [1954], e hai sottolineato che per esempio i tuoi personaggi sono veri, e che alla fine scoprono qualcosa e si realizzano, sono più costruiti, invece quelli di Zavattini sono più anonimi. Ti ricordi queste affermazioni? Ti ritrovi?

De Santis: Non so, non ricordo questa intervista. Però devo dirti che non so quanto i miei personaggi possano somigliare a quelli di Fellini o a quelli di altri autori. Io ho costruito secondo quelle che sono le regole della crescita di un personaggio, posso essere stato schematico alcune volte, meno schematico, più libero in altri casi. Ho creato un personaggio meno riuscito o uno più riuscito di un altro, però non mi pare strano questo mio giudizio sui personaggi di Zavattini, ma forse ho fatto questa intervista subito dopo *Roma ore 11*. Bisogna anche ammettere che Zavattini, sia pure teorizzando una poetica dell'anonimato e del piccolo, del minimo, poi in realtà anche lui costruiva dei grandi personaggi. Umberto D è un grande personaggio, la servetta di Umberto D è un grande personaggio e l'operaio di *Ladri di biciclette* e il bambino sono dei grandi personaggi. Molto spesso gli artisti teorizzano in un modo, razzolano in un altro modo e poi dopo predicano, ma quando passano all'attuazione non realizzano quello che hanno teorizzato. Forse è stato anche il mio caso.

A. V.: Pensi che anche per Zavattini il grande maestro sia stato il cinema americano?

De Santis: In realtà non c'è niente che abbia insegnato di più del cinema americano, perché tutto il cinema di Zavattini, persino *Ladri di biciclette* o *Miracolo a Milano* che sembrano rompere completamente gli schemi ed essere disancorati, in realtà non lo sono, perché anche il cinema americano si è servito continuamente di attori presi dalla strada, da Ford a non so chi altro, quello di *Alleluia!* King Vidor, se ne sono serviti continuamente... Ford [John, 1895-1973] con un povero cowboy fa il suo grande capolavoro *Ombre rosse* [*Stagecoach*, 1939] ma John Wayne [1907-1979] è un attore quasi preso per la strada.

Zavattini predicava in un modo che non era assolutamente identico al suo modo di fare cinema, non sono questi gli attributi che io ritengo importanti. Il Neorealismo è stato una cosa a parte, era il significato, il contenuto, quello che si diceva dentro, a parte certe scoperte di stile e di linguaggio, sicuramente, ma prima di tutto era il disegno sociale, politico, la denuncia, prima di tutto è stato questo, quindi abbiamo appreso da tutti. Tu lo sai che io dico sempre che noi abbiamo avuto quattro punti cardinali nella nostra vita: il primo è il cinema americano, poi c'è stato il cinema espressionista tedesco, il cinema populista francese e il cinema sovietico. Questi sono i nostri grandi padri, e quando dico i nostri padri significa anche i padri di Zavattini.

IV parte

Saggi che si rifanno alle conversazioni con il regista

La Ciociaria nel cinema e in De Santis

> Non sono né scaltro né attento e come ciociaro a sentire Anton Giulio Bragaglia che di Ciociaria se ne intende, sono un ciociaro impuro, della costa, e perciò un mezzo sangue, un ciociaro impuro, un bastardo insomma... I ciociari quelli veri, sono figli di antichi guerrieri, sono alti, fieri, robusti, svelti di coltello, ruba-terre e roditori di confini...
> Giuseppe De Santis in *Verso il Neorealismo. Un critico cinematografico degli anni Quaranta*

Nei libri di geografia e da un punto di vista amministrativo la Ciociaria è identificata come il territorio che grosso modo corrisponde alla provincia di Frosinone. Un territorio che si estende nella parte sud-est della regione Lazio, irrigato dai fiumi Sacco e Liri, ed è in buona parte delimitato dai monti Lepini, Ausoni e Aurunci a occidente, dal confine con l'Abruzzo a oriente e più a sud-est, verso il Molise, dai monti della Meta e le Mainarde, montagne impervie il cui aspetto aspro è spesso paragonato al carattere forte, chiuso e scontroso dei Ciociari interni della regione. Nel mondo della celluloide invece la Ciociaria include Itri, Sperlonga e Fondi, a testimoniare che nel mondo del cinema l'aria culturale ciociara include anche la parte costiera del Lazio meridionale.

Prima di approfondire il rapporto tra cinema e Ciociaria bisogna tenere in considerazione che il mondo contadino italiano non ha incontrato particolare fortuna nella cultura cinematografica italiana. Secondo un interessante studio di Tullio Kezich[1] i film italiani dal sonoro agli anni Ottanta da considerare sono una cinquantina, ma il dato emergente è che il rapporto si accentua nel quinquennio 1975-1980, in cui escono alcuni dei film più importanti della cinematografia italiana moderna, *Novecento* (1976) di Bernardo Bertolucci, *Padre padrone* (1977) di Paolo e Vittorio Taviani, *Ligabue* (1978) di Salvatore Nocita, *L'albero degli zoccoli* (1978) di Ermanno Olmi e *Cristo si è fermato a Eboli* (1979) di Francesco Rosi, tanto per citare i più importanti.

Nel presente saggio, dopo una rapida panoramica dei film più importanti ambientati nella Ciociaria, inclusi quelli dell'immaginario cinematografico o di quelli che hanno come personaggi prin-

[1] Tullio Kezich, *La civiltà contadina in mezzo secolo di cinema italiano* in *Cinema e mondo contadino*, a cura di Pepa Sparti, Venezia, Marsilio, 1982.

cipali i ciociari, mi soffermerò su *Giorni d'amore* di Giuseppe De Santis. Scritto nel 1954 con la collaborazione di Libero De Libero [1906-1981], Elio Petri e Gianni Puccini, questa storia d'amore contadina è stata girata con la consulenza del pittore Domenico Purificato [1915-1984] e con Marcello Mastroianni, nell'unica interpretazione della sua lunga carriera, nei panni di un giovane ciociaro. Come sarà discusso nella seconda parte del saggio, *Giorni d'amore* rimane tutt'oggi il film più riuscito ambientato interamente nella regione, per una serie di motivi tecnici ed artistici ma soprattutto per realizzazione, originalità e creatività.

Nelle immagini che scorrono su tante pellicole italiane del dopoguerra, periodo in cui il cinema italiano riscopre le differenze linguistiche regionali, la Ciociaria è il Lazio povero, terra di lavoro, di analfabeti e di povertà, cause di tanta emigrazione. Numerosi sono i personaggi, per la maggior parte donne, che esprimendosi in dialetto o in un italiano scorretto e fortemente dialettale servivano a far ridere gli spettatori o a ricordare le condizioni di vita che le avevano spinte in città, per lo più Roma, a fare lavori domestici, come la servetta in *Umberto D* di Vittorio De Sica del 1952. La summenzionata caratterizzazione dei ciociari prevale anche oggi e appare spesso anche nel panorama cinematografico mondiale contemporaneo. Un buon esempio è la serie televisiva della PBS *North of Naples, South of Rome* tratta dal libro omonimo di Paolo Tullio, che presenta la Valle Comino come il piccolo mondo della bassa padana di Giovanni Guareschi [1908-1968] ma in formato meridionale moderno, senza gli scontri politici della guerra fredda. I ciociari della Valle di Comino appaiono chiassosi, vivaci, buffi, malinconici, cupi, appassionati, tutte caratteristiche ben espresse dalla poesia inclusa nel testo:

> La mia valle è di un solo colore,
> non conosce le mezze stagioni
> né il mezzo di nulla.
> La sua gente ha sempre il cuore troppo colmo,
> d'amore o di odio, non importa:
> basta una goccia a farlo traboccare. [...]
> La mia valle ha gli uomini pirata. [...]
> La mia valle ha le donne dolci e matte
> non sanno dimenticare[2].

[2] Gerardo Vacana, *Pit Pony/Cavallo di miniera,* Cloghroe, Litho Press, 1993, p. 28.

Nell'ambito del cinema italiano moderno, la caratterizzazione summenzionata è ancora presente nel bel film della romana Francesca Archibugi [1960], *Verso sera* del 1990. In questa triste storia ambientata negli anni Settanta, Bruschi (Marcello Mastroianni), vecchio professore comunista, nel tentativo di proteggere la nipotina, si innamora della irrequieta e ribelle nuora e scopre che il modo di fare politica e di agire dei giovani di sinistra è molto diverso da quello della vecchia classe politica gramsciana. Purtroppo nelle sue scoperte il professore non si accorge della fedele governante analfabeta che, nella sua incapacità di esprimersi, simboleggia il mondo degli umili per cui il professore avrebbe dovuto lottare.

Ritornando agli anni del dopoguerra, nel 1950 esce *Non c'è pace tra gli ulivi*, il più controverso e conosciuto dei film ambientati in Ciociaria. Ricalcando il western americano, il melodramma e il teatro brechtiano, il regista ciociaro Giuseppe De Santis denuncia qui povertà e sopraffazione. Nel racconto filmico, Francesco Dominici (Raf Vallone) torna al paese dopo tre anni di guerra e altrettanti di prigionia, per scoprire che il suo gregge è stato rubato dal pastore Agostino Bonfiglio (Folco Lulli), che si è arricchito con l'usura durante la guerra e sta anche progettando di sposare la giovane sorella del reduce. Nel farsi giustizia Dominici è arrestato e condannato.

Il film fu accusato di astrattismo; il critico della rivista «Cinema», Adriano Baracco [1907-1976] definì dannunzianesimo il modo in cui posano i pastori e l'uso della panfocus a scopo di mettere in risalto l'asprezza del paesaggio ciociaro. Nella sua accanita risposta il regista Giuseppe De Santis difese l'autenticità storica e sociale mostrata dichiarando:

> Fedele a quella realtà della Ciociaria sono stato, mostrando in quali condizioni di disagio economico ed ambientale vivano i pastori che abitano in vecchie catapecchie di pietra e per i quali quattro pecore possono significare la salvezza dalla fame. Il gioco, talvolta meschino, delle passioni che agitano gli animi di quella gente tenacemente attaccata alla loro «roba» eppure capace di generosi impulsi [...]; fedelissimo alla realtà della mia terra è anche quell'oscuro groviglio di superstizioni e di fanatismi religiosi di colore quasi pagano per visitare ogni anno gli antichi santuari. Reale è lo stato di semischiavitù in cui la donna è costretta a vivere, inerme strumento degli interessi familiari: vera e storica, e ciò trascende i confini della Ciociaria per diventare una caratteristica

universale, è l'esistenza dei soprusi e delle violenze da parte di individui che, accentrando il potere economico, di esso si servono per continuare a padroneggiare ed arricchirsi sui più deboli[3].

Dalle parole del regista si coglie la sua intenzione di rispettare la realtà sociale della regione ma allo stesso tempo mitizzarla e di farla apparire come terra primitiva, visione molto vicina a quella poetica di Libero De Libero, cantore della bellezza selvaggia, segreta, arcaica del luogo e della fierezza e irrequietezza degli abitanti, come i seguenti amorevoli e scherzosi versi confermano:

La mamma del mio amore pozz'esse accisa
lo va dicendo ch'è poca la dota
gliu figlio non possede la cammisa[4].

Nel cinema impegnato di De Santis i problemi della Ciociaria sono usati come denuncia sociale, mentre nel cinema commerciale o più leggero, i ciociari – a causa della loro bassa dimestichezza con l'italiano – sono spesso usati come personaggi comici non protagonisti e servono per sdrammatizzare la situazione, oppure come semplici macchiette. I film drammatici, oltre a quelli di Giuseppe De Santis in cui i ciociari hanno un ruolo importante o sono protagonisti, sono pochi; fra i più conosciuti va ricordato *La ciociara* del 1960 di Vittorio De Sica con Sophia Loren, Jean-Paul Belmondo [1933], Raf Vallone e Renato Salvatori [1933-1988]. Tratto dal romanzo omonimo di Alberto Moravia e sceneggiato da Cesare Zavattini, il film tratta della fuga dai bombardamenti della commerciante Cesira con la figlia Rosetta, da Trastevere a Sant'Eufemia, il paesello tra i monti della Ciociaria dove Cesira è nata. Benché vincitore dell'oscar come miglior film straniero, *La ciociara* rappresenta un melodramma concepito secondo le esigenze del divismo e le convinzioni della produzione hollywoodiana della grande spettacolarità. L'ambientazione è meno importante del personaggio principale Cesira/Loren, che spesso ancheggia ma che raggiunge un alto livello di intensità emotiva soltanto durante le scene più drammatiche dello stupro. Nell'insieme il film mantiene un'ambientazione naturalistica della

[3] Giuseppe De Santis, *"Lettera a Adriano Baracco"*, «Cinema», n. 50, 15 novembre 1950.

[4] Libero De Libero, *Ciociaro come la Ciociaria*, «Milano sera», 18 ottobre 1950.

Ciociaria ma mostra una caratterizzazione dei personaggi di fondo che rasenta il macchiettismo, in cui si salva soltanto il personaggio Michele, interpretato da Belmondo, che appare estraneo al tipo e all'ambiente spocchioso degli egoistici commercianti rifugiati in montagna che passano il proprio tempo cantando, accumulando cibo e abbuffandosi.

Fra il cinema impegnato e sofistico di De Santis e le semplici macchiette comiche, bisogna collegare le interpretazioni di Nino, all'anagrafe Saturnino, Manfredi [1921-2004], nato a Castro dei Volsci. Dopo un debutto cinematografico poco fortunato, Manfredi è arrivato al successo negli anni Settanta grazie al ruolo di Geppetto per il film televisivo *Le avventure di Pinocchio* del 1972 di LuigiComencini [1916], che lo elogiò definendolo l'unico attore italiano in grado di parlare con un pezzo di legno. Grazie alle sue origini e al suo esordio televisivo, nel bene e nel male Nino Manfredi esemplifica il ciociaro nel panorama del cinema italiano, e non solo nelle sue interpretazioni rustiche, ma anche per la determinazione con cui è riuscito ad affermarsi nel mondo dello spettacolo negli anni in cui Totò [1898-1967] faceva da padrone e tra i nuovi attori Alberto Sordi [1920-2003] era il comico più in vista. Tra gli attori che hanno interpretato personaggi ciociari prominenti Manfredi è di certo l'attore italiano più autenticamente popolare. Sebbene oggi sia spesso identificato con la romanità popolana, grazie alle grandi interpretazioni nel ruolo di Pasquino in *Nell'anno del Signore* [1968], ne *In nome del Papa Re* [1977] nella parte di don Colombo, entrambi di Luigi Magni [1928], ma soprattutto dopo l'indimenticabile *C'eravamo tanto amati* [1975] di Ettore Scola in cui faceva la parte di Antonio, lo sfigato portantino di sinistra, nessuno potrà mai dimenticare che è arrivato alla celebrità attraverso la televisione nella Canzonissima del 1959. Negli anni del boom economico il personaggio del polemico e controverso barista di Ceccano, con la sua aggressività e spregiudicatezza, mise in crisi la televisione di stato. La sua proverbiale espressione ciociara: «Fusse che fusse la vorta bbona» è diventata sinonimo di ciociarinismo e di frustrazione nazionale. Dopo il successo di Canzonissima, pur rifiutando le offerte di tanti produttori che volevano fargli interpretare un film con il titolo esplicito *Fusse che fusse la vorta bbona*, Manfredi in *Straziami, ma di baci saziami* [1968] di Dino Risi interpreta di nuovo il ruolo di un ciociaro nella parte di Marino, barbiere di Alatri, che insieme alla brava Pamela Tiffin [1942], nella parte della sfortunata innamorata, parla un linguaggio ricalcato sulla lingua della subcultura popolare dei fotoromanzi, canzoni ed espressioni della pubblicità. L'attore si ripete in *Vedo nudo* [1969], in cui fa un contadino violentatore di galline e in *Questa volta parliamo di uomini* [1965] di Lina Wertmuller [1928], nell'episodio *Un bravo uomo* in cui interpreta la parte di un contadino fannullone che la sera torna a casa ubriaco e rimprovera la moglie, che ha sgobbato tutto il giorno, perché non somiglia a Sophia Loren.

Tra i film interpretati o girati da Manfredi, *Per grazia ricevuta* del 1971 è l'opera che raccoglie pienamente la sua formazione culturale e indole ciociara. Il film sul rapporto tra uomo, religiosità e tabù sessuali è stato realizzato solamente grazie alla volontà dell'attore, che per molto tempo non era riuscito a trovare un produttore e che molti registi – tra cui Luigi Magni, con cui Manfredi aveva girato due film – gli avevano consigliato di non realizzare. La determinazione e l'investimento finanziario rischiato nel progetto del film, diretto, scritto e interpretato da lui, furono ripagati dall'assegnazione del premio opera prima a Cannes, due nastri d'argento e tanti riconoscimenti minori, tra cui quello del pubblico, incassando tre miliardi e ottocentonovantatre milioni di lire sul mercato italiano.

Per grazia ricevuta è la storia di Benedetto, bambino orfano e cresciuto male da una zia di facili costumi, in un paese remoto della Ciociaria. Attratto dal peccato, si crede escluso dalla grazia di Dio per avere preso sacrilegamente la prima comunione. Dopo la fuga dalla chiesa e la caduta da un muraglione si rialza miracolato e vive smarrito per quindici anni in un convento senza godere la propria fortuna. Dopo aver salvato una donna morsa da una vipera capisce che l'ora di entrare nel mondo è arrivata. Lasciato il convento, diventa venditore ambulante di capi di vestiario e con l'aiuto di una donna scopre che il sesso non è peccato, mentre con il pentimento in punto di morte dell'ateo Oreste, scopre il potere misterioso di Dio e accetta il suo stato di miracolato.

Benché svolto con intelligenza e il tema del tabù religioso e il rapporto con la superstizione abbiano un ritmo e una caratterizzazione abile e ben riuscita, in una recensione su «L'Europeo» il film è riassunto come la storia di uno sprovveduto, un umiliato e offeso nel Lazio povero. Invece di soffermarsi sulle qualità e novità del film, la recensione si sofferma sull'ambientazione, usando i soliti luoghi comuni. Sebbene la Ciociaria nel film di Manfredi appaia come una terra selvaggia, primitiva e piena di superstizioni, essa ha un ruolo primario nello svolgimento del dramma umano di Benedetto, nella sua lotta nel reprimere il desiderio sessuale che prova per il corpo femminile che una educazione religiosa sbagliata gli ha impresso durante l'infanzia. L'attore stesso ha scritto in merito:

> Sono nato in un paese della Ciociaria, che si chiama Castro dei Volsci, in località Valle Fratta [...]. Quando ero bambino, i miei compaesani erano ancora a livello di civiltà rurale non superiore a quella dei nostri progenitori. Se un bambino mostrava certe curiosità veniva preso a bacchettate sulle dita perché gli argomenti sessuali erano tabù. Ho affrontato questi temi in *Per grazia ricevuta*, anche perché ho covato per anni dei sentimenti che somigliavano alla ribellione e ho sentito il bisogno di esprimerli[5].

Dopo questa rapida carrellata passiamo all'analisi di *Giorni d'amore* del 1954 di Giuseppe De Santis, film che va oltre le rappresentazioni della Ciociaria e dei ciociari summenzionate. Agli inizi degli anni Cinquanta la libertà d'espressione artistica si era molto ristretta. Il controllo statale dei fondi aveva spento molte iniziative. Il Neorealismo, concepito come movimento di protesta sociale e inchiesta civile, sembrava aver esaurito il suo breve corso negli annali del cinema italiano. L'immaginazione del grosso pubblico era dominata da *Catene* [1949], *I figli di nessuno* [1952], film strappa lacrime di Raffaello Matarazzo [1909-1966] con l'accoppiata Amedeo Nazzari e Yvonne Sanson [1926].

A metà del decennio vi è il nascente Neorealismo rosa, nuovo genere formatosi seguendo il modello di *Due soldi di speranza* [1952] di Renato Castellani ed esploso con *Pane amore e fantasia* [1953] e *Pane amore e gelosia* [1954] di Luigi Comencini, *Pane, amore e* [1955] di Dino Risi e *Pane amore e Andalusia* [1958] di Javier Setò, i cui incassi facevano contenti i produttori italiani occupando le proiezioni delle sale italiane sparse per la penisola. De Santis, incapace di trovare fondi per le sue sceneggiature sull'occupazione delle terre in Ciociaria e in Calabria[6], cercò di creare nuove possibilità d'espressione senza tradire la propria idea di creare un cinema politico e nazionale realiz-

[5] Nino Manfredi, *Nudo d'attore*, Milano, Mondadori, 1993, p. 9.

[6] Negli anni Cinquanta De Santis aveva scritto una sceneggiatura intitolata *Noi che facciamo crescere il grano* storia sull'occupazione delle terre in Calabria e insieme a Carlo Lizzani aveva ripreso l'occupazione delle terre in Ciociaria

zando *Giorni d'amore*, il cui titolo riflette ironicamente anche le nuove restrizioni nel mondo del cinema italiano ai tempi della ricostruzione postbellica. Quantunque il titolo faccia pensare a una semplice commedia romantica, questa fiaba contadina è un film colto, che segna un netto distacco sia dal nuovo genere del Neorealismo rosa, sia dallo stile drammatico dei film precedenti. Mentre le commedie romantiche paesane dell'epoca cercavano di imitare l'approccio realistico del Neorealismo ambientando film in paesini del centro e del Meridione, utilizzando un linguaggio folcloristico e la religione e il modo di vestire dei personaggi alla maniera dei costumi di un dramma storico cinematografico, De Santis si propone invece di cambiare le vecchie documentaristiche concezioni di realismo per raggiungere un tono e uno stile fantastico, poetico, libero e di trovare un legame con la tradizione nobile della narrativa italiana. Il legame è ricercato nel realismo boccaccesco, la gentilezza e apertura mentale delle commedie rustiche di Carlo Goldoni, l'ironia e scaltrezza di Alessandro Manzoni e il dolore di Giuseppe Verga. La strategia desantisiana era di esaminare le dinamiche interne e le forze conflittuali nascoste nelle vecchie usanze popolari e metterle a nudo senza alienare o offendere il pubblico. In *Giorni d'amore*, vecchie usanze e pregiudizi preservati dalla povertà e dall'ignoranza sono presi di mira dagli autori del film. Per meglio portare a termine i propri progetti, il regista prende come modello le *Baruffe chiozzotte* di Carlo Goldoni, la farsa popolare e i cantastorie meridionali. Gli amorosi vagabondaggi di Pasquale e Angela attraverso la campagna, tipico del genere romantico, sono legati, allacciati e contrapposti alle scene farsesche che hanno luogo nel centro del borgo ciociaro. Durante l'esposizione della zingaresca luna di miele della coppia, il film sviluppa pienamente e approfondisce il carattere e la personalità dei due personaggi principali, qualcosa che il regista non aveva fatto nel suo altro film *Non c'è pace tra gli ulivi*, nel quale i pastori erano rimasti tipi. Lo sviluppo dei personaggi in *Giorni d'amore* è anche parte della strategia del regista di concepire un nuovo modo per combattere e cambiare le vecchie documentariste concezioni di fare il cinema realista. Lo scopo era di raggiungere un tono e uno stile più fantastico, poetico e libero, trovando allo stesso tempo un legame con l'ambiente narrato e prendendo come modello la tradizione letteraria.

Un attento esame del film ci darà modo di analizzare come tale strategia sia stata portata a termine. *Giorni d'amore* racconta la storia di come Pasquale (Marcello Mastroianni) ed Angela (Marina Vlady) si sono sposati. Pasquale è appena tornato dal servizio militare e vuole sposare Angela, da tempo sua fidanzata. Angela sogna un bellissimo sposalizio con parenti e amici. Vorrebbe anche la mobilia per la stanza da letto e possibilmente un viaggio di nozze in treno per la luna di miele. Come molte ragazze degli anni Cinquanta, Angela sogna un matrimonio memorabile. Sfortunatamente le rispettive famiglie sono povere e lo scarso raccolto stagionale ha reso la situazione economica più precaria. Angela e Pasquale decidono di risparmiare, ma i loro sforzi sono vanificati dalle spese. Il matrimonio dei loro sogni verrebbe a costare cinquantamila lire in un'epoca in cui la maggioranza delle famiglie, 6,5 su 10, vive in condizioni tali da non potersi permettere quasi nulla[7].

Invece di rimandare ancora di un anno il matrimonio come vorrebbero i familiari, i giovani innamorati ricorrono ad un vecchio espediente. Per risparmiare e salvare la reputazione delle famiglie, Pasquale metterà in atto un falso rapimento della giovane; una volta consumato il matrimonio, Angela, per salvare la propria reputazione, dovrà sposarlo e le famiglie risparmieranno soldi e salveranno l'onore. Durante la loro fuga le due famiglie faranno finta di litigare per far credere al paese di non essere coinvolti nel rapimento. Sfortunatamente la falsa lite esplode in una vera. Il padre di Angela, preso dalla foga degli insulti, chiama i carabinieri e il parroco e invoca il loro aiuto nel ritrovamento della figlia rapita. L'intero paese partecipa alla ricerca, che per i giovani diventa una festa e per il regista un pretesto spiritoso per mettere in mostra i cambiamenti culturali avvenuti nel dopoguerra nel modo di vestire dei compaesani. Si vedono, infatti, giovani con variopinti vestiti americani e contadine con fazzoletti con lo stemma dell'aquila statunitense, regali dei tanti pacchi inviati dai parenti emigrati.

Al ritorno Pasquale ed Angela sono accolti da famiglie in collera e risentite che non vogliono saperne del loro matrimonio. La storia prende un'altra svolta inaspettata, quando i familiari di Angela, per vendicarsi, sequestrano Pasquale e Angela deve liberarlo prima di correre insieme dal parroco a sposarsi.

Come altri film del Neorealismo rosa, *Giorni d'amore* è ambientato in un piccolo paese meridionale, Fondi per l'appunto. I personaggi

[7] Marta Boneschi, *Poveri ma Belli. I nostri anni Cinquanta,*Milano, Mondadori, 1995, p. 296.

principali sono di estrazione economica modesta. Gli esterni del film sono stati per lo più girati nei luoghi descritti, la storia si ispira a fatti accaduti o probabili, i conflitti sono affrontati secondo la mentalità delle persone coinvolte e in generale i protagonisti non sono attori professionisti, aspetti che farebbero sembrare il film discusso simile agli altri del genere Neorealismo rosa di moda negli anni Cinquanta. Un'attenta analisi mostrerà che le caratteristiche menzionate sono soltanto aspetti periferici della concezione di fare cinema del regista ciociaro. *Giorni d'amore* non anticipa la satira politica degli anni Settanta o la commedia sociale che dominò negli anni Sessanta, ma è un'originale versione cinematografica di una farsa amorosa contadina. Il film è composto da due storie: la prima è narrata con una mescolanza di generi narrativi presi dal teatro popolare e racconta la storia degli intrighi tra le due famiglie; la seconda concerne le aspirazioni e le frustrazioni della giovane coppia e della loro fuga attraverso la campagna intorno a Fondi e al lago, che sono mostrati come luoghi ameni, un *topos* del genere romantico sfruttato comicamente dal regista. Infatti, nel corso del loro vagabondaggio, accadono molte situazioni inaspettate che mettono in risalto la disparità tra la realtà e i sogni dei due giovani. Nel presentare le difficoltà che una giovane coppia deve affrontare per potere portare a termine i propri sogni, *Giorni d'amore* mette a nudo le differenze tra le vere condizioni economiche e le aspettative indotte dalla nascente pubblicità. Angela infatti passa il tempo libero a leggere riviste e pubblicità di abiti nuziali.

La prima storia si svolge in un piccolo paese ciociaro ricreato con la collaborazione del pittore Domenico Purificato, conterraneo e amico d'infanzia del regista, che come scenografo ha contribuito a realizzare tutte le scene girate in interni, ai colori dei vestiti e all'applicazione dei colori. Per Purificato la collaborazione al film segna la messa in opera di principi sulla relazione tra cinema e pittura, riflessione intrapresa negli anni Trenta e poi approfondita negli anni Quaranta. Durante la collaborazione alla rivista «Cinema», Purificato aveva sviluppato le proprie teorie sull'applicazione del colore a un fotogramma cinematografico basandosi sui principi della composizione. In pratica, Purificato aveva studiato il movimento delle figure nello spazio di una inquadratura e aveva cercato di applicare le tonalità e le gradazioni dei vari colori negli spazi vuoti, con lo scopo di trovare una correlazione tra la pittura e il linguaggio cinematografico. Siccome *Giorni d'amore* è il primo film a colori di Giuseppe De Santis, il ruolo di Purificato è stato decisivo. Senza togliere nulla al bravissimo direttore della fotografia, Otello Martelli [1903-2000], il pittore ciociaro ha aggiunto dettagli rilevanti e speciali, come ad esempio l'uso della gelatina sulle lenti per dare alle immagini una patina speciale. Per mettere alla prova i suoi principi, Purificato ha trasformato una rimessa in un laboratorio dove lavorava sugli effetti speciali dei colori e sui contrasti poi utilizzati per ricreare gli interni delle abitazioni delle due famiglie. Una delle maggiori preoccupazioni del pittore era quella di smorzare la luminosità del blu, che allora era l'inconveniente principale della pellicola Ferraniacolor usata da Otello Martelli. L'intenzione del pittore era:

> di ottenere colori costantemente scanditi, definiti, e organizzati in stretto rapporto pittorico con i colori vicini, colori che siano innanzitutto colori, il più possibile lontani da compromessi e incertezze chiaroscurali, e anzi qua e là rivolti ad impegni addirittura luministici[8].

Per raggiungere lo scopo, Purificato aveva anche ritoccato il colore degli alberi, dei vestiti degli attori, dando un equilibrio cromatico alle scene. Per esempio nella sequenza in cui gli sposi arrivano alla capanna in campagna, Purificato, nella ricerca di trovare un equilibrio cromatico al nastro rosso nei capelli di Angela, ha attaccato una corona rossa di pomodori alla parete opposta.

La sperimentazione sui colori aveva anche lo scopo di dare più teatralità al film, evidente anche nella ricostruzione del vicolo in cui si trovano le abitazioni delle due famiglie. Nelle scene girate durante la lite, le abitazioni di Pasquale ed Angela sono dirimpetto in una ricostruzione di un vicolo in un teatro di posa, per accentuare lo spettacolo e vedere meglio la gestualità dei personaggi dopo la fuga dei giovani. Lo spettacolo del litigio è sfruttato al massimo dalla scenografia ideata da Purificato. La facciata di una abitazione è ricostruita con una curva modellata come l'oratorio di San Filippo di Francesco Borromini [1599-1667] nella chiesa Nuova a Roma, il che permette di vedere le abitazioni prospicienti dalle due estremità del vicolo sia che si inquadrino da un lato che dall'altro del vicolo.

[8] Domenico Purificato citato in Antonio Parisi, *Il cinema di Giuseppe De Santis. Tra passione e ideologia*, Roma, Cadmo, 1983, p. 151.

Per accentuare il calore dell'ambiente, il paese è abbellito da colori forti, infatti alcune facciate sono rosa, altre ocra e sui balconi e sotto le finestre sono appesi gli utensili, peperoni, trecce di pomodori e agli, mazzi di cipolle e nastri con colori fiammanti e sfrontati. La voluta atmosfera da palcoscenico è accentuata dal fatto che le finestre delle rispettive case hanno tapparelle con dipinti sopra un paesaggio marino per Pasquale e una sirena per Angela e richiamano il sipario di un teatro. Durante la lite, i vari membri delle due famiglie si comportano come burattini. I loro gesti e corpi sono controllati e poco naturali. Le loro battute e gli insulti non sono spontanei e spesso sono intercalati da commenti maliziosi e sagaci da parte del pubblico, composto dai divertiti compaesani che assumono il ruolo di un *parterre*. La spettacolarità della lite rientra nella strategia del regista di dare al racconto una messa in scena farsesca. I litiganti si divertono e si eccitano, si riscaldano mentre discutono, dando vita a una rappresentazione da opera buffa. Prima di iniziare la lite i capifamiglia devono essere spronati dalle rispettive mogli. La loro esitazione è un espediente per far partecipare gli spettatori che li incitano. Appena la lite incomincia, come nella commedia dell'arte gli attori recitano le loro parti seguendo un canovaccio ma improvvisando le battute e cercando di superare il rivale mostrando prontezza e astuzia. In tal modo la lite si rifà alle tradizioni letterarie italiane, ma contemporaneamente si ricollega all'usanza ciociara e meridionale nella quale i vicini sono spettatori e parte dello spettacolo da includere quando la famiglia deve mantenere e proteggere la propria reputazione. I paesani fanno finta di credere alla lite e stanno al gioco del falso rapimento per mantenere la convenzione sociale. La stessa cosa accade anche durante la ricerca dei due giovani amanti. La comitiva sembra una processione laica composta da tutti i personaggi buffi e comici del paese, dal prete grassoccio al seminarista in vacanza, al maresciallo tracagnotto e bonario (c'è anche un nano che accresce l'atmosfera da circo). Addirittura c'è anche un reporter in cerca di notizie sensazionali. Gli elementi menzionati arricchiscono lo spirito buffonesco del film e rendono *Giorni d'amore* una commedia romantica, piacevole e originale in cui il regista mostra il suo amore per la sua terra senza ridicolizzarla come spesso avviene nelle satire di costume.

Per concludere, i ciociari hanno spesso ruoli comici o da macchiette nei film italiani e quelli ambientati in Ciociaria mostrano la bellezza e l'arretratezza culturale della regione. Tra le opere cinematografiche girate per intero in Ciociaria, *Giorni d'amore*, oltre ad avere come autori un regista, un pittore, uno scrittore/poeta e un attore protagonista nativi della zona, è il film più importante mai realizzato nel Lazio del sud perché ha saputo legare con amore, rispetto, intelligenza e comicità le usanze, i pregiudizi, la religiosità e la teatralità dei ciociari. Avendo preso come modello la letteratura tradizionale, l'opera buffa, la commedia dell'arte, il teatro di Goldoni, *Giorni d'amore* è un film corale, popolare, attento all'attualità del tempo, al costume, alla realtà storica della regione, che senza essere mai paternalista riesce a dare sensazioni e divertimento evitando il bozzettismo.

Opere consultate

Boneschi, Marta, *Poveri ma belli. I nostri anni Cinquanta*, Milano, Mondadori, 1995.

Cinema e mondo contadino, a cura di Pepa Sparti, Venezia, Marsilio, 1982.

Compagni, Angelo, *Diventare uomo*, Ciampino-Roma, Editrice Monteverde, 1982.

D'Ettore, Bruna, *Domenico Purificato dalla pittura al cinema*, Roma, Cadmo, 1988.

Farassino, Alberto, *Giuseppe De Santis*, Milano, Mozzi Editore, 1978.

Manfredi, Nino, *Nudo d'attore*, Milano, Mondadori, 1993.

Parisi, Antonio, *Il cinema di Giuseppe De Santis tra passione e ideologia*, Roma, Cadmo, 1983.

Spagnoli, Giovanni e Grossi, Marco, (a cura di), *«Giorni d'amore». Un film di Giuseppe De Santis tra impegno e commedia*, Associazione Giuseppe De Santis, Torino, Lindau, 2004.

Tullio, Paolo, *North of Naples, South of Rome*, New York, St. Martin's Press, 1998.

Vitti, Antonio, *Giuseppe De Santis and Postwar Italian Cinema*, Toronto, UP, 1996.

Attorialità e recitazione: vere anomalie nel cinema di Giuseppe De Santis?

> Il cinema deve essere lo specchio del proprio paese in movimento: uno specchio che pensa nella febbrile ricerca d'una sistemazione, d'una condizione più umana, la più aderente ai sentimenti base, popolari del paese.
>
> Cesare Zavattini in *Cinema e Resistenza*

Dalle conversazioni con De Santis e dai suoi interventi è possibile mostrare e delineare la posizione neorealista in generale e in particolare quella del regista ciociaro nei confronti dell'uso degli attori? La sua presa di posizione concettuale riguardo alla recitazione e all'attorialità è anomala nel cinema del dopoguerra italiano? Nei testi più diffusi presso le università statunitensi si sostiene con convinzione che il Neorealismo ha elaborato la pratica dell'attore preso dalla strada[1], una prassi, in realtà, dovuta più al caso e alle circostanze storiche che ad una vera teoria, tanto meno a un consenso generale, da parte dei registi del periodo[2]. Inoltre, nonostante i numerosi volumi scritti e le varie testimonianze degli stessi protagonisti[3], rimane

[1] Pratica usata anche nel cinema italiano degli anni trenta da Blasetti e da Giovacchino Forzano che nel 1932 iniziò le riprese di *Camicia Nera* per celebrare la bonifica delle Paludi Pontine e l'inaugurazione della città di Littoria. In una lettera al segretario privato del Duce afferma: «La mattina alle 5 mi metto a girare in palude per trovare gli attori. Voglio fare tutto senza attori di mestiere. Ho delle sorprese insospettate; gente trovata per la strada, sullo schermo ti danno impressioni di naturalezza e verità sorprendenti ... Il sistema oltre ai vantaggi artistici, mi risparmia la ridda delle femmine, le inimicizie dei relativi maschi con tutti gli annessi, i connessi e i consorzi artistici». In *Italian Cinema in the Thirties: «Camicia nera» and other films by Giovacchino Forzano,* di C. E. J. Griffiths, «The Italianist», Vol. 15, 1995, p. 302.

[2] Si potrebbero citare tanti testi ma forse il più letto di tutti è: James Monaco, *How to Read a Film*, New York, Oxford University Press, 1981, che a p. 253, afferma: «The Neorealists were working for a cinema intimately connected with the experience of living: non professional actors, rough technique, political point, ideas rather then entertainment-all these elements went directly counter to the Hollywood esthetic of smooth, seamless professionalism».

[3] Basta citare tra tutte le testimonianze di Roberto Rossellini, ritenuto

un canone accademico statunitense identificare il Neorealismo con la naturalezza e la spontaneità degli interpreti presi dalla strada, che avrebbero assicurato la credibilità dell'insieme e garantito la rinuncia a certi bamboleggiamenti divistici. È pratica comune negli atenei americani, anche se non regola fondamentale, di pensare al Neorealismo come ad una rappresentazione cinematogafica lineare dei fatti, priva di sfarzosi movimenti di macchina e di velleitarie impennate di montaggio interno, che all'epoca veniva definito il montaggio russo[4]. Pratiche ritenute necessarie per mantenere un rigoroso stile, privo delle superfluità avanguardistiche, decadenti e formalistiche dell'epoca precedente e necessarie per avvicinarsi al vero. A queste idee bisogna aggiungere anche la pratica del più rigoroso divieto contro qualsiasi curiosità pruriginosa di sapere cosa fanno le coppie quando rimangono sole[5].

Per poter arrivare a capire la posizione del regista Giuseppe De Santis riguardo alle tematiche summenzionate, dovremmo rivedere il ruolo svolto dalla rivista «Cinema» nel periodo precedente alla seconda guerra mondiale e rivalutare l'influenza avuta dagli articoli e dalle lezioni del critico Umberto Barbaro tenute al Centro

da molti, padre del neorealismo che ha affermato: «Se il neorealismo si è rivelato in modo più impressionante al mondo attraverso *Roma città aperta,* sta agli altri giudicare. ...Io vedo la nascita del neorealismo più in là: ... si viene componendo attraverso le spontanee creazioni degli attori: di Anna Magnani e Aldo Fabrizi in particolare. Chi può negare che sono questi attori a incarnare, per primi, il neorealismo? Che le scene di varietà dei "forzuti" o delle "stornellate romane" giuocate su un tappeto o con l'aiuto di una sola chitarra, come erano state inventate dalla Magnani, o la figura disegnata sui palcoscenici rionali da Fabrizi, già non preludevano a momenti di taluni film dell'epoca neorealista? Il neorealismo nasce inconsciamente, come film dialettale; poi acquista coscienza nel vivo dei problemi umani, e sociali della guerra e del dopoguerra. E, in tema di film dialettale, non sarà male riferirsi, storicamente, ai nostri predecessori meno immediati: intendo dire Blasetti per il suo film con i "tipi", *1860* ed a Camerini per il film come *Gli uomini, che mascalzoni*», Roberto Rossellini, *Il mio metodo,* a cura di Adriano Arpà, Venezia, Marsilio, 1987, p. 85.

[4] Mi riferisco al montaggio usato da Ejzenštejn che lo considerava il processo fondamentale di significazione cinematografica in opposizione al classico *découpage* tradizionale.

[5] A tale pratica trasgredisce Giuseppe De Santis, il più sensuale regista dell'epoca che con *Riso amaro* scatenò il primo grande dibattito nazionale chiamando in causa anche il buon costume delle mondine italiane.

Sperimentale dove si formarono le idee di molti dei giovani che poi, come vedremo in seguito, passarono dagli articoli su «Cinema» alla regia nel dopoguerra, dando impulso a quel periodo indimenticabile del cinema italiano oggi ricordato come Neorealismo.

Per iniziare prenderemo in esame le teorie più conosciute, discusse e praticate nel dibattito intorno alla recitazione, che avrebbero potuto influenzare i registi del dopoguerra. Poi esaminerò la campagna per il rinnovo del cinema italiano svolta da De Santis durante la sua collaborazione con la rivista «Cinema», come questa pratica fu elaborata nel periodo neorealista per constatare se esiste veramente una contraddizione tra teoria e pratica. Questo argomento accennerà a come nacque e si sviluppò il nuovo divismo degli anni Cinquanta, conosciuto da tutti come il divismo delle maggiorate. Questo ultimo aspetto ci porterà al riconsiderare la posizione e il ruolo avuto dal regista Giuseppe De Santis, ancora oggi ritenuto il responsabile della rinascita del divismo, per il modo in cui fu utilizzata e ripresa Silvana Mangano in *Riso amaro* [1949], film considerato l'inizio del passaggio che segna il ritorno alle grandi dive e di conseguenza colpevole di tradimento nei confronti degli ideali dell'antiattorialismo neorealista.

La nuova leva degli attori del dopoguerra, così come i registi[6], si era formata al Centro Sperimentale, dove si erano svolte le discussioni intorno alle teorie e alla prassi della recitazione[7], soprattutto

[6] Tra gli attori che si formarono al Centro sperimentale figurano: Alida Valli, Clara Calamai, Elli Parvo, Otello Toso, Elena Zareschi, Andrea Checchi, Mariella Lotti, Gianni Agus, Adriana Benetti, Carla Del Poggio, Michele Riccardini, Massimo Serato e Luisella Beghi. Tra i registi: De Santis, Germi, Zampa, Puccini, Antonioni, Chiari, Zeglio, Cerio, Scotese, Morelli, Pozzetti, Furlan e Cottafavi.

[7] Lo stesso Barbaro ricorda il Centro sperimentale in questi termini: «Fu quella scuola – e qui è il segreto di così splendidi risultati – dove la cultura non era considerata somma di cognizioni morte, ma come fattivo strumento che solo nella pratica e nell'azione può affermarsi come tale: fu una scuola dove cultura non era informazione ma formazione: e non solo per gli allievi, ma anche per i dirigenti e gli insegnanti che, nello sforzo di inventare, sperimentare e applicare una didattica del cinema furono portati a costantemente vagliare e approfondire le loro capacità e attitudini, ad accrescerle e a metterle a fuoco, prodigandosi, non senza generosità, in un lavoro che richiedeva, oltre all'entusiasmo, anche una buona dose di abnegazione», in *Che succede al Centro sperimentale di cinematografia?* in *Neorealismo e realismo*,voll. II, a cura di Gian Piero Brunetta, Roma, Editori Riuniti, 1976, pp. 584 -585.

per merito dell'intellettuale Umberto Barbaro[8], chiamato ad insegnare al Centro fin dalla sua fondazione, e dell'altro importante studioso dell'epoca, Luigi Chiarini. I dibattiti si erano svolti intorno ai testi di Vsevolod Pudovkin, soprattutto *Film e fonofilm*[9], tradotto da Barbaro, che inoltre aveva anche tradotto testi seminali di Béla Balázs [1884-1945] e di Sergej Ejzenštejn[10]. In merito Barbaro soleva ripetere: «Gli scritti di Pudovkin sono la via maestra per la quale il cinema è giunto alla piena coscienza del suo essere un' arte ed io sono fiero di averla percorsa e di averla additata per primo in Italia»[11].

In Italia, tra gli anni Venti e Trenta, tra i giovani che si erano avvicinati al cinema, il modello della scuola sovietica[12] serviva da stimolo verso il nuovo, sebbene circolassero anche le idee del teorico tedesco Rudolf Arnheim [1904-2002][13]. Infatti il suo libro *Il film*

[8] Ci sono molti studi sul ruolo svolto da Umberto Barbaro nella cultura italiana che a partire dagli anni venti spazia dalla letteratura, al teatro, al cinema, all'arte figurativa, alla narrativa e all'insegnamento. Tra i più importanti si vedano lo studio di Eugenio Garin, *Intellettuali italiani del XX secolo*, Roma, Editori Riuniti, 1974; e inoltre *Umberto Barbaro e l'idea di neorealismo*, Padova, Liviana, 1969 e *Intellettuali cinema e propaganda tra le due guerre*, Bologna, Pàtron, 1972, ambedue di Gian Piero Brunetta.

[9] Dello stesso teorico nel 1932, Barbaro aveva già tradotto *Il soggetto cinematografico* presso Le Edizioni d'Italia di Roma, la stessa casa che pubblicò la traduzione del testo menzionato nel 1935.

[10] Molti dei migliori film stranieri durante l'epoca fascista sono arrivati negli anni trenta quando il fascismo, con lo scopo di dare al mondo un'immagine di tolleranza e di apertura, dà vita alla Mostra cinematografica di Venezia che diventa un porto franco per la cinematografia mondiale. Per un approfondimento si veda: Gian Piero Brunetta, *Storia del cinema italiano. Il cinema del regime 1929-1948*, Roma, Editori Riuniti, 2001.

[11] Umberto Barbaro, *Il film e il risarcimento marxista dell'arte*, Roma, Editori Riuniti, 1974, p. XIII.

[12] In un articolo ne «Il Corriere della Sera» del 31-12-1976 intitolato *I registi con il fez e l'orbace*, Carlo Lizzani scrivendo del gruppo "Cinema" ha ricordato: «Profondamente influenzati da Umberto Barbaro – uno dei pochi intellettuali non provinciali dell'epoca – avevamo misurato, però, questi valori sulla scala reale: quella dei grandi maestri americani e sovietici... È assurdo continuare a dire e a scrivere... che abbiamo difeso tutto il neorealismo senza distinguere gli autori più autentici dagli epigoni dello straccio colorato».

[13] Rudolf Arnheim aveva trovato ospitalità in Italia dalla Germania nel 1933 ma nel 1938 in seguito alle leggi razziali proclamate dal regime fascista dovette rifugiarsi negli Stati Uniti.

come arte [*Film als Kunst*, Berlino 1932] era letto durante i corsi da lui tenuti in Italia. Ma in un momento in cui la nazione si isolava dalle nuove avanguardie, primeggiava la vasta cultura di Barbaro che, mediante i suoi scritti e le sue traduzioni, mostrava il bisogno di aprire gli orizzonti. La sua influenza è confermata da Luigi Chiarini, che lo ricorda in questi termini:

> Barbaro rappresentò un punto fermo; infatti dalla nostra collaborazione nacque la rivista e quella collana sui diversi aspetti del film, che doveva in seguito avere tanta fortuna. Nacquero quelle antologie che compilammo insieme, *Il film nei problemi dell'arte*, *L'attore*, *L'arte dell'attore*, nelle quali raccogliemmo l'essenziale dei testi più importanti sulla tecnica, l'estetica del cinema e sulla recitazione. Cominciarono così a circolare tra gli allievi le idee di Pudovkin, di Balázs, di Ejzenštejn, di Arnheim, di Stanislavski, mentre si andavano raccogliendo i film classici e si progettavano film didattici di cui Barbaro realizzò quello sulla recitazione cinematografica[14].

Chiarini è dell'opinione che l'autorevole ricerca di Barbaro lo aveva avvicinato al cinema[15] per la passione che questo ultimo nutriva per le arti figurative e per il suo amore spontaneo che lo legava alle masse che lo portava a concepire la settima arte come il mezzo più adatto per il miglioramento e l'emancipazione del popolo.

Il risultato delle ferventi attività ricordate da Chiarini diede agli allievi del centro e al dibattito in corso sul contenuto ideologico contro lo specifico filmico, sulle tematiche, sulla collaborazione artistica, sul materiale plastico e sull'asincronismo, un'impostazione artistica e sociale che erano gli aspetti più sentiti dalla autorevole personalità di Barbaro.

La sua ricerca lo portò alle conclusioni che l'arte, vedi anche il cinema, non poteva che essere frutto di collaborazione, ed indagando quanto di comune vi era nelle arti giunse non solo ad affermare l'artisticità del film, ma a negarne la meccanicità. Per Barba-

[14] Umberto Barbaro, *Il film e il risarcimento marxista dell'arte*, Roma, Editori Riuniti, 1974.

[15] L'attenzione alla nuova arte si mostra già nel 1928 con la pubblicazione dell'articolo *Moralità e immoralità del cinematografo*, ma è con la pubblicazione dell'articolo *Letteratura cinematografica* del 1931 che Barbaro inizia a formulare idee teoriche sul cinema.

ro i mezzi tecnici e la cinepresa stessa erano soggetti alla volontà creatrice, umana affermazione che negava il naturalismo e il formalismo. Barbaro metteva sempre in evidenza l'importanza morale e sociale del film e condannava i film di evasione e quelli con lieto fine oppure i film che presentavano come «meraviglioso» i locali notturni, le donne facili e «altre porcherie», come lui soleva dire. La ricerca di Barbaro si centrava sul rifiutare la tesi del soggettista sceneggiatore, unico autore, del film. Teoria che indirettamente promuoveva il cinema senza attori che Barbaro rifiutava, anche se la riteneva una fase importantissima nel processo di ricerca di una valida estetica cinematografica. Pratica che secondo lui aveva anche dato stupefacenti risultati in *Tabù* [1931] di Friedrich Wilhelm Murnau, in *1860* [1934] di Alessandro Blasetti e particolarmente nei film rivoluzionari del cineasta Sergej Ejzenštejn, come per esempio in *Sciopero* [1925] e *Ottobre* [1925], in cui le masse hanno un ruolo determinante e indispensabile.

Barbaro considerava l'uso dei non professionisti un'eccezione indispensabile solo in casi estremi come documentari romanzati, o di ambienti tali che esigessero un'autenticità d'interpreti che gli attori professionisti non avrebbero potuto ottenere come, per esempio, nei film di ambienti tropicali o popolari, film di particolari classi lavoratrici e pescatori. Lo riteneva opportuno specialmente quando la storia narrata non s'impersonava in pochi protagonisti ma dava vita a una storia più generale o di massa – affermazioni, che a mio avviso, richiamano da vicino la pratica del cinema italiano del dopoguerra, cioè dei film classici del Neorealismo girati nel momento in cui i registi sentono il bisogno di raccontare le miserie e gli orrori della guerra e il bisogno di riscatto.

Inoltre per Barbaro i fautori del cinema senza attori erano serviti ad affermare la tesi dell'utilizzo del tipo-attore professionista dai mille volti. Le asserzioni di Barbaro si rifacevano agli esperimenti di Pudovkin e di Kulešov che avevano già confermato la limitazione delle espressioni umane, il cosidetto montaggio della recitazione. Questa sua ricerca, per l'appunto, approderà alla riedizione, a scopo didattico, di *Ballerine* [1937] di Gustav Machaty [1901-1963], fatta dallo stesso Barbaro con la collaborazione di Chiarini.

Per Barbaro il vero attore cinematografico doveva avere una preparazione professionista basata sulla didattica della recitazione e sul tirocinio che ne è il naturale complemento. L'aspetto tecnico per Barbaro consiste nella padronanza del mezzo espressivo, del proprio corpo, e nella possibilità di controllarlo in qualsiasi momento, non piegandolo alle esigenze dei metodi specifici del cinematografo ma potenziandone la possibilità ed il valore, proprio con l'impiego di questi mezzi che l'attore dello schermo deve dunque conoscere altrettanto quanto il regista[16].

Un altro aspetto importante consiste, per il nostro critico, nella capacità dell'attore di elaborare la materia in conformità delle esigenze dell'intera opera e non il rivivere la situazione da rappresentare, ma l'intendere e il soddisfare la funzione assegnata alla parte nell'unità del futuro film – un equivoco psicologico, secondo Barbaro, su cui sono caduti i seguaci del teatro borghese, secondo lui da evitare nel film, dove non c'è continuità di scena e l'attore deve essere capace di adattarsi alle continue interruzioni e le diverse inquadrature di lavorazione e consonanza ritmica fra due scene lente e una rapida.

Il teorico siciliano usava come esempio una sequenza in cui una moglie che si affretta a portare le prove dell'innocenza del marito potrebbe essere vista in modi diversi a seconda delle varie distanze e spostamenti della macchina che influenzano la percezione dello spettatore. Per queste ragioni tecniche l'attore deve avere la conoscenza dei mezzi specifici del cinema e la sua preparazione deve essere accompagnata dalla assoluta padronanza del proprio corpo, per il quale Barbaro suggerisce l'uso dello specchio, l'esercizio, la pratica del girare e lo studio dei pezzi già girati. A queste esigenze, secondo lo studioso, possono adempiere con facilità gli attori del varietà, del circo e le ballerine, che sono più adatti degli attori teatrali. Essi hanno una maggiore conoscenza del duplice ritmo di tempo e spazio e sanno ubbidire meglio al ritmo della cinepresa. Di nuovo, si noti come i più bravi attori del primo Neorealismo vengano proprio dal varietà e dalla danza: Aldo Fabrizi, Anna Magnani, Silvana Mangano e Walter Chiari [1924-1991] per menzionare i casi i più noti.

Per la trattazione del film, Barbaro accoglie la definizione di Ejzenštejn che il tema di un film debba essere «la rappresentazione di un conflitto di un'idea», apportandone una modifica che avrà

[16] Tutti i riferimenti alle idee di Barbaro sul ruolo e la formazione dell'attore vengono dal suo saggio *L'attore cinematografico* in *Il film e il rinascimento marxista dell'arte*, cit., pp. 13-43.

una grande influenza su alcuni dei suoi allievi. Barbaro affermava che al protagonista che incarna l'idea, cioè l'eroe che commuove gli spettatori di tutto il mondo, egli preferiva, più modernamente, l'idea presentata dalla vita di un popolo, mentre invece l'individuo avrebbe dovuto rappresentare l'elemento di resistenza – il conflitto – evitando così di cadere nell'individualismo dell'arte borghese e nella retorica del protagonista romanzesco. A queste idee si riallaccia l'importanza morale e sociale che tanto influenzerà i giovani registi italiani, in particolare i giovani studenti appartenenti alla corrente marxista come Giuseppe De Santis che cercheranno il modello nei racconti corali di Giovanni Verga.

Riguardo all'attore cinematografico, le considerazioni di Barbaro derivano dalla sua concezione del film come opera collettiva e dalla sua distinzione fra l'attore teatrale e quello cinematografico. Mentre l'attore cinematografico è attore creatore, quello teatrale è interprete. Per Barbaro l'opera teatrale è un'opera poetica nella quale i personaggi sono completamente configurati, mentre la sceneggiatura di un film è una semplice traccia, un momento della creazione della opera che sarà completata soltanto con le riprese e con la creazione dell'attore. Egli asserisce:

> Di fronte all'attore non professionista, del film di cui sia unico autore il regista, e di fronte all'attore teatrale, all'avanzo di palcoscenico del film di cui sia autore il soggettista, può oggi stare, in piena giustificazione estetica, l'attore cinematografico che non interpreta un'opera d'arte preesistente e scritta, come i suoi colleghi della ribalta, né si pone come mera natura, tavolino o albero, di fronte al regista e all'operatore, ma in ideale accordo con gli altri collaboratori a creare una futura opera d'arte[17].

L'ultimo aspetto della teoria della recitazione di Barbaro si rifà al concetto di Balázs della microfisionomia basata sull'importanza del viso, della scelta del tipo e della corrispondenza di esso al ruolo. I concetti e le idee principali di Barbaro, summenzionati, erano serviti a far nascere e promuovere un'estetica cinematografica e a stimolare il dibattito teorico che sarebbe servito come base teorica al rinnovo del cinema italiano promosso dal gruppo *Cinema.*

[17] Umberto Barbaro, *L'attore cinematografico,* ne *Il film e il risarcimento marxista dell'arte,* cit., p. 25.

Il rinnovo del cinema italiano da storie pseudo-storiche e dagli ambienti perbene, a parte sporadici esempi nei primi anni Trenta da parte di Alessandro Blasetti [*La tavola dei poveri* (1932) e *1860* (1933)], può essere fissato con il dibattito promosso dalla rivista «Cinema» a partire dalla pubblicazione, nel 1939, del saggio di Umberto Barbaro su *Sperduti nel buio* [1914] di Nino Martoglio [1870-1921]. Da quella data, infatti, nasce un nuovo e rinnovato interesse per la letteratura meridionale che all'inizio degli anni Quaranta, per merito di un gruppo di giovani frondisti, si focalizza sugli scritti di Giovanni Verga. Quell'innamoramento, che secondo Gianni Puccini[18] era stato il primo passo in avanti per una presa di coscienza, sia pure confusa, del mondo popolare italiano, diventerà il modello da seguire a tal punto che il critico Brunetta afferma: «Come per l'America immaginata da Pavese e Vittorini, anche la Sicilia precinematografica immaginata da Visconti, De Santis, Alicata, Pietrangeli [Antonio, 1919-1968], si presenta come ponte e luogo che agisce da tessuto connettivo con la tradizione realistica»[19].

La sceneggiatura de *L'amante di Gramigna*, racconto dell'autore siciliano, da parte di Luchino Visconti e Giuseppe De Santis, bocciato dalla censura del regime fascista, dimostra l'ammirazione che questi giovani provano per il mondo rustico, per gli offesi e per i sofferenti.

Nel gruppo di battaglia della rivista «Cinema»[20] degli anni precedenti all'otto settembre 1943, oltre a Luchino Visconti, che nel 1941 aveva già pubblicato il famoso articolo *I cadaveri al cimitero*[21] che era subito diventato una sorta di manifesto in cui si riconoscevano tutti i più giovani del gruppo, troviamo: Michelangelo Antonioni, Domenico Purificato, Dario e Massimo Puccini, Carlo Lizzani, Pietro Ingrao, Francesco Pasinetti, Antonio Pietrangeli, Giuseppe De

[18] Si veda *Il Venticinque luglio del cinema italiano* di Gianni Puccini, «Filmcritica», n. 24, dicembre 1953, pp. 341-342.

[19] Gian Piero Brunetta, *Verga e la Sicilia di Visconti e De Santis*, in *Verga e il Cinema*, a cura di Nino Genovese e Sebastiano Gesù, Catania, Giuseppe Maimone Editore, 1996, p. 42.

[20] Per un approfondimento sulla nascita e il ruolo culturale della rivista «Cinema», si legga: *I tempi di «Cinema»* di Gianni Puccini, «Filmcritica», n. 5, maggio 1951, pp. 151-55.

[21] Nell'articolo Visconti invocava la nascita di un nuovo cinema in cui le forze nuove avrebbero una volta per sempre mandato i «cadaveri che si ostinano a credersi vivi» al cimitero.

Santis e Mario Alicata. Con Mario Alicata, Giuseppe De Santis inizia intorno a quegli anni un sodalizio intellettuale[22] dal quale nasceranno i testi più noti e importanti fra la saggistica dello sviluppo del realismo nel cinema italiano. Mi riferisco a *Verità e Poesia: Verga e il cinema italiano* e *Ancora di Verga e del cinema italiano*[23], questo ultimo concepito come risposta alle critiche mosse da Fausto Montesanti al primo articolo menzionato. Ritengo che si debba investigare di più il sodalizio fra De Santis e Alicata per poter capire meglio la nascita della battaglia culturale per un cinema realista. In uno studio condotto da Sebastiano Martelli, *Il crepuscolo dell' identità*, Mario Alicata viene identificato come l'artefice principale della politica comunista verso il Mezzogiorno negli anni Cinquanta. Una politica attraverso cui maturano le scelte di modelli narrativi e, aggiungerei, cinematografici all'interno della politica culturale tracciata dal PCI per il Meridione. Così Martelli spiega:

> Il ruolo di Alicata nell'elaborazione della politica culturale del PCI nel Mezzogiorno degli anni Cinquanta è stato determinante ed egemone, come del resto in qualche occasione ha ricordato lo stesso Salinari. Alicata influenza largamente la complessiva linea del PCI rispetto alla cultura meridionale, fornendo anche parametri critici di lettura ed analisi di quella cultura e della sua tradizione[24].

Concordo pienamente con le asserzioni di Martelli, ma porterei la data dell'inizio dell'influenza alicatiana agli anni Quaranta e più precisamente agli anni della rivista «Cinema», su cui Alicata, forte della sua preparazione culturale ed intellettuale, fece sentire il pro-

[22] Interessante ricordare che De Santis era stato invitato da Gianni Puccini e da Francesco Pasinetti a scrivere critica cinematografica perché considerato scaltro, attento, ciociaro. All'invito, prima di accettare lui aveva risposto: «non sono né scaltro né attento e come ciociaro a sentire Anton Giulio Bragaglia che di Ciociaria se ne intende, sono un ciociaro impuro, della costa, e perciò un mezzo sangue, un ciociaro impuro, un bastardo insomma, ... I ciociari quelli veri, sono figli di antichi guerrieri, sono alti, fieri, robusti, svelti di coltello, ruba-terre e roditori di confini ...», Giuseppe De Santis, *Ripensando ai tempi di «Cinema» prima serie*, in *Verso il Neorealismo. Un critico cinematografico degli anni quaranta*, a cura di Callisto Cosulich, Roma, Bulzoni, 1982, p. 33.

[23] «Cinema», n. 130, 25-11-1941.

[24] Sebastiano Martelli, *Il crepuscolo dell'identità*, Salerno, La Veglia Editore, 1988, p. 14.

prio orientamento e giudizio. Gli altri del gruppo gli riconoscevano una acutezza che derivava dalla sua abilità di identificare le problematiche del momento.

Questo particolare non è casuale, se si considera che già dal giugno del 1940 Alicata era diventato assistente di Natalino Sapegno [1901-1990] alla cattedra di Letteratura Italiana all'università di Roma e aveva già iniziato a collaborare a «Primato», la rivista diretta dall'allora ministro dell'Educazione Nazionale, Giuseppe Bottai [1895-1959]. «Primato» rappresentava uno dei tentativi più singolari attuati dal fascismo per assicurarsi la collaborazione dei migliori intellettuali dell'epoca; si veda per esempio la pubblicazione delle poesie di Pavese, Ungaretti [Giuseppe, 1880-1970] e Montale [Eugenio, 1896-1981].

All'inizio degli anni Quaranta l'attenzione dedicata alla realtà aveva generato un discorso comune, anche se è chiaro che il senso di realtà ha referenti diversi e che soltanto fra alcuni dei giovani del gruppo *Cinema* la nozione riassume una poetica di gruppo.

In un articolo di Alicata apparso il 10 febbraio del 1942 su «Cinema» si legge:

> Quasi tutti i personaggi del nostro cinema non hanno storia, vivono dei luoghi comuni, dei residui più convenzionali e melodrammatici dei sentimenti e delle passioni, e vivono questa loro esistenza scialba in luoghi altrettanto muti e bigi, senza colore. A chi abbia come noi il gusto di girare per le strade della propria città a cogliere l'inesauribile poesia di ciò che naturalmente esiste, e abbia data alla propria fantasia la semplice ma fruttuosa legge che ogni uomo in cui ci si incontra è un personaggio, accade davvero di stupirsi di questa incapacità che i narratori del nostro cinema dimostrano di adeguarsi alla realtà umana dell'ambiente nel quale convenzionalmente sono collocate a svolgervi le loro storie.

La volontà profonda per il nuovo e il reale, insieme all'influenza di Mario Alicata sui giovani del gruppo, si colgono nella prossima citazione di un altro articolo firmato da De Santis e Alicata in cui si legge:

> Fiducia nella verità e nella poesia della verità, fiducia nell'uomo e nella poesia dell'uomo, è dunque ciò che chiediamo al cinema italiano. È una affermazione semplice, un programma modesto: ma a questa semplice modestia sempre più ci sentiamo attaccati, ogni volta che dando uno sguardo alla storia del nostro cinema, vediamo racchiusa la sua parabola fra il dannunzianesimo retori-

> co e archeologico di *Cabiria* e le evasioni negli inesistenti paradisi piccolo-borghesi dei tabarini di Via Nazionale, dove si sfogano le casalinghe audacia delle nostre commedie sentimentali[25].

E in un altro ancora:

> Ma come altrimenti sarebbe possibile intendere e interpretare l'uomo, se lo si isola dagli elementi nei quali ogni giorno egli vive, con i quali ogni giorno comunica, siano essi ora le mura della sua casa – che dovranno recare i segni delle sue mani, del suo gusto, della sua natura in maniera inequivocabile -: ora le strade della città dove egli si incontra con gli altri uomini – e tale incontrarsi non dovrà essere occasionale [...][26]

Le summenzionate citazioni sono documenti più che sufficienti per mostrare che le critiche del gruppo *Cinema* servivano due scopi diversi: la divulgazione del cinema come arte e la denuncia dell'insoddisfazione per lo stato attuale delle cose. Gli scritti alicatiani si mostravano più dialettici e teorici, quelli di De Santis erano più battaglieri, rabbiosi, personali, con i quali tutto il gruppo si identificava. I dibattici e le aspirazioni del gruppo, com'è ben noto, si realizzarono parzialmente nella produzione del film *Ossessione* [1943], in cui tutti ebbero un ruolo. Anche durante la lavorazione del film, in una lettera inedita del 30 giugno 1942, che ho trovato nell'Archivio De Santis presso la Wake Forest University, Alicata, scrivendo da Roma a Giuseppe De Santis che stava girando come aiuto regista in Emilia, loda l'aspetto «documentario» delle foto ricevute. Si lamenta del colore troppo roseo delle guance di Bragana, loda il vestito scelto per Massimo Girotti che interpreta il ruolo di Gino Costa, ritiene non indovinato, invece, la scelta del cappello che definisce «da facchino» e propone una «scoppoletta» al suo posto. Trova bello, invece, don Remigio e il poliziotto, ma soprattutto si raccomanda a De Santis di curare i «fondi», in particolare il personaggio del caporale che nella versione finale del film sarà quello dello «Spagnolo», figura che nella realizzazione finale ha perso la forza delle istanze politiche e ideologiche che avrebbe voluto Alicata, assumendo di più l'ambiguità omosessuale e vagabonda dell'immaginario viscontiano.

[25] *Verità e poesia: Verga e il cinema italiano*, «Cinema», n. 127, 10 ottobre 1941, p. 217.

[26] *Per un paesaggio italiano*, «Cinema», n. 116, 25-4-1941.

Nel 1969, ricordando *Cinema*, De Santis ha così precisato:

> Tutto quanto io venivo scrivendo con le mie critiche era prima ancora che dentro di me, al di fuori di me; era nell'aria, nel clima che a mano a mano, come una macchia d'olio, aveva cominciato ad allargarsi conquistando l'animo e la coscienza del cinema italiano più insofferente dello stato di cose dentro il quale tutti vivevano. Nessuno mi chieda come potesse succedere tutto questo in pieno regime fascista, e come io riuscissi a sfuggire, ogni volta, alle maglie della censura. Posso solo rispondere che niente mi avrebbe impedito di farlo. Lo volevo, e basta[27].

Per poter capire la profondità delle affermazioni desantisiane bisogna sapere ciò che la rivista era e rappresentava per tutti gli intellettuali del gruppo. «Cinema» era nata il 10 luglio 1936 a immagine e somiglianza di «Sapere», che all'epoca era il più grande successo editoriale. La rivista cinematografica era stata fondata dall'editore Ulrico Hoepli [1847-1935][28] con un programma genericamente divulgativo degli aspetti tecnici e artistici del cinema. La rivista era diretta dal famoso teorico tedesco Rudolf Arnheim e da Corrado Pavolini [1890-1980], assistiti da Domenico Meccoli [1913-1983], Francesco Pasinetti e Gianni Puccini. Un anno dopo De Feo [Sandro, 1905-1968] si staccò dalla casa editrice Hoepli per passare alla Rizzoli. La direzione della rivista cadde nelle mani del cinefilo figlio del duce, Vittorio Mussolini. La mossa risultò geniale perché assicurò fondi alla rivista, insieme ad una pubblicità assicurata che si accompagnava ad una copertura politica. Con il cambio di redazione cambiò anche l'impostazione della rivista, che in questo nuovo corso adottò uno schema più battagliero e aggressivo, tendenza che si delineò maggiormente quando Giuseppe De Santis ne divenne critico titolare. Il primo articolo che porta la firma del regista ciociaro esce per la prima volta nel numero di natale del 1940 sotto il titolo *L'ispirazione sensibile*. Il tono del saggio è molto cauto e tratta di un

[27] Giuseppe De Santis, *Ripensando ai tempi di «Cinema» prima serie,* in *Verso il Neorealismo. Un critico cinematografico degli anni quaranta*, a cura di Callisto Cosulich, cit., pp. 35-36.

[28] Ulrico Hoepli, editore svizzero, stabilitosi a Milano nel 1870, rilevò nel 1871 la libreria Laengner iniziando contemporaneamente l'attività editoriale, inaugurando nel 1875, la collana dei "Manuali", la prima del genere in Italia.

argomento piuttosto fuori moda per l'epoca, la diffusione del cinema sonoro nei confronti del cinema muto. Il tono dell'articolo è lontano da quelli che lo imporranno come la personalità di spicco del gruppo e mostreranno il suo acume per lo spettacolo e le immagini plastiche, insieme alle prime tracce battagliere per il realismo. Credo sia opportuno porsi delle domande, alle quali è lecito cercare risposta, per poter capire meglio il compito e l'importanza del lavoro fatto da tutto il gruppo romano e da De Santis in particolare. Si tratta di capire come mai il fascismo lasciasse che tutti questi giovani antifascisti gestissero l'unica rivista italiana cinematografica a carattere divulgativo, che a detta dello stesso De Santis aveva raggiunto una diffusione di dodicimila copie. L'altra rivista cinematografica del tempo, «Bianco e Nero», diretta dal professor Chiarini, era organo del Centro Sperimentale e aveva una funzione tecnica e specializzata. D'altro canto «Cinema», come si può leggere dalle affermazioni di Gianni Puccini[29], aveva lo scopo di portare alla conoscenza del vasto pubblico i problemi cinematografici: «Servendosi della copertura di Vittorio Mussolini la rivista usufruì di un margine di tolleranza politica che permise ai redattori di allontanarsi dalle direttive del regime verso tendenze sempre più critiche»[30]. Queste libertà intellettuali mostravano, come afferma il critico Brunetta, che il pensiero cinematografico di quegli anni rivestiva una reale funzione di avanguardia e permetteva delle aperture e delle concessioni negate sempre più ad altri campi dell'attività artistica e culturale. Secondo De Santis questi margini di tolleranza erano dovuti a diversi fattori, fra cui vorrei menzionare la disorganizzazione e l'inefficienza del regime, il grande tasso di analfabetismo esistente, ai quali si deve aggiungere la manchevolezza di non riconoscere nell'arte cinematografica una incidenza nel forma-

[29] Per un approfondimento della posizione di Puccini nei riguardi della rivista si veda: *I tempi di «Cinema»*, in «Filmcritica», n. 5, maggio 1951, pp. 152-155.

[30] Questa apparente politica di rispetto e riconoscimento dell'autonomia dell'arte sembra essere nata da un discorso di Mussolini del 1934 in cui riguardo all'arte affermava: «Nel campo dell'arte, della scienza, della filosofia, la tessera non può creare una situazione di privilegio e di immunità. ... Un tizio può essere un valoroso fascista ed anche della prima ora, ma come poeta può essere un deficiente... La tessera non dà l'ingegno a chi non lo possiede», in Gian Piero Brunetta, *Intellettuali cinema e propaganda tra le due guerre*, Bologna, Pàtron, 1973, p. 88.

re una coscienza-politica nelle masse. De Santis, come anche il critico Brunetta, danno merito al fascismo di aver riconosciuto nel cinema un forte carattere popolare e sociale, ma allo stesso tempo riconoscono i limiti della politica culturale del regime sulla forza di incidenza del cinema sul piano sociale o sulle strutture sociali. Principi culturali da non sottovalutare, che secondo Brunetta saranno poi sopravvalutati dal Neorealismo e dalla sinistra comunista italiana del dopoguerra. De Santis afferma anche che il grande merito o demerito del regime era proprio di aver anticipato le tecniche della tolleranza repressiva, poi raffinata dalle società dei nostri giorni. Infatti, sempre secondo il regista, fu proprio questa politica che portò il regime a puntare sul cinema dei telefoni bianchi e non sui grandi film di propaganda politica[31]. Queste affermazione convengono a quelle di Brunetta che scrive:

> La produzione standard del fascismo preferisce assestarsi sui piani medi, a carattere interclassista, privi di stile unitario, che mescolino più temi e più modelli stilistici e narrativi e che, soprattutto, tentino la strada della propaganda indiretta più che quella esplicita e diretta del messaggio trasmesso da personaggi appositamente delegati a farlo. Si evita con cura di esaltare la linea «eroica», si teme la retorica: è il complesso di inferiorità nei confronti del giudizio degli intellettuali, considerati ancora in parte sciolti da vincoli di subordinazione alle direttive del partito[32].

Le concessioni e le aperture date a «Cinema» permisero a De Santis di criticare i film di quell'epoca, dandogli la possibilità di sfogare l'insoddisfazione personale che sentiva verso quei film e allo stesso tempo di stimolare l'ambiente nella ricerca di qualcosa di nuovo, di più vero e rappresentativo della realtà storica italiana. Un'analisi generale, attraverso un raggruppamento delle recensioni secondo il genere dei film discussi, mostrerebbe le mie asserzioni sul contributo desantisiano alla divulgazione di un cinema realista ed artistico. Nel 1942 il mercato italiano era dominato dal prodotto nazionale che era protetto dalla concorrenza internazionale dalle leggi fasciste. L'allora ministro della Cultura Popolare, Alessandro

[31] Le idee di De Santis riportate nel testo sono parafrasate dalle lunghe conversazioni avute con lui a partire dal 1988.

[32] Gian Piero Brunetta, *Cent'anni di cinema italiano*, Bari, Laterza, 1991.

Pavolini [1903-1945], aveva fissato la quota annua a 140 film, che non sarà raggiunta. L'iniziativa governativa di produzione aveva dato spazio a molti nuovi registi, di conseguenza il livello medio della qualità tecnica ed artistica della produzione nazionale filmica era salito, ma in generale, con l'eccezione di casi isolati, la cinematografia italiana era mediocre. La produzione era legata a vecchi schemi tecnici e narrativi ai quali gli spettatori si legavano per mancanza d'altro e anche per soddisfare il crescente bisogno di evasione scaturito dalle difficoltà belliche che l'esercito italiano doveva affrontare su vari fronti. Secondo De Santis il cinema italiano dell'epoca poteva essere ripartito in generi abbastanza precisi: la commedia sentimentale, il comico-brillante, il comico *tout court*, il musicale, lo storico avventuroso (generalmente di cappa e spada), i rari film di esplicita propaganda politica e la corrente formalista a cui appartenevano Mario Soldati e Renato Castellani, che sempre secondo De Santis altro non era che il tradizionale film in costume all'italiana per mezzo del quale si manteneva l'immagine dell'Italia, culla della cultura medievale e rinascimentale. Citerò soltanto le recensioni più importanti scritte da De Santis per criticare i diversi generi del cinema dell'epoca. Per il critico ciociaro il genere comico-sentimentale è tutt'uno con i telefoni bianchi, al quale attribuisce un linguaggio falso e la mancanza di un vero centro drammatico. De Santis paragona i film italiani del genere comico o comico-sentimentale a quelli di René Clair [1898-1981] dello stesso genere, trovando quelli italiani privi di una verità da dimostrare o di una poetica da sostenere che possa giustificare con forza creativa e con fantasia ogni schema moralistico, senza le quali il comico vive solo di situazioni meccaniche. Fra i film di questo genere De Santis ha il merito di aver salvato dai critici il film di Vittorio De Sica *Un garibaldino al convento* e *Quattro passi fra le nuvole* di Alessandro Blasetti tratto da un soggetto e sceneggiatura di Cesare Zavattini, al quale il critico riconosce una grande abilità di scrivere soggetti ricchi di sensi nascosti e verità che definisce in questi termini:

> Il film narra la giornata di un uomo qualunque, un commesso viaggiatore. L'uomo è dipinto con una sottigliezza psicologica perfetta. Reca con sé una coerenza di gesti e di atteggiamenti che non lasciano dubbio fin dall'inizio sulla sua condizione sociale. Il soggetto è dovuto alla penna di Piero Tellini e di Cesare Zavattini. Vorremmo che più spesso il nostro cinema sapesse avvalersi di tali situazioni. Si badi bene, non è una preferenza di contenuto che

> noi avalliamo, ma piuttosto una linearità e semplicità di racconto: quel pacato e dolce essere anonimo di tutte le cose che si pongono avanti, senza la più piccola affettazione, ma come se le incontrassimo per la strada, allo stesso modo che accade nella vita vera, fa parte di una poetica che da tanto noi desideriamo![33]

Ma è forse nel saggio *Il jazz e le sue danze nel cinema* che il futuro regista, partendo dal film *Tutto il mondo ride*[34] di Grigori Alexandrov [1903-1983], mostra la sua insofferenza per il genere surrealista-grottesco e la rivista musicale degli anni Trenta, nata con scopi commerciali e spettacolari che non riuscivano a cogliere il vero valore sociale del jazz. Alla loro pacchiana e cartolinesca fotografia, De Santis paragona *Un giorno alle corse* [*A Day at the Races*], e il suo film favorito *Allelujah!* di King Vidor, in cui Zeke accenna a ballare il tiptap sulle musiche di uno spiritual cogliendo il più profondo significato della musica jazz, la sua vera natura e il suo vero scopo.

Fra i film di esplicita propaganda, De Santis elogia *Vecchia Guardia* [1935] di Alessandro Blasetti. Nel film, il critico coglie la forte partecipazione emotiva impressavi dal regista e la forte carica di sincerità nel rappresentare le imprese squadriste che il fascismo stesso non aveva intenzione di riassumere. La critica più severa e più diretta il critico la rivolge al genere formalistico-intellettuale-pittorico sul quale, recensendo il film di Renato Castellani [1913-1985] *Un colpo di pistola* [1942], scrive:

> quelle colonne d'avorio, quei candidi e composti candelabri altro non sono che la stessa ingigantita proiezione dei bianchi telefoni tanto a lungo commiserati nel clima borghese del nostro cinema [...]. Si fortifichi ormai l'animo dei nostri lettori contro questa dichiarata aspirazione del nostro cinematografo[35].

De Santis, come tutto il gruppo *Cinema*, si scagliava contro la corrente formalista perché considerata ostacolo principale contro il loro progetto di cinema realista, del quale il paesaggio italiano do-

[33] Giuseppe De Santis, *Ripensando ai tempi di «Cinema» prima serie*, cit., p. 152.

[34] Nel 1934 e 36 il regista Alexandrov aveva dato vita alla commedia musicale sovietica, dopo il rifiuto di Ejzenštejn, e aveva girato due commedie in cui la propaganda era mascherata dal comico farsesco.

[35] Giuseppe De Santis, *Ripensando ai tempi di «Cinema» prima serie*, cit., p. 144.

veva essere parte insieme ai contadini e agli operai. Questa nuova idea di fare cinema portava il critico a scrivere:

> Anche noi [...] più di tutti gli altri, vogliamo portare la nostra macchina da presa nelle strade, nei campi, nei porti, nelle fabbriche del nostro Paese: anche noi siamo convinti che un giorno creeremo il nostro film più bello seguendo il passo lento e stanco dell'operaio che torna alla sua casa, narrando l'essenziale poesia d'una vita nuova e pura che chiude in se stessa il segreto della sua aristocratica bellezza[36].

Gli interventi settimanali di De Santis critico cinematografico mettono a fuoco come il regista ciociaro si è servito della rubrica settimanale di «Cinema», per sviluppare un discorso continuo e coerente nel promuovere un nuovo tipo di cinema che avrebbe dovuto allargare e oltrepassare i confini dell'estetica dominante in Italia negli anni Quaranta, verso una direzione politica e sociale ben definita. Sul piano della fondazione di una nuova poetica, si voglia chiamarla un'idea neorealista o di realismo, De Santis e tutto il gruppo dei giovani di *Cinema* assumono negli anni Quaranta una posizione d'avanguardia. Il fatto che nel dopoguerra la tensione comune del gruppo si attenua e poi si esaurisce – a causa del diverso momento storico e anche a causa del ruolo assunto dal nuovo governo nell'emarginare un certo tipo di produzione cinematografica – non toglie nulla al ruolo avuto dai giovani del gruppo romano per un cinema spurgato dall'artificiosità e banalità del calligrafismo nazionale. Il ruolo avuto da questo gruppo è ben spiegato da questa testimonianza di uno di loro:

> i contatti personali sono un grande territorio di dibattito, un reticolo formativo del quale alle generazioni successive resta quasi niente. Nel nostro caso un patrimonio che non è stato consegnato a documenti scritti, ma che ha contato per Rossellini, come per De Sica e Visconti, enormemente. Io ricordo che noi più giovani avevamo una grandissima fiducia in questa guerriglia culturale condotta attraverso il dialogo e il dibattito privato [...]. Non vorrei qui enfatizzare l'egemonia di *Cinema* [...] sul cinema dei quarantenni di allora [...]. È certo però che per quanto riguarda

[36] Giuseppe De Santis e Mario Alicata, *Ancora di Verga e del cinema italiano*, «Cinema», n. 130, 25-11-1941.

Rossellini si è esagerato nell'ignorarla [...]. Si trattava di costruire una nuova casa[37].

Durante il ventennio l'industria cinematografica italiana non era riuscita a far nascere un nuovo cinema e neanche a far rinascere un sistema divistico pari a quello americano o tanto meno a quello dei tempi del cinema muto italiano. Le ragioni possono essere tante, ma forse la più plausibile è da accreditare alla forte personalità del duce che usava tutti i mezzi per creare il culto della propria persona. Altre cause possono essere additate alla mancanza di forti personalità e individualità, attributi fisici o doti carismatiche da parte degli attori del periodo, o alla carenza di quadri formativi e di mobilità. In altre parole il cinema del regime era dominato da tanti bravi caratteristi. Un'altra causa molto attendibile è la scarsa rappresentatività, nei film dell'epoca, degli autentici problemi dell'italiano, il che costringeva gli attori del periodo ad interpretare ruoli poco identificabili o divistici. Con il sistema produttivo esistente e con la politica moralista, nazionalista, sessuofobica e dedita a presentare come eroina la domestica, non si poteva neanche immaginare la creazione di una politica divistica ad ampio respiro. Quello che presentava il cinema del periodo, se non era surrogato del cinema americano, in campo nazionale non poteva creare un ideale per il pubblico tanto forte da poter far nascere un distacco necessario per il *transfert* dal privato all'immaginario collettivo. Alla fine del regime, nel primo periodo dell'immediato dopoguerra esisteva una situazione di totale sostituibilità degli attori, per cui il Neorealismo puntò sugli attori non compromessi, almeno non troppo, con il regime, sugli attori della rivista e dell'avanspettacolo, modificandone completamente l'immagine, sulla eliminazione di ogni forma non di professionismo ma di divismo. Il cinema italiano, nell'affrontare il problema dell'attore nel periodo precedente alla ricostruzione industriale e finanziaria degli anni Cinquanta, trovò una situazione fluida proprio per il fatto che l'attore era il punto più debole della fase di transizione. Nei suoi margini più ampi i film del dopoguerra puntavano a fare dello schermo il luogo della presenza e dell'identità, non della distanza e della diversità. Essi volevano creare la massima permeabilità fra scena e platea per far nascere un corto circui-

[37] Carlo Lizzani, *Il cinema italiano*, cit., p. 109.

to tra l'immagine e il pubblico: l'unificazione e l'identificazione. Lo scopo del cinema dell'immediato dopoguerra era di mostrare il nuovo italiano con i suoi ideali anti-mussoliniani, pronto al riscatto. In questo senso l'italiano nuovo era dappertutto, «gli attori sono pochi, mentre vi sono milioni di personaggi», soleva dire Vittorio De Sica. Da quest'ultimo punto nasce la contraddizione che minerà l'atteggiamento del Neorealismo nei confronti dell'attore. Se si voleva fondere il cinema negli uomini, si dovevano usare attori presi dalla strada e insegnare loro come muoversi e comportarsi davanti alla cinepresa, oppure, per non utilizzare i volti compromessi, bisognava usare i nuovi volti formatisi al Centro Sperimentale dove avevano studiato, sotto la direzione di Barbaro e Chiarini, le teorie che si richiamavano ai russi, al naturalismo, alla piena identificazione nel personaggio con l'abolizione delle differenze tra finzione e realtà, la cosidetta autenticità. Bisogna chiedersi quale diventa la pratica corrente nei confronti dell'attore dopo la prima fase dell'immediato dopoguerra, periodo in cui sono nati film irripetibili dovuti anche a fortunate combinazioni e circostanze storiche. Rossellini utilizza attori professionisti, De Santis e Visconti utilizzano nuovi e vecchi attori. De Sica usa la sua esperienza attoriale per insegnare al non prefessionista come recitare in *Ladri di biciclette* e si permette di rifiutare Gary Grant [1904-1986], ma per *Stazione Termini* è forzato a lavorare con Jennifer Jones [1919] e Montgomery Clift [1920-1966]. Al massimo l'uomo della strada poteva interpretare se stesso. Ma questa era una strada senza ritorno, fine a se stessa. Una volta finito il film per lo più era anche finita la carriera del personaggio preso dalla strada. Con la ristrutturazione di un'industria e di produttori che investono per profitto, i vari registi devono percorrere strade diverse. Per la rinascente industria cinematografica era impensabile una produzione senza l'attore/attrice professionista. Al centro del prodotto industriale cinematografico è sempre esistito l'attore. La fase di riconquista dei produttori italiani dopo il periodo preindustriale dell'improvvisazione si basa sulla riconquista del pubblico che non aveva partecipato, con poche eccezioni, ai grandi momenti del cinema del dopoguerra. L'attore/attrice e per l'appunto il corpo diventa il punto di incontro dello sguardo del pubblico.

Il Neorealismo peraltro non si era mai prefissato di eliminare l'attore professionista. I cinematografari del tempo – come si chiamavano allora prima di diventare cineasti – al massimo, volevano una ristrutturazione industriale del cinema secondo la tendenza comune di opporsi alla costruzione dell'attore divo o alla costruzione di un'aura mitica del personaggio come avveniva a Hollywood. L'ipotesi di non usare attori professionisti è stata possibile soltanto fino a quando si sono girati film corali tipo *Roma città aperta*, *Paisà*, *La terra trema*, in cui come aveva predetto Barbaro gli interpreti erano la comunità e non il singolo personaggio. Questa ipotesi era anche favorita dalla staticità della cinepresa che rendeva possibile una recitazione funzionale quasi antispettacolare. Con il ripristino della produzione industriale cinematografica, avviene il tanto discusso passaggio dalla ricerca del non professionismo divistico al divismo paesano delle maggiorate degli anni Cinquanta, mi riferisco all'affermazione di Sophia Loren, Silvana Pampanini, Yvonne Sanson, Gina Lollobrigida [1927] e prima di loro, anche se solo per un breve ma intenso momento, la tanto amata Marisa Allasio [1936] la cui fugace carriera è ricordata dal film *Marisa la civetta* [1957] di Mauro Bolognini [1922-2001][38].

Come si può notare, non ho menzionato Silvana Mangano, anche se all'uso di lei fatto da Giuseppe De Santis in *Riso amaro*, secondo tutti i critici viene attribuita la nascita o rinascita del divismo. Il film segna il passaggio da una fase all'altra, con la sua mescolanza di codici di alta tradizione cinematografica e culturale con i codici bassi e popolari. Dopo il film Silvana diventa la più famosa e pagata star italiana. Tutti sapranno del manifesto francese sui muri di Parigi che la presenta con i seguenti attributi: Anna Magnani con quindici anni di meno, Rita Hayworth [1918-1987] con dieci chili di più, Ingrid Bergman [1915-1982] col temperamento latino, e con più *sex appeal* di Mae West [1893-1986] e Jane Russell [1921] insieme – tutto questo per il mediocre film ormai dimenticato, *Il lupo della Sila* [1949] di Duilio Coletti [1906-1999][39].

Con *Riso amaro* De Santis voleva celebrare il trionfo della solidarietà socialista contro l'individualismo, l'egoismo e il tradimento

[38] Il film si svolge a Civitavecchia e Marisa amoreggia con tutti ma finisce con l'innamorarsi sul serio di un marinaio e si sposa come poi farà nella propria vita rinunciando al cinema. La sceneggiatura è di Pier Paolo Pasolini che a volte coglie molto bene le trasformazioni culturali.

[39] Oltre alla Mangano il film è interpretato da Amedeo Nazzari, Vittorio Gassman, Luisa Rossi e Jacques Sernas, girato sui monti calabresi, ottenne anche grazie alla popolarità di Nazzari e all'accoppiata Gassman/ Mangano, freschi del successo ottenuto con *Riso amaro*, il terzo posto nella classifica degli incassi della stagione 1949-50.

della classe operaia. Nonostante tutti gli accorgimenti tecnici per mostrare un lento ma inesorabile isolamento dell'individuo secondo i metodi contadini di togliere la mela marcia per salvare il resto del raccolto[40], Silvana esce protagonista e vincitrice dalla lotta fra il male, rappresentato dalla influenza corruttrice americana, e il bene, rappresentato dalle laboriose mondine guidate dal buono e leale Sergente Marco. La corporeità naturale di Silvana, che da sola riesce a diventare il personaggio più importante del film, non rappresenta l'inizio delle maggiorate e il ritorno al divismo come si è sempre ripetuto, ma la conferma e l'esempio dell'applicazione coerente delle idee che De Santis aveva elaborato durante la collaborazione alla rivista «Cinema». Rileggendo infatti gli scritti più importanti pubblicati dalla rivista, si vede che la tensione che li percorre è tutta legata alla rinascita del cinema italiano, affidata alla riscoperta del paesaggio e dell'uomo che in esso vive; fra questi due termini in questione si stabilisce un legame dialettico nel quale si trasformano e si identificano le idee di rinnovo. La loro mutazione si opera sul piano del visibile e ha per centro il corpo umano e il suo volto, il tipo. La tipologia per i giovani del gruppo era in verità ancora vuota di tratti particolari ed era sbilanciata verso l'esemplarità di quelli fisici e somatici, aspetto che metteva in second'ordine le attitudini interpretative del personaggio. Quando De Santis incontrò Silvana in una giornata di pioggia per le strade di Roma, come lui stesso amava raccontare[41], fu subito fulminato dai suoi tratti fisici e somatici che dovevano rappresentare la nuova mondina stanca del faticoso lavoro nella risaia, che sogna una vita facile come nei nuovi fotoromanzi allora in voga. Nel suo schematismo il regista non si avvide che saranno proprio i nuovi fenomeni culturali che lui avrebbe voluto distruggere, cioè la modernità rappresentata dal modello americano, ad imporsi. Suo malgrado, la rappresentazione del male sociale escogitato con una elaborata messa in scena, sullo schermo si racchiude nel fascino animalesco e sfuggente di Silvana che vince-

[40] A detta di Giuseppe De Santis il personaggio di Silvana, interpretato da Silvano Mangano, rappresentava «il tipo di giovani incoscienti, incapaci di comprendere la propria condizione e di lottare accanto ai propri compagni, perché deviati verso una vita fittizia che li condanna all'annientamento».

[41] Si veda: *Cinema, sud e memoria: il regista Giuseppe De Santis racconta in Cinema e Mezzogiorno*, a cura di Vincenzo Camerino, Lecce, Specimen Edizioni, 1987, p. 19.

rà, perché essi rappresentavano la modernità e il nuovo che stava trionfando dappertutto in Italia. Ideologicamente il comportamento di Silvana doveva rappresentare il marcio, ma davanti alla cinepresa il suo corpo sciolto e accattivante diventa l'incarnazione del nuovo, dell'avventura, della fuga dal quotidiano, la sensualità che il regime prima e la guerra dopo avevano represso. Silvana e *Riso amaro* raccolgono un grande successo mondiale per tutto questo. *Riso amaro*, più che «deviazione» o «centralità decentrata» come l'ha definito Alberto Farassino[42], rappresenta l'evoluzione dell'applicazione coerente delle premesse già presenti nei testi programmatici e nei presupposti stessi riguardo al rinnovamento artistico e tecnico che De Santis aveva elaborato, collaborando alla rivista «Cinema», per la rinascita del cinema italiano, influenzato anche dagli insegnamenti di Umberto Barbaro. A mio avviso, una riprova di quanto scritto finora sta nel fatto che nel 1969 Carlo Lizzani riesce finalmente a realizzare *L'amante di Gramigna* tratto dal racconto di Verga[43], con l'interpretazione di Gian Maria Volonté [1933-1994] e Stefania Sandrelli [1946]. In una intervista il regista afferma:

> La Sandrelli porta nel suo sguardo e nel suo corpo qualcosa di moderno, di felino, di inafferrabile [...] non poteva rappresentare una donna passiva e soltanto soggetto di passione monocorde. Ripeto, anche la scelta di un attore è una scelta di narrazione. Nel saggio che ho scritto per *Riso amaro* ho affermato che la Mangano fa parte del paesaggio, riempie il fotogramma in un certo modo come non lo avrebbe riempito un altro tipo di fisico [...] certi volti e certi sguardi sono già un racconto [...] a volte delle storie si costruiscono proprio su un volto[44].

Ben altra cosa è il fenomeno nostrano delle maggiorate e delle attrici scelte dai registi del tempo dai concorsi di bellezza. Esso è il risultato delle previsioni e programmazione della industria cine-

[42] Cfr. Alberto Farassino, *Giuseppe De Santis*, Milano, Moizzi Editore, 1978.

[43] Parlando di Verga, Lizzani ha dichiarato: «Verga è uno scrittore che è stato un mito per la nostra generazione... per il suo stile, per il suo occhio aperto sulla verità, sulla realtà della società italiana del Sud... in generale sulla società italiana...era quindi un autore pilota che ci ha portato fuori dal dannunzianesimo... tutta una generazione», Carlo Lizzani in *Verga e il Cinema* a cura di Nino Genovese e Sebastiano Gesù, Catania, Giuseppe Maimone Editore, 1996, p. 199.

[44] Intervista a Carlo Lizzani in *Verga e il Cinema*, cit., p. 201.

matografica italiana e dei produttori che si affidano ai miracoli fatti dal seno delle maggiorate sui repressi e frustrati maschi italiani dell'epoca. In un importante studio, *Lo star-system italiano degli anni Cinquanta*, è ben dimostrato come il nuovo divismo italiano del dopoguerra punti sull'onesta ragazza tutta casa e lavoro nettamente ricomposta nell'ambito della tradizione e dell'ideologia cattolica[45]. Ripercorrendo nelle linee interne la storia del Neorealismo italiano, più che parlare di parole d'ordine come attori non professionisti, attori presi dalla strada quando non esistono né tesi elaborate o sommarie su queste idee, bisognerebbe riesaminare come la guerra, la lotta di liberazione e poi la guerra fredda hanno influenzato le varie posizioni sorte nel dibattito precedente alla discussione sulla recitazione e l'uso delle teorie apprese al Centro Sperimentale e poi rielaborate attraverso le pagine della rivista «Cinema» che facevano appello a un nuovo cinema italiano.

Lo scopo di questo saggio era di delineare accuratamente lo sviluppo delle idee della nuova generazione che diede vita al rinnovo del cinema italiano, tra cui spiccava il regista ciociaro Giuseppe De Santis. A tale scopo, la ricerca è divisa in due parti principali, nella prima si è discusso del ruolo avuto da Umberto Barbaro, nella seconda si è passati a un riassunto delle idee di De Santis nel periodo frondista della rivista «Cinema», le quali sono precedute da un'introduzione al ruolo avuto all'epoca dalla rivista. Per concludere si è fatta un'analisi del periodo del dopoguerra, in cui il regista passa alla cinematografia mettendo in pratica le sue idee. Ci siamo serviti del film *Riso amaro*, seconda realizzazione di Giuseppe De Santis, per riaprire il dibattito sull'attorialità e la recitazione nel cinema italiano del dopoguerra, il che ci ha permesso di rimettere in discussione l'ormai diffuso canone critico del tradimento desantisiano nei confronti della pratica dell'attore preso dalla strada. Si è dimostrato che per il regista ciociaro il rinnovo del cinema era ben altro che autenticità e immediatezza. Il problema, a mio parere, nell'interpretare il Neorealismo nei canoni statunitensi, e per quanto riguarda il ruolo avuto da De Santis nel cinema italiano del dopoguerra, è nella mancanza di un'analisi che tenga in considerazione le circostanze storiche, l'identificazione quasi totale del zavattinismo con

[45] Francesco Pinto, *Lo star-system italiano degli anni cinquanta*, in *Sociologia della letteratura*, Roma, Bulzoni, 1978, pp. 61-76.

il Neorealismo e la scarsa importanza che si dà alla restaurazione degli anni Cinquanta con l'inizio della guerra fredda. Periodo che lo studioso Brunetta ha definito:

> una mobilitazione così massiccia, quale non si era vista neppure nel periodo fascista, a favore di un cinema di regime, si giustifica solo se si riconosce al cinema una qualche possibilità di incidenza sulla coscienza popolare e capacità di prospettare modelli alternativi di sviluppo della società italiana. Colpire il cinema italiano fin dall'inizio significa impedirne uno sviluppo di cui non si prevede esattamente la portata[46].

Per molti del gruppo *Cinema* e per De Santis in particolare il cinema rappresentava la traduzione del lavoro intellettuale in quello politico, una battaglia nata attraverso le pagine della rivista «Cinema» e continuata, pur con limiti ed equivoci, anche nel dopoguerra. La sua formazione, le sue idee e la militanza politica iniziata negli anni Quaranta lo hanno portato al sogno di creare un cinema popolare italiano in cui le masse non fossero soltanto consumatrici ma protagoniste[47]. Il suo cinema rappresentava un'ipotesi popolare al di sopra dell'immediatezza congiunturale del momento storico.

[46] *Introduzione* di Gian Piero Brunetta a Umberto Barbaro, *Neorealismo e realismo*, Roma, Editori Riuniti, 1976, p. 17.

[47] Questo profondo desiderio del regista è rilevato dallo studioso Carlo Lizzani: «De Santis vorrebbe girare dei film che avessero sullo sfondo, o addirittura come protagoniste, quelle lotte sociali che spesso, in altri paesi dove la censura dei produttori è più discreta, hanno dato vita a film potenti ed incisivi. I suoi ambienti potrebbero essere quelle stesse miniere dove Pabst ai tempi eroici del cinema tedesco muoveva le sue masse... le sue mondine o i suoi contadini sarebbero più reali e aggressivi se egli potesse ricondurre le psicologie e i movimenti ad una realtà più precisa e determinata, analogamente a quanto fanno certi registi americani che negli anni possono porre al centro del film un conflitto sindacale, uno sciopero un caso di corruzione politica», in *Il cinema italiano. Dalle origini agli anni ottanta*, Roma, Editori Riuniti, 1992, pp. 113-114.

Opere consultate

Ajello, Nello, *Intellettuali e PCI, 1944-1958*, Roma-Bari, Laterza, 1979.

Argentieri, Mino, (a cura di), Zavattini Cesare. *Neorealismo ecc.*, Milano, Bombiani, 1979.

Aristarco, Guido, *Il cinema fascista. Il prima e il dopo*, Bari, Dedalo, 1996.

Caldiron, Orio (cura di), *Il lungo viaggio del cinema italiano. Antologia di «Cinema»1936-1943*, Padova, Marsilio, 1965.

Fanara, Giulia, *Pensare il neorealismo*, Roma, Lithos editrice, 2000.

Fernandez, Domenique, Il *mito dell'America negli intellettuali italiani dal 1930 al 1950*, trad. dal francese di Alfonso Zaccaria, Caltanisetta, Salvatore Sciascia Editore, 1969.

Gallagher, Tag, *The Adventure of Roberto Rossellini. His Life and Films*, New York, Da Capo Press, 1998.

Furno, Mariella e Renzi, Renzo, (a cura di), *Il neorealismo nel fascismo. Giuseppe De Santis e la critica cinematografica 1941- 1943*, Bologna, Edizioni della Tipografia Compositori, 1984.

Lizzani, Carlo, *«Riso amaro»: Un film diretto da Giuseppe De Santis*, Roma, Officina Edizioni, 1978.

Micciché, Lino (a cura di), *Il neorealismo cinematogafico italiano*, Venezia, Marsilio, 1999.

Parisi, Antonio, *Il cinema di Giuseppe De Santis. Tra passione e idelogia*, Roma, Cadmo, 1983.

Verdone, Mario, *Il cinema neorealista*, Palermo. Celebes, 1977.

Vitti, Antonio, *Giuseppe De Santis and Postwar Italian Cinema*, Toronto, UTP, 1996.

Il cinema e la critica durante la Guerra Fredda

La censura ha un carattere prettamente ideologico, potendosi sostenere che il 99,99% dei film italiani sia stato censurato per motivi politici: essa dunque non si preoccupa di salvaguardare la moralità del cittadino, ma impedisce invece al cittadino di ragionare.

Luigi Chiarini ne *Il cinema italiano degli anni '50*

Alla fine della seconda guerra mondiale l'Italia era in condizioni economiche disastrose. Le abitazioni, le reti stradali e ferroviarie, i servizi civili e le opere pubbliche, un terzo del patrimonio nazionale era stato distrutto. Bisognava ristrutturare il funzionamento delle industrie per riportarle alla produzione civile, ma le materie prime e i prodotti agricoli scarseggiavano. L'inflazione aggravava la situazione economica. I rapporti sociali, già sconvolti dalla guerra e dalla lotta per la Liberazione, erano resi più difficili dalla classe operaia, diventata più cosciente della propria forza politica e contrattuale e dai contadini che reclamavano i diritti ad avere terra da lavorare. I mutati rapporti sociali e la disoccupazione minacciavano i ceti medi e gli imprenditori. In campo sindacale c'era stata la ricostruzione unitaria della CGIL con la partecipazione di tutte le componenti politiche.

La Liberazione aveva aumentato la speranza di rinnovamento e la partecipazione alla politica, determinando la formazione di governi di unità nazionale con l'adesione delle forze antifasciste. Alla fine della guerra, nel 1945, si era costituto un governo di unità d'azione con l' ex-capo della Resistenza[1], Ferruccio Parri [1890-1981], in qualità di Presidente del Consiglio, il che non significò che gli ideali della Resistenza fossero arrivati al potere. L'unità aveva dato vita alla fondazione della Repubblica, anche se il Meridione aveva votato per lo più contro[2]. La nuova Costituzione stava rimettendo in moto il funzionamento dello Stato, benché la società civile fosse

[1] Il governo di Parri durò solo cinque mesi, e nel 1946, Alcide De Gasperi, uomo vincolato strettamente al Vaticano, passò alla presidenza del consiglio.

[2] L'Italia diventò una repubblica con il risultato delle elezione del 2 giugno 1946. Partecipò il 54,2 % degli italiani, quasi 13.000 donne ebbero, per la prima volta, il diritto al voto e di queste l'86% andò a votare.

travagliata dai nuovi difficili compromessi nell'affrontare i problemi della ricostruzione economica e del tipo di sviluppo da dare al Paese. Era in gioco il futuro politico della nazione e con esso l'identità politica che avrebbe assunto l'Italia dopo l'era fascista, in un momento storico che lo studioso inglese Christopher Duggan ha ben descritto, definendo gli anni della Guerra Fredda

> «un periodo di contrasti e paradossi, di amnesie volute e spesso ciniche, di rimorso, di continuità politica e desideri di cambiamenti nel momento in cui l'Italia sembrava aver perso la fede in molto del proprio passato e si sentiva schiacciata dalla situazione internazionale nella ricerca di una propria, nuova identità»[3].

In questo surriscaldato momento di transizione e ricostruzione i partiti di sinistra spingevano per un programma basato sullo sviluppo dei servizi sociali, sulla riforma agraria e la limitazione della quota di eccedenza spettante ai profitti. Il controllo da parte delle forze lavorative nella produzione spaventava la borghesia italiana e il governo americano che nei suoi aiuti economici richiedeva lo schieramento dell'Italia nel blocco occidentale, un ridimensionamento del ruolo degli operai, stabilità politica e la ripresa dell'accumulazione del capitale.

I difficili equilibri si svuotarono e le contraddizioni divennero irriconciliabili con la rottura tra l'URSS e gli Stati Uniti, e l'appoggio economico offerto dagli USA a condizione di eliminare la sinistra dal potere gestuale della ricostruzione italiana. Nel maggio del 1947 Alcide De Gasperi, l'allora primo ministro, dopo il suo viaggio a Washington, forte anche dei 100 milioni di dollari ottenuti dal governo statunitense[4], estromise le sinistre dal governo.

[3] Christopher Duggan, *Italy in the Cold War Years and the Legacy of Fascism*, in *Italy in the Cold War. Politics, Culture & Society 1945-58*, a cura di C. Duggan and C. Wagstaff, Oxford, Berg Publishers Limited, 1995, p. 1. «In Italy, the Cold War years, [...] are a time of contrasts and paradoxes, of deliberate and sometimes cynical amnesia and of remorse, of political continuities and of cravings for renewal and change: and they are a time when Italy seemed to have lost faith in much of its past and when, under the constraints placed upon the country by the new international situation, rival forces contended bitterly to transmit a new identity to the nation, based on Catholicism or on the competing myths associated with the United States and the Soviet Union». La traduzione in italiano che appare nel testo è mia.

[4] L'Italia aveva già ricevuto numerosi prestiti dagli Stati Uniti, 50 milioni di dollari di rimborso per le requisizioni alleate sul territorio italiano,

Quali furono gli effetti di questi avvenimenti sul cinema italiano del dopoguerra che con i suoi capolavori aveva contribuito alla rinascita culturale, risollevando l'immagine internazionale dell'Italia? Marta Boneschi, descrivendo quegli anni, commenta:

> Il cinema, lo abbiamo visto è seguito dai censori con maggior attenzione perché – come la televisione – può raggiungere un pubblico più vasto di quello dei libri. I magistrati lavorano di forbice e di penna e colpiscono là dove sentono aroma di sesso[5].

La preoccupazione di tutelare il buon costume, l'onore, il pudore e la moralità soprattutto delle donne portò la stampa italiana negli anni Cinquanta a discutere di cinema in termini moralistici, mentre il surriscaldato scontro politico ne offuscò l'estetica. Dato lo spazio a disposizione, non è possibile trattare tutta la voluminosa produzione giornalistica sul cinema durante i tormentati anni della Guerra Fredda, per cui sarà tracciato l'atteggiamento dei critici più autorevoli riguardo al cinema neorealista in generale e ai primi film di Giuseppe De Santis. Tra il 1947 e il 1956 questi furono al centro di una battaglia ideologica e moraleggiante, in cui si colgono i temi dominanti del confronto che decise il destino politico della nazione italiana, segnò l'inizio della parabola discendente del cinema neorealista, che si trovò assediato e accerchiato sul piano della distribuzione e della produzione dalla strategia politica del partito di governo. Il quadro fornito dalle recensioni e dagli articoli evidenza che le cause esterne[6] della crisi del cinema di impegno del dopoguerra non furono soltanto dovute allo scarso rendimento economico dei film colti, ma a una politica che rilegò i film troppo politici alla circolazione marginale e tipicamente urbana di cinquecento cineclub laici[7]. Gli articoli sui primi film di De Santis mostrano che il suo cinema per molti aspetti era paradigmatico alla linea politica anti-

430 milioni di dollari in macchinari, materie prime e viveri, per più dettagli si veda *Album italiano. Dalla ricostruzione al miracolo economico*, a cura di Valerio Castronovo, Roma-Bari, Laterza, 2001.

[5] Marta Boneschi, *Senso. I costumi sessuali degli italiani dal 1880 a oggi*, Milano, Mondadori, 2000, p. 225.

[6] Per esterne si vogliono identificare le cause e i fattori politici e industriali che contribuirono alla morte del neorealismo.

[7] Gian Piero Brunetta, *Cattolici e cinema* in *Il cinema italiano degli anni '50*, a cura di Giorgio Tinazzi, Venezia, Marsilio, 1979, p. 306.

fascista nata dall'esperienza della Resistenza. La sua figura di intellettuale rappresentava la generazione del gruppo romano antifascista formatosi culturalmente intorno alla rivista «Cinema», che fu promotrice del realismo prendendo Verga come modello. Coscienti della potenzialità che il cinema offriva, De Santis con Mario Alicata, i fratelli Puccini, Carlo Lizzani, Antonio Pietrangeli, Luchino Visconti, Domenico Purificato e Michelangelo Antonioni si erano battuti per l'indagine sociale, in netto contrasto con il cinema di evasione del periodo fascista, lontano dalle stanze dei telefoni bianchi, invocando un cinema che avesse come protagonisti gli operai, i pescatori e i contadini. Il gruppo proponeva una rottura con il modo di fare cinema dell'epoca e nel panorama che poi fu definito «Neorealismo italiano» fu «l'unica componente che proveniva dall'esterno dell'industria cinematografica, a differenza del gruppo di Rossellini e De Sica/Zavattini»[8].

Nel saggio *Cinema e stampa di informazione*[9] Giovanni M. Rossi offre un campionario del rapporto, durante il decennio degli anni Cinquanta, tra il cinema e i maggiori quotidiani italiani non affiliati a partiti politici, escludendo i giornali di provincia a causa dell'alto numero delle testate, oltre trecento, all'epoca in circolazione. Lo spaccato che esce dall'indagine è lo spazio limitato che «Il Corriere», «Il Tempo», «Il Messaggero», «La Stampa» e «Il Giorno» dedicavano al cinema, benché all'epoca fosse al primo posto nelle spese per i divertimenti italiani. Gli articoli che appaiono sui quotidiani mettono in risalto l'aspetto mondano del mondo del cinema, fornendo materiale sulla vita degli attori e delle attrici dell'epoca, partecipando così al rinascere del divismo e accrescendo il mito di Cinecittà dopo gli anni austeri della guerra e del Neorealismo. Le grandi firme dell'epoca erano Arturo Lanocita insieme a Carlo Laurenzi per «Il Corriere», Mario Gromo con Leo Pestelli per «La Stampa», Gian Luigi Rondi per «Il Tempo», Pietro Bianchi per «Il Giorno» ed Ermanno Contini per «Il Messaggero», affiancato da Guglielmo Biraghi nella seconda metà del decennio. Le recensioni dei film non appartenenti all'area realista erano, quasi sempre, di stampo letterario, senza metodologia cinematografica,

[8] Vito Zagarrio, *La generazione del neorealismo di fronte agli anni cinquanta*, in *Il cinema italiano degli anni '50*, cit., p. 102.

[9] Giovanni M. Rossi, *Cinema e stampa di informazione*, in *Il cinema italiano degli anni '50*, cit., pp. 295-304.

spesso riassumevano la trama chiudendo con un commento sugli attori. Nei commenti affiora il rifiuto del melodramma, della farsa e della commedia spicciola, che per i critici apparteneva al grosso pubblico, mostrando invece un certo apprezzamento per il cinema d'arte non impegnato. Tra articoli descrittivi e conformisti sembra che i giornalisti non si preoccupassero molto della crisi dell'industria cinematografica, dell'invasione dei film americani, della restaurazione della censura, delle produzioni straniere, fatta eccezione di quella americana.

Il cinema come fenomeno culturale sembra interessare poco, i quotidiani si concentrano sugli effetti negativi che un certo tipo di cinema avrebbe procurato sui giovani e sulle famiglie. I giornalisti si preoccupano di tutelare la religione, la dignità degli italiani all'estero, il buon costume e la politica culturale della chiesa e del governo. Dalle recensioni trapela però che per i critici c'era una netta divaricazione tra il cinema colto del Neorealismo e quello di consumo che allora stava rinascendo con la ristrutturazione dell'industria cinematografica. Questo genere non piaceva alla borghesia colta, agli intellettuali progressisti e ai giornalisti di sinistra, mentre invece era ben visto dalla stampa più diffusa che come vedremo, alzava il tono e l'asprezza della critica nel discutere un cinema colto, neorealista e «comunista» come quello di De Santis.

Abbastanza diverso è il quadro generale che traspare dagli articoli delle riviste cinematografiche, su cui la battaglia politica sul cinema si evidenzia già dalle nomine dei direttori. Ernesto Laura, critico che visse direttamente l'esperienza, l'ha così ricordata:

> che cosa significò anche nella cultura italiana e nelle istituzioni il calare sul mondo intero della grigia cappa della cosiddetta Guerra Fredda. La via italiana alla Guerra Fredda, sia da una parte che dall'altra, puntò, anziché alla proposta di nuovi quadri, alla riaffermazione della propria legittimità quali depositari di una tradizione[10].

La dirigenza degli enti pubblici e la gestione delle riviste seguono infatti l'evolversi e i cambiamenti della situazione politica nazionale. A dirigere il Centro Sperimentale di Cinematografia e «Bian-

[10] Ernesto G. Laura, *Bianco e Nero*, in *Il cinema italiano degli anni '50*, cit., p. 276.

co e Nero» nel 1947 fu fatto venire il marxista Umberto Barbaro[11], all'inizio del 1948 fu chiamato a sostituirlo Luigi Chiarini, che nel 1952, con la ristrutturazione, fu costretto ad andarsene. Dal 1952 al 1956 Giuseppe Sala[12] gestì la rivista che era passata sotto il controllo diretto del Centro. Sala assunse come redattore-capo Nino Ghelli e formò un comitato di redazione fatto nel nome della tradizione, cioè l'opposto di quello che era avvenuto con l'assunzione di Barbaro, con il ritorno di Alessandro Blasetti, e i nuovi Renato May [1909-1961], Virgilio Marchi [1895-1960] e Mario Verdone [1917]. Dopo l'«allontanamento», Chiarini fondò «La Rivista del Cinema Italiano» affidando la critica al marxista Ferdinando Di Giammatteo e mantenendo così quel dialogo e disponibilità dialettica verso l'ideologia socialista che lo aveva sempre distinto dai tempi in cui collaborava con Barbaro al CSC durante il regime fascista.

Nel 1946, l'anno in cui Barbaro era stato chiamato a dirigere il CSC all'insegna del taglio con il passato fascista, esce *Caccia tragica*, primo film di De Santis, girato in Romagna[13]. Il film, ideato con lo spirito di celebrare la vittoria sul fascismo, ricorda il problema dei reduci ed esalta le cooperative contadine in lotta contro i fatto-

[11] Barbaro fu uno dei maestri che ebbe una grande influenza sui giovani al Centro sperimentale di cinema, lo storico Carlo Lizzani, *I registi con il fez e l'orbace*, «Il Corriere della Sera», 31-12-76, p. 9, ricordandolo ha scritto: «Profondamente influenzati da Umberto Barbaro – uno dei pochi intellettuali non provinciali dell'epoca». Per un approfondimento su Barbaro l'intellettuale si veda anche Gian Piero Brunetta, *Umberto Barbaro e l'idea di neorealismo*, Padova, Liviana, 1969.

[12] «La morte improvvisa di Pasinetti nel 1949 è certo un ottimo pretesto per scalzare Luigi Chiarini e per aprire la strada a una nuova gestione affidata a un assoluto carneade nel mondo del cinema, un professore di liceo, Giuseppe Sala, la cui carriera nel quadro delle istituzioni pubbliche è forse uno dei casi più esemplari a sostegno della legge di Peter (quella dell'incompetenza progressiva)». Così Brunetta commenta la nomina di Sala e la nuova gestione voluta dal governo, in *Cattolici e cinema*, in *Il cinema italiano degli anni '50*, cit., p. 315.

[13] Per il suo debutto De Santis avrebbe preferito girare un film a Roma per raccontare la lotta partigiana del gruppo romano ma fu condizionato dall'ANPI che attraverso il produttore Agliani lo avevano scelto come regista esigendo un film ambientato al nord e di tematiche attuali. Un fatto di cronaca di una rapina a danno di una fabbrica con operai destinati a restare senza paga fece puntare su Genova ma per avere il finanziamento dell'ANPI De Santis si inventò che insieme alla polizia i contadini danneggiati dal furto partecipassero alla ricerca dei banditi.

ri che vorrebbero rubare i sussidi governativi per rimpossessarsi delle terre e del bestiame. Mettendo in pratica le idee espresse nella rivista «Cinema», De Santis usa il paesaggio per accentuare lo stato d'animo dei personaggi e le situazioni. Si serve dei meccanismi del cinema americano drammatico, della semplicità nei conflitti dei western, del treno come mezzo di propaganda come nei film russi, ma soprattutto della realtà del momento nell'Italia del nord dove c'erano aspre lotte tra cooperative e padroni terrieri. Infatti il vero tema del film è la ricostruzione dell'Italia e la sua nuova identità socio-politica, vista dal punto di vista antifascista della Liberazione. Questa prospettiva si vede nel fatto che i partigiani hanno tagliato i capelli a Lilì Marlene[14] (Vivi Gioi), la donna del capobanda al servizio dei padroni. Intorno a questo personaggio femminile si sviluppa la metafora del film e il messaggio del regista che la critica dell'epoca non colse: basti pensare che Angelo Solmi scrisse un articolo in cui dichiarava che *Caccia tragica*, benché fatto con l'intento di essere l'antidoto di *Ninotchka*, non aveva portato i voti al fronte popolare[15].

Nel film desantisiano, Lilì Marlene è la donna perduta a cui il bandito, reduce, ex-prigioniero del lager sembra legato per sempre, ma da cui riesce a staccarsi uccidendola, ottenendo così il perdono dei contadini che dopo un processo popolare gli permettono di andarsene per ricostruirsi un'altra vita. messaggio espresso dalle zolle di terra che i contadini lanciano contro l'ex-bandito. Metaforicamente Lilì Marlene rappresenta l'Italia fascista che si era prostituita alla Germania di Hitler, portando così la nazione

[14] De Santis mi ha raccontato che ci fu una animata discussione con Antonioni durante le stesura della sceneggiatura che avrebbe voluto una storia d'amore tra Lilì Marlene e Giovanna, la giovane che la banda aveva preso come ostaggio per facilitare la loro fuga e per ricattare il marito che durante la rapina aveva riconosciuto nel capo della banda un compagno di prigionia in un lager tedesco. De Santis si oppose a questa propensione lesbica del personaggio perché la trovava distante dall'immaginario dei personaggi e dalla situazione di contrasto politico.

[15] Angelo Solmi, *Caccia tragica non ha portato voti al fronte popolare*, in «Oggi», maggio 1948, p. 21. *Ninotchka* (1939) di Ernst Lubitsch con Greta Garbo racconta la storia di una commissaria russa mandata dai Sovietici a controllare l'operato di tre agenti a Parigi, dove viene sedotta da una aristocratico e finisce con abbandonare la missione e restare a Parigi. La spassosa e raffinata commedia venne presentata in Italia con scopi propagandistici anticomunisti durante la campagna elettorale del 1948.

allo sfacelo. Attraverso una semplice metafora il regista propone al suo pubblico una nuova identità per l'Italia, in cui prevalgono il progresso sociale, la ragione e la possibilità di riscatto per quelli che si dedicano al bene comune e non ai piaceri e all'arricchimento individuale.

Gli articoli apparsi sui maggiori giornali americani sono abbastanza positivi. Il «New York Times» del 22 ottobre 1948[16] descrive il film come robusto melodramma con note tragiche ma non sviluppate. Il film è inneggiato come il migliore apparso a New York dopo *Paisà [*1946] di Rossellini. L'articolo mette in risalto il fatto che la convenzionalità dell'intreccio calato nella lotta per la ricostruzione postbellica italiana rende la storia incalzante ed appassionante. Le altre recensioni, come quella del «New York Star», «New York Telegram», si soffermano sul realismo mostrato dal film nel rappresentare i problemi di ricostruzione che l'Italia stava affrontando. Soltanto l'«Herald Tribune», anche lodando il realismo usato nel rappresentare la tensione dell'epoca e affermando di conoscere meglio l'Italia dopo la visione del film, biasima il punto di vista nettamente di sinistra degli autori e dichiara di non essere d'accordo con il messaggio politico dell'intreccio.

Il film è ricevuto clamorosamente dalla critica italiana di sinistra che apprezza la padronanza tecnica e artistica dell'esordiente trentenne regista. Nel 1947, prima della proiezione di *Caccia tragica* alla Mostra di Venezia, il regista è accolto trionfalmente dai pittori Emilio Vedova, Giulio Turcato, Gianni Pizzinato e Giuseppe Zigaina che imbandierarono tutto il percorso che dalla stazione conduceva lungo il Canal Grande alla sala in Piazza San Marco, dove all'epoca si tenevano le proiezioni, di enormi cartelloni su fogli di carta da imballaggio, inneggiando alla rinascita delle cooperative agricole nella bassa padana, tema centrale del film[17]. Al festival il film ottenne il premio della Presidenza del Consiglio dei Ministri per il miglior film italiano in concorso e il nastro d'argento *ex-aequo* per la miglior regia. Nonostante le buone recensioni il mutato clima politico si mostrò nell'atteggiamento del governo che osteggiò l'esporta-

[16] Tutti i riferimenti ad articoli e le citazioni degli articoli di stampa dell'epoca provengono dall'archivio Giuseppe De Santis in allestimento presso la Wake Forest University nella Carolina del Nord.

[17] Si veda «Le Gouaches di Guttuso per Riso amaro», di Giuseppe De Santis, lettera inviata al critico Grazzini, inclusa in questo volume.

zione del film che poi venne presentato fuori concorso al Festival di Cannes. *Caccia tragica* dapprima non fu distribuito, poi venne escluso dalle maggiori sale cinematografiche di prima visione. Su «l'Unità» Ugo Casiraghi deplora il fatto che un film premiato alla Mostra di Venezia non trovi posto nei cinema nazionali, scrivendo: «dopo sei mesi, non è stato ancora proiettato a Milano, dove i cinema centrali e più accoglienti si sono rifiutati di programmarlo»[18].

Su «Il Tempo» il critico cattolico, Gian Luigi Rondi, non si lascia sfuggire l'occasione per criticare non soltanto il film ma i realizzatori, chiamandoli «comunisti» che, dopo aver per anni criticato i film americani per il troppo tecnicismo, cadono nel formalismo e nella demagogia e nell'artificio facendo un film «che farebbe la gioia del compagno Balázs e dei diretti superiori del Comitato Supremo della cinematografia sovietica con sede a Mosca»[19].

In Francia, tenendo conto dell'orientamento ideologico del regista, la stampa comunista e di sinistra sostenne il film e inserì ai primi posti tra i giovani registi italiani De Santis, paragonando il suo film a *Paisà* di Roberto Rossellini. *Caccia tragica* fu infatti mostrato alla Maison de la Chimie dalla Federazione francese dei cineclub, prima di essere distribuito, e scatenò l'entusiasmo di Georges Sadoul [1904-1967] che, anche riconoscendo i difetti del film, paragonò l'esordente regista a Ejzenštejn e lodò le sue capacità nell'aver saputo cogliere il momento storico di un gruppo di contadini che crea e vive il proprio destino[20].

Come si è potuto notare, i critici dell'epoca non si soffermarono sulle novità presentate dal film come l'uso del paesaggio, la funzione della radio, del treno o il riuso che si fa della gru (che il regista aveva apprezzato nei musical americani), che nel suo primo film utilizza per stabilire il legame tra storia, paesaggio e personaggi. Non si discute neanche dello sfaldamento della voce, tecnica usata per dare più importanza al messaggio politico.

[18] Ugo Casiraghi, *Non c'è posto per «Caccia tragica»*, «l'Unità», ora in *Caccia Tragica. Un inizio strepitoso*, a cura di Marco Grossi e Virginio Palazzo, Fondi, Quaderni dell'Associazione Giuseppe De Santis, 2000, pp. 70-72.

[19] Gian Luigi Rondi, *Vieta demagogia e freddo artificio in «Caccia tragica»*, «Il Tempo», ora in *Caccia Tragica. Un inizio strepitoso*, cit., p. 65.

[20] Jean A. Gili, *L'accoglienza di «Caccia tragica» in Francia*, in *Caccia Tragica. Un inizio strepitoso, cit.*, pp. 14-17.

Dopo il buon debutto, nel 1949, De Santis realizza *Riso amaro*, forse il film italiano dell'epoca più stratificato, codificato, costruito mescolando il genere popolare, il musical, il film d'azione, i gangster americani e i film popolari con messaggio politico. Il progetto era nato nell'autunno del 1947, e De Santis, con i suoi più stretti collaboratori Lizzani e Puccini, voleva creare un film da un fatto sociale, inserito nel mondo contadino, per poter dare vita a una rappresentazione corale secondo i canoni romanzeschi, favolosi del grande racconto, creando un cinema popolare e politico. È importante menzionare che agli autori del film mancava l'apporto della ricerca gramsciana, perché all'epoca si conosceva soltanto *Lettere dal carcere*. Lo scandalo che il film suscitò sulla stampa – per aver esaltato nelle immagini l'individuale, malgrado il messaggio che ricercava un sociale marxista, rischiando, però, di poter far passare il suicidio finale della protagonista, Silvana, quasi come un messaggio cattolico tradizionalista – conferma non soltanto la posizione dei critici riguardo al vero e al verosimile, ma offre anche una visione di prima mano sulla situazione politica e culturale dell'epoca che influenzò la ricezione del film da parte della stampa.

Nello stesso periodo in cui gli autori presentavano la sceneggiatura alla Lux si preparavano le elezioni del 18 aprile 1948[21]. Carlo Lizzani ha ricordato a Casa Artom a Venezia, il 16 marzo 2004[22], che ad elezioni avvenute, la sceneggiatura di *Riso amaro* restò a dormire per sei mesi, perché era già un film troppo rosso. Secondo il coautore del film, la sua realizzazione fu possibile soltanto grazie a una serie di coincidenze di base della produzione cinematografica italiana, che ha spesso finanziato film scottanti e contrari ai propri interessi di classe perché attirata dalla moda e dal guadagno.

C'era stata molta pubblicità intorno all'inizio della lavorazione e durante le riprese e il periodo precedente alla distribuzione del film. La stampa cinematografica aveva dato molto rilievo al fatto che il film, che avrebbe trattato lo sfruttamento delle mondine, si sarebbe girato nelle risaie di Veneria che erano della famiglia Agnel-

[21] La paura del "mostro rosso" sembrò più lontana dopo i risultati della campagna elettorale che videro la vittoria della DC che superò le attese con 12.751.841 voti, e la maggioranza assoluta alla Camera dei deputati con 305 seggi su 574.

[22] In occasione della tavola rotonda su *Il neorealismo e lo "scandalo" di Riso amaro* tenutasi alla sede della WFU a Venezia.

li[23]. «Il Lavoro», settimanale della CGIL, aveva pubblicato il 12 giugno 1948 la trasposizione a fumetti del soggetto. Alcune notizie della stampa avevano anche riportato i contrasti tra il produttore e il regista nella scelta dell'attrice protagonista, che il figlio del produttore avrebbe voluto impersonata da Martine Carol, mentre il regista, dopo aver dovuto scartare l'idea di scritturare Lucia Bosè, aveva deciso per la giovane sconosciuta Silvana Mangano, scelta insieme ad un altro sconosciuto giornalista della redazione di Torino de «l'Unità», Raf Vallone[24]. I pettegolezzi e i servizi stampa continuarono anche durante la lavorazione del film, con la visita del fotografo Robert Capa che fece un *reportage* per la rivista «Life». Capa e l'attrice Doris Dowling, che nel film fa la parte di Francesca, l'antagonista di Silvana, insieme alla sorella Constance, appartenevano a quel gruppo di intellettuali ed artisti americani che il gruppo di sinistra, coinvolto nella produzione del film, consideravano «compagni di viaggio» e americani democratici progressisti (tematica che sarà ripresa e sviluppata nel saggio per approfondire meglio le contraddizioni dell'epoca che la stampa di allora ha ignorato). Durante la lavorazione del film apparsero anche due articoli, uno di Davide Lajolo [1912-1984], un altro del giovane Italo Calvino che era rimasto favorevolmente colpito dal fascino che emanava la corporeità della giovane Silvana Mangano.

Dopo l'uscita del film Antonello Trombadori scrive un articolo molto critico su «Vie Nuove», il 25 settembre 1949, in cui si biasima il regista per aver tramutato in falsità retorica un «assunto d'arte», cioè lo sfruttamento delle mondine e l'inquietudine di una ragazza bella in cerca di una vita migliore. Secondo il critico marxista il film è meccanico e la vita reale è deformata, serve soltanto come pretesto per raccontare una storia vuota senza valore poetico. Trombadori trascura la libertà di espressione dell'artista; il suo richiamo è un vero appello di committenza politica, di subordinazione e di moralismo:

[23] De Santis stesso mi ha raccontato che si riuscì ad affittare le risaie solo attraverso l'amicizia tra gli Agnelli e il produttore del film Riccardo Gualino.

[24] Il manifesto di propaganda elettorale del fronte popolare che propagandava la tipica famiglia italiana di sinistra, ideato da Antonello Trombadori, aveva Vallone padre, come moglie, la moglie di Lizzani, figlia, Luisa De Santis, figlia di De Santis e di Giovanna Valeri.

> Ma bisogna dire che la verità, proprio per noi comunisti, non è fatta solo di scioperi, di riunioni di cellule o di comizi e di agitazioni. La verità è soprattutto ricca di uomini e donne sane, di madri, di spose, di mariti, di figli che lottano per il pane quotidiano dalla cui vita si libera ad ora ad ora una lezione morale, quanto rivoluzionaria![25]

Carlo Muscetta [1912-2004] pubblica una lettera su «Vie Nuove» il 9 ottobre 1949, replicando alle opinioni critiche espresse sul numero 38 della rivista da Corrado Maltese sulla pittura di Renato Guttuso [1912-1987], da Libero Bigiaretti [1906-1993] su una relazione di Giacomo Debenedetti [1901-1967] e sul giudizio negativo espresso da Trombadori su *Riso amaro*. Muscetta mostra maggiore rispetto per la libertà d'autore e, invocando Gramsci, si appella allo storicismo integrale che permette di aderire esteticamente ad un'opera anche se essa non provoca la partecipazione totale, ovvio riferimento al film di De Santis[26]. Anche il pittore Renato Guttuso interviene nella polemica schierandosi con Trombadori e nella sua critica si rifà a Gramsci, a Lenin, a Lukàcs, scomodando anche Stalin, ma dando credito al regista per aver saputo cogliere la costrizione sul posto di lavoro, la battaglia tra le mondine e le clandestine[27].

I commenti riportati su *Riso amaro* diedero vita a un vero dibattito nazionale su «l'Unità» a cui parteciparono anche molti lettori. Uno di loro elogiò il film per aver colto uno dei mali sociali diffusosi nel dopoguerra, identificandolo con la mentalità americana che vede nel denaro la libertà, senza chiederne la provenienza. Atteggiamento che secondo il lettore spinge i giovani a pensare che la soluzione dei problemi non dipenda dalle persone, dal sacrificio e dalla lotta sociale ma dalla fortuna e da Dio[28].

«L'Avanti», recensendo il film il primo ottobre 1949, mette in risalto «l'eccessiva letteratura» della storia e dei personaggi. La re-

[25] Antonello Trombadori, *Riso amaro*, «Vie Nuove», 25 settembre 1949, ora in *Riso amaro nel fuoco delle polemiche*, a cura di M. Grossi e V. Palazzo, Fondi, Quaderni dell'Associazione Giuseppe De Santis, 2004, pp. 25-28.

[26] Carlo Muscetta, *L'arte e la critica*, «Vie Nuove», 9 ottobre 1949, ora in *Riso amaro nel fuoco delle polemiche*, cit., pp. 36-39.

[27] Renato Guttuso, *Grandi come Caravaggio*, «Vie Nuove», 16 ottobre, 1949, ora in *Riso amaro nel fuoco delle polemiche*, cit., pp. 42-44.

[28] Da una lettera di un giovane apparsa su «l'Unità» l'8 ottobre del 1949, ora in *Riso amaro nel fuoco delle polemiche*, cit., pp. 33-35.

censione si sofferma sulla melodrammaticità del racconto e dell'eccessiva influenza dei modelli dei film gangster americani che sminuisce il già esile messaggio sociale e politico del racconto[29]. Su «l'Unità», Ugo Casiraghi, inviato speciale del giornale al Festival di Cannes, descrive la favorevole reazione del pubblico al film, loda l'ambientazione del film in una risaia, ma ne critica gli eccessi nella ricerca del sensazionale[30]. A tirare le somme ci pensa Davide Lajolo su «l'Unità», il 15 novembre 1949, con un articolo che mostra tutto il suo disappunto nell'affermazione rivolta al regista: «mi è parso che tu mi avessi voluto schiaffeggiare», utilizzata per descrivere la sensazione provata guardando il film. Il giornalista incomincia dall'incontro avuto con De Santis nel suo ufficio, prima della lavorazione del film, in cui il regista gli aveva spiegato di voler fare un film sulle mondine e contro la guerra (tematiche che erano piaciute), poi racconta anche della delusione nel vedere il film dopo tante attese. Delusione concretizzatasi nell'inabilità del film a sviluppare il personaggio del reduce e nell'aver fatto di Silvana una ragazza visibilmente troppo bella, preferendole una proletaria come la mondina che abortisce a causa del lavoro. Secondo Lajolo la fatica, la lotta delle mondine si perde dietro la cronaca nera e nei canti, che pur belli non trova veri. In un tono paternalistico il giornalista dichiara che per l'attaccamento al regista e per mostrare la fiducia in lui, ha rivisto il film tre volte in ambienti diversi, anche con il regista stesso. Concede che le critiche delle dame borghesi a Bologna gli hanno permesso di capire quello che il regista volesse intendere nel mostrare la vita delle mondine, l'insofferenza della naia, l'americanismo, la cronaca nera e il gusto di un certo pubblico. Per mostrare la propria benevolenza, il giornalista dichiara di aver raccolto tutte le lettere dei lettori per aiutare il regista e chiude l'articolo con l'appello a rappresentare la realtà, a capire l'umanità, a fare film sulla strada del realismo; anche se consapevole dei limiti del regista nel non poter fare film comunisti, lo esorta ad almeno lottare e vivere con il collettivo[31].

[29] A. P., *Riso amaro*, «Avanti», sabato 1 ottobre 1949, ora in *Riso amaro nel fuoco delle polemiche*, cit., pp. 29-30.

[30] Ugo Casiraghi, *Grande successo di «Riso amaro»*, «l'Unità», venerdì 9 settembre 1949, ora in *Riso amaro nel fuoco delle polemiche*, cit., pp. 22-24.

[31] Davide Lajolo, *Caro De Santis*, «l'Unità», 15 novembre 1949, ora in *Riso amaro nel fuoco delle polemiche*, cit., pp. 69-72.

Gli articoli dei giornalisti citati appartenenti alla sinistra italiana risentono della svolta avvenuta nel 1948 durante il convegno di Perugia, quando avvenne il primo incontro ufficiale della cultura neorealista con Pudovkin, che aveva riaffermato che i parametri dell'arte realista erano basati sull'uomo positivo e le donne sane che lottano, non sulle deviazioni. La teoria richiedeva personaggi positivizzati, il contrario della nuova stella Silvana che, con le sue calze nere e i desideri di evasione ricercati attraverso le letture di «Grand Hotel», presagiva la mutazione sociale in corso, il vero segno dell'epoca[32]. A riprova dei cambiamenti avvenuti nel 1953 per avvicinare le donne e i giovani al partito comunista, si ricorse al fotoromanzo, diventato veicolo di alfabetizazzione e promozione sociale. Sfortunatamente per *Riso amaro* l'educazione morale dei comunisti era simile a quella dei cattolici, con la differenza che questi ultimi erano stati anche ammoniti a disertare tutte le iniziative comuniste dopo la scomunica emanata dal Papa nel 1949. In «Segnalazioni cinematografiche», rivista del Centro Cattolico, si legge: «La vicenda, tutta intessuta di sentimenti e d'azioni condannabili, appare in complesso moralmente negativa. La visione è esclusa per tutti»[33]. Lo stesso articolo menziona che, invece di tracciare un quadro sociale, il film racconta un fattaccio, mostrando un atteggiamento paragonabile a quello degli articoli dei critici di sinistra: traspare il desiderio di dare direttive al regista in fatto di produzione culturale e di come fare film per esaltare la laboriosità delle lavoratrici italiane.

Il dibattito intorno a *Riso amaro*, il riuso fatto nel film della coreografia dei musical, il rifarsi agli *spiritual* afro-americani per i canti delle mondine, la condanna implicita nel messaggio, congiuntamente alle dichiarazioni del regista[34], ci portano ad affrontare un altro tema caldo del periodo: l'antiamericanismo della sinistra italiana e

[32] Guido Aristarco nella rubrica *Film di questi giorni*, «Cinema», 54, 15 ottobre 1949, p. 211, aveva colto le intenzioni di De Santis nell'ideare il personaggio di Silvana, chiamandola «l'unica figura abbastanza vera e coerente del film [...] vittima dell'amorosa menzogna».

[33] *Segnalazioni cinematografiche*, Centro Cattolico Cinematografico, vol. XXVI, Roma 1949, p. 104.

[34] Nel 1951 presso il Gabinetto Scientifico Letterario Vieusseux, De Santis pronunciò un discorso a difesa del suo film in cui disse: «Il tema centrale [...] la denuncia della corruzione che, con mezzi apparentemente

l'americanismo dell'epoca. La rivista «Italia moderna» esaltava le qualità della società americana in cui esisteva un solo ceto sociale: la classe media, in cui le donne avevano un elevato livello di vita grazie agli elettrodomestici, e non esistevano differenze tra produttori e imprenditori. Il mito americano era iniziato prima ancora dell'arrivo stesso degli eserciti alleati – portatori di una musica moderna, di una moda meno austera e di una maggior rilassatezza nel costume sessuale – con l'invasione dei film hollywoodiani[35]. All'inizio degli anni Cinquanta era in corso, come osserva lo studioso Gerardo Ragone in *Consumatori con stile*[36], una nuova tendenza di vita che per affermarsi doveva cancellare schemi e condizionamenti della cultura tradizionale, cioè i vecchi sistemi incompatibili con il nascente sistema di vita urbano-industriale.

Durante l'isolamento culturale dell'epoca fascista gli scambi culturali con l'allora Unione Sovietica erano scarsi, mentre fu forte l'influenza americana che si manifestava in mille modi: l'emigrazione, le lettere degli emigranti, i loro ritorni, i film; per gli intellettuali c'era l'antologia curata per Einaudi da Elio Vittorini, «Americana», che per tutti gli aspiranti artisti divenne un punto di riferimento. Per De Santis e per tutto il gruppo intorno alla rivista «Cinema», la fuga dalla cultura strapaesana dell'epoca si fece strada attraverso il cinema americano, le lezioni di Umberto Barbaro e, come ha ricordato anche Pietro Ingrao[37], grazie alla presenza di un cinefilo tedesco ebreo fuggito alle prime leggi razziali della Germania e finito ad

innocenti, una certa ideologia americana ha diffuso in Europa occidentale. Tale ideologia è riuscita a diffondere i suoi veleni anche negli strati più sani del popolo, specialmente in mezzo alla gioventù, cui essa si è presentata con l'amabile volto del *boogie-woogie*, del chewing-gum e del facile lusso». Pubblicata da «Rivista del cinema italiano», 1-2, gennaio-febbraio 1953, 18-41 e ora anche in *Rosso fuoco. Il cinema di Giuseppe De Santis*, a cura di S. Toffetti, Torino, Museo Nazionale del Cinema, 1996, pp. 227-246.

[35] Gian Piero Brunetta, *Storia del cinema italiano. Il cinema del regime 1920-1945*, Roma, Editori Riuniti, 2001, pp. 334 -339, ha dimostrato attraverso un'attenta cronaca dei fatti che la distribuzione dei film americani in Italia ha sempre goduto di estreme condizioni di favore anche negli anni trenta, che si sono protratte durante il monopolio fascista per poi ottenere la caduta di tutti i provvedimenti dal 1948.

[36] Gerardo Ragone, *Consumatori con Stile*, in tra *Sogno e Bisogno*, a cura di A. Terzi, Milano, Longanesi & C, 1986, pp. 238-241.

[37] Intervista con Pietro Ingrao nel suo appartamento a Roma, 5 maggio 2004.

insegnare al Centro Sperimentale di Roma dove aveva trovato rifugio prima che le leggi razziali italiane del 1938 lo forzassero ad andarsene negli Stati Uniti. Tutti gli iscritti al Centro Sperimentale di quegli anni ricordano che Rudolf Arnheim li sprovincializzò e insieme a Umberto Barbaro e Luigi Chiarini li aiutò ad andare oltre la cultura autoctona fascista. Questi giovani ebbero il privilegio di scoprire alcuni film russi, francesi e il cinema del *New Deal* americano, che poi ebbe un ruolo predominante nel cinema di Giuseppe De Santis. Come abbiamo visto, molti dei giovani che si formarono al Centro Sperimentale lottarono poi per il rinnovamento del cinema italiano attraverso le pagine della rivista «Cinema», mentre altri passarono alla lotta armata contro il fascismo[38]. In seguito, quando Togliatti rinnovò le file dei dirigenti del PCI, molti di loro sostituirono i dirigenti di partito che durante il Ventennio fascista avevano trovato rifugio nell'Unione Sovietica o l'avevano trascorso in galera. Tutti gli appartenenti al gruppo che aveva vissuto gli eventi menzionati hanno ripetutamente affermato che, trovando la cultura fascista italiana dell'epoca retorica ed elitaria, fatta eccezione per Verga, si rifecero alla cultura americana popolare in cui ravvedevano l'impegno e lo scontro sociale che servì loro da modello o riferimento culturale[39]. Nella loro ricerca per una cultura italiana popolare, il mito americano dell'intellettuale italiano si mescola con il sogno americano del contadino, cafone, bracciante italiano perché in questo connubio le infinite potenzialità che l'America offriva si rispecchiavano in un'immagine priva delle incrostazioni castali e dei retaggi reazionari italiani[40]. L'America per il povero italiano era

[38] De Santis aveva partecipato alla lotta armata a Roma, lo ricorda anche Pietro Ingrao, *La provincia e l'umanità. Vite parallele tra passione e ideologie*, in *Domenico Purificato dalla pittura al cinema*, Roma, Cadmo, 1988, p. 93.

[39] Ricordando quegli anni Ingrao ha dichiarato: «Noi premevamo molto per il nostro Verga, e anche in direzione della letteratura sociale americana degli anni trenta (Steinbeck, Caldwell, Saroyan)», *Le cose impossibili. Un'autobiografia raccontata e discussa con Nicola Tranfaglia*, Roma, Editori Riuniti, 1972, p. 29.

[40] Importante menzionare che lo storico G. Mammarella ha scritto che un'intera compagnia dell'OSS, diretta dal tenente Irving Goff, ribattezzata "The Communist Desk", composta da reduci della Lincoln Brigade che aveva combattuto la Guerra Civile in Spagna, durante la guerra di Liberazione in Italia ha avuto diretti contatti con i comunisti italiani con cui si scambiavano informazioni sui nemici nazisti e fascisti.

il luogo dove si sarebbe potuto ricominciare, mentre per questi giovani in cerca di un riferimento culturale era un modello. L'affermazione di Sergio Sollima [1921], spesso ripetuta da tanti intellettuali di sinistra, che la foto di un *marine* sorridente che aveva appena disegnato il ritratto di Rita Hayworth sulla fusoliera di un missile a carica atomica fece tramontare il sogno, non basta a capire perché e come l'America cambiò collocazione nell'immaginario della sinistra italiana. In realtà l'America non scomparve mai dai modelli culturali. Molti continuarono ad identificarsi con l'America dell'opposizione, dei diritti civili, del pacifismo, osteggiando quella rappresentata dalla politica del governo statunitense durante la guerra fredda. De Santis continuò ad amare la cultura minoritaria della musica degli afro-americani e del cinema, a mantenere contatti con la sinistra americana, come abbiamo visto nella scelta di Doris Dowling in *Riso amaro*, a sviluppare contatti con intellettuali come Capa. In piena guerra fredda, nel soggetto *Chiaravalle va in pianura* poi diventato *La strada lunga un anno*[41], il regista ciociaro capovolge il sogno americano con la metafora del bracciante meridionale che costruisce una strada che porta al mare, sognando di poter ottenere una società più giusta senza dovere emigrare in America. Nell'ideale dello sciopero alla rovescia, tema fondamentale del film, De Santis cerca di superare la visione di un Meridione arretrato, vergine, puro per ricominciare e cambiare, capovolgendo i legami primordiali e sfatando il secolare atavico fatalismo dei contadini del Sud. Il suo amore per la cultura americana democratica traspare anche nell'espediente di far parlare i soldati italiani morti durante la guerra in Russia attraverso le lettere da loro scritte, in *Italiani, brava gente*

[41] *Cesta Dunga Godinu Dana* fu finalmente realizzato nel 1958 prodotto dalla Jadran Film of Zagreb nella ex-Iugoslavia e fu nominato miglior film dai critici cinematografici americani e fu incluso tra i finalisti per l'oscar per i film stranieri. In Italia fu visto per la prima volta il 14 maggio del 1959 a Modena ma non venne distribuito e passò quasi inosservato dalla critica. Il soggetto era stato scritto nel 1954 durante le dimostrazioni dei contadini meridionali per la terra, il titolo originale era *Chiaravalle va in città* e De Santis l'avrebbe voluto girare in Ciociaria alle Querce. Con questo film insieme ad altri soggetti mai realizzati a causa della censura e delle pressioni governative sui produttori: *Noi che facciamo crescere il grano* e *La vita di Giuseppe Di Vittorio*, il cinema di De Santis si sarebbe evoluto diversamente e oggi avremmo più film sul Meridione che avrebbero arricchito il patrimonio cinematografico italiano.

[1964], il suo ultimo grande film, ispirandosi al capolavoro di Edgar Lee Masters, *Antologia di Spoon River.*

Per capire meglio l'atmosfera di quegli anni non bisogna dimenticare che nel periodo tra il 1947 e il 1954 la guerra fredda era all'apice. A Hollywood la commissione per le attività antiamericane aveva iniziato la caccia agli artisti accusati di associazione comunista e di propaganda antiamericana. La seconda ondata repressiva era iniziata nel 1951 dopo quella del 1947. Fra i registi italiani De Santis aveva firmato una sottoscrizione contro la *Permanent Subcommittee on Investigations* presieduta dal senatore del Wisconsin, Joseph Raymond McCarthy. L'isteria contro i registi comunisti è testimoniata dalle affermazioni dell'autrice Ayn Rand [1905-1982], che considera *Mission to Moscow* [1943], film tratto da un libro dell'ambasciatore americano a Mosca e commissionato dal presidente Roosevelt [Franklin Delano, 1933-1945] propaganda comunista. Ma forse sono ancora più illuminanti le affermazioni dell'attore Adolphe Menjou [1890-1963], che avverte i produttori a non affidare sceneggiature a produttori o attori comunisti perché capaci di infondere comunismo e propaganda antiamericana con uno sguardo o una semplice inflessione della voce. Secondo Adrian Scott, dell'«Hollywood Review», nel 1955 furono 214 le persone che finirono sulle liste nere: 106 sceneggiatori, 36 attori e 11 registi[42].

Dopo la sconfitta elettorale del 1948 la situazione politica e culturale italiana era radicalmente cambiata. Il sogno e gli aiuti americani, per gli sconfitti, avevano prevalso sulle rassicurazioni di voler creare un comunismo italiano democratico e antifascista indipendente dall'URSS. Ai vincitori restava il difficile compito di come rendere la società italiana più giusta, come inserire nella vita civile, nelle regole democratiche, le masse disoccupate e la povera gente quando nelle file del partito di maggioranza, la DC, non si guardavano di buon occhio le riforme necessarie per affrontare le iniquità sociali esistenti e si proponevano aggiustamenti del sistema poco efficaci. L'opposizione di sinistra dopo la sconfitta elettorale aveva scelto di non ricorrere all'attacco insurrezionale e proponeva una lenta e profonda trasformazione strutturale attraverso l'organizzazione delle forze anticapitaliste e degli sfruttati per arrivare al

[42] Le informazione provengono dal II volume di Goffredo Fofi, Morando Morandini e Gianni Volpi, *Storia del cinema*, Milano, Garzanti, 1992, pp. 19-22.

cambiamento socialista. Il nuovo governo doveva far fronte alle agitazioni contadine, alla povertà nel Sud, e affrontare il rapporto di proprietà esistente in tante aree depresse della penisola. Un sondaggio Doxa del 1951 rivelava che una grande maggioranza delle famiglie italiane viveva con redditi attorno alle 50 mila lire al mese, ma che la situazione nel Mezzogiorno era peggiore: a Napoli 13 mila persone vivevano ancora nei rifugi di guerra e in Sicilia 20 mila famiglie vivevano in grotte[43].

Nel 1950 De Santis, forte dei guadagni di *Riso amaro* e del contratto con la Lux, riuscì a fare *Non c'è pace tra gli ulivi*, il suo primo film nella sua terra, la Ciociaria. La polemica scoppia prima della proiezione ufficiale del film, su «l'Unità», con Ugo Casiraghi che riporta un'intervista con il regista, incontrato il giorno prima a Milano, in cui gli aveva annunciato di volere il sequestro del film e di voler togliere il suo nome dalla regia per protestare contro la decisione della censura democristiana che aveva tolto una battuta. Alla fine del film, fuori campo, il regista diceva: «Questa è la storia di Francesco Domenici, pastore della Ciociaria. Voi l'avete visto lottare per avere ragione persino contro la legge, perché si sentiva forte di un suo legittimo diritto»[44]. La censura aveva tagliato «persino contro la legge», perché poteva essere considerato un incitamento alla ribellione contro le forze di stato. De Santis scatenò una polemica sul fatto che il taglio era illegale e arbitrario, dovuto soltanto al fatto che lui era un militante del partito comunista. A riprova De Santis usava come esempio *È primavera* [1950] di Renato Castellani, che secondo lui non aveva avuto problemi di censura, benché avesse ridicolizzato l'esercito e la magistratura. Il regista ne faceva una questione di sostanza contro le ingiustizie del governo. La polemica non ebbe seguito sulla stampa nazionale. Il 25 ottobre Tommaso Chiaretti, per dare un'impronta politica alla polemica, sull'edizione romana de «l'Unità» scrisse un articolo in difesa del cinema realista attaccato dalla Commissione e, usando il fatto che al film di Pietro Germi *Il cammino della speranza* [1950] era stato negato il contributo statale del 18 per cento previsto per i film commerciali meritevoli,

[43] Giuseppe De Santis, *Confessioni di un regista*, «Rivista del cinema italiano», 1-2 gennaio-febbraio 1953, pp. 18-41.

[44] Ugo Casiraghi, *Intervista con il regista Giuseppe De Santis*, «l'Unità», 4 ottobre 1950, p. 9.

rincara le accuse contro la politica democristiana nei confronti di film impegnati[45]. De Santis rilascia un'intervista il 9 novembre allo stesso giornalista in cui dichiara che la sua decisione di portare avanti la denuncia era una battaglia per la salvaguardia del movimento neorealista. Il clima ostile nei confronti di *Non c'è pace tra gli ulivi* si manifestò a Milano alla prima del film che fu accolto da squadre di fischiatori. Le recensioni che seguirono sulla stampa ufficiale e sulle riviste, a partire dalla prima apparsa su «Cinema nuova serie», misero in risalto la violenza, l'effetto scenico e la narrazione sopra le righe, enfatizzando l'incapacità di cogliere lo stato d'animo dei protagonisti e di rendere l'ambiente in cui vivono. Per lo più si riconosce al regista di aver mostrato solidarietà umana per i problemi degli abitanti della zona che a volte appare nel suo vero aspetto primitivo ed aspro. Anche il giudizio sugli interpreti è negativo, ritenendo la recitazione esagitata, statica e statuaria. Il 12 novembre Gian Luigi Rondi sul «Tempo» lancia il primo colpo cattolico e non si lascia sfuggire l'occasione per riprendere indirettamente la polemica lanciata dal regista sul taglio della battuta «farsi giustizia da soli». Il critico deplora l'impostazione politica del film trovandolo retorico, privo di arte, polemico, con cori insinceri anche nei canti e soprattutto calligrafico. L'articolo non concede nulla al film e arriva a paragonare la voce *off* del regista a quella dei comizianti comunisti[46]. Quasi rifacendosi alle critiche di Rondi, Ermanno Contini sul «Messaggero» mette in rilievo il manierismo, il decadentismo e la fallita intenzione di rifarsi ai classici in un dramma definito «rusticano e polemico, in bilico fra cronaca e letteratura, fra realismo e formalismo in una composita mescolanza di sovrastrutture culturali e di elementi veristici»[47].

La durezza della stampa di destra spinge Chiaretti a prendere le difese del film su «l'Unità», ribattendo le implicazioni ideologiche della tesi di Rondi in un articolo mirato a difendere il Neorealismo. Chiaretti esalta i contenuti umani del film, la rappresentazione realista della Ciociaria mentre critica i riferimenti al dannunzianesimo

[45] Tommaso Chiaretti, *La miseria non è di moda*, «l'Unità», 25 ottobre 1950, p. 9.

[46] Gian Luigi Rondi, *Non c'è pace tra gli ulivi*, «Il Tempo», 12 novembre 1950, p. 8.

[47] Ermanno Contini, *Non c'è pace tra gli ulivi*, «Il Messaggero», 14 novembre 1950, p. 9.

invocando la veracità della situazione[48]. «Il Mondo» pubblica un articolo di Ennio Flaiano [1910-1972], che attraverso una lunga analisi culturale utilizza il film per criticare l'arte impegnata e presunta realista dei pittori socialisti italiani a partire dal '900. Il film, a suo parere, appartiene infatti alla tradizione artistica italiana dei pittori che fecero diventare i problemi sociali meridionali un soggetto per il proprio estetismo. Il film fa dunque apparire i personaggi epici, estranei alla realtà che illustrano e si trasformano in puro compiacimento stilistico desantisiano che utilizza i componenti peggiori del cinema, tornando alla retorica che il realismo aveva combattuto[49]. Edoardo Bruno, in «Filmcritica», senza veramente ribattere le critiche di Flaiano, apprezza i valori sociali ed etici del film e mette in rilievo la capacità del regista di cogliere la realtà anche se rappresentata in una maniera vicina a quella della pittura dell'800 e dei pittori romantici popolari. Il regista polemizza con i critici e in particolare con Adriano Baracco, direttore di «Cinema Nuova Serie», che lo aveva accusato di dannunzianesimo, barocchismo ed estetismo[50].

Nel 1952, in piena guerra fredda, Paul Graetz finanziò *Roma ore 11* per la *Transcontinental Film*, grazie anche alla collaborazione di Cesare Zavattini alla sceneggiatura. Secondo il regista avevano fatto passare la storia, duro attacco al governo incapace di risolvere il problema della disoccupazione femminile e dei bassi salari, come una specie di *remake* di *Riso amaro*, con tante donne alla ricerca di lavoro. Al suo esordio la critica lo accoglie come il suo migliore film per contenuto e coerenza formale, ma sarà anche il film che causerà danni irreparabili all'immagine del regista, che pagherà gli ingranaggi del mondo culturale dominato dalla politica. In Italia il maccartismo americano degli anni Cinquanta aveva portato all'autocensura, tuttavia si ignora che in questo periodo il nome di De Santis venne inserito nella lista nera dei produttori italiani[51].

[48] Tommaso Chiaretti, citato in *Non c'è pace tra gli ulivi. In neorealismo postmoderno*, a cura di Vito Zagarrio, Roma, Fondazione Scuola di Cinema, 2002, p. 122.

[49] Ennio Flaiano, *La sinistra e D'Annunzio*, «Il Mondo», 25 novembre 1950, p. 47.

[50] Si veda Adriano Baracco, *Non c'è pace tra gli ulivi*, «Cinema Nuova Serie», 48, 1950, p. 38 e G. De Santis, *Lettera a Adriano Baracco*, in Carlo Lizzani, *Storia del cinema italiano*, Firenze, Parenti, 1961, pp. 340-341.

[51] Il forte ostracismo nei confronti di De Santis è evidente da un comunicato del 7 agosto 1952 apparso su «Araldo dello Spettacolo» in cui

All'uscita del film la critica di destra inizia una campagna diffamatoria contro il regista. Alberto Consiglio, in un articolo di fondo sul «Tempo», invita il governo ad accertarne le fonti di finanziamento e ipotizza che fossero di origine sovietica. La polemica arriverà in Parlamento dove l'onorevole Mario Alicata in un suo intervento, riferendosi al film, critica la campagna della destra e rivela che il film in questione era stato finanziato dall'americano Paul Graetz.

Per paura dell'intervento della censura la *Transcontinental Film* voleva tagliare la scena del ritorno della prostituta, interpretato da Lea Padovani [1923-1991][52]. Ai rifiuti del regista, la casa di produzione era ricorsa a Zavattini, che in una lettera espresse i suoi dubbi sull'artisticità della sequenza affermando che essa era stata voluta dal regista contro il consigli degli altri sceneggiatori che l'avevano trovata polemica, lunga e costosa. Il regista vinse la controversia ma perse la collaborazione di Graetz.

Malgrado gli attacchi della stampa, *Roma ore 11* come gli altri film di De Santis riscosse un ottimo successo di pubblico. A differenza degli altri film neorealisti che non si erano ritagliati un pubblico molto vasto, l'idea cinematografica di De Santis non negava la rimozione dell'industria cinematografica. I suoi film erano inseriti benissimo nel mercato, generavano un ottimo profitto, anche se considerati colti e troppo «comunisti» non cancellavano la realtà di spettacolo del cinema. La sua idea di arte popolare, che aveva scelto a protagonista delle sue vicende il popolo, rappresenta all'epoca un tentativo di rendere i film politici leggibili e fruibili. Il ricorso alle strutture narrative consegnate dalla tradizione popolare, fuse nelle forme dei generi di

una breve nota annuncia la sospensione di *Case aperte* di Giuseppe De Santis perché il Ministero ne ha proibito la lavorazione dopo aver scoperto che sarebbe stato diretto dal regista ciociaro.

[52] Il trenta novembre del 1954 la S.P.A. Excelsa Films inoltra una richiesta alla Presidenza del Consiglio dei Ministri, appellandosi all'articolo 47 del 22 aprile 1941 n. 633, per tagliare al scena del ritorno della prostituta. Lo studio chiede anche il risarcimento delle spese per il costo dell'episodio. Cito: «la produzione ha speso la somma di Lire 854.595 per tecnici per cinque giorni durante i quali l'episodio fu girato... la produzione ha speso Lire 3.000.000 per noleggio mezzi e per maggior spese per la Padovani e l'attore Riccardini la produzione ha speso Lire 600.000». La fotocopia, che si trova nell'archivio della Wake Forest University non ha una data, ma è firmata da M. Cavalieri.

consumo (*meló*, film d'azione, western), rendono il suo cinema lo strumento di intervento politico diretto e immediato sulla realtà nazionale attraverso i canali colti dei film russi e le ricerche epiche popolari del cinema americano. Questa sua idea di cinema, come mostrato dalla rilettura degli articoli dell'epoca prima del ripristino della censura e delle pressioni politiche del governo sull'industria cinematografica italiana dovute al duro confronto ideologico della guerra fredda, aveva riscosso un forte successo di pubblico[53]. Un aspetto del cinema desantisiano rilevante se si considera che una ipotesi spesso menzionata sull'affossamento del Neorealismo, e del cinema di De Santis in particolare, è la sconfitta inflitta dal mercato, dovuta anche al fatto che per molti cineasti il nuovo cinema del dopoguerra avrebbe dovuto funzionare come progetto egemone nel campo della critica e della cultura cinematografica, autorizzando così una separazione molto rigida tra il cinema di ricerca e la produzione di massa. Lo studioso Paolo Bertetto, nella sua attenta analisi delle cause che segnarono la fine del Neorealismo, indica che il problema per l'industria cinematografica consisteva nel recuperare settori di mercato controllati dall'industria americana, perché il cinema neorealista costringeva lo spettatore borghese e piccolo-borghese delle prime visioni a rivolgersi a Hollywood per intrattenimento[54]. Il cinema di evasione che si sviluppò durante la guerra fredda, secondo Bertetto, mediante la produzione di un prodotto filmico medio, articolato su codici comunicativi non legati a una specifica determinazione di classe, riuscì a riconquistare fasce di mercato che si erano allontanate dal cinema italiano. Secondo Bertetto, nei film neorealisti il pubblico non riconosceva i dati presenti nel cinema italiano a cui erano stati abituati dalla commedia prebellica. La ristrutturazione del cinema in questo senso fu il recupero dei modelli e dei messaggi tradizionali insieme a quello ideologico conservatore italiano. Altri limiti attribuiti al Neorealismo, che furono la causa della crisi, riguardano i

[53] Tutti i film di De Santis, come ha dimostrato lo studio di Umberto Rossi, si collocano al livello dei medi o dei buoni esiti commerciali. Per il numero esatto degli incassi si veda: *Ha dovuto o lo hanno fatto tacere?* in *Il cinema di Giuseppe De Santis*, a cura di Vincenzo Camerino, Lecce, Elle Edizioni, 1982, pp. 65-81.

[54] Paolo Bertetto, *La costruzione del cinema di regime: omogeneizzazione del pubblico e rimozione del negativo*, in *Il cinema italiano degli anni '50*, cit., pp. 132-147.

margini della denuncia contadina e proletaria che si concentrava in una zona romano-meridionale di cui, con il tempo, si accentuarono i toni dialettali e il colore locale e la cui rivolta fu limitata contro strati parassitari e burocratici senza mai riuscire a cogliere i nessi decisivi con i centri di potere. Sempre secondo lo studio di Bertetto mancò a quel cinema di denuncia un rapporto più dialettico con la realtà, con i conflitti di classe e con le contraddizioni popolari.

Le ipotesi formulate per il ritorno a un cinema più conservatore e per la fine del Neorealismo tralasciano il ruolo avuto dalla guerra fredda sul cinema d'impegno e quello di De Santis, come è stato mostrato dalla rassegna degli articoli esaminati. A differenza degli altri registi dell'epoca, il cinema di De Santis si proponeva di indicare una chiave di lettura e una soluzione ai problemi delle classi subalterne. Inoltre la sua fabulazione imponeva una mitologia collettiva che avrebbe dovuto risistemare l'Italia del dopoguerra e del dopo fascismo. In una conferenza tenuta nel 1951, il regista criticò l'eccessivo pietismo e sentimentalismo del Neorealismo e l'incapacità di indicare una nuova strada come soluzione ai problemi dell'epoca. Il pessimismo e la rassegnazione di molti film neorealisti, secondo De Santis, scaturivano dal fatto che i cineasti avevano scartato a priori la soluzione del problema, non essendosi preoccupati di documentarsi proprio là dove le loro simpatie umane li avevano condotti, finendo per avvalorare senza volerlo la tesi di certi organi interessati che quella soluzione respingevano. Queste affermazioni mettono chiaramente in rilievo le sue idee riguardo a un cinema di impegno, di classe e di lotta sociale alquanto diverso da quello descritto nella terza ipotesi dello studio di Bertetto e che ne provocò la fine. Appare evidente, invece, che tale cinema non poteva sopravvivere come prodotto culturale inserito in un ciclo di mercato nel clima della guerra fredda dominato dal controllo dei finanziamenti, dalla censura e dalla intimidazione nei confronti di produttori più progressisti: tutte forze di controllo di una politica di governo mirata a schiacciare i film che evidenziavano le cause e i responsabili dei mali sociali.

Per concludere, gli articoli esaminati mostrano che a causa della guerra fredda i film di De Santis non furono ricevuti e analizzati con metodo e sistematicità critica, ma vennero sempre considerati in diretta relazione alla militanza politica dell'autore e indirettamente alle fortune/sfortune della politica culturale del partito comunista italiano. Il regista venne criticato sul terreno delle deviazioni politiche, artistiche, morali, erotiche e neorealiste, sia dalla destra sia dalla sinistra italiana. Gli esponenti della destra lo vedevano come il portavoce della linea politica del PCI e di conseguenza spesso le loro critiche non andavano oltre le valutazioni politiche più superficiali del messaggio politico-ideologico-sociale del film discusso. I critici di sinistra lamentavano invece l'esuberanza del regista, l'erotismo, l'elaborata messa in scena che, secondo loro, sminuivano il messaggio politico. Nella lotta fra le due ideologie, i critici del PCI, benché rappresentassero il partito dell'alternativa, con le loro affermazioni mostrano sempre di essere parte di un potere, per cui De Santis intellettuale, essendo deferito da un mandato stabilito «puramente morale e ideologico», è, con somma soddisfazione di tutti, un traditore[55] che anticipa la sorte dell'intellettuale pasoliniano.

La critica politica dell'epoca non aveva colto le intuizioni del regista ciociaro sul cinema come mezzo di comunicazione di massa, pratica della fascinazione e luogo di incontro dei bisogni indotti. I film di De Santis avevano colto i cambiamenti culturali in evoluzione nella società degli anni Cinquanta, che risultarono fondamentali per le condizioni di uno sviluppo economico consumistico, necessari per creare la percezione al consumo e all'uniformità. Come appare nello studio di Gerardo Ragone[56] l'*American way of life* era diventata un riferimento per poter smussare le vecchie abitudini degli italiani in una società, come quella italiana, caratterizzata da profonde differenze, in tradizioni culturali ed abitudini di vita. Il vecchio era un ostacolo per il decollo del nuovo nel processo di creare un nuovo conformismo, cioè un'omologazione di aspirazioni e di comportamenti. De Santis in quel contesto aveva colto la novità che, per esempio in *Riso amaro*, viene esaltata nelle immagini e condannata attraverso uno schematico gioco di contrasti tra il bene collettivo e la perdizione individuale. In un momento storico in cui i giochi politici erano già chiusi dopo le elezioni del 1948, i vincitori dovevano attaccare il cinema di De Santis perché era il più esposto in quanto politico ma di facile fruizione per l'acculturazione delle masse. Durante la battaglia ideologica della guerra fredda, in cui il cinema

[55] Pier Paolo Pasolini, *14 novembre 1974. Il romanzo delle stragi*, in *Scritti corsari*, Milano, Garzanti, 1981, pp. 111-112.

[56] Gerardo Ragone, *Consumatori con Stile*, in tra *Sogno e Bisogno*, a cura di A. Terzi, cit. pp. 238-241.

impegnato era diventato per la sinistra bandiera di lotta culturale per il realismo, il cinema desantisiano divenne punto di riferimento della censura di stato ma anche uno spettacolo culturale scomodo da difendere per la sinistra. Ciò a causa del forte erotismo e di una messa in scena che seguiva un'idea di cinema classico, benché proponesse come messaggio il collettivo come orientamento per la società del futuro che, in effetti, aveva già come riferimento l'ascesa del consumismo di massa.

Schiacciato tra il potere al governo e quello dell'alternanza, il regista scrive lettere aperte ai giornali di sinistra e alle riviste specializzate difendendosi e accusando i critici di destra di non capire le sue opere perché spinti da tendenziosità politica e da scarso acume critico. Quando confronta i critici di sinistra il regista è più cauto nelle repliche. Spesso ammette di aver sbagliato e di essersi spinto verso posizioni esagerate, ma subito si scusa mettendo in ballo le sue intenzioni sempre agli avamposti nella lotta. Le sue repliche mostrano preoccupazioni diverse, da una parte la fede politica ma anche la difesa del suo gusto per la narrazione popolare che si centra sull'erotismo, sulle forme di narrazione popolare, il compiacimento stilistico e l'effetto spettacolare. Le quali, per i critici di sinistra, contrastavano con l'impostazione ideologica e realista di un'arte impegnata e le consideravano raffinatezze pretenziose e gusti popolari da romanzo d'appendice. Tutta la frustrazione di un artista impegnato ma soffocato dai due fronti è racchiusa nella lettera aperta al critico Guido Aristarco dopo *Giorni d'amore* [1954], unica sua commedia impegnata, che dopo un diretto «incomincio a essere stufo dei "pregiudizi", interessati o meno, che circolano sul mio lavoro» si lamenta delle impostazioni subite ed accettate anche dalla stampa «amica» di sinistra, che spesso finisce con il confondere il particolare con il generale, non giudicando mai i suoi film secondo gli appelli di Gramsci[57]. Poi manifesta tutta la sua amarezza che per la pertinenza al tema trattato riporto estesamente:

[57] L'appello ad Antonio Gramsci era un riferimento costante per il regista che anche nel 1981 ha dichiarato: «La premessa di una nuova letteratura non può non essere storica, popolare: deve tendere ad elaborare ciò che già esiste, polemicamente o in altro modo non importa, ciò che importa è che essa affondi le sue radici nell'humus della cultura popolare così com'è, coi suoi gusti, le sue tendenze...», *Cinema, Sud e memoria,* «Paese Sera», 16, 18, 29 luglio e I e 5 agosto 1981.

> avrei voglia di gridare ai nemici di destra: lasciateci lavorare in pace, per ritrovare in un'atmosfera di serena comprensione, quel gusto che avevano i nostri grandi padri [...]. Contro i miei compagni di sinistra: lasciateci «liberare» nei pregi come nei difetti, lasciateci essere noi stessi, fateci serenamente raccontare le nostre storie d'amore private così come i nostri drammi collettivi [...]. A tutti insieme, infine, dico: lasciateci essere «uomini» e non vogliate, a ogni costo, farci diventare dei «miti»[58].

L'accorato appello del regista alla libertà artistica coglie perfettamente il peso insopportabile di quell'epoca in cui l'oppressione ideologica costringeva tutti a soccombere.

[58] Giuseppe De Santis, *De Santis ci scrive*, «Cinema nuovo», n. 49, 25 dicembre 1954, p. 416.

Ripensando ai braccianti che facevano crescere il grano senza il pane quotidiano

Paradossalmente dopo il primo grande successo di critica con *Roma ore 11* incominciò ad affievolirsi la stella De Santis e la pungente critica sociale si fece meno mordente[1]. I nuovi provvedimenti segnarono la fine definitiva del progetto di girare un film sull'occupazione dei latifondi da parte dei braccianti calabresi, un soggetto che il regista aveva già scritto nel 1950 ma che in quegli anni sperava di poter realizzare con il produttore Davanzati [Domenico Forges] con il nuovo titolo: *Nostro pane quotidiano*.

Nel periodo seguente alla seconda guerra mondiale, le condizioni socio-economiche dei braccianti erano al limite della sopportazione[2] in tutto il Meridione e con il rientro dei reduci esso divenne scenario dei moti contadini per l'occupazione delle terre. Secondo lo storico Paul Ginsborg[3], nel Marchesato di Crotone, dove si sarebbe ambientato il film, l'83 per cento della terra apparteneva al 2 per cento della popolazione e i 9.348 abitanti di un centro della tenuta avevano a disposizione una sola fontana pubblica. Gli usurai imponevano un interesse del 50 per cento sui prestiti a sette mesi per le spese connesse al ciclo di coltivazione: per sopravvivere i braccian-

[1] *Giorni d'amore* (1954), commedia ciociara raffinata sul cattivo costume di rapire le donne a scopo di matrimonio o libidine, ma più comunemente solo per evitare i proibitivi costi delle nozze e *Un marito per Anna Zaccheo* (1953) primo recupero della sceneggiata napoletana, sono solo racconti e non i romanzi corali che il regista avrebbe voluto filmare sul mondo contadino meridionale.

[2] Secondo la testimonianza di un contadino in quegli anni il nutrimento consisteva di pane cotto. Il pane di grano veniva in tavola a Natale e a Pasqua. Si veda, Angelo Compagni, *Diventare un uomo*, Roma, Edizione Monteverde, 1989.

[3] Paul Ginsborg, *Storia d'Italia dal dopoguerra a oggi*, Torino, Einaudi, 1989, p. 178.

ti erano costretti a fare vari lavori dopo la mietitura. Data l'estrema precarietà economica dei braccianti della Calabria, la regione era stata scelta come centro delle operazioni di lotta dal PCI, passato all'azione dopo la sconfitta delle elezioni del 18 maggio 1948. Non a caso era stato scelto come segretario regionale il giovane intellettuale calabrese Mario Alicata.

Da Roma su «l'Unità», Pietro Ingrao aveva scritto un editoriale invitando tutti gli intellettuali e scrittori a far luce sugli sconvolgenti avvenimenti calabresi. De Santis, in una lettera privata, aveva scritto all'amico mostrandosi sorpreso che l'editore non avesse invitato il cinema a portare le sue macchine da presa sui campi e sulle strade della Calabria. Inoltre il regista ricordava all'esponente comunista il ruolo svolto dal cinema nel trasformare notizie di cronaca in vere opere artistiche. A riprova, il regista citava *1860* di Alessandro Blasetti, *Anni difficili* [1947] di Luigi Zampa [1905-1991], *Paisà* di Roberto Rossellini e *In nome della legge* [1949] di Pietro Germi [1914-1974]. De Santis continuava il suo sfogo, riconoscendo le difficoltà che il cinema avrebbe avuto nel fare un film su una delle numerose stragi accadute nel Sud, ma si mostrava fiducioso sulla possibilità di realizzare un film senza retorica, sulle dure sofferenze degli umili braccianti calabresi, per mostrare alla nazione le condizioni in cui essi erano costretti a vivere. Il regista aggiungeva accoratamente:

> Migliore occasione di questa non poteva, dunque offrirsi ad un regista italiano. Ed io, caro Ingrao, che ero proprio in questi giorni alla ricerca del tema del mio prossimo film, ho pensato che non dovevo farmela sfuggire. [...] Ritornerei certamente con un abbozzo di film da proporre ai produttori perché il sangue versato una domenica di novembre a Melissa dai contadini calabresi per una causa giusta e legale, venga ricordato al più grande numero di italiani[4].

Con queste solenni e sentite parole De Santis terminava la sua lettera di rimprovero all'amico che aveva dimenticato di fare appello al cinema italiano. Iniziò così l'avventurosa genesi di un film mai

[4] Per leggere il testo intero della lettera che si trova nell'archivio dedicato a De Santis presso la Wake Forest University a Winston-Salem nel North Carolina, USA, si veda il capitolo Articoli e lettere inedite di questo volume.

realizzato. A ridosso di questo viaggio-inchiesta in Calabria, De Santis scrisse un soggetto in collaborazione con Corrado Alvaro e Basilio Franchina. Anni fa, da una conversazione con il regista, venni a conoscenza che il soggetto era stato pubblicato nel 1952, in due numeri, dalla rivista «Cinema Nuovo». In una nota al direttore della rivista, Guido Aristarco, De Santis scriveva:

> eccoti il racconto di *Noi che facciamo crescere il grano*, ovvero *Nostro pane quotidiano* come fu più tardi chiamato per esigenze commerciali. I miei collaboratori e io siamo ben felici che «Cinema Nuovo» ci offra la possibilità di fargli respirare un po' d'aria uscendo dal chiuso di un cassetto dove da circa tre anni la censura democristiana lo tiene ormai castigato. Vorrei, però, pregarti di premettere qualche avvertenza alla pubblicazione. L'idea di un film del genere venne a me all'indomani dei luttuosi fatti di Melissa [novembre 1949]. Da tempo cercavo di fare qualcosa che mi desse la possibilità di approfondire le mie ricerche, sul piano strutturale oltre che contenutistico, di un grande film a carattere corale sulle condizioni etico-politiche-sociali di una vasta categoria di lavoratori italiani. Del resto questa mia ambizione, tentata con *Noi che facciamo crescere il grano* ma stroncata dalla censura governativa, riaffiorò in *Roma ore 11* portato a termine non saprei dirti nemmeno io come, tanto oggi mi sembra un vero miracolo l'aver potuto dirigere un tale film[5].

Di cosa avrebbe trattato questo film mai fatto? Si sarebbe attenuto ai fatti storici oppure sarebbe stato un film di propaganda comunista come riteneva la lettera della commissione governativa che fece pressione sul produttore Domenico Forges Davanzati che era intenzionato a finanziarne la produzione?[6]

[5] Giuseppe De Santis, *Noi che facciamo crescere il grano*, «Cinema nuovo», n. 18, I settembre 1953, p. 139.

[6] A Vienna il 25 novembre 1954 si tenne un festival internazionale sulla resistenza e in quella occasione molti registi e autori italiani lamentarono il deplorevole comportamento del governo italiano nei confronti del cinema nazionale. Zavattini nel suo lungo intervento affermò: «Il cinema ha senza dubbio la volontà di mettere in pratica così alto consiglio, ma esso si trova di fronte ad un ostacolo sempre più potente che si chiama intolleranza. Per questo dal '47 a un crescente incrudimento della censura nei confronti del cinema, e il cimitero dei film proibiti allarga ogni giorno nel mondo i confini. In questo cimitero si sta seppellendo una delle più belle ambizioni del dopoguerra, vale a

Prima di iniziare l'analisi del racconto bisogna premettere che la storia qui riassunta è tratta dalla scaletta scritta dal regista, in collaborazione con Corrado Alvaro e Basilio Franchina. In seguito si unirono alla rielaborazione e alla stesura della sceneggiatura lo scrittore calabrese Fortunato Seminara [1903-1984], Libero De Libero e Rodolfo Sonego [1921-2000], che scrissero la copia finale della sceneggiatura sulla quale si sarebbe girato il film. La copia a mia disposizione è la scaletta che, secondo De Santis, si differenzia nella stesura definitiva della sceneggiatura in quanto sono scomparsi molti dei fatti in essa contenuti, ma il racconto nel suo sviluppo e struttura è rimasto fondamentalmente lo stesso.

Il soggetto inizia con una scena di mietitura. Mentre i contadini in gruppo falciano il grano sotto il caldo sole d'agosto l'affittuario già ne tratta, con i grossisti, la vendita. La scena d'apertura è corale e frenetica, tipica del regista ciociaro. I mietitori lavorano in gruppi di famiglia e di villaggio e il loro furioso lavoro si intreccia a richiami e voci nei vari accenti dei dialetti calabresi fra cui anche l'incomprensibile parlata degli abitanti delle antiche colonie greco-albanesi. Come nei film neorealisti più celebri, da scene di masse si passa all'individuo o a un gruppetto che diventa una tipizzazione del collettivo. Nel film, infatti, la macchina si sarebbe soffermata sulla famiglia Zappalà, riunita intorno al suo capo Annibale. Dopo di lui vengono introdotti la moglie Assunta, incinta, il figlio maggiore Antonio, la figlia maggiore Addolorata che sorveglia la madre, Paolo, che, in una tipica posizione desantisiana, se ne sta a sbirciare le gambe di una formosa contadina piegata sul grano. C'è il fratello minore Bastiano, un ragazzo bonario e grasso e anche Ivana, la quarta figlia di Annibale, che porta i covoni sul capo e respinge le premure di Genio, un simpatico ragazzo suo fidanzato. La ragazza nella scena successiva è presa dalla sorda e ostinata corte di un giovane prestante [guardiano] che la segue ovunque. Ultimo membro della famiglia Zappalà è Titta, di circa dieci anni, che non ha un lavoro specifico ma segue il padre ovunque e sembra essere il suo cocco. Alla prima scena introduttiva segue il rientro dei braccianti nel tardo crepuscolo, mentre i capifamiglia si attardano sul piazzale

dire il formarsi in ogni paese di una coscienza cinematografica nazionale, per cui il cinema sia dal contadino condiviso o addirittura promosso e non subito, è infine cultura di maggioranza». Cesare Zavattini, *Diario cinematografico*, p. 150.

delle masserie per farsi pagare per la giornata. Durante il ritorno al paese, Genio rimprovera Ivana per il suo comportamento con il guardiano. Annibale si lamenta della paga più bassa di quella promessa. Assunta, posta su un asino dato in prestito dalla famiglia di Genio, il fidanzato di Ivana, torna a casa con la famiglia del giovane composta soltanto da donne e vecchi. Il padre è da venti anni in America e non si è mai fatto sentire se non per consigliare al figlio, Genio, di raggiungerlo. Accenno al perenne dramma dell'emigrazione e alle famiglie divise.

La scena successiva ha luogo all'alba. Sulle strade campestri le diverse carovane tornano sui campi. La MDP si sarebbe soffermata di nuovo sulla famiglia Zappalà: Antonio sempre in disparte inquieto e nervoso, Annibale che tira per la capezza la fune del ciuccio con sopra la moglie e con il figlioletto Titta che gli fa domande sui feudi e i loro proprietari. Espediente per introdurre il tema scostante dei feudi. Piccole aggiunte che danno rilievo al problema sociale dei braccianti, come i particolari di Paolo che, mentre cammina, suona una canzone locale con lo scacciapensieri e Bastiano, che si ferma a fare il segno della croce davanti a ogni rustica cappella, aggiungono al racconto un colorito locale sui costumi e sulla religiosità dei protagonisti. L'episodio in cui Paolo, il più ribelle e inquieto del gruppo, si ferma in una segheria per chiedere lavoro, avrebbe mostrato invece il perenne bisogno dei contadini di trovare un lavoro. Le annotazioni non devono far pensare che il regista pecchi di intellettualismo o folclorismo, perché nel disegnare scene e personaggi si è rifatto alle situazioni socio-storiche-economiche del luogo e agli eventi raccolti durante le indagini sul posto. Secondo una testimonianza di Giuseppe Di Vittorio, in quel periodo in Italia c'erano due milioni di disoccupati, un milione di lavoratori a orario ridotto e più di un milione di braccianti disoccupati che lavoravano saltuariamente[7].

Un altro elemento importante nella sceneggiatura era la figura del maestro elementare, che avrebbe aiutato i contadini a scrivere promemoria, a leggere e capire le leggi. Nel racconto il giovane viene introdotto mentre il gruppo si reca al lavoro. La carovana si ferma davanti a un passaggio a livello e dal treno in arrivo scende un

[7] Giuseppe Di Vittorio, *Il "Piano del Lavoro"*, Relazione al II Congresso nazionale unitario della CGIL, Genova 4-9 ottobre 1949, In «Quaderni di Rassegna sindacale», Roma, Esi, 1973, n. 41, p. 79.

giovane che chiede al ferroviere delle indicazioni per poi avviarsi dietro la carovana dei contadini. Mentre gli uomini continuano il loro cammino, si vede un gruppo di donne ferme al greto di una fiumana in cui alcune lavano i panni. Fra esse vediamo Assunta e, sotto un cespuglio, il giovane con la valigia visto nella scena precedente alla stazione. Gli uomini del gruppo, che si erano allontanati per un lavoro provvisorio di scarico, vanno al greto del fiume dove nel frattempo il parto di Assunta è già avvenuto. Annibale al suo arrivo scopre che gli è nato un maschio e che il giovane sconosciuto è stato di grande aiuto alla puerpera. Annibale viene a sapere che il giovane è il nuovo maestro del villaggio di Corvino, venuto a sostituire il maestro scomparso da un anno. Nella figura del maestro De Santis crea la figura dell'intellettuale organico gramsciano disposto a guidare le masse nella loro rivolta.

Verso sera il gruppo arriva sul feudo San Donato, un vastissimo terreno incolto, affollato dall'intera popolazione di Corvino, che si è riversata sul feudo per la paura della frana, causata dal crollo di un muro, che incombe sul paese – questo particolare permette a De Santis di introdurre un altro problema che grava su tanti paesi meridionali a causa dello sfruttamento delle terre e del degrado ambientale. Nel racconto esso ha anche una funzione narrativa, dato che serve a lasciare le strade del paese libere per le visite notturne di Antonio, il primogenito di Annibale, alla casa di don Carmelo Zampa, affittuario del feudo di San Donato. La scena seguente mostra Antonio e Delaida abbracciati. La ragazza è una bella giovane scura di 25 anni, convivente di don Carmelo, costretta a fargli da serva-amante per miseria. Antonio pensa di farsi poliziotto per poter andare a vivere lontano con la ragazza. In contrapposizione, vediamo i contadini che bivaccano sul terreno e discutono sull'antico legittimo diritto di reclamare la terra che anticamente era proprietà dei comuni e che in seguito è stata usurpata da quelli che sono gli attuali proprietari. Ai loro discorsi è presente il nuovo giovane maestro che risponde alle loro domande sulle leggi che tutelano i diritti dei contadini.

Il giorno seguente, al municipio e davanti agli occhi meravigliati dei membri della giunta in riunione, Annibale, forte del promemoria preparato dal maestro, reclama che la terra di San Donato, usurpata un secolo prima dalla famiglia Balsamo e ancora incolta, deve ritornare proprietà del comune ed essere affidata al lavoro dei braccianti di Corvino. A riprova della sua richiesta, fa leggere dal figlio

Titta il concetto della inalienabilità delle terre concesse centocinquanta anni prima da Napoleone ai comuni calabresi. Alle richieste del bracciante la giunta risponde con una grande risata iniziata da don Carmelo, attuale sindaco e affittuario della terra, che si chiede chi abbia potuto scrivere il promemoria e istigato la richiesta del contadino. Quest'ultimo, per niente sconfitto dalla reazione dei notabili, va dal maestro e gli chiede di redigere una petizione che, dopo aver raccolto le firme degli altri contadini, manderanno alle autorità del capoluogo, Crotone. Annibale deve vincere la paura dei contadini e le intimidazioni degli uomini di don Carmelo. Carmelo cerca di corrompere Annibale, che davanti agli altri contadini gli rinfaccia di essere nel torto. Il trionfo di Annibale, intanto, desta preoccupazioni nel figlio Antonio, che teme che le azioni del padre possano pregiudicare la sua richiesta di entrare nel corpo di polizia. Lui rivela le sue paure all'amante Delaida che lo sprona a fare di tutto per fermare il padre. Mentre quattro malviventi cercano di intimidire il maestro e di farlo desistere dall'aiutare i contadini, Antonio cerca di rubare la petizione. Scoperto, il padre gli ricorda che anche se non riuscirà ad entrare nella polizia potrà sempre contare sulla terra come il resto dei contadini del paese.

Dopo aver spedito la petizione alle autorità di Crotone, la tensione in paese cresce. Le donne impaurite cercano di convincere gli uomini a desistere per il bene della famiglia. I creditori, spinti da don Carmelo, non vogliono fare più credito ai braccianti e la tensione fra Antonio e suo padre Annibale cresce. Essa viene alleggerita dalle trovate del maestro che fa di tutto per convincere i bambini del paese a venire a scuola e imparare a leggere. Ad esempio, manda per le strade del paese un vecchio con un cartellone illustrato. Don Carmelo cerca di rendergli la vita difficile mandando un ispettore didattico che ammonisce il maestro a non interessarsi ad altre questioni che non siano quelle scolastiche. Insoddisfatto dell'evento, don Carmelo chiede l'aiuto del barone Balsamo, che in una missiva rassicura il fittuario che i contadini non rinunceranno mai a raggiungere il loro scopo. La lettera finisce nelle mani di Annibale in una rocambolesca scena. Paolo, il figlio di Annibale, si era introdotto nella casa di don Carmelo per rubare un pezzo di formaggio e per caso trova la lettera e la porta al padre.

Si decide, su consiglio del maestro, di occupare le terre. L'occupazione si sarebbe svolta in una scena corale di solidarietà contadina, con suono di campane e marcia fiumana. Dopo aver occupato le terre, i contadini iniziano il lavoro di sboscamento della sterpaglia e di picchettamento dei confini in attesa dei carabinieri. Con l'arrivo della sera in paese scoppia una *kermesse* festosa in cui tutti partecipano, anche quelli che non hanno occupato le terre. La folla festosa si dà alla gioia mentre i giovani corteggiano le loro restie donne. La festa viene interrotta dall'arrivo dei carabinieri che traggono in arresto Annibale.

Seguendo il modello stilistico desantisiano già collaudato con *Riso amaro*, in cui il gruppo è contrapposto all'individuo, alla scena corale del festeggiamento dei contadini viene contrapposto il continuo isolamento di don Carmelo che picchia a sangue Delaida, che accusa di averlo tradito consegnando la lettera ai contadini. La ragazza gli confessa il suo amore per Antonio e l'odio che prova per lui. La notizia folgora il vecchio che scaccia la ragazza di casa. I suoi insulti vengono coperti dal boato della frana – altro accento tragico al destino dei contadini. Nelle strade del paese la gente corre impazzita e piena di paura. L'alba vede Antonio avanzare con in braccio il corpo inerme del fratellino Titta. I guardiani di don Carmelo comunicano lo sfratto alla famiglia di Delaida; la giovane, per evitare la miseria ai suoi familiari, ritorna da don Carmelo. La salma di Titta non avrà neanche una sepoltura al cimitero. Particolare importante che mette a nudo la mancanza di infrastrutture della zona e serve a spiegare che a quei tempi in Calabria l'inverno spesso bloccava le strade di molti paesi lasciando aperta soltanto la strada principale che portava al mare.

Dopo la sconfitta dei contadini e la catastrofe naturale, il primo tempo del film sarebbe finito con la famiglia di Annibale che, con una lamentosa cantilena cantata sotto le finestre del carcere dove Annibale è rinchiuso, annuncia la sciagura che ha colpito tutti.

Il secondo tempo apre con i contadini intenti a ricostruirsi le case distrutte dalla frana. I cartelli annunciano le elezioni comunali. Anche la famiglia Zappalà, sotto gli occhi accorti di Assunta, ricostruisce la loro casa. Mentre tutti i contadini danno prova di solidarietà nell'aiutarsi portando malta e pietre, il guardiacaccia, insieme alla famiglia di Delaida, toglie i paletti che simbolicamente i contadini avevano lasciato sul feudo occupato il giorno prima. Essi lavorano sotto gli occhi di Addolorata che torna dalla sua visita settimanale al padre in prigione. La giovane è fiera e sprezzante dei loro scherni.

Durante la notte i contadini si recano dal maestro per comunicargli che Annibale, a mezzo della figlia, ha comunicato la necessità di candidare a sindaco un contadino per spezzare le tresche dei notabili. Allo stesso momento un'altra riunione si sta svolgendo in casa di don Carmelo che, convinto della forza dei contadini e della loro solidarietà, ha deciso che per spezzarli bisogna eleggere un sindaco contadino, Antonio. Quest'ultimo, appena eletto sindaco, viene condotto alla casa di don Carmelo e lasciato solo con Delaida. I giovani che non si vedevano da molto tempo finiscono con il cadere nel tranello di don Carmelo che trovandoli abbracciati può ricattarli. Loro saranno liberi di vedersi, a patto che obbediscano ciecamente agli ordini di lui. I giovani accettano per evitare lo scandalo e salvare la loro reputazione fra i contadini, ma anche per passione.

La serata finisce nel migliore dei modi con il ritorno di Annibale. Il discorso cade sul feudo, l'entusiasmo di Annibale viene raggelato dal figlio che gli comunica di non potersi compromettere appoggiando la ribellione del padre. Il padre lo accusa di essere agli ordini di don Carmelo. Fra i due c'è una rottura che neanche la madre può riconciliare. I contadini con Annibale vanno verso la muraglia in attesa dei parenti che tornano dal loro lavoro giornaliero. I problemi di Annibale si aggravano, poiché fra i ritornati manca la figlia Ivana – che nella scena seguente si sarebbe vista su un vagone merci che sfila lungo la pianura del crotonese accanto a un mucchio di arance. Ad un improvviso rallentamento del treno il guardiano che l'aveva sedotta, salta dal treno lasciandola al suo destino. In casa Zappalà alla tragedia di Ivana si aggiunge la notizia che Teresina, la fidanzata di Paolo, è incinta e che la figlia maggiore si offre sposa all'americano del paese sacrificandosi per la famiglia. Come se le tragedie non bastassero, la determinazione di Annibale e il suo impegno alla lotta collettiva sono messi a dura prova quando vede il figlio Antonio attorniato dai contadini che lo accusano di tradimento.

All'alba, i braccianti marciano non verso l'occupazione delle terre ma alla volta di Crotone per chiedere giustizia. La pratica si mette bene al palazzo della Prefettura. Mentre aspettano la decisione finale della Commissione i contadini si recano al porto di Crotone, da loro chiamato Shanghai. Annibale sente una canzone che conosce e scopre la figlia, Ivana, e cerca invano di convincerla a tornare a casa. La ragazza non trova la forza per superare la vergogna dell'errore commesso. La commissione decide i limiti dell'estensione delle terre concesse ai braccianti. Contenti, questi si preparano a coltivarle per far crescere il loro pane quotidiano. Si aspetta con fiducia e coraggio un nuovo futuro. Alla gioia e alla solidarietà dei contadini si contrappone la disperazione e l'isolamento di don Carmelo che non si dà pace e ricorre ai vecchi metodi intimidatori.

Seguendo lo schema desantisiano, messo in pratica nei suoi film precedenti, che serve a spiegare la perdizione dei personaggi che tradiscono la classe operaia e la redenzione/purificazione del personaggio che invece si riscatta rientrando nel sociale e partecipando alla lotta, Antonio viene sempre più sottomesso al vecchio, mentre la serva/amante di don Carmelo si riscatta mandando sacchi di farina di grano per la semina ai contadini.

I contadini si preparano alla semina che dovrebbe sancire la loro vittoriosa conquista della terra incolta. Gli sgherri di don Carmelo intensificano le loro minacce e ordinano ai contadini di lasciare le terre. Annibale li affronta, ma viene falciato e cade su un solco con la faccia su un sacco di grano. I braccianti, riportato il cadavere di Annibale, si affollano davanti alla casa di don Carmelo decisi a fare giustizia. La sequenza finale mostra i braccianti che si staccano dal corteo che accompagna il cadavere di Annibale, con tutta la famiglia Zappalà riunita nel dolore.

Seguendo lo schema studiato dal regista per passare dal singolo al collettivo, i braccianti si staccano dal corteo e vanno a seminare le sementi dentro i solchi in un sintattico crescendo che lega individui, voci, o segnali sonori per poi far scattare un'immagine che non è più la somma delle altre, ma un evento corale completamente nuovo. Seguendo la voce fuori campo del vecchio Annibale, che ricorda ai figli che l'unico modo di onorarlo è di andare a coltivare la terra per cui è morto, anche i figli si staccano dalla bara e vanno verso il feudo. La moglie Assunta resta sola dietro la bara. L'ultima scena sancisce la vittoria dei braccianti e il rientro di Delaide nel gruppo; visivamente, essa rappresenta la realizzazione dello schema desantisiano del passaggio dal singolo al collettivo, la completa realizzazione del processo di redenzione della ex-amante di don Carmelo e la vittoria ideologica basata sul lavoro e sulla lotta. Il film si sarebbe concluso con i braccianti che affondano la mano nel sacco e uno di loro dà a Delaide un pugno di sementi in segno di perdono. Sarà lei la prima a gettare con ampio gesto della mano il seme nel solco. Il suo gesto è il simbolo del suo riscatto e il trionfo della giustizia sul sopruso, nell'unione e nell'azione collettiva, realizzabile con il sacrificio dei buoni che lottano nel giusto. Dopo aver letto la trama del racconto viene spontaneo indagare su quali erano le condizioni economiche dei braccianti e le cause della loro ribellione alla fine degli anni Quaranta, e che significato hanno avuto per il Meridione le lotte contadine che De Santis avrebbe voluto ricordare nel suo film.

Nei diciotto mesi che vanno dalla vittoria elettorale dell'aprile 1948 alla strage di Melissa dell'ottobre 1949, la DC aveva fatto ben poco per dare la terra ai contadini, benché la politica ufficiale di De Gasperi [1881-1954] e del nuovo ministro dell'agricoltura Antonio Segni mirasse a formare uno strato di contadini proprietari che potessero servire da baluardo contro la diffusione del comunismo nel sud. I grandi proprietari all'interno della DC erano contrari alla riforma agraria. Dopo la strage di Melissa si era giunti ad un bivio, attuare la riforma oppure usare l'esercito per combattere la ribellione contadina. La riforma fu voluta dalla corrente dossettiana[8], dal padre del nuovo capitalismo italiano Angelo Costa – che non voleva compromettere lo sviluppo economico del nord e l'armonia sociale a causa della caparbietà dei latifondisti meridionali – e dal governo americano che fece pressione sulla DC. Nel maggio del 1950, soltanto dopo gli scontri e le stragi, furono adottati i primi provvedimenti per la Calabria, la cosiddetta Legge Sila che fu poi approvata dal Parlamento il 28 luglio dello stesso anno con 210 voti a favore tra un totale di 574 deputati.

Le occupazioni erano di solito programmate o organizzate dalle sezioni locali del partito comunista e guidate dai contadini più poveri delle zone in discussione. Ad esempio, il 24 ottobre 1949 circa 14 mila contadini dei comuni orientali delle province di Cosenza e Catanzaro presero parte ad una manifestazione. Giunsero da ogni parte del paese a piedi e a cavallo e, appena giunti sulle terre, segnarono meticolosamente i confini e si misero a preparare il lavoro per la semina. Fra questi c'era anche il gruppo che occupò il fondo chiamato Fragalà, del possidente barone Berlingieri, i cui antenati avevano usurpato la proprietà assegnata al comune dalla legislazione napoleonica del 1811, fatti inseriti da De Santis nel soggetto. La mattina del 29 ottobre 1949 la polizia giunse nella tenuta e, dopo

[8] Benché Giuseppe Dossetti avesse abbandonato le cariche di partito il 3 ottobre 1951, la sua influenza e le sue idee furono portate avanti da Amintore Fanfani e da Giorgio La Pira. Per un approfondimento si veda Paolo Pombeni, *Il gruppo dossettiano e la formazione della Dc, 1938-1948*, Bologna, il Mulino, 1979.

aver inutilmente cercato di allontanare i contadini, fece fuoco sui dimostranti uccidendone tre e ferendone quindici.

L'occupazione delle terre rappresenta l'ultimo grande tentativo compiuto dal sud agricolo di collocare la famiglia entro un contesto collettivo, di combattere il fatalismo, di creare una fede pubblica, un'organizzazione e azione collettiva che li avrebbe riscattati dalla miseria, schiavitù e rassegnazione. L'egualitarismo propagandato dagli attivisti comunisti univa le famiglie, le persuadeva a stare insieme, a lottare nel nome della generosità e del sacrificio, minando gli atavici atteggiamenti individualisti e familisti che hanno sempre avuto ripercussioni negative sullo sviluppo sociale, economico e politico del Meridione. Le lotte per le terre furono un movimento che anche a giudizio di Ernesto De Martino [1908-1965] rappresentarono una presa di coscienza da parte di un gruppo sociale da tempo asservito. In *Postilla a considerazioni storiche sul lamento funebre lucano* scrisse: «la lotta per l'emancipazione fermenta già qualcosa che, al di là della primeggiante richiesta di terra, coinvolge un nuovo costume, e i primi abbozzi di una più libera vita morale, e di una più attiva partecipazione alla vita politica e insofferenze verso le antiche servitù ideologiche, e baleni di una nuova e civile visione della vita e del mondo»[9].

Perché De Santis si era interessato ai fatti di Melissa? Che valore avrebbe ora il film? È impossibile giudicare un film non realizzato, ma conoscendo gli altri film di De Santis e considerando che il regista ripeteva sempre una medesima storia, possiamo arrivare alle seguenti ipotesi. Il soggetto *Noi che facciamo crescere il grano* nasce dal concetto desantisiano che l'arte ha la funzione di toccare profondamente le vicende spirituali e umane di un popolo, i suoi problemi, le crisi, aspirazioni, le lotte e le conquiste. Per De Santis il cinema del dopoguerra fece sua questa verità che riassume il concetto di Neorealismo del regista. A differenza degli altri registi, che si attenevano a mostrare le sofferenze e le ingiustizie, il regista ciociaro voleva mostrare i colpevoli e indicare una via di uscita. Le rivendicazioni dei braccianti calabresi rappresentavano la realtà italiana di un popolo in lotta, nel processo di sviluppo dialettico, il che permetteva a De Santis di mostrare i fatti non come casi particolari e i partecipanti non come vittime, ma come protagonisti di un

[9] Paul Ginsborg, *op. cit.*, pp. 167-168.

dramma collettivo. Al regista non interessava una rappresentazione del mondo come centro del conflitto soltanto dal punto di vista degli interessi sentimentali, perché per lui il problema doveva essere sociale e politico. Il regista amava ripetere che gli interessava guardare la realtà italiana non in maniera parziale, con soluzioni fatalistiche, ma nella esatta prospettiva di movimento e di lotta, nel suo divenire. A lui non interessavano le rinunce della povera gente, ma le capacità di lottare per i cambiamenti e di cogliere gli individui come rappresentanti di una classe in conflitto con quella avversa.

La storia mai girata si sviluppa intorno al problema delle terre. I contadini, stanchi di aspettare, occupano le terre attenendosi alle leggi governative che gli agrari non volevano rispettare. Nella seconda parte del soggetto, alla prima sconfitta dei braccianti, i contadini solidali ed esasperati dalle manovre degli agrari e dai ricatti occupano di nuovo le terre, ma questa volta per tenersele e coltivarle. I proprietari fanno sparare sui braccianti dalle loro guardie, ma non riescono a rompere la solidarietà.

In questo schema generale si muovono molti personaggi con le loro intime storie d'amore e passione. L'impianto del film è corale, con alla base i problemi centrali del mondo calabrese dei braccianti. Quello che stava più a cuore al regista era la possibilità di parlare a tutti e far conoscere al pubblico pezzi di storia italiana appartenente agli umili. Riuscire a rappresentare i contenuti dentro una visione globale era lo scopo del suo mondo artistico.

Un'inchiesta parlamentare del 1954 mostrò che l'85 per cento delle famiglie classificate come povere si trovavano nel sud, con la Calabria e la Basilicata all'avanguardia. Paragonata al Piemonte, che aveva una media di famiglie povere del 17 su 100, la Calabria ne aveva una del 52 per cento. Il 90 per cento dei comuni calabresi non avevano edifici scolastici o avevano scuole sistemate in costruzioni antigieniche. L'85 per cento dei comuni non aveva canali di scolo, e l'82 per cento aveva acquedotti insufficienti. Il 49 per cento della popolazione era analfabeta e vi era un posto-letto in ospedale ogni 1500 abitanti[10].

Per concludere, prendendo come parametro di giudizio l'inchiesta citata, è facile costatare che *Noi che facciamo crescere il grano* si articola sulle condizioni generali dei braccianti calabresi, e le mostra

[10] Paul Ginsborg, *op. cit.*, p. 162.

per legittimare la loro protesta e la loro richiesta di giustizia sociale. Il film mai girato avrebbe denunciato questo stato di cose e sarebbe stato parte di una trilogia sul Meridione insieme a *Pettotondo* e *La Strada nella valle*[11]. Se fossero stati realizzati, oggi la filmografia di Giuseppe De Santis sarebbe diversa, la storia del cinema italiano avrebbe capitoli di un romanzo cinematografico sui contadini del Mezzogiorno che non si è mai girato e il Meridione non sarebbe solo ricordato come soggetto di satire, commedie all'italiana e di costume[12]. Forse la memoria storica cinematografica sarebbe più ricca.

[11] Questa sceneggiatura divenne *Cesta duga godine dana/La strada lunga un anno,* girato nella ex Iugoslavia soltanto nel 1958 in serbo-croato. Nel 1959 il film venne doppiato in italiano ma non fu mai distribuito in Italia né ammesso al Festival di Venezia.

[12] Sono perfettamente consapevole del ruolo avuto dai film sul Meridione di Francesco Rosi, ma resta il fatto che nell'immaginario del grande pubblico mondiale il Sud italiano è ricordato attraverso i generi leggeri.

I retroscena dietro la disoccupazione

La bontà disarmante vincerà l'ingiustizia. Di una convinzione diversa è De Santis. Egli si sforza di indicare le possibili vie di riscatto dalla corruzione e dall'ingiustizia, nell'unione e nell'azione fattiva dei buoni e dei semplici.
Carlo Lizzani ne *Il cinema italiano. Dalle origini agli anni Ottanta*

Strana sorte quella toccata alla carriera di Giuseppe De Santis, iniziata come esponente di spicco tra i critici cinematografici militanti della rivista «Cinema»[1], poi andata avanti come aiuto regista di Visconti, Vergano e Rossellini[2], per essere poi osannato come regista debuttante con *Caccia tragica* nel 1947. Il suo primo film venne ricevuto calorosamente dalla critica italiana, che elogiò la padronanza tecnica e artistica del giovane regista e in Francia venne addirittura accostato a Sergej Ejzenštejn. Per la Mostra del 1947, alcuni giovani pittori affissero manifesti inneggianti al suo arrivo a Venezia, città dove ottenne il premio della Presidenza del Consiglio dei Ministri per il miglior film italiano in concorso e il Nastro d'argento *ex-aequo* con il film *Giovanni Episcopo* di Alberto Lattuada per la migliore regia.

I guai non tardarono a ostacolare quello che allora sembrava un futuro fulgido e pieno di successi. *Caccia tragica,* per ragioni di propaganda politica, dapprima non fu distribuito, poi all'inizio del 1948 venne escluso dalle maggiori sale cinematografiche cittadine di prima visione e venne subito attaccato dalla critica di destra durante l'aspra battaglia per le elezioni politiche del 18 aprile 1948[3].

Dopo la sconfitta elettorale del Fronte Popolare, il governo, in un primo momento, negò il permesso al film di partecipare al Festival

[1] Giuseppe De Santis, *Verso il neorealismo, un critico cinematografico degli anni quaranta,* a cura di Callisto Cosulich, Roma, Bulzoni, 1982. Raccoglie tutti gli articoli e le recensioni del regista apparsi dal 1940 al 1943.

[2] Mi riferisco al ruolo svolto da De Santis come aiuto regista nei seguenti film: *Ossessione, Il sole sorge ancora,* e *Scalo merci.*

[3] Angelo Solmi, *«Caccia tragica» non ha portato i voti al fronte, il film di Giuseppe De Santis doveva essere l'antidoto di «Ninotchka»*, «Oggi», maggio 1948, p. 21.

di Cannes con il pretesto che aveva già concorso alla Mostra di Venezia, e solo dopo molte polemiche e pressioni giornalistiche da parte della sinistra *Caccia tragica* venne inserito fuori concorso ed ebbe grande successo tra i cinefili ed i giornalisti cinematografici europei e anche statunitensi.

Le sorti toccate al suo primo film contraddistinguono quella che sarà la fortuna di De Santis regista. I suoi film, infatti, non saranno mai ricevuti e analizzati con metodo e sistematicità critica nell'Italia del dopoguerra, ma saranno sempre considerati in diretta relazione alla militanza politica dell'autore e indirettamente alle fortune/sfortune della politica culturale dell'ormai scomparso partito comunista italiano[4]. Com'è ben noto, il regista venne criticato, sul terreno delle deviazioni politiche, artistiche, morali, erotiche e neorealiste, sia dalla destra che dalla sinistra italiana. Gli esponenti della destra lo ritenevano portavoce organico della linea politica del partito comunista e di conseguenza le loro critiche, spesso, non andavano oltre l'analisi politica o la condanna del messaggio ideologico e sociale dei film. I critici di sinistra lamentavano l'esuberanza del regista e la sua mania di inserire e di dire troppo. Inoltre deploravano l'inabilità del regista ciociaro di cogliere la totalità della situazione e di rappresentare ampiamente il conflitto di classe. Da queste inadeguatezze, quindi, i suoi film perdevano il messaggio politico finale anche a causa della sensualità dei suoi personaggi, della loro corporeità e degli elaborati formalismi scenici e movimenti di macchina che caratterizzavano la messa in scena desantisiana.

Questi appunti mossi al regista negli anni Cinquanta sono diventati dei canoni critici che ancora oggi accompagnano il suo cinema. Ironicamente, anche la rivalutazione pesarese degli anni Settanta[5] ha preso spunto da queste «deviazioni» mutandone il significato. Oggigiorno i film di De Santis sono apprezzati per le sue intuizioni sul cinema come mezzo di comunicazione di massa, come

[4] Il periodo tra il XIX congresso nel marzo del 1990 e il XX congresso all'inizio del 1991 segnò la fine del PCI, che dall'ignobile nome La Cosa, nel febbraio del 1991 assume il nuovo nome di Partito Democratico di Sinistra (PDS).

[5] Mi riferisco all'articolo di Andrea Martini e Marco Melani, *De Santis*, in *Il neorealismo cinematografico italiano*, a cura di Lino Micciché, Venezia, Marsilio, 1975, pp. 307-317.

pratica della fascinazione e luogo di incontro dei bisogni indotti, ma per i critici postmoderni non c'è più bisogno di indagare sul significato politico e ideologico dei suoi film. Dopo la caduta dei regimi comunisti e la fine delle ideologie di sinistra, le premesse politiche e i gusti sono cambiati a tal punto che anche i critici impegnati non sentono più il bisogno di riconoscere che nei film di De Santis c'erano dei moventi politici e il chiaro progetto di incidere sulla coscienza popolare, prospettando modelli alternativi di acculturazione. *Riso amaro*, oltre a denunciare le dure condizioni di lavoro delle mondine, doveva anche mostrare l'influenza negativa sugli strati sociali più deboli esercitata attraverso la propagazione di nuove forme di svago e di nuove mode, che nascondevano i veri motivi ideologici e linguistici del potere corruttore americano nel proporre modelli di sviluppo in concorrenza con la solidarietà e la lotta di classe. Questa è la tesi sostenuta dal regista in una conferenza presso la sede del Gabinetto Scientifico Letterario Vieusseux di Firenze nella primavera del 1951, in cui affermò:

> Perché il tema centrale di *Riso amaro* è questo: la denuncia della corruzione che, con mezzi apparentemente innocenti, una certa ideologia americana ha diffuso in Europa occidentale. Tale ideologia è riuscita a diffondere i suoi veleni anche negli strati più sani del popolo, specialmente in mezzo alla gioventù, cui essa si è presentata con l'amabile volto del *boogie-woogie*, del *chewing-gum* e del facile lusso[6].

Benché promettenti e provocatori, questi presupposti non chiariscono in modo soddisfacente le ragioni per cui la carriera cinematografica di De Santis si sia eclissata verso la fine degli anni Cinquanta, nonostante sia riuscito a fare alcuni film negli anni Sessanta. Leggendo tutti i suoi progetti non realizzati e studiando meglio la storia della produzione cinematografica italiana la questione da risolvere per me è sempre più racchiusa nella seguente domanda: «Perché non ha potuto fare altri film?». Dal mio punto di vista, la lunga inattività del regista non può essere posta in altri termini perché, nel caso di De Santis, è ben noto il suo mai spento desiderio

[6] La conferenza fu pubblicata alcuni anni dopo dall'ex maestro di De Santis al Centro Sperimentale, Luigi Chiarini, con il seguente titolo, *Confessioni di un regista*, «La rivista del cinema italiano», n. 1-2 (gennaio – febbraio 1953), pp. 18-41.

di rimettersi dietro la cinepresa e la sua ininterrotta produzione di sceneggiature e di proposte fatte a tutti i produttori italiani, stranieri e anche alla televisione di stato. Lui stesso autoironicamente si è sempre definito[7] «un regista dimezzato» e ha sempre risposto alla domanda riguardo al suo pensionamento anticipato affermando di essere stato messo da parte da una congiura tesa a colpire i registi progressisti, come si soleva dire ai suoi tempi, ma in particolar modo la sua figura e attività, in quanto iscritto nelle file del partito comunista italiano e militante sempre pronto a schierarsi e a prendere posizione su tutto e contro tutti. Ho voluto analizzare più accuratamente e approfonditamente quello che a mio avviso rappresenta un caso singolare nella storia culturale italiana, per indagare se ci fossero altre cause, oltre alle ragioni date dal regista, per spiegare la sua lunga assenza dietro una macchina da presa iniziata nel 1972, ma che, come traspare nel presente volume, era già stata preannunciata negli anni Cinquanta.

Nella parte rimanente del presente saggio cercherò di rifiutare i luoghi comuni sorti intorno al nome di De Santis e alla sua inattività cinematografica. A causa della complessità del soggetto, incomincerò con un elenco delle possibili ragioni, per poi approfondirle prima di arrivare ad una possibile conclusione. Premetto che non tutte le ipotesi saranno affrontate singolarmente, ma data la natura del loro argomento, le risposte saranno incorporate nello sviluppo integrale del saggio o nelle note.

Ipotesi:

1. I film di De Santis, fatta eccezione di *Riso amaro*, non erano commerciabili.

2. Si è spenta la sua vena ispiratrice in quanto legata al Neorealismo, movimento che si è esaurito nel breve arco di un decennio.

3. Autore di un cinema troppo legato a strutture, forme e stilemi narrativi superati, a tal punto da non essere stato capace di catturare le nuove tecniche, mostrando un ritardo della propria cultura cinematografica legata ad una struttura romanzesca e letteraria in cui la conflittualità, di tipo elementare, si sviluppa in un modo lineare e manicheo.

4. Regista rompiscatole, caparbio, ostinato, sempre pronto alla polemica sia con i critici che i produttori. Pronto a denunciare le

[7] Giuseppe De Santis, *Cinema, Sud e Memoria*, «Paese Sera», 16, 18, 22, e 29 luglio e 1 e 5 agosto 1981.

manomissioni dei suoi film da parte della censura e dei produttori e mai disposto al compromesso pur di realizzare un progetto[8].

5. Cineasta munito di un progetto artistico e politico che va oltre l'impegno civile e che sfiora il rivoluzionario. I suoi film, a tesi, sono troppo scomodi per un'industria cinematografica sottomessa alla legge economica del potere e del guadagno. I suoi film sintetizzano in una forma mitica le vicende della realtà contadina e allo stesso tempo comunicano una nuova mitologia, popolare e socialista che si potrebbe definire progressista e democratica.

6. Vittima delle circostanze politiche internazionali che si ripercuotono anche su scala nazionale: la Guerra Fredda.

7. Vittima dell'ambigua politica del proprio partito, a cui è legato dagli anni della frequenza al Centro Sperimentale e di cui è diventato massimo rappresentante cinematografico. Giacché questa, paradossalmente, è una delle ipotesi che si annodano alla mancata produzione cinematografica di De Santis, si corre il rischio di adagiarsi su facili conclusioni. Bisognerebbe distinguere tra la prassi politica partitica e quella culturale e le scelte personali fatte dal regista che coincidevano con la linea del partito e quelle, invece, subite. Mi riferisco soprattutto agli anni Cinquanta, in particolare alla politica delle occupazioni delle terre nel Meridione. Inoltre una chiave interpretativa è offerta dalle polemiche sorte fra il regista e i critici e gli intellettuali di sinistra. Bisogna anche rileggere le lettere in cui affiora il risentimento del regista nei confronti dei compagni, in particolare quelle scritte ai critici francesi Marcel Oms e Georges Sadoul[9]. Bisogna anche ricordare che De Santis non volle scegliersi una strada solitaria o foggiarsi

[8] Dal carteggio inedito messomi a disposizione dal regista nel suo studio a Fiano Romano e dal materiale nell'archivio De Santis di Wake Forest University è emerso che De Santis ha spesso cercato il compromesso sia artistico, sia economico pur di realizzare film. Tra i tanti episodi riscontrati, forse, i più rilevanti sono gli eventi che portarono al rifiuto del produttore di finanziare, in seguito a forti pressioni governative, *Noi che facciamo crescere il grano* (prima presentato al vaglio governativo con il titolo *Nostro pane quotidiano*) e il rifiuto della seconda rete televisiva italiana di firmare il contratto dopo aver accettato il trattamento per una serie sceneggiata sui sanguinosi fatti di Melissa, dove persero la vita alcuni contadini rivoltosi.

[9] Le lettere a cui mi riferisco sono inedite e si trovano nel carteggio di De Santis presso l'archivio a lui dedicato di Wake Forest nel North Carolina. La lettera a Marcel Oms porta la data del 5 giugno 1966 e quella a Georges Sadoul è del 30 novembre 1955.

un'autonoma fisionomia, perché istintivamente si sentiva legato ai temi, ai volti e ai problemi dei suoi personaggi che combattevano, a suo parere, le sue stesse lotte[10].

8. Inadeguatezza del progetto cinematografico desantisiano nella prima parte degli anni Sessanta che, con l'inizio dell'industrializzazione e il fiorire di nuove tematiche – l'esistenzialismo, lo sfaldamento della coscienza sociale e civile – non riesce a trovare una propria collocazione. Dal mutamento culturale e antropologico di questa svolta emergono nuove leve cinematografiche che daranno vita al cosidetto cinema civile. Inoltre i moduli e i generi dello spettacolo popolare saranno dominati dalla commedia all'italiana e dai nuovi filoni storici, mitologici ed erotici.

9. Fallimento del tentativo di meditazione dela divaricazione esistente fra cinema colto neorealista e cinema popolare.

10. A queste ipotesi va aggiunta la lettura dei progetti non realizzati. Quella che apparentemente sembrerebbe la meno verificabile delle ipotesi potrebbe diventare molto pertinente per spiegare il lungo silenzio dell'artista. Dopo i primi tre film, la filmografia desantisiana si sarebbe evoluta diversamente, se avesse realizzato *Noi che facciamo crescere il grano*, film sui tragici fatti di Melissa dove la polizia dell'allora ministro Mario Scelba sparò sui contadini uccidendone tre e ferendone molti altri. Il progetto, secondo la sceneggiatura, sarebbe stato un film corale per eccellenza, con tante storie collaterali e secondarie, sul tema delle occupazioni delle terre incolte da parte dei contadini del Meridione.

[10] A tale proposito vale la pena citare De Santis che parlando del neorealismo, indirettamente, definisce quella che chiamerei la sua concezione di far cinema: «Il neorealismo [...] fu senza alcun dubbio il più importante fenomeno culturale di tutto il dopoguerra (e non solo), significava, tra l'altro, interpretare una chiara e bella profezia di Antonio Gramsci secondo cui: "La promessa di una nuova letteratura non può non essere storica, politica, popolare: deve tendere ad elaborare ciò che già esiste, polemicamente o in altro modo non importa; ciò che importa è che essa affondi le sue radici nell'humus della cultura popolare così com'è, coi suoi gusti, le sue tendenze, ecc., col suo mondo morale e intellettuale, sia pure arretrato e convenzionale". Che era quanto gli autori del migliore cinema italiano avevano fatto e volevano continuare a fare, eleggendo a protagonisti della loro letteratura tutto un humus rappresentato da operai, contadini, piccoli impiegati, partigiani, pescatori», Giuseppe De Santis, *Cinema Sud e Memoria*, «Paese Sera», 16, 18, 29 luglio e 1 e 5 agosto 1981.

La realizzazione della sceneggiatura *Pettotondo* ci avrebbe dato un film che, seguendo le peregrinazioni di una prostituta pugliese che vende il proprio corpo per vivere, avrebbe mostrato le condizioni in cui erano costretti a vivere tanti braccianti. Il progetto di girare un film sull'avventurosa e straordinaria vita del contadino di Cerignola, Giuseppe Nicassio, che da analfabeta in carcere si era intestardito con gli studi fino alla licenza liceale e si era dato alla lotta sindacale col nome di Giuseppe Di Vittorio, non sarebbe stato un film soltanto su un individuo, ma si sarebbero raccontate le lotte del sindacato italiano. Tra le sceneggiature non realizzate in Italia negli anni Cinquanta bisogna ricordare un progetto sugli scioperi a rovescio, metodo di protesta usato nel Meridione, che poi diventerà *Una strada lunga un anno* nell'ex-Iugoslavia. Il soggetto era stato scritto nel 1954, ma era stato sconsigliato ai produttori dai censori della Direzione Generale dello Spettacolo. Innanzi tutto mi sembra ovvio affermare che il progetto cinematografico di De Santis sarebbe diverso da quello esistente, e questa mia affermazione non è una pura speculazione anche se è impossibile asserire come esso si sarebbe realizzato artisticamente non essendoci il film. È evidente che questi progetti avrebbero costituito un momento delicato di transizione e di sviluppo artistico – non avvenuto per cause esterne e non dovuto alla creatività del regista. Nei progetti non realizzati si intravede una evoluzione nel linguaggio e nei temi cari all'artista, ma la loro mancata realizzazione non permise a De Santis di trovare la strada più congeniale alla sua identità e maturazione artistica e di portare a termine il suo progetto cinematografico sul Meridione. I progetti non realizzati erano di vasto respiro corale e trattavano tematiche sociali che erano al centro dello scontro per l'eguaglianza sociale e la difesa dei diritti degli sfruttati, come testimonia la lettera che ho incluso in questo volume e che invitava il regista a fare un film sulla lotta e i sacrifici dei minatori di Cabernardi, soggetto che sfortunatamente non esiste nella storia del cinema dell'epoca[11].

Veniamo all'elaborazione delle ipotesi. Si è spesso scritto e ripetuto che i film di De Santis non facevano cassetta e che non erano commerciabili, con l'eccezione di *Riso amaro*. Ebbene, un'accurata

[11] Il film avrebbe trattato la lotta dei minatori, argomento ben diverso dall'odissea dei siciliani in cammino verso la Francia dopo la chiusura della zolfatara nell'ottimo film di Pietro Germi *Il cammino della speranza* (1950).

analisi degli annali degli incassi cinematografici mostra che i suoi film non erano commercialmente fallimentari; anzi, se si considera che le sue opere erano tra le più colte ed artisticamente migliori del periodo, risultano tra i più riusciti: devono quindi essere collegati al livello dei medi o dei buoni esiti commerciali in campo generale, soprattutto se si fa un raffronto con il costo della loro realizzazione. *Caccia tragica* ottiene 80 milioni[12] nel 1947, nella stessa stagione in cui il campione di incassi *Come persi la guerra* di Carlo Borghesio ne incassa 293 e *La terra trema* di Luchino Visconti 358. *Riso amaro* soltanto in Italia recupera oltre 400 milioni, mentre *La sepolta viva* di Guido Brigone ne incassa 530. *Non c'è pace fra gli uvili* va oltre i 400 milioni quando *Gli ultimi giorni di Pompei* di Paolo Moffa e Marcel L'Herbier ne ottiene 841. *Roma ore 11* incassa 270 milioni nello stesso periodo in cui *Anna* di Alberto Lattuada, il maggior incasso del 1952, introita un miliardo e 25 milioni. Non bisogna dimenticare il fallimento di *Umberto D* (1951) di De Sica/Zavattini dello stesso anno, che incassa 106. *Un marito per Anna Zaccheo* fattura 350 milioni allorché il *best seller* dell'anno *Pane amore e fantasia* di Luigi Comencini arriva ad oltre un miliardo. Anche i tanto criticati *Giorni d'amore* e *Uomini e lupi* incassano oltre i 350 milioni, mentre *Ulisse* di Mario Camerini, migliore incasso italiano della produzione 1954, e *Poveri ma belli* di Dino Risi, successo del 1956, arrivano a un miliardo e 805 milioni il primo e a 996 milioni il secondo. Gli ultimi due film di De Santis, *Italiani, brava gente* e *Un apprezzato professionista di sicuro avvenire*, superano il mezzo miliardo in Italia, mentre *Per un pugno di dollari* di Sergio Leone e *Più forte ragazzi!* di Giuseppe Coalizzi, incassi record del 1964 e del 1972, realizzano rispettivamente 3 miliardi e 182 milioni e 4 miliardi e 86 milioni. *La garçonnière* è l'unico film di De Santis, con i suoi 124 milioni di incasso, che può essere considerato un vero disastro commerciale. Se si tiene conto che i film del regista ciociaro hanno comportato costi di produzione spesso molto più bassi di quelli dei film citati e, se si mettono a confronto con quelli dei registi maggiori del Neorealismo, De Sica, Visconti e Rossellini, si può dedurre che De Santis non fosse affatto un regista commercialmente inaffidabile come si continua a ripetere. A queste consi-

[12] Premetto che tutti i dati riguardanti i film sono stati presi da un articolo di Umberto Rossi ne *Il cinema di Giuseppe De Santis*, Lecce, elle edizioni, 1982, pp. 65-81 e confrontati con i dati pubblicati nel *Dizionario del Cinema Italiano* (tre volumi), a cura di R. Chiti e R. Poppi, Roma, Cremese, 1991.

derazioni dovrebbero anche essere aggiunti gli incassi internazionali dei suoi primi film, che ricevettero un grosso successo internazionale (inclusi i Paesi dell'Europa orientale), a differenza di alcuni dei campioni di incasso nazionale di quegli stessi anni, tipo *Come persi la guerra* e la *Sepolta viva* o anche *Anna* del 1952, che ebbero successo per lo più in Italia. Se i dati riguardanti gli introiti esteri, soprattutto dai Paesi dell'ex-blocco sovietico, fossero reperibili, solo allora si potrebbe avere un'idea completa della popolarità del successo del regista ciociaro.

Continuiamo con un'altra ipotesi spesso ripetuta nell'ambiente del cinema italiano. De Santis era un regista scomodo, non voluto dai produttori per le sue assurde pretese di tutelare la propria opera. Le mie ricerche e interviste con il regista e con i suoi collaboratori confermano l'immagine di un artista serio e scrupoloso nel tutelare le sue scelte, come testimonia Ugo Pirro [1920] che ha scritto: «Peppe nelle discussioni era ostinato: difendeva le sue proposte fino all'esasperazione. Mi resta il ricordo di quella lunga e accanita discussione che si svolse in difesa, e contro, una delle scene centrali del film [*Uomini e lupi*]. [...] Non c'era argomento che convincesse De Santis a rinunciare a quella scena. Al termine di estenuanti e ripetitive discussioni, Peppe decise di girare la scena, ma promise che avrebbe deciso insieme a noi, durante il montaggio, se inserirla nel film o eliminarla. Così ci mise a tacere, ma nemmeno in montaggio rinunciò a quella scena»[13].

Tracciamo brevemente una storia dei legami avuti dal regista con i produttori e le polemiche sorte con i critici. Durante la lavorazione di *Caccia tragica*, finanziato dall'Associazione Nazionale Partigiani (ANPI), l'allora giovane regista si rifiuta di apportare tagli al copione, chiede più tempo e soldi per portare a termine la scena del comizio e vuole molte più comparse che sarebbero costate tempo e denaro. Il produttore, Giorgio Agliani, ricorre al partito comunista e Antonello Trombadori e Pietro Ingrao vengono mandati da Roma per convincere il giovane regista ad un compromesso; De Santis non rinuncia alla sua libertà artistica ma, per ridurre le spese, invece di usare le comparse per la scena del comizio ricorre all'uso delle biciclette posteggiate con la voce del comiziante fuori campo.

[13] Ugo Pirro, *Soltanto un nome nei titoli di testa*, Torino, Einaudi, 1998, pp. 48-49.

Per *Riso amaro* il regista impone alla Lux Film la giovane Silvana Mangano, la Dowling e lo sconosciuto Raf Vallone. Dopo la conclusione del film, il regista inizia una lunga polemica con i critici per difendersi dalla accusa di barocchismo, decadentismo, erotismo e mancata documentazione sul lavoro delle mondine e la coltivazione del riso. Si scontra anche con Dino De Laurentis che secondo il regista non era il vero produttore del film come appare nei titoli, ma aveva ottenuto la distribuzione dalla Lux in forma di appalto.

Non c'è pace tra gli ulivi: nuova polemica con i critici e in particolare con il direttore di «Cinema» Adriano Baracco[14], che lo accusa di dannunzianesimo, barocchismo ed estetismo. Il regista non demorde, anzi, non dimenticando di essere stato lui stesso critico, continua a scrivere lettere aperte ai giornali di sinistra e alle riviste specializzate difendendosi e accusando i critici di tendenziosità politicizzata e di scarso acume critico. Nelle sue difese De Santis accusa i critici di destra di non capire le sue opere perché spinti dalla loro falsa posizione culturale e ideologica (polemica con Baracco e Consiglio), ma quando si confronta con i critici di sinistra il regista è sempre molto cauto nelle repliche, frequentemente non nega le sue colpe e le sue responsabilità di artista impegnato[15]. Spesso ammette di aver sbagliato e di essersi spinto su posizioni esagerate, ma subito si scusa mettendo in ballo le sue intenzioni, sempre agli avamposti nella lotta, e il suo slancio e la sua spinta di temperamento forte e contadino (polemica con Aristarco e Cialente). Le repliche del regista mostrano due preoccupazioni diverse: la fede politica e la difesa del suo gusto per la narrazione popolare che si centra sull'erotismo, sulle forme di narrazione popolare, e sul netto rifiuto di compiacimento stilistico e dell'effetto spettacolare, se non fortemente legati alle tematiche del discorso cinematografico anche se elaborate iperbolicamente, come per esempio l'uso dei canti delle mondine per esprimere il dolore e la pena del lavoro, che si rifanno agli *spirituals* degli schiavi. Amplificazioni ed iperbole che molti critici di sinistra criticavano, perché ritenute in contrasto con l'impostazione ideologica e realista di un'arte impegnata e consideravano raffinatezze pretenziose, gusti popolari da romanzo d'appendice o invenzioni inverosimili.

[14]Adriano Baracco, *Non c'è pace tra gli ulivi,* «Cinema Nuova Serie», n. 48 ,1950, p. 38.

[15] Si veda l'intervista inclusa nel presente volume.

Dopo il suo terzo film diventa più difficile per il regista ciociaro trovare produttori. Sorge una lunga polemica con la Lux, che si rifiuta di produrre alcuni progetti desantisiani, fra cui un'adattammento modernizzato e attualizzato della trasposizione de *I promessi sposi* in Sicilia, un film sull'analfabetismo in Italia e un progetto sui fatti di Portella della Ginestra[16]. Nel 1952, in pieno clima di Guerra Fredda, riesce a realizzare *Roma ore 11* con la collaborazione di Cesare Zavattini come soggettista e sceneggiatore, ottenendo il finanziamento del produttore Paul Graetz per la Transcontinental Film[17]. All'esordio la critica[18] lo accolse come la sua migliore opera cinematografica per contenuto e coerenza formale, ma sarà anche il film che causerà danni irreparabili alla carriera di De Santis, vittima della mutata posizione del ministero dello spettacolo, che era passato da un atteggiamento pregiudiziale nei confronti di registi d'impegno politico ad una vera caccia alle streghe di cui il regista ciociaro pagherà di persona, rimanendo travolto dagli ingranaggi commerciali e dai risvolti politici del mondo culturale e dello spettacolo italiano, in cui si sentivano gli eventi della cacciata dei «rossi» da Hollywood[19]. La nuova posizione del governo italiano appare chiaramente dal comunicato della presidenza del consiglio: «i ministri hanno convenuto sulla necessità che siano adottate misure appropriate per eliminare abusi e favoritismi nei confronti di organizzazioni che operano

[16] Si veda la sceneggiatura inclusa nel presente volume.

[17] Paul Graetz, sebbene spesso chiamato produttore americano da De Santis e da altri critici ed esponenti politici italiani durante le polemiche dopo l'uscita di *Roma ore 11* era un ebreo tedesco nato a Leipzig nel 1899 ed era stato dirigente della casa di produzione tedesca, Terra Films, dalla metà degli anni venti fino al 1933. Con l'avvento di Hitler, lasciò la Germania per rifugiarsi in Francia dove fondò la Transcontinental Films che produsse per lo più film per il mercato francese ed europeo, con l'eccezione di *A View from the Bridge* (1962) e *Is Paris Burning?* (1966).

[18] Guido Aristarco nel recensire il film critica lo schematismo critico della composizione, ne loda le qualità sociali e applaude il progresso spirituale e artistico del regista definendo il film «un passo avanti di De Santis», «Cinema», n. 82, 15/3/1952.

[19] L'agenzia governativa ARI, riporta i nomi dei registi italiani comunisti e simpatizzanti e rifacendosi all'articolo pubblicato da «Time magazine» loda le misure che il governo sta prendendo per affrontare il problema dei comunisti nel mondo dello spettacolo. Mino Argentieri, *La censura nel cinema italiano*, Roma, Editori Riuniti, 1974, p. 107.

contro il regime democratico nei settori economico, finanziario, del credito e dello spettacolo»[20].

All'uscita del film la critica di destra inizia una campagna diffamatoria contro il regista, che evidenzia il nuovo clima creatosi in seguito ai comunicati governativi e alle liste dei nomi dei registi italiani considerati «rossi» apparsi su autorevoli giornali americani. Fra le accuse correva anche la voce che il regista avrebbe usato denaro statale elargito per la produzione cinematografica, per attività e propaganda partitica a scopo rivoluzionario. Il famoso giornalista Alberto Consiglio, in un articolo di fondo su «Il Tempo», invita il governo ad accertare le fonti di finanziamento del film di De Santis e ipotizza che fossero di origine sovietica. La polemica arriverà in Parlamento, dove l'onorevole Mario Alicata, in un suo intervento, critica la campagna della destra che finge di ignorare che *Roma ore 11* era stato finanziato dalla R.K.O. nel nome del suo produttore Paul Graetz. Inoltre bisogna anche ricordare che l'uscita del film era stata preceduta da una accesa battaglia fra gli avvocati di De Santis e la Transcontinental Film, quasi finita in tribunale, perché quest'ultima voleva tagliare la scena del ritorno a casa della prostituta – interpretata da Lea Padovani – nella seconda parte del film[21]. Per tagliare la sequenza e non rispettare il contratto la casa produttrice era ricorsa alla testimonianza di Cesare Zavattini, che in una lettera espresse dei dubbi sulla valenza artistica della sequenza e affermò che essa era stata voluta dal regista contro il consiglio degli altri sceneggiatori che la consideravano polemica, lunga e costosa. Il regista vinse la controversia ma perse un'altra fonte di finanziamento in Paul Graetz, che dopo le polemiche e gli scontri politici non voleva disaccordi con la RKO di Howard Hughes, che aveva contribuito al finanzia-

[20] In Mino Argentieri, *La censura nel cinema italiano*, cit.,p. 107.

[21] Il trenta novembre del 1954 la S.p.A. Excelsa Film inoltra una richiesta alla Presidenza del Consiglio dei Ministri, appellandosi all'articolo 47 del 22 aprile 1941 n. 633, per tagliare le scena del ritorno della prostituta (Padovani). Lo studio chiede anche un risarcimento delle spese per il costo dell'episodio. Cito: «la produzione ha speso la somma di L. 854.595 per tecnici per cinque giorni durante i quali l'episodio fu girato ... la produzione ha speso L. 3.000.000 per noleggio mezzi e per maggior spese per la Padovani e l'attore Riccardini la produzione ha speso L. 600.000». La fotocopia in possesso del regista De Santis non ha una data, ma è firmata da M. Cavalieri.

mento del film, e all'epoca era impegnato nel cacciare i «rossi» da Hollywood[22].

Per capire meglio l'atmosfera che in quegli anni regnava nel cinema italiano non bisogna dimenticare che dal 1950 al 1954 la Guerra Fredda raggiunse il suo apice e il mondo di Hollywood fu scosso da una ondata repressiva che ebbe ripercussioni anche a Cinecittà. Come ha documentato lo studio di Sciltian Gastaldi sulla cacciata dei comunisti da Hollywood[23], le liste nere nel mondo del cinema americano sono sempre esistite, difatti la prima non fu ideata per ripulire il mondo della celluloide dai «rossi», bensì per purificarlo dalla corruzione e della «depravazione» e, con il codice Hays, portò all'esclusione di 117 artisti ritenuti responsabili di una vita privata non irreprensibile. Benché il codice Hays non fosse vincolante, esso era un effettivo strumento di pressione morale con conseguenze finanziarie gravi per artisti e produttori che non sostenevano l'iniziativa. Un film che non sottostava ai divieti era attaccato dalla stampa, boicottato, censurato ed escluso dalle premiazioni. Le liste di prescrizione su base politica in America furono redatte negli anni Trenta e riguardavano maggiormente i sindacati: in quegli anni iniziarono le prime persecuzioni nei confronti degli artisti iscritti o simpatizzanti del partito comunista americano. Dal 1947 incomincia una campagna contro i «rossi» che avevano formato un gruppo comunista capeggiato da John Howard Lawson, ma che in realtà era soltanto uno dei tanti con affiliazioni politiche che all'epoca esistevano ad Hollywood all'interno dell'industria dello spettacolo cinematografico. Bisogna precisare che già nel 1940 una Commissione diretta dal texano Martin Dies aveva indagato sulle attività antiamericane nel mondo del cinema, ma l'entrata in guerra nel 1941 e l'alleanza con l'allora Unione Sovietica fecero passare in sottordine la ripulita che riprese nel 1945 alla fine della guerra, con la ripresa delle indagini sulle attività antiamericane (infiltrazioni comuniste) nel mondo dello spettacolo. Nel 1947 fu pubblicata la

[22] Alla mia domanda riguardo al finanziamento del film De Santis mi ha detto che solo dopo la realizzazione Paul Graetz si rese conto che *Roma ore 11* non era affatto un remake di *Riso amaro* ambientato a Roma fra tante donne alla ricerca di un lavoro, ma un duro attacco al governo incapace di risolvere il problema della disoccupazione e dei bassi salari.

[23] Sciltian Gastaldi, *Fuori i Rossi da Hollywood! Il maccartismo e il cinema americano*, Torino, Lindau, 2004.

prima scheda contenente dieci nomi di accusati di antiamericanismo. Dalla fine dell'estate all'inizio dell'autunno, dopo il rifiuto da parte dell'Associazione produttori di votare la richiesta di non impiegare in ruoli importanti persone appartenenti al partito comunista in un film, si passò alla minaccia di ritenere corresponsabili gli studios di infiltrazioni comuniste dell'ambiente. Un meccanismo di discriminazione contro i comunisti e i produttori simpatizzanti e appartenenti alla comunità progressista internazionale permise di mettere sotto processo 42 persone: 19 di queste affermarono che non avrebbero cooperato e furono subito etichettati *unfriendly* da una campagna di stampa ostile e di parte.

Nel tempo in cui a Hollywood la commissione per le attività antiamericane aveva iniziato la caccia agli artisti accusati di associazione comunista e di propaganda antiamericana – con la seconda ondata repressiva iniziata nel 1951 dopo quella del 1947[24] – in Italia il modello statunitense fu adattato alla situazione politica italiana e il governo italiano si assicurò che i produttori non finanziassero qualunque artista che si fosse dichiarato comunista, perché sarebbe stato impensabile mettere fuori legge il partito comunista italiano. Fra i registi italiani De Santis apparteneva alla esigua minoranza che si dichiarava apertamente comunista, oltre ad essere anche iscritto al partito. Era stato l'unico a scrivere un lungo articolo contro la condanna a morte per spionaggio inflitta ai coniugi Julius e Ethel Rosenberg. La ripulita in corso a Hollywood spinse il governo italiano a creare una lista nera e il nome di De Santis diventò uno spauracchio per i produttori italiani che avevano paura di non ricevere i finanziamenti elargiti dallo stato[25]. Come stava avvenendo negli Stati Uniti per i produttori non disposti a seguire le

[24] Le seguenti informazioni sugli effetti della guerra fredda a Hollywood sono state prese dal secondo volume dei quattro tomi di Goffredo Fofi, Morando Morandini e Gianni Volpi, *Storia del cinema*, Milano, Garzanti, 1992, pp. 19-21.

[25] La nuova legge del 1949 che si basava sulla piccola tassa sul doppiaggio dei film stranieri, la programmazione obbligatoria del film italiano, il rimborso di una parte dei diritti erariali ai produttori del film italiano, aiutarono la produzione nazionale ma anche diedero più potere allo stato che attraverso il fondo stabilito per il finanziamento presso la Banca Nazionale del Lavoro aveva creato una vera censura in quanto il produttore doveva farsi approvare la sceneggiatura per poter ottenere il prestito per la produzione del film.

pressioni dei conservatori, anche in Italia si scatenò una significativa campagna nei riguardi di produttori colpevoli di collaborazione con i «rossi»: indicativa quella accesa contro il produttore Domenico Forges Davanzati per aver assegnato al regista la regia di *Un marito per Anna Zaccheo*, che costrinse il produttore a difendersi pubblicamente dalle accuse di comunismo.

Un altro particolare interessante accompagnò l'uscita di questo film che conferma il distacco che correva tra De Santis e i dirigenti comunisti riguardo alla sensualità, al gallismo e all'erotismo. Il quotidiano «l'Unità», organo del PCI diretto dall'amico di gioventù del regista, Pietro Ingrao, pubblica una serie di lettere inviate da lettrici che accusano il film di sessismo, fra cui spicca l'articolo della scrittrice di sinistra Fausta Cialente [Terni Cialente Fausta, 1898-1994][26]. Sembra ripetersi la campagna contro *Riso amaro*: come nel passato il regista si difende e contrattacca, definendo il film un'accusa contro il malcostume dei maschi italiani e la pena femminile dell'essere bella in una società dominata dal gallismo e dal pregiudizio della verginità femminile. Le accuse lasciarono il segno nell'animo del regista che si sentì tradito anche dai compagni di strada delle vecchie lotte antifasciste.

L'ingerenza dei produttori e della censura preventiva di stato si intensifica con i due film successivi. *Giorni d'amore* doveva essere lungo 3.300 metri, ma la produzione impone di ridurlo a 2.999. Il film seguente, *Uomini e lupi*, era previsto dal regista in una versione lunga 3.300 metri, che la Titanus ridusse a 2.800 metri. De Santis rifiutò ogni taglio e abbandonò il lavoro. Il montaggio del film fu fatto senza la sua partecipazione, De Santis chiese che il suo nome fosse tolto dall'edizione distribuita ma la Titanus, forte del contratto, si rifiutò. Circola sempre più insistente la voce che De Santis è un regista che denuncia, scrive lettere ai giornali e ricorre al tribunale. Lui afferma soltanto di difendere la sua opera contro le manomissioni della censura e dei produttori.

L'ostracismo nei suoi confronti arriva al punto che nel 1954 la commissione di stato boccia la realizzazione del progetto *Chiaravalle va in pianura* che sarà realizzato nell'ex-Iugoslavia con il titolo *Cesta Duga Godinu Dana* [*La strada lunga un anno*]. Il film fu nominato per l'Oscar nella categoria film stranieri, fu scelto come migliore film

[26] Fausta Terni Cialente, *Anna Zaccheo ovvero il trionfo delle gambe*, «l'Unità», 16 febbraio 1954.

straniero dall'Hollywood Association a Coconut Grove il 5 marzo del 1959, ma al regista fu negato il visto per partecipare alla cerimonia degli Oscar e toccherà all'ambasciatore iugoslavo ritirare il premio a Coconut. Sarà sua sorella Loreta, moglie del console generale italiano a Los Angeles Mario Tedeschi, a rappresentare il regista alla cerimonia con il marito che si era adoperato, invano, per ottenere il visto dalle autorità americane per il regista/cognato. In Italia il film non fu distribuito su scala nazionale, fu mostrato in un cinema di Milano per due giorni, fu escluso dal Festival di Venezia e per lo più fu ignorato dalla critica. Significativo e singolare il fatto che nel 1983 Antonio Parisi, nella monografia dedicata al cinema di De Santis, arrivato al capitolo che avrebbe dovuto trattare il film in questione scrive che non era disponibile, anche perché l'unica copia esistente presso la cineteca nazionale non è disponibile.

Passiamo al film di De Santis più intimo e personale, *La garçonnière*, la cui realizzazione è dovuta ad un ripiegamento del produttore Roberto Amoroso che aveva firmato un contratto con il regista per la realizzazione di *Pettotondo*. Dopo il rifiuto di finanziamento da parte delle banche, impaurite dal tema del film (storia di una prostituta viaggiante) e forse anche dalla presenza di De Santis alla regia, Amoroso – per rispettare il contratto già firmato – raggiunse un accordo con il regista e cambiarono argomento. Torno a ribattere sulla paura dei produttori nello scritturare De Santis come regista, perché le difficoltà di Amoroso nel trovare un finanziatore per la realizzazione di un film diretto dal regista ciocaro non erano nuove, difatti non era la prima volta che le banche si rifiutavano di appoggiare un progetto del regista "comunista". Un fatto molto simile e significativo era già avvenuto ed è confermato da un comunicato del 7 agosto 1952 apparso su «Araldo dello Spettacolo»[27]. Una breve nota annuncia la sospensione di *Case aperte* di Giuseppe De Santis, un copione che non sarà mai realizzato: «Il film non si farà. Il Ministero ne ha proibita la lavorazione dopo aver scoperto che sarebbe stato diretto da De Santis».

La garçonnière non è soltanto uno dei film meno costosi del periodo, ma soprattutto uno dei più manomessi dalla censura che ne tagliò ben 800 metri. La lavorazione durò soltanto sette settimane e, a causa del basso budget disponibile, il regista utilizzò Raf Vallone e la sua

[27] ANSA, Notiziario cinematografico 26 settembre 1953: 2.

futura seconda moglie Gordana Miletic. Dopo l'insuccesso del film De Santis dovette aspettare il disgelo della Guerra Fredda per realizzare il suo ultimo film finanziato da un produttore, *Italiani, brava gente*, che si deve alla produzione russa della Mosfilm con l'aiuto finanziario americano. Nel 1959 Nikita Kruscev [1894-1971] fu invitato negli Stati Uniti; tra tutte le sue visite andò anche a Hollywood e gli Stati Uniti firmarono un accordo culturale con l'ex-Urss che includeva anche la produzione cinematografica. Con il tempo, il disgelo rese inutile il mantenimento della lista nera e i nuovi accordi di collaborazione resero possibile la realizzazione del film di De Santis sulla sfortunata campagna in Russia voluta follemente dal Duce. In una produzione internazionale, tra cui spiccano Tatiana Samoilova [1934] Lev Prygunov [1939], Arthur Kennedy [1914-1990], Andrea Checchi, Peter Falk, Riccardo Cucciolla, De Santis – libero dalle maglie della censura e dei produttori italiani – racconta la storia dei contadini italiani coinvolti in una guerra ingiusta, in un discorso cinematografico ricco di riferimenti ed elogi al grande cinema russo di Ejzenštejn e Dovzenko e con rimandi alla letteratura americana, suo primo grande amore, strutturando il racconto con richiamo a *Spoon River Anthology* di Edgar Lee Masters. Il film ben accolto all'estero fu bloccato in Italia dalla censura. La stampa di destra, dietro la spinta di alcuni reduci, iniziò una campagna contro il regista, accusandolo di vilipendio all'esercito italiano, e chiese un intervento del ministro della difesa, guarda caso ancora l'onorevole Andreotti [Giulio, 1919], noto nemico del Neorealismo. Durante una delle tante interpellanze presentate dalla sinistra che lo accusava di ricatti economici nei confronti dei film impegnati, in sua difesa affermò: «Ricatto è una parola grave [...] noi parliamo di contatti. [...] È molto meglio avere dei contatti preventivi, e credo veramente che nell'ambiente cinematografico, salvo quelli che abbiano l'obbligo politico di doverne dire male per necessità direi di tessera o di qualche cosa simile, ci sia invece reciproca convinzione che una strada di reciproco rispetto e di riguardo non ad un interesse di parte, ma ad un interesse obiettivo generale della nazione si sia raggiunto e si stia mantenendo con una soddisfazione credo notevolmente diffusa»[28]. Il regista fu assolto dall'accusa di vilipendio e il film venne distribuito.

[28] Giulio Andreotti in Mino Argentieri, *La censura nel cinema italiano*, Roma, Editori Riuniti, 1974.

Nel 1972, dopo otto anni di inattività, con la collaborazione di un amico De Santis riesce a girare indipendentemente *Un apprezzato professionista di sicuro avvenire*, che però non subì una sorte migliore degli altri suoi film. Censurato, insultato e attaccato anche dal giornale ufficiale del Vaticano, il film metafora del post boom economico conclude la carriera cinematografica del regista, che era iniziata con tante speranze e progetti e che con gli anni divennero sceneggiature non realizzate. Soltanto nel 1986 si parlò di un possibile ritorno alla regia con un film su un permesso speciale concesso a dieci detenute brigatiste rinchiuse nel carcere Le Nuove di Torino, alle quali fu accordato di partecipare a uno spettacolo teatrale a cui avevano collaborato. Dopo alcuni anni spesi contrattando con vari produttori inclusa la RAI, il progetto non andò in porto[29].

Negli anni Cinquanta esistono tantissimi casi di film manomessi dalla censura preventiva e sceneggiature non realizzate esistono in tutti i cassetti dei registi italiani, per questo si potrebbe pensare che il caso di De Santis appartenga alla prassi dell'epoca, senza dover ricorrere al teorema delle leggi mercantili e agli interdetti ideologici che si sarebbero accaniti contro il lavoro del regista per spiegare le ragioni del suo silenzio. Per dimostrare più approfonditamente se il cinema di De Santis presentasse una minaccia che oltrepassava la sua appartenenza politica, e se gli elementi stilistici e tematici delle sue opere rappresentassero un pericolo per l'ordinamento dell'epoca, si dovrebbe analizzare la portata del suo progetto cinematografico all'interno della struttura capitalista dell'epoca, in cui il cinema rappresentava un introito di 11.000 miliardi di lire, pari a quasi l'1% del reddito nazionale, tassabile al 30%[30]. De Santis nel dopoguerra ha elaborato una visione cinematografica in cui le regole dei generi venivano utilizzate in funzione ideologica e l'affabulazione cinematografica era trasformata in un cosciente e voluto compromesso tra il ruolo sociale dell'artista e i suoi gusti personali d'autore, cosa che nelle sue opere si traduce in un'arte populista vissuta con tutte le ambiguità personali, le giuste intuizioni dei problemi del tempo e il doversi

[29] Si veda la sceneggiatura inclusa in questo volume.

[30] Christopher Wagstaff, *Italy in the Post-War International Cinema Market*, in *Italy in the Cold War. Politics, Culture and Society 1948-58*, a cura di C. Duggan e C. Wagstaff, Oxford, Berg Publishers Limited, 1995, pp. 89-115.

destreggiare nella rigida contrapposizione ideologica della Guerra Fredda. La base desantisiana è l'assunto di un cinema neorealista popolare che aveva scelto a protagonista le vicende del popolo, e che lui stesso definì nel 1947: «un'arte popolare, nel senso del popolo con le sue speranze, le sue sofferenze, le sue gioie, le sue battaglie e le sue contraddizioni».

Un film popolare per il regista voleva dire un cinema che rispettasse i gusti della gente e diventasse un tentativo artistico leggibile, facendo ricorso alle strutture narrative consegnate dalla tradizione popolare, fuse nelle forme di consumo. Il progetto di De Santis si fa più interessante se si considera che non voleva trasformare soltanto l'oggetto delle sue opere popolari, ma anche il livello di fruizione e di coinvolgimento dello spettatore. Lo scopo era quello di creare un cinema diretto e immediato, di forte tensione morale e civile, che incidesse sulla realtà nazionale, ambientandolo nel mondo che lui conosceva meglio, quello contadino meridionale, che veniva poi trasformato e mitizzato dalla sua concezione personale di fare cinema. Il regista ciociaro aveva affermato, subito dopo la conclusione del suo primo film *Caccia tragica*, che la macchina da presa era un giocattolo con cui scoprire il mondo. A questo riguardo, la posizione di De Santis deve essere distinta dalla ormai famosa affermazione del regista François Truffaut [1932-1984], per cui un regista nel fare un film si comporta come un bambino che, davanti al suo giocattolo, si isola dal mondo e ne costruisce un altro desiderato. per De Santis esisteva sempre la responsabilità sociale e politica che il mezzo cinematografico gli imponeva.

Nel dopoguerra italiano la cinematografia di De Santis rappresenta la mediazione della divaricazione tra cinema d'esperienza neorealista e il cinema di consumo a carattere esplicitamente popolare. Quello neorealista era un cinema colto e ritagliava un pubblico poco numeroso, essenzialmente nei settori della piccola borghesia intellettuale e progressista. Esso era il risultato dell'ipotesi umanitaria e interclassista di un cinema come ricerca artistica e di battaglia politico-culturale; implicava la rimozione della struttura industriale vera e propria del cinema e sovrapponeva l'utopia ottocentesca dell'arte atecnologica e naturalista alla complessità dei problemi emergenti dello spettacolo filmico e delle sue forme di comunicazione. De Santis voleva creare un tipo di film artistico per la fruizione e l'acculturazione delle masse, senza però cancellare lo spettacolo filmico e le sue forme di intrattenimento. La sua affabulazione imponeva una mitologia collettiva che avrebbe dovuto risistemare l'Italia del dopoguerra e del dopo fascismo, creando una nuova identità nazionale basata sulla resistenza, sulla solidarietà e sull'uguaglianza sociale. A differenza degli altri registi maggiori del dopoguerra, il cinema di De Santis si proponeva di indicare una chiave e una soluzione ai problemi dei poveri, dei meno fortunati e delle masse operaie. A riprova di quest'affermazione vale la pena ricordare la conferenza sul Neorealismo tenuta nel 1951, in cui il regista ciociaro criticò la tendenza pessimista e sentimentale dei suoi colleghi. In quella circostanza il regista, usando come esempio *Ladri di biciclette* di De Sica/Zavattini – che secondo lui «rappresenta un mondo dove solamente gli interessi di specie sentimentale erano al centro d'ogni vicenda» – mise in risalto alcune tendenze del Neorealismo italiano, cioè il pietismo e il sentimentalismo. Il regista prese di mira anche il film di Pietro Germi *Il cammino della speranza,* accusandolo di non essere stato capace di indicare una nuova vita ai poveri minatori delle solfare siciliane. Il pessimismo nei confronti dei problemi affrontati e la mancata risoluzione dei problemi, secondo De Santis, scaturiscono dal fatto che i suoi colleghi avevano scartato a priori la risoluzione del problema. A tal punto egli afferma: «Essi non si sono preoccupati di documentarsi proprio là dove le loro simpatie umane li avevano condotti, ed hanno finito, evidentemente senza volerlo, per sostenere le tesi di certi organi interessati che quella soluzione respingono»[31].

Queste affermazioni, non nuove da parte sua, mettono chiaramente in mostra il programma desantisiano di creare un cinema impegnato a far nascere una coscienza di classe e di lotta sociale nelle masse. De Santis ha sempre affermato che il suo cinema si differenziava da quello degli altri registi, non tanto per lo stile, ma soprattutto per la continua ricerca di comunicazione con le masse. Lui non poteva concepire un cinema cerebrale e intellettuale. Lo storico Brunetta ha così decritto la campagna contro il cinema neorealista negli anni nel dopoguerra: «una mobilitazione così massiccia, quale non si era vista neppure nel periodo fascista, a favore di un cinema di regime, si giustifica solo se si riconosce al cinema una qualche possibilità di incidenza sulla coscienza popolare e capacità di prospettare modelli alternativi di sviluppo della società italiana. Colpire il cinema italia-

[31] Giuseppe De Santis, *Confessioni di un regista,* cit., p. 29.

no fin dall'inizio significa impedirne uno sviluppo di cui non si prevede esattamente la portata»[32].

In questo contesto storico è ovvio che il programma desantisiano non poteva sopravvivere e durare come prodotto culturale inserito in un ciclo di mercato, come quello cinematografico, dominato dal capitale e dal potere economico che nei suoi film erano i responsabili di tanti mali sociali che affliggevano i suoi contadini, operai, mondine, pastori, impiegate, belle donne in cerca di lavoro, giovani mandati alla morte in guerre imperialiste e operai disoccupati. Il silenzio forzato di De Santis dovrebbe farci riflettere ed aiutarci a capire alcuni nodi della storia culturale e civile italiana, soprattutto se si studia la breve meteora del Neorealismo italiano e la presunta egemonizzazione culturale del PCI italiano nel dopoguerra. La carriera di De Santis rimane un'occasione utile per una più approfondita ricerca sulla storia cinematografica e culturale e per capire meglio gli effetti della Guerra Fredda e il funzionamento e la politica dell'industria cinematografica.

[32] Gian Piero Brunetta, in Umberto Barbaro, *Neorealismo e Realismo*, Roma, Editori Riuniti, p. 19.

V parte

Interviste con i compagni di un lungo viaggio attraverso il cinema

Intervista a Carlo Lizzani

A.V.: La ringrazio di aver partecipato al simposio su *Lo scandalo di «Riso amaro»* e di avermi concesso questa intervista. Lei, oltre ad aver vissuto il Neorealismo, ne è stato uno degli autori, ma ha anche scritto molto e riflettuto su questo discusso fenomeno. Potrebbe brevemente riassumere in che modo la sua ricerca critica si differenzia da quella degli altri critici italiani?

Lizzani: Il Neorealismo è stato un movimento complesso di cui noi stessi italiani abbiamo negato l'esistenza, abbiamo detto che i veri film neorealisti non sono esistiti, che il fenomeno non è esistito nel senso che gli studiosi hanno poi attribuito la legittimità di Neorealismo ad alcuni registi, per esempio a Visconti, oppure soltanto a Rossellini. Credo di essere stato tra i pochi che hanno mantenuto questo discorso in maniera coerente per decenni, mi sono sforzato nel dire che il Neorealismo è stato un movimento e come tutti i movimenti ha all'interno, ovviamente, delle personalità diverse, per esempio nella *Nouvelle Vague* certamente Godard è differente da Truffaut, ma la *Nouvelle Vague* sta a definire una stagione, un movimento in cui autori diversi si ritrovano comunque d'accordo su alcune cose fondamentali e reinventano il linguaggio cinematografico. Il Neorealismo è quella stagione in cui un gruppo di autori con sensibilità differenti – forse perché tutti investiti da quella grande tragedia che è stata la guerra, la liberazione, la lotta civile, il Paese travolto da eserciti stranieri – hanno ognuno a suo modo rivolto l'occhio verso grandi tematiche in comune, dei contenuti analoghi; andando più in fondo, cosa che io ho cercato di fare con un'opera di 5 ore che ha distribuito l'Istituto Luce, mi sono sforzato di vedere perché questi autori neorealisti avevano in comune anche dei dati di linguaggio. Questo studio mi ha portato fino a dire, paradossalmente che, contrariamente a quanto detto, il Neorealismo è stato una rivoluzione di contenuti. Su questo, ripeto, ho fatto uno studio molto approfondito che sarebbe lungo menzionare, però certamente il dato fondamentale è la confusione dei generi riscontrabile in tutti i film neorealisti. Considero neorealisti i film fatti durante quella stagione, siano essi stati fatti da Rossellini, da Visconti, da De Sica, da De Santis, anche da me benché più giovane, perché hanno sempre questo dato comune, che non è solo riscontrabile nel contenuto ma nel fatto che sconvolgono i generi. Non c'è nessun film di quell'epoca che si possa dire appartenente ad un genere. *Roma città aperta* che cos'è? È un film di guerra? È un film tragicomico? Che cos'è? Lo stesso si può dire di *Ladri di biciclette*, a quale genere appartiene? In quale genere lo si può introdurre o definire? Lo stesso discorso vale per il mio *Achtung! Banditi!*. È riduttivo affermare che Visconti fa un *melò*? Perché nei suoi film è allo stesso tempo riscontrabile un racconto epico. Questo è un dato. Poi il Neorealismo cambia il formato, cambia la composizione del fotogramma, e cambia il montaggio. Tutto questo si verifica in tutti questi autori, il che significa, quindi, che c'è un dato comune che è stato rivelato da tutta la critica straniera e anche da una parte della critica italiana. Lo studioso delle culture Bachtin dice appunto che un fenomeno culturale lo si legge meglio da fuori che standoci in mezzo. Io ho provato a mettermi fuori e mi sono chiesto perché il critico Bazin definisce neorealista tutto il cinema di quegli anni, parlo dei film migliori, da un punto di vista qualificativo, mentre noi italiani ancora spacchiamo il capello e diciamo, forse no, il Neorealismo assoluto è *La terra trema*, come afferma il mio amico Micciché. Oppure alcuni dicono che veramente non tutto un film è neorealista, perché sfogliando bisogna buttare via e resta l'episodio. Tutto questo mi è sembrato, qualche volta, un lavoro persino ingenuo, quindi per confortare la mia tesi sono andato a vedere la storia dell'arte. Tutti i grandi movimenti, il Rinascimento, il Manierismo, hanno avuto dei momenti in cui ci sono stati dei dibattiti su chi è il vero autore grazie al quale il movimento stesso raggiunge l'apice. Ci sono stagioni che vedono insieme artisti accumulati da fattori non solo di contenuti, che sono stati importanti, ma anche da altri fattori; così com'erano per esempio l'Impressionismo, l'Espressionismo, in cui ognuno è andato per la sua strada ma nonostante ciò rimangono stagioni precise perché hanno cambiato il linguaggio.

A.V.: Nell'ambito di questo dibattito e della sua analisi del fenomeno neorealista e anche dalla sua esperienza personale, come interpreterebbe la discussione riguardo alla recitazione e all'attorialità?

Lizzani: Nel dopoguerra tutti abbiamo sottovalutato gli attori. Noi stessi, quelli del nostro gruppo, abbiamo pensato che l'attore preso dalla strada fosse più nobile, più inedito, più trasgressivo dell'attore professionista, il quale avevamo paura che ci riportasse al vecchio cinema. Poi però, via via, dopo la stagione soprattutto degli anni Sessanta e Settanta, che ha visto emergere la grande commedia all'italiana e i grandi talenti come Vittorio Gassman, Alberto Sordi, Marcello Mastroianni, Ugo Tognazzi, e anche visto diventare professioniste ragazze che non lo erano come Sophia Loren e Silvana Mangano, si è apprezzato di più il lavoro e la duttilità dell'attore.

A.V.: Pensa che la posizione del gruppo *Cinema*, all'inizio, sia stata influenzata dalle teorie di Umberto Barbaro sulla recitazione e l'attorialità? Penso a De Santis in particolare e al suo amore per il cinema spettacolo.

Lizzani: Sì, anche se Barbaro è stato a volte contrario, ha avversato il movimento neorealista. Lui amava il grande cinema espressionista. Barbaro veniva dal Futurismo, amava i grandi autori della stagione degli anni Venti, i sovietici. Quindi non era per un cinema di immediata presa sulla realtà. Lui valorizzava molto film come *Ivan il terribile* perché rappresentavano la sua idea di cinema. Il viaggio di Barbaro fu parallelo, accanto al nostro, lui fu un grande maestro per noi. Al tempo stesso lo definirei un maestro dialettico nei nostri confronti. Lui non dava importanza all'attore, ma a suo modo avrebbe preferito che l'attore fosse professionista. De Santis è nato nel 1917, io sono del 1922, sono entrato al Centro Sperimentale di Cinematografia come auditore, non ho fatto in tempo a fare dei corsi.

A.V. È cambiato dal dopoguerra il suo modo di scegliere gli attori e il suo concetto di attorialità? Fin dal suo primo film lei ha utilizzato professionisti come Gina Lollobrigida e Andrea Checchi insieme a Lamberto Maggiorani.

Lizzani: Nella prima fase del Neorealismo volevamo cambiare tutto, venivamo da un cinema conformista, con molti *cliché*, con molti attori di commedie, oppure attori di grande prestanza fisica come

Amedeo Nazzari. Gli attori nei film d'allora erano degli eroi, noi volevamo riprodurre una realtà quotidiana. In un primo tempo ci fu da parte nostra una diffidenza verso l'attore professionista. Noi amavamo molto scoprire volti nuovi, portare davanti allo schermo una realtà che il fascismo aveva oscurato, nel senso che il fascismo era un movimento populista solo nel senso retorico, perché la realtà non era mai emersa. Quindi senz'altro in questa prima fase, pure mettendo insieme attori professionisti e altri presi dalla strada, lo sforzo era di portare il professionista a tradire meno la sua professionalità e sembrare anche lui qualcuno preso dalla strada. Poi pian piano, quando si è passati alla stagione in cui si è andati a scoprire meccanismi anche più complessi della società, la psicologia, negli anni Cinquanta e Sessanta, Visconti, ma anche De Santis con *Roma ore 11*, hanno incominciato a vedere non solo la vita quotidiana ma anche quello che c'è dietro questi rapporti psicologici. Allora venne naturale sentire la necessità dell'attore professionista che ha più sottigliezze, ha delle possibilità di esprimersi con maggiore duttilità che un uomo preso dalla strada.

A.V.: In questa vostra iniziale ricerca di novità e di trasgressivo rientra anche il rifarvi a Verga?

Lizzani: Penso che un movimento artistico ai propri inizi, quando vuole legittimarsi e non ha prove per dimostrare quello che vuole, cerchi dei riferimenti e dei maestri. Questo è avvenuto in tutte le epoche, in tutti i movimenti di evoluzione letteraria o musicale ci si è riferiti a qualche personalità del passato che magari era in conflitto con quello che andava di moda. Il fascismo aveva esaltato D'Annunzio e un certo modo di fare letteratura, Verga ci apparve come una radice a cui attaccarsi, un autore che appunto aveva narrato la vita dei pescatori siciliani e quella Italia che durante il periodo fascista non si vedeva più. Era una realtà offuscata da una cinema di propaganda ma soprattutto da un cinema superficiale: la stagione dei telefoni bianchi. Per queste ragioni noi cercavamo i nostri punti di riferimento letterari, Verga, De Sanctis, Labriola, tutto un tipo di letteratura che evocava un'Italia postrisorgimentale che aveva vissuto drammi sociali che erano dimenticati e che invece per noi erano fonte di nuove ispirazioni per capire meglio l'oggi di allora. Per noi era il legittimarsi guardando indietro per trovare dei maestri. Noi volevamo dimostrare di non venire dal nulla, ma che venivamo da quella parte.

A.V.: Come lavoravate nello scegliere gli attori, nello scrivere sceneggiature e nella realizzazione di un film? Mi sembra che tra i vari gruppi ci fossero anche delle collaborazioni, come nel suo caso, che passa dal gruppo *Cinema* a fare l'aiuto regista con Rossellini?

Lizzani: Ci sono delle sceneggiature che, se viste oggi, fanno ridere perché ci sono dieci o otto nomi, in realtà poi lavoravano in due, però c'era questo desiderio di volere attorno il letterato raffinato che poteva dare dei suggerimenti o far ricordare un riferimento, come nel caso di Franchina oppure di Corrado Alvaro, utilizzato per film ambientati nel Settentrione, ma che era un meridionale che con il Nord non c'entrava niente; però avevi vicino un Moravia, uno Zavattini, un Amidei, anche se alla fine le sceneggiature risentivano sempre della personalità del regista che veniva fuori, come nel caso di De Santis.

A.V.: Com'è avvenuto il passaggio da Verga e dal Meridione, assunti come modelli per legittimare il vostro progetto, alla realizzazione dei vostri primi film nel Settentrione? La guerra civile e il vento del Nord hanno avuto un peso nella scelta dell'ambientazione dei vostri primi film?

Lizzani: Nel 1944 noi pensavamo che il cinema italiano fosse finito. Si sapeva che Rossellini stava girando un film sulla Resistenza con Anna Magnani e Aldo Fabrizi. Noi pensavamo che sarebbe stato un film di maniera che avrebbe sfruttato il momento storico. Non avevamo nessuna sensazione che con quel film sarebbe successo qualcosa di nuovo. *Ossessione* era uscito, aveva raccolto pochissimi spettatori, per cui eravamo piuttosto sfiduciati e in modo un po' ingenuo pensammo che se si fosse andati nelle regioni che avevano avuto una vita civile anche nel passato comunque più moderna, più democratica, con dentro anche il socialismo, avremmo potuto fare film. Il nord e Milano erano una realtà industriale, e se fossimo entrati in quel mondo sarebbe stato più facile per noi, Roma aveva poche industrie, era legata al mondo contadino, alla campagna; andare al Nord significava trovare quella famosa società, quindi da una parte Verga, ma dall'altra c'era una società moderna, la città di Cattaneo, la città del Risorgimento.

A.V.: Dopo il 1948, secondo lei, la Guerra Fredda ha influito sull'evoluzione del cinema neorealista e ha avuto un ruolo sulla scelta degli attori e delle tematiche?

Lizzani: La Guerra Fredda ha certamente consacrato un atteggiamento nei confronti del cinema neorealista che già esisteva. La diffidenza e la paura per un cinema che poneva la questione sociale ed era attento alle problematiche sociali, a scoprire la vita popolare e a vedere quelli che erano i drammi quotidiani della gente, hanno condannato a morte negli anni '50, '51 e '52 il Neorealismo con forme di censura diretta o indiretta. I modi erano tanti per scoraggiare i produttori. Si diceva che fosse un cinema che faceva vedere solo la miseria agli occhi degli stranieri. Era considerato un cinema che non si poteva esportare all'estero. Noi invece per fortuna, con il sostegno della critica francese, americana, tedesca e russa, che ci aiutò molto, continuammo a lottare, però quel periodo ci spezzò le gambe. De Santis dopo *Roma ore 11* incominciò ad avere molte difficoltà. Anch'io dopo *Cronache di poveri amanti* [1953], che vinse un premio importante a Cannes ma poi non gli fu dato il permesso di esportazione all'estero, mi trovai in difficoltà a trovare finanziamenti per i miei progetti. Da questo derivò la crisi finanziaria della cooperativa che aveva prodotto anche il mio primo film *Achtung! Banditi!* [1951]. Tutti ebbero difficoltà incluso Visconti. Non trovano difficoltà Fellini e Antonioni, non perché non siano uomini schierati nel fronte di sinistra, però le loro tematiche «sociali» più individualistiche vengono viste con meno sospetto e quindi hanno spazi un po' più vasti.

A.V.: All'epoca avete mai pensato di iniziare una cinematografia indipendente, con una rete di distribuzione nell'Europa dell'Est? Un'industria alternativa a quella capitalista, finanziata dal PCI?

Lizzani: Il germe di questo progetto fu proprio il mio primo film *Achtung! Banditi!*, nato da una cooperativa genovese aiutata dalla lega delle cooperative, che è una grande associazione che raccoglie milioni di aderenti. Dopo il fatto che ho menzionato con *Cronache di poveri amanti* che non potè essere esportato, anche la lega delle cooperative si lasciò intimorire. Da parte nostra si parlò di come organizzare una produzione nostra, ci fu una riunione anche con Togliatti. Si disse che noi avevamo un patrimonio culturale da difendere e che c'erano anche autori non comunisti, come De Sica e Rossellini, che avrebbero voluto fare film che non riuscivano a fare. Si discusse anche sulla possibilità di avere un mercato tutto all'Est, però ci fu una presa di posizione che in un certo senso non fu sbagliata, perché non voleva che si facessero film di parrocchia, ma che si facessero film per il mercato mondiale. Si disse che quella era la sfida e che noi dovevamo nuotare in quell'acqua. Si disse che una cosa era avere un giornale che doveva soltanto arrivare ad un'edicola, un'altra cosa era la produzione di un film. D'altronde, anche se i nostri film avessero avuto un successo enorme nell'Est, non c'era un termometro di mercato che ci avrebbe permesso di misurare un film italiano, e loro ci davano un compenso fisso.

A.V: Riguardo a Togliatti o anche prima con Alicata e dopo con Salinari, hanno mai avuto un ruolo di censori dei vostri film?

Lizzani: Influenzavano ma non censuravano. Eravamo talmente in sintonia, persino la linea più arretrata politicamente – non poeticamente – del Neorealismo, Germi, De Sica, che certo non facevano film sul sociale, non facevano film di diretto scontro sociale, però erano tutti totalmente impegnati nella difesa di questo grande patrimonio culturale che non ce n'era bisogno. Certamente noi allora ci ponevamo il problema che un film potesse essere migliore di un altro e forse si è criticato troppo uno Zampa e un Castellani, ma eravamo impegnati a difendere tutto il cinema neorealista dell'epoca. Il giornale e il partito erano totalmente impegnati in quel minimo che c'era da salvare.

A.V.: Di Alicata, ricordo la lettera «in codice» che scrisse dal carcere a De Santis quando voi eravate impegnati alla lavorazione di *Ossessione*, in cui lui si raccomandava di salvaguardare il personaggio dello Spagnolo e si preoccupava che il personaggio interpretato da Girotti e quello del prete portassero gli indumenti «giusti».

Lizzani: Allora era difficile capirsi su quello che si voleva fare. In realtà se si guarda bene *Ossessione* è un film di grande maniera, risente sia nel contenuto che nel modo di rappresentare i personaggi di un profumo hollywoodiano e francese. È un film sconvolgente che comunque rompe quello che c'era nei film dell'epoca, ma non ha ancora quella che sarà l'autenticità che poi Visconti raggiungerà in *La terra trema* oppure Rossellini in *Paisà*. C'è molta maniera, cioè è assurdo immaginare che un giovanotto così bello e forte in quella epoca potesse andare in giro senza che i carabinieri non dicessero: «Perché non vai a fare il militare?». La figura del vagabondo non esisteva in Italia, ma era una forma, una metafora per raccontare certi paesaggi in cui si incominciava a vedere un'Italia che non si era vista prima.

A.V.: Lo Spagnolo si supponeva che fosse un reduce della guerra in Spagna, ma Alicata ne voleva anche accentuare le sfumature politiche. Ho sentito dire che Lei avrebbe dovuto impersonare quel personaggio per Rossellini, è vero?

Lizzani: Sì, Trombadori pensò che io potessi essere il personaggio dello Spagnolo nella figura dell'emigrante in *Germania anno zero*. Antonello [Trombadori] cercò di suggerirlo a Rossellini, evidenziando anche l'aspetto della rinascita: in Germania c'erano state tante vittime dello stesso nazismo, nel film c'era un personaggio simile allo Spagnolo, l'emigrante, che doveva avere una certa importanza ma che alla fine è diventato una comparsa perché Rossellini aveva un'ispirazione che lo portava più a vedere la tragedia esistenziale di là dal clima politico.

A. V.: È dovuto a queste divergenze di gruppi diversi che il cinema italiano ha impiegato tanto tempo per trarre film da romanzi come *Fontamara* di Silone e *Cristo si è fermato a Eboli* di Carlo Levi? Oppure c'era in gioco anche la politica dei due grandi schieramenti dell'epoca?

Lizzani: Sì, forse la politica potrà anche aver giocato nell'immediato dopoguerra, ma con tutto l'amore che noi avevamo per Verga al tempo stesso volevamo far qualcosa di nuovo. È vero che soltanto negli anni Settanta si incominciò a tornare al mondo contadino.

Carlo Levi vide il mio documentario sul Mezzogiorno, *Qualcosa è cambiato*... Ne rimase favorevolmente colpito e mi disse che se avessi trovato un produttore, avrei potuto fare un film dal suo romanzo, ma non se ne fece niente e stranamente in quell'epoca uscirono tre film – il mio *Fontamara, Cristo si fermato a Eboli* di Rosi e *L'albero degli zoccoli* di Olmi – che sono stati tutti fatti nella stagione in cui c'è stato un ritorno alla scoperta del mondo contadino, forse ormai lontano in quel momento. Nel dopoguerra, quando si lesse *Fontamara* di Silone, avemmo l'idea che avesse un po' qualcosa di fiabesco, sembrava poco realistico.

A.V.: Siccome Lei ha lavorato con tutti i registi più importanti del dopoguerra, potrebbe soffermarsi sui loro vari metodi di lavoro, includendo anche il suo?

Lizzani: Con De Santis si lavorava dieci ore al giorno chiusi tutti in una stanza, insieme, poi ci scambiavamo le scene che si discutevano. Con Visconti la stessa cosa, anche se con lui ho lavorato poco. Con Lattuada il lavoro di preparazione di sceneggiature era molto regolato, erano delle sceneggiature di ferro. Era invece completamente differente lavorare con Rossellini. Per *Germania anno zero* quando andai a Parigi trovai una situazione diversa. Rossellini mi aveva preso come collaboratore alla sceneggiatura e aiuto regista, sapendo che io ero uno sceneggiatore di nome, giovane emergente. Sapeva che De Santis mi stimava molto e che ero uno di quelli su cui si poteva contare. Trombadori aveva caldeggiato il mio nome, noi eravamo molto amici, e lui era anche amico di Rossellini, così mi trovai sconvolto al mio arrivo a Parigi. Si partì da una sceneggiatura di duecento pagine che man mano veniva buttata via, e si arrivò alla vigilia delle riprese con quindici paginette, però le sequenze erano molto chiare. Devo ammettere che non avevamo perso del tempo in quei tre mesi a Parigi e a Berlino, ma che avevamo consultato tutte le fonti possibili. Avevamo parlato con tedeschi esuli, tedeschi viventi a Berlino, una nostra fonte fu Dietrich che aveva vissuto in Germania e aveva raccontato episodi di queste allucinanti miserie che avevo visto e quindi questo fu un metodo completamente diverso.

Ai giorni nostri siamo arrivati a una via di mezzo, al massimo si sceneggia in due, ma questo lo trovo limitativo, mettono la scritta «film scritto e diretto da...». Penso che il momento dialettico di una sceneggiatura sia una ricchezza che poi, come si è visto nella commedia, ha dato dei frutti, perché erano coppie di sceneggiatori che lavorano con il regista.

A.V.: Oggi ci sono registi che scrivono le proprie sceneggiature, le dirigono e le recitano. Questo non sarebbe mai accaduto nel dopoguerra, quando Lei ha iniziato. Potrebbe soffermarsi sulle possibili ragioni o cause di queste realtà così diverse?

Lizzani: Non escludo che da questo stiano uscendo anche dei talenti, però penso che il cinema abbia bisogno di un grande scambio di idee prima di arrivare a un traguardo. Ci vuole una grande dialettica, che l'autore si specchi in un altro collaboratore o in un libro, era così e credo che lo sia ancora.

A.V.: Pensa che abbia influito anche la mancanza di produttori o di grandi personalità in questo campo?

Lizzani: Questo è naturalmente dovuto anche ai produttori che armonizzavano. Oggi avrebbero preso un attore di talento e gli avrebbero detto di lavorare con due dei migliori sceneggiatori in circolazione, nel passato erano Age e Scarpelli, oggi ce ne sono parecchi di sceneggiatori preparati. Il produttore avrebbe chiamato il migliore regista, adatto alla commedia, e avrebbero fatto il film. Allora questi film erano i film di Risi, di Scola, che furono fatti in questo modo con dietro la figura di un produttore che riusciva a mettere insieme, a creare delle squadre. Oggi, invece, si lavora molto individualmente – questo non esclude che possa nascere l'autore alla Woody Allen, alla Nanni Moretti, però loro non possono essere una regola. Il cinema diventa narrativa quando raggiunge sia per le sale che per la *fiction* televisiva un certo livello che esige un lavoro di squadra.

A.V.: Che cosa pensa del termine Neoneorealismo?

Lizzani: Lo trovo assurdo. Il termine Neorealismo fu già molto discusso. Il Neoneorealismo è incomprensibile perché il discorso sul Neorealismo veniva dal fatto che c'era stata una stagione di arte astratta, un'avanguardia, e anche nel cinema c'era stata una stagione europea non conformista, così si volle un ritorno al realismo rifacendosi alle grandi correnti dell'Ottocento. Neoneorealismo perché si ritorna a che cosa? Inutile, siamo avanti, c'è un'altra stagione.

A.V.: Vorrei tornare alla stagione neorealista e parlare dei suoi film. Lei ha cominciato in quel periodo, poi ha fatto film tratti da romanzi, western di impegno sociale, film in cui rilegge la storia attraverso personaggi illustri e a volte anche attraverso la gente comune. Pensa che ci sia una contraddizione nella sua cinematografia, oppure lei vede nella varietà delle tematiche e nella varietà dei generi utilizzati una continuazione con la contaminazione dei generi, una delle caratteristiche del cinema neorealista che Lei ha messo in rilievo nei suoi studi e documentari realizzati?

Lizzani: La storia è stata per me sempre la lettura preferita accanto alla narrativa, ho letto tanti libri di storia e di memorialistica, quindi mi ha affascinato come fonte di ispirazione da una parte, e dall'altra delle discipline a cui mi sono interessato. Ricordo che moltissimi anni fa, dopo il mio primo film *Achtung! Banditi!*, lessi a Milano che qualcuno mi aveva definito, in modo ironico, ma che a me piacque: «Il miglior regista americano in Italia». Il gioco dei generi mi piaceva, pur avendo partecipato al Neorealismo che aveva distrutto i generi e li aveva confusi. Il sistema industriale cinematografico poi li aveva ricomposti, quindi io ho una linea portante che si rivela nel raccontare la realtà italiana, sia vista dagli umili sia vista dai vertici. Lo trovo omogeneo, un fatto che mi piace come alternativa e che ha due tonalità. Poi non mi è dispiaciuto dare qualche testimonianza, come ho fatto con *Lo svitato*, sugli aspetti quotidiani, sul lavoro, il successo, la rivalità oppure sulla Roma bene, come ho fatto con *La vita agra*.

A.V.: È cambiato il suo modo di far entrare l'attore nel personaggio storico, e da una prospettiva formale è cambiato il suo approccio nella realizzazione di un film storico? Trovo molto interessante che Lei abbia iniziato a fare film su personaggi storici famosi in un periodo in cui molti autori letterari scrivevano romanzi sulla storia con la lettera minuscola. Lei ha anche fatto film su personaggi storici recenti, Mussolini, Gorbaciov, Petacci: pensa che questo genere sia legato al mercato televisivo o nel suo caso sia una evoluzione di una caratteristica neorealista di raccontare la storia vissuta e i fatti di cronaca?

Lizzani: Come far entrare un attore in un personaggio storico è un problema che il cinema ha avuto in tutti i tempi, basti pensare a un film fatto su Napoleone. Certo quando si parla di personaggi più vicini è più difficile e rischioso. Spesso mi sono sentito dire che fosse troppo presto per rappresentare personaggi del nostro tempo. Mi è piaciuto raccogliere queste sfide e credo che, indipendentemente dal giudizio critico su questo tema, su come ho rappresentato questi personaggi, ho avuto giudizi positivi. Anche lo Steiger di Mussolini, salvo forse qualche leggera esagerazione – ma bisogna anche aggiungere che Mussolini era esagerato nella sua gestualità e che quindi ho voluto ricordarla. In *Celluloide* ho rappresentato personaggi minori come lo stesso Rossellini, Sergio

Amidei: mi trovo bene a farlo, forse è una mia capacità. Riguardo a come ho preparato gli attori, per Steiger ho visto tanti *newsreel* e gliene ho fatti vedere tanti. Dopo aver visto anche tanti filmati usciti dopo la guerra, lui a volte era troppo esagerato e io gli spiegai che Mussolini aveva tagliato tanti primi piani in cui era troppo esagerato. Mussolini non era un cretino, lui recitava per le masse, non per la televisione. Certi suoi atteggiamenti li vediamo da materiali che lui aveva scartato, quelli che si vedevano al cinema durante il regime erano sempre più lunghi oppure quando si vedevano dei primi piani lui era più silenzioso oppure diceva una frase. Da questo studio ho realizzato il film.

A.V: Il suo ritorno alla storia è diverso da quello iniziato a metà degli anni Cinquanta e sostenuto da Guido Aristarco nella polemica intorno a come rivitalizzare il Neorealismo?

Lizzani: Io ero abbastanza d'accordo con Aristarco, infatti in quel periodo sognavo di fare un film sulla strage di Cefalonia, di vedere la storia più che la cronaca, di vedere non tanto la storia immediata e gli episodi di guerra, ma vedere dietro le quinte. Per esempio, perché c'è stato l'otto settembre? Che cosa era successo? Che cosa c'era dietro il Risorgimento e la spedizione dei Mille? Allora io sentii che forse quella era la strada buona da prendere, del resto era latente in tutti noi. Visconti arrivò a fare *Senso,* ma pensammo un po' tutti che si poteva parlare dell'Italia o guardarla più approfonditamente, più in profondità attraverso la storia del passato. Invece di fare film sociali vedere quello che c'era a monte.

A.V.: Queste scelte erano dovute anche alla censura? Non pensavate al rischio che, siccome non si poteva trattare certi argomenti apertamente, si sarebbe potuto anche colonizzare il passato seguendo lo stile hollywoodiano?

Lizzani: Colonizzare inteso come folklore, idea pittoresca del passato, anche se poi in America, dopo il Vietnam, si iniziano a rovesciare i *cliché* e gli indiani e i neri sono rappresentati diversamente.

A. V.: Il fatto che Lei passi da Silone a Verga con *Fontamara* e *L'amante di Gramigna,* come dovrebbe essere letto da un ricercatore che conosce le preclusioni che il vostro gruppo aveva nei confronti dei romanzi di Silone, oppure si può attribuire alla sua ecletticità intellettuale?

Lizzani: Ho avuto la fortuna di avere un'apertura verso l'universo delle culture italiane, che comprende sia la letteratura sia i fatti di cronaca e la meditazione, la riflessione mediante la parola. La cronaca, l'evento deve essere clamoroso per attirare l'attenzione al punto che uno se ne occupi e la storia mi è sembrata il modo migliore per capire.

A.V.: Quanto ha influenzato l'intellettuale Lizzani sull'artista?

Lizzani: Può darsi che questo mio esercizio sulla pagina, sulla riflessione storico-politica e di costume possa aver raffreddato l'ispirazione, che qualche volta abbia fatto prevalere sull'emozione artistica, genuina, lo sforzo di esporre un teorema.

A.V.: Prima di concludere vorrei chiederle se fin dai tempi alla rivista «Cinema» Lei si sia posto il problema della lingua in rapporto ai personaggi umili.

Lizzani: Quello della lingua è stato un grande problema che noi avevamo legato a quello della mancanza di una lingua nazionale. Una storia che viene da una frammentazione del nostro Paese, da una lingua che non è diventata popolare perché non c'è stata un'evoluzione borghese come in Francia o in Germania – il che ha fatto sì che una lingua italiana in realtà non esiste e nel cinema l'italiano è diventata la lingua del doppiaggio. La lingua italiana dovrebbe avere delle sfumature, allora qualche volta c'è voluto caparbiamente uno come Visconti che ha fatto parlare i personaggi con la loro lingua, e per fare un film vero è ricorso al dialetto. Oppure si è arrivati a far parlare un italiano inesistente a personaggi popolari. Questo si è fatto a causa della consapevolezza dell'impopolarità dei film neorealisti che già faticavano ad affermarsi e non si poteva far prevalere il dialetto. Poi con la commedia per alcuni film è prevalso il romanesco, ci sono stati alcuni attori meridionali. Tutto questo per far capire che noi il problema della lingua ce lo siamo posti.

A.V.: C'era una preclusione nell'uso dei bambini da parte del gruppo *Cinema*? Mi sembra che nei vostri film non ci siano dei ruoli maggiori costruiti per bambini, come accade nei film di De Sica e Rossellini.

Lizzani: È un problema che non mi sono mai posto, ma so che non c'è stato un piano, forse una paura di suscitare emozioni facili, cosa che De Sica non ha certamente fatto anche utilizzandoli.

A.V.: Un altro tema di cui non vi siete direttamente occupati all'epoca è l'emigrazione, l'unico film dell'epoca che la tratta pienamente è *Il cammino della speranza* di Germi; nei film di De Santis si accenna sempre all'emigrazione ma non è mai il tema centrale. Anche i conflitti di classe sono sempre sfumati. Lei pensa che tutto questo sia dovuto alla vostra scelta iniziale di prendere come modello Verga e alla formazione umanista e meridionale dei registi?

Lizzani: Noi avevamo sognato di fare film sui conflitti di classe ma l'autocensura e la censura non ce l'hanno permesso. Visconti voleva fare una trilogia sul mare, la terra e le zolfare, dove ci sarebbe stato lo scontro di classe tra zolfatari e padroni ma non glielo hanno permesso. Io ho sempre sostenuto che nel Neorealismo non era rappresentata la fabbrica, e uno dei meriti che mi attribuisco e che mi è stato anche riconosciuto è di aver riportato il cinema nella fabbrica dopo *Acciaio*. Le tipologie sociali che emergono, malgrado la nostra formazione marxista, sono quelle dei popolani, piccoli borghesi dai mestieri spesso improbabili – mancano film con i grandi sfondi sociali e i gruppi di lavoro. Anche in *Riso amaro* e in *Caccia tragica* lo scontro è tra i padroncini, i mediatori e gli operai, e non con i padroni.

A.V.: Non pensa che questo, oltre a ragioni socio-economiche, sia dovuto anche alla politica del PCI riguardo alla possibilità di creare una produzione alternativa a quella capitalista? Lei pensa che questo sia stato di impedimento alla nascita di una cultura alternativa?

Lizzani: Come le ho detto in quel famoso incontro anche con Togliatti si scelse la strada di un cinema che veniva fatto dentro le strutture, la lotta doveva svolgersi dentro le strutture, il finanziamento esterno dovevamo guadagnarcelo ottenendo più spazio.

Noi eravamo consapevoli, illusi di aver creato una cultura alternativa, i nostri film piacevano agli americani, anche se non potevamo avere la forza strutturale dell'industria cinematografica americana.

Intervista con Pietro Ingrao

A.V: La ringrazio di aver accettato di incontrarmi e sono lieto di essere qui a casa sua, tra i suoi libri e le sue foto. Ho molta stima del ruolo che Lei ha svolto nel corso degli anni nel mondo della politica italiana e apprezzo molto anche le sue raccolte di poesie[1]. Ho letto il suo articolo sul cinema di Charles Chaplin e De Santis mi ha spesso raccontato che Lei ama molto il cinema e che è stato anche iscritto al Centro Sperimentale di Cinematografia prima di dedicarsi completamente alla politica. Vorrei iniziare questa nostra conversazione con il chiederle di raccontare com'è nato il suo amore e l'interesse per il cinema e come ha conosciuto i giovani del gruppo *Cinema* di cui Lei ha fatto parte e ha anche influenzato come una specie di «fratello maggiore». Prima che Lei risponda, vorrei iniziare con una mia curiosità, si considera ciociaro?

Ingrao: Mi considero ciociaro. Vengo da un mondo contadino, da un paese politicamente reazionario con cui ho combattuto non poco. Ci sono molti che mi vogliono bene al mio paese, ma con le mie idee non ci siamo incontrati. Conservo un rapporto stretto con il mio paese, soprattutto con il retroterra più avanzato, Sezze, dove ci sono state le lotte per i posti di lavoro. Mi piace la costa che va dal Circeo fino a Gaeta. Ho studiato per molto tempo a Formia. A Sperlonga e sulla costa sono andato spesso con la mia famiglia, che è molto numerosa, e con la mia compagna, che sfortunatamente è da poco scomparsa. Amo molto la mia terra e sono attaccato

[1] Pietro Ingrao è nato nel 1915 a Lenola (Latina). Ha militato nella Resistenza, è stato direttore de «l'Unità» e presidente della Camera dei deputati dal 1976 al 1979. Ha pubblicato due raccolte di poesie e molti saggi critici e alcuni libri sull'attualità e la politica.

alle campagne anche nella fantasia, amo i cieli, le luci della zona, ma politicamente le cose non sono andate bene.

A.V.: Anche quando si è trasferito a Roma ha mantenuto contatti con compaesani che si erano trasferiti?

Ingrao: Anche vivendo a Roma, ho avuto rapporti con personaggi della mia zona. Ho avuto e mantenuto un rapporto con il pittore Domenico Purificato con il quale ho fatto il liceo a Formia. Con Giuseppe De Santis ho avuto una grande amicizia. Peppe, come io lo chiamo, è stato un grande scopritore, inventore di talenti che poi sono diventati attori e attrici, basti pensare alla Mangano, a Vallone. Un altro personaggio delle mie zone che ha influenzato molto questo gruppo, con cui eravamo molto amici, era Libero De Libero. Un poeta sfortunato, una figura singolare, ma di una grande importanza per la storia della cultura italiana e anche per il nesso tra l'Italia e la Francia. Lui dirigeva la Galleria *La Cometa* ai piedi del Campidoglio, che era patrocinata dalla Contessa Mimmi Pecci Blunt, ma per merito di Libero De Libero c'erano attività interdisciplinari che favorivano interessi pittorici e poetici. Si deve a lui il legame con tutta la cultura francese surrealista e la nostra scoperta del poeta Valéry.

A.V.: Com'è nato l'interesse per il cinema?

Ingrao: Parto dalla mia esperienza personale. Nell'avviarmi al cinema sono stato aiutato dalla conoscenza di una rivista che veniva fatta a Venezia, «Il Ventuno», ed era diretta da uno dei primi studiosi in Italia del cinema degli anni Trenta, Pasinetti. C'erano due fratelli veneziani: Francesco e Pier Maria, il primo era cinefilo e di sicuro è stato tra i pionieri della riflessione sul cinema che ci siano stati in Italia. Lavorava in questa rivista universitaria dei Guf [Gruppi universitari fascisti], che erano le organizzazioni giovanili fascisti, però bisogna fare un po' d'attenzione, si trattava senza dubbio di organizzazioni del regime (che era un regime violento), ma sono state anche organizzazioni a cui hanno partecipato giovani come me ed altri che poi sono passati abbastanza rapidamente a fare delle esperienze antifasciste, leggendo, facendo letteratura, arti e cinema. Questi contatti ed esperienze hanno cambiato la loro posizione politica e alcuni dei giovani che ne facevano parte sono stati anche animatori della lotta antifascista, fino quando poi sono venuti i tempi della Resistenza.

Non so esattamente come scoprii questa rivista di Venezia che aveva tutta questa parte dedicata alla storia del cinema europeo, tedesco, sovietico, francese e anche del cinema italiano – che però attraversava un momento triste, essendo un cinema di maniera negli anni Trenta. Leggendo questa rivista mi sono avvicinato di più alla storia del cinema e alla riflessione critica cinematografica che era già cominciata in Italia e di cui era stato pioniere Umberto Barbaro.

Successivamente – saranno stati gli anni intorno al 1933 o al 1934, io studiavo all'università di Roma, facevo Giurisprudenza, la scienza del diritto – ho contemporaneamente partecipato ai primi littoriali, gare tra giovani universitari che il fascismo aveva messo in piedi per legare ancora di più ad esso la gioventù intellettuale italiana che stava nascendo. Però lì le cose sono andate diversamente, perché questi incontri annuali che si facevano, ad incominciare dai primi che si tennero a Firenze, furono anche dei momenti di incontro tra diversi gruppi della gioventù italiana e ci furono dei giovani che erano già impegnati nella battaglia antifascista. C'erano anche giovani che parteciparono a questi incontri con lo scopo di persuadere altri a partecipare a riunioni antifasciste, e questa è stata anche la mia storia. Ho partecipato alle prime gare a Firenze e poi a Roma, ho conosciuto coetanei che erano giovani intellettuali già schierati in una battaglia antifascista. Uno di questi fu Antonio Amendola, che non si occupava di cinema, ma ha molto influito su di me e su Giuseppe De Santis. Quando ho partecipato a questi littoriali, ho conosciuto anche un giovane che è stato molto importante per i miei interessi verso il cinema: si chiamava Gianni Puccini, era figlio di uno scrittore. Puccini era di grande intelligenza e aveva una grande passione per il cinema; aveva conoscenza del cinema europeo, americano, ed era anche uno scrittore e critico molto bravo. Ho cominciato ad avere amicizia con lui, a frequentare la sua casa. Lui è stato il tramite, il congiungimento che mi ha portato a conoscere Rudolf Arnheim, uno dei più grandi teorici sul cinema, uno dei primi che aveva fatto teoria sul cinema e aveva scritto un libro, *Il cinema come arte*, che per noi era diventato una specie di libro sacro. L'amicizia con Puccini si allargò con Arnheim, che lavorava a Roma in un'organizzazione diretta da uno che si chiamava De Feo, che si occupava di cinema educativo, a cui ho partecipato, e che attorno ad Arnheim, venne ripercorrendo e appassionandosi sempre di più alla vicenda del cinema e all'arte del cinema, sicché quando si creò in Italia, alla fine del 1934, quello che si chiamò Centro Sperimentale di Cinematografia, tanto Puccini, tanto io, che eravamo molto amici tra noi e con Arnheim, ci iscrivemmo a questo Centro Sperimentale e seguimmo un corso per registi. In verità stando lì non ho imparato la tecnica del cinema: era una strana scuola dove noi non abbiamo girato nemmeno un metro di pellicola, però c'erano delle persone di notevole levatura e c'era un grande studioso di cinema italiano ed europeo, Umberto Barbaro, che ci ha aiutato a seguire la storia del cinema, a capirlo e anche a ragionare. Lui ha accresciuto le nostre conoscenze e la passione del cinema che era venuta sviluppandosi nel rapporto con Arnheim. Abbiamo avuto alcuni maestri che dal punto di vista teorico, parlo di Arnheim e di Barbaro, erano persone di grande valore e che sono rimaste nella storia del pensiero cinematografico e hanno anche affinato la nostra conoscenza. Arnheim è stato molto importante, perché non solo ci ha aiutato a capire il cinema mondiale ma anche la grande arte del Novecento, compresa l'arte del teatro. Dalla sua bocca ho sentito, per la prima vota, due grandi nomi: Artaud e Brecht. In qualche modo questa amicizia ci ha aiutato a conoscere la cultura mondiale e il cinema americano che noi amavamo molto, ma facevamo molta distinzione tra cinema di cassetta e d'autore, tra cui primeggiava molto Chaplin, di cui siamo stati grandi ammiratori.

Tra noi, amico mio e di Puccini c'era anche Giuseppe De Santis, un mio quasi compaesano, che era giovanissimo, aveva venti anni. «Peppe» aveva una passione per la scrittura, la letteratura, ma in questo raggio di amici che si era creato, tutti aiutati da Arnheim, ha cominciato anche lui ad interessarsi dell'arte cinematografica e a pensare di lavorare come regista. Quindi tra il '34 e il '36, direi che qui a Roma si è creato un gruppo di giovani che erano particolarmente appassionati all'arte del cinema e che, sotto l'influenza di questo grande critico che era Rudolf Arnheim, hanno scoperto tutti i grandi film che apparivano sulla scena mondiale.

A.V.: Conoscevate e studiavate anche i film russi? Quali vi piacevano?

Ingrao: Noi abbiamo letto anche la traduzione del libro di Pudovkin, ma erano soprattutto due i film russi che ci piacevano di più ed erano di Sergej Ejzenštejn. *La corazzata Potemkin* è stato un film simbolico per noi anche dal punto di vista della costruzione cinematografica: ad esempio, mi ricordo un passaggio che consideravamo una specie di icona, quel punto quando c'è uno scontro tra i soldati e la gente che sta scendendo sul porto e c'è il famoso pezzo in cui la carrozzina con il bambino scivola lungo la scalinata con un effetto drammatico e sconvolgente. L'altro era il film che Ejzenštejn aveva dedicato alla rivoluzione, *Sciopero*, il film che descriveva l'assalto al Palazzo d'Inverno. Questo grande cinema russo ha appassionato tutto il gruppo che voleva fare cinema.

All'epoca è intervenuta un'altra vicenda che riguarda Luchino Visconti: lui rientra in Italia, vuole fare un film con Renoir che non fa, accade che incontra su una nave per Capri Giuseppe De Santis, questo amico mio quasi compaesano, e diventano amici e avviene un incontro tra la nostra passione per il cinema e l'intenzione di Visconti di fare un film in Italia e di entrare nel nostro gruppo. Visconti ha cominciato a dare dei lavori che erano preparazioni di soggetti o di *treatment* facendo riferimento, soprattutto, a un grande autore italiano verista della fine del secolo scorso, che era Verga.

A.V: Potrebbe soffermarsi sul perché avete scelto proprio Verga?

Ingrao: Noi lo consideravamo l'autore delle vicende letterarie italiane, tra la fine Ottocento e l'inizio del Novecento, che di più si era soffermato ad indagare e a rappresentare la condizione delle masse italiane del Mezzogiorno – deve ricordare che molti di noi erano meridionali. Verga non era un rivoluzionario, non era nemmeno di sinistra, però è un autore che ha scritto alcuni libri dedicati alla Sicilia, anche novelle, in cui c'era la rappresentazione delle masse contadine italiane oppresse e della loro vita e condizione. A noi questo interessava perché, insieme a questa passione per il cinema, era venuta crescendo in questo gruppo un'altra passione, per influenza mia, di Mario Alicata, di Giuseppe De Santis e di Gianni Puccini, che diventava sempre più una vena di lotta contro il fascismo. Noi volevamo, cercavamo, incominciavamo anche a pensare a un cinema nuovo, italiano, sociale e questo si combinò con l'incontro con Visconti. Lui cercava una strada, ma andava un pochino adagio nelle sue scelte. Io ricordo di aver fatto per lui un soggetto, un *treatment* da un racconto di Verga che si intitolava *Jeli il pastore*, poi altri miei compagni avevano fatto altri soggetti tratti da testi da questo autore. Poi più avanti, dopo la guerra, Visconti fa un film tratto da Verga, *La terra trema*.

Si era creata un'amicizia e un sodalizio con Visconti che sono sbocciati nel progetto di fare un film, il suo primo film, che si chiama *Ossessione*. Era un film, si può dire, che stava tra la denuncia sociale e la descrizione di un ambiente, di un paesaggio italiano. Gli attori principali erano un giovanissimo Massimo Girotti, molto bello, amico di Visconti, che è morto proprio poco tempo fa, e un'attrice che non era particolarmente brava, ma che fu usata molto bene da Visconti, Clara Calamai, poi c'era un terzo attore che io avevo conosciuto al Centro Sperimentale di Cinematografia che si chiamava Elio Marcuzzo e che nel film era una specie di figura di naufrago, una specie di giramondo, ma nel film non si capiva se fosse una figura di antifascista oppure una figura di omosessuale, lei sa che Visconti era anche interessato al tema dell'omosessualità.

A.V.: Il personaggio dello Spagnolo. Lei ha partecipato alla realizzazione del film?

Ingrao: Non ho partecipato a questo film, né alla sceneggiatura né alla realizzazione, però lei sa che tutto il nostro gruppo era coinvolto. Mario Alicata e Gianni Puccini hanno partecipato solo alla prima parte della sceneggiatura, però non poterono intervenire nella lavorazione del film, furono arrestati dalla polizia perché cospiravano contro il regime. Ad ogni modo il film uscì a metà del '43, o nell'estate, suscitò molto clamore, molte proteste, soprattutto dal mondo cattolico ed è a mio parere il primo film che segna una svolta nel cinema italiano ed è anche un film in cui si rivelano alcuni nuovi talenti: Puccini e De Santis, che diventerà il regista che tutti conoscono. Io, invece, fui preso completamente dalla politica come anche Alicata, noi diventammo militanti del PCI, quindi siamo rimasti innamorati del cinema ma non come persone che intervenivano nella produzione, mentre alcuni di questi nomi, nostri amici, soprattutto De Santis, entrano nella produzione cinematografica. Di De Santis le ricordo soltanto alcuni dei suoi film, *Riso amaro*, ambientato nella risaia, dove appare quella figura splendida di donna che è Silvana Mangano e che fa molta impressione. Poi un altro suo film che ha una forte componente sociale è *Non c'è pace tra gli ulivi*, che è tutto centrato sulla condizione dei contadini delle mie parti. *Roma ore 11* ha la collaborazione di Zavattini, che poi come sa lasciò il film. Il gruppo che le ho menzionato incide molto sul cinema italiano, basti pensare a tutti gli altri film di

Visconti, di De Santis, di Lizzani, ma bisogna anche tenere conto della spinta che questa parte di sinistra ha dato al cinema di De Sica, che entra in campo nella seconda metà degli anni Quaranta con film in alcuni punti molto belli.

A.V.: Aveva rapporti diretti con De Sica?

Ingrao: Io direttamente no, ma certamente De Santis li ha avuti, anche se non ha lavorato con lui. Come sa, De Sica ha lavorato molto, oltre che con Zavattini che collaborava con noi, con la signora D'Amico che era la moglie di Lelle D'amico, che si occupava di musica ed era un nostro caro amico, così c'erano rapporti. De Sica ha sentito molto l'influenza di questo gruppo romano di cui ti ho parlato. Mentre Alicata ed io eravamo presi dalla politica, Puccini e De Santis ed anche Antonioni, che noi conoscevamo, costruiscono un gruppo di avanguardia e danno una battaglia in favore di un cinema impegnato. Zavattini, che io ho conosciuto benissimo, siamo stati amici, e che ho incominciato a leggere a venti anni, quando lessi *Parlano tanto di me*, è stato ispiratore di tanti film di De Sica e in modo molto chiaro di *Miracolo a Milano*. Zavattini ha anche provato a lavorare con De Santis, per esempio nel film *Roma ore 11*, che è un film di grande interesse, ma il rapporto non era come quello che ha avuto con De Sica. Ha fatto con De Sica *Ladri di biciclette* che ritengo abbia dei pezzi cinematografici tra i più belli del cinema mondiale, mi riferisco soprattutto agli ultimi dieci minuti del film.

A.V.: Avete avuto contatti con Rossellini?

Ingrao: Secondo me, questo gruppo di cui ti ho parlato ha avuto meno influenza, meno rapporti con Rossellini. Trovo le vicende che hanno luogo a Firenze e la lotta dei partigiani nel film sugli americani che invadono l'Italia, *Paisà*, pezzi che raggiungono le vette del cinema italiano di quegli anni. Visconti farà un altro film, *Bellissima*, dove ci sono anche dei pezzi di grande interesse, ed infine devo ricordare *Umberto D* di De Sica, che a dire il vero ha anche dei pezzi di interesse tra i maggiori del cinema italiano dell'epoca.

A.V.: Lei chiamerebbe questo cinema, benché molto diverso, neorealista e includerebbe De Santis?

Ingrao: Sì, lo chiamerei neorealista, ma non includerei De Santis, che secondo me non è un regista neorealista perché ci mette un poco di favola, di romanzo, prende qualcosa anche dal western americano. Se dovessi prendere dei punti di alto cinema neorealista citerei il finale di *Ladri di biciclette* e l'ultimo pezzo del film di Rossellini, quello sulle paludi. C'è un film italiano che non viene molto citato e spesso viene anche dimenticato che è molto bello, *Umberto D*, film di una bellezza travolgente, forse il film più bello.

A.V.: Non includerebbe *Miracolo a Milano*?

Ingrao: È un film che mi piace molto, non è un film molto compatto, come anche *Sciuscià*, ma ci sono dei pezzi bellissimi. Di Rossellini mi piace meno *Germania anno zero*, ma adesso le sto parlando del periodo tra la fine gli anni '40 e gli anni '50, poi avanza sulla scena Fellini con *I vitelloni*, film curioso ma significativo. Di Fellini considero *Amarcord* uno dei suoi grandi capolavori.

A. V.: Lei pensa che il cinema neorealista italiano finisca con gli anni '50?

Ingrao: Sì, a partire dagli anni Cinquanta, ma un'ispirazione realista è rimasta nel cinema italiano. Però, se vogliamo parlare di una tendenza, di un periodo preciso, metterei per ultimo *Umberto D*, ma non ricordo se viene prima o dopo *Roma ore11* di De Santis.

A.V.: Perché secondo Lei il Neorealismo si esaurisce, e quali sono le cause?

Ingrao: Finisce una cultura, una ideologia, tutta una lettura del mondo. Il cinema neorealista nasce senza dubbio da una grande componente sociale che c'è in Italia, che ha partecipato alla lotta antifascista e alla Resistenza e che elegge il cinema come strumento di denuncia sociale, con grandi varianti. De Santis è un comunista iscritto al PCI, un amico dei comunisti, Visconti diceva di essere comunista, ma non sono convinto, Zavattini non diceva di esserlo, ma ne era molto amico, De Sica con il comunismo non aveva niente a che fare. Se dovessi fare una curva ne farei una che grosso modo vada da *Ossessione*, che non è proprio neorealista, e che finisce con *Umberto D*: dentro ci sono alcuni film di De Santis, di Visconti, di Rossellini e Puccini.

A.V.: Anche De Santis?

Ingrao: Di De Santis metterei *Italiani, brava gente*, film sull'armata italiana in Russia. Con l'avvento di Fellini la corrente neorealista si spegne. Con Fellini nasce un altro mondo, Fellini ha un'altra vocazione. Il Neorealismo ha dato alcuni pezzi di cinema tra i più grandi che esistano nel mondo della cinematografia.

A.V.: Pensa che la Guerra Fredda abbia influito sulla fine del Neorealismo?

Ingrao: No. Quel mondo di critica sociale, quella cultura di critica sociale che ispira quei film viene scavalcata, la lettura stessa della società si fa più complicata. Il Neorealismo era molto legato a un mondo italiano, soprattutto marcato dalla presenza contadina, dalla povertà. I film di De Santis erano molto presenti e alcune cose di De Sica e di Rossellini sono molto segnate da queste tematiche: la mancanza di lavoro, il bisogno di trovarlo, la miseria, la fame e il mondo dei quartieri poveri. Il Neorealismo ha un occhio su una società povera e che fatica rispetto al dominio, non so se dire dei ricchi o dei capitalisti, è un cinema sociale e con una connotazione di sinistra anche se poi De Sica era tante cose insieme.

A.V.: Pensa che per le ragioni da Lei menzionate, De Santis abbia avuto difficoltà a realizzare i suoi film? Mi riferisco al periodo che va dalla fine degli anni Cinquanta agli anni Sessanta in cui non ha più lavorato?

Ingrao: Anche per questo, ma non solo per questo. Veramente ci dovrei pensare parecchio per darle una risposta. De Santis mantiene un film che vuole esprimere, narrare una favola sociale in cui c'entra un po' l'avventura, crea dei western sociali. Quel filone, di cui ho parlato, si ferma in quel periodo anche perché la società in Italia cambia. Il cinema neorealista parla molto di una società povera, a basso salario, senza lavoro e in lotta disperata per il lavoro come in *Roma città aperta* e *Ladri di biciclette*.

A.V.: Ma anche De Santis racconta questo dramma.

Ingrao: Sì, ma De Santis vuole anche esprimere e narrare una favola sociale, un western sociale in cui c'entra addirittura l'avventura. Il cinema neorealista parlava molto di una società povera, a basso salario, senza lavoro, in lotta disperata, che comincia a raccontare il suo dramma: si ricordi di *Roma città aperta*, oppure *Ladri di biciclette*. Anche se lei pensa a quel film bellissimo di Visconti, *Bellissima*, dove c'è la grande interpretazione della Magnani, c'è anche lì la disperata ricerca di uscire dalla povertà con l'illusione che la ragazza possa avere una vita migliore. *Umberto D*, che già è alla fine degli anni '50, mostra la tragedia del pensionato, del vecchio che non è assistito e che ha perduto il rapporto con la società, l'ho rivisto poco tempo fa, e mi è sembrato più bello di quello che mi ricordassi. In questi film c'è tutto il mondo della società italiana povera, contadina, il mondo dei quartieri. Anche certe cose dei film napoletani che fa De Sica mostrano gente che lotta continuamente. Lei deve tenere conto anche dell'influenza che ha l'autore di teatro Eduardo De Filippo, che porta la grande miseria della metropoli di Napoli sul palcoscenico. Eduardo fa a suo modo un prodotto scenico neorealista, con molte varianti che vengono dalla sua maschera, dal suo umore, ma racconta la grande povertà di questo suo popolo, della fame, del bisogno di lavoro, della esclusione dall'opulenza.

A.V.: In che modo e quando le cose cambiano in Italia?

Ingrao: Se bisogna mettere una data, durante la seconda metà degli anni Cinquanta già cambiano. La condizione sociale cambia soprattutto in alcune zone del Nord. Nel Mezzogiorno viene tardi. Noi non abbiamo parlato di un regista che pure ha un significato importante, Germi, e di due film *Il cammino della speranza* e *Rocco e i suoi fratelli* di Visconti, che sono la storia di questo Mezzogiorno povero dove non c'è lavoro e la gente è costretta ad andare al Nord. Questo fenomeno nasce dall'ideologia sociale che accompagna il cammino del Neorealismo, e anche di quello che viene dopo il Neorealismo in Italia. Ad esempio, *Rocco e i suoi fratelli* in parte appartiene al Neorealismo, ma vuole anche raccontare la sensualità, la decadenza, che sono aspetti che appartengono alla sensibilità di Visconti.

A.V.: Come cambia la politica del PCI con la trasformazione o almeno il miglioramento delle condizioni economiche italiane, anche rispetto alla politica culturale e non soltanto strettamente politica? Lei ha detto che molti dei dirigenti del PCI erano meridionali e che vi occupavate del Mezzogiorno che era diventato anche un simbolo della vostra lotta. A partire dall'emigrazione interna, come e che cosa cambia nella vostra strategia? Vorrei anche chiederle di commentare sulla politica del PCI durante l'occupazione delle terre nel Meridione e di commentare sul ruolo che ha svolto il cinema durante quel periodo che precede il grande esodo.

Ingrao: Ma, insomma... In parte perché il Mezzogiorno stesso cambia, intanto, cambia con l'emigrazione, quindi tanti problemi sociali del Sud si ritrovano nel Nord e non a caso molti registi italiani vanno a rappresentare la società settentrionale. A parte *Rocco* di Visconti, lei si ricorda il film di Scola *Trevico-Torino... Viaggio nel Fiat-Nam*: sono film notevoli, che vanno a vedere l'esodo di questo pezzo del Mezzogiorno che, non trovando da mangiare, va dove può lavorare. L'esodo riguarda Milano e Torino come simboli, ma in realtà tocca poi pezzi della Toscana, dell'Emilia: come a dire che tutta la problematica del Mezzogiorno, l'oppressione che si soffriva nel Sud, dove sono nato anch'io, la Sicilia dove è nato mio nonno, l'ideologia del Sud si sposta verso Nord o all'estero, perché grandi pezzi di questo Sud vanno al Nord, in Svizzera o in Germania.

A.V: Vorrebbe parlare dell'occupazione delle terre a partire dal 1947-'48, il periodo precedente all'emigrazione? Le cito un libro molto interessante in cui anche lei è menzionato, *Diventare uomo*, scritto da un contadino ciociaro che ha imparato a scrivere durante la militanza politica e che aveva partecipato all'occupazione delle terre nel basso Lazio, nella zona che veniva chiamata *Terra di lavoro*.

Ingrao: Il Mezzogiorno italiano ha intanto una sua storia dolorosa che risale già al secolo precedente. Lo sviluppo dell'Italia è a due facce, c'è il Nord che avanza e il Sud che resta arretrato anche quando si unisce al Regno d'Italia, non riesce a portarsi al livello della società civile industriale che invece nel Nord cammina. Anche a livello di vita sociale, d'istruzione, esistenziale della vita urbana, non a caso nel Mezzogiorno c'è il famoso problema delle terre incolte, non messe a coltivazione, non adeguate al livello della coltivazione. Se lei prende ad esempio la situazione nel Veneto e nell'Emilia-Romagna, ci sono anche dei riscontri nel cinema, ci sono anche lì le lotte contadine, dei braccianti, delle mondine, su cui c'è una lunga tradizione letteraria che si esprime non nel cinema, ma nel canto, nelle canzoni; però in queste zone la forma di lotta è l'aggregazione molto più avanzata, lì il sindacato si sviluppa molto prima. Nel Mezzogiorno il sindacato si forma più tardi, ed è spezzato, quindi anche la lotta è frammentata. Questa questione io l'ho sentita molto, ho fatto molti comizi e lotte anche nel mio partito. Noi l'abbiamo sentita molto nel mio partito. Una volta, quando io ero direttore de «l'Unità», con i giornalisti abbiamo anche organizzato un'inchiesta dopo un eccidio famoso che aveva avuto luogo nel Sud, a Melissa. Spesso la lotta dei contadini del Mezzogiorno si scontrava con la violenza e con intrecci anche mafiosi, si ricordi il bandito Salvatore Giuliano che finisce nelle mani della mafia e a Portella della Ginestra i contadini vanno a festeggiare il primo maggio e vengono uccisi. Tutto questo per dire che in Italia c'è una storia della questione meridionale che affascinerà molto scrittori, poeti e anche cineasti.

A.V.: De Santis voleva fare un film sui fatti di Melissa, ma è rimasto un progetto non realizzato. Ha anche scritto una lettera a Lei prima di andare in Calabria, in cui raccoglieva l'appello che Lei aveva fatto agli intellettuali italiani di interessarsi al sanguinoso eccidio di cui lei ha appena parlato.

Ingrao: Non mi sorprende che non abbia mai fatto questo film, allora era difficile trovare un produttore per questo genere di cinema, difficile se non impossibile. Come direttore de «l'Unità» feci, invece, un'altra cosa, mandai una lettera a Zavattini (con cui eravamo amici ed era simbolo di cinematografaro ma anche di scrittore), proponendogli di organizzare un gruppo di scrittori che dopo questa grave strage andasse a fare un'inchiesta sui contadini e i paesi del Mezzogiorno. Zavattini mi rispose scusandosi di non poter venire, ma noi facemmo una delegazione di scrittori e giornalisti. Girammo, frequentammo quei paesi per discutere come nel Mezzogiorno non fosse ancora risolto il problema della terra. Dopo questo movimento si arriva ad una cattiva legge sulla riforma agraria, anche se è un inizio di riforma. Il tema della liberazione dei contadi era sempre legato all'antica questione del Mezzogiorno, in cui è chiaro che c'è un pezzo d'Italia che è lontano dai progressi del Nord, problematica che si vede bene nel film di Scola che ho menzionato e in quelli di Germi, e anche oggi in un film di Amelio, soprattutto in uno dove ci sono emigrati che arrivano da Sud.

A.V.: Si riferisce a *Così ridevano*? Le è piaciuto?

Ingrao: Sì, esattamente. Mi è piaciuto a tratti. Ha dei pezzi molto riusciti. Ho molta stima di Amelio e mi piacciono molto *Il ladro di bambini* e *Lamerica*, il film sull'Albania che ha pezzi molto belli. L'inizio è esitante, ma il ritorno sul camion mostra benissimo la perdita di una patria, l'andarsene verso l'ignoto, il disancoraggio da una cultura. Le posso dire questo, ma per spiegare altro dovrei scrivere un saggio. Non ho rivisto recentemente il film di Scola, per cui preferisco non parlarne in dettagli, ma *Rocco e i suoi fratelli* di Visconti mi lascia un dubbio, perché, più che la storia dell'emigrazione, prevale il Visconti sensuale e l'amore ambiguo sulla rappresentazione del dramma sociale. Il tema Sud-Nord è nella storia italiana, anche in un grande scrittore come Pirandello.

A.V.: Riguardo al tema del Mezzogiorno, vorrei che Lei si soffermasse su due capolavori che per ragioni diverse hanno segnato un'epoca, mi riferisco a *Conversazione in Sicilia* di Vittorini e a *Fontamara* di Silone. Mi interessa sapere che effetto ebbero sulla sua generazione.

Ingrao: Sono due lavori completamente diversi e lontani. Mi sembra che *Fontamara* sia dei primi anni Trenta, e su di me non ha avuto influsso. Io lo lessi nella seconda metà degli anni Trenta, perché solo allora avevo iniziato l'antifascismo, però non mi fece molta impressione. Noi non avevamo molta stima di Silone, anche per una ragione politica, lui era in una collocazione politica diversa, rompeva con la direzione del PCI, e noi eravamo allora comunisti fedeli. Lei sa che poi su Silone si è innestata quella storia di sospetto di spionaggio.

A.V.: Allora voi non sospettavate di lui?

Ingrao: No, questo no. *Fontamara* è un libro che ebbe un certo peso, ma già la mia generazione non leggeva il Meridione in quel modo. Adesso dovrei rileggerlo, ma ricordo che c'è la rappresentazione di una società ancora più arretrata di quella che conoscevamo noi delle campagne del Meridione. Noi abbiamo avuto una polemica politica con Silone. Devo ammettere che io non ho mai avuto simpatia per Silone, per cui può darsi che ci sia stata anche faziosità. Adesso c'è questa accusa molto pesante nei sui confronti, ma allora noi lo accusavamo di aver rotto con la sinistra comunista. Forse *Fontamara* rappresenta qualcosa prima di noi, del nostro modo di vedere le cose.

A.V.: E gli altri scritti di Silone? Lizzani ha anche tratto un film da *Fontamara*, ma siamo già negli anni Settanta.

Ingrao: No, lo stesso. Voglio dire che sono stati altri gli autori meridionali che hanno influenzato la mia generazione. Verga aveva un'asciuttezza che non si combinava con il mondo di *Fontamara*.

A.V.: E *Conversazione in Sicilia*?

Ingrao: Ecco, *Conversazione in Sicilia* è già tutta un'altra cosa, perché Vittorini è già uno della mia generazione, anche se aveva alcuni anni più di me, fece una grande impressione. Tra di noi c'era anche un'amicizia personale, ci siamo conosciuti bene, mi sono trovato con lui in casa sua e per strada il 25 luglio del 1943, il momento in cui viene cacciato Mussolini, e ho organizzato con lui la manifestazione che si tenne a Milano il 26 luglio. Il 25 c'è l'arresto di Mussolini, alle undici di notte danno l'annuncio, io ero clandestino a Milano, scendo in piazza con i compagni per un rapporto, ed incontro Vittorini e giriamo per Milano quella notte. La mattina dopo, insieme con Vittorini, ci siamo trovati alla casa editrice Bompiani, da cui prenotiamo un camioncino per il pomeriggio a Porta Venezia, e da lì siamo usciti, e fummo sommersi da un enorme corteo sotto le carceri per fare liberare i prigionieri; siamo andati a Porta Venezia, la piazza da cui parte la grande strada che va verso il Duomo, dove ho tenuto il mio primo comizio arrampicandomi sul camioncino, poi è venuto l'esercito e ci spaccano in due e c'è stata una specie di scena che riproduce alcuni degli episodi dei film sovietici, tipo l'assalto al Palazzo d'Inverno, una donna che si stacca dalla folla e salta su un carro armato e al quel punto l'esercito si ritira. Dopo sono andato a casa di Vittorini, dove insieme abbiamo provato a fare il primo numero de «l'Unità», ma poi è venuta la polizia, sembra la storia di un romanzo. Come vede, con lui c'era un rapporto molto sentito e quindi noi facevamo molto conto di *Conversazione in Sicilia*. Ho visto poi *Conversazione in Sicilia* fatta da questo regista che si chiama Straub. Ho una lunga registrazione con degli amici che scrivono per la rivista «Filmcritica» che mi spiegano e insieme discutiamo, loro sostengono che questa versione messa in cinema da Straub sia una cosa molto bella, invece mi sembrava un cinema molto statico, una specie di *tableau*, alcune riprese erano proprio a schermo fisso. Abbiamo avuto una discussione, ma loro davano molto conto a questo film.

A. V.: La ringrazio tantissimo. Prima di concludere, le vorrei rivelare che anch'io ho seguito informalmente dei corsi con Rudolf Arnheim all'università del Michigan.

Ingrao: Allora mi dovrebbe scrivere le sue impressioni su di lui. Ci siamo scambiati lettere con Arnheim anche attraverso la signora D'Amico. Lui è stato quello che mi ha fatto conoscere il Novecento. Vengo dalla bassa Ciociaria, lui mi ha sprovincializzato. I miei compagni mi chiamavano anche «ciociarotto», mi sfottevano un poco. Lui come critico di cinema e come figura umana ha avuto una grandissima importanza nella mia vita. Ho ancora una foto con lui che mi è stata fatta dalla sorella in casa sua.

VI parte

Articoli e lettere inedite

Le *gouaches* di Guttuso per *Riso Amaro*[1]

Caro Grazzini,

Mi chiede qualche notizia su quella serie di seducenti *gouaches* che Guttuso eseguì nel 1948 per la *brochure* del mio film *Riso amaro*, e mi viene voglia subito di ringraziarti per avermi ricordato un così piccolo evento, anche se ugualmente prezioso, rimasto oltre che nella mia memoria, è proprio il caso di dirlo, solo in quella di altri pochissimi intimi, a fronte della grandiosa biografia artistica lasciata dall'amico di recente scomparso. Ma in che modo parlarti di questo evento senza dirti di altre cose, come ad esempio, che il mio legame con la pittura in generale, e con Guttuso in particolare, nel '48 aveva già un sapore di antico?

Io ero già là, alla galleria della *Cometa*, diretta dal mio concittadino-poeta Libero De Libero, quando Renato vi arrivò nel 1937, ed ero un giovanotto di qualche anno più giovane di lui, quando nel '38 vi tenne la sua prima personale romana, dopo avere partecipato nel '31 alla Quadriennale. Ero già là e mi aggiravo ormai da qualche tempo, in compagnia dell'altro mio concittadino-pittore Domenico Purificato, tra alcuni grandi della scuola romana, da Mafai alla Raphael, da Mazzacurati a Ziveri, da Janni a Donghi, da Pirandello a Capogrossi, ad altri che grandi lo sarebbero diventati da lì a poco, come Cagli, Afro, Mirko, Stradone, e mi addoloravo sino a farmi soffrire di essere arrivato troppo tardi in città per conoscere il più

[1] Una versione con il titolo diverso ed indirizzata a «Bianco e nero» è stata pubblicata dalla rivista menzionata nel n. 1, gennaio-marzo 1987. Quella riportata in questo volume si trova nell'archivio dedicato a De Santis presso la Wake Forest University ed è la lettera originale che De Santis ha inviato al direttore della rivista Grazzini e ha anche correzioni apportate con la matita; nella prima stesura De Santis aveva scritto il nome del fotografo americano che era andato sul set, Robert Kapa, invece che Capa.

magico, il più visionario tra tutti loro, quel Luigi Bonichi detto Scipione, morto qualche anno addietro.

I quadri di Guttuso che parlavano di Sicilia erano pieni del mio paese in Ciociaria, quella piana di Fondi fatta di fichidindia e di ulivi, di aranci e di limoni, attraversata dalle lunghe strade polverose di un tempo, da un intrigo di canali e di acquitrini, calpestata da carretti, da asini, da piedi umani, quasi sempre nudi, di braccianti, di pescatori, avviati o di ritorno dal lavoro o al seguito di interminabili processioni, e illuminata da un sole e dalle trasparenze di un mare che avevano dato un mano alla maga Circe per incantare il greco Ulisse che pure di sole e di mare certo se ne intendeva. Erano i luoghi della mia infanzia e della mia adolescenza e del mio vivere quotidiano nelle frequenti visite in paese. Nei suoi quadri era dunque come se io vi fossi nato ed ora vi abitassi. Tra l'altro: Renato era figlio di un padre geometra ed io mi vantavo del mio che faceva lo stesso mestiere mentre ci raccontavamo spesso di averli seguiti da bambini a misurare le terre del latifondo con il tacheometro o a reggere loro la stadia. Ci circondava un'aria mitica di Vangelo e di Bibbia, un mio nonno-patriarca tanto amato si chiamava Gioacchino e al padre di Renato era toccato in sorte lo stesso nome, le nostre case paesane straboccavano di zie Marie e di zie Maddalene, di zii Giuseppe e di zii Giovanni, di nonne Terese e di cugine Elisabette. Difficile non legarsi di profonda amicizia e non amarsi con questi precedenti alle spalle.

Usciva in quegli anni *Conversazioni in Sicilia* di Vittorini, nel '41 Renato dipingeva *La Crocefissione* e menava scandalo al premio Bergamo, e l'anno dopo, nel '42 Visconti girò *Ossessione*: tre tappe di una stessa incisiva trasgressione, tre momenti di una medesima, incalzante svolta che segnarono il tempo di una volontà e necessità di rinnovamento, e che suonarono come campane a martello per una chiamata di correo nell'arte italiana, in letteratura, in pittura, nel cinema, intorno alla ricerca di una identità che fosse ancorata al vivere doloroso della nostra gente e capace di far riemergere dal sottosuolo dov'era stata sepolta la fierezza a la dignità dell'uomo, sino allora umiliata e offesa da troppi Poteri costituiti. Non fu certo per caso che in *Ossessione* accanto a Visconti, Mario Alicata e Gianni Puccini, ci fossi anch'io. Camminavamo con la stessa sintonia di pensieri, di idee e di sentimenti. Ora non erano solo i muri bianchi di calce dei nostri paesi, la luce accecante e la tersità del nostro sole e dei nostri mari, ma gli uomini che li popolavano e ci vivevano con le loro passioni, i loro amori, le loro pene e le loro gioie, il loro destino presente e futuro, a occuparci la mente, a suscitare in noi furori, questa volta non più astratti ma assai concreti e vincolanti. Non può fare sorpresa così che, sia durante la guerra che dopo, sino a ieri e ancora oggi, ci ritrovassimo tutti riuniti, ognuno con diverso calore e partecipazione, in seno allo stesso Partito.

Guttuso (come del resto Vittorini e Visconti) divenne una bandiera per tanti giovani pittori piovuti a Roma nell'immediato dopoguerra da ogni parte d'Italia attorno ai tavoli del caffè Rosati di Piazza del Popolo. Io credo di avere condiviso, in quell'epoca, la vita dei loro cenacoli e dei loro studi, povere stanze di soffitta o remoti scantinati, più intensamente di quanto non mi sia accaduto di farlo per quella meno sofferta, e per tanti versi singolarmente agevole, dei miei colleghi del mondo del cinema. Devo certo a Renato, oltre che a questa mia naturale disponibilità e vitale corrispondenza, se un gruppo di giovani pittori, tutti provenienti da Venezia e dintorni, che in quel momento lo avevano eletto a loro guida (pur non disdegnando tra poco di accendere con lui aspre polemiche estetiche e politiche) mi resero un omaggio che è tra i più belli ch'io abbia mai ricevuto come ricompensa al mio amore verso la pittura, durante tutta la mia ahimè assai breve e tormentata carriera di cineasta. *Caccia tragica,* mio primo film, fu invitato in concorso alla Mostra che allora, era il 1947, si teneva in città, e il giorno della sua proiezione i compagni Turcato, Vedova, Pizzinato, Zigaina avevano imbandierato tutto il percorso che dalla stazione conduceva lungo il Canal Grande alla sala in Piazza S. Marco, di enormi cartelloni dipinti, a loro gusto e a loro fantasia, su fogli di carta da imballaggio, inneggiando al tema del film: la rinascita delle cooperative agricole nella basa padana osteggiata da rigurgiti di fascismo agrario non ancora completamente sconfitto e che alcune frange del Potere ufficiale e occulto permetteva o quanto meno non ostacolavano. Quei cartelloni-manifesto erano segni, non quadri, erano testimonianza ideologica e affetto, erano presenza e volontà di contare, spesso poche, rozze pennellate, buttate giù alla rinfusa con solo il titolo del film, oppure la testa di un agrario appesa ad una forca, o colori, soltanto colori su altri colori, appena appena tracciati a prefigurare un'alba o un sole, forse l'eterno sole dell'avvenire che allora sembrava tanto vicino. Ma ciò che più contava per loro che li avevano dipinti e per me che ricevevo l'omaggio, era che la città ne fosse piena e presentasse l'aspetto di una festa: la festa della prima mondiale del film *Caccia tragica*, diretto da un comunista, una festa espressa, tuttavia, già con le prime avvisaglie, in tutte quelle pennellate, di una futura battaglia intorno all'idea di un'arte pittorica, e non soltanto pittorica, tra figurativa e astratta, tra metafisica e realistica.

Poi, nel 1948, arrivò *Riso amaro* e le mondine non potevano che essere un tema per nessun altro pittore che non fosse Guttuso: il loro rapporto con il lavoro, lo stare seminude in acqua tutto il giorno, la carica di sensualità che emanavano in tutti i loro atteggiamenti, l'aggressività dei loro sguardi e dei loro comportamenti, erano tutte componenti di un universo femminile e umano che appartenevano solo al modo di fare pittura di Guttuso. Eppure Renato non venne mai a trovarmi in risaia, come pure usava in quei tempi tra compagni. Venne, invece, il giovane avvocato Gianni Agnelli, già rampante ed emergente, che aveva acconsentito a farci girare nelle sue piantagioni di riso di Venaria Reale, venne forse perché attratto dalla elegante avvenenza di Doris Dowling, attrice del mio film; venne spesso anche Davide Lajolo, allora direttore de «l'Unità» di Torino, che mi accompagnò una notte in una buia e deserta Vercelli, durante lo sciopero per l'attentato a Togliatti avvenuto proprio in quei giorni d'estate, in mezzo a un silenzio grave e spettrale rotto solo, di tanto in tanto, dal gorgoglio dei water, messi in movimento di scarico, in quelle ore notturne, dalla ricca borghesia vercellese forse terrorizzata da quanto potesse accadere; venne Cesare Pavese, più volte, che cominciava proprio allora ad inseguire uno dei suoi vizi assurdi che lo condurranno all'atto estremo, voglio dire la splendida Costance Dowling, sorella di Doris, spesso con noi a titolo personale, nelle acque della risaia con le bellissime gambe nude, così bionda così diafana da sembrare irraggiungibile se non avesse esibito ad ogni istante quel sottile gusto tutto femminile di provocare e di affascinare; venne soprattutto, per quanto ci riguarda, quel prestigioso foto-reporter di non so più quante guerre e quante rivoluzioni, che risponde al nome di Robert Capa, amico americano di registi progressivi italiani, che capitò proprio il giorno in cui io giravo l'unica sequenza di tutti i miei films che vorrei raccomandare all'amico Cincotti della nostra Cineteca Nazionale di salvare un giorno dall'irrimediabile diluvio pellicolare, quella sequenza della ragazza incinta che abortisce tra le acque della risaia durante una giornata di pioggia, con le sue compagne che le fanno corona per nasconderla ad occhi indiscreti, innalzando canti di angoscia e di dolore in atteggiamenti di religiosa rassegnazione ma anche di laica protesta avverso una condizione di lavoro femminile brutale e infamante. Una sequenza volutamente ispirata alla iconografia pittorica dei nostri pittori del tre e quattrocento, e che ora questo fotoreporter tra i più famosi del mondo fissava in una serie di avidi scatti della sua inseparabile Leica come un pittore che dipingesse dal vivo sotto l'incalzare di eventi irrepetibili. Un servizio apparso qualche tempo dopo su «Life» e che finì anche sul tavolo di lavoro di Guttuso perché ne traesse ispirazione per le *gouaches*.

Ma era una sequenza tutta giocata sui colori plumbei della pioggia e sulla esecrazione della miseria umana, troppo ieratica e materna per lui che, non senza ragione, la risaia la sentiva come una esplosione di sessualità femminile esposta tutto il giorno al sole, di corpi detonanti, di seni in ebollizione, di grembi invitanti, posseduti della frenesia di un calor massacrante e dalla rabbia di quel lavoro ai limiti dell'umano: schiene curve, bacini inarcati verso il cielo, cosce nude appena ricoperte dai cento buchi di vecchie calze, vigorosi polpacci, bocche infiammate e polpute spalancate sui canti di ieri e di oggi, ora cupi ora acuti in un miscuglio di motivi senza tempo né età. Era questa la risaia per Guttuso e così la dipinse nelle sue *gouaches*. Era la risaia di Silvana Mangano, fiera, spregiudicata, arrogante, metà dea metà donna, con quella criniera rossa da puledra in calore, e quel prorompere carnoso dei suoi succinti panni di mondina. Guttuso la pose, come si conveniva, al centro delle acque e ne fece il bersaglio dei suoi colori accessi di rosso di nero di verde di giallo, i suoi colori di sempre.

Ma dove sono ora gli originali di quelle *gouaches* che Renato dopo averle eseguite mi donò? Forse nel fondo di un vecchio valigione ch'io mi trascinavo sempre dietro come un barbone nelle mie peregrinazioni di lavoro in Italia e all'estero con tutto quanto m'era più caro, oppure in qualche antica madia di quelle che giacciono dimenticate nell'umido delle cantine (ma quante sono le cantine della mia vita?), o meglio ancora, e sarebbe la migliore delle ipotesi, nelle mani degli eredi dell'ingegnere Guido Maria Gatti, amministratore delegato della Lux-film, produttrice del film, che fu uomo squisito e collezionista d'arte, al quale, può darsi, con generosità troppo affrettata, io potrei averle regalate? Ecco un quesito ch'io lascio ai cercatori d'oro: io non ne ho l'anima, caro Grazzini. Perché tra Guttuso e me non ci furono solo quelle *gouaches* e il cinema. Ci furono gli anni di passione trascorsi a combattere il sonno intellettuale di tanta parte della cultura italiana con le armi delle idee e delle opere;

ci fu la Resistenza, vissuta in modo totalizzante quando ognuno di noi abbandonò il suo mestiere perché l'unico mestiere possibile in quel momento ci sembrò essere quello di combattere per costruire un avvenire più libero e spazioso per tutte le arti; ci fu la solidarietà con i braccianti affamati di terra che occupavano il latifondo mentre la polizia li uccideva; ci furono le battaglie sanguinanti, con morti e feriti per fare in modo che questa nostra democrazia non nascesse dimezzata così com'è. Ci furono cose, tante cose, che oggi non ci sono più. Ma tutto questo è un altro discorso.

Intervista con il regista di *Riso amaro*

Caccia tragica è stato il mio primo film. *Riso amaro* il secondo. Ho 33 anni, un'età in cui certamente l'uomo non ha potuto raccogliere in forma definitiva il senso completo delle proprie esperienze. L'entusiasmo traboccante, gli eccessi di immaginazione, l'avidità di esprimere tutto d'un fiato quello che urge dentro di noi senza averne prima atteso la necessaria maturazione, il fascino terribile del meraviglioso mezzo tecnico che si ha tra le mani, voglio dire il cinema, e l'illusione della illimitata potenza che esso ci offre; tutti questi possiamo chiamarli difetti di gioventù. Difetti che troverete qua e là in tutti i miei film, così come io stesso li ho trovati e riconosciuti. Allora, qual è il problema per me? Direte voi: invecchiare! Certo. Gli anni e il tempo mi daranno, io me lo auguro, la maturità necessaria. Ma con ciò non sarei ancora in grado di dare piena concretezza artistica al mondo che vorrei esprimere.

Per quei registi progressivi che, come me, vivono in paesi controllati dal regime capitalistico, le limitazioni e i compromessi si affacciano ogni momento ad ostacolare il corso del loro lavoro. Da un tale stato di soggezione è difficile che un artista riesca a sottrarsi, se vuole svolgere almeno una parte dei problemi che lo interessano.

Evidentemente la profonda realtà del mondo delle lavoratrici del riso è quella dello sfruttamento capitalistico, delle lotte sindacali, delle bestiali condizioni di lavoro e di igiene. Questo avrei voluto anzitutto trasferire nel mio film: ma non ho potuto, ossia l'ho potuto soltanto in parte. Nessun produttore, infatti, né la censura governativa avrebbero mai acconsentito a lasciami libero di mettere a nudo quella terribile realtà. Ho dovuto accontentarmi, fra tacere del tutto e il parlare, di dire il più possibile. E spero che ciò sia visibile, almeno come sottofondo, in *Riso amaro*.

Ma c'è un aspetto importante, del film, che mi preme di sottolineare, perché in quel punto credo di essere riuscito a superare ogni limitazione: la condanna dell'americanismo, l'indicazione precisa della corruzione che, per vie facili e apparentemente innocenti, l'ideologia nordamericana ha trapianto nell'Europa occidentale. Un'ideologia che è riuscita a diffondere il suo veleno sin nel cuore dei ceti più sani e specialmente della gioventù, cui si è presentata sotto gli allegri segni del *boogie-woogie*, del *chewin-gum*, del facile lusso. Essa svolge una funzione oppiatrice sugli strati meno abbienti di una gioventù che cerca faticosamente di vivere dopo deprivazioni morali e materiali della guerra; essa insegna che «il mondo è di chi ha danaro,» e che le soluzioni delle nostre situazioni e dei nostri problemi non dipendono da noi e dalla nostra lotta, ma dagli altri o dalla fortuna o dal miracolo.

La mondina Silvana, avida lettrice di romanzi a fumetti, fanatica danzatrice di *boogie-woogie*, accanita masticatrice di gomma, aspetta dal caso e dagli altri il miglioramento della sua povera vita. Il «caso» e «gli altri» le appaiono concreti nel gangster Walter, tipica incarnazione di europeo «americanizzato».

Fisicamente, Silvana è stata definita dai giornali la «bomba atomica» o «la Rita Hayworth» italiana; questa mi pare una indicazione molto suggestiva, e molto esatta, del tipo che io ho voluto rappresentare: un equivalente di quella Gilda che gli americani hanno eletto a simbolo del loro ideale e che hanno adottato sino al punto da scriverne il nome su quel tipo di ordigno che in una sola volta, sportivamente, ha annientato 80.000 persone.

Mi si potrà rimproverare di aver usato troppa indulgenza nel rappresentare una tale tipo di donna negativa e asociale. Ma non bisogna dimenticare che la mondina Silvana, che ha troppo sognato il facile lusso, col crollo dei suoi sogni riprende coscienza della verità che la vita è lotta e non dono. Personalmente, poi, come non oso giudicare senza pietà i modelli viventi di tale gioventù contaminata, così non ho osato per un equivalente personaggio della mia fantasia.

L'altro personaggio femminile del mio film, Francesca, indica la via di salvezza per uscire dall'aberrazione americanista: il lavoro e la coscienza che solo attraverso se stessi ci si redime. Indulgenza, invece, non ho voluto usare per Walter, il gangster, «l'americanizzato incurabile.» Per lui ho usato disprezzo, condanna sino in fondo.

Questi mi sembrano i punti sui quali ho voluto e potuto di più concentrare il dramma che si agita in *Riso amaro*. Se li riconoscerete sarà il mio premio più gradito.

Lettera di Giuseppe De Santis dopo il rientro in Italia dal viaggio negli Stati Uniti

Fiano Romano di Novembre 1989

Caro Antonio, ti ho cercato più volte, prima di lasciare l'America, sia nell'Università sia in casa, ma purtroppo non sono riuscito mai a trovarti. Volevo ringraziarti ancora una volta per la magnifica esperienza che, grazie alla tua costanza e perseveranza, tutta ciociara, mi ha consentito, insieme con Gordana, di vedere e incontrare gente di ogni tipo ma tutti di grande interesse, università e cittadine, paesaggi e metropoli che resteranno per sempre nella nostra memoria. Un viaggio altamente positivo che mi ha arricchito come uomo e come artista. Ho capito che l'America, quella vera, si incontra nella cosiddetta provincia, nell'Jowa, nell'Indiana, nel North-Carolina, con i suoi stupendi colori, con il suo benessere diffuso, con i suoi abitanti gentili e civili oltre ogni aspetto, e non nelle grandi metropoli come N.J. o Los A. o Chicago, dove la vita non è fatta e non si svolge a misura d'uomo ma a misura del profitto. Ciò, naturalmente, non toglie niente al grande fascino che hanno i grandi centri urbani, però a me sembra che la condizione sociale e il ritmo della vita in provincia sia più libero, più spontaneo, più riflessivo, più vicino ai sentimenti umani. Siamo stati, comunque, felici io e Gordana di avere vissuto per un mese e più come in una sorta di incanto degli occhi e dell'animo, e parte di ciò è dovuto certamente all'affetto con cui tutti ci hanno trattato e accolto. Io, d'altra parte, mi auguro di avere lasciato qualche segno del mio grande interesse per questo viaggio sia nelle cose che ho detto durante le conferenze che negli incontri più privati e più intimi tra amici, i nuovi amici che spero di essermi creato laggiù.

Caro Antonio, ho faticato circa una settimana per rimettermi in sesto: il fuso orario giuoca dei brutti scherzi dopo un mese, e solo da qualche giorno comincio a dormire regolarmente. Questo non significa che non sarei pronto a ripetere l'esperienza americana domani stesso. Ora raccoglierò tutte le idee e se mi verrà voglia di scrivere qualcosa magari te la manderò. Ma ritengo che tutto ciò che ho visto e che ho fatto da Voi abbia bisogno di una sedimentazione e di un certo periodo di riflessione. Vedremo. Intanto cercherò di organizzarmi per inviarti il materiale che ti ho promesso, prima fra tutto, gli appunti originali delle mie conferenze, e poi qualche altro libro che nella fretta ho dimenticato di portare con me e che vorrei spedirti perché penso che dovrebbero servirti per il libro che hai intenzione di fare sul mio lavoro cinematografico. Anche tu non dimenticare di inviarmi i nastri e le riprese televisive che mi riguardano. E bisognerà vedere e pensare per il prossimo anno che cosa si può fare in vista di un secondo mio viaggio negli Stati Uniti. Già la tua idea di un lungo seminario sul Neorealismo e i suoi film migliori mi sembra ottima, ma a me piacerebbe anche andare un po' in giro negli Stati del Sud, in Virginia, in Florida, nel Texas, etc. Mi sono impegnato con Maurizio Viano ad andare a Boston, la prossima volta, e lui vorrebbe organizzare, insieme con il Consolato Italiano, una retrospettiva di tutti i miei film con una serie di miei interventi su ciascun film. Anche questa non è una cattiva idea, soprattutto perché ho voglia di vedere Boston dove questa volta non mi sono sentito tanto in forze per muovermi da NY e affrontare ancora un altro viaggio (valigie, aerei, andata e ritorno) e un'altra conferenza: dopo un mese di chiacchiere su chiacchiere e di stanchezza su stanchezza. Ma mi è dispiaciuto per Viano che aveva preparato tutto coinvolgendo anche il Consolato Italiano. A NY tuttavia siamo stati bene, nonostante la confusione schizofrenica della città: abbiamo visto musei, amici e conosciuto tanta gente che potrà per il prossimo avvenire esserci d'aiuto per il nostro secondo viaggio.

Lettera di Michele Pellicani a De Santis

SETTIMANALE DI ORIENTAMENTO E DI LOTTA POLITICA
IL VICE DIRETTORE

Roma 26 giugno 1952
Via A. Depretis, 86 – Centralino: 45030/474534

Giuseppe De Santis
Via Settembrini 30

ROMA

Caro Peppe,

il compagno Arnaldo Giacchini, Sindaco di Arcevia (presso Cabernardi), ci ha scritto, invitando VIE NUOVE a lanciare l'iniziativa, per un film sulla lotta dei minatori di Cabernardi.

Vorremmo pubblicare la lettera, che accludo, con una tua nota di commento.

Puoi farcela avere entro domani?

Ti ringrazio, caro Peppe, e ti saluto cordialmente.

Michele Pellicani

Risposta di De Santis a Pellicani

Roma 27 giugno 1952

Caro Pellicani,

mi chiedi di rispondere alla lettera del compagno Arnaldo Giacchini, Sindaco di Arcevia (presso Cabernardi), e lo faccio con molto piacere, anche se un po' in fretta a causa del lavoro che mi tiene occupato. Dico in fretta perché, certo, la risposta meriterebbe un discorso più lungo e approfondito che finirebbe col coinvolgere molti aspetti della cosidetta democrazia, così come la intendono i nostri attuali governanti.

L'idea di un film sulla lotta e sui sacrifici che i minatori di Cabernardi stanno sostenendo è bellissima, e posso assicurare al compagno Giacchini che tutti i registi democratici italiani sarebbero onorati di portare sullo schermo questo magnifico tema. E ciò non soltanto per il grande significato sociale ed umano che questa lotta esprime, ma anche – e perché no? – per le qualità già in sé, senza l'ausilio di aggiunte romanzesche. Penso che un film di questo genere potrebbe avere un grandissimo successo di pubblico in Italia e nel resto del mondo.

Ma il problema non è questo. Il compagno Giacchini non ignora certo le grandi difficoltà che i migliori registi del cinema italiano incontrano per realizzare film già molto lontani da quelle che sono le loro effettive concezioni del cinema dell'arte e della loro funzione. In particolare, proprio in questi ultimi mesi la pressione degli organismi governativi si è fatta sentire, in forme sempre più aperte e gravi, per stroncare il libero sviluppo di un cinema legato ai sentimenti del popolo italiano. Immagina, quindi, che cosa succederebbe se un produttore qualsiasi – ammesso che si trovi – si presentasse agli organi di censura governativa cinematografica a proporre la realizzazione di un film sulla lotta dei minatori di Cabernardi! Gli si farebbero pressioni e ricatti sul suo futuro lavoro da tutte le parti, gli si negherebbe – attraverso il controllo che il governo ha sui complessi bancari – il credito cinematografico della Banca del Lavoro, la censura non gli darebbe pace; tutte cose di cui io ho fatto conoscenza diretta per l'esperienza avuta con *Nostro pane quotidiano*, un film sulle lotte dei contadini calabresi, che da tre anni sogno di realizzare. Certo, c'è un modo di realizzare progetti di questo genere, al di fuori delle vie normali della produzione cinematografica capitalistica: il sistema già sperimentato con *Achtung! Banditi!* del compagno Carlo Lizzani, è quello di una grande sottoscrizione popolare, un finanziamento – cioè – realizzato con l'appoggio delle masse lavoratrici. Ma non bisogna nascondersi che anche con questo sistema si va incontro a forti sacrifici e a grandi delusioni: la censura arriverebbe implacabilmente alla fine del film, il governo potrebbe negare i premi finanziari che per legge vengono attribuiti anche ai peggiori film italiani, e in ultimo – spinti dal governo e dalla stampa reazionaria – interverrebbero i grandi esercenti col boicottaggio diretto delle programmazioni.

Non vorrei dare l'impressione che io nutra della sfiducia verso una iniziativa come quella suggerita dal compagno Giacchini.

Le cose finora dette da me sugli ostacoli che si incontrano per la realizzazione di un film democratico, vanno dette perché ci si renda conto che fare un film sugli operai di Cabernardi – come sui contadini della Calabria – equivale a condurre una lotta vera a propria in difesa della libertà, della democrazia, della costituzione repubblicana: una lotta vera e propria da ingaggiarsi con l'intervento di parlamentari, con una grande compagna di stampa, con l'appoggio di milioni di italiani, di operai, di intellettuali, di contadini.

E prima di accingersi ad una impresa del genere è bene – come è nostra abitudine – avere chiaro tutti i termini del problema, per non avere poi dispiaceri e delusioni, proprio come è accaduto a me per *Nostro pane quotidiano*.

Affettuosamente tuo

Tra i pioppi della risaia la «Cinecittà» delle mondine
di Italo Calvino[1]

Veneria di Lagnana, 14 luglio

Raffaele Vallone, al pugno di Vittorio Gassman, finì per terra e Gassman gli fu sopra. S'avvinghiarono e si rotolarono nella polvere. Gassman ha una furia selvaggia e un fisico potente. Vallone ha più abilità ginnastica e più controllo delle sue forze. Se le davano di santa ragione, si strofinavano la faccia nella polvere. Beppe De Santis, seduto sul carrello, li fissava senza perdere una mossa arrotolandosi un ciuffo di capelli tra le dita.

Siamo tra i pioppi e le risaie di Veneria di Lignana. Poco distante, nelle cascine dell'azienda IFI, è accampata la *troupe* della Lux Film che sta girando *Riso amaro*, il film che ha per sfondo la monda del riso nel Vercellese. È notte e si sta girando una delle scene più drammatiche del film.

Io prima non avevo un'idea chiara di come facessero a girare le scene di cazzottature: far cascare ogni colpo dove doveva cascare, tutto così in fretta. Se anche gli altri registi fanno come De Santis, il sistema è semplice: lasciare che gli attori s'arrabbino veramente e se le suonino sul serio. Basilio Franchina, l'aiuto-regista, mi confida in gran segreto che per tutta la giornata avevano montato Vallone e Gassman uno contro l'altro, dicendo a entrambi: «Guarda che stasera ha deciso di picchiarti sul serio». L'altro aiuto-regista, Gianni Puccini, più maligno, spiega diversamente la loro furia interpretativa: la lotta avrebbe un solo scopo, quello di «disimballarsi», cioè di presentare sempre la faccia scoperta alla macchina da presa, come è costante preoccupazione di ogni attore dello schermo.

[1] Questo articolo è apparso su «l'Unità», edizione piemontese, il 14 luglio 1948 ed è riprodotto come appare nella copia che si trova all'archivio De Santis della Wake Forest University.

Un mestiere scomodo

Ogni tanto De Santis dà ordine di smettere. I due si rialzano coperti di polvere, si tastano le ossa e De Santis spiega loro cos'è che non va. Poi: Ciak! e ricominciano da capo. Io dovrei fare il tifo per Vallone, che è mio collega, e fino a due mesi fa impaginava la «terza» de «l'Unità» di Torino, ma Gianni Puccini che dirige le comparse guarda brutto quelli che osano un bisbiglio.

Intorno, appesi ai pioppi, come tante lune impigliate tra le foglie, i riflettori inondano la notte sulle risaie di una luce bianca e falsa, proprio «da cinema». *Riso amaro* è un film girato tutto in esterni: per De Santis l'amore della realtà rasenta il fanatismo. La scena più violenta del film, per esempio, si svolge in una vera macelleria, con vacche squartate appese a uncini, e pare che l'odore della carne che andava a male sotto i riflettori abbia molto giovato ad ossessionare l'atmosfera.

Ora Vallone con un calcio nello stomaco fa fare a Gassman un salto mortale, poi gli è sopra e lo butta nel ruscello. Io non credevo che l'attore del cinema fosse un mestiere così scomodo: trucchi, pensavo, sono tutti trucchi. Invece Gassman va a finire a bagno tante volte finché la scena non viene perfetta, mentre De Santis lo segue a distanza sul carrello, tormentandosi il ricciolo con le dita, e Franchina, che prima faceva i documentari e sa fare anche l'operatore, riprende la scena con l'Airflex.

Intanto le mondine vere che fan da comparsa e quelle false, cioè le attrici, hanno il loro daffare a schiacciare le zanzare che sono il flagello di questa *troupe* sperduta tra gli acquitrini. Io non sento niente perché guardo Silvana Mangano che è seduta lì vicino, ed è, parola d'onore, la più bella ragazza che io abbia mai visto.

Doris e Silvana

Riso amaro, come ha due protagonisti maschili, così ha due protagoniste femminili. Una è americana, Doris Dowling, e molti la ricorderanno in *Giorni perduti.* È un'attrice di grande educazione artistica; viene dal teatro dove recitava col gruppo d'avanguardia di Clifford Odets, il drammaturgo progressista americano. Si trovava in Italia per turismo, quando le fu proposto di fermarsi a girare un film. Forse allora non prevedeva che in Italia i film si facessero in condizioni così eroiche, accampati tra le risaie per tre mesi, lontani da tutti i comfort di Hollywood; ma la Dowling è entusiasta del film, di De Santis, degli attori e recita con un impegno magnifico. L'ho vista ripetere quattro volte la scena d'una risata isterica che ogni volta la lasciava scossa e sussultante per alcuni minuti («Ridere è più faticoso che piangere, bisogna saperci fare» mi spiega Silvana Mangano che è alle prime armi ma sa già i segreti del mestiere), finché De Santis non decide di sostituire la risata con un contenuto sorriso pieno di amarezza. Il cinema mi sembra l'arte della fatica sprecata.

Silvana Mangano sarà una delle grandi fortune del film. È romana, ha diciott'anni, il viso e i capelli della Venere di Botticelli, ma un'espressione più fiera, dolce e fiera insieme, occhi scuri e capelli biondi, un incarnato terso e limpido, senza ombre né luci, spalle che s'aprono con una dolcezza da cammeo, un busto d'una ardita armonia di linee trionfali e aeree, la vita come uno stelo snello, e un mirabile ritmo di curve piene e d'arti longilinei. Insomma, a farla breve, Silvana Mangano m'ha fatto una grande impressione e devo dichiarare che nessuna fotografia può bastare a darne un'idea.

La trama di *Riso amaro* è basata sul contrasto tra la vita di fatiche e di solidarietà della risaia e la morale equivoca d'una coppia di ladri che vi si rifugiano per sfuggire alla polizia. La più bella delle mondine (Silvana Mangano) lascia il sergente di cui era innamorata (Vallone) per il gigolo cittadino (Gassman) e si perde nel losco affare di un furto di riso, mentre la ladra (Doris Dowling) si redime nella solidarietà con le mondine e tutto tra cazzottature, sparatorie, coltellate, suicidi, inondazioni, feste, balli e belle scene di monda in risaia.

Il ciuffo di De Santis

Il suggello di verità e la mortalità vera del film – anche se il soggetto, per esigenze commerciali, indulge a una certa retorica e a un pessimismo convenzionale – vengono dal grande impegno di realismo e di umanità che Beppe De Santis mette nella sua regia. Appollaiato dietro la macchina da presa De Santis spiega, corregge, interpreta la parte di tutti con nervoso accanimento, attorcigliando e avviticchiando il ciuffo in mezzo al cranio (è lo stesso gesto che fa Cesare Pavese mentre scrive; che sia un segno distintivo della scuola realistica?). Né le sue fatiche si limitano alle ore di ripresa. Oggi a Veneria è arrivato il maestro Petrassi che farà il commento musicale a *Riso amaro*. E De Santis a spiegargli come va impostato lo spartito, in gran parte basato su motivi popolari, e a cantargli lui stesso le canzoni delle mondine.

Uno stuolo di giovani attrici di Cinecittà si sono improvvisate mondariso: la diciassettenne Maria Grazia Francia, che già abbiamo vista come figlia dell'*Onorevole Angelina*; Anna Maestri, una giovane caratterista che viene dal teatro; Lia Corelli, che sarà una mondina «prima della classe» con le treccine e i mutandoni; e Isabella, un brunissimo viso che non ci si aspetterebbe mai di incontrare in risaia. Tra i «caporali», riconosciamo Nico Pepe, Checco Rissone e Tonino Nediani.

Ma oltre a questi risaioli di Cinecittà c'è la folla dei risaioli autentici. A vedere tornare le mondine dal lavoro, per questi interminabili viali di pioppi tra la campagna dai monotoni riquadri verdi acquosi, a vedere quelle file di donne giovani e anziane, coi cappelloni di paglia, le calze che lasciano nudo il piede, i vestiti multicolori e fantasiosi, viene da stupirsi che il cinema non abbia pensato prima ad ispirarsi a questa materia così ricca di umanità e di colore, a questi loro quaranta giorni di fatica e di sfruttamento per un guadagno che sfumerà in altrettanto tempo, a questa loro allegria avventurosa piena di combattività collettiva.

Le mondine di Veneria provengono in gran parte dal Modenese: paesi «rossi». Abbiamo visitato uno dei loro affollati dormitori – per fortuna, ci dicono, questo è uno dei migliori! – mentre leggevano la posta ricevuta allora allora. Le notizie da casa erano allarmanti: la polizia di Scelba era stata al loro paese durante un comizio e aveva manganellato la popolazione. Parecchi dei loro cari erano feriti o arrestati. Le mondine erano in grande apprensione e si leggevano le lettere l'un l'altra.

Partono le mondine

Dell'inaspettato diversivo cinematografico le ragazze della risaia sono tutte entusiaste. Tra loro e quelli del cinema s'è subito creata la più calorosa amicizia. Ma tra pochi giorni, finita la monda, questo stuolo rumoroso e policromo farà ritorno alle proprie case. Sulla immensa risaia resterà solo la *troupe* di De Santis a finire il film.

I cinematografari non sanno darsene pace. «Veneria senza mondine resterà ben triste», dice De Santis guardando il monotono paesaggio. E sa che non s'è affezionato a loro come a un motivo decorativo, sa che solo con questi contatti tra cinema e popolo si può fare del cinema vero.

De Santis scrive a Pietro Ingrao

Caro Ingrao,

Proprio in questi giorni m'è accaduto di pensare a come sono nati i migliori film italiani del nostro dopoguerra. Da una notizia di cronaca, dalla commozione suscitata nell'opinione pubblica attorno a urgenti problemi nazionali. Dall'impulso, insomma, di scrivere sulla pellicola vere e proprie «inchieste». Già, inchieste: le più drammatiche, forse, che si siano compiute in questi anni, in Italia.

È per questo che domenica scorsa ho letto con una certa sorpresa il tuo editoriale: nel quale, mentre davi notizia del grande successo ottenuto dalla tua proposta d'invitare la stampa di ogni corrente politica a far luce sui luttuosi avvenimenti di Calabria, trovavi anche occasione per allargare il tuo appello e sollecitare l'umana partecipazione di quegli scrittori calabresi come Alvaro, Perri, Repaci, De Angelis, e non calabresi come Levi e Angioletti che nelle loro opere hanno «documentato» le condizioni di miseria e di schiavitù in cui versano le popolazioni del Mezzogiorno. Questo invito mi è sembrato particolarmente importante perché dimostra come, nonostante l'incuria tradizionale dei governi verso il Sud, non da oggi l'arte e la cultura italiana hanno dedicato commosse testimonianze in favore delle umili popolazioni del Meridione; e poi perché ci rendiamo tutti conto che il problema umano e sociale del Mezzogiorno può essere ancora fonte d'ispirazione drammatica per i nostri scrittori migliori. Ma la mia sorpresa era tutta qui: perché non hai invitato anche il cinema italiano a portare le sue macchine da presa sui campi e sulle strade di Melissa, di Strongoli, di Borticello, di Cutro? È vero che tu, opportunamente, ti sei rivolto nel tuo appello a quegli scrittori calabresi e non calabresi che si sono più esplicitamente occupati dei problemi del Meridione, ma proprio a questo proposito tu, che sei sempre stato amico del cinema e ne hai sempre seguito attentamente le sue manifestazioni artistiche, avresti dovuto almeno ricordare quel lontano, ma ancora quanto attuale *1860* di Blasetti, che esaltava le gesta dei pastori siciliani nella lotta per l'unità d'Italia. Il dramma della piccola borghesia siciliana in *Anni difficili* di Zampa, e, nello stesso film, la breve ma toccante scena in cui due poveri braccianti affamati sono costretti ad arruolarsi per una guerra alla quale tuttavia non credono. Gli episodi meridionali in *Paisà* di Rossellini. E *In nome della legge* di Germi che racconta con crudezza il dominio feudale di un barone siciliano sugli operai della «sua» miniera e sui braccianti dei «suoi» campi. E *La terra trema* di Visconti, che presenta le feroci condizioni di sfruttamento cui sono sottoposti i pescatori della costa ionica.

Come vedi, caro Ingrao, ho citato cinque «inchieste» e tante altre potrei citarne che sarebbe troppo lungo elencare. Inchieste che non foss'altro contano proprio per le possibilità che ha la cinematografia di poter parlare, più di ogni altro mezzo d'espressione a milioni di uomini.

È per questo che penso: il cinema italiano, quel cinema che grazie ai suoi uomini migliori – registi, produttori, scrittori, attori, tecnici – ha permesso in questi anni alla cultura e all'arte italiana di arricchirsi di nuovi valori, quel cinema non può e non deve rimanere assente dall'«inchiesta» sugli avvenimenti di Calabria e sulle condizioni di vita delle popolazioni rurali calabresi. Tu mi dirai: allora un film sulla mostruosa strage di Melissa? Non credo. Difficilmente, quand'anche si trovassero i mezzi, nell'attuale Governo, i prefetti, i questori, gli esercenti di cinema, di tanta parte d'Italia certamente non ne permetterebbero l'uscita. Ma un film sulle dure sofferenze degli umili contadini calabresi, un film che mostri il bisogno di arretratezza in cui sono tenuti da secoli, un film semplice ed umano, senza fronzoli retorici, un film che si tenga a tale misura, sì, io credo che si possa e si debba fare. Mi conforta, in questa idea, la larga pubblicità che tanta parte della stampa italiana ha dato ai fatti di Calabria e il modo davvero appassionato con cui giornalisti di ogni corrente politica – da Vittorio Gorresio sulla «Stampa», a Corrado Calvo sul «Messaggero», da Ugo Martegani sul «Momento», al sacerdote Don Pisoni sull'«Italia» – hanno richiamato l'attenzione di tutti: Paese, Parlamento, Governo. Mi conforta anche il fatto che i più illuminati dei nostri produttori hanno già dato modo ad alcuni registi italiani di produrre, come sopra ho ricordato, opere quali *1860, Anni difficili, La terra trema, In nome della legge*.

Migliore occasione di questa non poteva, dunque, offrirsi ad un regista italiano. Ed io, caro Ingrao, che ero proprio in questi giorni alla ricerca del tema del mio prossimo film, ho pensato che non dovevo farmela sfuggire. Aggiungi che da tempo andavo accarezzando il proposito, ma senza trovare via d'uscita, di un film da girarsi nel cuore del Mezzogiorno, io meridionale che sebbene abbia già diretto tre film sui contadini, non avevo ancora avuto modo di raccontare a fondo una storia delle mie terre con i contadini di casa mia e i loro problemi di fame e di lavoro a protagonisti. Per questo vorrei partire anch'io con i giornalisti che accogliendo il tuo invito si recheranno in Calabria, vorrei andare anch'io a «vedere». Ritornerei certamente con un abbozzo di film da proporre ai *produttori* perché il sangue versato una domenica di Novembre a Melissa dai contadini calabresi per una causa giusta e legale, che non è soltanto loro ma di tutta l'Italia, venga ricordato al più grande numero di italiani.

Tuo affezionatissimo
Giuseppe De Santis

Fax di Giuseppe De Santis al prof. Edoardo Lebano

Giuseppe De Santis

Prof. Lebano
Middlebury College
Italian School
Middlebury, Vermont 05753 – 6131

Fax 001 – 802 – 388 – 7953 – ext. 5543

Cari amici insieme con i vostri saluti c'è giunto un soffio di vento delle belle colline del Vermont delle quali abbiamo molta nostalgia immersi come siamo in questa torrida estate italiana. Vi abbracciamo tutti con affetto e vi auguriamo un buon lavoro. Un cordiale saluto anche agli allievi vecchi e nuovi che ricordiamo sempre con tanta simpatia. E al professor Lebano uno speciale abbraccio con la gratitudine di chi, per suo merito, ha trascorso nei vostri boschi e nelle vostre aule giorni di felicità e di emozioni indimenticabili.

Giuseppe e Gordana De Santis

Fiano Romano
25 Luglio '94

Fax 0765 - 481003

VII parte

Soggetti di film non realizzati di Giuseppe De Santis

Portella delle ginestre
Soggetto cinematografico

Giuseppe De Santis
Felice Chilnuti
1959

Il dopoguerra ha avuto luogo in Sicilia nell'estate del 1943, quando mancavano ancora quasi due anni alla fine della guerra sul territorio italiano.

Ai primi di luglio, quando sbarcarono gli alleati, il fascismo era ancora al governo; intere province siciliane vennero occupate degli americani prima del 25 luglio e della caduta legale del regime che governava l'Italia da oltre vent'anni.

Dalle macerie dello stato dittatoriale, la realtà siciliana emerse impetuosa, contraddittoria; i frettolosi tentativi compiuti dagli occupatori, di instaurare nelle città e nei villaggi una nuova forma di amministrazione pubblica, vagamente ispirata a principi democratici, davano risultati scadenti, volta a volta grotteschi o pittoreschi, sempre inefficienti.

Ed era un dopoguerra di fame, di sete, di disperazione.

Il mercato nero dei generi alimentari divenne subito il campo dei più forti. In tutti i villaggi il mercato nero era l'attività dei giovani più arditi. E non era talvolta un'attività individuale ma svolta per conto di grossisti del contrabbando, spesso i proprietari stessi dei mulini.

Nelle zone di mafia della Sicilia occidentale vi sono proprietari di mulini e grossisti di grano e di farina immischiati nell'onorata società e talvolta capi della mafia.

Nell'autunno del 1943, nel villaggio di Montelepre, un giovane non ancora ventenne di nome Salvatore Giuliano, faceva borsa nera di grano e di farina per conto di un'organizzazione mafiosa. Era il giovane più spavaldo di tutto il villaggio ed era anche quello che di più piaceva alle ragazze; di lui la mafia si fidava perché aveva coraggio e portava con sé la pistola. Nella primavera del 1944 le autorità di occupazione ordinarono ai carabinieri di far cessare il mercato nero: Giuliano fu sorpreso da due carabinieri con un carico di farina, reagì con la sua spavalda sicurezza alla intimazione del fermo, i carabinieri tentarono di catturarlo ed egli aprì il fuoco con la sua pistola: uno ne uccise e ferì quell'altro. Poi fuggì sulla montagna ed ebbe inizio la sua lunga tragica carriera di fuorilegge.

Fu chiamato più tardi re di Montelepre, ma egli non fu un re; fu scritto nei giornali che egli dominava la Sicilia occidentale ma in realtà egli fu sempre, fino dall'origine della sua sanguinosa storia di bandito, uno strumento nelle mani della mafia che con lui spartiva il frutto delle rapine, che gli assicurava ospitalità e protezione ed era larga di promesse con lui.

Liberò dal carcere di Monreale sette malfattori per ordine della mafia; per conto della mafia eseguì i suoi primi omicidi. E quando venne la grande avventura separatista la mafia lo lusingò, portò ad un incontro con lui certi gentiluomini di Sicilia che gli promisero una divisa ed un grado in un esercito ribelle. Ciò avvenne quando dal movimento di liberazione dell'Italia del nord scendeva impetuoso lungo la penisola e fino la Sicilia un vento rinnovatore, ed i baroni dei feudi siciliani temevano di perdere la loro signorìa sul latifondo.

I mafiosi diedero a Giuliano il grado di colonnello e lo posero al comando di un reparto dell'esercito separatista: i grandi signori coi quali si era incontrato gli avevano detto che ogni delitto della sua banda ed ogni sua colpa sarebbe stata cancellata: e Giuliano una sera disegnò una rozza carta della Sicilia tracciando fra l'isola e la penisola una immaginaria frontiera ed indicando con una freccia l'annessione dello stato siciliano alla Repubblica Nord Americana. Era lo stato immaginario della sua liberazione.

Ma il separatismo finì, l'esercito ribelle fu disperso, i giovani che avevano combattuto nelle file di esso furono amnistiati e Giuliano si ritrovò insieme con pochi malfattori, ancora fuorilegge, ancora braccato dalle forze di polizia, spogliato dei gradi, della divisa, delle speranze e sempre nelle mani dell'organizzazione mafiosa. Ciò accadde nel giugno del 1946.

In quell'anno si sviluppò in tutta la Sicilia del feudo un possente moto di masse contadine per la conquista della terra. Interminabili colonne di zappatori occupavano le terre incolte, andavano al feudo con aratri e zappe e grano di seme da gettare nei solchi. La minaccia che i baroni temevano venisse da Roma o dal nord e per reagire alla quale avevano alimentato il movimento separatista era adesso nell'isola, impetuosa, era sui loro latifondi occupati dagli zappatori.

Il separatismo aveva perduto il suo contenuto occasionale, la parte sana di esso, esprimendo la rivolta di una regione oppressa contro un sistema statale di oppressioni era divenuta anzi una forza di progresso e di liberazione con la conquista dell'autonomia regionale. Le caste parassitarie del feudo si trovarono isolate nella cerchia dei loro interessi condannati; isolate come Giuliano, al di fuori e contro la legalità democratica.

Nella primavera del 1947 il movimento contadino conquistò una vittoria politica regionale, con libere elezioni, che gettò il panico nel campo della casta feudale. La costituzione della Repubblica, già approvata, sanciva la riforma agraria. Il governo regionale siciliano appena costituito aveva incluso la riforma agraria nel suo programma. Fu proprio in quella primavera che la mafia portò a Giuliano una seconda promessa di libertà e gli chiese in cambio di uccidere ancora.

Notte fra il 30 aprile e il primo maggio 1947.

In località Cippi, presso Montelepre due uomini corpulenti l'uno sui trentacinque anni, l'altro molto vecchio discutono a voce bassa. Essi sono rispettivamente Giovanni Genovesi, capo della mafia di Montelepre e Cumpare Gnazio, da Monreale, esponente mafioso di grande autorità. A breve distanza si aggirano i due guarda spalle dei due mafiosi.

- Aspano Pisciotta dice che la lettera è falsa – borbotta Genovesi.
- E Giuliano che disse?
- Disse che se sparano altri paesi e non solo Montelepre sparerà anche lui. Gli ho spiegato che ci sarà una legge di amnistia generale, dopo. Gli ho spiegato come voi mi diceste.
- Ma iddu è convinto?
- Ha fatto portare qui le armi ed ha ordinato la chiamata dei picciotti. Dice che tutti devono sparare, anche gli innocenti.
- Così va bene.

Si ode una brusca frenata di automobile sulla strada a Monte della piccola profonda valle chiamata Cippi.

- È lui che viene.

Giunge Giuliano accompagnato da Pisciotta. Pisciotta tossisce, è malato di petto. Rivolto al compare:

- Questa volta nun babbiate Zu' Gnazio!

Giuliano estrae dal tascone del giubbotto un pezzo di carta poi accende un fiammifero e lo brucia in silenzio.

- Così Giuliano mantiene la sua parola – dice – adesso la lettera di quei signori non c'è più. Fra me e voi cumpare le lettere e le promesse stanno scritte qua sopra – e così dicendo Giuliano batte la mano aperta sul suo mitra.

- Ciccio Lampo, Cacaova, Culbianco, u Bambineddu, Cucinella, e tutti dicono che non spareranno se anche altri paesi non sparano – dice Pisciotta.

Zu Gnazio posa la mano sulla spalla di Giuliano:

- Spareranno molti paesi dall'altra montagna. Ora regola il tuo orologio col mio: alle dieci e quindici in punto. Alle dieci e quindici in punto, questo è l'accordo.

Giuliano regola il suo orologio.

Zu Gnazio lo guarda in viso e gli sorride dal volto grinzoso:

- Per la nostra Sicilia – dice – tanto hai già fatto e ne sei stato ricompensato. L'ultima ricompensa verrà dopo.

Gli porge una lettera di aggiungere:

- Me la diede lei, ti aspetta a Monreale.

Giuliano si apparta solo, siede sopra un sasso in silenzio e contempla la notte stellata. Zu Gnazio se ne va e poco dopo si ode un'automobile che si allontana.

Pisciotta si avvinca a Giuliano.

- Io ho la febbre ma verrò con te. Vedo che non sei persuaso ma sarò al tuo fianco fino alla morte.

- Questa è una battaglia grande – dice il capo banda – e non saremo soli questa volta. Facciamo un'impressa in tanti, con decine, centinaia di picciotti innocenti: leghiamo al carro nostro quei signori e tutta la gente: saranno costretti a fare la legge dell'amnistia se non vorranno finire tutti all'inferno con noi.

Nel vicino paese di Carini intanto si ode il suono di una chitarra e di un mandolino fra le casupole sprofondate nel sonno notturno.

Il suono viene dal salone da barbiere di Di Lorenzo che durante la notte diventa una scuola da ballo. Di Lorenzo suona la chitarra, canta ed il suo giovanissimo aiutante suona il mandolino. Una dozzina di giovani e ragazze imparano le danze americane del dopoguerra. Fra questi vi è anche il bandito Giuseppe Cucinella, capo della più sanguinaria squadra della banda Giuliano, con suo fratello e la bellissima amica non ancora ventenne Angela Barruano. Cucinella guarda l'orologio, ordina ai suonatori di tacere poi prende nel retrobottega il suo mitra. Anche altri quattro giovani prendono la armi e fra questi il fratello di Cucinella.

Il bandito ordina alle ragazze di andarsene e di tacere. Anche qualche giovane tenta di allontanarsi ma ne viene impedito. Delle donne è rimasta soltanto Angela Barruano.

Alle timide e spaurite proteste di qualche giovane Cucinella replica duramente:

- Questa volta dobbiamo essere tutti insieme, malvivenza ed innocenti. Ordine di Giuliano.

Anche il barbiere maestro di ballo ed il suo garzone vengono portati da Cucinella alla tragica avventura. La pattuglia dei banditi e degli innocenti attraversa il paese silenziosa: Angela cammina accanto a Cucinella e gli chiede di andare con lui.

- Per te ho un altro programma – dice il bandito sorridendo.

In aperta campagna Cucinella ordina alla pattuglia di fermarsi e di aspettarlo e mentre i suoi uomini armati sorvegliano gli inermi egli si allontana con la ragazza per i campi. La pattuglia attende.

A Montelepre intanto qualcuno bussa alle porte delle case. Un bandito armato entra nella casa del picciotto Giovacchino Musso e gli ordina di seguirlo. Giovacchino era immerso nel sonno sul pagliericcio accanto al mulo. La madre destata di soprassalto ha un moto di rivolta, vorrebbe trattenere il figlio. Ma non osa gridare la sua protesta e bisbiglia nel pianto:

- Che cosa vuole ancora Giuliano dalla mia famiglia: il mese scorso egli ha ucciso il mio fratello Giovanni... perché vuole ora anche il mio figliolo?

- Vuoi che tuo figlio finisca come tuo fratello?

Un altro bandito ha bussato alla casa di Pietro Logullo, il più giovane fra tutti i picciotti, di 17 anni soltanto, e l'ha portato con sé. Intanto da altre case messe a rumore alcuni giovani tentano di fuggire nella campagna come Domenico Pretti ed i fratelli Tinervia ma incontrano sul sentiero della fuga gli uomini di Giuliano.

Il fratello del capo mafia Giovanni Genovesi, di nome Giuseppe e chiamato Manfré si è recato col mitra in pugno a sequestrare il picciotto Giuseppe Sapienza:

- Vieni – dice – che mio fratello e Giuliano ti vogliono a Cippi.
- Perché vogliono proprio me?
- Lo sanno soltanto loro.

Giuseppe Cucinella ed Angela Barruano sono ancora abbracciati mentre pattuglia attende sulla strada. Il bandito si alza in piedi di scatto:

- Vattene a casa ora. La ragazza si alza i due si abbracciano e si baciano. Lei gli mormora qualche raccomandazione e Cucinella raggiunge i suoi uomini:

- Ed ora in marcia che ci aspettano a Cippi.

A Cippi è giunto il grosso della banda: attorno a Giuliano si sono radunati i capi, Pisciotta, Candela, Palma Abbate, Terranova, Mannino, Badalamenti e qualche altro. I picciotti, spauriti, attendono ammassati in fondo alla valle. Arriva anche Cucinella con i suoi.

Si avvicina ai banditi il capomafia Giovanni Genovesi:

- Il gippone è arrivato – dice.

Pisciotta si rivolge a Giuliano ammiccando:

- Portiamolo con noi.

La proposta piace a tutti. Mannino e Terranova insistono presso Giuliano perché anche il mafioso partecipi alla disperata impresa. Giuliano ascolta i suoi uomini e dopo un breve silenzio ordina a Genovesi:

- Tu verrai con noi.

Il capomafia si raccomanda tutto spaurito:

- Ma io mando con te mio fratello Manfré; al posto mio viene Giuseppe Sapienza e lo pagherò io. Io non sono più giovanotto, in montagna non posso camminare.

Mannino e Terranova, con crudo sarcasmo promettono a Genovesi che lo porteranno essi stessi a spalle fino in cima alla montagna e Pisciotta si avvicina all'uomo maturo che trema di spavento gli bisbiglia rabbiosamente all'orecchio:

- Questa volta la mafia cammina con noi.

Il bandito Badalamenti, un giovane col volto segnato da rughe profonde e l'espressione disumana resa più paurosa da un sorriso ebete e fermo, è stato posto da Giuliano al comando dei picciotti. Ad un cenno del capo banda egli porta i ragazzi davanti alla baracca ove sono depositate le armi. Giuliano distribuisce personalmente fucili e moschetti ai picciotti e consegna ad ognuno quattro caricatori. Otto mitragliatrici Fiat ed un fucile mitragliatore Breda con treppiede vengono portati al gippone che sosta sulla strada.

(I picciotti hanno indossato logore divise dell'esercito americano).

Badalamenti con goffo piglio militare allinea a due a due i picciotti e si mette in marcia con loro.

- Ma dove ci portano? - chiede qualcuno.

- Lo saprete quando saremo arrivati. Allegri che Giuliano vi regalerà cinquemila lire per uno – dice Badalamenti.

Intanto due motociclette giungono rispettivamente sulla piazzetta di Piano degli Albanesi e di S. Giuseppe. Ne discendono frettolosi individui intabarrati e col viso coperto d'una pezzola nera i quali tracciano alcune croci presso le porte di case di contadini. All'ingresso di Piana sorge un cippo marmoreo che ricorda il passaggio di Garibaldi attraverso il villaggio. Davanti al cippo è posto un enorme ritratto di Garibaldi. I messaggeri della mafia lo spostano di lato affinché l'immagine volga lo sguardo al vicino cimitero.

Le croci nere tracciate sugli usci e sulle mura cono il tradizionale avvertimento della mafia che sempre fa precedere le sue imprese delittuose da macabri segnali.

I picciotti preceduti da Badalamenti marciano attraverso il feudo: i due fratelli Tinervia si tengono per mano come ragazzi spauriti. Uno si rivolge ai fratelli Antonio e Vincenzo Buffa:

- Che ti disse tuo cognato Rosario Candela? Dove ci portano?

Ma i fratelli Buffa non sanno rispondere. Un altro si rivolge al picciotto Mottisi:

- Che ti disse il marito di tua sorella Mannino? Perché ti porta alla morte.

- Disse che bisognava andare ma io non so nulla di più.

I capi della banda intanto sono giunti col gippone alle pendici della montagna Pizzuta dove hanno scaricato le armi. Continua la cruda derisione del capo mafia Genovese.

- Tu sparerai con questa – gli dice Mannino additandogli una mitragliatrice pesante.

- Ma io non so usare quell'arma. Non conosco le armi io.

- Imparerai. T'insegnerò io.

Giuliano con un breve cenno della mano invita i suoi uomini a tacere poi, insieme con Pisciotta sale la montagna, percorrere il sentiero che porta sul versante della Portella.

Nei due paesi si aprono i primi usci. Ne escono le donne che si affrettano ad accendere i forni per cucinarvi il pane. Le più anziane si recano alla messa. In ogni casa sono pronti gli abiti festivi dei giovani e delle ragazze. Si affettano i salami, si riempiono i fiaschi di vino, mentre nelle stalle i giovani non ancora completamente vestiti strigliano i loro cavalli.

Vengono aperte le sedi dei sindacati e labari e bandiere vengono poste davanti agli ingressi.

I suonatori della banda lustrano trombe e tromboni.

Qualcuno ha notato le croci nere sulle case. Ma uno dei sindacati dice:

- Vogliono farci paura: ma ormai abbiamo votato.
- La campagna elettorale è finita – dice un altro scherzando.
- Hanno sposato il ritratto di Garibaldi.
- Sarà stato il vento.

A S. Giuseppe una vecchia girovaga vestita di cenci che tutti chiamano la strega attraversa il centro del villaggio e come parlando con se stessa pronuncia oscure profezie: "Andate, andate che il torrente Jato porterà più sangue che acqua... Andate cantando tornerete piangendo".

Una donna porge alla strega, in elemosina, un pane caldo appena sfornato.

Giuliano e Pisciotta hanno scelto intanto le postazioni per le armi: le otto mitragliatrici vengono allineate lungo il costone della montagna e dietro ogni arma prende posto un bandito.

Badalamenti ha portato i picciotti in alto, sempre sul versante che guarda la Portella e li ha schierati in un lungo semicerchio come soldati pronti per un assalto.

Ha dato a tutti un ordine:

- Quando spara Giuliano si spara tutti. Bisogna sparare dove spara Giuliano.

Giuliano ha scelto per sé il fucile mitragliatore che è stato piazzato al centro dello schieramento fra la linea delle mitraglie a quella dei picciotti.

Nel grande silenzio si ode soltanto la tosse secca di Pisciotta il quale fuma accanitamente una sigaretta americana dopo l'altra.

Sul fondo della verde vallata chiamata Portella della Ginestra giunti due carri ed una dozzina di giovani che subito cominciano a costruire il palco per la celebrazione del primo maggio.

È un lavoro che compiono tutti gli anni secondo una tradizione che dura ormai da oltre un trentennio.

Adornano il palco di bandiere rosse e bianche, di immagini sacre di ritratti di Barbato, l'animatore e la guida dei moti contadini dei fasci siciliani. Un sasso con una scritta ricorda, proprio al centro della Portella, le feste del primo maggio di quegli anni lontani, quando Barbato parlava ai contadini.

Ed ecco giungere i venditori ambulanti, coi loro carrettini pieni di ciliege, pomodori, cipolle, pane, vino, adorni di fiori. Ed ecco qua e là per la vallata gli intraprendenti commercianti della festa, che erigono primitivi girarrosti, infilano nel ferro appuntito l'agnello o la coscia di montone e si preparano ad accendere il fuoco.

Giuliano osserva col binocolo la montagna dirimpetto. Vede che vi sono altri uomini armati appostati lassù. È soddisfatto. Chiama con un cenno della mano Pisciotta, gli porge il binocolo: Pisciotta guarda a sua volta poi si reca da Mannino e Terranova perché anch'essi guardino gli uomini appostati sulla montagna Cometa.

Ora Giuliano osserva col binocolo il fondo valle dove il parco è già stato eretto e sono stati accesi i fuochi dei girarrosti: poi osserva tutta la zona circostante e nota alle pendici della montagna, verso l'altro versante, tre cacciatori preceduti da cani che cautamente si aggirano alla ricerca di conigli anche da altri banditi e da alcuni picciotti. Giuliano ordina al bandito Licari, in servizio di vigilanza, di catturare i tre cacciatori.

Alla Portella giunge il vecchio fotografo di Piana, Carmelo. Egli porta con sé la sua antica macchina a cassetta: è un vecchio dai lunghi baffi bianchi, che veste nel costume tradizionale dei greci di Piana. Un uomo felice. Famoso nei paesi per la sua bella voce da baritono. Ed egli canta a squarciagola nella fresca aria dell'alba mentre sul palco si muovono al vento le bandiere ed i labari.

Il bandito Pietro Licari, mitra alla mano, ha sorpreso alle spalle i cacciatori, li ha disarmati e costretti ad entrare in una grotta scavata nella roccia. Sopraggiunge Giuliano il quale dopo averli osservati a lungo in silenzio chiede loro i documenti d'identità. Licari domanda sottovoce al capobanda se deve liquidarli. Giuliano per tutta risposta si rivolge ai cacciatori:

- Adesso io so chi siete voi. E voi sapete chi sono io?

I tre si affrettano a rispondere di non conoscerlo. Ciò allora era verosimile perché le poche fotografie di Giuliano comparse nei giornali erano di età molto giovanile.

- Meglio per voi che non mi avete riconosciuto – dice il bandito. Ordina a Licari di sorvegliarli affinché non possano uscire dalla grotta.

- E se hanno detto il falso? Se ti hanno riconosciuto?

- Se sanno chi sono sanno anche che debbono tacere.

Nei paesi escono le vecchie donne dalla messa mentre si stanno formando i cortei popolari lungo la strada della Portella. A S. Giuseppe il vecchio parroco si è affacciato sulla porta della chiesa e saluta la gente che passa.

- Venga con noi, venga alla festa della Portella – lo invita qualcuno.

- Quanto volentieri verrei figliolo! Ma sono troppo vecchiarello.

Un giovanotto si rivolge scherzosamente ad una giovane donna tutta truccata che se ne sta in disparte ad osservare i preparativi della festa. Ella è Maria Roggia, una prostituta di paese:

- Maria vieni anche tu questa mattina.
- Io vado a passeggiare tutta sola per i campi.
- Tutta sola?
- Vado alla sorgente, dietro la montagna.

Tre giovanotti che hanno ascoltato quelle parole guardano Maria Roggia ammiccando in segno d'intesa.

Lungo le stradette intanto ove già i vecchi contadini e le donne e i bimbi si sono incamminati, decine di giovani a cavallo galoppano avanti e indietro rivolgendo parole scherzose alle ragazze.

Le ragazze di Piana vestono il costume greco antico. Quelle che sono fidanzate attendono lungo la strada il passaggio del loro promesso sposo, che dall'alto della cavalcatura le afferra attraverso la vita e le aiuta a salire in groppa. Le altre camminano accanto ad un giovane a cavallo che domani sarà il promesso sposo.

La banda musicale di S. Giuseppe irrompe nell'aria festosa del mattino suonando un inno popolare.

La valle della Portella è ancora deserta: è l'aurora. Un grammofono a tromba suona canti popolari e l'inno di Mameli e le note echeggiano fra le due montagne.

I banditi guardano in silenzio. I picciotti osservano Salvatore Giuliano, Pisciotta tossisce.

Vi sono i ritardatari. La mamma della tredicenne Provvidenza Greco sgrida la figlia perché si trattiene ancora davanti allo specchio ad annodarsi con piglio grazioso un fazzoletto attorno ai lunghi capelli neri. Provvidenza Greco è un'adolescente bellissima ma così persuasa della sua bellezza che tutti al paese la prendono in giro.

Quando ella esce dall'uscio della sua casupola tutta impettita nel sole già radioso alcuni giovani, che parevano attenderla, se la contendono e le offrono di portarla in groppa al cavallo alla festa. Ma Provvidenza rifiuta gli inviti con alterigia:

- Non sono la tua fidanzata – dice ed i giovani ridono.

- Sei una bambina ancora, non sei ancora pronta per l'amore. I bambini possono venire a cavallo, chiedilo alla tua mamma.

- Se vuol venire che venga pure – dice la mamma.

Ma Provvidenza s'incammina tutta sola seguita dai giovani che continuano ad invitarla e a motteggiare.

Anche Eleonora Moschetto è in ritardo: ella è una giovane sposa di diciassette anni e suo marito non ne ha ancora venti. Eleonora è incinta di nove mesi. Il bimbo potrebbe nascere da un giorno all'altro.

Il giovane marito tiene per la briglia il grande cavallo rosso che scalpita ed insiste per portare Eleonora alla festa.

Infine ella cede anche perché altre donne e amiche della sua stessa età la circondano di premurosi inviti.

Il giovane sposo la solleva, l'adagia delicatamente sulla groppa del cavallo poi si avvia a piedi guidando l'animale per la briglia con ogni premura.

E nella colonna già in cammino s'intrecciano cori festosi, sguardi, richiami e la banda di S. Giuseppe suona, con i suoi ottoni radiosi, marcette e pezzi d'opera.

Vi sono cavalli che portano in groppa intere famiglie, come quelle dei Grifò: (o Muschietto?) padre, madre, il figlio Giovanni di dodici anni o due bimbe più piccine sono tutti sul loro enorme cavallo: ed è proprio Giovanni che tiene le briglie, ed è fierissimo di quella incombenza.

La colonna che viene da S. Giuseppe si confonde al bivio con l'altra che viene da Piana. Ed è tutto un salutarsi, un riconoscersi da parenti ed amici che non si vedevano dal primo maggio dell'anno precedente.

Mentre il lungo corteo festoso percorre la strada bianca di polvere che va alla Portella, appare già lontana fra i pascoli e le rocce azzurre una figura di donna sola che cammina lentamente volgendosi di tanto in tanto a guardare. Ella è la prostituta Maria Roggia.

I tre giovani che l'avevano invitata alla festa sono rimasti in coda alla sfilata. Con innocente simulazione d'indifferenza essi si attardano ed un poco si sorvegliano l'un l'altro perché tutti e tre hanno la stessa intenzione.

Approfittando di una svolta della strada si distaccano dal corteo. Sono tre giovani contadini vestiti a festa: si chiamano Rumore, Cuccia e Randazzo.

Rimasti soli, si guardano in viso e ridono. Poi si avviano correndo attraverso i campi verso la donna che si è fermata ad aspettarli.

I banditi vedono ora dall'alto la montagna Pizzuta la folla di tremila contadini, uomini, donne, bimbi che sciamano nella vallata. Odono le voci festose, i richiami, i canti, le note della banda. Anche i picciotti guardano la vesta. E vi sono laggiù alla Portella tanti giovani della loro stessa età, come loro figli di contadini. Hanno gli stessi sguardi le stesse mani.

Uguali sono le mani che agitano labari, bandiere, prendono una ragazza al braccio nudo e quelle che impugnano un fucile sulla montagna.

Ecco un picciotto che osserva un giovane che si porta la sua ragazza dietro una roccia; ed eccone un altro che ascolta il canto di un giovane contadino attorno al quale, giù nella vallata, una piccola folla di giovani e ragazze accenna un passo di danza.

Il barbiere Di Lorenzo di Carini osserva un altro giovane che suona la chitarra e vi è anche, confusa con la folla in festa, una piccola orchestrina che suona i ritmi americani, con ragazzi e ragazze che ballano sul prato, sotto gli occhi dei picciotti catturati da Cucinella nella bottega di barbiere di Carini.

Giuliano osserva col binocolo l'immenso pic nic siciliano: vede intere famiglie sedute sul prato attorno agli agnelli arrostiti: vede i musicanti che, posati gli strumenti, hanno raggiunto le loro spose ed i figli e mangiano pane e bevono vino; osserva i venditori ambulanti che pesano e smerciano la loro roba e ne ode il lungo richiamo modulato; osserva vecchie madri vestite di nero, belle giovanette negli antichi costumi, contadini che si sono levati il tabarro l'hanno disteso sull'erba, volti affaticati ed onesti che sorridono.

I cavalli brucano l'erba in mezzo ai gruppi di persone sparpagliati per tutta la valle; ed attorno ai cavalli vi sono bambini che giocano. Il piccolo Giovanni Grifò mostra agli amici il suo gigantesco baio: il più forte il più bel cavallo di tutta la vallata.

Provvidenza Greco è andata a sedere sul sasso più alto ed ha sciolto i neri capelli al vento.

Eleonora Muschetto ed il giovane marito siedono insieme presso un cespuglio di ginestra. Mangiano alla siciliana fagioli al cucchiaio di cipolla. Ma il vento porta l'acuto odore degli agnelli arrostiti. Ed Eleonora desidera mangiarne. Lo dice a suo marito. Porta la mano sul ventre e sorridendo insiste:

- Ecco, si muove, anche lui vuole un po' d'agnello.

Lo sposo di Eleonora si allontana verso un venditore di agnello arrostito.

Sulla montagna alcuni picciotti nascondono il viso nelle mani: Pisciotta, Terranova, Mannino e gli altri capi della banda osservano nervosi Giuliano. Soltanto Cucinella, Badalamenti e Genovesi appaiono indifferenti. Il mafioso di Montelepre tiene il dito sul grilletto della mitraglia.

Pisciotta si volge a Giuliano, incontra il suo sguardo e chiede:

- Che facciamo Turi?

Giuliano, livido, nervoso, agitato, non risponde. Ha posato il cannocchiale accanto al mitragliatore. Non vuole più guardare, non vuole vedere. Estrae dalla tasca la lettera che gli è stata consegnata da Zu Gnazio e la legge. È una lettera d'amore.

Mannino e Terranova continuano a fissare il capo banda con occhi sbarrati.

- Che si fa Turi? – ripete Pisciotta.

Ma Giuliano tace.

Lo speaker paesano annuncia dall'alto-parlante sul palco che l'oratore Schirò prenderà la parola tra qualche minuto per celebrare il primo maggio. Lo speaker paesano, orgoglioso di riascoltare la sua voce ingigantita dall'altoparlante e dall'eco fra l'una e l'altra montagna, pronuncia parole giocose, canta, chiama gli amici per nome.

All'annuncio del comizio Giuliano guarda il suo orologio; mancano solo cinque minuti all'ora indicata dal capo mafia. Anche Pisciotta, Terranova e Mannino guardano l'orologio.

Giuliano riafferra il binocolo non già per puntarlo sulla festa ma per vigilare i movimenti degli uomini appostati sull'altra montagna. Pisciotta che tiene il suo sguardo sempre fisso su Giuliano e ne afferra e ne interpreta ogni pensiero gli dice:

- Turi, aspettiamo che comincino loro.

Ma Giuliano replica secco:

- Noi non prendiamo ordini; Giuliano non ha paura. La cosa è grande.

Ora il bandito ha messo in moto la lancetta dei secondi del suo cronometro da polso. Osserva, volgendo il capo alle sue spalle, tutto lo schieramento dei suoi uomini. Cucinella è pronto; Badalamenti sorride; Genovesi ammicca furbescamente; il fratello di Genovesi abbassa la canna dell'arma sulla vallata; lo sguardo di Giuliano si volge ora sui picciotti; uno ad uno essi incontrano nei loro occhi gli occhi del capo: gli sguardi spauriti simulano indifferenza: coloro che nascondevano il viso tra le mani si scoprono e rispondono docilmente al muto comando del capo banda; il diciassettenne Lucullo tenta addirittura di scambiare con Giuliano un sorriso: un sorriso da adolescente che subito si spegne sulle labbra.

Il cronometro batte i secondi.

Al ripetuto richiamo dello speaker alcune decine di contadini si fanno attorno al palco. Ma la grande massa della popolazione in festa rimane sparpagliata per tutta la valle divisa nelle comunità delle famiglie, degli amici, dei lavoratori dello stesso feudo.

Il cronometro di Giuliano batte i secondi.

Lo speaker ha presentato l'oratore Schirò il quale comincia a parlare a poche centinaia di persone raccolte sotto il palco. La sua voce giunge alla montagna confusa con quelle della festa.

Giuliano spegne l'ultima sigaretta contro la roccia: la lancetta dei secondi si avvicina all'ora della strage.

Egli preme il grilletto della sua mitraglia: echeggia la prima raffica.

Alcuni proiettili colpiscono il carrettino della venditrice di frutta Francesca Di Lorenzo e subito getta un grido. Lì accanto Filippo Di Salvo, un bracciante di quarant'anni si volge per un attimo a guardare la montagna e viene colpito da una pallottola in bocca e stramazza al suolo. La moglie Vincenza si curva sul morente.

Ma in tutta la zona della vallata più vicina alla montagna si grida festosamente:

- I fuochi! Sono i mortaretti della festa!

Alcuni giovani ed i bimbi che giocavano attorno ai cavalli si avviano correndo verso le pendici della Pizzuta.

Giuliano abbassa la canna dell'arma: la prima raffica era alta. Col gesto imperioso del braccio ordina a tutto lo schieramento di aprire il fuoco.

Le mitraglie di Genovesi e Badalamenti sgranano le loro raffiche prontamente.

Anche Mannino Terranova e Pisciotta sparano ma tengono il tiro abbastanza alto.

I picciotti premono i grilletti ad occhi chiusi.

Giovanni Grifò, il bimbo dodicenne che si era avviato con gli altri correndo verso la montagna e gridando i fuochi, i fuochi, si volge e vede il suo bel cavallo che prima barcolla sulle quattro zampe e poi stramazza al suolo fulminato.

Il grido di gioia si tramuta istantaneamente in un urlo disperato.

Tutta l'immensa folla si agita convulsa nella valle. Migliaia di esseri umani corrono smarriti in ogni direzione gemendo urlando imprecando, invocando Cristo e la Vergine e i Santi, alla ricerca di un sasso dietro il quale proteggersi. Le madri coprono i bimbi col loro corpo. I giovani si gettano sulle loro ragazze e le trascinano dietro il sasso o nella cunetta.

Anche i cavalli fuggono imbizzarriti in ogni direzione.

La sparatoria continua.

Giuliano si volge a controllare lo schieramento dei suoi uomini ed ora il suo sguardo è terrificante. Tiene in pugno la pistola che viene puntata laddove si posa il suo sguardo. E dove giungono i suoi occhi e la sua pistola, le armi che tacevano sparano, quelle che erano tenute alzate si abbassano sulla folla.

Provvidenza Greco, la bella fanciulla tredicenne è stata colpita da un proiettile al viso. Ha gettato un urlo di dolore, poi ha portato le mani sul volto deturpato, lacerato, tramutato in un grumo di sangue e si è messa a camminare gemendo, lentamente, indifferente ormai al pericolo di morire.

Un giovane l'afferra alla vita e la costringe a ripararsi dietro un sasso.

La bimba di quattro anni Rigotta Castrense, sempre sotto l'infuriare delle raffiche corre piangendo di qua e di là alla ricerca dei genitori. Il padre la vede di lontano, si leva in piedi ed accorre verso di lei urlando il suo nome. Rigotta gli si fa incontro ed agita nel pugnetto chiuso una bambolina di pezza. Un proiettile gliela sfracella e le sfracella la mano.

Il bimbo Grifò che ha visto il cavallo morire corre dal padre:

- Papà, papà, ci ammazzarono il cavallo!

Ma l'uomo è inginocchiato accanto al corpo ormai esanime della sua sposa:

- Figghiu, figghiu mio, dobbiamo piangere una disgrazia tanto più grande. Ed il piccino si getta ad abbracciare la mamma morta.

Uno dei giovani che avevamo visto nel corteo afferrare la sua fidanzata e sollevarla in groppa al cavallo, si era gettato sul corpo di lei dietro il sasso ove insieme si erano rifugiati. Ma è stato colpito da una raffica alla schiena e muore sulla sua ragazza.

Il volto di Giuliano non ha più fisionomia umana. Le raffiche continuano. Se tutte le facce dei banditi vi è adesso lo stesso ghigno di furore. Sul volto di Badalamenti l'ebete sorriso sempre. Pisciotta colta da un attacco di tosse abbandona per qualche istante l'arma, porta con le due mani il fazzoletto alle labbra e lo ritrae rosso di sangue. Sputa altro sangue poi ricomincia a sparare.

Il vecchio fotografo Carmelo non ha cercato rifugio. Egli è rimasto dritto in piedi, non lontano dal palco dal quale tutti sono fuggiti e si guarda attorno, mentre le raffiche continuano. Vede morti e feriti; ascolta il gemito straziante delle donne, il grido, l'imprecazione degli uomini. Vede tutta la folla che pochi minuti prima era in festa distesa a terra: accanto a lui, raggomitolati in una cunetta del terreno i giovani coniugi Allotta tentano di medicare il loro piccino di tre anni, Vito, colpito da un proiettile alla gola. Non sanno come fasciarlo, come trattenere il sangue che sgorga dalla ferita. Vede le mani della madre che disperatamente vorrebbero chiudere il foro dal quale la vita del piccino se ne va.

Il vecchio Carmelo leva le braccia al cielo in un solenne atto d'implorazione. Poi s'incammina verso la montagna dalla quale vengono le raffiche. E grida con tutta la sua voce ai banditi appostati lassù:

- Colpite me che sono vecchio! Uccidete me! Chi siete stirpe velenosa?

E continua a camminare piangendo ed implorando e le pallottole gli fischiano attorno ma non viene colpito. E cammina finché le forze glielo consentono: poi stramazza in ginocchio e singhiozza disperatamente.

La giovane sposa incinta di nove mesi Eleonora Muschetto si è rifugiata abbracciata al marito proprio dietro al sasso di Barbato.

Lì accanto un pezzo di agnello che Eleonora non ha avuto tempo di consumare. La sparatoria dura ormai da tredici minuti ed essi sono ancora incolumi.

Ora la sparatoria sembra attenuarsi. Le raffiche si susseguono a brevi intervalli. Ogni intervallo porta la speranza che sia finita. Ma subito dopo ecco un nuovo schianto di mitraglia.

Eleonora e suo marito vivono questi attimi di ansietà strettamente abbracciati. Ecco un breve silenzio: lo sposo di Eleonora sta quasi per sorriderle quando crepita un'ultima raffica. I proiettili sollevano la polvere attorno, sempre più vicini. Eleonora è colpita alla schiena giù in basso. Ella ha un breve gemito: il marito vede sgorgare il sangue sulla sue veste e la donna porta le mani al ventre.

Sulla montagna Giuliano agita con un largo gesto della mano un fazzoletto bianco e prontamente tutte le mani dei banditi e dei picciotti si distaccano dalle armi. Ora Giuliano osserva tutta la vallata: ode i gemiti, i lamenti, le urla di dolore.

Mannino si volge a guardarlo e con voce fredda e disperata insieme dice:

- Turi, che cosa abbiamo fatto?

Giuliano guarda col binocolo la montagna Cumeta. Non c'è più nessuno lassù. Un uomo solo, dalla vetta, osserva la piana delle Ginestre: immobile.

Pisciotta grida rabbioso:

- Hai visto Turi? Soltanto noi abbiamo separato.

Echeggia un lungo lacerante suono di sirena che proviene dal gippone in attesa presso il viottolo che porta in località Figurella poi alla strada asfaltata per Monreale Palermo.

I picciotti si precipitano frettolosi giù dalla montagna raggiungono il gippone, vi gettano dentro l'arma poi fuggono a gruppetti di tre o quattro attraverso i campi, nascondendosi negli anfratti del terreno, lungo il greto dei torrenti in fondo ai burroni.

Gli effettivi della banda, 14 uomini, si radunano sul costone della montagna e discendono lentamente per l'altro versante verso il viottolo di Figurella.

Passano davanti ad una grotta verde di muschio e di fogliame. All'interno di essa sono raggomitolati, presso la sorgente la prostituta Maria Roggi ed i tre giovani che erano andati con lei. I quattro, dal fondo della grotta, odono passi della banda Giuliano sempre più vicini poi vedono sfilare i 14 uomini armati.

Gaspare Pisciotta, affaticato, sudato ode il gocciolìo della sorgente, entra nella grotta. I tre giovani portano le mani in alto, la ragazza sta per gridare ma Pisciotta con un gesto della mano le accenna di tacere. Beve qualche sorso d'acqua, poi esce dalla grotta, raggiunge gli altri banditi, si pone al fianco di Giuliano e tace.

Nella Piana delle Ginestre qualcuno si leva lentamente in piedi: si guarda d'attorno. Nel silenzio che finalmente incombe sulla strage si odono i lamenti dei feriti, i pianti di donne e grida di bambini. Piano piano tutti color che sono rimasti illesi si alzano ed ognuno si muove alla ricerca disperata del congiunto; e già vi sono giovani donne che lacerano le belle vesti festive, i bei costumi tradizionali e fanno delle bende per fasciare le ferite.

I quattordici banditi hanno raggiunto il gippone: lì accanto vi sono undici cavalli sellati. Le armi pesanti vengono caricate sull'automezzo o vi salgono anche Giuliano, Pisciotta. Giuliano fa un cenno al capo mafia Genovesi invitandolo a salire nel gippone che subito parte veloce verso Monreale.

Gli altri undici banditi montano sui cavalli e si avviano al galoppo verso il feudo Strasatto.

Nella piana si sono ora formati otto gruppi di donne, parenti, amici attorno agli otto morti: Francesco Vicari, Giovanni Megna, Intravia Castrense, Cusenza Giorgio, Clesceri Grifò Margherita, Lascari Serafino, La Fata Vincenzo, Grifò Giovanni (?).

Le madri e le spose siciliane, nel loro lamento funebre già cantano le lodi dello sposo, del figlio uccisi.

Intanto alcune decine di giovani e ragazze recano soccorso ai feriti più gravi. Alcuni di essi vengono adagiati nei carri, altri sui carrettini dei rivenditori di frutta e verdura. Il palco è stato frettolosamente smontato e trasformato in una larga barella.

Alcuni cavalli che erano fuggiti imbizzarriti tornano nella piana, al trotto, alla ricerca del loro padrone.

Provvidenza Greco si è avviata tutta sola, con le mani al viso sanguinante verso il paese.

Il gippone corre ora sulla strada asfaltata. Pisciotta appare esasperato e si rivolge a Genovesi rabbioso.

Pisciotta: - Compare Gnaziu ha tradito.

Genovesi: - Io non ho tradito nessuno, c'ero anch'io a sparare.

Pisciotta: - Solo Montelepre ha sparato. Adesso siamo più soli e maledetti di prima.

Genovesi: - C'erano anche gli altri sulla montagna Cometa.

Pisciotta: - Ma se ne sono andati senza tirare un colpo.

Giuliano: - Gasparino, intendiamoci: abbiamo fatto una grande strage, più grande di tutta Montelepre e di tutta la banda. Ha sparato chi ha sparato: tutta la Sicilia ha fatto questa strage. Adesso li abbiamo legati al carro nostro.

Pisciotta: - Ma il carro nostro finirà dentro il burrone e proprio loro ve lo spingeranno.

Giuliano: - Quella gente verrà nel burrone con noi. Ma poi chi erano quelli là che sono morti? Prendevano troppo piede, invadevano le terre, volevano una buona vita senza rischiare niente. Volevano le terre degli altri e dove arrivavano tutti insieme come cavallette non c'era più posto per noi. Avevano alzato troppo la testa e noi gliela abbiamo fatta abbassare.

Pisciotta: - Ma c'erano donne e bambini.

Giuliano: - Sono anni che le nostre donne, le nostre madri non hanno pace: sempre gli sbirri in casa giorno e notte e sempre dentro e fuori della galera. E poi là in mezzo c'erano gli scomunicati.

Genovesi: - Ma sì tutti scomunicati erano.

Pisciotta: - Compare Gnazio ha tradito.

Giuliano: - Con Compare Gnazio il conto va regolato subito.

Gli otto morti sono stati portati a spalle e posati su otto cavalli, ognuno circondato da una piccola folla piangente e dalle donne che continuano il loro lamento funebre.

Seguono i carri e le improvvisate barelle coi feriti. Altri feriti meno gravi vengono sorretti ed aiutati a procedere nel dolorante corteo da parenti ed amici.

Eleonora Muschetto è stata messa dallo sposo sul cavallo che procede lentamente guidato per la briglia dall'uomo. Lei si è curvata ad abbracciare l'animale al collo: molto sangue è sgorgato dalla ferita al fianco.

Anche il piccolo Vito Allotta è stato posato in groppa di un cavallo: il padre e la madre sorreggono il corpicino con le loro mani. Ed ancora la povera donna tenta di tamponare la ferita alla gola.

Gli undici banditi a cavallo attraversano il feudo. Galoppano in testa Mannino e Terranova.

Mannino: - Vedo scuro sul mano cammino.

Terranova ed anche altri banditi che galoppano alle spalle hanno udito quelle parole. Da molti anni quegli uomini sono perseguitati dal destino di uccidere ma la strage si Portella ha gettato anche fra loro un senso di incertezza, un dubbio, una paura. Mannino ripete la sua frase: "Vedo scuro".

Terranova:- Giuliano ha voluto fare una grande strage politica. Ma adesso che cosa ne ricaveremo? Lui ha creduto nella promessa della libertà. Ma questa grande strage non ha cambiato niente.

Cucinella: - Banditi eravamo e banditi siamo.

Mannino: - Giuliano parla con quei signori e si monta la testa; lo invitano nei loro palazzi, gli scrivono lettere, gli portano le carte della polizia. E così lo ingannano sempre.

Terranova: - Solo Montelepre ha sparato come ai tempi del separatismo. Adesso siamo banditi peggio di prima.

Candela: - Adesso nessuno ci aiuterà.

Palma Abbate: - Giuliano si immischia troppo nella politica. Si è messo in testa idee sbagliate.

Mannino: - Non sono idee di Giuliano. Altri gliele mettono in testa.

Terranova: - LA malvivenza è la malvivenza. La politica non è cosa per noi.

Palma Abbate: - Ca' bisogna filare. Io me ne vado in Africa alla Legione e neppure Giuliano potrà impedirmelo.

Badalamenti: - Ca' io resto. Ca' si sta tanto bene.

Il corteo dolorante prosegue la sue lenta marcia verso i paesi. Ora sui morti sono stati distesi i labari e le bandiere. La banda musicale si è ricomposta e precede i cavalli che portano le otto salme. Alcuni suonatori sono feriti. Alcuni strumenti sforacchiati da pallottole.

La banda intona la marcia funebre le cui note si confondono col lungo pianto delle donne e le preghiere.

I coniugi Allotta si trovano quasi in testa al corteo. La madre che tiene abbracciato il piccino di tre anni adagiato sulla schiena del cavallo ha un trasalimento. Dalla ferita il sangue non sgorga più. Il piccino si è spento. La donna getta un grido disperato, qualcuno si fa attorno, il padre prende la sua creatura esangue tra le braccia.

- Vito è morto, Vito è morto!

Il corteo prosegue: passando davanti al corpicino esanime fra le braccia del padre i contadini si levano il cappello, le donne si fanno il segno della croce.

Passa la banda che suona l'inno funebre. Ed i coniugi Allotto rientrano nel corteo fra i morti. In fondo alla strada si vede apparire una corriera proveniente da Piana dei Greci seguita da alcune decine di cittadini che accorrono verso il corteo. Sulla corriera il vecchio prete accanto all'autista.

Gli undici banditi a cavallo galoppano ora verso la sommità di un'altura. D'un tratto Mannino e Terranova che precedono il gruppo si fermano levano in alto il braccio e tutti gli altri si arrestano col loro. Un uomo avanza verso di loro. Il dislivello del terreno gli ha impedito di evitare in tempo pauroso incontro. Si tratti di persona anziana, il campiere Busellini che dopo l'abituale giro per il feudo sta rientrando la casa.

Gli undici banditi lo circondano ed egli si affetta a gridare:

- Io non vi conosco, io non ho visto nulla, sono un uomo d'onore.

- Sei nato sotto una cattiva stella, Busellini, io conosco te e tu conosci noi – dice Mannino.

- È sbirro questo – dice Badalamenti.

Il campiere viene disarmato mentre, ad un centinaio di metri di distanza, due contadini che vedono apparire di lontano i banditi a cavallo s'erano nascosti gettandosi nel folto di grano, ascoltano ogni parola e assistono a tutta la scena.

Ora i banditi sospingono il campiere verso l'orlo di un burrone.

- Chi ci pensa a questo? - chiede Terranova.

Ma già il poveretto si trova sospeso sul precipizio e Mannino ed altri hanno impugnato il mitra. Partono le raffiche e l'uomo colpito precipita nella voragine.

Mannino si volge agli altri banditi con voce disperata grida:

- Abbiamo ammazzato anche questo! Dobbiamo ammazzare sempre! È il nostro destino e non finirà questa maledetta catena! Palma Abbate vengo con te in Africa o andrò solo all'inferno.

Ciò detto sprona il cavallo e si allontana seguito da Terranova. Anche gli altri banditi spronano i loro cavalli ognuno in diversa direzione a gruppi di due, tre.

Così la banda Giuliano si è spezzata.

Il parroco ha benedetto le salme ed ora precede salmodiano, attorniano dalle donne, l'improvvisato funerale.

I feriti più gravi sono stati messi sulla corriera che subito si avvia verso Monreale e Palermo. È giunta anche qualche automobile dei servizi pubblici dei paesi ed altri feriti vengono trasportati agli ospedali.

Eleonora Muschetto, la giovane sposa incinta, ha voluto rimanere accanto al suo uomo che amorevolmente la tiene abbracciata guidando con ogni attenzione il cavallo lungo il sentiero erboso.

- Come ti senti, picceredda?

Ma all'amorosa domanda dello sposo Eleonora non risponde subito. Ella è tutta ripiegata sul suo ventre, che avvolge col braccio destro, mentre con la mano sinistra si afferra alla criniera.

Il marito guarda la ferita e guarda il ventre di Eleonora. Il proiettile potrebbe aver colpito la creatura.

Ma Eleonora solleva il capo ed ecco sul suo viso tutto bagnato di lacrime un sorriso:

- Iddu è vivo – dice – iddu si muove, lo sento.

Il gippone ha raggiunto le prime case di Monreale. È giorno di festa: come ogni anno il primo maggio si celebra solennemente in quella cittadina la festività del Santo Crocifisso. La processione sta rientrando nella cattedrale ed anche qui si levano le note di una banda musicale.

- Siamo arrivati in tempo per la corsa dei cavalli – dice Genovesi rivolto a Giuliano – so che tutti gli anni tu vieni a vederla.

- Io sto male, molto male fratello. Andrò alla clinica – dice Pisciotta.

Giuliano guarda attraverso uno spiraglio del telone la strada affollata di gente. Si rivolge poi a Genovesi bruscamente:

- Avverti Zu' Gnazio che lo aspetto alle otto in punto.

- Dove?

- Iddu lo sa. Dove dice la lettera che mi ha portato, digli soltanto così.

- Devo venire anch'io?

- Tu non mi servi.

Giuliano si rivolge poi a Pisciotta:

- Ti aspetto nel pomeriggio, voglio sapere di questa visita alla clinica. Poi questa sera con Zu' Gnazio parleremo insieme.

Il gippone svolta lungo un vicolo laterale: uno dei vicoli miseri e sconnessi della periferia delle cittadine siciliane. Si arresta davanti ad una casetta isolata al limitare degli agrumeti. Giuliano scende frettoloso, entra in quella casa ed il gippone riparte.

Gaspare Pisciotta sale le scale della clinica per malattie polmonari del dottor Grado di Monreale.

Dalla cittadina si rivolge ad un'infermiere in camice bianco:

- Dicesse al professore che sono venuto per la radiografia.

- Ma il professore non è in clinica. Forse sta per mettersi a tavola.

Pisciotta con un movimento del braccio attira l'attenzione dell'infermiera sulla grossa pistola sotto la giacchetta. Poi dice:

- Avvertisse o professore che Faraci Giuseppe è venuto per la radiografia.

L'infermiere, spaurito, s'allontana frettoloso mentre il bandito raggiunge il salottino d'attesa e guarda dalla finestra sulla strada principale della cittadina, intensamente affollata.

Ed ecco sopraggiungere le automobili che portano i feriti della Portella; le sirene urlano, ma la gente si sposta di lato con lentezza. Dietro le due automobili viene la vecchia corriera, col suo dolorante carico di feriti che gemono.

Pisciotta guarda dalla finestra; ascolta le voci della folla:

- Da dove venite?
- Chi siete?
- Che cosa è accaduto?

Ascolta le risposte degli autisti e dei feriti:

- Veniamo dalla Portella.
- Hanno fatto una grande strage. Morti e feriti.
- Chi? Chi ha sparato?
- Non si sa. Erano sulla montagna.
- Perché spararono?
- Per malvagità.
- Dieci morti, cento feriti.
- Tutti cristiani di Piana e di S. Giuseppe.
- Donne e bambini. Anche picciriddi; morirono.

E subito la voce corre di bocca in bocca in bocca per tutto il paese, dalla via centrale, giù lungo le strade, da finestra a finestra, da uscio ad uscio.

Giuliano, nella casetta in fondo al vicolo, sta facendo il bagno in una grezza tinozza. La sua ragazza, bellissima, gli versa l'acqua fredda e calda e lo accarezza. Sui fornelli fumano le vivande d'un lauto pranzo. La tavola è già apparecchiata per due.

- Troppi giorni mi lasci sola, chiusa qua dentro ad aspettarti – sussurra la donna – troppi giorni e cattivi pensieri.

- E tu non pensare. Ca nun ti manca niente. Io vengo quando posso venire.

- Zu Gnazio ti diede la mia lettera?
- Me la diede.
- La gente, qua attorno, s'è fatta curiosa. Le donne guardano la casa e poi babbiano fra loro.
- Domani ti farò trasferire in un altro paese. Forse a Palermo.

Ora il bandito abbraccia la sua ragazza e la stringe selvaggiamente a sé.

- Anche tu parli troppo picciotta. Ma io ti farò tacere.

Ride, la bacia e la trascina verso la camera da letto.

Giungono improvvisamente dal vicolo voci concitate. Una donna, davanti alla casetta quasi dirimpetto a quella ove si trova Giuliano grida:

- Mio padre! I miei fratelli!

E si avvia correndo verso il centro del paese.

Le donne commentano:

- Concetta è di Piana.
- Il padre ed i fratelli erano alla Portella questa mattina.
- Poveredda! Poveredda!

E quelle voci e parole arrivano nella casa di Giuliano che le ascolta, insieme con la ragazza fra le sue braccia. La ragazza vorrebbe anzi andare alla finestra. Ma il bandito la trattiene e con un piede chiude la porta della camera da letto:

- Resta cà, che quei fatti non ci riguardano.

Lungo le strade di Piana e S. Giuseppe, verso la Portella, si muovono lenti alcuni camion di carabinieri. Pattuglie di giovani dei due paesi, a cavallo, percorrono al galoppo i sentieri attorno alla montagna Pizzuta.

Una pattuglia di carabinieri e agenti di polizia, con un ufficiale dell'arma e un funzionario compiono una ricognizione sul costone ove i banditi erano appostati. Hanno raccolto i bossoli.

I giovani contadini a cavallo, furenti, si imbattono nella pattuglia che ultimata la ricognizione scende dalla montagna:

- Di là, di là se ne andarono!
- Quanti erano?
- Chi erano?

L'ufficiale dell'arma mostra la cesta coi bossoli:

- Ora sappiamo soltanto che hanno sparato 800 colpi. È stata una battaglia!
- Una battaglia nella quale si sparò da una parte sola! – dice un giovane concitato.

È già l'ora del tramonto. A Piana il colonnello dei carabinieri Angrisani interroga i fermati. Fra questi alcuni signorotti di campagna e mafiosi con la coppola, qualche campiere.

Davanti all'ufficio di polizia sosta una folla di contadini e contadine:

- Giustizia! Vogliamo giustizia!

Nell'ombra della case, oltre gli usci socchiusi, si odono i pianti ed i lamenti attorno ai morti, le salme coperte di fiori, si vedono i feriti sui paglierici presso i cavalli ed i muli.

Accompagnati da carabinieri entrano nell'ufficio di polizia i tre cacciatori che sono stati sequestrati dai banditi sulla montagna, la prostituta Maria Roggia ed i tre giovani che erano con lei.

Al loro passaggio la folla grida incitamenti:

- Parlate! Parlate!
- Non abbiate paura!
- Denunciate gli infami!
- Tutto il popolo vi proteggerà!

Due banditi, Cucinella e Candela, giungono alle porte di Montelepre. Lasciano i cavalli in un cascinale deserto poi si avviano a piedi verso l'abitato. Incontrano un pastore di capre che a sua volta torna al paese:

- Abbiamo sete cumpare. Dacci una buona tazza di latte – dice Cucinella.
- Da dove venite cristiani?
- Veniamo dalla Portella.

Il pastore li guarda atterrito. Poi si curva a mungere una capra ma gli trema la mano.

- Tu parli troppo cumpare – borbotta Candela a Cucinella.

Il colonnello Angrisani mostra ai cacciatori molte fotografie di latitanti e ricercati. Anche Maria Roggia ed i giovani le osservano. Finalmente uno dei cacciatori si sofferma sulla foto d'un giovane. È Giuliano.

Il colonnello osserva ora i tre uomini che guardano la foto. Sembrano esitare. Hanno riconosciuto quell'uomo ma non osano dirlo. L'ufficiale li incita a parlare. Dopo attimi pesanti di silenzio uno dei tre cacciatori afferma:

- Iddu era il capo.
- Ha voluto vedere i nostri documenti – conferma il secondo.

- Portava l'impermeabile chiaro.

Il colonnello dell'arma porta una mano alla fronte con gesto sconsolato. Poi licenza gli interrogati. Rimasto solo si volge al giovane ufficiale che ha scritto il verbale:

- È lui – dice – Salvatore Giuliano da Montelepre. L'inafferrabile.

- Giustizia! Vogliamo giustizia! – continua a martellare la folla sempre più rumorosa.

- Povera gente! Avrete giustizia, un giorno, ma chissà quando – mormora l'ufficiale come parlando con se stesso. – Per ora ci troviamo di fronte a dei fantasmi; e bisognerà stritolare chissà quali barricate, protezione e resistenze prima di poter mettere le mani su quei sanguinari!

Lungo la strada centrale di Monreale passano ora al galoppo i cavalli berberi montati a pelo da fantini del luogo, che partecipano alla corsa tradizionale. La folla, stipata ai due lati, incita con grida i favoriti. Confusi con la folla, a gridare incitamenti come tutti, ecco Giuliano, Pisciotta, Badalamenti e qualche altro bandito: tutti vestiti a festa come i giovanotti della cittadina.

Viene la sera. Giuliano e Pisciotta, nella casetta in fondo al vicolo attendono la visita di Zu Gnazio. Sono già passate le ore venti. (Giornale radio su Portella?).

- Iddu nun vene! – dice Pisciotta, rabbioso.

- Iddu non verrà – ripete.

Giuliano guarda l'orologio. Poi si alza di scatto, afferra il mitra:

- Vieni Gasparino, che andiamo a regolare questo conto. Ci vuole una lezione per quei signori. Bisogna avvertirli che Giuliano, questa volta, non si lascerà fottere!

Escono nella sera. Un'automobile percorre veloce una trazzera dell'interno, raggiunge una vicina cittadina (Partinico?) s'arresta davanti ad una villetta. I due banditi scavalcano con un salto la cancellata, la porta è socchiusa, entrano.

Zu Gnazio siede a capotavola e sta affondando la forchetta in un gigantesco piatto di spaghetti. Attorno a lui una numerosa famiglia, con giovani, donne e bimbi.

All'apparire di Giuliano e Pisciotta sulla porta, che i banditi hanno aperto con un calcio, ha un moto di spavento subito represso:

- Turi, Aspano, venite, c'è posto anche per voi alla mia tavola.

Ma Giuliano ha già puntato il suo mitra, la raffica parte, il grande mafioso si abbatte fulminato. I due banditi raggiungono la macchina e ripartono velocemente.

A Piana, un vagito di neonato saluta la vita. Una piccola folla di donne è raccolta davanti alla casa di Eleonora Muschetto, che ha dato alla luce il suo bambino. La levatrice solleva il corpicino in alto, lo mostra fuori dall'uscio: le grida del piccini risuonano oltre la porta della casupola ove si vegliano i caduti della Portella. Le donne immerse in preghiera attorno alle salme si affacciano a guardare il piccino appena nato e muovono le vecchie mani materne in atto benedicente.

La tragica giornata è finita. Giuliano e Pisciotta, si sono rifugiati in una villa solitaria, sopra un'altura che guarda la strada Palermo-Trapani. Giuliano è già sdraiato nel suo letto e volge le spalle a Pisciotta il quale impugna il mitra e scruta dalla finestra socchiusa i dintorni della villa.

- Sono stanco – borbotta Giuliano insonnolito – molto stanco.
- Dormi, ti sveglierò fra due o tre ore.
- Svegliami quando vuoi. Poi farò io la guardia e tu Gasparino potrai dormire fino alla mattina.
- Dormi adesso.
- Domani tutti i giornali parleranno della Portella. In tutto il mondo... E quei signori sono avvertiti. Se non manterranno le loro promesse li ammazzeremo tutti come cani. Non è vero Gasparino?
- Dormi.

Pisciotta fuma nervosamente. Guarda la schiena di Giuliano seminuda nella canottiera, poi punta i suoi occhi accesi nell'ombra notturna.

- Li impiccheremo, non ci saranno olivi abbastanza per impiccarli tutti quanti.

E sull'immagine di Giuliano che s'addormenta e di Pisciotta che veglia alle sue spalle si chiude la storia della tragica giornata del primo maggio 1947.

Tre anni dopo nella notte del 5 luglio 1950 Pisciotta e Giuliano erano ancora insieme, in una casa di Monreale o di Castelvetrano o di altro paese. E già molti banditi erano stati consegnati, vivi o morti dalla mafia alla polizia.

Nel cimitero di Montelepre vi sono le tombe dei morti, tutti trovati lungo le trazzere crivellati di colpi o sfigurati dalla selvaggia vendetta mafiosa.

Quella notte del 5 luglio 1950 Giuliano venne ucciso; Pisciotta disse al processo d'aver compiuto deliberatamente quell'omicidio a Castelvetrano, ma quale la verità? Ed anche Giuliano fu portato nel piccolo cimitero di Montelepre.

L'anno successivo al processo per la strage di Portella celebrato davanti alla Corte d'Assise di Viterbo Pisciotta accusò mandanti e mafiosi, ma era la denuncia d'un bandito, spesso contraddittoria, non creduta, non credibile; egli trascinò alcuni capimafia davanti alla Corte di Giustizia; colpevoli? Innocenti? Era un bandito l'accusatore! Ed egli stesso tre anni dopo fu avvelenato in carcere.

I sopravvissuti della banda furono condannati all'ergastolo. I picciotti vennero prosciolti perché la Corte riconobbe che essi alla strage avevano partecipato sotto la minaccia mortale di Giuliano.

Montelepre è oggi una cittadina siciliana come ogni altra. I picciotti si sono sposati e si guadagnano una vita stentata da onesti lavoratori.

La strage del primo maggio 1947 è ormai una lontana memoria, un incubo che svanisce nelle quotidiane occupazioni del lavoro e nei sentimenti della vita usuale.

Noi abbiamo voluto rievocare e raccontare quella grande strage non soltanto per onorare le vittime innocenti ma perché anche da quella pagina paurosa della storia del nostro dopoguerra sono derivati insegnamenti preziosi; oltre la strage la vita è andata avanti, e sono stati fecondati i campi, e nuove case sono sorte e sorgeranno, e tutti gli anni migliaia di contadini in festa si recano alla Portella a celebrare la dolce Pasqua dei lavoratori.

Là nel cuore della tragica e gloriosa terra di Sicilia. –

Fine

Canti e danze popolari in Italia

Idea per un soggetto di:
Giuseppe De Santis

elaborata con:
Gianni Puccini

Il canto e la danza popolari in Italia, nonostante l'assiduo amore ad essi prodigato da alcuni scrittori, ricercatori ed etnologi nel secolo scorso e nell'attuale, rappresentano ancora un fatto culturale da scoprire, denso di valori umani, poetici, sociali. Quando queste manifestazioni tanto vitali dell'anima popolare italiana sono uscite dal riserbo dei campi, delle montagne, dei luoghi di lavoro, o dalla specializzazione erudita delle biblioteche, per affacciarsi ad attenzioni e a pubblici più vasti, lo è stato solo in un senso superficialmente folkloristico. Il loro spirito genuino è rimasto ignorato e segreto.

Come si sa, canti e danze popolari non hanno autori, la loro origine risale ai fatti della vita e della morte dell'uomo, che il popolo di un paese, di un villaggio, di un'intera regione, commuovendosi collettivamente, interpreta e traduce in musica, in danza, in poesia. L'amore, la gelosia, le vicende del lavoro, i giuochi, i delitti, le gioie, i dolori, i matrimoni, i funerali, sono i fatti che danno vita a storie ora drammatiche, ora tragiche, ora umoristiche ora gioiose; ogni canzone e ogni danza contiene una "trama", spesso emotiva e ricca di tensione quanto e più d'una novella o d'un romanzo d'autore. È chiaro quindi che questo sarà il tessuto narrativo, originale e affascinante, del film: proprio perché ogni canzone e ogni danza contengono una storia, e dentro ogni storia sono racchiuse le ragioni sentimentali, morali, sociali, che l'hanno fatta nascere, i veri soggettisti e sceneggiatori del film non saremo noi, ma sarà il popolo stesso. Il compito degli autori del film sarà, principalmente, quello di ricercare, raccogliere, organizzare l'immenso e prodigioso materiale narrativo sparso per tutta l'Italia, estrarne l'incalcolabile ricchezza spettacolare, comporlo in modo armonioso e coerente.

Canzoni popolari ne conoscono un po' tutti, si cantano quando si va in montagna, o si ascoltano alla radio dai "gruppi folkloristici" che spesso le deformano banalmente. Non tutti hanno avuto però occasione, forse, di riflettere alle opportunità narrative, e dunque cinematografiche, ch'esse contengono; di solito avviene, come con tutte le scipite canzoni di questo mondo, che le si canti o ascolti distrattamente. Perciò non sarà inutile qualche esempio, scelto a caso tra le centinaia e le migliaia possibili. «Vulesse fa venì pe' n'ora sola», cantano negli Abruzzi, «lu tempo bello della fanciullezza, – quando pazziavamo (= giocavamo) a vola-vola (= antico gioco abruzzese), – e mi riempivi di baci e di carezze... – E vola vola vola, e vola lu cardillo, – nu vaso a pizzichille nun me lo puoi negà... – E vola vola vola, e vola lu pavone, – se tiè' lu core bone...». È chiaro che questa canzone nasce dal rimpianto d'amore di due ex fidanzati, che ricordano l'adolescenza, durante la quale si sono amati; uno dei due rievoca all'altra quella stagione meravigliosa della vita, quando, nel mezzo d'un gioco allegro e innocente, scoppia improvviso l'amore. Non è questa, dunque, una bella storia d'amore, delicata, piena di sommessa poesia, con la sua tipica cornice di un giuoco regionale che basta da sola a farla diversa da tutte le storie d'amore che abbiamo conosciuto, letto, visto? È una storia d'amore dolce e triste, che fa ripensare alla Silvia leopardiana.

«L'è meglio un bicchier di dalmato che l'amor mio», piange un contadino friulano, «che l'amor mio-oo, mio primo amor! – Non voglio amar più femmine perché sono false, – perché son false-ee nel fare all'amor!». Anche qui, in poche battute, una storia d'amore, l'eterna storia dell'amarezza di un amante abbandonato, che è facile immaginare isolato, nell'ora vaga e grigia del crepuscolo, in mezzo al paesaggio desolato d'una immensa pianura del Nord...

«Amore dammi quel fazzolettino», si canta, con questa o quella variante, in tante regioni d'Italia, ma soprattutto nel Sud, «vado alla fonte, lo vado a lavar, – te lo lavo alla pietra di marmo, – ogni sbattuta è un sospiro d'amor, – te lo stendo a una rama di rose, – vento d'amore lo deve asciugar, – te lo stiro con ferro a vapore, – ogni pieghina è un bacino d'amor, – te lo porto di sabato sera, di nascosto di mamma e papà...». Questo episodio si direbbe già sceneggiato: una delicatissima storia d'amor seguita attraverso un fazzolettino. Il fazzolettino è il personaggio principale, un simbolo tipico di legame amoroso, così comune tra la gente semplice che dà geloso valore ai doni, ai ricordi, ai segni che rievocano una memoria e una vicenda care. Questa ragazza che nel fazzoletto del moroso impersonifica il moroso stesso, e accarezza, bacia, piega sospirando l'esile oggetto, sembra di vederla: ha i tratti stessi della giovinezza e dell'amore.

Questi, l'abbiamo detto, sono esempi qualsiasi, tratti a caso da un patrimonio tanto vasto da essere ancora in parte inesplorato. E sono soltanto esempi di canzoni d'amore, mentre è chiaro in un film siffatto non sarà unicamente l'amore ad esser trattato, ma tutti gli aspetti della vita e della convivenza umana che canti e danze raccontano, anche se il più affascinante e perciò il più importante sarà proprio l'amore. Alle storie d'amore si alterneranno le storie del lavoro, altro aspetto glorificato in tante canzoni, le mietiture, le vendemmie, la monda, il lavoro in miniera, la raccolta degli ulivi, delle castagne, dei gelsomini, del tabacco, del sale, che in tante regioni del Sud si svolgono a fiorire squadre di ragazze giovani e belle. Sarà davvero una singolare "mostra" del lavoro in Italia, con la sua forza, il suo impeto, il peso e la fatica, l'asprezza e la gioia; una rassegna di volti e di specializzazioni, di campagna e di città, i modi diversi d'affrontare il dovere quotidiano che hanno gli operai, i braccianti, le tabacchine, gli zolfatari, le mondine, le raccoglitrici di castagne, d'ulive, di aranci. Basta pensare a un brano di montaggio, il canto della risaia alternato al coro greve e sotterraneo della miniera, e subito l'ampia pianura pugliese col canto delle ragazze che mietono, il ritmo d'una fabbrica scandito da voci virili, e via via luoghi e persone e canzoni e balli, per avere chiara una delle possibilità espressive ed emotive, tra racconti più distesi e narrati, che offre un simile film.

Un altro tema fondamentale è il dolore, legato alla morte d'una persona cara, che in alcuni paesi del sud assume valore di narrazione e di canto, dai lamenti delle prediche a elogi funebri come questo, molisano: «L'aggio perduto chi m'amava tanto, – l'aggio perduta la stella lucente, – quella che me luceva pe' davante...»

Altri temi sono l'odio, la gelosia, la vendetta, il delitto, l'emigrazione, quest'ultimo ricchissimo di novelle e di pianto.

Naturalmente la citazione potrebb'essere allargata e resa più puntuale, ma questo va fatto in altra sede e in un momento più avanzato del lavoro, una volta operata una scelta rigorosa. Qui ci premeva soltanto di dare un'idea, un'illuminazione sulle possibilità d'ogni genere insite nel nostro progetto.

Con il canto, la danza. Anche la danza racconta, non è mai gratuita e astratta. Nasce sempre in funzione di qualche cosa che ha colpito l'immaginazione popolare. Uno scherzo d'amore, un voto religioso, una vigilia di nozze, una tragedia, vicini o lontani, tramandati nei secoli o forse accaduti appena da qualche anno. Anche qui, come nelle canzoni, emergono quegli accenti musicali semplici e pieni, ricchi di un'onda istintiva di melodia e di poesia, gli stessi ai quali con tanto geniale costrutto si sono ispirati i maggiori e più popolari musicisti italiani, da Donizetti a Bellini a Verdi, così tipici e così vari da regione a regione, da paese a paese. E le figure delle danze, fantasiose e movimentate come nessun coreografico di genio saprebbe inventarne di più belle, come s'accompagnano giustamente alla musica, come esattamente ritraggono il carattere di chi collettivamente le svolge, la leggiadria dei veneti, la corposità degli emiliani, l'aggressività dei ciociari, il languore orientale dei siciliani, la gravità dei montanari...

Per ognuna di queste forme intendiamo muoversi con libertà scrupolosa, se una regione è ritratta con più efficacia in una danza, racconteremo la danza con la sua storia dentro o la storia che è alla sua origine; di un'altra potremo dare canto e danza, da soli, senza svolgere alcun racconto se non quello che il pubblico stesso può cogliere nell'intreccio dei passi e nell'incalzare della melodia; per un'altra trarremo soltanto la storia, lasciando che il canto, gioiosa o malinconico, la commenti fuori campo, per così dire. I modi sono e possono essere infiniti, come infiniti sono i canti e le danze, e la loro scelta, ripetiamo, fa parte di un complesso lavoro di elaborazione che allo stato attuale del nostro progetto è possibile soltanto prevedere a grandi linee.

Un ruolo significativo avranno, nel film, gli strumenti popolari che accompagnano i canti e le danze, bizzarri sovente, antichi come la nostra terra, non sempre conosciuti nel mondo civile e moderno delle città. Qualche volta saranno i più umili, saranno stoviglie, pezzi di latta, tamburi di fortuna, così come veramente accade nella realtà...

La realtà: sarà questa la nostra guida gelosa. È chiaro che è lontana da noi ogni facile tentazione nel senso della rivista di tipo hollywoodiano, che tutto leviga in una belluria fasulla. Con questo film intendiamo compiere, insieme con uno spettacolo suggestivo, una seria opera di cultura, nel senso di scoperta di fatti inediti, di contributo a una raccolta scientifica e il più possibile vasta di materiale poetico e musicale creato dal popolo. Non vi saranno concessioni al "gusto" e alla "fantasticheria". Non sarà una ricerca di tipo "romantico", ma sarà il più realistico dei film realistici.

Per poter arrivare a questo risultato, è evidente che occorre disporre di una grande organizzazione, da mettere in atto con rigore e previdenza, molto di più che per ogni altro film e in modo notevolmente riverso.

A questo proposito, sottoponiamo un piano di organizzazione del lavoro, che esige solo di essere perfezionato. È chiaro che molta parte del materiale a noi necessario potrà essere rinvenuto nei rari ma ottimi libri che alcuni studiosi hanno composto sull'argomento. Ma questo non potrà bastare, il libro potrà guidarci, ma soprattutto dovremo andar a vedere coi nostri occhi. Dovrà pertanto formarsi una "commissione centrale di inchiesta", che viaggi per tutta l'Italia alla scoperta spesso difficoltosa di ciò che esiste nel cuore e sulla bocca del popolo, costituita dal regista e da un aiuto regista, da due scrittori soggettisti sceneggiatori (che elaboreranno soggetto e sceneggiatura insieme al regista), da un coreografo (questa sarà la scelta più difficile, mancando in Italia una tradizione popolare in questo campo, sarà doloroso, ma dovremo certamente servirci di uno straniero: egli non solo deve vedere e scegliere le danze, ma anche, dopo la scelta, insegnare ai contadini a danzarle con l'armonia necessaria – poiché è chiaro che interpreti del film saranno i veri cori, i veri ballerini, i tipi veri delle storie), da un musicista (scelta anche questa difficile, si esige un musicista che già profondamente conosca e ami la musica popolare, e sappia quindi giustamente scegliere e giustamente rielaborarla, senza intellettualismi e tradimenti), da un fotografo che fissi in tempo le immagini che più colpiscono, ed evidentemente da un organizzatore che fissi in tempo le immagini che più colpiscono, ed evidentemente da un organizzatore.

Alla "commissione centrale" danno aiuto, e ad essa faranno capo, una serie di "sottocommissioni" per ogni regione, che raccolgano tutto il materiale che non sia possibile raggiungere altrimenti; e che vediamo formate da scrittori e studiosi, altrochè s'intende dai non rari "specialisti" operai e contadini, risiedenti sul posto.

Soltanto in questo modo, sulla base di questo complesso lavoro, sarà possibile concepire giustamente il film: un film, come si vede, al quale dovrà collaborare, sollecitata nelle forme su 176 elencate e in altre che potranno ancora trovarsi, tutta l'Italia. Deve essere, il film, un inno ad un'Italia profonda, né turistica né ufficiale né sufficientemente nota, l'Italia che più amiamo, l'Italia segreta che conserva tesori nel suo seno, da stupire il mondo. Un inno all'Italia e alla sua realtà.

Il Permesso
(oppure: *Il volto oltre le sbarre – il rischio ci appartiene*)

Soggetto cinematografico
di Giuseppe De Santis
Franco Reggiani

Premessa

L'antivigilia di Natale del 1986, dieci detenute condannate a gravissime pene per fatti di terrorismo, sono uscite per quattro ore dal carcere di Torino, grazie alla nuova legge penitenziaria Gozzini. Del gruppo facevano parte la famosa Susanna Ronconi, condannata all'ergastolo ed altre nove ex-terroriste di Prima Linea e delle Brigate Rosse.

Il permesso era stato accordato per consentire alle detenute di assistere allo spettacolo teatrale *Il volto oltre le sbarre*, alla cui preparazione esse stesse avevano partecipato in carcere, insieme con attori ed animatori della Cooperativa *Teatro Z* ed in quanto si tratta di ex-terroriste appartenenti alla cosiddetta "area omogenea" che raduna i dissociati dalla lotta armata.

La proposta che presentiamo (s'intende tutta da discutere e sviluppare), è quella di ricostruire, in base alle notizie apparse sulla stampa ed attraverso una libera ricostruzione dei fatti, la "cronaca" dell'intera giornata, così drammaticamente diversa, vissuta sia dalle detenute (tutte giovani, ma già segnate da tragiche esperienze), sia da quelle Autorità che avevano consentito l'esperimento, per tanti aspetti inedito e senza dubbio assai rischioso.

La scelta di questo soggetto, investe il grande e sempre attuale dibattito sui temi della giustizia, della pena, delle riforme giudiziarie e del rispetto dei diritti umani e civili, e pone tutta una serie di interrogazione inquietanti e dolorose, non ultima quella tragica dei parenti delle vittime. Va anche sottolineato che l'arco di una giornata, nella quale vorremo contenere il racconto, dal momento del risveglio delle detenute, al momento in cui le porte del carcere si richiudono alle loro spalle, si presta ad una struttura narrativa stringata ed appassionate, che contiene elementi di forte emotività, e ci si consenta il termine, di intensa spettacolarità.

Nel nostro caso: era giusto, da parte delle Autorità, correre il rischio dell'evasione di qualcuna delle detenute, il rischio dell'intervento di possibili complici, disposti a tutto, il rischio di attentati di terroristi "irriducibili?" D'altra parte, come giudica l'opinione pubblica il reinserimento, sia pure temporaneo, di persone che si sono macchiate di atroci delitti, nello scenario della vita quotidiana? Ed ancora: che cos'è lo sconcertante imbarazzo che prende coloro che sono favorevoli alla liberalità che ha ispirato la legge di riforma carceraria, quando la sua concreta attuazione fa camminare tra di noi, uomini e donne colpevoli di gravissimi crimini? La riforma la approviamo, i suoi effetti ci sconcertano.

Sono forse dovuti, questi interrogativi, al fatto che particolarmente in questo caso la società politica si è mostrata più sollecita ed avanzata di una società civile, in certe occasioni ancora legata a schemi e concezioni vecchie ed inadeguate ai tempi di sviluppo di una più sostanziale e vera democrazia?

È nostro proposito rappresentare una vicenda che pone naturalmente a noi ed al pubblico, tutti questi attuali e drammatici problemi. Ben intenso, non attraverso una "tavola rotonda", ma attraverso i modi di una drammaturgia avvincente, allusiva e nello stesso tempo carica di tensione.

Pur ispirandoci al fatto di cronaca ricordato, non faremo alcun riferimento a personaggi della vita reale. Né è indispensabile che la città ove si svolge sia Torino. Crediamo, invece, che sia essenziale, per i contrasti che suggerisce, un'atmosfera di allegria di folla, di spensieratezza, di vetrine festose, nel bagliore delle luci, nello schiamazzo di chi entra e di chi esce, di chi getta il vecchio per il nuovo. A confronto con il destino di queste giovani donne detenute e con la necessaria severità con la quale l'esperimento è portato a termine, da parte di magistrati, polizia ed autorità pubbliche.

Pensiamo che il tempo della narrazione non debba eccedere le due ore. Tale, dunque, da consentire sia il suo sfruttamento cinematografico che televisivo; quest'ultimo da svolgersi, pensiamo, in un'unica serata.

1 – È l'alba di una giornata invernale.

Le alte mura di un grande edificio carcerario, si stagliano illuminate dai fari di sicurezza che esplorano, incrociandosi, lo spazio circostante. All'interno cominciano ad accendersi le prime sparse luci che danno il senso della vita che sta per riprendere.

In un capannone-laboratorio una guardia carceraria è intenta ad una strana operazione: stacca dal muro, dove sono appese ad asciugare, una serie di maschere, in tutto dieci, e le sistema su un carrello dal quale penzolano come impiccate. Si avvia per i corridoi ancora immersi nella semioscurità.

Ora, ad ogni maschera che oscilla sul carrello, corrisponde, come per incanto, il volto di una delle dieci detenute che cogliamo al momento del risveglio. Com'è mai? Perché questa rassomiglianza? Che cosa hanno a che fare i giovani volti di queste donne con le maschere che li hanno scolpiti, cogliendoli in un'espressione così prepotentemente drammatica, fino quasi a sfigurarle?

Il Direttore del carcere, questa mattina, è arrivato prima del solito ed è teso e molto agitato e comunica la sua agitazione ai suoi collaboratori, tra i quali una suora, quando annuncia che "l'uscita" è per oggi. Ma sarà lui stesso ad informarne le detenute e fino a quel momento, tutto dovrà andare come al solito. Sopraggiunge la guardia che trasportava il carrello con le maschere che i presenti esaminano con curiosità, commentando ora le somiglianze, ora l'eccesso di stilizzazione.

Nel braccio dei "politici", le detenute hanno iniziato una giornata come tutte le altre, in cui tutte le normali attività (lavarsi, farsi il letto e pulire la cella, prendere il caffè, andare all'aria ecc. ecc.), vengono scandite dalla disciplina carceraria, che le rende ossessivamente ripetitive. Quando poi le recluse sono lasciate all'inerzia, i loro occhi spalancati sul nulla, spesso riflettono l'angosciosa essenza dell'esistenza carceraria...

Rarissimi sono gli imprevisti; questa mattina una di esse, Giulia, ripone nella custodia la chitarra sulla quale provava gli accordi, sussurrando a fior di labbra un motivo, è chiamata in parlatorio. Al di là dei doppi vetri e sotto l'occhio implacabile di due telecamere, incontra due sorelle, vestite di nero, di origine sarda: sono le due giovani donne, figlie di una vittima di un'azione di guerriglia urbana, di cui Giulia è stata la principale responsabile. La conversazione tra le tre donne è priva di ogni drammaticità: si parla di cose banali, di tutti i giorni, con scambi di sorrisi e gentilezza dall'una e dall'altra parte, in un clima di reciproca "civiltà". Le tre giovani donne hanno un interesse in comune, che le appassiona: la musica. Giulia, infatti, se l'impegno politico non l'avesse portata alla lotta armata, avrebbe di certo proseguito la sua attività di cantautrice.

Ma quando rientra in cella, Giulia ha uno scatto emotivo: il perdono dei familiari delle vittime può essere anche più duro ed angoscioso da sopportare, talvolta, più di quanto non sia un atteggiamento di un implacabile risentimento.

Ma improvvisamente si diffonde tra le detenute una voce sussurrata ed eccitante: «Ci fanno uscire!... Oggi ci fanno uscire!...»

2 – Anche la città si sta svegliando, con una particolare animazione: siamo nella settimana che precede il Natale. Nelle case di magistrati, di assistenti sociali, di amministratori della regione e del comune, si discute con mogli, con figli, con colleghi sull'"esperimento": è giusto, è opportuno, è prudente far uscire dieci ex-terroriste pericolose, che stanno scontando pesanti condanne, per condurle ad assistere ad uno spettacolo teatrale? La questione suscita commenti e reazioni animati, a volte persino aspri. In particolare ne discute il Procuratore della Repubblica con la bella moglie ed i giovani figli.

In un ufficio della Questura Centrale, il commissario capo della DIGOS organizza perlustrazioni, dislocazione degli uomini, sorveglianza dei luoghi, e scorta, con l'ausilio di una grande mappa della città, mettendo in evidenza tutti i rischi dell'operazione: qualcuna delle detenute può cercare di fuggire, possono avere aiuti dall'esterno per un'evasione in massa, può verificarsi un attacco di terroristi "irriducibili", desiderosi di far fallire l'esperimento. Sottolineando il pericolo che sia messa a repentaglio la vita di pacifici cittadini, specialmente per l'affollamento delle strade nel periodo festivo.

I suoi uomini non sono contenti. Tra di essi ce n'è di quelli che hanno avuto a che fare con alcune delle ex-terroriste, durante la lotta armata, e ne conoscono la determinazione e la spericolatezza. Uno tra questi, giunge sino a mormorare al suo vicino che al primo movimento sospetto non esisterà a sparare. Il commissario intuisce bene lo stato d'animo dei suoi, e ricorda che le detenute in permesso sono tutte "dissociate" dalla lotta armata, che hanno tenuta condotta irreprensibile e quindi, proprio per questo, usufruiscono delle disposizioni della nuova legge di riforma carceraria. Ma, uscendo dalla riunione, molti poliziotti commentano con scetticismo quei "pentimenti"...

3 – Ora il Direttore del carcere ha convocato nel suo ufficio, le dieci detenute. Ha al suo fianco l'assistente sociale, la suora ed altri collaboratori tra i quali uno psicologo, specializzato nel recupero di detenuti ex-terroristi. È proprio per opera di quest'ultimo che le detenute hanno collaborato alla preparazione di uno spettacolo teatrale, ispirato alle vicende della loro vita, sotto la guida di un regista e di un gruppo di teatranti esterno al carcere, e che hanno materialmente preparato le maschere che saranno usate nella rappresentazione, seguendo un corso di plastica nel laboratorio del carcere. Ora, il Procuratore della Repubblica, ha accolto l'iniziativa di far assistere le detenute allo spettacolo e quindi esse usufruiranno, quello stesso pomeriggio, di un permesso speciale di quattro ore, a norma di legge, perché possano vedere la prova generale in un teatro cittadino. Le recluse ascoltano ed intervengono con atteggiamenti diversi: chi manifestando apertamente la propria gioia, chi più riservata, chi con un'ambiguità che può lasciare dubbiosi, sulle sue intenzioni.

Ma, tornate alle celle, esplode tra di esse l'eccitazione: quasi tutte sono in carcere da cinque o sei anni, durante i quali hanno visto solo i corridoi e le mura che le rinchiudono, essendo state, naturalmente, soggette ad una dura disciplina. L'emozione è fortissima. E nel vestirsi, pettinarsi, truccarsi per l'uscita, emerge dal profondo di ciascuna, una femminilità naturale da tempo assopita.

Tuttavia, al centro dei loro dialoghi, resta il "caso" della loro uscita: un'occasione unica che non bisogna perdere per dimostrare, come hanno fatto in questi anni di detenzione, la loro volontà di reinserirsi. E come accoglierà, l'opinione pubblica, da parte sua, invece, questo esperimento? Sarà di reale vantaggio alla loro situazione complessiva? Quale sarà la reazione dei familiari delle vittime? Ne discutono in termini di "strategia".

Fra tutte si fa notare Leda la quale, a parte ogni altro discorso, vive questo momento con una particolare ebbrezza liberatoria, che emana dalla sua fisicità pronunciata e solare.

Da parte sua, invece, Claudia è disperata perché quello è il giorno di visita dei suoi genitori, che vengono da lontano e non la vedono da due mesi. Una delle compagne, la consola: certo i genitori capiranno che dopo cinque anni non poteva rinunciare a qualche ora fuori del carcere...

4 – Infatti, su di un treno che sta per entrare in stazione, i due anziani genitori di Claudia, che vengono da L'Aquila, lui impiegato delle ferrovie e lei maestra di scuola, si preparano a scendere. Sono anni, ormai, che seguono la figlia di carcere in carcere, da Trani a Rovigo, da Paliano a Modena, da Rebibbia alle "Nuove"... Tutto è cominciato nel modo più dolorosamente inatteso, con una notizia letta sul giornale, proprio poche settimane dopo che Claudia si era laureata in biologia... Una ferita che non si è mai più richiusa, e che è persino causa di risentimento tra i due genitori: il marito rimprovera ancora alla moglie di non aver creato con la figlia un rapporto tanto stretto e profondo da poter almeno intuire, come di solito accade tra madre e figlia, quello che stava accadendo.

Ma il maggior problema, oggi, è quello di fare in modo che Claudia senta la loro vicinanza in questi giorni di feste natalizie: decidono di aggiungere agli altri doni dei fiori, molti fiori.

Intanto in un'agenzia di viaggi affollata di gente, ansiosa di organizzare le proprie vacanze nel periodo festivo, un giovane ed efficiente impiegato riceve, da uno sconosciuto, che si allontana frettolosamente, una busta contenente un biglietto che lo lascia sconvolto. Abbandona il balcone al quale sta lavorando, si rifugia nella toilette, legge ancora due o tre volte il biglietto, come non credendo ai suoi occhi, poi esplode in una gioia irrefrenabile; corre ad avvertire un collega che deve assentarsi nel pomeriggio e noncurante delle proteste di quello, si precipita fuori...

Nel teatro che annuncia con le sue locandine lo spettacolo *Oltre le sbarre*, alcuni poliziotti perlustrano la platea deserta passando tra le poltrone, di fila in fila.

Sopraggiunge, frettoloso e autoritario, un maresciallo, sceglie due degli agenti ed ordina loro di piantonare la toilette del teatro, luogo classico di tutte le fughe cinematografiche di gangster e di detenuti e che quindi, va sorvegliato con particolare attenzione. I due giovanotti tentano una protesta per l'ingrato compito, ma il maresciallo li redarguisce: non dovranno assolutamente muoversi durante tutto lo spettacolo.

5 – Nell'ampio cortile del carcere, arrivano cinque vetture blu, manovrano schierandosi mentre, da un'uscita, appare il Direttore, seguito dalle detenute, dalle assistenti sociali, da suor Angelina, che abbiamo già avuto occasione di conoscere. In un teso silenzio il gruppo si suddivide avvicinandosi alle macchine. Una voce improvvisa fa volgere tutti verso l'alto: grida «Scimmie, troie, puttane, vendute...» ed una sfilza di insulti coloriti e volgari. Le detenute la riconoscono: è Susanna! E con meraviglia si accorgono che anziché essere con loro, Susanna è rimasta nella sua cella. Suor Angelina si precipita all'interno, mentre le grida di Susanna continuano.

La suora trova la donna in preda ad una crisi di rabbia e di pianto che, al suo arrivo, giunge al parossismo: strappandosi di dosso i vestiti, che le avevamo viste scegliere con cura, togliendosi dal viso il belletto, scarmigliandosi i capelli,

Susanna rompe in una furiosa accusa contro le compagne e conte se stessa: si sono ridotte a fare le scimmie ammaestrate, la marionette, hanno accettato di fare da spettacolo per le Autorità, di essere i fiori all'occhiello dei magistrati... La suora cerca di calmarla, di convincerla a riunirsi alle altre, ma Susanna è irremovibile.

Dalle macchine, dove si sono sistemate, le detenute vedono tornare Suor Angelina, sola. Prende posto nell'auto accanto il Direttore, ed il corteo di vetture si avvia verso l'uscita.

Non appena fuori del portone centrale, si accodano macchine di scorta della Digos.

I due anziani genitori di Claudia, ora carichi di pacchetti e di fiori, sono giunti in prossimità del carcere e vedono con sorpresa la teoria di automobili che si allontana. Ignorando che la figlia era su una delle macchine, i due entrano nel tetro edificio e mostrano i documenti per essere ammessi al colloquio, convinti che di lì a poco potranno incontrare la loro Claudia.

6 – Il corteo di macchine sta entrando nel parco della città. È una bella giornata d'inverno, ed i giardini sono affollati di bambini, di mamme che chiacchierano sulle panchine, di ragazzi che giocano a pallone sui prati, d'innamorati a passeggio... Le detenute devono con gli occhi quello spettacolo di vita libera e spensierata. Qualcuna

si commuove, altre distolgono lo sguardo come a concentrarsi in ricordi belli ma dolorosi, una di esse, Leda, con voce soffocata dice all'autista: "Vada piano, per favore, se può."..

L'emozione si accentua quando le macchine cominciano a percorrere le strade del centro animate dalla folla natalizia: le detenute si indicano l'un l'altra le vetrine addobbate ed illuminate, ricolme di oggetti, di vestiti, di cibo, tutta una realtà che avevano dimenticato e che negli anni si è accresciuta nello spreco e nell'eccesso.

Molti tra i passanti si girano incuriositi a guardare quella fila di macchine tutte uguali, "ufficiali", ed i loro sguardi si incrociano, per un attimo, con quelli delle donne sedute tra i poliziotti.

Il passaggio delle auto, sia nel parco, sia per le strade, è puntigliosamente seguito da altre auto della polizia disseminate lungo il percorso, che ne segnalano il progredire verso il teatro con i radiotelefoni di bordo, in un clima di crescente tensione.

7 – Nel frattempo, nel carcere, ai genitori di Claudia viene comunicato che il colloquio con la figlia non può aver luogo e viene loro consegnata la lettera che ella ha lasciato.

Poiché non viene data alcuna spiegazione, la madre protesta vivacemente: vuole vedere il direttore. Anche questo viene loro negato, con cortese fermezza. La donna rifiuta di andare via, anche se il marito cerca di blandirla e di acquietarla. In disparte, guardano i due anziani che si sistemano in attesa, una delle guardie commenta che appare ridicolo non dire la verità. Il capoguardia lo rimbecca: gli ordini sono ordini, e non si può scherzare con certe cose... Alla fine, avviliti, i due, lasciati i loro pacchi, se ne vanno.

Nella sua cella Susanna, la detenuta che ha rifiutato di uscire, appoggiata con le spalle al muro, con espressione tetra e desolata, fissa davanti a sé la parete opposta, nuda e grigia, che d'improvviso si anima di un doppio di se stessa, un alter ego con la quale comincia una sorta di dibattito, mormorato ma concitato: «Quello fu un errore, ora ne sono certa...». «No, in quel momento non si poteva fare altro...».

Ed il dialogo continua sul tema di un'azione di lotta armata, negli anni più duri ed esasperati del terrorismo ripercorrendo, con se stessa, dubbi e contraddizioni che erano stati sepolti nella sua memoria e che ora riaffiorano come in un incubo allucinato.

Da un bar Roberto, l'impiegato dell'agenzia turistica, telefona alla moglie scusandosi per il ritardo col quale rincaserà. La moglie è solo ansiosa di sapere se il marito ha prenotato il loro viaggio alle Maldive: grida che assolutamente si rifiuta di tornare, anche quest'anno, in Brasile.... Roberto vede, attraverso i vetri, passare la teoria di macchine blu, a malapena distingue qualche volto femminile all'interno... Aggancia bruscamente il ricevitore e si precipita fuori, seguendo quasi di corsa le automobili...

8 – Sul marciapiedi del teatro si diffonde agitazione e nervosismo tra i poliziotti di servizio: le macchine stanno arrivando... I pedoni vengono fermati e tenuti a distanza, mentre le auto blu si accostano.... La gente osserva incuriosita e sconcertata il gruppo di donne che escono dalle macchine circondate dalla polizia e, che entrano rapidamente nel teatro. Quando Roberto giunge sul posto, le porte a vetri si sono richiuse e l'andirivieni passanti è tornato normale.

Le ragazze attraversano l'atrio del teatro, percorrono un corridoio laterale, finalmente entrano nella platea. Deserta, silenziosa, essa presenta uno stridente contrasto con l'abituale aspetto di un teatro nel momento che precede una rappresentazione. La prima fila della balconata è occupata delle Autorità, vestite di scuro, immobili. Raggelate dall'ambiente, le detenute prendono posto al centro della platea: d'improvviso d'ammutoliti e ripiombate nella loro condizione d'isolamento e di "diversità". Tanto più che, attorno ad esse, qui e là, sono disseminati poliziotti. Dalla porta delle toilettes, fanno capolino incuriositi, i due agenti di guardia. Qualcuno sul palcoscenico spia attraverso il sipario la platea, e la voce dell'arrivo delle detenute, si diffonde dei camerini, dove le attrici si stanno truccando e preparando per la rappresentazione, provando le maschere, che abbiamo già visto nel carcere, appena distribuite dal regista dello spettacolo.

Il commissario capo della Digos, all'ingresso, accoglie il Procuratore capo della Repubblica, e lo scorterebbe al suo posto tra le Autorità. Ma il magistrato chiede di incontrare, prima di tutto, le detenute e quando le raggiunge rivolge loro un breve discorsetto di benvenuto. Questo suo atteggiamento suscita reazioni diverse sia tra le autorità, sia tra le stesse detenute chi da una parte critica un atteggiamento eccessivamente spregiudicato, chi, invece, lo giudica assolutamente normale e confacente al suo obbligo di magistrato, in un'occasione di questo tipo. Ma l'attenzione generale si sposta verso l'atrio del teatro dal quale provengono le voci di un alterco vivace e prolungato. Dopo un attimo di preoccupazione e smarrimento, si apprende che si tratta di un cronista e di un fotografo che cercavano di entrare nel teatro. La polizia non solo nega l'accesso al teatro, ma vuole soprattutto sapere come si sia diffusa la notizia di quanto sta avvenendo; di qui lo scontro verbale tra giornalisti e poliziotti, che si placa, quando il Procuratore della Repubblica interviene e concede l'ingresso alla stampa, dicendo che è bene che l'avvenimento sia documentato. E quindi, cronista e fotografo entrano, mentre uno dei poliziotti commenta che, forse, la notizia di quanto sta avvenendo l'ha fatta trapelare alla stampa, proprio il magistrato.

In questo momento si spengono le luci in sala e si accendono quelle del palcoscenico. Tra le detenute si fa un emozionato silenzio, mentre l'ombra scende sui loro volti sino al buio totale illuminato, di tanti in tanto, dai flashes del fotocronista, ai quali qualcuna di esse oppone un netto rifiuto, schermandosi con una mano.

9 – Ora, invece, la luce è accecante, nel ricordo che le detenute hanno del laboratorio del carcere, dove è cominciata l'avventura di questa rappresentazione. Nel vasto capannone sono riuniti tutti insieme in modo disinvolto, detenute ed attrici della Cooperativa Teatrale, con il loro regista. Con rapide battute e frammenti di racconto, le ex-terroriste cercano di esprimere stati d'animo e sensazioni che le hanno accompagnate nelle loro tragiche esperienze. Regista ed attrici sono impegnati a stilizzare e ad interpretare il materiale umano che viene loro sottoposto. La scena non è statica, bensì mossa quasi come un balletto, in quanto regista ed attrici, cercano di rendere mimicamente, con movenze estremamente eleganti, gli stati d'animo, commentando e discutendo quanto fanno come in una prova teatrale.

Il ricordo continua con la rievocazione del lavoro di laboratorio che le detenute hanno svolto per confezionare quelle maschere che già abbiamo visto e che, riproducendo i loro stessi volti, creano una particolare suggestione di mistero, di ambiguità, e persino di doppiezza nella loro fissità.

10 – Ritornando nel buio della sala ora, il sipario si apre ed appaiono le attrici, indossando ciascuna una delle maschere che abbia-

mo visto preparare, in una scenografia e con un'illuminazione che ne esaltano la potenza espressiva.

Il gruppo oscilla ed ondeggia, con movenze ora lente, ora fulminee, sino a disporsi in pose che mimano un attacco di lotta armata. Poi, di colpo, si blocca in un'immobilità aggressiva a tetra.

Sul sottofondo ossessivo di un crescendo musicale, l'immagine del palcoscenico sparisce e ad essa si sovrappone, in lenta dissolvenza, la visione di una brutale e sanguinosa azione terroristica, contrastata dalla polizia, tra assordanti raffiche di mitra.

11 – È il primo di una serie rapidissimi *flashes* che dovranno essere girati come fossero documenti ripresi dal vivo colti da una cinepresa nascosta.

In essi vediamo passare davanti ai nostri occhi, imprese cruente (attentati, assalti a banche e caserme, sequestri e così via), di cui sono protagoniste, di volta in volta, le detenute che assistono allo spettacolo. Azioni non sempre vittoriose, ma costellate di fughe, di ferimenti di compagni di lotta, di dispute nevrotiche di arresti e di evasioni. Insomma: azioni da scegliere in tutta la "nomenclatura" della guerriglia, e tratte dalla cronaca di quegli anni; seguite da scene di cui sono protagonisti parenti e familiari delle vittime ed i casuali testimoni, con le loro espressioni di disperazione e sgomento.

Sulla scena, la rappresentazione si chiude con una nota di tragico raccoglimento, dopo che le attrici sono tornate immobili, nella posizione iniziale già vista.

Cala il sipario. Le autorità, sedute in fila sulla balconata, restano ferme, il silenzio. Anche le detenute, profondamente emozionate, sono mute, assorte, sconvolte dall'essere tornate indietro, nel passato, e nell'orrore che hanno vissuto. Ad eccezione di Leda, la quale, come sempre travolta dalla sua spontaneità, e come se gli episodi violenti appartenessero non più al suo passato, ma a quello di altra persona, balza in piedi in un isolato applauso. Di colpo, si rende conto del silenzio che la circonda, e torna e sedersi, un po' confusa.

12 – Le attrici cominciano a struccarsi ed a spogliarsi nei camerini, quando vi fa ingresso il gruppetto delle detenute, sempre accompagnate e "guardate a vista", sia pure con una certa discrezione. Tutte, meno Leda, la quale ha chiesto alla suora di andare alla toilette. La suora ha acconsentito e l'attende seduta in platea.

Tra le attrici e le detenute nel corridoio e nei camerini, si intreccia un fitto colloquio, ma Ivana, quella che ha sempre avuto il tono di chi suggerisce il comportamento alle altre, entrando nel camerino dell'attrice che ha ancora il viso nascosto dalla sua maschera, ha la sorpresa di trovarla chiusa in un profondo turbamento, ma la ragazza le si avventa contro in un'esplosione di rabbia, cercando di colpirla e mugolando frasi smozzicate ed incomprensibili, come se l'aver compiuto le stesse azioni dell'altra, sia pure nella finzione scenica, gliene avesse improvvisamente rivelato tutto l'orrore.

Le altre accorrono a dividerle. Le due ragazze, una delle quali indossa la maschera dell'altra, si guardano per un attimo tra le lacrime, poi si gettano una nelle braccia dell'altra, consolandosi a vicenda.

La suora rimasta in platea in attesa di Ivana, sorride con una punta di ironia, nel vedere le autorità che sono finite, quasi senza avvedersene, sul palcoscenico, del quale si è riaperto il sipario, assumendo i toni e le movenze di un gruppo di recitanti. Quasi che per un momento stessero interpretando un'ipotetica commedia, tra i flashes del fotografo.

Nella toilette, intanto, avviene qualcosa d'inatteso, non sappiamo come sia potuto accadere, ma è accaduto: Leda è tra le braccia di uno dei due poliziotti, lì di guardia, in un amplesso furioso e liberatorio, nel quale si esprime tutta la sua esuberanza fisica, castigata nei lunghi anni di carcerazione e di isolamento. Per lei, queste quattro ore di libertà sono, prima di tutto, la riconquista biologica del proprio corpo e della propria personalità. Forse anche recuperando la folle ebbrezza del proiettarsi fuori della norma.

13 – Nella città, intanto, Roberto, il giovane impiegato dell'agenzia turistica, si precipita all'interno di un modernissimo edificio tutto cristalli e metallo. Concitato sale ad uno degli ultimi piani: già dall'ascensore si scorge un panorama della città illuminata da mille luci, negli ultimi bagliori del tramonto. In un vasto studio di architetti, arredato con tutti gli ultimi ritrovati della tecnica, il giovane incontra la sorella. Allarmata dalla sua agitazione, la donna si apparta con lui, in un ambiente nel quale sono collocati batterie di computer e di calcolatori.

Roberto racconta di aver ricevuto un biglietto di Annamaria, dall'interno del carcere. La sorella, una belle e giovane signora dall'aria efficiente e dinamica, per essere più soli, lo conduce, allora, sul grande terrazzo dell'edificio. E lì, in un vento gelido, come sospesi sopra l'intera città, in un clima da fantascienza, si svolge un colloquio concitato dal quale apprendiamo che l'amore tra Roberto ed Annamaria, è stato troncato quando la ragazza ha fatto la scelta della clandestinità e del terrorismo e lui non ha voluto seguirla. L'uomo è incerto, dubbioso, spaventato dal messaggio che ha ricevuto: non sa che fare. La sorella, che conosce tutta la vicenda, rimprovera al fratello la sua eterna fragilità, la timidezza, l'incapacità di seguire gli slanci più profondi, l'essersi fatto trascinare in un matrimonio sbagliato, l'esistenza mediocre: e ora, si chiede, che cosa fare? Non c'è da esitare, Roberto deve correre dove Annamaria l'ha chiamato, vederla, rischiare magari di farsi arrestare, ma rispondere con un gesto generoso all'appello della ragazza, che con quel biglietto ha dimostrato di non averlo mai dimenticato.

Nel carcere, invece, per un repentino ripensamento Susanna, la detenuta che non ha voluto seguire le sue compagne, ha deciso di voler raggiungere anch'essa il teatro. La sua richiesta al personale di servizio trova naturalmente un fermo rifiuto: il Direttore non c'è e, dal punto di vista pratico, comunque, è un proposito assolutamente inattuabile. Susanna è in uno stato di sovreccitazione, e la discussione assume rapidamente toni violenti. Tanto che il personale giudica necessario richiuderla in una cella d'isolamento, dove la ragazza, dopo uno scatto d'ira solitaria, cade in una profonda prostrazione.

Intanto, i due genitori di Claudia, scoraggiati dalla lunga attesa, sono ormai rassegnati all'impossibilità di incontrare la figlia. Lasciano i pacchi che hanno portato per lei tristemente escono dal carcere.

14 – Le macchine blu che hanno condotto le detenute a teatro si rimettono in fila, lungo il marciapiedi, ancora una volta seguite dalla curiosità dei passanti, anche per la presenza in forze della polizia. Oltre le vetrate di ingresso, l'atrio del teatro è ora affollato dalle autorità che si accingono al commiato: ecco, infatti, il gruppo delle detenute, capeggiato dal direttore del carcere e chiuso dalle assistenti sociali. Mentre si scambiano i saluti formali ed un po' imbarazzati, Leda si distacca dalle compagne ed avvicinatasi al Procuratore della Repubblica, gli rivolge un'inattesa domanda: sarebbe possibile fare due passi a piedi ed andare a prendere qualcosa in un

caffè elegante? Il magistrato la guarda sorpreso, e prende tempo prima di rispondere, girando lo sguardo verso le altre autorità che lo circondano ed al gruppetto delle detenute che lo osservano col fiato sospeso.

15 - Roberto, tornato innanzi al teatro dopo l'incontro con la sorella, vede il commissario uscire precipitosamente dal locale e dare ai suoi uomini ordini concitati, con grande nervosismo... passano pochi attimi, ed esce il gruppo delle detenute. Ma le donne, invece di salire sulle macchine in attesa, si avviano tranquillamente sul marciapiedi mischiandosi con la folla. Sbalordito, il giovane comincia a seguirle dall'altro lato della strada. Riesce a vedere Annamaria che procede in mezzo al gruppo delle detenute come le altre la ragazza prova quasi una vertigine nel ritrovarsi a camminare liberamente tra una folla di sconosciuti, nella luce violenta delle vetrine, nell'animazione della gente carica di doni, tra gruppi di giovani passanti che scherzano e ridono, ritrovando di colpo quel calore umano che una folla in festa trasmette, e che avevano dimenticato da anni.

Roberto vorrebbe attirare l'attenzione della ragazza, ma non sa come segnalare la propria presenza, anche perché dal suo punto di vista, si è ben reso conto che la polizia sorveglia la passeggiata delle detenute con agenti sia in divisa che in borghese, i quali, sono attentissimi a tutto quanto accade.

16 – Le detenute si fermano due o tre volte ad osservare vetrine, scambiandosi battute e commenti divertiti, tipicamente femminili, sulle novità della moda. Finché il gruppo di donne imbocca l'ingresso di un grande caffè. Solamente due o tre agenti in borghese le seguono, rimanendo accanto all'entrata, ma riescono a malapena a nascondere il loro nervosismo, che trapela da qualche battuta che scambiano tra di essi, che ne rivela la tensione e lo stato d'animo indispettito contro chi ha concesso questa pericolosa diversione dal programma stabilito.

17 – Le ragazze si dispongono disinvoltamente lungo il banco del bar, tra la folla dei consumatori che, ignorandone l'identità, non presta loro alcuna attenzione particolare e con ritrovata gioia, ordinano bevande varie: sembra un gruppo d'impiegate in vacanza.

Anche Roberto è entrato nel caffè, si fa largo tra gli avventori, timidamente, e raggiunge il bar. Annamaria, alzando gli occhi al di sopra della tazza fumante di cioccolato che sta bevendo, lo vede. Resta immobile scambiando con il giovane uno sguardo lunghissimo, intenso, struggente.

Senza staccare gli occhi dal volto della donna, Roberto come ipnotizzato, si muove verso di lei, lentamente, avvicinandosi sempre più. Di colpo, come risvegliandosi da un sogno, Annamaria gli volta le spalle e prende a chiacchierare con le altre. Ma, non resistendo in quell'atteggiamento, si volta e si trova Roberto ormai vicinissimo. Il giovane fa un movimento come per afferrarla tra le braccia, quando uno degli agenti, che lo ha seguito senza prenderne una mossa, lo immobilizza, tirandolo indietro. C'è un trambusto, la gente crede che si tratti di un alterco fra due uomini. Entra qualche agente in uniforme. Nel gruppo delle ragazze c'è sorpresa e sconcerto. Mentre Roberto, appoggiato contro un muro con le mani in alto, viene perquisito, il gruppo delle detenute viene fatto uscire frettolosamente.

18 - Mentre protesta che si tratta di un equivoco, e che egli voleva solo chiedere una consumazione, Roberto scorge al di là delle vetrine del locale, Annamaria salire in macchina con le altre. Le auto blu si allontanano in corteo, seguite da macchine della polizia.

Quando Roberto esce dal locale, stravolto, le macchine sono scomparse ed egli scoppia in una crisi di pianto.

Malinconici, alla stazione, i genitori di Claudia salgono sul treno che li riporterà a casa. Nell'amarezza di non aver potuto riabbracciare la figlia, continuano a tormentarsi l'uno con l'altra rinfacciandosi colpe ed irresponsabilità.

19 – Nelle macchine che trasportano le detenute verso il carcere si è creato un silenzio assoluto. Le donne sono assorte nei loro pensieri.

Il pesante portone del carcere si spalanca, la fila di automobili blu si ferma nel cortile. Mentre, sempre in silenzio, le detenute si avviano al loro braccio, un funzionario del carcere si avvicina al direttore e gli mormora qualcosa. Scosso, il direttore lo segue, insieme con la suora.

Quando i due giungono alla cella d'isolamento dove era stata rinchiusa Susanna, il corpo della donna è steso sul pagliericcio.

Accanto a lei, si affaccendano il medico ed un'altra detenuta, nel tentativo di rianimarla: ha tentato d'uccidersi.

20 – La giornata è finita per tutti coloro che, autorità, giornalisti, poliziotti, attrici, hanno partecipato all'avvenimento.

Anche il Procuratore della Repubblica è tornato a casa e sta cenando con i suoi, commentando soddisfatto l'esito dell'iniziativa, alla quale ha dato un contributo decisivo. Anche se essa è partita dallo psicologo del carcere, il quale ha insistito sull'importanza di un esperimento centrato sul metodo di far rivivere le esperienze vissute dalle ex-terroriste, per liberarsene e riconquistare una diversa identità, inserita nelle norme sociali. Metodo condotto, in questo caso, sino alle estreme conseguenze di una rappresentazione teatrale di quella "memoria".

La cena è interrotta dalla telefonata di una signora: è la vedova di una vittima del terrorismo, la quale ha appena appreso la notizia del "permesso" concesso alle detenute. Molto rispettosamente, ma con intenso dolore, plaude all'iniziativa, che certo è stata gestita in esecuzione e nel rispetto di una legge illuminata. Ma, fa osservare, né a lei né ai suoi figli, né certo ad alcuno dei parenti delle tante vittime che il terrorismo ha lasciato dietro di sé, qualcuno ha pensato: «Noi, nessuno ci ha portato a teatro».

21 – Nelle celle, le detenute si spogliano, si struccano, riprendono gli abiti ed i gesti di sempre, quelli consueti cui le costringe, ogni giorno, la vita carceraria. È come se nelle quattro ore di libertà avessero recitato un loro ruolo in una rappresentazione di comune vita quotidiana. I volti tornano grigi, come improvvisamente invecchiati. I volti di quanti devono consumare la propria esistenza dietro le sbarre. Chi spegne una luce, chi l'accende, chi prende un libro per leggerlo, chi piange silenziosamente, chi suona sommessa la chitarra, chi scrive.

All'esterno del carcere, i riflettori illuminano le muraglie. È cominciata un'altra notte.

Fine

Le immagini

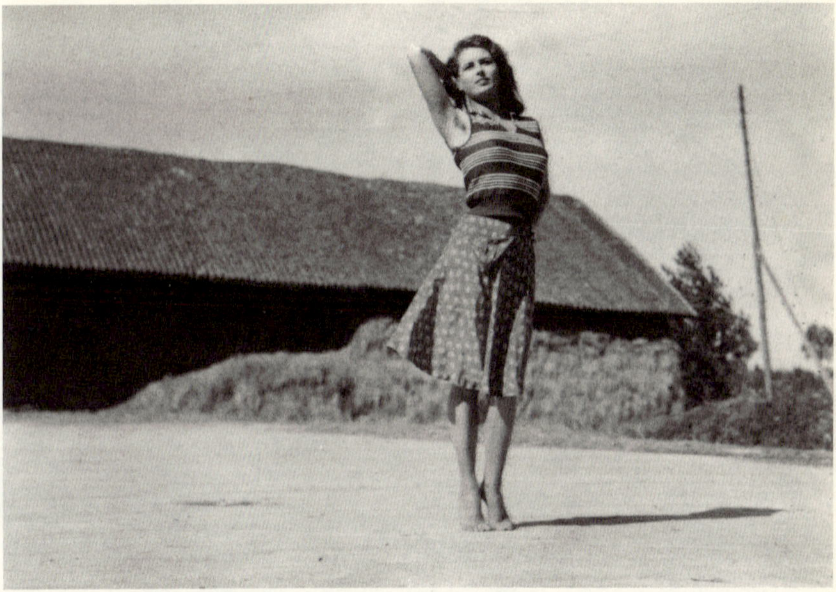

1. Il linguaggio del corpo: Silvana Mangano in *Riso amaro*

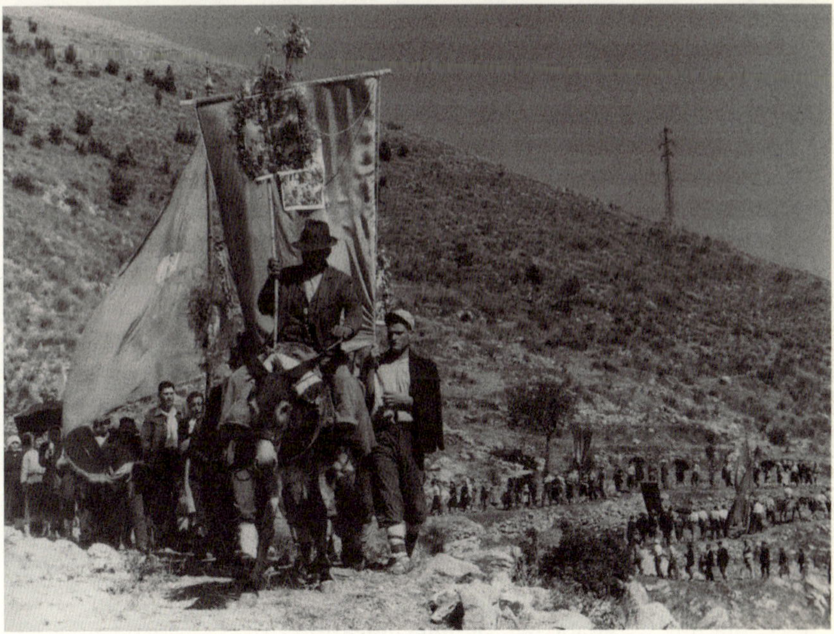

2. La processione - *Non c'è pace tra gli ulivi*

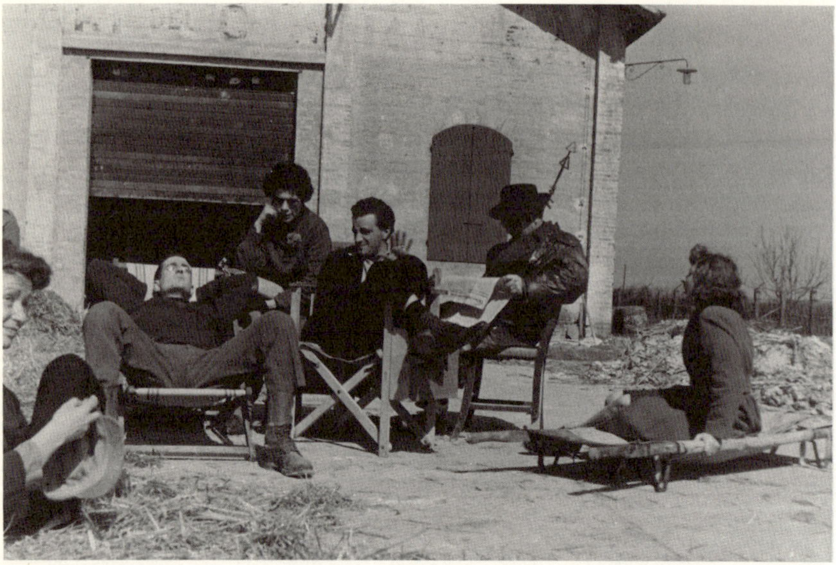

3. Durante una pausa delle riprese di *Caccia tragica*. Lizzani, De Santis, Andrea Cecchi e Carla Del Poggio

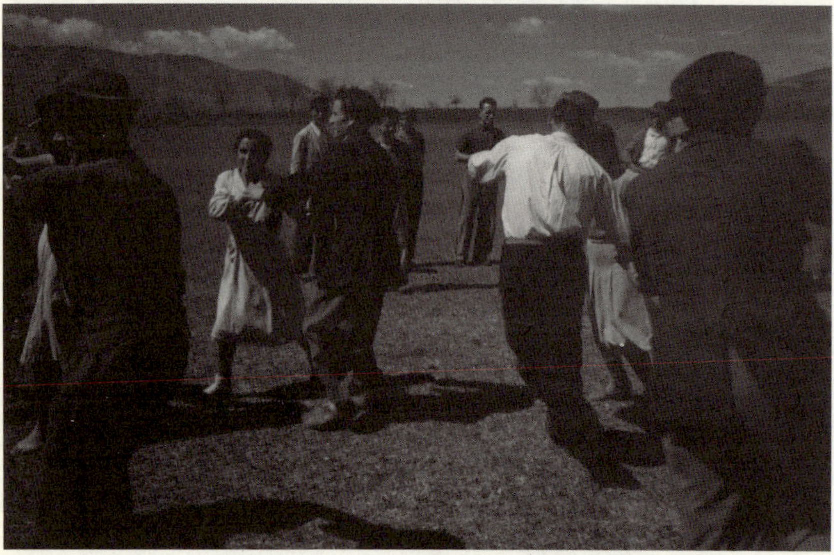

4. I contadini insegnano la tarantella agli attori (*Non c'è pace tra gli ulivi*)

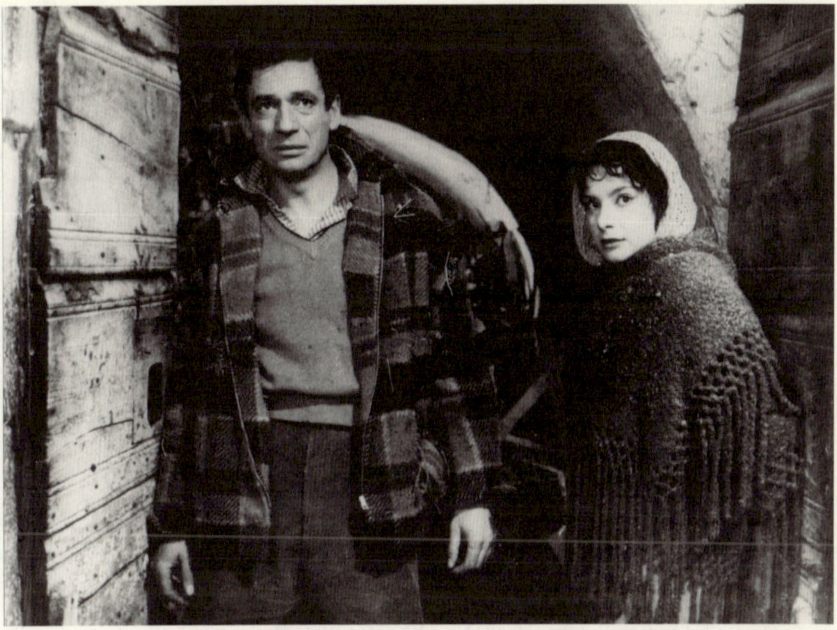

5. Yves Montand e Irene Cefaro in *Uomini e lupi*

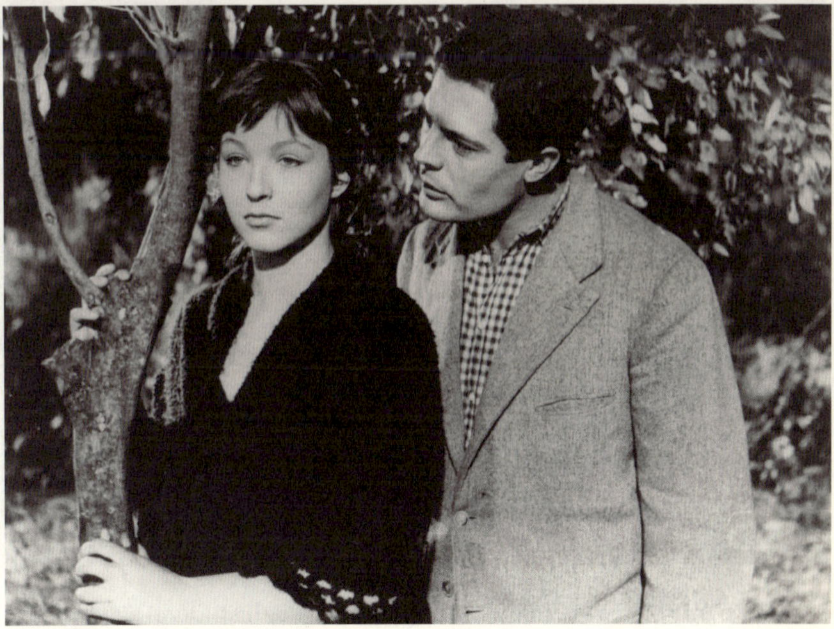

6. Marina Vlady e Marcello Mastroianni in *Giorni d'amore*

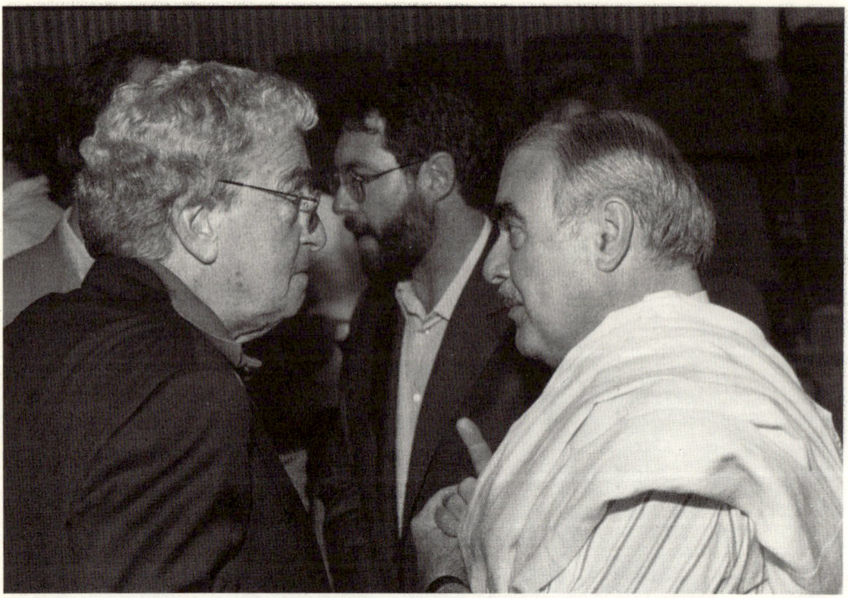

7. De Santis con il prof. Lebano a Middlebury College

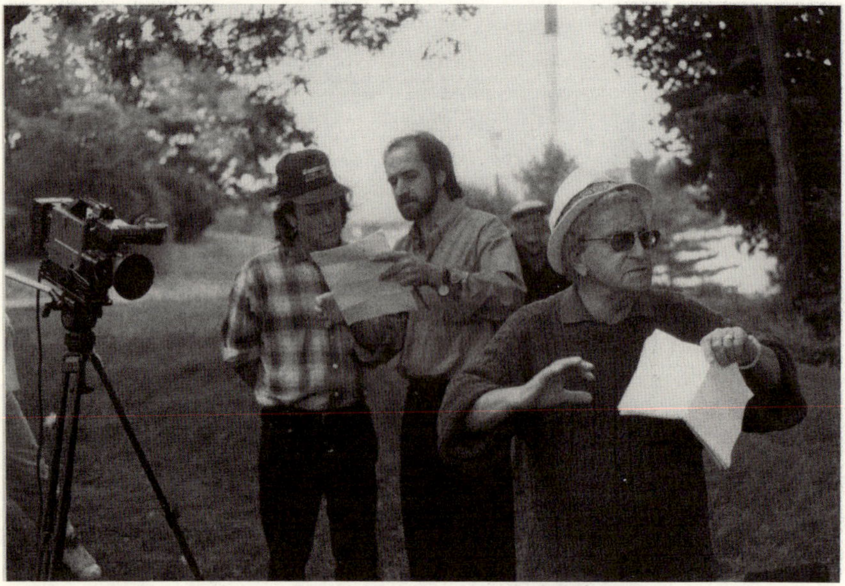

8. De Santis spiega i ruoli e l'interpretazione agli studenti "attori" a Middlebury College

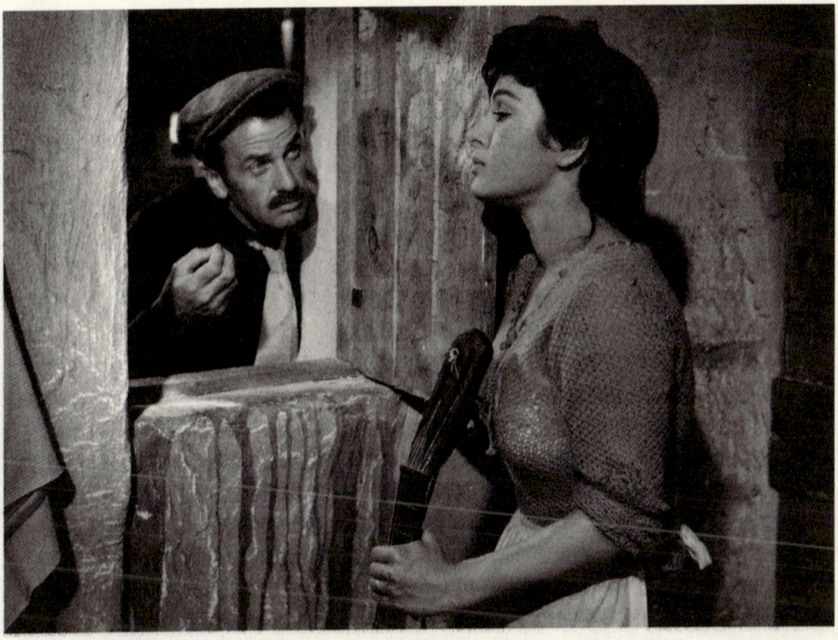

9. Massimo Girotti e Eleonora Rossi Drago in *La strada lunga un anno*

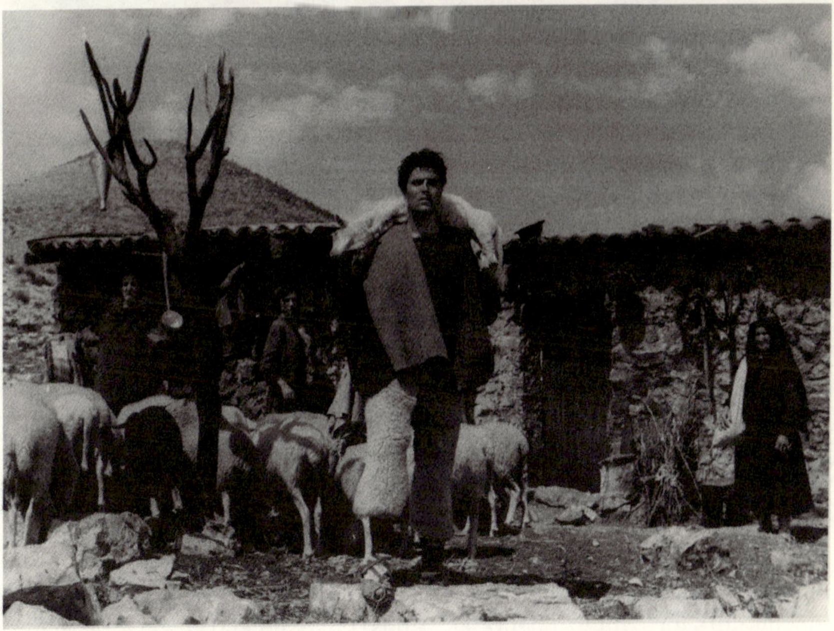

10. Il mitico "Francì" (Raf Vallone) in *Non c'è pace tra gli ulivi*

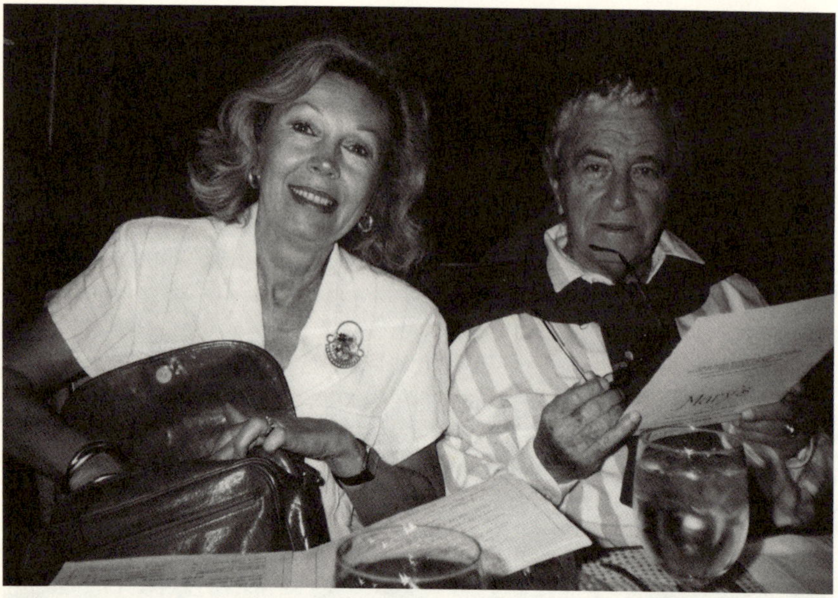

11. Gordana e Peppe negli Stati Uniti

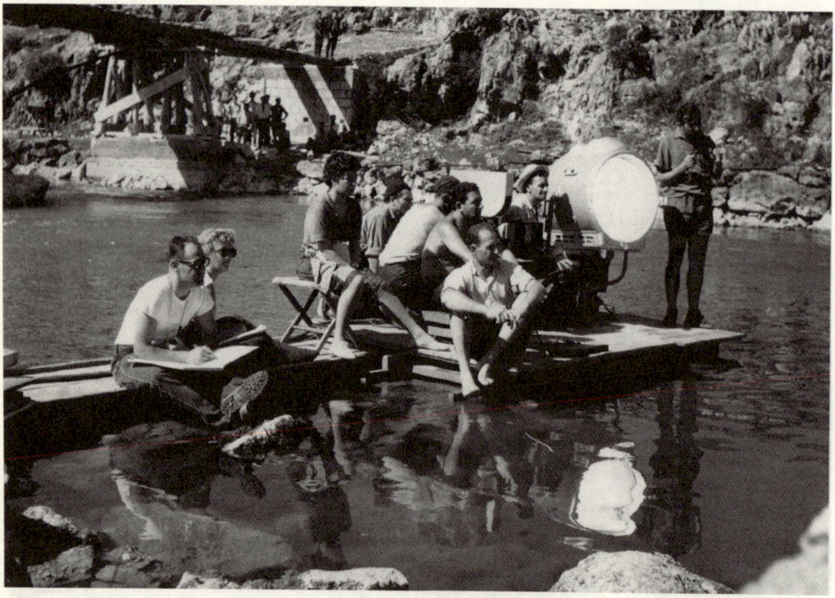

12. La strada lunga un anno (1957). Silvana Pampanini seduta sullo sgabello, Franco Giraldi (segretario di redazione) con gli occhiali, Marco Scarpelli (operatore) a torso nudo, Bbeppe De Santis con il cappello vicino al proiettore

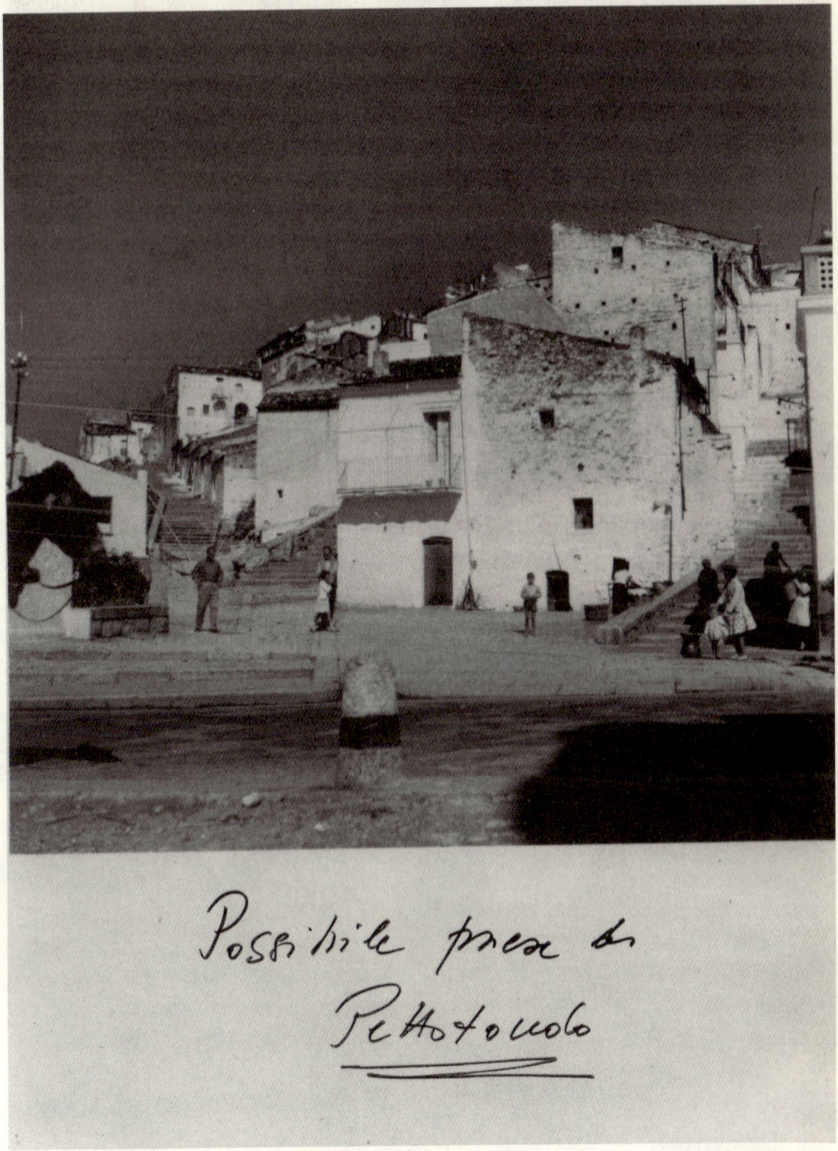

13. Villaggio pugliese dove De Santis avrebbe voluto ambientare *Pettotondo*, film mai realizzato

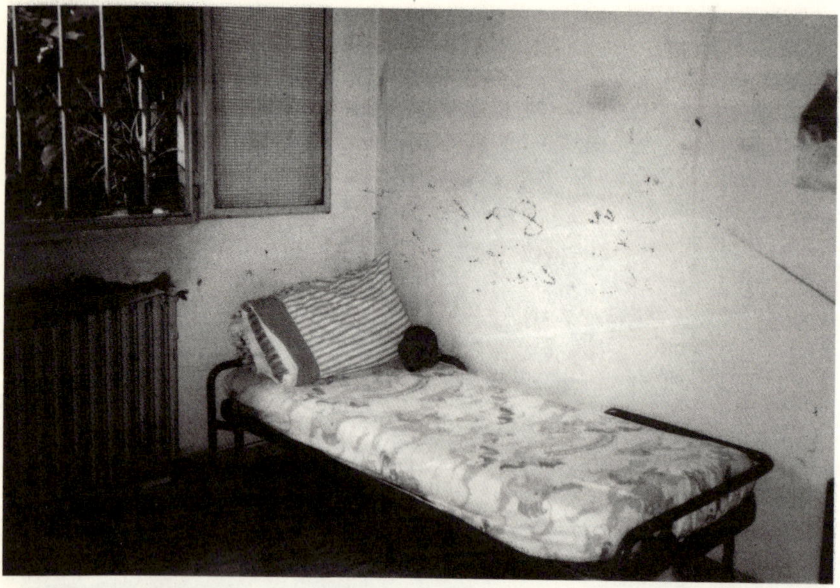

14. Ripresa di un letto in una cella del penitenziario di Torino in cui le ex-terroriste erano tenute

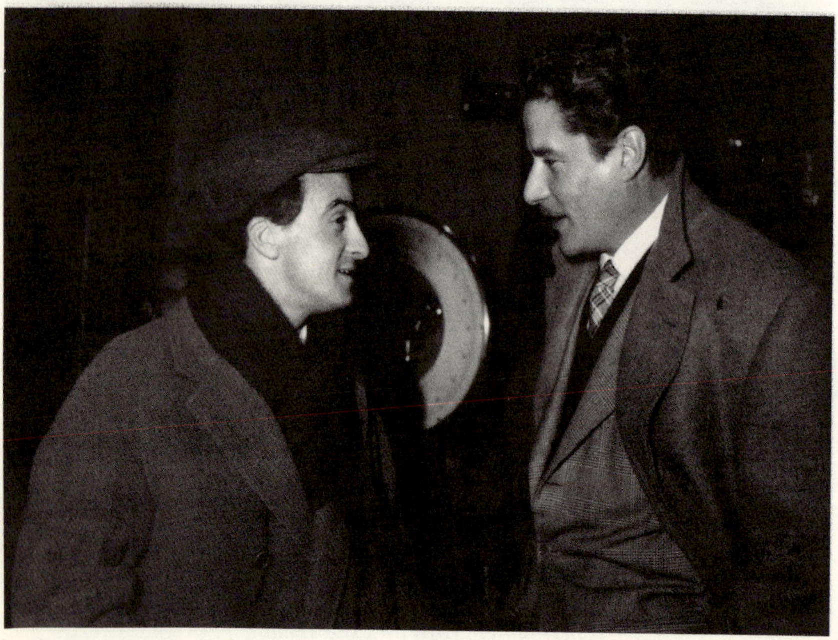

15. De Santis e Amedeo Nazzari (*Un marito per Anna Zaccheo*)

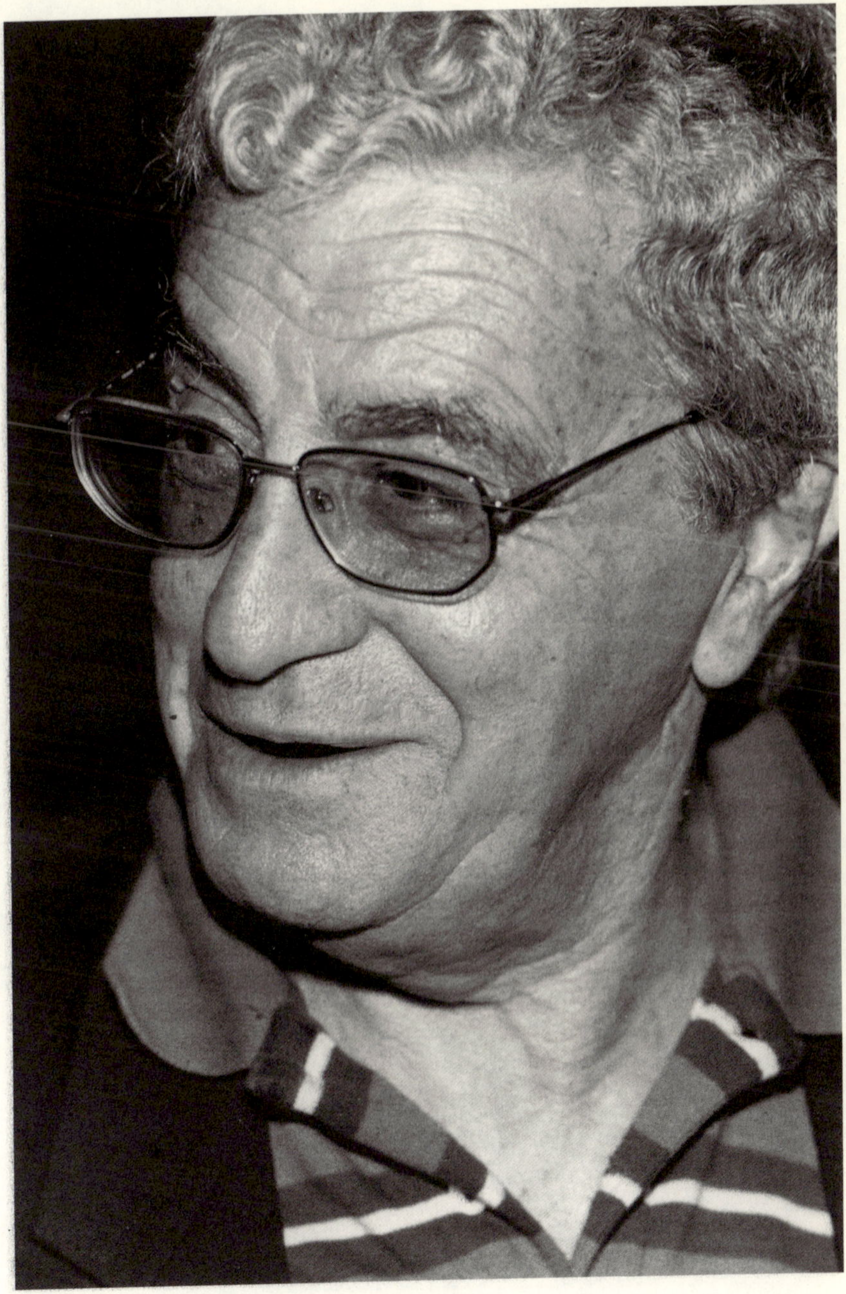

16. De Santis a Wake Forest

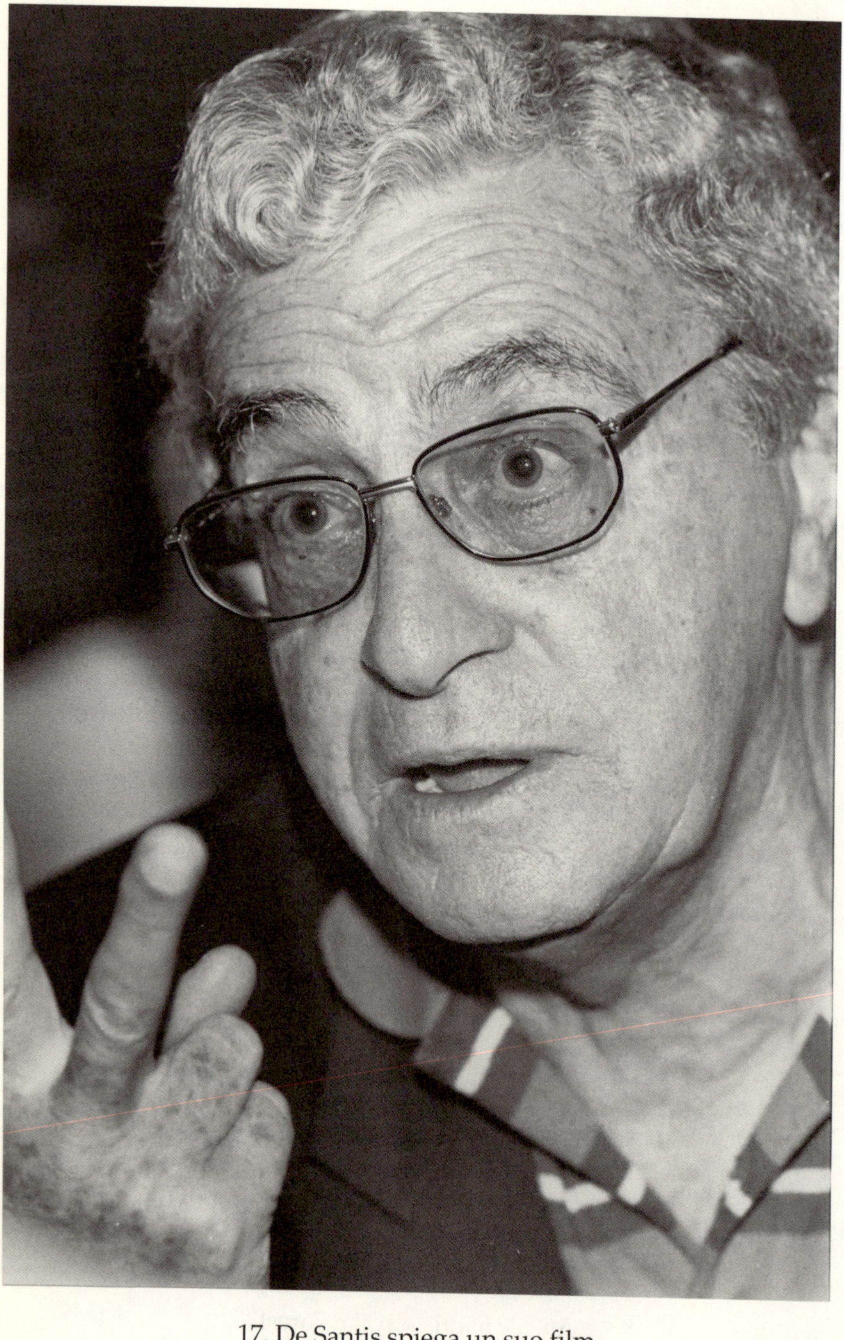

17. De Santis spiega un suo film

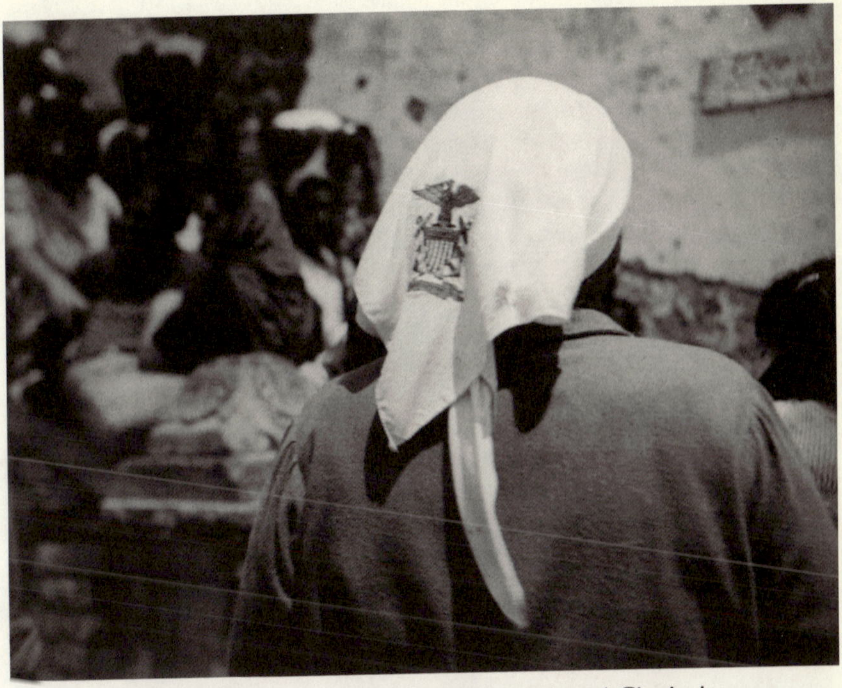

18. L'influenza dei pacchi americani tra i Ciociari

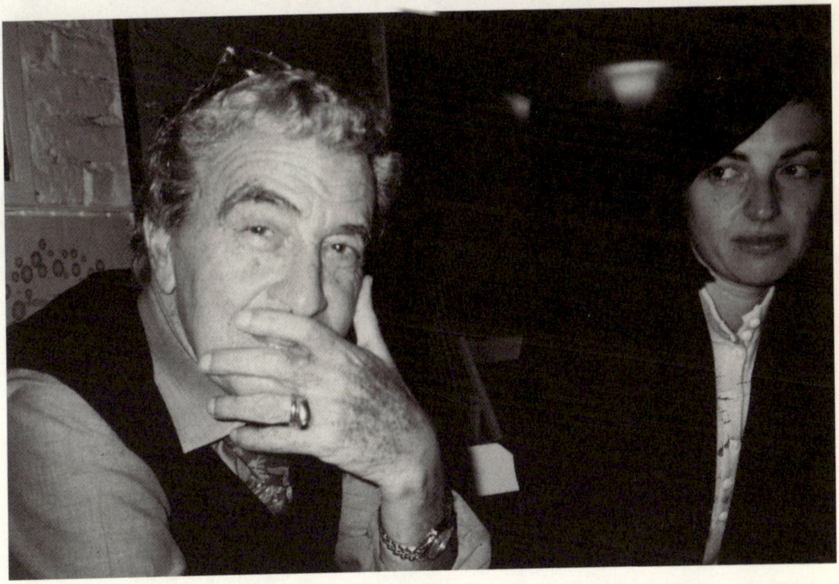

19. De Santis a pranzo con Susanna Ronconi durante un permesso concesso alla ex terrorista (*Il permesso* - soggetto non realizzato)

Filmografia

Film

Caccia tragica, 1947
Riso amaro, 1949
Non c'è pace tra gli ulivi, 1950
Roma ore 11, 1952
Un marito per Anna Zaccheo, 1953
Giorni d'amore, 1954
Uomini e lupi, 1956
La strada lunga un anno, 1958
La garconnière,1964
Italiani brava gente, 1964
Un apprezzato professionista di sicuro avvenire,1972

In videocassetta

Ciao, ciao Middlebury, 1993
Oggi è un altro giorno, 1995

Sceneggiature di De Santis

Marco Grossi, Virginio Palazzo (a cura di), *Caccia tragica. Un inizio strepitoso*, collana *Quaderni dell'Associazione Giuseppe De Santis*, Fondi, 2000.

Vito Zagarrio (a cura di), *Non c'è pace tra gli ulivi. Un neorealismo postmoderno*, Scuola Nazionale di Cinema - Associazione Giuseppe De Santis, Quaderni della Cineteca, Roma, 2002.

Marco Grossi, Virginio Palazzo (a cura di), Riso amaro *nel fuoco delle polemiche*, collana *Quaderni dell'Associazione Giuseppe De Santis*, Fondi, 2003.

Giovanni Spagnoletti, Marco Grossi (a cura di), *Giorni d'amore. Un film di Giuseppe De Santis tra impegno e commedia*, Torino, Lindau - Associazione Giuseppe De Santis, 2004.

Aiuto regista

1942 *Ossessione*. Diretto da Luchino Visconti
1943 *Scalo merci*. Iniziato da Roberto Rossellini, completato da Marcello Paglieri, con il nuovo titolo: *Desiderio*
1946 *Il sole sorge ancora*. Diretto da Aldo Vergano

Film diretti da De Santis

1942 - *La gatta*

Production: Il Centro Sperimentale. Screenplay by Giuseppe De Santis from his original story. The film was made while he was a student at the Centro. Vittorio Duse nella parte del protagonista.

1947 - *Caccia tragica*

Production: ANPI Film. Producer: G. Giorgio Agliani. Screenplay by Michelangelo Antonioni, Umberto Barbaro, Giuseppe De Santis, Carlo Lizzani, and Cesare Zavattini, from a story by Giuseppe De Santis, Carlo Lizzani, and Lamberto Rem-Picci. Photographed by Otello Martelli. Camera operators: Carlo Carlini and Gianni Di Venanzo. Scenography and sets by Carlo Egidi. Costumes by Anna Gobbi. Make-up by Guglielmo Bonotti. Music by Giuseppe Rosati, performed by the RAI Orchestra under the direction of Maestro Ferdinando Previtali. Assistnat directors: Sergio Grieco and Carlo Lizzani. Director of production: Marcello Caccialupi. Editor: Mario Serandri. Secretary of production: Anna Davini. Production: Giovanna Valeri. Shot in the Po Valley. First shown at Ravenna on 11 April 1947. Premiere in Milan, April 1948. Running time: 80 minutes. With: Vivi Gioi (Daniela), Andrea Checchi (Alberto), Carla Del Poggio (Giovanna), Vittorio

Duse (Giuseppe) Massimo Girotti (Michele), Checco Rissone (Mimi), Umberto Sacripante (lo Zoppo/lame man), Alfredo Salvadori and Folco Lulli (farm owners), Michele Riccardini (police inspector), Guido della Valle (the German), Ermanno Randi (Andrea), Massimo Rossini (il Camoscio), and Enrico Tachetti (the accountant). Distributor: Libertas Film (1947-8).

The film grossed 80,000,000 lire and placed twenty-eighth for the year 1948. It received The Prize of the Presidency of the Council of Ministers for the best Italian film at the 1947 Venice Film Festival. It also won the Silver Ribbon (ex-aequo, with Lattuada's Giovanni Episcopo) for best director (Vivi Gioi received a Silver Ribbon for starring actress): Best Director at the Marianske Lazne Festival on August 1948; and special mention at The Karlovy Vary Festival in 1948.

1948 *Riso amaro*

Production: Lux Film. Producer: Dino De Laurentiis. Screenplay by Giuseppe De Santis, Carlo Lizzani, Gianni Puccini, Corrado Alvaro, Carlo Musso, and Ivo Perilli, from a story by Giuseppe De Santis, Carlo Lizzani, and Gianni Puccini. Photography by Otello Martelli, assisted by Roberto Gerardi and Luciano Trasatt. Costumes by Anna Gobbi. Make-up by Amato Garbini. Music by Goffredo Petrassi, directed by Maestro Ferdinando Previtali. The song 'Il baion' was composed by Roman Barvo (Armando Trovajoli). Assistant director: Piero Nelli, assisted by Gianni Puccini and Basilio Franchina. Director of production: Luigi De Laurentiis. Editor : Gabriele Varriale. Shot in the rice field of Vercelli. First shown in Florence 21 September 1949. Running time: 100 minutes. With: Vittorio Gassman (Walter), Doris Dowling (Francesca), Silvana Mangano (Silvana Melega), Raf Vallone (Sergeant Marco Galli), Maria Grazia Francia (Gabriella), and Carlo Mazzarella (The vendor). Distributor: Lux Film (1949). The film grossed 445,000,000 lire and placed fifth for the year. It was nominated for an Oscar for best original story in 1950.

1949 - *Non c'è pace tra gli ulivi*

Production: Lux Film. Producer: Domenico Forges Davanzati. Screenplay by Libero De Libero, Carlo Lizzani, Giuseppe De Santis, and Gianni Puccini, from a story by Giuseppe De Santis and Gianni Puccini. Photographed by Piero Portalupi. Camera operated by Marco Scarpelli, assisted by Idelmo Simonelli and Pasqualino De Santis. Costumes by Anna Gobbi. Make-up by Libero Politi. Music by Goffredo Petrassi, directed by Maestro Antonio Pedrotti with the Symphonic Orchestra DISCO. Director of production: Vittorio Glori. Editor: Gabriele Varriale. Shot in the mountains of Ciociaria. First shown in Alassi 10 September 1950. Premiere in Milan 12 November 1950. Running time: 100 minutes. With: Raf Vallone (Francesco Dominici), Lucia Bosè (Lucia Silvestri), Folco Lulli (Agostino Bonfiglio), Maria Grazia Francia (Maria Grazia Dominici), Dante Maggio (Salvatore Capuano), Michele Riccardini (Police inspector), Vincenzo Talarico, Pietro Tordi, Attilio Torelli, Giacomo Sticca, Maddalena Di Trocchiio, Giuseppina Corona, Angelina Chiusano, Tommaso Di Gregorio, Giovanni Paparella, Vincenzo Jannone, and Vincenzo Vaticone (all shepherds from Quercie, a district of Fondi). Distributor: Lux Film (1950).
The film grossed 405,000,000 lire and placed fifteenth for the year. It was recognized with various awards in Eastern Europe and a special mention at the Karlovy Vary Festival in 1950.

1952 - *Roma, Ore 11*

Production: Transcontinental Film Rome-Paris, in association with Titanus Rome. Producer: Paul Graetz. Screenplay by Cesare Zavattini, Basilio Franchina, Giuseppe De Santis, Rodolfo Sonego, Gianni Puccini, and Elio Petri, from the news item of a staircase crash in Rome on Savoia Street, 15 January 1951. Photographed by otello Martelli. Sets by Léon Barsacq (also artistic director). Costumes by Elio Costanzi. Make-up by Eligio Trani. Music by Mario Nascimbene. Orchestra directed by ugo Giacomozzi. Assistant director: Elio Petri. Director of production: Giorgio Adriani and Louis Wipf. Shot at Titanus Studios in Farnesina. First shown in Catania 2 February 1952. Running time:

105 minutes. With: Lucia Bosè (Simona), Carla Del Poggio (Luciana), Maria Grazia Francia (Cornelia), Lea Padovani (Caterina), Dalia Scala (Angelina), Elena Varzi (Adriana), Raf Vallone (Carlo), Massimo Girotti (Nando), Paolo Stoppa (Father of one of the girls), Armando Francioli (Romoletto), Paola Borboni (Simona's mother), Checco Durante (Adriana's father), Alberto Farnese (Augusto), Irene Galter (Clara), and Loretta Paoli (Loretta). Distributors: Titanus in Italy and RKO Radio Pictures Inc., for the rest of the world.
The film grossed 270,000,000 lire and placed twenty-second for the year. Mario Nascimbene received The Silver Ribbon for best music. The film was awarded various prizes in South America.

1953 - *Un marito per Anna Zaccheo*

Production: The Production society Domenico Forges Davanzati. Producer: Domenico Forges Davanzati. Screenplay by Giuseppe De Santis, Alfredo Giannetti, Salvatore Laurani, Elio Petri, Gianni Puccini, and Cesare Zavattini, from a story by Giuseppe De Santis, Alfredo Giannetti, and Salvatore Laurani. Photographed by Otello Martelli. Camera operator: Roberto Gerardi, assisted by Arturo Zavattini. Costumes by Paolo Ricci. Make-up by Duilio Giustini. Hairdresser: Gustavo Sis. Music by Rino Da Positano and Alberto Continisio. Singer: Rino Da Positano (the song 'E cummarellè is sung by Eduardo Caliendo). Editing secretary: Spartaco Conversi. Assistant directors: Elio Petri and Cesare Aldo Trionfo. Director of production: Vittorio Glori. Edited by Gabriele Varriale. First shown in Cortina d'Ampezzo 22 August 1953. Running time: 95 minutes. With: Silvana Pampanini 9Anna Zaccheo), Amedeo Nazzari (Dottor Illuminato), Massimo Girotti (Andrea), Umberto Spadaro (Don Antonio Percuoco), Monica Clay, Anna Galasso, Dora Scarpetta, Agostino Salvietti, Edoardo Imperatrice, Franco Bologna, Giovanni Berardi, Enrico Glori, Enzo Maggio, Nando di Claudio, Nello Ascoli, Renato Terra, and Carletto Sposito. Distributor: Diana Cinematografica.
The film grossed 349,500,000 lire and placed twenty-ninth for the year. Silvana Pampanini was awarded a Silver Medal for acting by the Mexican Film Journalists.

1953 - *Giorni d'amore*

Production: Excelsa-Minerva Film. Screenplay by Libero De Libero, Giuseppe De Santis, Elio Petri, and Gianni Puccini. Photographed by otello Martelli. Camera operator: Roberto Gerardi. Costumes and Art Direction by Domenico Purificato. Sets by Carlo Egidio. Editor: Gabriele Varriale. Music by Mario Nascimbene. Assistant director: Elio Petri. Second Unit assistant director: Paolo Russo. Editing assistants: Maria Sterbini and Ruggero Mastroianni. Hairdresser: Maria Miccinilli. Make-up Libero Politi. Director of the production: Nello Meniconi. Editing secretary: Giovanna Valeri. Shot in and around Fondi. First shown in Perugia 10 January 1954. Running time: 109 minutes. With: Marcello Mastroianni (Pasquale Trocchio), Marina Vlady (Angela Cafalla), Angelina Longobardi (Concetta), Dora Scarpetta (Nunziata), Giulio Cali (Grandpa Pietro), Fernando Jacovolta (Adolfo), Renato Chiantoni (Francesco), Pina Galliani (Grandma Filomena), Angelina Chiusano (Loreta), Lucien Gallas (Oreste), Franco Avallone (Leopoldo) Cosimo Poerio (Grandpa Onorato), and Santina Tucci (Teresa). Distributor: Minerva Film (1954).
The film grossed 339,600,000 lire and was thirtieth for the year. Marcello Mastroianni was awarded the Silver Ribbon as best actor. At the 1954-5 San Sebatian Festival, the film was awarded first prize for colour.

1955 - *Uomini e lupi*

Production: Trionfalcine and Titanus. Producer: Giovanni Addessi. Screenplay by Giuseepe De Santis, Tonino Guerra, Elio Petri, ugo Pirro, and Gianni Puccini, with the collaboration of Ivo Perilli, from a story by Giuseppe De Santis, Tonino Guerra, and Elio Petri. Photographed by Piero Portalupi in Eastmanocolor-cinemascope. Camera operator: Idelmo Simonelli, assisted by Pasqualino De Santis. Sets by Ottavio Scotti. Costumes by Graziella Ubinati. Editing by Gabriele Varriale. Music by Mario Nascimbene. Sound by Guido Nardone. Assistnat directors: Paolo Russo and Franco Giraldi. Production secretary: Franco Giaraldi. Director of production: Alfredo De Laurentiis. The outside scenes were shot at the National Park of Abruzzo, and the interior scenes were filmed

at Titanus Studios in Rome. First shown 3 March 1957. Running time: 105 minutes. With: Silvana Mangano (Teresa), Yves Montant (Ricuccio), Pedro Armendariz (Giovanni), Irene Cefaro (Bianca), Giulio Calì (Nazareno), Euro Teodori (Amerigo), Giovanni Matta (Pasqualino), and Guido Celano (Don Pietro). The original oength of the film was 3,300 metres, the released version is 2,800 metres. Distributor: Titanus and Trionfalcine.
The film grossed 382,685,000 lire and placed twenty-eighth for the year 1957.

1958 - *Cesta Duga Godinu Dana* [*La Strada lunga un anno*] (*The One-Year-Long Road*)

Production: Jadran Film of Zagreb. Producer: Ivo Vrhovec. Screenplay by Giuseppe De Santis, Maurizio Ferrara, Tonino Guerra, Elio Petri, Gianni Puccini, and Mario Socrate, from a story by Giuseppe De Santis, Elio Petri, and Gianni Puccini. Photographed by Marco Scarpelli in Ultrascope. Camera operators: Pasquale De Santis and Branko Blazina, assisted by Kreso Grcevic and Antun Markic. Assistant director: Franco Giraldi, assisted by Ksto Petanjek and Stipe Delic. Sets by Zrlimir Zagota. Costumes by Oto Reisinger and Jagoda Buic-Bonetti. Production secretary: Dana Loncar. Make-up by Euclide Santoli, Duplancic, and Lojizika Gal. Music by Vladimir Kraus-Rajteric, directed by Mestro Mladen Basic and performed by The Philharmonic Orchestra of Zagreb. Running time: 130 minutes. With: Silvana Pampanini (Giuseppina Pancrazi), Eleonaro Rossi Drago (Susanna), Massimo Girotti (Chiacchiera), Bert Sotlar (Guglielmo Cosma), Milivoje Zivanovic (Davide), Gordana Miletic (Angela), Niksa Stefani, Hermina Pipinic, Lya Rho-Barbieri, Antun Vrdoliak, Branko Tatic, Radoiko Jezic, Nada Skrinjar, Rikard Brzeska, Peter Spajic Suljo, Dragica Mezmaric, Augusto Tilic, Aca Stojkoric, Ljubo Dijarn, Milan Lentic, Tihomil Polanec, Zdeavok Smovrev, Milan Ramljak, Ljudovit Galic, Marko Soljacic, Alexandar Andijic, Zeliko Ringl, Moric Danon, Dragan Knapic, and Ivo pajer. Distributor: Cino Del Duca. First shown in summer 1958 in Pola at the Yugoslav International Film Festival where it was awarded a prize. The film was never well distributed in Italy and was mostly shown at private screenings. The Italian version was first shown 14 May 1959, in Modean.

De Santis was awarded first prize for Best Director at the 1958 Pola festival. The film was nominated for an Oscar for best foreign film in 1958. It received the Golden Glvoe in 1949 for best foreign film, and Massimo Girotti was awarded first prize for best actor at the San Francisco Film Festival in 1959.

1960 - *La Garçonnière*

Production: Roberto Amoroso. Screenplay by Giuseppe De Santis, Franco Giraldi, Tonino Guerra, and Elio Petri, from a story by Giuseppe de Santis, Tonino Guerra, and Elio Petri. Assistant director: Franco Giraldi, assisted by Mario Tota. Photographed by Roberto Gerardi. Camera operator: Pasqualino De Santis. Assistant camera directors: Ennio Guarnieri and Luciano Graffigna. Sets by Ottavio Scotti. Choreography by Alba Arnova. Editing secretary: Rometta Pietrostefani. Edited by Otello Colangeli. Music by Mario Nascimbene, directed by Gianni Ferrio; trumpet played by nin Rosso. Songs: 'Notte lunga notte,' composed by Migliacci-Polito, sung by Domenico Modugno on a Fonit record by Ester Music; 'Nun è peccato' composed by Calise-Rossi, sung by Peppino di Capri on a Carish record; 'Quando vien la sera,' composed by Testa-Rossi sung by Joe Sentieri on a Juke-Box record; 'Favole,' composed by Vinci-Fange-Tassone, sung by Mariono Barreto Jr. on a Philips record; 'Sei proprio tu,' composed by Bulzonar-Lucarelli-Tassone, sung by Corrado Loiacono on a Fontana record; 'Ch'aggia fa,' composed by Faiella-Cenci, sung by Peppino di Capri on a Carish record; 'Vivrò per sognare,' composed by Gassone-Danell, sung by Carol Danel on a Fonit record; 'Bamble' a mambo composed by Tassone-De Martino on a Fonit record; 'Eso es el amor,' composed and sung by Iglesias on a Carish record. Director of production: Giorgio Adriani. Shot at Titanus Studios, Cinecittà in Rome. First shown 10 October 1960, in Bologna. Running time: 90 minutes. With: Raf Vallone (Alberto Fiorini), Eleonaro Rossi Drago (Giulia Fiorini), Marisa Merlini (Pupa), Gordana Miletic (Laura), Nino Castelnuovo (Vincenzo), Maria Fiore (Clementina), Clelia Matania (Angelina), Ennio Girolami (Alvaro), Renato Baldini (Father of the child), Franca Marzi (Mother of the child), Nando Di Claudio, Miranda Campa, Franco Balducci, Luigi Borghese, Piero Bugli, Marrico Melchiorre, Mauro Del Vecchio, M. Antonietta Leoni, Fabio Altamura, and Gabriella Pagani. Distributor: Roberto Amoroso.

The film grossed 124,436,000 lire. The original length was 3,100 metres. After being cut by the censors. It was released 27 September 1960 at a length of 2,598 metres.

1964 - *Italiani brava gente* [*Italiano brava gente*] (*Attack or Retreat*).

Production : Mosfilm and Galatea. Producer: Lionello Santi. Screenplay by Serghei Smirnov, Ennio De Concini, Giuseppe De Santis, Augusto Frassinetti, and Gian Domenico Giagni, from a story by Ennio De Concini and Giuseppe De Santis. Photographed by Tony Secchi. Camera operator: Gino Santini. Assistant director: Luciana Marinucci. Second Unit director: Dimitri Vassiliev. Scenography by Ermanno Manco. Costumes by Luciana Marinucci. Edited by Mario Serandrei and Claudia Moskvina, assisted by Lina Caterini. Directors of production: Alexander But and Lugi Millozza. Music by Armando Trovajoli. The external episodes were shot on the Bessarabia Front on the River Bug-Kniepro-Petrovsk and on the Don-Front, where the 1941-3 Italian-Russian campaign tookplace. First shown in Italy on 9 April 1964, in Rome. Running time: 104 minutes. With: Arthur Kennedy (Major Ferro Maria Ferri), Tatiana Samojlova (Sonia), Andrea Checchi (Colonel Sermonti), Riccardo Cucciolla (Giuseppe Sanna), Nino Vingelli (Sergeant Manufredonia), Lev Prygunov (Loris Bazzocchi), Peter Falk (Dr Mario Salvioni), Grigorij Mikhailov (Partisan) Valerij Somov (Giuliani), Gino Pernice (Collodi), Boris Kozhukhov (Major), S. Lukyanov (Partisan leader), Yu Kaberdaze (Russian prisoner), I. Paramanov (Terman), E. Knausmuller (German general), a. Yanakiev (Doctor), Vincenzo Polizzi (The Sicilian), Franco Morici, Pasqualino Ferri, Mario Annibali, Alvaro Caccarelli, Livia Contardi. Distributor: Titanus. The film grossed 573,351,000 lire.

1972 - *Un apprezzato professionista di sicuro avvenire*

Production: Film-Nova (Giuseppe De Santis and Giorgio Salvioni). Screenplay and story by Giuseppe De Santis and Giorgio Salvioni. Photographed by Carlo Carlini. Camera operator: Sergio Martinelli. Sets, scenography, and costumes by Giuseppe Selmo and Enrico Checchi. Music by Maurizio Vandlli directed by Natale Massara.

'Quis, quid, Burana' is based on Vandelli's personal adaptation of Carmina Burana. Edited by Adriano Tagliavia. Assistant to the director: Ferruccio Castronuovo. Editing secretary: Flavia Vanin. Artistic director: Giuseppe De Santis. First shown in Rimini 4 July 1972. Rnning time: 100 minutes. With Lino Capolicchio (Vincenzo Arduni), Riccardo Cucciolla (Nicola Parella), Fermi Benussi (Lucietta Arduni), Robert Hoffmann (Don Marco), Andrea Checchi (Vincenzo's father), Ivo Garrani (Lucietta's father), Yvonne Sanson (Lucietta's mother), Nino Vingelli (Police inspector), Massimo Serato (Monsignor), Luisa De Santis (Maria), Vittorio Duse, Annamaria Dossena, Pietro Zardini, Giulio Massimini, Ugo Carboni, Sergio Serafini, Winni Riva, Bianca Mallerini Zardini, Giovanni Sabbatini, Luigi Daniela De Simon, Cesare De Vita, Stefania Fassio, Eugenio Galadini, Claudio Giorgiutti, Letizia Lehir, Enrico Papa, Giancarlo Piacentini and Toni Ventura. Distributor: CIDIF.
Gross-receipt figure not available.

Sceneggiature

1940 - *Don Pasquale*, in collaborazione con Gianni Puccini. Film diretto da Camillo Mastrocinque.
1942 - *Ossessione*, in collaborazione con Gianni Puccini, Mario Alicata, e Luchino Visconti. Film diretto da Luchino Visconti.
1943 - *Desiderio*, in collaborazione con Roberto Rossellini. Film iniziato da Roberto Rossellini e completato da Marcello Pagliero in 1945.
1946 - *Il sole sorge ancora*, in collaborazione con Giudo Aristarco, Carlo Lizzani, e Aldo Vergano. Film diretto da Aldo Vergano.
- *Ultimo amore*, in collaborazione con Luigi Chiarini. Film diretto da Luigi Chiarini.
1951 - *Il capitano di Venezia*, in collaborazione con Gianni Puccini. Film diretto da Gianni Puccini. In *Filmlexicon degli autori e delle opere*, edited by Filippo Maria De Sanctis, Giuseppe De Santis is listed as collaborating on the screenplay, which he denies.
1953 - *Donne proibite*, in collaborazione con Giuseppe Amato. Film diretto da Giuseppe Amato.
1964 - *La visita*. De Santis scrisse il soggetto. Film diretto da Antonio Pietrangeli.

Bibliografia

Bibliografia essenziale

Camerino, Vincenzo, *Il cinema di Giuseppe De Santis*, Lecce, Elle Edizione, 1987.

Farassino, Alberto, *Giuseppe De Santis*, Milano, Moizzi Editore, 1978.

Giampiero Cleopazzo, *Il neorealismo di Giuseppe De Santis*, Galantina, Editrice Salentina, 1980.

Grossi, Marco e Spagnoletti, Giovanni (a cura di), *Dossier: Giuseppe De Santis - l'escluso*, «Close-Up», Anno 1 – n. 2 - settembre 1997.

Lizzani, Carlo, *Riso amaro: un film diretto da Giuseppe De Santis*, Roma, Edizioni Officina, 1978.

Marcus, Millicent, *De Santis' "Bitter Rice": a Neorealist Hybrid*, in *Italian Film in theLlight of Neorealism*, Princeton, University Press, 1986.

Masi, Stefano, *Giuseppe De Santis*, Firenze, La Nuova Italia, 1982.

Micciché, Lino, *De Santis e la "trilogia della terra"*, in *La ragione e lo sguardo*, Cosenza, Lerici, 1979.

Parisi, Antonio, *Il cinema di Giuseppe De Santis tra passione e ideologia*, Roma, Cadmo, 1983.

Vitti, Antonio, *Giuseppe De Santis and Postwar Italian Cinema*, Toronto, UPT, 1996.

Wagner, Jean, *Giuseppe De Santis. Dossiers du cinéma*, in *Cinéastes II*, Bruxelles, Casterman, 1971.

Bibliografia generale

Abruzzese, Alberto, *Forme estetiche e società di massa*, Venezia, Marsilio, 1973.

– *La regola sociale dello spettacolo*, «Rinascita», n. 40 (ottobre 1977), pp. 25-26.

– *1943-1953: Appunti sullo sfondo economico sociale. Politica e cultura nel dopoguerra*, «Quaderno informativo» n. 56, X Mostra Internationale del Nuovo Cinema, Pesaro, 1974.

Adorno, Thedor W., e Hans Eisler, *La musica per film*, Roma, Newton Compton, 1975.

Ajello, Nello, *Intellettuali e PCI, 1944-1958*, Roma-Bari, Laterza, 1979.

Albano, Vittorio, *Il professionista*, [Rec. a, *Un apprezzato professionista di sicuro avvenire*], «L'Ora», 29 aprile 1972, p. 14.

Alicata, Mario, *Ambiente e società nel racconto cinematografico*, «Cinema», n. 135 (ottobre 1942), pp. 279-281.

Alicata, Mario, e Giuseppe De Santis, *Verità e poesia: Verga e il cinema italiano*, «Cinema», n. 127 (ottobre 1941), pp. 216-217.

– *Ancora di Verga e del cinema italiano*, «Cinema», n. 130 (25 novembre 1941), pp. 314-315.

Alvaro, Corrado, *Più che neorealismo*, «Il mondo», 15 marzo 1952, II.

Antonioni, Michelangelo, *Per un film sul fiume Po*, «Cinema», n. 68 (aprile 1939), pp. 254-257.

Aprà, Adriano, *Rossellini oltre il neorealismo*, in *Il neorealismo cinematografico italiano*, a cura di Lino Micciché, Venezia, Marsilio, 1975 pp. 288-299.

Aprà, Adriano, e Claudio Carabba, (a cura di), *Neorealismo d'appendice – per un dibattito sul cinema popolare: Il caso Matarazzo*, Rimini-Firenze, Guaraldi, 1976.

Aprà, Adriano, e Luigi Martelli, *Premesse sintagmatiche ad un'analisi di Viaggio in Italia*, «Cinema & Film», n. 2 (1967), pp. 198-207.

Arbasino, Alberto, *Fantasmi italiani/gli intellettuali, l'impegno, il potere. Pretende la segretaria il nuovo Poeta di Corte*, «la Repubblica», 20 luglio 1977, p. 19.

Argentieri, Mino, *Allarmanti prospettive per il cinema pubblico*, «l'Unità», 18 ottobre 1974, p. 20.

– *La censura nel cinema italiano*, Roma, Editori Riuniti, 1974.

– *Pregi e limiti del nuovo De Santis*, «Rinascita», n. 20 (1972), p. 19.

Argentieri, Mino, e Ivano Cipriani, *Fig Leaves and Politics*, «Film Studies», novembre 1961, pp. 172-182.

Aristarco, Guido, *Antologia di cinema nuovo: 1952-1958*, Rimini-Firenze, Guaraldi, 1975.

– *Dal neorelismo al realismo: «Senso» di Visconti*, in *Letteratura e cinema*, a cura di Gian Piero Brunetta, Bologna, Zanichelli, 1980, pp. 87-96.

– *«Giorni d'amore»*, «Cinema nuovo», n. 50 (10 gennaio 1955), pp. 31-33.

– «Roma, Ore 11», «Cinema», n. 82 (15 marzo 1952), pp. 146-147.
– *Sciolti dal giuramento: Il dibattito critico-ideologico sul cinema negli anni cinquanta*, Bari, Dedalo, 1981.
Arms, Roy, *Patterns of Realism: A Study of Italian Neorealist Cinema*, Cranbury, NJ, A.S. Barnes, 1971.
Asor Rosa, Alberto, *Scrittori e popolo*, Roma, Savelli, 1975.
Autera, Leonardo, rec. a, *Un apprezzato professionista di sicuro avvenire*, «Corriere della Sera», 18 maggio 1972, p. 22.
Baldelli, Pio, *Cinema dell'ambiguità*, Roma, La Nuova Sinistra, 1971.
– *Cronaca, realtà, poesia*, «Cinema», n.s., n. 32 (1950), pp. 70-72.
– *«Riso amaro»*, «Cinema», n.s., n. 32 (30 gennaio 1950), pp. 70-72.
Baracco, Adriano, *Etichette mortali*, «Cinema», n.s., n. 48 (1950), p. 36.
– «Non c'è pace tra gli ulivi», «Cinema», n.s., n. 48 (1950), p. 47.
Barbesi, Luigi, Rec. a, *Un apprezzato professionista di sicuro avvenire*, «L'Arena di Verona», 4 maggio 1972, p. 9.
Bavagnoli, Carlo, *Via della Passerella*, «Cinema», n.s., n. 47 (1954), p. 22.
Bazin, André, *Che cosa è il cinema?*, Milano, Garzanti, 1973.
– *What Is Cinema? II*, trad. di Hugh Gray, Berkeley, University of California Press, 1971.
Bechelloni, Giovanni, *La macchina culturale in Italia*, Bologna, Il Mulino, 1974.
Bell, Daniel, Dwight Macdonald, Edward Shils, Clement Greenberg, Leo Lowenthal, Paul F. Lazarsfeld, e Robert K. Merton, *L'industria della cultura*, trad. di Adriana Dell'Orto e Annalisa Gersoni Kelly, Milano, Bompiani, 1969.
Bello, Marisa, e Stefano De Matteis, *La sceneggiata*, «Scena», I (1977), pp. 33-4.
Bellour, Raymond, *Il western. Fonti, forme, miti, registi, attori, filmografia*, Milano, Feltrinelli, 1973.
Bettetini, Gianfranco, *L'indice del realismo*, Milano, Bompiani, 1971.
– *Produzione del senso e messa in scena*, Milano, Bompiani, 1975.
– *Vorrei un chilo di oggetti culturali*, «Il giorno», 11 luglio 1977, p. 12.
Blasetti, Alessandro, e Gianluigi Rondi, (a cura di), *Cinema italiano oggi*, Roma, Carlo Bestetti Edizioni d'Arte, 1950.
Bondanella, Peter, *Italian Cinema*, New York, Ungar, 1994.
– *Italian Cinema from Neorealism to the Present*, New York, Ungar, 1990.
– *Neorealist Aesthetics and the Fantastic: The Machine to Kill Bad People and Miracles in Milan*, «Film Criticism», n. 3 (Winter 1979), pp. 24-29.
Borde, Raymonde, e André Bouissy, *Le nouveau cinema italien*, Lyon, Serdoc, 1963.

Bordini, Carlo, e Franco Fassati, *Dal feuilleton al fumetto*, Roma, Editori Riuniti, 1985.
Bourget, Jean-Loup, *Social Implications in the Hollywood Genres*, «Journal of Modern Literature», n. 13 (1973), pp. 121-125.
Brunetta, Gian Piero, *Cinema italiano tra le due guerre: Fascismo e politica cinematografica*, Milano, Mursia, 1975.
– *Letteratura e cinema*, Bologna, Zanichelli, 1976.
– *Non hanno pane? Diamogli dei film*, «la Repubblica», 12 ottobre 1977, p. 19.
– *Padri "buoni" e verità scomode*, «la Repubblica», 27 ottobre 1976; ora in *Cinema italiano sotto il fascismo*, a cura di Riccardo Redi, Venezia, Marsilio, 1979, pp. 261-263.
– *Storia del cinema italiano dal 1945 agli anni ottanta*, Roma, Editori Riuniti, 1982.
– *Storia del cinema italiano 1895-1945*, Roma, Editori Riuniti, 1979.
Bruno, Edoardo, *«Roma, Ore 11»*, «Filmcritica», n. 13 (febbraio 1952), pp. 50-51.
Bruno, Edoardo, (a cura di), *Teorie e prassi del cinema in Italia, 1950-1970*, Milano, Gabriele Mazzotta, 1972.
Buache, Freddy, *Le cinéma italien d'Antonioni a Rosi*, Paris, Maspero, 1969.
– *Le cinéma italien 1945-1979*, Lausanne, Editions l'âge d'Homme, 1979.
Buss, Robin, *Italian Films*, New York, Holmes and Meier, 1989.
Calasso, Roberto, *Il guanto di Gilda*, «Panorama», n. 601 (25 ottobre 1977), p. 95.
Calderoni, Franco, *Dalla coproduzione al primo ciak in gennaio*, «Il giorno», 16 novembre 1962, p. 12.
Caldiron, Orio (a cura di), *Il lungo viaggio del cinema italiano. Antologia di «Cinema» 1936-1943*, Padova, Marsilio, 1965.
Calvino, Italo, *Il sentiero dei nidi di ragno*, Torino, Einaudi, 1967.
– *Tra i pioppi della risaia la « cinecittà » delle mondine*, «l'Unità», 14 luglio 1948, p. 3.
Camerino, Vincenzo, *Il cinema di Giuseppe De Santis*, Lecce, Elle Edizione, 1982.
Camerino, Vincenzo, (a cura di), *Cinema e Mezzogiorno*, Lecce, Specimen, 1987.
Campari, Roberto, *America, cinema e mass-media nel neorealismo italiano*, «Cinema e cinema», n. 10 (1977), pp. 62-69.
– *I modelli narrativi. Cinema americano 1945-1973*, Parma, La Nazionale, 1974.

Cannella, Mario, *Ideology and Aesthetic Hypotheses in the Criticism of Neorealism*, «Screen 14/4», (Winter 1973/4) pp. 5-60.

Cannistrato, Philip V., *Ideological Continuity and Cultural Coherence*, «Bianco e nero» 36/9-12 (settembre/dicembre 1975), pp. 14-19.

– *La fabbrica del consenso: fascismo e mass media*, Roma-Bari, Laterza, 1975.

Canziani, Alfonso, *Gli anni del neorealismo*, Firenze, La Nuova Italia, 1977.

Canziani, Alfonso, e Cristina Bragaglia, (a cura di), *La stagione neorealista*, Bologna, Cooperativa Libraria Universitaria,1976.

Cardullo, Bert, *What is Neorealism? A Critical English-Language Bibliography of Italian Cinematic Neorealism*, New York, University Press of America, 1991.

Carpi, Fabio, *Cinema italiano del dopoguerra*, Milano, Schwarz, 1958.

Casetti, Francesco, *Bertolucci*, Firenze, La Nuova Italia, 1975.

– *Dentro lo sguardo. Il film e il suo spettatore*, Milano, Bompiani, 1986.

Casiraghi, Ugo, *Angela e Pasquale fuggono per coronare i loro «Giorni d'amore»*, «l'Unità», 9 dicembre 1954, p. 9.

– *Intervista con il regista Giuseppe De Santis*, «l'Unità», 4 ottobre 1950, p. 8.

– *«Non c'e pace tra gli ulivi»*, «l'Unità», 15 ottobre 1950, p. 9.

– *200 ragazze incontro alla morte per 15,000lire di stipendio*, «l'Unità», 28 febbraio 1952, p. 10.

– *Una favola moderna in Cinemascope con «Uomini e lupi» dei monti d'Abruzzo*, «l'Unità», 17 febbraio 1957, p. 13.

Castello, Giulio Cesare, *Censura a macchia d'olio*, «Punto d'attualità», novembre 1960, p. 7.

– *«Giorni d'amore»*, «Cinema», n.s., n. 146/147 (1954), p. 37.

– *Il cinema neorealistico italiano.*,Torino, ERI, 1959.

– *«La Garçonnière»*, «Corriere della Sera», 19 aprile 1961, p. 27.

Cavicchioli, Luigi, *Non è il solito prete*, «Domenica del corriere», 27 aprile 1972, p. 95.

Cesari, Maurizio, *La censura in Italia oggi (1944-1948)*, Napoli, Liguori, 1982.

Chiaretti, Tommaso, *Il regista De Santis parla dei suoi film*, «l'Unità», 17 febbraio 1952, p. 9.

Chiti, Roberto, e Roberto Poppi, (a cura di), *Dizionario del cinema italiano*, Roma, Gremese, 1991.

Cialente Terni, Fausta, *Anna Zaccheo, ovvero il trionfo delle gambe*, «l'Unità», 21 gennaio 1954, p. 4.

«Cinema e cinema», 9/30 (1982). Numero speciale su De Santis.

Cirio, Rita, *Telefoni bianchi pieni di polvere*, «L'Espresso», n. 5 (novembre 1977), pp. 61-63.

Cleopazzo, Giampiero, *Il neorealismo di Giuseppe De Santis*, Galantina, Editrice Salentina, 1980.

Codelli, Lorenzo, *Vivan las cadenas (notes sur Catene)*, «Positif», 183/4 (1976), pp. 22-25.

Cosulich, Callisto, *Ho voluto tagliare le gambe di Marina*, «Cinema nuovo», n. 48 (1954), pp. 18-22.

– Rec. a, *Un apprezzato professionista di sicuro avvenire*, «ABC», 5 maggio 1972, p. 62.

– *«Ritratto in piedi» per un Ente seduto*, «Paesa sera», 21 novembre 1974, p. 19.

Crocenzi, Luigi, *Andiamo in processione*, «Il politecnico», n. 35 (1947), 2103. **???**

Costa, Antonio, *Conversazione con Giuseppe De Santis*, «Cinema e cinema», 9/30 (1982), pp. 65-72.

De Libero, Libero, *Ascolta la Ciociaria*, Roma, De Luca, 1953.

– *Ciociaro come la Ciociaria*, «Milano sera», 18 ottobre 1950, pp. 19-20.

Dell'Acqua, Gian Piero, *L'elusiva guerra di De Santis*, «Cinema 60», n. 46 (1964), p. 52.

De Sanctis, Filippo M, *De Santis, Giuseppe*, in *Filmlexicon degli autori e delle opere*, vol. I, Roma, Edizioni di Bianco e Nero, 1958, pp. 244-455.

De Santis, Giuseppe, *A proposito di un articolo di Fausta Cialente*, «l'Unità», 16 febbraio 1954, p. 5.

– *Birth, Development, and Death of Neorealism*, a cura e trad. di Lorraine Lawton and Ben Lawton, in *1989 Romance Languages Annual*, a cura di Ben Lawton and Anthony Tamburri, 206, West Lafayette, Purdue Research Foundation, 1990.

– *Cinema e narrativa*, «Film d'oggi», n. 21 (giugno 1945), pp. 1-16.

– *Cinema, sud e memoria: Il regista Giuseppe De Santis racconta*, «Paese sera», nn. 16, 18, 22, 29 luglio, 1 e 5 agosto 1981.

– *Confessional di un regista*, «La rivista del cinema italiano», n. 1/2 (gennaio-febbraio 1953), pp. 18-41.

– *De Santis ci scrive a proposito di «Giorni d'amore»*, «Cinema nuovo», n. 49 (25 dicembre 1954), pp. 427-429.

– *È in crisi il neorealismo?*, «Filmcritica», n. 4 (marzo/aprile 1951), pp. 109-112.

– *E con «Ossession» osai il primo giro di manovella*. «Cinema nuovo», n. 3 (giugno 1984), pp. 15-19; 4/5 (agosto/ottobre 1984), pp. 26-29.

– *«Giorni d'amore» e la critica*, «Cinema nuovo», n. 49 (25 dicembre 1954), p. 401.

– *Il linguaggio dei rapporti*, in *Dai telefoni bianchi al neorealismo*, a cura di

Massimo Mida e Lorenzo Quaglietti, Roma-Bari, Laterza, 1980, pp.149-151.
– *Malafede nel cinematografo*, «Vie nuove», 5 novembre 1950, p. 29.
– *Il malessere del cinema italiano: La sinistra ha rinunciato*, in *Cinema e Mezzogiorno*, a cura di Vincenzo Camerino, Lecce, Specimen Edizione 1987, pp. 119-122.
– *Lettera aperta del regista De Santis al ministro della difesa Andreotti*, «Paese sera», 10 ottobre 1964, p. 15.
– *L'ultimo dei Mohicani*, in *Il cinema italiano d'oggi 1970-1984: raccontato dai suoi protagonisti*, a cura di Franca Faldini e Goffredo Fofi, Milano, Mondadori, 1984, pp. 504-506.
– *Malafede nel cinematografo*, «Vie nuove», 5 novembre 1950, p. 29.
– *Non c'è pace*, [Lettera a Adriano Baracco], «Cinema» n.s., n. 50 (novembre 1950), p. 38.
– *Per un paesaggio italiano*, in *Dai telefoni bianchi al neorealismo*, cit., pp. 198-201.
– *Quattro passi fra le nuvole*, «Cinema», n. 157 (10 gennaio 1943), pp. 133-136.
– *Quel giorno di febbraio a cavallo di una grù*, «Cinema Giovani», settembre 1982, p. 22; poi in «Paese sera», aprile 1983, p. 10.
– *Relazione al convegno sul realismo*, «Il contemporaneo», 1959. Ristampato in *Storia del cinema italiano*, a cura di Carlo Lizzani, Milano, Parenti, 1961, pp. 361-363.
– *Scuole. Quelli del "Centro"* e *Scuole. La rivista di «Vi» Mussolini*, in *L'avventurosa storia del cinema italiano raccontata dai suoi protagonisti, 1935-1959*, a cura di Franca Faldini e Goffredo Fofi, Milano, Feltrinelli, 1979, pp. 40-41 e 44-48.
– *Sogni del cineasta*, «Cinema», n. 118 (16 giugno 1941), p. 451.
– *Stampe*, «Cinema», n. 123 (10 agosto 1941), p. 449.
– *Una lettera a Adriano Baracco*, «Cinema», n.s., n. 50 (15 novembre 1950), p. 38.
– *Una lettera di De Santis*, «Cinema nuovo», n. 100 (20 novembre 1954), p. 416.
– *Un garibaldino al convento*, «Cinema», n. 139 (10 aprile 1943), p. 198.
– *Un pilota ritorna*, in *Dai telefoni bianchi al neorealismo*, cit., pp. 257-260.
– *Verso il neorealismo: Un critico cinematografico degli anni quaranta*, a cura di Callisto Cosulich, Roma, Bluzoni, 1982.
– *Verso un cinema italiano*, «Bianco e nero», 12 giugno 1942, pp. 19-20.
– *Vola ancora l'aereo Zavattini*, «l'Unità», 13 ottobre 1990, p. 19.
De Santis, Giuseppe, Corrado Alvaro, e Basilio Franchina, *Noi che*

facciamo crescere il grano, «Cinema nuovo», n. 18 (1 settembre 1953), pp. 139-142; n. 20 (1 ottobre 1953), pp.215-218.

De Santis, Giuseppe, e Gianni Puccini, *I figli di Zorro*, «Cinema», n. 103 (10 ottobre 1940), pp. 271-272.

De Santis, Giuseppe, Gianni Puccini, e Elio Petri, *La parola agli autori del film «Giorni d'amore»*, «l'Unità», 19 dicembre 1954, p. 10.

De Sica, Vittorio, *Opinioni sul neorealismo*, in *L'avventurosa storia del cinema italiano raccontata dai suoi protagonisti, 1935-1959*, cit., pp. 78-81.

Detassis, Piera, *Anna Zaccheo: Questa donna è di tutti*, «Cinema e cinema», n. 9/30 (1982), pp. 54-61.

D'Ettore, Bruna, *Domenico Purificato dalla pittura al cinema*, Roma, Cadmo, 1988.

Di Giammatteo, Ferdinando, *Cinema italiano 1945-1955: Storia di un'illusione e di un fallimento*, «Il ponte», n. 4/5 (1955), pp. 682-686.

– *«Non c'è pace tra gli ulivi»*, «Bianco e nero», n. 50 (dicembre 1950), pp. 78-81.

– *«Riso amaro»*, «Bianco e nero» (dicembre 1949), pp. 53-6.

Donaggio, Adriano, *Sono andato a teatro per tre sere (colloquio con Marshall McLuhan)*, «L'Espresso», n. 39 (ottobre 1977), p.13.

Dorfles, Gillo, *Com'è bello, sembra falso*, «Corriere della Sera», 1 agosto 1977, p. 13.

Durgnat, Raymond, *Genre: Populism and Social realism*, «Film Comment», luglio-agosto 1975, pp. 20-29.

Eco, Umberto, *Apocalittici e integrati*, Milano, Bompiani, 1965.

– *Opera aperta*, Milano, Bompiani, 1965.

Escobar, Roberto, *Il ventennio nero*, «L'Avanti», 16 ottobre 1976, p. 19.

Faldini, Franca, e Goffredo Fofi, (a cura di), *L'avventurosa storia del cinema italiano raccontata dai suoi protagonisti, 1935-1959*, Milano, Feltrinelli, 1979.

Farassino, Alberto, *Caro Lizzani, non si combatte a occhi chiusi*, «la Repubblica», 19 ottobre 1976, pp. 19-20; ora in *Cinema italiano sotto il fascismo*, cit., pp. 256-8.

– *E adesso la Guerra diventa finzione*, «la Repubblica», 4 marzo 1977, p. 19.

– *Giuseppe De Santis*, Milano, Moizzi, 1978.

– *Trent'anni di commedia all'italiana*, «la Repubblica», 20 e 29 luglio, 6 agosto 1977, pp. 13-16, 15-17, 16-18.

Farassino, Alberto, e Sergio Grmek Germani, *Fantascena, XV Festival Internazionale del Film di Fantascienza*, Trieste, 1977.

Ferladi, Feraldo, *«Un marito per Anna Zaccheo»*, «Fiera letteraria», 27 gennaio 1953, p. 6.

Ferraù, Alessandro, (a cura di), *Annuario del cinema italiano, 1976-1977*, Roma, Centro Studi di Cultura, Promozione e Diffusione del Cinema, 1977.

Ferraù, Alessandro, e Gino Caserta, (a cura di), *Annuario del cinema italiano, 1967-1968*, Roma, Centro Studi di Cultura, Promozione e Diffusione del Cinema, 1969.

Ferraro, Adelio, (a cura di), *Momenti di storia del cinema*, Firenze, Centro Studi del Consorzio Toscano Attività Cinematografiche, 1965.

Ferrini, Franco, *I generi classici del cinema americano*, «Bianco e nero», n. 3-4, (marzo/aprile) 1974), pp. 4-109 (numero speciale).

Filippini, Enrico, *I"poverissimi" anni cinquanta quando il mondo cambiava stile*, «la Repubblica», 13 ottobre 1977, p. 14.

Flaiano, Ennio, *La sinistra e D'Annunzio*, «Il mondo», 1 luglio 1950, p. 10.

Fofi, Goffredo, *A sud del cinema italiano: Incontro con Giuseppe De Santis*, «Scena», giugno/luglio 1981, pp. 34-35.

– *Il cinema italiano: Servi e padroni*, Milano, Feltrinelli, 1977.

– *La sceneggiata uccisa dalla storia e dai neofiti*, «Scena», I (1977), pp. 12-16.

Fofi, Goffredo, Morando Morandi, e Gianni Volpi, (a cura di), *Storia del cinema*, 4 voll., Milano, Garzanti, 1992.

Fortini, Franco, *Il realismo italiano nel cinema e nella narrativa*, «Cinema nuovo», II (1953), n. 13, pp. 362-363.

Franco, Mario, (a cura di), *Il cinema popolare italiano negli anni '50: Roberto Amoroso*, Napoli, La Cineteca Altro, 1976.

Frateili, Arnaldo, *Tra cinema e letteratura*, «Filmcritica», n. 19 (giugno 1952), pp. 198-200.

Furno, Mariella, e Renzo Renzi, (a cura di), *Il neorealismo del fascismo: Giuseppe De Santis e la critica cinematografica: 1941-1943*, Bologna, Edizioni della Tipografia Compositori, 1984.

Gallo, Giuliano, *Erano bianchi o neri?*, «Panorama», n. 551 (9 novembre 1976), pp. 129-31.

Gambini, Antonio, *Storia del dopoguerra. Dalla liberazione al potere DC*, Roma-Bari, Laterza, 1975.

Ghelli, Nino, «Giorni d'amore», «Bianco e nero», n. 1/2 (1955), pp. 116-117.

– *«Roma, Ore 11»*, «Bianco e nero», n. 1 (aprile 1954), pp. 84-89.

– *«Roma, Ore 11»*, «Bianco e nero», n. 17 (febbraio 1952), pp. 84-89.

– *«Un marito per Anna Zacceo»*, «Bianco e nero», n. 1 (marzo1954), pp. 84-85.

Gili, Jean A., *Le cinéma italien à l'ombre des faisceaux (1922-1945)*, Paris, Institut Jean Vigo, 1990.

– *Quattro passi fra le nuvole contro il mito della falsa felicità*, «la Repubblica», 2 novembre 196, p. 15.
Ginsborg, Paul, *Storia d'Italia dal dopoguerra a oggi*, Torino, Einaudi, 1989.
Gobbi, Anna, *Come abbiamo lavorato per «Riso amaro»*, «Cinema» n.s., n. 8 (15 febbraio 1949), pp. 243-245.
– *Fra i pastori in Ciociaria*, «l'Unità», 12 dicembre 1950, p. 8.
Goimard, Jacques, *La rosedes genres à Hollywod*, «Positif», n. 177 (1976), pp. 34-39.
Gramsci, Antonio, *An Antonio Gramsci Reader: Selected Writings, 1916-1935*, a cura di David Forgacs, New York, Schocken, 1988.
– *Gli intellettuali e l'organizzazione della cultura*, Torino, Einaudi, 1966.
– *Letteratura e vita nazionale*, Roma, Editori Riuniti, 1971.
Grignaffini, Giovanna, *Petri e Rosi: Timeo Danaos et dona ferentes*, «Cinema e cinema», n. 7/8 (aprile/settembre 1976), pp. 100-108.
– *Verità e poesia: Ancora di Silvana e del cinema italiano*, «Cinema e cinema», n. 9/30 (1982), pp. 41-46.
Grmek Germani, Sergio, *Cinema italiano sotto il fascismo: Proposta di periodizzazione*, in *Materiali sul cinema italiano 1929-1943*, quad. Inf., 3, Pesaro, Undicesima Mostra Internazionale del Nuovo Cinema, 1975.
Gromo, Mario, *Cinema italiano (1903-1953)*, Milano, Mondadori, 1954.
Guidi, Guidarino, e Luigi Malerba, *Che cosa pensano del pubblico. (Inchiesta. Riposta de De Santis)*, «Cinema», n. 78 (1952), p. 42.
Hay, James, *Popular Film Culture in Fascist Italy: The Passing of the Rex*, Bloomington, Indiana University Press, 1987.
Ingrao, Pietro, *Lucchino Visconti: L'antifascismo e il cinema*, «Rinascita», 26 marzo 1976, p. 6.
Kaminsky, Stuart M, *American Film Genres: Approaches to a Critical Theory of Popular Film*, New York, Dell, 1977.
Kazev, Ivan, *Guiseppe De Santis*, Moscow, Iskustvu, 1965.
Kezich, Tullio, *Neorealismo rosa*, «Letteratura», n. 13/14 (1955), pp. 204-207.
Kolker, Robert Phillip, *The Altering Eye: Contemporary International Cinema*, New York, Oxford University Press, 1983.
Kyrou, Ado, *Amour-érotisme et cinema*, Paris, Le Terrain Vague, 1957.
Landy, Marcia, *Fascism in Film: The Italian Comercial Cinema, 1931-1943*, Princeton, Princeton University Press, 1986.
Lane, John Francis, *De Santis and Italian Neo-Realism*, «Sight and Sound», n. 5/6 (agosto 1950), pp. 245-247.
Lanocita, Arturo, *«La Garçonnière»*, «Corriere della Sera», 19 aprile 1961, p. 27.

La Polla, Franco, *Il genere come sottoprodotto*, «Cinema e cinema», n. 7/8 (1976), pp. 68-71.

Lawton, Ben, *Italian Cinema: Literary and Political Trends*, Los Angeles, Center for Italian Studies, University of California at Los Angeles, 1975.

– *Italian Neorealism: A Mirror Construction of Reality*, «Film Criticism», n. 3 (inverno 1979), pp. 8-23.

Leone, Francesco, *Una lettera su «Riso amaro»*, «l'Unità», 5 ottobre 1949, p. 13.

Leprohon, Pierre, *The Italian Cinema*, trad. di Roger Greaves e Oliver Stallybrass, London, Secker and Warburg, 1972.

Liehm, Mira, *Passion and Defiance: Film in Italy from 1942 to the Present*, Berkeley and Los Angeles, University of California Press, 1984.

Lizzani, Carlo, *Il cinema italiano*, 3ª ed. Roma, Editori Riuniti, 1992.

– *Il cinema italiano, 1895-1979*, Roma, Editori Riuniti, 1979.

Questi borghesucci erano prefascisti, «la Repubblica», 16 ottobre 1976, pp. 3-4; poi in in *Cinema italiano sotto il fascismo*, a cura di Riccardo Redi, Venezia, Marsilio Editori, 1979, pp. 253-255.

– *«Riso amaro»: Un film diretto da Giuseppe De Santis*, Roma, Officina Edizioni, 1978.

Lizzani, Carlo, *Mondine e pastori*, in *L'avventurosa storia del cinema italiano raccontata dai suoi protagonisti, 1935-1959*, cit., pp. 153-157.

Luperini, Romano, *Marxismo e intellettuali*, Venezia, Marsilio, 1974.

Lutzemberger, Maria G., e Sergio Bernardi, (a cura di), *Cultura, comunicazioni, lotta di classe*, Roma, Savelli, 1976.

Mack Smith, Denis, *Italy: A Modern History*, Ann Arbor, University of Michigan Press, 1959.

McLuhan, Marshall, *Understanding Media*, New York, McGraw-Hill, 1964.

Mancini, Elaine, *Giuseppe De Santis*, in *The International Dictionary of Films and Filmmakers*, vol 2, *Directors and Filmmakers*, a cura di Christopher Lyon, Chicago, St James Press, 1984, pp. 131-132.

– *Struggles of the Italian Film Industry during Fascism, 1930-1935*, Ann Arbor, University of Michigan Research Press, 1985

Marcus, Millicent, *De Santis's «Bitter Rice»: A Neorealist Hybrid*, in *Italian Film in the Light of Neorealism*, Princeton, NJ, Princeton University Press, pp. 76-95.

– *Italian Film in the Light of Neorealism*, Princeton, NJ, Princeton University Press, 1986.

Marmori, Giancarlo, Cinefilo 1ᵉ e la sua piramide, «L'Espresso», 5 ottobre 1977, p. 17.

Marotta, Giuseppe, *Noi che facciamo crescere il grano*, «Cinema nuovo», n. 18 (novembre 1953), pp. 139-142.

– *San Gennaro pensaci tu*, «Cinema», n.s., n. 18 (1 settembre 1953), pp. 137-138.

Martelli, Sebastiano, *Il crepuscolo dell'identità*, Salerno, La Veglia Editore, 1988.

Martini, Andrea, *Conversazione con Giuseppe De Santis: La ricerca realistica come impegno civile*, in *Cinema e Mezzogiorno*, a cura di Vincenzo Camerino, Lecce, Specimen Edizioni, 1987, pp. 123-131.

Martini, Andrea, e Marco Melani, *De Santis*, in *Il neorealismo cinematografico italiano*, a cura di Lino Micciché, Venezia. Marsilio, 1975, pp. 307-317.

Martini, Stelio, *Viaggio di nozze in bicicletta*, «Cinema nuovo», n. 28 (1 febbraio 1954), pp. 38-39.

Masi, Stefano, *De Santis*, Firenze, La Nuova Italia, 1982.

– *Il cinema regionale della sceneggiata*, «Cineforum», n. 184 (maggio 1979), pp. 266-281.

Martarazzo, Raffaello, *37 milioni di spettatori hanno visto i miei film*, «l'Unità», 18 dicembre 1955, p.10.

Menon, Gianni, *Renato Castellani in periodo neorealista*, in *Il neorealismo cinematografico italiano*, cit., pp. 318-320.

Metz, Christian, *La significazione nel cinema*, Milano, Bompiani, 1975.

Micciché, Lino, *De Santis e la trilogia della terra*, in *Il cinema di Giuseppe De Santis*, a cura di Vincenzo Camerino, Lecce, Elle Edizioni, 1982, pp. 149-156.

– *Il cinema italiano degli anni '60*, Venezia, Marsilio, 1975.

– *Il neorealismo cinematografico italiano*, Venezia, Marsilio, 1975.

– *Per una verifica del neorealismo*, in *Il neorealismo cinematografico italiano*, cit., pp. 7-28.

– *Quando una nave è un desiderio*, «Avanti», 20 ottobre 1977, p. 9.

– *Un'alternativa epica al neorealismo*, «Aut-Aut», maggio 1975, pp. 307-317.

– *Visconti e il neorealismo*, Venezia, Marsilio, 1990.

Michalczyk, John, *The Italian Political Filmmakers*, Rutherford, NJ, Fairleigh Dickinson University Press, 1986.

Mida, Massimo, *Cinema e antifascismo: Testimonianza su una genesi*, in *Dai telefoni bianchi al neorealismo*, a cura di Massimo Mida e Lorenzo Quaglietti, Roma-Bari, Laterza, 1980, pp. 275-285.

Mignone, Mario B., (a cura di), *Columbus: Meeting of Cultures. Proceedings of the Symposium held at the State University of New York at Stony Broo,*

16-17 October 1992, New York, «Forum Italicum», 1993.
Montesanti, Fausto, *Della ispirazione cinematografica*, «Cinema», n. 129 (10 novembre 1941), pp. 280-281.
Moravia, Alberto, *Neodannunzianesimo tra i Ciociari*, «Vie nuove», 8 ottobre 1950, p. 12.
Morin, Edgar, *Le cinéma ou l'homme imaginaire*, Paris, Ed. de Minuit, 1958; trad. it. *Il cinema o dell'immaginario*, Milano, Silva, 1962.
– *L'ésprit du temps*, Paris, Ed. de Minuit, 1962; trad. it. *L'industria culturale*, Bologna, Il Mulino, 1963.
– *Les stars*, Paris, Editions du Seuil, 1957; trad. it. *I divi*, Milano, Garzanti, 1977.
Murgia, Pier Giuseppe, *Il vento del nord*, Milano, SugarCo Edizioni, 1978.
Muscio, Giuliana, *Hollywood/Washington. L'industria cinematografica Americana nella Guerra fredda*, Padova, CLEUP, 1977.
Napoli, Gregorio, *Il sacrificio del prete*, rec. a *Un apprezzato professionista di sicuro avvenire*, «Il giornale di Sicilia», 29 aprile 1972, p. 15.
Oms, Marcel, *Giuseppe De Santis*, «Positif», 23 aprile 1957, pp. 13-23.
Overby, David, (a cura di), *Springtime in Italy: A Reader in Neorealism*, Hamden, CT, Archon Books, 1979.
Parisi, Antonio, *Il cinema di Giuseppe De Santis: Tra passione e ideologia*, Roma, Cadmo, 1983.
Patat, Piera, *Il cinema di Giuseppe De Santis*, Tesi di laurea, Università di Trieste, a.a. 1976-1977.
Pavolini, Alessandro, *Il rapporto della cinematografia italiana*, in *Dai telefoni bianchi al neorealismo*, cit., pp. 34-38.
Pellizzari, Lorenzo, (a cura di), *Cineromanzo: Il cinema italiano, 1945-1953*, Milano, Longanesi, 1978.
– Rec. a *Italiani brava gente*, «Cinema nuovo» 1972 (aprile 1964), pp. 134-136.
Petri, Elio, *«Roma, Ore 11»*, Milano-Roma, Edizioni dell'«Avanti», 1956.
Placido, Beniamino, *Maciste in lotta con la critica*, «la Repubblica», 16 ottobre1977, p. 14.
– *Mille lire al mese: Una risposta a milioni di baionette*, «la Repubblica», 29 ottobre 1976; poi in *Cinema italiano sotto il fascismo*, a cura di Riccardo Redi, Venezia, Marsilio, 1979, pp. 264-266.
– *Proibito giocare: L'ha detto il professore*, «la Repubblica», 25 ottobre 1977, p. 15.
Ponte, Luca, *Un pittore cineasta riscopre la sua Ciociaria*, «Cinema», n. 12/135 (10 giugno 1954), pp. 327-332.

Procacci, Giuliano, *History of the Italian People*, trad. di Anthony Paul, New York, Harper and Row, 1970.

Puccini, Gianni, *Il venticinque luglio del cinema italiano*, «Filmcritica», 24 (dicembre 1953), pp. 340-341.

– *I tempi di «Cinema»*, «Filmcritica», 5 (maggio 1951), pp. 151-155.

Puccini, Massimo Mida, *Le quercie*, «l'Unità», 1 dicembre 1949, p. 6.

Purificato, Domenico, *Pittura e cinema. L'avventura del colore*, «Cinema», n. 3 (aprile 1940), pp. 93-106.

– *Spettacolo e realtà*, «Cinema», n. 75 (25 gennaio 1956), p. 36.

Quaglietti, Lorenzo, *Il cinema italiano del dopoguerra. Leggi, produzione, distribuzione, esercizio*, quad. Inf. 58, Pesaro, Mostra Intern. Del Cinema nuovo, 1974.

– *Situazione del cinema realistico*, «Rassegne», estate 1954, pp. 338-352.

– *Storia economico-politica del cinema italiano*, Roma, Editori Riuniti, 1980.

Renzi, Renzo, *Riso amaro*, «Cinema», n. 24 (15 dicembre 1949), p. 318.

Rondi, Gian Luigi, *Validità del neorealismo italiano*, «Teatro scenario», 15 luglio 1952, pp. 21-22.

Rondolini, Gianni, *Dizionario del cinema italiano: 1945-1969*, Torino, Einaudi, 1969.

Rondolini, Gianni, (a cura di), *Catalogo Bolaffi del cinema italiano, primo volume: Tutti I film dal 1945 al 1955*, Torino, Bolaffi, 1967, 1977.

Rossi, Umberto, *Ha dovuto o lo hanno fatto tacere?*, in *Il cinema di Giuseppe De Santis*, a cura di Vincenzo Camerino, Lecce, Elle Edizione, 1982, pp. 65-81.

Sadoul, Georges, *Dictionary of Filmmakers*, trad., cura e aggiornamento di Peter Morris, Berkeley and Los Angeles, University of California Press, 1972.

Savio, Francesco, *Ma l'amore no. Realismo, formalismo, propaganda e telefoni bianchi nel cinema italiano di regime (1930-1943)*, Milano, Sonzogno, 1975.

Scagnetti, Aldo, *De Santis sette anni dopo: «Non cambio idea»*, «Paese sera», 27 aprile 1971, p. 16.

Seguin, Louis, *Hommes et loups. Le loups san le miracle*, «Positif», n. 24 (novembre 1957), pp. 40-41.

Silvestri, Roberto, *Il cinema italiano dal 1929 al 1943*, «Il Manifesto», 23 ottobre 1976, p. 10.

Solmi, Angelo, *«Caccia tragica» non ha portato voti al fronte, il film di Giuseppe De Santis doveva essere l'antidoto di «Ninotchka»*, «Oggi», maggio 1948, p. 21.

– *Non sparate sul regista*, «Oggi illustrato», n. 28/24 (6 ottobre 1972), pp. 122, 124.

Sparti, Pepa, (a cura di), *Cinema e mondo contadino due esperienze a confronto: Italia e Francia*, Venezia, Marsilio, 1982.

Spinazzola, Vittorio, *Cinema e pubblico: Lo spettacolo filmico in Italia, 1945-1965*, Milano, Bompiani, 1974.

– *Giuseppe De Santis*, «Cinema nuovo», n. 64 (10 agosto1955), pp. 108-110.

– *Narrativa verista e cinema neorealista*, «Cinema nuovo», n. 134 (luglio/agosto 1958), II.

– *Neorealismo e narrativa popolare*, «Cinema nuovo», n. 62 (febbraio 1955), pp. 27-29.

Tinazzi, Giorgio, (a cura di), *Il cinema italiano degli anni '50*, Venezia, Marsilio, 1979.

Tinazzi, Giorgio, e Marina Zancan, (a cura di), *Cinema e letteratura del neorealismo*, Venezia, Marsilio, 1990.

Torri, Bruno, *Cinema italiano: Dalla realtà alle metafore*, Palermo, Palumbo, 1973.

Trombadori, Antonello, *La strada lunga un anno e alcuni problemi del realismo nel cinema*, in *Il cinema di Giuseppe De Santis*, a cura di Vincenzo Camerino, Lecce, Elle Edizioni, 1982, pp. 157-177.

Truchtenberg, Peter, *The Casanova Complex*, New York, Poseidon Press, 1981.

Tyler, Parker, *Magic and Myth of the Movies*, London, Secker and Warburg, 1971.

Vaccari, Luigi, «*Riso amaro*», «Il messaggero», 9 marzo 1977, p. 20.

Vargas, Llosa, Mario, *The Children of Columbus: From Violent Conquest to Common Culture*, «Reason», gennaio 1995, pp. 30-34.

Vento, Giovanni, e Massimo Mida, (a cura di), *Cinema e resistenza*, San Giovanni Valdarno, Luciano Landi Editore, 1959.

Verdone, Mario, *Il cinema neorealista*, Palermo, Celebes, 1977.

Vergano, Aldo, *L'ANPI presenta*, in *L'avventurosa storia del cinema italiano raccontata dai suoiprotagonisti, 1935-1959*, cit., pp. 71-73.

Vice, *Pro e contro De Santis*, «Mondo operaio», 5 gennaio 1954, p. 23.

Visconti, Luchino, *Cadaveri*, in *Dai telefoni bianchi al neorealismo*, a cura di Massimo Mida e Lorenzo Quaglietti, Roma-Bari, Laterza, 1980, pp. 147-149.

Vitti, Antonio, *The Influence of Hollywood on De Santis's Earth Trilogy*, in *Italian Americans Celebrate Life: The Arts and Popular Culture. Selected Proceedings of the 22nd Annual Conference of the American Italian Historical*

Association, a cura di Paola Sense Isolani e Anthony J. Tamburri, Published by the American Italian Historical Association, 1990, pp. 47-58.

Wagner, Jean, *Giuseppe De Santis. Dossiers du cinéma*, in *Cinéastes II*, Bruxelles, Casterman, 1971, pp. 45-48.

Wood, Robin, *Ideology, Genre, Auteur*, «Film Comment», gennaio/febbraio 1977, pp. 46-51.

Zangrandi, Ruggero, *Il lungo viaggio attraverso il fascismo*, 2ª ed., Milano, Feltrinelli, 1962.

Zavattini, Cesare, *Diario cinematografico*, a cura di Valentina Fortichiari, Milano, Bompiani, 1979.

– Il neorealismo, «Il contemporaneo», n. 2 (luglio 1955), pp. 6, 27.

– *Neorealismo* ecc., a cura di Mino Argentieri, Milano,Bompiani, 1979.

– *Una grossa botta in testa al neorealismo*, in *Antologia di «Cinema nuovo»*, a cura di Guido Aristarco, Rimini-Firenze, Guaraldi, 1975, pp. 888-892.

Zhdanov. A.A., *Politica e ideologia*, Roma, Editori Riuniti, 1949.

Indice dei nomi

L'indice è relativo ai nomi citati nei testi e pertanto sono esclusi quelli contenuti nella filmografia e nella bibliografia

2006 Metauro Edizioni s.r.l, Pesaro

Finito di stampare nel mese di Settembre 2006
presso la tipografia Metauro di Fossombrone (Pesaro)
Printed in Italy